KB208649

공자 평전

孔子評傳

孔子评传

Copyright © 匡亚明

All rights reserved

Originally published by arrangement with Nanjing University Press Co., Ltd.

Korean translation copyright © 2022 through Shinwon Agency Co., Korea

By Yeonamseoga Publishing Co.

이 책의 한국어판 저작권은 신원에이전시를 통해 저작권자와 독점 계약한 연암서가가 소유합니다.

신저작권법에 의하여 한국 내에서 보호를 받는 저작물이므로 무단전재와 복제를 금합니다.

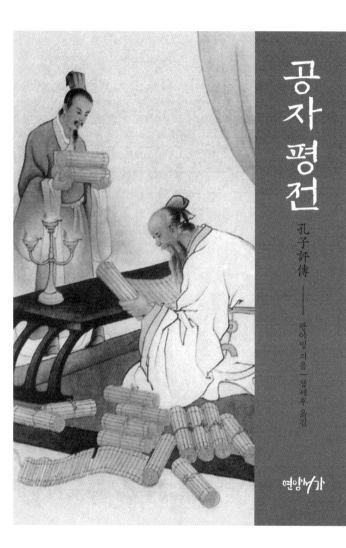

공자 평전

孔子評傳 ──

황야밍 지음 — 장세후 옮김

연암서가

옮긴이 **장세후**(張世厚)

경북 상주에서 태어나 영남대학교 중어중문학과를 졸업하고, 같은 대학 대학원에서 석사학위와 박사학위(『주희 시 연구』)를 취득하였다. 영남대학교 겸임교수와 경북대학교 연구초빙교수를 거쳐 지금은 경북대학교 퇴계연구소의 전임연구원으로 재직하고 있다. 2003년 대구매일신문에서 선정한 대구·경북지역 인문사회분야의 뉴리더 10인에 포함된 바 있다.

저서로는 『이미지로 읽는 한자 1·2』(연암서가, 2015·2016)가 있고, 주요 역서로는 『한학 연구의 길잡이(古籍導讀)』(이회문화사, 1998), 『초당시(初唐詩, The Poetry of the Early T'ang)』(Stephen Owen, 中文出版社, 2000), 『퇴계 시 풀이·1~9』(이장우 공역, 영남대학교 출판부, 2006~2019), 『고문진보·전집』(황견 편, 공역, 을유문화사, 2001), 『퇴계잡영』(공역, 연암서가, 2009), 『唐宋八大家文抄-蘇洵』(공역, 전통문화연구회, 2012), 『춘추좌전(상·중·하)』(을유문화사, 2012~2013), 『도산잡영』(공역, 연암서가, 2013), 『주자시 100선』(연암서가, 2014), 『사마천과 사기』(연암서가, 2015), 『사기열전』(연암서가, 2017), 『주희 시 역주·1~5』(영남대학교 출판부, 2018), 『국역 조천기지도·홍만조 연사록』(공역, 세종대왕기념사업회, 2019), 『도잠 평전』(연암서가, 2020) 등이 있다.

공자 평전

2022년 1월 20일 초판 1쇄 인쇄
2022년 1월 25일 초판 1쇄 발행

지은이 | 쾅야밍
옮긴이 | 장세후
펴낸이 | 권오상
펴낸곳 | 연암서가

등 록 | 2007년 10월 8일(제396-2007-00107호)
주 소 | 경기도 고양시 일산서구 호수로 896, 402-1101
전 화 | 031-907-3010
팩 스 | 031-912-3012
이메일 | yeonamseoga@naver.com
ISBN 979-11-6087-091-6 03990

값 30,000원

역자 서문

2010년 중국에서는 중화권뿐만 아니라 세계적인 팬덤을 보유한 주윤발 주연의 영화 〈공자〉가 개봉되었다. 이 영화는 중국 당국에서 거액의 제작비를 투자한 스케일이 큰 영화였다. 그리고 이듬해 벽두인 2011년 1월 11일에는 세계의 이목을 끈 더 큰 사건이 일어났다. 중국의 심장부인 천안문 광장의 중국국가박물관 앞쪽에 거대한 공자상이 모습을 드러낸 것이었다. 동상은 좌대를 포함하여 전장이 무려 9.5미터에 달하였다. 수십 년째 천안문 정문을 지키고 있는 마오쩌둥의 초상화보다 3미터 이상 높은 큰 규모였다. 중국은 물론 외신들의 큰 이목을 끌기에 충분했다. 시계를 이보다 100년 정도 앞으로 돌려보았을 때와는 사뭇 다른 현상이었다. 당시는 중국의 마지막 왕조인 청나라가 붕괴되자 봉건주의 타도의 기치를 내걸고 '공가점타도(孔家店打倒)'를 외쳤던 시대였다. 50년 정도 지나면서는 대약진운동과 문화혁명을 거치면서 '비림비공(批林批孔: 林彪를 비판하고 공자를 비판함)' 운동으로 옮겨갔고 공자의 이미지는 한없이 추락하였다. 공자상의 건립은 이 모든 오욕의 과거를 털어내고 마침내 공자가 화려하게 부활하게 된 사건이었다. 그러나 화제를 몰고 왔던 것에 비해 결과는 용두사미 격이었다. 야심차게 부활을 알리려던 신호탄인 〈공자〉는 대표적인 '자본주의' 국가에서 만든 할리우드의 블록버스터 〈아바타〉에 속절없이 밀렸다. 그리고 공자상은 공개 100일 만에 박물관 안쪽에 있는 조각의 정원으로 옮겨졌다. 현시점 중국인들의 공자에 대한 관념이 고스란히 드러난 듯해서 다소 씁쓸하게 느껴졌다. 결국 진정한 공자의 부활은 아직 시기상조라는 면만 내보이고 만 것이다.

공자는 중국과 아시아는 물론 전 세계적으로도 사상적인 측면에서 큰 영향을 끼친 인물이다. Confucius와 Confucianism은 공자와 유학의 영어 표기다. 이 말이 공자를 높여 부르는 공부자(孔夫子)에서 나온 말인 것만 봐도 그 영향력을 알 만하다. 우리나라에서는 말할 것도 없이 공자의 어록인 『논어』는 물론 공자의 학통을 이어받은 저작인 『사서』가 조선 500년의 굳건한 통치 이념이 되었다. 이는 한나라 무제 때 동중서(董仲舒)의 건의로 유학이 국가의 통치 이념으로 받아들여진 것과 비슷하다. 그리고 우리나라의 마지막 봉건왕조인 조선시대가 막을 내린 지 한 세기가 훌쩍 지났는데도 유교의 이념은 알게 모르게 우리나라 사람들이 의식하지 못하는 깊숙한 곳에서 여전히 적잖은 작용을 하고 있는 것도 사실이다.

이런 면은 당연히 무수히 많은 사람들이 공자에 대한 전기를 집필한 사실에서도 여실히 드러난다. 안타깝게도 국내에서는 주로 번역을 통해서 공자의 전기를 소개하고 있는 실정이다. 우리나라에 공자의 유교가 전래된 것이 2000년 가까이 된 것을 생각하면 다소 의외라는 생각이 들 정도이다. 이런 상황은 이 책의 10장을 읽어보면 전체적인 개략은 알 수 있다. 저자도 중국에서 발간된 자료를 통하여 언급하고 있으므로 우리나라에서의 구체적인 상황을 제대로 소개하지 못하고 있다.

벌써 많이 늦은 감이 들지만 국내에서도 수준 높은 공자에 대한 관련 서적이 집필되었으면 하는 바람을 가져본다.

　먼저 간단하게 지금까지의 공자 전기에 대한 집필 경향을 살펴보도록 하겠다. 국내에 소개된 공자 관련 서적은 주로 중국과 일본에서 나온 책들이다. 드물지만 H. G. 크릴의 『공자 인간과 신화』(원제는 Confucius and the Chinese Way) 같은 구미권에서 출판된 책도 있다. 이런 책들에서는 저자들마다 각도를 조금씩 달리하기는 해도 거의 일률적인 패턴을 보이고 있다는 생각이다. 공자 개인의 삶과 사상, 그리고 제자들을 소개하는 정도이다. 반면에 이 책은 기존의 책들과는 다르게 공자를 모든 면에서 보다 폭넓게 다루고 있는 점이 차별성을 보인다고 할 수 있을 것이다. 그런 면에서 이 책을 소개하는 것은 나름대로 큰 의의가 있다고 하겠다.

　이 책의 저자는 쾅야밍(匡亞明)이다. 1906년에 태어난 쾅은 이 책의 초판이 나오고 6년 뒤인 1996년에 사망했다. 1923년에 장쑤성(江蘇省) 제일사범학교(第一師範學校)에 입학하여 국민당에 가입하였다. 나중에 공산주의 활동 경력이 문제되어 제적을 당한 후 1926년에 다시 상하이대학(上海大學)에 입학하였다. 이후 중국 공산당에 입당하여 많은 활동을 하였다. 중화인민공화국이 성립되기 전까지는 주로 정치적인 활동을 하였으나 50년대 중반부터 주로 학계에서 활동하였다. 1955에는 지금의 지린대학(吉林大學)인 둥베이런민대학(東北人民大學)의 당 제1서기 겸 교장(校長, 총장)을 맡았고, 1963년에는 난징대학(南京大學)에서 당위서기(黨委書記) 겸 교장을 맡았다. 문화혁명 때는 고난의 길을 걷기도 했지만 1978년에 난징대학으로 복귀할 수 있었다. 학자로서의 업적은 주로 난징대학에서 이루어졌다. 특히 만년에는 『중국사상가총서(中國思想家評傳叢書)』의 주편을 맡았으며, 그 첫 번째 책이 바로 이 『공자 평전』이다. 이 책의 성과는 매우 큰 편이어서 "20세기 중국의 규모가 가장 큰 사상문화공정"으로 평가받기도 했다. 기존에 연암서가에서 낸 바 있는 『왕희지 평전』과 『도잠 평전』은 모두 이 총서이다.

이 책은 1985년 제로서사(齊魯書社)에서 출판된 책을 수정 보완하여 『중국사상가총서』로 다시 출판한 것으로, 위에서 언급했듯이 총서의 첫 번째 책이다. 1990년에 초판 1쇄가 나왔고 2016년에 7쇄를 내었을 정도로 현재까지 꾸준히 읽히고 있는 책이다. 이 책을 내게 된 경위에 대해서는 저자가 「후기」에서 상세히 밝히고 있으니 읽어보면 될 것이다. 다만 한 가지 특별히 언급하고 싶은 것은 옌안(延安) 양쟈링(楊家嶺)에서 저자와 마오쩌둥이 만난 일이다. 그곳에서 저자는 마오와 잠시 공자에 대해서 토론한 적이 있는데, 나중에 이 책을 집필하게 된 직접적인 계기를 짐작할 수 있게 한다. 저자나 마오 모두 철저한 공산주의자여서 공자를 어떻게 평가하였을까 궁금했다. 두 사람 다 공자에 대한 이해도가 매우 높은 편이었으며, 실사구시의 정신으로 취할 것은 취하고 버릴 것은 버리는 합리적인 태도를 취한 데서는 수긍이 갔다. 이 책을 내게 된 경위를 참 공자와 가짜 공자를 분별하기 위함이라고 밝힌 부분 또한 공감이 갔다. 역자는 이 책이 2500년이라는 시간의 간극에 의해 발생한 참 공자와 가짜 공자 간의 괴리감을 어느 정도 해소시켜줄 수 있을 것이라 생각한다.

이 책은 공자의 생애와 다방면에 걸친 사상, 업적, 후세에 끼친 영향 등을 다루고 있다. 세세한 내용은 책을 읽어보면 알 것이기 때문에 여기서는 이 책을 보면서 느꼈던 점을 몇 가지 듦으로 내용에 대한 간략한 소개를 대신하도록 하겠다.

도론은 어떻게 보면 『중국사상가총서』의 전체를 아우르는 서문 같은 성격을 띠고 있다. 생애를 다룬 2장에서 독특한 것은 공자가 노나라를 떠나 14년간 유력(遊歷)한 것을 우리나라에서는 보통 '주유천하'라고 하는 것을 '열국의 제후 방문'이라고 표현한 것이다. 유람이 아니라 고국을 떠난 공자의 구직 활동으로 본 것이다. 3장인 시대적 사회 배경에서는 현대까지 남아 있던 부족국가 형태를 간직했던 시솽반나(西雙版納)의 예를 가지고 설명한 것이 이색적이었다. 4장부터 7장까지는 철학과 윤리, 정치, 경제 등 각 방면의 사상을 나누어 서술하였다. 8장에서는 교육가로서의 공자를 조망하였는데, 공자가 제자들로부터 왜 그렇게 훌륭한 스승으로 받들어지고 있는가 하는 단서를 찾을 수 있다.

　공자와 『육경』의 관계를 서술한 부분은 9장이다. 지은이는 『육경』이 대체로 공자의 손을 거쳤을 것이라는 입장을 취하고 있다. 10장은 공자가 중국의 안팎에서 끼친 영향을 다루고 있다. 저자가 중국인이니만큼 자못 중국 중심의 주관적인 서술이라는 한계를 벗어나지 못했다는 느낌이 강하게 든다. 11장은 결론으로 이것만 읽어도 공자에 대해 개괄적인 내용을 알 만하다.

　『논어』「안연(顏淵)」편에 보면 공자의 제자인 자공(子貢)이 나라를 다스리는 방법에 대해 묻는 대목이 나온다. 공자는 "양식을 풍족히 하고, 군사력을 풍족히 하면 백성들이 믿을 것이다.(足食足兵, 民信之矣)"라 대답한다. 덜 중요한 것을 하나씩 뺀다면 무엇부터 빼야 되느냐고 자공이 이어 묻자 병(兵)과 식(食)을 차례로 빼야 한다고 하였다. "사람은 신의가 없으면 설 수 없기(民無信不立)" 때문이라는 것이다. 그런데 현재 중국의 정책을 보면 공자의 가르침과 역행하고 있고 있는 것 같다. 이런 현상은 비단 중국뿐만이 아니다. 몇 년 전부터 세계의 강대국들이 서로 패권을 잡으려고 군비(兵)를 앞다투어 증강하고 공공연하게 식량자원(食)을 무기화하려는 움직임도 보이고 있다. 믿음(信)은 어디에서도 찾아볼 수가 없다.

요즘 중국에서 목표로 하는 사회는 샤오캉(小康) 사회라고 한다. 소강은 대동(大同)과는 대비가 되는 개념으로 모두 『예기』 「예운(禮運)」 편에 보인다. 공자가 지향한 이상 세계였으므로 당연히 이 책에서도 많이 언급된다.(제6장 「정치사상」 편에 구체적으로 보인다) 대동사회는 사실상 실현 불가능한 요·순(堯·舜)시대 같은 이상화한 세계, 곧 유토피아이다. 반면에 공자가 정말로 추구한 현실 가능한 최고의 세계가 소강 사회, 곧 샤오캉 사회이다. 중국 정부에서는 이미 샤오캉 사회를 이루었다는 발표를 한 것으로 안다. 그러나 객관적인 시각을 가진 중국 외의 사람들이 보기에도 다 그런가 하는 것은 조금 더 생각해봐야 할 문제다. 이런 모든 공자가 이상적으로 생각한 세계와 현실 상황 등을 이 책을 통해서 가늠해볼 수 있을 것 같다. 이 책이 공자에 관한 모든 것을 폭넓게 분석하고 있는 책이기도 하지만 역으로 그 길로 가는 지침서로 삼아도 될 만하다는 말이다. 이 책이 많이 읽혀야 할 이유이기도 하다.

이 책을 내기까지 도움을 준 분들에게 고마움을 표해야겠다. 가장 먼저 고마움을 표할 사람은 당연히 흔쾌히 출판 결정을 해준 연암서가의 권오상 대표다. 내가 내는 책은 사실 베스트셀러가 되기 힘든 경우가 대부분이다. 공자가 말한 문질빈빈(文質彬彬)처럼 수익(文)과 내용(質)이 적당히 조화(彬彬)를 이루어야 할 텐데…… 보다 경영 실적이 좋은 출판사들이 나서서 이런 인문서적을 내주면 더 좋을 것 같고 나로서도 덜 미안한 느낌이 들 텐데 말이다. 오로지 인문학 발전을 위하여 문(文)보다 질(質)에 더 주안점을 두는 권 대표님께 경의와 감사를 표한다. 내 책이 나올 때마다 오자를 바로잡아주고 문장을 다듬어주는 것은 물론 조언과 의견을 개진해주기도 하는 동화작가이면서 누나인 장세련 선생에게도 큰 고마움을 표한다. 사실 읽는 것 자체가 목적인 경우와 교열이라는 목적을 가지고 보는 것은 큰 차이가 있게 마련이다. 말하자면 나무를 보느라 숲은 볼 엄두도 못 내는 것과 비슷하다. 이번에는 특히 번역 초고를 넘길 무렵에 눈 수술을 해서 부탁하기가 심적으로 적잖이 부담이 되었다. 동생의 청을 차마 거절하지 못한 것이 아닌가 하는 생각이 든다. 그리고 이 책의 원본을 구해준 영남대학교 중문학과 이춘영 선생에게도 감사를 표한다. 마지막으로 이 책을 한창 번역하던 지난해 특히 어려웠던 생활 조건 속에서도 묵묵히 나의 작업을 지지해준 아내를 비롯한 식구들도 고맙다. 늘 나의 작업을 지지해주고 다른 방면으로는 신경을 쓰지 않아도 되도록 돕는 것이 쉬운 일은 아닐진대…….

2022년 새해 벽두에
장세후

차례

공자 평전

孔子評傳

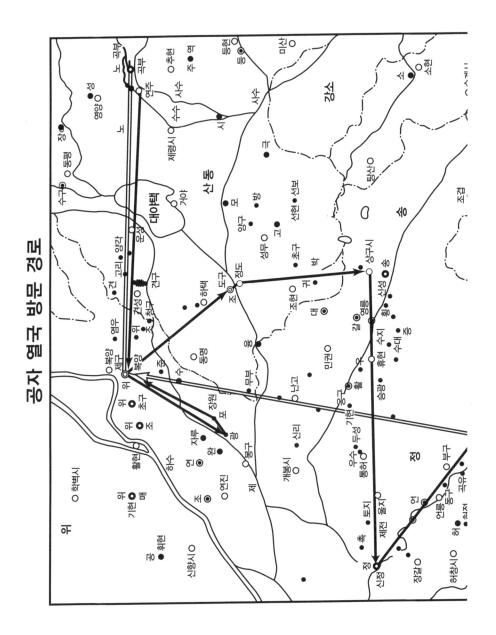

공자 열국 방문 경로

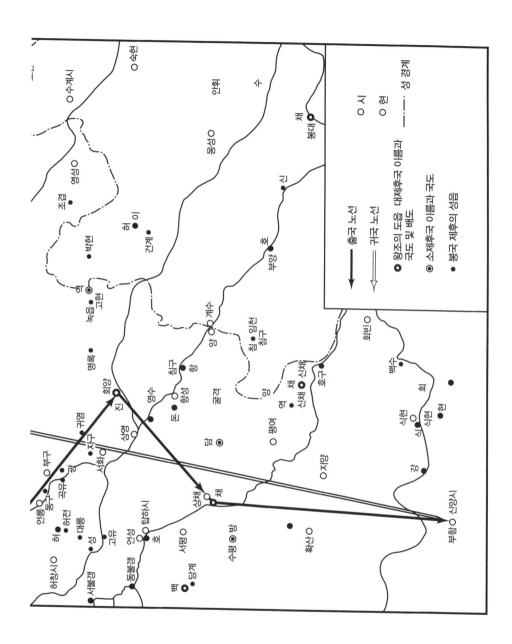

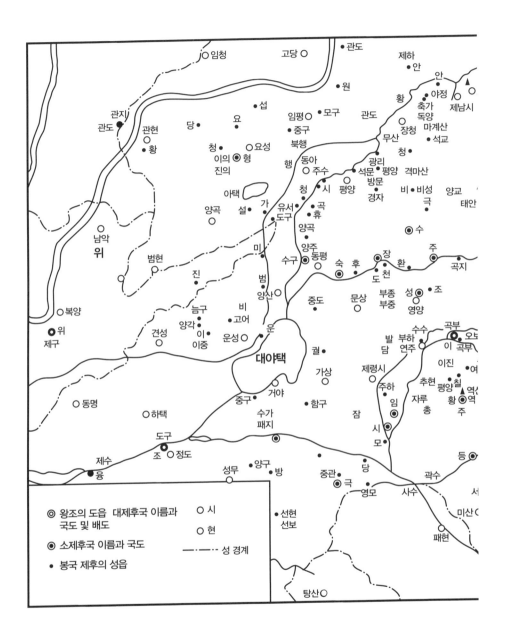

임청 ○ 고당 ○ • 관도 제하
관지 관현 당 • 요 섭 • 임평 ○ • 모구 관도 • 안 안 ▲
관도 • 황 청 • ○ 요성 중구 북행 무산 황 • 야정 축가 독양 제남시
남악 이의 ◉ 형 행 동아 평양 석문 비 • 비성 장청 마계산 석교
위 진의 ○ 주수 시 평양 방문 경자 극 청 •
아택 청 곡 양교 태안
양곡 설 가 유서 • 휴 광리 격마산
○ 도구 양곡 ◉ 수
범현 미 양주 ◉ 동평 장 ○ 주 ◉
복양 진 범 숙 후 천 • 환 • 곡지
○ 위 늘구 양산 중도 문상 부종 성 ◉ • 조
제구 양각 이 ○ ○ 부중 영양
견성 이중 운성 ○ 문 수수 곡부 ◉
동명 궐 • 발 부하 연주 이 오 곡부
○하택 가상 담 이진 • 여
도구 중구 거야 제령시 주하 추현 평양 칠 역
조 ○ 정도 수가 패지 ○ 임 자루 황 ◉ 역
제수 융 성무 양구 방 함구 잠 시 ◉ 총 주
중관 당 모
영모 사수 등 ◉
극 ◉ 곽수
선현 선보 미산
패현
탕산 ○

◎ 왕조의 도읍 대제후국 이름과
국도 및 배도
◉ 소제후국 이름과 국도
• 봉국 제후의 성읍
○ 시
○ 현
—·—·— 성 경계

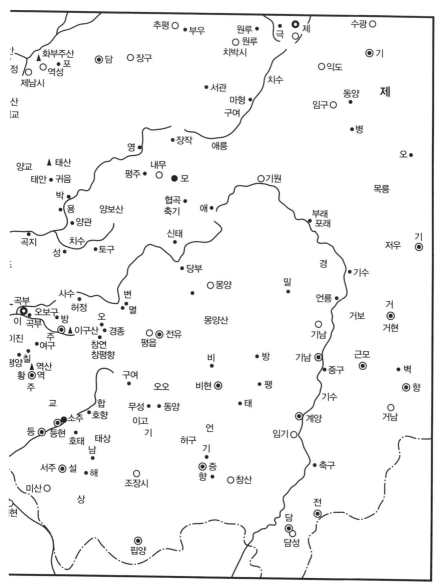

추평 ○ ●부우　　　　원루 ●　　극 ◉ 제　　　수광 ○
화부주산 ▲　　　　　　원루 ●
역성 ●포　　◉담　○장구　　치박시　　　　　　　　　익도 ○　　　기 ◉
제남시　●　　　　　　　　　　　　　　　치수
산　　　　　　　　서관 ●　　　　　　　　　　동양 ●　제
교　　　　　　　　마형 ●　　　　　　　임구 ○　　●병
　　　　　　　　　구여 ●
　　　　　　　장작 ●　　　애릉
　　　영 ●　　　　　　　　　　　　　　　　　오 ●
양교　▲ 태산　내무 ●　　　　　　　　　　　　목릉
태안 ● 귀음　평주 ○ ● 모　　　○기원
박 ●
　용 ●　양보산　협곡 ●　애 ●　　　부래
　　● 양관　축기　　　　　　포래
곡지 ●　치수 ●　신태 ●　　　　　　　　저우 ●　기 ◉
　　성 ●　● 토구　　　　　　　　　　경　　기수 ●
　　　　　　　당부 ●
사수　　　변　　○몽양　　밀 ●　　　거 ◉
곡부　허정 ●　● 멸　　　　　언릉 ○　거보 ●　거현
이 ◉오보구　방 ●　오 ●　경종　몽양산　기남 ○
기진 ●　▲이구산 ●　창연　○◉전유　　　　근모 ◉
　여구 ●　주 ●　창평향　평읍　　방 ●　기남 ◉　●벽
평양 ●칠　　　　구여 ●　비 ●　●　중구 ●　◉향
황 ◉역 ▲역산　　오오 ●　비현 ◉　● 팽
주　　　　　　　　　　　　● 태　기수
교 ●　합 ●　무성 ●　동양 ●　　계양 ◉
　소주 ◉ ●호향　이고 ●　언 ●　　거남 ○
등 ◉등현　호태 ●　태상　기 ●　허구 ●기 ●　임기 ○
서주 ◉설　남 ●해　　　○　　◉증　축구 ●
미산 ○　　　조장시　향 ●　○창산
현　　상　　　　　　　　전 ◉
　　　　　　　　　　　　담 ●
　　　　핍양 ◉　　　　　담성 ○○

제1장

도론

1. 중국 고대의 중요한 공헌을 한 인물로 왜 공자를 첫째로 삼는가?

『공자평전』은 마오쩌둥이 제기한 "공부자(孔夫子)에서 손중산(孫中山)까지 총결을 해야 한다"[1]는 정신에 근거하여 지었다. 중국은 역사가 유구한 문명국가로 고대에 중요한 공헌을 한 인물이 많은데 어째서 마오쩌둥은 선별된 사람을 가리지 않고 유독 공자를 선택하여 처음으로 삼았을까? 이는 주로 아래의 점에서 기인한다고 생각한다. 첫째, 공자를 기점으로 하는 것은 공자의 연구를 통하여 종적인 방면에서 전대(前代)를 연구하는 정황의 한 가지 합당한 선택을 소급한다. 공자 이전의 시대에서 전한 요(堯)·순(舜)·우(禹)·탕(湯)의 정황은 실로 아는 것

---

1 마오쩌둥의 『중국공산당의 민족전쟁에서의 지위(中國共産黨在民族戰爭中的地位)』. 『모택동선집』 제2권 522쪽.

이 매우 적으며, 문(文)·무(武)·주공(周公)에 이르러서도 확실한 정황은 또한 말이 구체적이지 않아 참고할 수 있는 자료(문헌과 고고학적 자료를 포괄)가 필경 또한 불충분하다. 공자의 시대에 이르러서 연구에 도움이 될 만한 문헌자료가 이미 풍부해졌다고는 할 수 없지만 그래도 위에서 언급한 인물들에 비하여서는 이미 대폭 증가하였다. 하물며 공자가 『시』와 『서』를 산삭(刪削)하고 『예』와 『악』을 정하고 『춘추』를 지었으며 만년에 『역』을 좋아하여[2] 그 이전 시대의 중요한 사실(史實)과 전장(典章)제도를 총결하였음이겠는가. 공자를 연구하면 반드시 상술한 전적들을 결합시켜 연구하여야 하며, 반드시 전대의 상황까지 좇아서 거슬러 올라야 한다. 둘째, 공자를 기점으로 하는 것은 공자의 연구를 통하여 횡적인 방면에서 제자백가를 연구하는 가장 합당한 선택이다. 공자는 춘추전국시대의 제자백가 가운데 당시나 후세, 국내외를 막론하고 모두 영향이 가장 깊고 가장 넓은 인물로 언행이 일치하고 학식이 깊고 넓으며 인품과 덕성이 고상한 위대한 사상가이자 정치가이며 교육가로 이전의 문화 사상을 집대성하여 후세 유가학설의 선하를 열었다. 그의 사상 학설은 2천여 년에 걸쳐 은연중에 감화되어 어떤 것은 이미 중화민족의 도덕의식과 정신생활, 그리고 전통적인 풍속습관의 준칙이 되었고, 서방국가의 중국식 사회습관 및 가정생활과는 구

---

2 사마천의 『사기』 「공자세가」. "공자는 만년에 『역』을 좋아하여 …… 『역』을 읽다가 가죽끈이 세 번 끊어졌다. 말하기를 '나에게 몇 년의 수명을 빌려주어 이렇게 한다면 내 『역』에 대하여서는 환하게 될 것이다.'라 하였다." 판원란(范文瀾)도 말하였다. "공자는 매우 박학하여 노나라와 주(周)나라, 송(宋)나라, 기(杞)나라 등 옛 나라의 문헌을 수집하여 『역』과 『서』, 『시』, 『예』, 『악』 그리고 『춘추』의 여섯 가지 교본을 정리해내어 제자들에게 강학하였다."(『中國通史』, 제1책, 170쪽) 육경을 모두 공자가 정리하고 산정(刪定)하였느냐의 여부를 두고 후인들이 논쟁을 벌였는데, 이에 대해서는 이 책의 제8장 「중국 역사상 첫 번째 위대한 문헌 정리가」에 상세히 보인다.

별되는 규범을 구성하였다. 아울러 어느 정도 동방국가에도 영향을 끼쳤으며 멀리는 구미에까지 미쳐 세계 문명 사상 중요한 지위를 차지하여 중화민족의 자랑이 되었다. 이는 역사적으로 이미 증명된 사실이다. 아울러 공자에게서 시작하여 다시 제자백가의 기타 인물로 접근해 가는 것이 공자 본인에 대한 연구나 제자백가에 대한 연구를 막론하고 또한 모두 사리에 타당하다. 이상의 두 가지가 아마 마오쩌둥이 공자에게서 시작해야 한다고 제기한 주된 이유일 것이다. 공자에서 손중산까지라는 일단의 역사를 총괄하는 작업은 수많은 인물을 언급할 것이다. 첫째로 2천 년 중국 역사에서 대표성을 띠고 있는 각종 사상가를 선택하여 '평전(評傳)'의 방식으로 실사구시의 공정한 논술과 평가를 부여할 것이다. 이 연구와 총결 작업은 곧 『공자 평전』을 시작으로 삼는다.

2. "세상으로 사람을 논함"과 "사람으로 세상을 논함"

사람을 논하면 반드시 세상을 논하게 되는데, 이것이 바로 '존재 결정 의식'이다. 이는 마르크스주의 원리의 실질이 있는 곳이다. 공자를 연구하려면 반드시 공자의 시대 배경 및 그 사회의 성질을 연구해야 한다. 여기에는 회피할 수 없는 문제와 맞닥뜨리게 되는데, 곧 지금까지도 논쟁 중인 중국 고대사의 시기를 나누는 문제이다. 논쟁의 초점은 첫째, 서주(西周)는 노예사회에 속하는가? 아니면 봉건사회나 영주제 봉건사회에 속하는가? 하는 것이다. 둘째, 춘추시대는 봉건사회에 속하는가? 아니면 노예제에서 봉건제를 향하거나 영주 봉건제에서 지주 봉건제를 향한 과도 시기인가, 하는 것이다.[3] 이 문제에 대한 상이한 의견의 논쟁에서 주요 분기의 대표자는 판원란(范文瀾)과 귀모뤄(郭沫若)이다. 판원란은 서주는 영주 봉건제이며 춘추시기는 영주 봉건제에서 지주 봉건제로 향하는 과도기라고 하였다. 귀모뤄는 서주는 노예제이고 춘추시기는 노예제에서 봉건제로 향하는 과도기라고 하였다. 나는 판원란의 설이 당시의 사회적 실정과 역사 발전의 규율에 비교적 부합한다고 생각한다. 공자는 춘추시기에 생장하였다. 그의 사상은 주로 서주의 전통적인 관념을 계승하였고 일정 정도 발전시켰다. 이로 인하여 판원란의 설을 채택하여야 비로소 이 문제를 가라앉히고 해결할 수 있다. 이는 공자의 사상을 연구하는 전제 조건이다. 그렇지 않으면 공자 본래의 면모는 사실대로 묘사해내기 어려울 것이며 이런저런 오해와 왜곡에 휩싸일 가능성이 있다.

우리는 다만 "세상을 가지고 사람을 논하려" 할 뿐만 아니라 또한 "사람을 가지고 세상을 논할" 수 있을 것이니 곧 사람의 사상과 언론으로 그가 처한 시대의 특징을 인증하는 것이다. 『논어(論語)』와 기타 사료에서 흩어져 보이는 공자의 언론에서는 노예주 계급이 잔혹하게 착취하고 노예계급을 압박하는 사상의 흔적을 찾아낼 수 없다. 반대로 공자는 도리어 노예제도를 반대하여 맹비난하는 태도를 견지하였다. 노예제 사회에서 노예주 계급은 마음대로 노예를 죽일 수 있었을 뿐만 아니라 또한 종종 살아 있는 노예를 제사의 희생물과 순장품으로 삼기도 하였다.[4] 순장제도는 노예제 사회에서 생겨났으며 봉건사회에서도 여전

---

3   여기서 가리키는 것은 주로 서주와 춘추전국시대인데 이는 공자와 직접적인 관련이 있는 시기의 역사 분기(分期) 문제이다. 전체 중국 역사 분기를 가지고 말한다면 여전히 여러 가지 견해가 있는데, 여기서는 일일이 예를 들지 않겠다.

히 순장이 존재하였지만 이는 노예제도의 잔재였다. 공자는 용(俑: 木俑이나 陶俑)으로 산 사람을 순장시키는 것을 대신하는 것마저도 굳게 반대하였으며 저주하여 말하기를 "처음 용을 만든 사람은 후손이 없게 될 것이다.(始作俑者, 其無後乎)"[5]라 하였으니 사람을 순장하는 것은 반드시 그의 굳센 반대와 저주에 부딪쳤을 것이다. 서주가 노예제 사회이고 춘추전국시기는 노예제에서 봉건제로 향해가는 과도기 사회라고 한다면, 봉건사회 사상가인 공자는 오히려 한 마음으로 문(文)·무(武)·주공(周公)의 서주의 다스림을 지향하여 갔으니 노예제를 반대하고 저주까지 한 공자가 오히려 노예제(西周)를 향해가는 사람이 되었겠는가? 사람을 가지고 세상을 논하는 관점에서 말할 것 같으면 이것 또한 상호 모순이 되는 것이다. 다만 판원란이 제기한 서주사회는 영주봉건제이고 춘추사회는 영주봉건제와 춘추사회는 영주 봉건제에서 지주봉건제로 향해가는 과도 시기라는 논단에 의거하여야 비로소 실제적으로나 이론적으로도 이 모순을 극복할 수 있다. 이 중국고대사의 분기 문제가 이 책의 중점 연구사항은 아니다. 다만 실사구시로 해결을 하지 않는다면 제대로 공자의 사상과 면모를 반영할 길이 없기 때문에 한 장(제3장「공자 시대의 사회적 배경」)을 전적으로 할애하여 문헌과 고고(考古) 그리고 민족학의 세 방면에서 논증을 가하였는데, 여기서는 상세히 서술하지 않겠다.

---

4 상대(商代)의 노예주 계급이 노예를 산 채로 제사의 희생물로 쓴 정황에 관해서는 내가 근거한 갑골문에 사람을 희생으로 삼아 제사를 지낸 자료에서 말하기를 "제사 때마다 사람을 희생으로 쓰는 수량은 한 사람에서 몇 사람까지, 몇십에서 몇백에 이르기도 하고 심지어는 천 명을 상회하기도 한다."라 하였다.(『甲骨文字釋林』, 10쪽)

5 『맹자』「양혜왕(梁惠王) 상」.

3. 인류 문화지식 유산의 계승과 발전 문제

인류의 문화 지식은 인류가 존재한 역사 시기에서 전인의 성과를 계승한 기초 위에 그침 없이 부단하게 누적되고 발전되어 온 것이다. 또한 계급사회에서라고 하더라도 이런 계승은 여전히 쉬지 않고 진행된다. 그러나 이런 계승은 큰 편협성을 가지고 있다. 곧 통치계층에 유리하거나 최소한 해는 되지 않아야 계승된다. 공자가 말한 "은나라는 하나라의 예를 따랐으니, 덜고 더한 것을 알 수 있으며, 주나라는 은나라의 예를 따랐으니, 덜고 더한 것을 알 수 있다. 혹시라도 주나라를 잇는 자가 있다면 비록 백세 뒤라도 알 수 있을 것이다.(殷因於夏禮, 所損益可知也, 周因於殷禮, 所損益可知也, 其或繼周者, 雖百世可知也)"[6]라 한 것이 바로 이런 계승이다. '인(因)'은 곧 계승인데 이런 계승은 비록 덜어냄(損)이 있고 더함(益)이 있긴 하지만, 반드시 통치계층의 통치 지위를 유지하고 공고히 하는 데 해를 끼치지 않는 것을 전제로 한다. 그렇지만 각 시대의 통치계층, 특히 사대부 계층 중에도 개명(開明)한 인사가 적지 않았다. 그들은 가혹한 정치에 불만을 가지고 민간의 질고를 동정하여 백성을 위해 청원하기는 하지만 그 전제는 여전히 현존하는 통치 질서를 보호 유지하기 위함이다. 그 때문에 그들의 언론과 저작은 여전히 전해 내려오는 것을 허용한다. 이를테면 한대(漢代)의 가의(賈誼)와 왕충(王充), 당대(唐代)의 유종원(柳宗元), 송대(宋代)의 왕안석(王安石)과 장재(張載), 청대(淸代)의 황종희(黃宗羲)와 대진(戴震) 등등[7]이 바로 이런 경우이다. 다른 한편으로는 이따금 비록 이 한계를 넘어서지 않는다 하더라도 통치계층의 좁은 시야에

---

6 『논어』「위정(爲政)」.

서 주관적으로 그들의 지위에 위해를 가하거나 위협이 된다는 판단이 섰을 때는 용납되지 않았다. 진시황(秦始皇)의 '분서갱유(焚書坑儒)'와 역대의 각종 다른 형식의 '문자옥(文字獄)' 등등이 가장 좋은 증명이다. 마르크스가 말한 "어떠한 한 시대의 통치사상이라도 시종 모두 통치계층의 사상에 지나지 않는다."[8]라 한 것과 같기 때문에 계급사회에서 전해 내려온 문화지식은 일반적으로 모두 통치계층의 선별을 거친 것인데 기본적으로는 통치계층의 이익을 위하여 봉사하는 것이다. 그 중의 어떤 사상, 이를테면 '군권신수(君權神授)' 등과 같은 것은 분명히 역사가 발전하는 단계에서 인류 사상의 잔재이지만, 통치계층의 통치 지위를 보호 유지하고 공고히 하는 데 유리한 것이기 때문에 보배로 여겨져 계승되어 내려왔다. 이런 계승은 다만 소수의 통치계층의 이익만 대표할 뿐이니 편협한 단편적 계승이다. 다만 인류의 역사 과정에서 태어난 마르크스주의는 특히 중국이 마르크스주의 정당, 곧 중국공산당의 영도 아래서 민주 혁명과 사회주의 혁명의 위대한 승리를 취득하여 사실상 이미 착취 계급을 소멸시켰다.[9] 아울러 중국을 고도의 물질문명과 정신문명이 있는 중국 특유의 사회주의 강국으로 건설할 때 우리는 겨우 가능성이 있었고 조건이 갖추어져 있었다. 인류가 먼저 중국의 문화 지식 영

7 장다이녠(張岱年)이 지은 『중국철학발미(中國哲學發微)』 72쪽의 말을 참고하길 바란다. 그는 말하기를 "봉건시대에는 매우 적은 사상가가 봉건제도를 전복시키려는 생각을 품을 수 있었지만 많은 사상가들이 농민의 고난을 동정하였으며, 그들은 통치집단이 백성들에게 잔학한 행위를 하는 것을 반대하였다. …… 이런 사상가는 일정 한도 내에서만 백성들에게 접근한다. 이를테면 한대의 왕충과 송대의 장재, 진량(陳亮), 청대의 왕부지(王夫之)와 안원(顏元), 대진이 모두 이러하다."라 하였다.

8 마르크스와 엥겔스의 『공산당선언(共産黨宣言)』, 『마르크스 엥겔스 선집』, 제1권, 인민출판사(人民出版社), 1972년판, 270쪽.

9 「건국 이래 당의 약간의 역사 문제에 관한 결의(關于建國以來黨的若干歷史問題的決議)」에서는 중국에서는 "착취 계층이 계층이 되는 것은 이미 소멸되었다."라고 지적하였다.

역 내에서 역대 봉건 통치계층의 편견에 국한된 편협하고 단편적인 계승을 반대하였다. 마르크스주의의 입장과 관점, 그에 따른 방법으로 비판과 청산을 가했고 인류의 지식과 정화(精華)에 대하여 광범한 계승을 실행하였다. 여기서 레닌의 관련 있는 언론을 되새기는 것은 필요불가결하다. 레닌은 말하였다.

> 마르크스주의는 바로 공산주의가 전체 인류지식에서 태어나온 전범이다.[10]

레닌은 또 말하였다.

> 마르크스주의라는 이 혁명무산계급의 사상 체계는 세계의 역사적인 의의를 획득하였다. 이는 그것이 결코 자산계급시대의 가장 귀중한 성취를 포기하지 않았으며 반대로 오히려 2천여 년 동안의 인류의 사상과 문화 발전 중의 모든 가치 있는 것을 흡수하고 개조하였기 때문이다.[11]

> 인류가 창조한 모든 지식과 재부(財富)를 가지고 자기의 두뇌를 풍부하게 하여야 공산주의자가 될 수 있다.[12]

> 자기가 이해한 것이 너무 적다는 것을 안다면 스스로 더 많이 이해하도록 할 방법을 세워야 한다. 만약 한 사람이 자기가 공산주의자라고 말하

10 레닌, 『청년단의 임무(靑年團的任務)』, 레닌 선집 제4권, 인민출판사, 1972년판, 347쪽.
11 위와 같은 책, 362쪽.
12 위와 같은 책, 348쪽.

고 동시에 자신은 근본적으로 이 외에는 어떠한 사물도 알 필요가 없다고 생각한다면 그는 근본적으로 공산주의자가 될 수 없을 것이다.[13]

　따라서 나는 위에서 레닌의 말을 비교적 많이 인용하였는데, 이는 이 몇 마디 말이 우리에게 아래의 세 가지 중요한 문제를 설명해주고 있기 때문이다.

　첫째, 마르크스주의와 공산주의는 전 인류 지식의 총화(總和)에서 태어났다. 그것은 자산계급시대의 가장 귀중한 성취를 계승(흡수하고 개조)하였을 뿐만 아니라, 2천여 년 이래 인류의 사상과 문화 발전 중의 모든 가치가 있는 것을 계승(흡수하고 개조)하였다. 계급사회에서 각 시대의 통치계급은 이왕의 문화지식에 대하여 다만 자기가 소수의 통치계급이 점하고 있는 것에 유리한 것을 흡수할 수 있다. 그 중에서는 특별히 몇몇 쓸데없는 것을 포괄하고 있다. 따라서 편협한 계승을 할 수 있을 뿐이다. 마르크스주의와 공산주의는 무산계급의 이익을 대표하며 무산계급의 이익과 전 인류를 해방시키는 이익은 일치한다. 설령 무산계급이 승리를 아직 취득하기 전이나 혹은 이미 나라 안에서 승리를 취득하였다 하더라도 마찬가지다. 다만 국내외 계급의 적이 여전히 파괴를 할 때 그것은 어쩔 수 없이 계급투쟁과 무산계급의 전정(專政)이나 인민민주 전정을 중시한다면, 그 또한 다만 계급과 전 인류를 해방시킬 때 반드시 거쳐야 할 길을 통틀어 소멸시키는 것이 최종 목적은 아니다.[14] 이 때문에 충분히 매우 공평(전 인류를 해방시키는 이익에 부합한다)하고 사사로움이 없는 것(소수인의 특수한 이익의 필요성을 유지하고 보호하지 않는다) 또한 충분히

---

13 위와 같은 책, 349쪽.

현명하고 광범하게 각 시대의 인류가 창조한 모든 사상과 지식의 유산 가운데 모든 유용한 정화를 계승하였다.

둘째, 일체의 이왕의 사상 문화지식의 계승에 대하여 모두 반드시 성실한 연구와 비판, 개조를 통해야 "옛것을 현실에 맞게 적용하는" 목적에 도달할 수 있다. 광범위한 계승은 바로 전면적인 비판과 지양(止揚) 및 청산을 의미하고 있다. 원시적인 공사(公社)가 해체된 후의 이왕의 사회는 계급사회였지만 계급사회는 모든 인류가 발전해온 역사 과정 중에서 매우 짧은 시기를 차지하고 있을 뿐이다. 이 시기에 창조해낸 풍부한 광휘와 찬란한 문화지식은 많은 미래에 소멸될 계급의 인류 사회를 보류시키고 더욱 발전시킨다. 이를 일러 바로 역사의 연속성이라고 한다. 이 때문에 역사상 남아 있는 사상 문화지식에 대하여 반대 계급은 좋지 않음을 표명하여 성실한 실사구시의 비판과 청산 및 개조를 진행하지 않아, 자기의 뇌리를 쓸모없고 심지어 유해하기까지 한 쓰레기로 채우게끔 하는데 또한 좋지 않다.

셋째, 진정한 공산주의자가 되려고 생각한다면 몇몇 공산주의 교과서와 소책자를 읽는 데 의존해야 한다. 익숙하게 읽는 것만으로는 충분치 못하고 반드시 "인류가 창조한 모든 지식과 재부로 자기의 두뇌를 풍부하게 하여야" 될 것이며, 공자의 사상은 바로 "인류가 창조한 모든 지식과 재부" 중의 중요한 구성 부분이다. 이 때문에 공자를 포괄하는

---

14 『공산당선언』은 이 문제에 대하여 아래와 같이 설명한 적이 있다. "무산계급이 자산계급의 투쟁을 반대한다고 말한다면 반드시 연합하여 계급이 되어야 하며, 그것이 혁명을 통하여 자기가 통치계급이 되게 하고 아울러 통치계급의 자격으로 폭력을 동원하여 옛 생산관계를 소멸시킨다고 말한다면 그것이 이런 생산관계를 소멸시키는 동시에 또한 계급 대립과 계급 자체의 존재 조건을 소멸시켰으며, 따라서 그 스스로 이 계급의 통치를 소멸시켰다."(『마르크스 엥겔스 선집』, 제1권, 273쪽)

내재적 인류의 지식과 재부에 대하여 학습이 적을수록 좋다는 생각을 가진 사람은 레닌의 말에 의하면 공산주의자가 될 수 없다.

4. 공자의 사상 실행에 대한 '삼분법(三分法)'의 문제

공자의 사상을 연구하는 데는 세 가지 방면에서 분석을 가해야 한다. 곧 첫째, 봉건성의 잔재에 대하여 비판과 청산을 진행한다. 인민성의 정화에 대한 계승과 발양의 진행이 두 번째며, 봉건성과 인민성이 뒤섞인 부분에 대해 비판적인 분석을 진행하여, 그 잔재를 버리고 정화를 취하며 지양하는 것이 그 세 번째다. 이것이 내가 말하는 '삼분법(三分法)'이다. 나는 이렇게 해야 다시 실사구시로 비판과 계승의 정신을 체현할 수 있다고 생각한다. 세 방면의 주요 내용은 다음과 같다.

(1) 무릇 공자의 사상 가운데 직접적으로 봉건사회와 통치계급의 특수한 이익을 옹호하기 위한 것은 반드시 철저한 비판과 청산을 가해야 한다. 이 부분에 대한 내용의 주요 특징은 선명하게 봉건사회의 요구를 반영하고 있는데, 왕권을 중심으로 하는 봉건 종법의 전제 통치계급이 다스리는 모든 언론과 설교를 옹호하고 공고히 하기 위한 것이다. 이를테면 "임금에게 충성하고 왕을 높이는(忠君尊王)"사상과 "3년 동안 아버지의 도를 고치지 않는(三年毋改於父之道)"어리석은 효 사상, 봉건 종법 등급제를 유지하는 '예의전장(禮儀典章)' 등등이다. 이런 것은 모두 우리가 반드시 함께 "철저한 결렬을 실행할" 특정한 "봉건 전통 관념"인데 공자사상 중의 잔재이다. 당연히 그것들과 결렬하는 것이 결코 그것들이 당시의 특정한 조건 하에서 존재해온 합리성을 부정하는

것을 의미하지는 않는다. 이런 관념은 당시의 역사적인 조건 하에서 등급제 계급 사회 정치와 생산된 정상 질서를 건립하고, 국가의 통일을 유지하는 데 대하여 모두 모종의 역사적 작용을 일으켰었다.

한편 우리는 '예(禮)', '충(忠)', '효(孝)' 등도 지적해야 하는데, 공자가 부여한 봉건 종법 등급제라는 시대에 뒤떨어진 내포를 청산하고 진정 평등하고 우애가 있는 의의를 가진 '예'와 '충', '효'를 변성시켜 이런 글자들로 대표되는 새로운 관념 형태로 삼아서 완전히 다른 것으로 강구한다면 사회주의 사회가 제창하여야 한다. 어떤 사람은 봉건 종법 관념의 '예', '충', '효'를 비판한 후에 심지어 이 몇 글자로 예절을 이야기하고 충성을 이야기하며 효순의 미덕을 이야기하는 것은 있어도 되고 없어도 되는 것으로 생각한다. 이런 "문화대혁명 시기에 탄생한 '좌(左)' 사상의 잔여물에 대해서도 마찬가지로 반드시 비판하고 규정(糾正)하여야" 한다.

(2) 무릇 공자의 사상 중에서 지금까지도 생명력이 있고 현실적인 의의를 갖추고 있는 것들은 모두 계승되고 발양되어야 한다. 이 부분에 대한 내용의 주요 특징은 공자의 몇몇 민주성과 인민성을 띠고 있는 진보적인 사상을 두드러지게 반영하고 있다. 이런 사상은 여전히 왕성하고 튼튼한 현실적인 생명력을 갖추고 있으며 지금까지도 여전히 찬란한 광휘를 잃지 않았다. 이를테면 공자가 적극적으로 제창한 생활에서는 어렵고 고달파야 하고 학습에서는 게으르지 않은 정신, 곧 "선비로 도에 뜻을 두고서 나쁜 옷과 나쁜 음식을 부끄러워하는 자는 더불어 도를 논할 수 없다.(士志於道而恥惡衣惡食者, 未足與議也)"[15]는 것을 견지해야 한다. 또한 힘껏 부단히 혁신을 추구하는 정신 같은 것, 곧 "진실로 어느 날에 새

---

15 『논어』 「이인(里仁)」.

로워졌거든 나날이 새롭게 하고, 또 나날이 새롭게 하라!(苟日新, 日日新, 又日新)"[16]도 견지해야 한다. 특히 진리(仁)를 위하여 생명을 희생하고, 결코 삶을 탐하지 말고 죽음을 두려워하며, 진리를 손상시키는, 숭고한 정신을 축내지 않는, "지사와 인인은 삶을 구하여 인을 해침이 없고, 몸을 죽여 인을 이루는 경우는 있다.(志士仁人, 無求生以害仁, 有殺身以成仁)"[17]는 등등이 있다. 이상의 몇 가지 예에서는 간파하기가 어려운데, 이 부분은 바로 공자사상 중의 정화로 이면에서 반영해낸 사상 경계가 바로 현재 필요한 것을 제공할 정도로 출중하지 않겠는가? 이런 의견은 매우 많아서 우리의 성실한 정리와 계승, 그리고 모범을 필요로 하며 그것으로 하여금 당면한 사회주의 물질문명과 정신문명을 건설하는 일이 되도록 한다.

(3) 무릇 공자의 사상 중에서 적극적인 인소(因素)뿐만 아니라 소극적인 인소도 갖추고 있어서 두 가지가 서로 섞인 부분은 모두 반드시 계승을 비판하는 정신에 근거하여 청산과 지양을 가하여야 한다. 이 부분의 내용에서 주요 특징은 봉건적인 인소를 가지고 있을 뿐만 아니라 민주성과 인민성의 인소를 가지고 있으니 곧 잔재와 정화 이 두 가지가 한데 섞여 있는 것이다. 공자사상의 핵심인 인(仁)이 바로 가장 두드러진 예이다. 공자가 스스로 말한 "사람으로서 인하지 않다면 예를 어떻게 할 것인가?(人而不仁, 如禮何)"[18]라 한 이 말에서 곧 이미 인이 예를 받아들이는 제약이라는 것을 간파할 수 있으니, '인'이 여기서 그런 예제의 전장 규범을 함께 규합한 것이 아닌가 하는 것을 쉽게 볼 수 있다. 아마 인이 봉건 등급 사회 질서를 보호 유지하고 공고히 하며 봉건 통치

---

16 『대학(大學)』.
17 『논어』 「위령공(衛靈公)」.
18 『논어』 「팔일(八佾)」.

계급에 필요한 어용 사상에 적합하게 만든 것이 아니겠는가? 한편 공자의 "사람들을 사랑하되 인한 이를 가까이해야 한다(汎愛衆, 而親仁)"[19]라 한 이 말에서 인은 바로 광범위하게 사람을 사랑하는 것임을 알 수 있다. 이는 바로 고대의 원시적인 인도주의 정신의 반영이다. 이런 인은 바로 봉건사회에서 출현한 귀할 것 없는 민주성과 인민성의 적극적인 인소가 아니겠는가? 전자는 봉건성에 영합하여 봉건 통치 계급의 호감을 샀다. 후자는 민주성과 인민성을 함유하였는데, 일정 정도 광대한 인민의 바람을 반영하였다. 이 두 가지 모순의 통일체가 바로 '인'이다. 우리의 임무는 바로 '인'에 대한 소극적 인소(잔재)의 엄격한 비판을 통하여 인의 민주성과 인민성에 대한 인소(정화)에 충분한 긍정과 발양을 더해야 한다. 곧 간단하게 포기하지 않을 뿐만 아니라 또한 간단히 계승하는 것이 아니고 성실한 비판과 취사를 통한 다음에 그 합리적인 인소를 계승하고 발양하여야 한다. 이 방면의 내용은 매우 많다. 이를테면 '대동세계(大同世界)' 사상과 '인정덕치(仁政德治)' 사상 등등으로 모두 전적으로 다루는 장에서 토론을 가할 것이다.

이는 바로 공자사상의 연구 실행에 대한 삼분법의 주요 내용이다. 이를 요약하면 바로 결렬할 것은 철저히 결렬해야 하고, 계승할 것은 적극적으로 계승하며, 지양할 것은 엄숙히 지양할 것이다. 그런 횡설수설하고 그 말뜻이 모호한 태도는 그 나머지에는 하나도 미치지 못하는 태도와 마찬가지로 모두 과학적이지 못하여 취할 만하지 못하다. 삼분법은 일종의 가장 평범한 과학적 분석법이며, 일상생활 중에서 상용하는 법으로 어떠한 불필요한 민감함과 오해도 모두 쓸데없는 것이다.

19 『논어』 「학이(學而)」.

5. 공자사상의 주요 특징과 주의해야 할 세 가지 구별

이상의 설명에 근거하여 우리는 공자사상의 주요 특징에 대하여 다음과 같이 개괄할 수 있다.

첫째는 이중성이다. 정치 관념 방면으로 이야기하면 봉건사회의 산물이 되었으며, 아울러 봉건 통치계급의 충실한 대변자인 공자는 그 사상 기조가 곧 농후한 봉건성과 보수성을 띠지 않을 수 없다. 이 점을 이해하지 못하거나 인정하지 못하면 곧 역사 유물주의자가 아니다. 동시에 위대한 사상가로 일정한 정도에서 그가 처한 시대와 계급의 제한성을 충분히 돌파하였다. 약간의 문제(인민의 질고를 동정하는 것과 같은)에 대하여도 보다 멀리 높이 볼 수 있었다. 이 점으로 말미암아 공자의 사상은 일정 정도의 명확한 인민성과 민주성의 적극적인 인소를 띠지 않을 수 없었다. 이 점을 이해하지 못하거나 인정하지 못하면 곧 변증 유물주의자가 아니다.

철학의 근본적인 문제로부터 따지자면 공자의 사상에서도 이중성이 표현되었다. 이미 유심주의의 인소를 가지고 있을 뿐만 아니라 유물주의의 인소도 가지고 있다. "도가 행해지는 것도 명이며 도가 폐하여지는 것도 명이니, 공백료가 그 명을 어떻게 하겠는가?(道之將行也與, 命也, 道之將廢也與, 命也, 公伯寮其如命何!)"[20]라 한 데서 '명(命)'은 실로 모종의 사람의 의지를 전이하는 필연성과 규율성, 추세 등등으로 생각하지 않았다고 해석할 수 있다. 그러나 공자는 달리 또 "봉황새가 오지 않으며, 황하에서 하도가 나오지 않으니, 나는 끝이 난 것 같다.(鳳鳥不至, 河不出圖, 吾已矣

---

20 『논어』「헌문(憲問)」.

夫!)"²¹라고도 하였다. 명백히 여기서 이른바 '봉조'와 '하도'는 상상 속에서 인간의 화복과 치란을 조종하는 정신 역량(天命-神)의 신비한 전조(이른바 '祥瑞')를 조종하여 나온 것을 내포하고 있다. 이 두 말을 연계시켜보면 이곳의 '명'은 곧 필연성과 규율성, 추세 등으로 해석되지 않으며, 일종의 일류 세계를 뛰어넘는 정신 역량(天命-神)으로 해석된다. 이는 아마 유심주의 사상이 아니겠는가? 그는 또한 "가르침을 베푸는(施教)" 사상과 "백성이 풍족하면 임금께서 누구와 더불어 부족하겠는가(百姓足, 君孰與不足)"라는 사상 등등을 제기하였다. 이런 사상은 또한 현저히 소박한 유물주의 관점을 띠고 있다. 동시에 그는 또한 "불가능한 줄을 알면서도 하였으며(知其不可而爲之)"²², 스스로 실천하는 중에 또한 "분발하면 먹는 것도 잊고, (이치를 깨달으면) 즐거워 근심을 잊어 늙음이 장차 닥쳐오는 줄도 모른다(發憤忘食, 樂以忘憂, 不知老之將至)"²³는 낙관주의 정신을 표현하기도 하였다. 이는 또한 숙명론 사상을 타파하고 적극적이고 진취적인 정신 관점을 가지고 있는 것이 아니겠는가? 따라서 우리는 공자의 사상적 태도에 대하여 이 문제에 있어서는 유물주의 사상을 가지고 있으니 유물주의 사상임을 인정해야 한다. 저 문제에 있어서는 유심주의 사상을 가지고 있으니 유심주의 사상임을 인정해야 할 것이다. 다른 문제에 있어서는 유물론적인 성분을 가지고 있을 뿐만 아니라 유심론적인 성분을 가지고 있으니 두 가지가 서로 섞인 사상이 확실하다. 실제적으로 공자의 사상은 광범위한 것을 포괄하고 있고 복잡하게 얽혀 있으며 때로는 또한 일종의 스스로 서로 모순되는 현상(이중성)을 드러내

21 『논어』 「자한(子罕)」.
22 『논어』 「헌문(憲問)」.
23 『논어』 「술이(述而)」.

기도 한다. 이것을 들면 저것을 놓치고 혹은 이 점이 돌출되어 나머지에는 미치지 못하여 간단하게 그를 유물주의자나 유심주의자 등등으로 말하는 것은 모두 합당하지 않다.

둘째는 '천(天)'은 간략하고 '인도(人道)'는 상세한 것이다. 공자는 사회와 인생의 실제를 중시하였음으로 말미암아 매우 두드러지게 사회현상과 윤리의 관념 등(이른바 '人道')을 연구하는 것을 중시하였고 자연현상과 자연의 규율 등(이른바 '天道')의 연구를 중시하지 않음을 표현하였다. 공자는 '천도(天道)', 곧 자연현상(자연과학 방면)의 문제를 이야기하는 때가 매우 드물었으니 곧 그의 제자인 자공(子貢)이 "부자께서 성과 천도를 말씀하시는 것은 들을 수 없다.(夫子之言性與天道, 不可得而聞也)"[24]고 말한 것과 같다. 비록 이따금 말하기도 하였지만 한번 말하였다고 하면 곧 숙명론적인 '천명(天命)'을 들추었다. 이 때문에 그는 철학 방면의 근본적인 문제, 곧 물질과 정신에 대해 무엇이 먼저인지 객관적인 세계가 사람들에게 이런 문제가 정확하게 인식되었건 말았건 간에 기본적으로 없거나 거의 접촉을 하지 않았다. 그래서 근본적으로 이런저런 계통의 회답과 논증을 제기할 수 없다. 시대적 제한과 과학 문화의 발달 수준의 제한 때문에 그도 이럴 수밖에 없었다. 바로 그가 '천도'를 간략히 여긴 것으로 말미암아 자연현상과 규율적 탐색을 중시하지 않았으며, 당시와 후세를 막론하고 모두 자연과학의 연구를 경시하는 소극적 영향을 일으켰다. 그러나 한편으로는 공자가 '인도(人道)'를 중시한 것으로 말미암아 사회적이고 윤리적인 문제에 대하여 오히려 많이 이야기했다. 그는 고대의 문헌과 전적에 정통하였으며 널리 듣고 기억력이 강

---

24 『논어』 「공야장(公冶長)」.

하여 당시 사회의 정치적, 경제적 현상과 민간의 습속에 대한 이해도가 깊었다. 이 방면에서 그는 확실히 당시의 앞의 것을 이어받아 뒤를 열며 고금에 두루 통달한 위대한 학자와 사상가에 걸맞다.

둘째는 인(仁)이 핵심이다. 앞에서 말하였듯이 공자의 사상은 매우 복잡하여 어떤 때는 서로 모순되기도 한다. 이와 같다 하더라도 우리는 여전히 복잡하고 모순된 현상 속에서 사상 체계의 핵심이 결국 무엇인가를 찾는다. 이 문제에 관하여 후대의 유자 및 현대의 학자들은 많은 견해를 가지고 있다. 어떤 사람은 이 핵심이 인(仁)이라고 생각하였으며, 어떤 사람은 예라고 생각을 하였으며, 어떤 사람은 충서(忠恕) 등등으로 생각하였다. 공자사상의 핵심적이고 실질적인 것을 가장 잘 설명하고 있는 것은 앞에서 이야기한 자체에 이중성(二重性)의 인을 띠고 있다고 생각한다. 이 문제에 관하여서는 뒤에서 전적으로 장을 마련하여 논술할 것이며, 여기서는 말을 아끼겠다.

공자사상의 특징에 근거하여 우리는 연구 작업을 하면서 반드시 아래의 세 방면의 구별에 주의해야 한다.

첫째, 공자의 사상 자체와 역대 봉건통치 계급(무엇보다도 역대 군왕) 및 그 어용학자의 추켜올리기와 왜곡, 그리고 부가적인 것 및 후대의 유자들이 자기의 주관 의식에 근거하여 부가한 것을 구별하고 또한 곧 참 공자와 가짜 공자[25]를 구별한다.

둘째, 참 공자사상 자체로 내포하고 있는 봉건성과 보수성의 소극적인 인소와 인민성, 민주성의 적극적인 인소를 구별한다.

셋째, 공자사상의 적극적인 인소에서라도 또한 그런 현재의 사회주의 물질문명과 정신문명을 건설하는 것, 특히 정신문명을 건설하는 데 직접적으로 유리한 것과 다만 참고가 되는 것을 참고로 하여 구별한다.

이런 구별을 체현하기 위하여 『평전(評傳)』은 위에서 말한 삼분법의 정신을 통하여 문장에서 서술에 평을 깃들이거나 평술(評述)하는 것을 결합한 방법을 채택하여 위의 서술이 섞이는 일이 없도록 할 것이다.

6. 문헌자료 등의 문제에 관하여

문헌자료의 문제에 관하여서는 원칙적으로 옛것에 미혹되지 않아야 할 뿐만 아니라(모든 고대의 문헌이 모두 믿을 만하다고 생각하는 것), 또한 맹목적으로 옛것을 의심하는 일도 없어야 한다.(모든 고대 문헌은 모두 반드시 믿을 만하지 않다고 생각하는 것) 특히 춘추 전국과 진한(秦漢)의 전적(典籍)은 시대적으로 공자와 비교적 가깝기 때문에 그 중에서 공자와 유관한 기록은 모두 중시되어야 한다. 한편으로는 출토된 문물과 비교도 해보고 또 한편으로는 역대 학자 특히 청대와 현대의 학자가 고증하여 얻은 성과를 이용하기도 하여 정황을 분별하여 논증의 근거로 삼기도 하고 방증의 참고로

---

25 저우위퉁(周予同)의 『공자(孔子)』에서는 말하였다. "진정한 공자는 죽고 가짜 공자가 중국의 경제조직, 정치 상황과 학술사상의 변천에 따라 차례로 출현하였다. …… 한무제(漢武帝)는 …… 동중서(董仲舒)의 건의를 채택하여 …… 단독으로 공자를 높이 받들었지만 …… 사실 한나라 왕조가 높이 떠받든 공자는 다만 정치적 편의성이라는 이유로 떠받든 가짜 공자이며, 최소한 진실과 거짓이 반반인 공자로 절대 진정한 공자가 아니다. …… 학술상 방면을 가지고 말한다면 공자의 변천은 더욱 많다. …… 역대의 학자들은 개인적인 주관적 공자를 객관적인 공자로 오인하였다. 따라서 공자는 비록 모두가 알고 있는 인물이긴 하지만 모두가 알고 있는 공자는 반드시 진정한 공자는 아닐 것이다."(『저우위퉁경학사논저선집(周予同經學史論著選集)』, 338~339쪽) 역대 왕조가 공묘(孔廟)에서 떠받든 공자는 모두가 진짜와 가짜가 반반인 공자로 결코 진정한 공자가 아니며 결코 '포의(布衣)'의 공자'('포의'는 일반 평민이 입는 의복으로 여기서는 곧 '평민'으로 해석한다)의 본래의 면모가 아니라고 보충하여 말할 수 있다.

삼기도 하였다. 여기서는 반드시 마르크스주의의 과학적인 분석방법을 운용하야 하며, 결코 형이상학적으로 절대화한 태도를 채택할 수 없다. 이를테면『논어』라는 책은 일반적으로 공자를 연구하는 데 믿을 만한 전적으로 인식되고 있지만 「향당(鄕黨)」편 중의 몇몇 말, "산 교량(橋梁)의 암꿩이여, 때에 맞도다! 때에 맞도다! 자로가 (그 꿩을 잡아) 올리니, 세 번 냄새를 맡고 일어나셨다(山梁雌雉, 時哉時哉! 子路共之, 三嗅而作)"같은 말 따위는 공자의 어투 같지가 않다. 일반적으로『예기』「예운(禮運)」은 공자가 지은 것이 아니라 전국(戰國) 진한(秦漢) 때의 유자(儒者)가 추술(追述)한 것으로 인정되고 있지만 그 중의 '대동(大同)' 이상(理想)과 공자의 '인(仁)' 사상은 확실히 내재적인 연계가 있으며 이치상 더욱 중시되어야 할 것이다. 곧 왕숙(王肅)에 의해서 위조되었다고 공인되는『공자가어(孔子家語)』에는 자료로 참고할 부분이 적지 않다. 하북(河北) 정현(定縣)의 한(漢)나라 때 무덤에서 발견된 죽간『유가자언(儒家者言)』에는『가어(家語)』의 부분적인 내용이 있는데, 왕본(王本)에는 근거한 말이 있음을 알 수 있으니 위서(僞書)에도 거짓이 아닌 것이 있다. 이 때문에 자료를 사용하는 과정에서 우리는 부족할지언정 남용하지 않는 한편 또한 취할 만한 재료를 빠뜨리지 않도록 힘껏 추구하였다. 무릇 고문(古文)을 끌어다 증명한 곳은 일반적으로 비교적 이해되기 쉬운 것을 빼고는 모두 현대어로 번역하여 인용을 하면서도 번역을 하지 않아 사람을 난해하게 하는 폐단을 모두 피하였다.

『공자 평전』은 바로 이상의 정신에 근거하여 찬술하였다.

제2장

생애의 개략

공자의 생애를 서술하는 것은 일견 쉬워 보이지만 사실은 매우 어렵다. 쉽다고 하는 것은 공자의 생존시기와 시간적 거리가 3백여 년인 사마천(司馬遷)이 처음 비교적 체계적으로 공자의 전기인 『사기』 「공자세가(孔子世家)」를 쓴 이후로 역대의 또한 적지 않은 사람이 잇달아 같지 않은 형식으로 유사한 저작[1]을 써서 기본적인 상황이 이미 확정된 것 같기에 집필을 하기가 비교적 쉽다. 매우 어렵다고 하는 것은 확실히 적지 않은 사실이 있으니 문헌이 잔결(殘缺)되어 온전치가 못하고, 혹은 문헌이

---

1   사마천의 『사기』 「공자세가」 이후로 비교적 중요한 것으로는 호자(胡仔)의 『공자편년(孔子編年)』과 강영(江永)의 『공자연보(孔子年譜)』, 채공흔(蔡孔炘)의 『공자연보』, 적자기(狄子奇)의 『공자편년』, 하홍기(夏洪基)의 『공자연보』, 정환(鄭環)의 『공자연보』와 『공자세가고(孔子世家考)』, 공광목(孔廣牧)의 『선성생졸연월고(先聖生卒年月考)』 및 근인 저우위퉁(周予同)의 『공자(孔子)』, 차이상쓰(蔡尙思)의 『공자사상체계(孔子思想體系)』와 천징판(陳景磐)의 『공자의 교육사상(孔子的教育思想)』과 양진판(楊景凡)·위룽건(兪榮根)의 『공자에 대하여(論孔子)』 등의 저작에 모두 전적으로 다루는 장이 있는데, 같지 않은 관점과 방법으로 공자의 생애를 고증하여 서술하였다.

있더라도 진위가 뒤섞여 있기도 하며, 더러는 역대 봉건 통치 계급 및 어용학자들이 왜곡하고 부회하여 쟁론이 끊이지 않고 일치된 결론을 내릴 수가 없기 때문이다. 그러나 과학적인 역사 유물주의 관점에서 봐 나가면 역사성과 논리성이 반드시 일치된 곳으로 귀결될 것이다. 이 때문에 이 문제의 적절한 해결은 다만 후세 특히 명청(明清)에서 현대에 이르기까지 고증학자의 합리적인 성과를 충분히 이용하는 한편 문헌자료에서 힘닿는 대로 구하여 거짓으로 진실을 어지럽히고 과장하여 실제를 잃어버리는 데 이르지 않도록 해야 한다. 달리 이미 있어온 문헌 특히 공자와의 거리가 비교적 가까운 전국과 진한 시기의 문헌 및 기타 자료에서 남은 관련이 있는 전하여진 일사(軼事)에 대하여서도 논리적으로 합리적이기만 하면 사실상 정리에 맞는 것을 또한 적절히 채택하여야 한다. 문헌 사용 방면의 절대화와 자승자박이 되는 것은 배제한다. 그 목적은 힘껏 운무를 걷어내어 공자의 본래 면모를 가능한 한 회복하고 재현할 수 있게 하는 것으로, 이것이 공자의 공과(功過)를 연구하고 평가하는 전제이다.

1. 몰락한 귀족 가정

공자는 춘추시대 노(魯)나라(지금의 山東 曲阜) 사람으로 이름은 구(丘)이고 자는 중니(仲尼)²이다. B.C. 551년 9월 28일(周靈王 21년, 魯襄公 22년, 夏曆으로

2　종전의 습관은 형제의 배항(排行)을 백중숙계(伯仲叔季)로 표시하였는데, 공자는 백니(伯尼)라고 하는 절름발이 이복형이 있었으며, 공자는 배항이 둘째였으므로 자를 중니(仲尼)라고 하였다. 자(子)는 당시 일반적인 존칭으로 나중에 선생(先生)이라 일컫는 것과 비슷하다.

8월 27일)에 태어나 B.C. 479년 3월 4일(周敬王 41년, 魯哀公 16년, 夏曆 2월 11일)[3]
에 죽었으며, 향년 73세이다.[4]

공자의 선조는 송(宋)나라(도읍은 지금의 河南 商丘縣)의 귀족이었다. 송나라
의 시조는 미자계(微子啓)이다. 미자계가 죽자 아우인 미중(微仲)이 왕위
를 이었다. 대체로 미중은 전설상 공자의 먼 조상으로 알려졌다. 송나
라와 노나라는 이웃 국가이다. 공자의 5대조인 목금보(木金父)는 그 부친
인 공보가(孔父嘉)가 궁정에서 내란 중에 피살되자 송나라에서 화를 피
하여 노나라로 달아났다. 공자의 부친은 숙량흘(叔梁紇)[5]인데 미중에서
숙량흘까지는 모두 14대이다.[6] 그 가운데 비교적 알려진 사람은 4명으
로 곧 불보하(弗父何), 정고보(正考父, 甫), 공보가와 숙량흘이다.

(1) 불보하(弗父何)는 공자의 10대조이다. 불보하의 부친 송민공(宋緡公,

3　공자의 생몰 연월은 2천 년래로 학자들 간에 줄곧 논쟁이 그치지 않았다. 지금 공자의 생
　년은 사마천의 『사기』 「공자세가」에는 "노양공(魯襄公) 22년에 공자가 태어났다."라 한 것
　을 따랐으며, 월일(月日)은 『곡량전(穀梁傳)』에 실려 있는 "겨울 10월 경자일에 공자가 태어
　났다."라 한 것을 따랐다. 주(周)나라 때의 역법은 하력(夏曆)에 비하여 두 달이 빠르기 때
　문에 10월 경자일은 후세의 추산에 의하면 노양공 22년 8월 27일(곧 B.C. 551년 9월 28일)이
　된다. 공자의 몰년과 월일은 『좌전』의 "애공(哀公) 16년 4월 기축일에 공자는 죽었다."라는
　기록을 따랐는데, 곧 애공 16년 하력 2월 11일(B.C. 479년 3월 4일)에 공자는 죽었다.
4　이곳에서 공자가 73세라는 것은 중국의 습관으로 집에서 세는 나이를 가리키며 만 나이는
　72세이다. 자금산천문대(紫金山天文臺) 장페이위(張培瑜) 교수의 논증에 의하여 만 나이를
　따를 것 같으면 1989년은 공자가 탄생한 2539주년이 되고, 집 나이를 가지고 말하면 탄신
　2540이 된다. 이곳에서 탄신과 주년은 구별된다.
5　공자의 부친은 사마천의 『사기』 「공자세가」에는 숙량흘(叔梁紇)로 되어 있고, 『좌전(左傳)』
　「양공(襄公) 17년」에는 추숙흘(郰叔紇)로 되어 있다. 추(郰)는 노나라의 읍 이름이며, 숙량
　(叔梁)은 자이고 흘(紇)은 그 이름이다. 여기서는 『사기』를 따라 숙량흘이라 일컫는다. 양
　흘(梁紇)은 추읍의 대부(大夫, 宰)이다. 손이양(孫詒讓)의 고증에 의하면 당시의 대부(大夫:
　宰)에는 두 가지 종류가 있었는데, 하나는 '채읍(采邑, 곧 封地)'이 있는 대부로 "자손이 세습
　하여 지키고", 하나는 '채읍'은 없고 '녹전(祿田)'만 있어서 "대대로 지킬" 수가 없어서 자
　손에게 전하는 것이라고는 다만 "그 녹전의 조세(租稅)만 먹으며 읍을 주관하지는 못하였
　다." 양흘은 곧 후자에 속하는 부류이며, 이 설은 손이양의 『주례정의(周禮正義)』에 보인다.

44

이름은 共)은 아들이 둘이었는데, 장자는 불보하였고 차자는 부사(鮒祀, 또한 方祀라고도 한다)이다. 민공이 죽었을 때 왕위를 아들에게 전하지 못하고 아우인 희(熙)에게 전하였는데, 이 사람이 양공(煬公)이다. 부사는 복종하지 않고 희를 죽였다. 원래는 장자인 불보하가 왕위를 이어야 했는데, 불보하는 받지 않고 아우인 부사에게 양위하였으니 곧 송여공(宋厲公)이다. 불보하는 나라를 양위한 것으로 명성이 대단히 높아져 대대로 송나라의 대부(大夫)가 되었다.[7]

(2) 정고보(正考父)는 공자의 7대조로 불보하의 증손이다. 그는 겸양과 공손, 검소하고 소박함과 고문헌에 익숙함으로 칭찬을 받았다. 그는 연속으로 송나라의 세 공 즉 대공(戴公)과 무공(武公) 그리고 선공(宣公)을 보좌한 적이 있는데, 교만하거나 사치하지 않았을 뿐만 아니라 오히려 더욱 겸손하고 검박함을 드러내었다. 그는 가묘(家廟)의 정(鼎)에 아래의 명문(銘文)을 새겼다. "매번 임명을 받고 직위가 올랐을 때마다 더욱 공경하였다. 처음에는 머리를 숙이고 다음에는 등을 굽히며 세 번째로 허리를 구부려 길을 가면서도 조심스럽게 땅을 살피고 담에 의지하여 가지

---

6 『공자가어(孔子家語)』와 호자(胡仔)의 『공자편년(孔子編年)』에 수록된 공자의 14대조의 모든 성명과 차서를 표로 나타내면 다음과 같으니 참고하기 바란다.

宋微子啓
↓

宋微仲→宋公稽→丁公申→緡公共┫ ┏→厲公鮒祀(아우로 왕위를 이음, 이하 생략)→ ……
                               ┣→弗父何(형으로 양위 송나라 대부 세습)→宋父周→世子勝→正考父
                               ┗→孔父嘉→木金父(화를 피해 魯로 감)→睪夷→防叔→伯夏→叔梁紇

┏孟皮(伯尼)
┗孔丘(仲尼)

7 『좌전』「소공(昭公) 7년」. "불보하는 송나라를 가질 수 있었으나 여공에게 주었다.(弗父何以有宋, 而授厲公)" 호자의 『공자편년』의 기록이 비교적 상세하다. "민공 공이 죽자 아우인 양공(襄公) 희(熙)가 즉위하였다. 민공의 장자는 불보하이다. 불보하의 아우 부사는 양공을 죽이고 나라를 불보하에게 주었는데, 불보하는 받지 않았다. 부사가 즉위하였으니 이 사람이 여공이며 불보하는 대대로 송나라 대부가 되었다."

만 또한 나를 업신여길 수는 없다. 나는 이 정으로 죽을 쑤어서 애오라지 배를 채울 따름이다.(一命而僂, 再命而傴, 三命而俯, 循墻而走, 亦莫余敢侮. 饘于是, 粥于是, 以糊余口)."[8] 동시에 그는 또한 문헌을 애호하였다. 전하는 바에 의하면 『시경(詩經)』의 「상송(商頌)」은 바로 그와 주나라 태사(太師)의 교정을 거친 것이다.[9]

(3) 공보가(孔父嘉)는 공자의 6대조로 정고보의 아들이다. 공보가부터 자손 중에 어떤 사람은 곧 공(孔)을 성씨로 삼았다. 대체로 공보가는 부친인 정고보처럼 근신하고 공경하지 않았기 때문에 궁정에서 투쟁 중에 송상공(宋殤公, 與夷)과 함께 화독(華督)에게 피살되었다. 그 아들인 목금보(木金父)는 난을 피하여 노나라로 달아났으며 이때부터 노나라 추읍(郰邑)에 거처를 정하게 되었다.[10]

(4) 숙량흘(叔梁紇)은 공자의 부친이다. 공보가의 5대손으로 송나라에서 난을 피하여 노나라로 온 후의 5대째다. 앞의 4대는 전혀 이름이 세상에 알려지지 않다가 숙량흘에 이르러 어느 정도 지명도가 있다고 할 수 있는데, 두 차례의 전공(戰功)을 세워서이다. 첫 번째는 핍양(偪陽, 偪은 '逼'과 같다)의 전역이었다. 노양공 14년(B.C. 563)에 진(晉)나라를 우두머리로 하는 몇몇 제후가 핍양(지금의 山東省 棗市市 남쪽)이라고 하는 소국을 공

---

8 『좌전』「소공(昭公) 7년」.

9 『국어(國語)』「노어(魯語)」. "정고보가 상나라의 아름다운 송 12편을 주나라 태사에게서 교정할 적에 「나」 편을 수편으로 하였다.(正考父校商之名頌十二篇于太師, 以那爲首)" 이 12편의 「상송」은 공자에 이르렀을 때 또 7편을 산실하여 현재는 5편, 곧 「나」, 「열조(烈祖)」, 「현조(玄鳥)」, 「장발(長發)」, 그리고 「은무(殷武)」이다.

10 공자의 선조가 화를 피하여 노나라로 달아난 것에 대하여서는 두 가지 다른 견해가 있다. 하나는 『공자가어』로 공보가가 피살된 후 3대(이름은 防叔) 때가 되어서야 화를 피해 노나라로 달아났다는 것이고, 한 가지는 호자의 『공자편년』으로 "공보가가 화보독(華父督)에게 피살되자 그의 아들이 노나라로 달아나 비로소 추(郰) 사람이 되었다."라 하였다. 최술(崔述) 또한 앞의 설을 의심하고(『수사고신록(洙泗考信錄)』, 권1) 뒤의 설을 따랐다.

격하였다. 숙량흘은 노나라 귀족 맹헌자(孟獻子)에 딸린 무사로 전투에 참가하였다. 그들이 핍양으로 쳐들어갔을 때 성을 지키는 사람이 갑자기 성문의 들어 올려진 현문(懸門)을 내려 성으로 들어오려고 하는 대오를 차단시키고 그런 다음에 그들을 갈라놓고 없애려 하였다. 바로 이때 숙량흘이 달려와 손으로 현문을 떠받치고 먼저 성으로 들어간 대오를 서둘러 물러나게 하여 손실을 피하도록 하였다.[11] 두 번째는 밤에 제(齊)나라의 포위를 돌파하여 장흘(臧紇)을 구해낸 전투이다. 핍양의 전역 7년 후인 진양공(晉襄公) 17년(B.C. 558)에 제나라가 노나라의 북부를 침입하여 제나라 군의 고후(高厚)가 거느린 부대가 방읍(防邑)을 겹겹이 포위하였다. 당시 포위된 방읍 안에는 노나라의 대부 장흘 및 그 아우 장주(臧疇), 장가(臧賈)와 숙량흘이 있었다. 노나라 군사는 장흘을 구하러 나아가 양관(陽關: 대략 지금의 山東 泰安縣 동쪽에 있다)으로 진격하여 장흘을 맞아들였는데, 제나라 군사가 강대한 것을 보고 두려워하여 방읍에 가까운 여송(旅松)에 이르러 정지하여 감히 나아가지 못하였다. 숙량흘이 장주와 장가 및 갑병 3백 명을 데리고 장흘을 보호하여 한밤중에 포위를 돌파하고 나와 장흘을 호송하여 여송의 노나라 군사가 주둔한 곳에 이른 후에 다시 돌진하여 굳게 지켰다. 제나라 군사는 함락을 시키지 못하고 물러날 수밖에 없었다.[12] 이 두 차례의 전투에서 보여준 용기와 담력으로 숙량흘은 한때 "용력으로 제후들에게 알려졌다."[13] 그는 두 차례 전공을 세우기는 하였지만 어떠한 관작도 더하여지지 않았다. 승

---

11 『좌전』「노애공(魯哀公) 10년」. "진나라 순언과 사개가 청하기를 핍양을 치고 송나라 상술을 봉해달라고 하였다. …… 병인일에 에워쌌으나 핍양 사람이 문을 열자 제후의 군사들이 문을 공격하였다. 현문이 작동하자 추 사람 흘이 들어올려 성문으로 들어간 사람을 탈출시켰다. ……(晉荀偃、士匄請伐偪陽, 而封宋向戌焉……丙寅, 圍之……偪陽人啓門, 諸侯之士門焉. 縣門發, 郰人紇抉之, 以出門者……)(『十三經注疏』, 下冊, 1946쪽)

진만 되어서 죽을 때까지 그저 "무사(武士)"의 신분(귀족 중에서 가장 낮은 신분)과 추읍의 대부(일설에 추읍재는 그 관할 구역이 현재의 한 鎭과 鄕 혹은 區에 상당한다고 한다)라는 낮은 관직에 지나지 않았을 따름이다.

숙량흘이 노양공 17년 포위를 돌파하여 전투에서 승리를 거두고 돌아왔을 때 나이가 이미 63세 안팎이었다.[14] 그는 먼저 시 씨(施氏)를 아내로 맞아 아홉 딸을 낳았으며 아들은 없었다. 나중에 첩을 들여 아들을 하나 낳았는데, 백니(伯尼, 또한 孟皮라고도 한다)라고 하였으며 각질(脚疾)이 있는 절름발이였다. 당시의 봉건 종법사회에서는 남존여비 사상이 강해서 아들만이 부업(父業)을 계승할 수 있었다. 숙량흘의 귀족 지위는 비록 이미 몰락하였지만 그래도 필경 추읍의 대부로 향리에서는 여전히 일정 지위가 있는 사람이었다. 당연히 절름발이 아들에게 만족하지 못하여 체면을 잃었다고 생각하여 버젓한 아들이 자기를 계승하기를 바랐으며 이에 안 씨(顔氏)의 집에 구혼을 하였다. 전하는 말에 의하면 안 씨의 집에는 딸이 셋이었는데, 맏이와 둘째는 모두 원하지 않았다. 다만 20살이 되지 않은 소녀로 아명(兒名)이 안징재(顔徵在)인 딸만이 숙량흘에게 시집가기를 바란다는 뜻을 나타내었다고 한다. 대체로 숙량흘의 나이 66세 전후에 안징재와 혼인을 맺었다. 옛날에는 나이가 64세를 넘어서 결혼

---

12 『좌전』「노양공 17년」. "가을에 제후가 우리나라 북쪽 변경을 치고 …… 고후가 방에서 장흘을 에워쌌다. 군사가 양관에서 장손을 맞아 여송에 이르렀다. 추숙흘과 장주, 장가가 갑병 300을 이끌고 밤에 제나라 군사를 범하여 보내주고 돌아갔다. 제나라 군사가 그곳을 떴다.(秋, 齊侯伐我北鄙……高厚圍臧紇于防. 師自陽關逆臧孫, 至于旅松. 鄹叔紇、臧疇、臧賈帥甲三百, 宵犯齊師, 送之而復. 齊師去之)"(위와 같은 책, 1963쪽)

13 호자 『공자편년』.

14 숙량흘이 포위를 뚫고 장흘을 구원해낸 전투는 노양공 17년이었으며 5년 후는 곧 노양공 22년으로 공자가 태어났다. 공자가 3세 때(양공 24년) 숙량흘은 세상을 떠났다. 『예기』「단궁(檀弓)」과 『공자가어』의 기록에 의하면 숙량흘이 세상을 떠났을 때의 나이는 약 70세 전후라고 하였으니 양공 17년은 63세 전후가 되어야 한다.

을 하면 예의에 맞지 않는 것이었다. 숙량흘의 나이는 고희(古稀: 70세)에 가까웠고 안징재는 묘령의 나이여서 연령차가 매우 컸으므로 사마천은 『사기』「공자세가(孔子世家)」에서 함의가 모호한 "야합(野合)"이라는 두 자로 이런 예의에 맞지 않은 결합을 묘사하였다. 이는 은근히 풍자하는 뜻을 기탁한 것이다. "야(野)"자에는 두 가지 다른 해석이 있을 수 있다. 하나는 야외(野外)이고 하나는 조야(粗野)하여 예의에 맞지 않다는 것이며, 대대로 주로 후자의 뜻으로 해석해왔다.[15]

숙량흘과 안징재는 결혼한 후 오래지않아 노양공 22년(B.C. 551) 하력으로 8월 27일에 공자를 낳았다. 사마천의 『사기』「공자세가(孔子世家)」에서는 "이구산(尼丘山)에서 기도하여 공자를 얻었다."라 하였다. 공자의 이름을 구(丘), 자를 중니(仲尼)라 한 것은 아마 바로 이구산에서 기도를 하여 낳았기 때문일 것이다.[16] 공자가 3세 되던 해에 숙량흘은 세상을 떠났다. 이에 안징재는 숙량흘의 집을 떠나 3세가 된 공구를 데리고 과부와 고아로 노나라의 국도인 곡부(曲阜) 성안의 궐리(闕里)로 거처를 옮겼다.[17]

---

15 사마정(司馬貞)의 『사기색은(史記索隱)』. "여기에서 말한 야합(野合)이라고 하는 것은 , 아마 숙량흘은 늙었고 안징재는 어린 것을 이르는 것으로 장가가고 시집갈 예가 아니기 때문에 야합이라고 하였으며, 예의에 맞지 않음을 이른다. 그래서 『논어』에서는 '거칠구나, 유는!(野哉由也)'이라 하였고 또 '선배들이 예악에 대하여 한 것을 (지금 사람들이) 촌스러운 사람이라 한다.(先進於禮樂, 野人也)'라 하였으니 이는 모두 야(野)라는 것이 예에 합당하지 않다는 것일 뿐이다." 또 다른 해석이 하나 있는데, '야합'은 바로 야외에서 교배를 한 것이라 생각하였다. 이 설을 따르면 공자는 사생아가 된다. 대대로 유가에서는 모두 이 설을 기피하였는데, '성인(聖人)'의 면모를 잃을까 해서이다. 사실 사생아라고 하더라도 공자에게는 또한 손상이 가지 않으니 근본적으로 기피할 필요가 없다. 다만 전자의 견해가 비교적 정리에 부합하므로 전자의 설을 따른다.

2. 유년을 빈천한 가운데 성장하다

옛 노나라는 서주(西周) 초기 주공(周公: 姬旦)의 봉지였으며 그의 맏아들인 백금(伯禽)이 노나라로 가면서 매우 많은 전장제도를 가지고 갔다. 춘추시대 말기에 접어들어 사람들은 주나라 왕조의 전장제도가 모두 노나라에 보존되어 있다고 생각하였다.[18] 안징재 모자는 이런 옛 문화 전통이 강한 환경에 살면서 공자의 미래의 교양과 성장에 대하여 매우 큰 영향을 받았다. 사료의 부족으로 말미암아 구체적인 정황은 이해하기

---

16 전하는 바에 따르면 안징재가 회임하였을 때 부부가 아들을 바라는 마음이 간절하였다고 하는데, 당시의 미신적인 습속을 따라 양공 22년 하력으로 8월 27일에 함께 곡부성 동남쪽의 이산(尼山) 또는 이구산(尼丘山: 숙량흘의 고향인 昌平鄕 郰邑의 경내에 있다)으로 가서 "산신(山神)에게 기도하였다." "기도"한 후에 곧 부근의 한 산 동굴에 가서 쉬고 있는데, 뜻하지도 않게 굴속에서 분만하여 한 아들을 낳으니 곧 공구였다. 후인들은 안징재 모자를 기념하기 위하여 동굴을 '곤령동(坤靈洞)'이라 명명하였으며, 또한 '부자동(夫子洞)'이라고도 하였는데 이 동굴은 지금까지도 남아 있다. 아마 사마천이 말한 "이구산에서 기도하여 공자를 얻었다."는 것은 바로 이 전설에 근거하였을 것이다. 아니면 이 전설이 사마천이 말한 것에 근거하여 파생된 것인지는 또한 알 수가 없다. 다만 현지의 조사에서 얻은 것을 참고로 기록해둔다.

17 현재 산동 곡부성 안의 공묘(孔廟) 동쪽 곁에는 아직도 궐리가(闕里街)가 있는데 거리의 북쪽 끝 모퉁이가 바로 공자의 고거(故居)이다. 전하는 바에 따르면 안(顔) 성은 곡부의 대족으로 공자의 제자 가운데에는 안 씨 성의 곡부 사람이 적지 않다. 임춘부(林春溥)의 『개권우득(開卷偶得)』(권6)에서는 말하였다. "「중니제자전(仲尼弟子傳)」에는 안 씨가 그 가운데 여덟 명을 차지하고 있는데, 안로(顔路)와 안유(顔由), 안행(顔行), 안고(顔高), 안조(顔祖), 안지부(顔之仆), 안쾌(顔噲), 안하(顔何)로 모두 노나라 사람이다. 안지추(顔之推)는 말하기를 '중니의 모계 족속이다.'라 하였다." 안지추는 이상의 8명을 모두 안징재 본가(仲尼母族)라고 생각하였는데, 안씨의 친정이 확실히 곡부의 대족임을 알 수 있다. 과연 이와 같다면 안징재가 세 살난 고아(孔丘)를 데리고 곡부로 돌아가 몸 둘 곳을 찾기에는 또한 그다지 어려움이 없었을 것이다.

18 『좌전』「소공(昭公) 2년」, "진후가 한선자로 하여금 내빙케 하였다. …… 태사 씨에게서 기록하는 것을 살피고 『역』과 『상』, 그리고 『노춘추』를 보고는 말하였다. '주나라의 예가 모두 노나라에 있으니 내 이에 주공의 덕과 주나라가 왕업을 이룬 까닭을 알겠구나.'(晉侯使韓宣子來聘……觀書於大史氏, 見易・象與魯春秋, 曰, 周禮盡在魯矣, 吾乃今知周公之德與周之所以王也)"

가 매우 어렵다. 여기서 우리는 아래의 몇 가지 문제를 제기하지 않을 수 없다. (1) 안징재는 무엇 때문에 곡부로 거처를 옮겨야 했는가? (2) 그녀는 무엇을 믿고 곡부성에 정착하였는가? (3) 그녀는 어떻게 모자의 생활을 유지하였는가? (4) 그녀는 어떻게 공구를 기르고 교육시켰는가? 이런 문제의 제기는 매우 자연스러운 것이다. 이런 문제를 연구 토론하는 것은 역사적 요구이자 논리적인 요구이기는 하지만 이 방면에서는 문헌과 전적의 충분한 자료가 부족하다. 몇몇 고증가는 심지어 안징재의 존재 자체에 대해서도 회의와 인정하지 않는 태도를 취하였는데,[19] 이는 반드시 적절하다고는 볼 수 없다. 이미 있는 것에 근거하는 것이 단편적인 문헌자료라고 하더라도 이상의 네 가지 문제에 대한 탐색은 가능하고 필요한 것이기도 하다. 이를테면 첫 번째 문제에 대하여서는 명백히 안징재는 처(妻)와 첩(妾), 아들과 딸 사이의 복잡한 가정적 모순을 피하기 위하여 확실히 숙량흘의 집을 떠나는 것이 비교적 좋은 선택이라고 생각하였을 것이다. 두 번째 문제에 대하여서는 숙량흘이 몰락한 귀족 신분으로 추읍의 대부이며 "용력으로 제후에게 알려진" 명성에다가 안징재의 친정이 곡부의 대족이란 점에 근거하면 이런

---

19 최술(崔述)이 바로 대표적 인물이다. 그는 말하였다. "나는 이렇게 생각한다. 공자의 모친의 이름은 『예기』「단궁(檀弓)」 편에 보이는데, 그녀를 안 씨의 딸이라 일컫은 것은 『사기』「공자세가」에 근거한 것이다. 그러나 다른 경전(經傳)에는 아예 언급된 적이 없으므로 …… 수록하지 않는다. 비록 이름이나 성씨가 또한 빠졌다 하더라도 신중함을 드러내기 위해서이다."(『洙泗考信錄』, 권1) 「단궁」과 『사기』는 공자와의 시간적 거리가 멀지 않고 전하여 들은 것에 근본하였으며, 안징재라는 사람에게 긍정적으로 보았는데, 사실상 정리에 맞으며 논리적으로 합리적인에 만약 그 사람이 없다고 한다면 공구는 어디에서 태어날 수 있었겠는가? 그리고 「단궁」과 『사기』는 전하여 들은 것에 의하여 기록한 것으로 바로 역사적 공백을 채우는 것으로 유익함은 있어도 해로움은 없다. 무릇 경전에 보이지 않는 것은 하나도 믿을 수 없고 전혀 인정하지 않는 이런 경전만 맹목적으로 믿고 자승자박하는 태도는 역사에 무슨 도움이 되겠는가? 그러므로 따르지 않는다.

孔母顔徵在教子圖

공자의 어머니 안징재가 아들을 가르치다(孔母顔徵在教子圖)

공자의 모친 안징재는 젊은 나이에 남편을 여의고 세 살 된 고아 공자를 데리고 곡부로 돌아왔다. 공자는 6~7세의 아이로 놀 적에 "조두(俎豆)를 벌여놓고 예용(禮容)을 베풀었다" 하였는데 안징재의 가르침과 불가분의 관계가 있다.

조건들은 아마 안정재가 곡부성에서 안착하는 데 편의를 제공하였을 것이다. 세 번째 문제에 대하여서는 공자 자신도 "내 젊어서 미천했기 때문에 비천한 일에 능함이 많았다.(吾少也賤, 故多能鄙事)"라 언급했던 적이 있으니 주로 모자의 부지런하고 소박 검소한 데 의지하여 청빈한 생활을 유지하였음을 알 수 있다. 네 번째 문제에 대하여 사마천의 『사기』「공자세가」에서 "공자는 아이 적에 놀면서 늘 제기[俎豆]를 진설(陳設)하며 예를 행하는 용모를 베풀었었다."라 하였으니 공자는 어렸을 때부터 배우는 것을 좋아하였으며, 이는 반드시 모친의 사랑과 모친의 가르침과 상관이 있는 것임을 알 수 있다.

숙량흘이 세상을 떠난 후에 세 살 된 고아인 공구는 현모(賢母)의 보살핌과 이끌어줌이 없었더라면 과연 생존을 해나갈 수 있었을는지 봉건 사회에서 사상적으로 거인이 될 수 있었을는지는 모두 말하기 어려울 것이다. 이 현모가 바로 줄곧 존중이라고는 받아본 적이 없는 묵묵하고 알려지지 않은 안정재이다. 공자의 생애를 이야기하면서 공자의 모친을 이야기하지 않고 안정재를 말하지 않는다면 이는 공평하고 실사구시적이라고 말할 수가 없다. 그러나 문헌의 부족으로 말미암아 우리는 또한 다만 문제를 제기할 수만 있을 뿐 진일보하여 천명하려면 더욱 많은 새로운 자료(지하에서 발굴되는 자료를 포함하여)의 발견을 기다려야 한다.

공자의 소년 시대의 정황에 관하여서는 믿을 만한 몇 가지 몇 가지 사실이 있다.

첫째, 『사기』「공자세가」에서는 "공자는 아이 적에 놀면서 늘 제기를 진설하며 예를 행하는 용모를 베풀었었다."라 하였다. 그는 일반적인 아이들처럼 장난을 좋아하지 않았으며 늘 제사 때 제수품을 놓는 데 쓰는 방형과 원형의 조두(俎豆) 등 제기를 벌려놓고 절하며 예를 행하는 것을 연습하였다. 이는 현재에는 불가사의한 것이지만 당시의 귀족사회에서 제사와 예의를 매우 중시하는 분위기에서는 매우 자연스러운 것이었다. 이는 사회의 늘 보고 들어서 습관에 된 것 이외에 안징재의 가정교육과도 불가분의 관계가 있다.[20] 안징재는 당연히 공구가 이런 것들을 잘 배워서 장래에 귀족의 행렬로 돌아가는 사다리가 되기를 바랐다.

둘째, 공자 모친의 죽음이다. 안징재는 20세 전후의 한창 때의 나이로 남편을 여의고 세 살 난 고아를 데리고 복잡하고 모순적인 숙량흘의 집(추읍)을 떠나 노나라의 도읍 곡부로 와서 안착하였다. 신경을 써서 모자의 생활을 유지하고 고아를 교육시켜야 했을 뿐만 아니라 젊은 과부의 처량함을 띤 침중한 심정을 벗어날 수가 없었고 마침내 30여 세로 세상과 영결하였다. 이는 공구에게는 당연히 큰 충격이었으니 그때 그는 겨우 16~7세였다.[21] 그는 어려서부터 엄격한 모친의 가르침을 받았기 때문에 "15세에 학문에 뜻을 두었는데(十五而志于學)", 대체로 16~7세 때 이미 '예'와 "사람이 처세하는" 도리를 이해하였을 것이다. 그래서 슬픔을 머금고 모친의 장사(葬事)를 처리하면서 조금도 당황하지 않고 비교적 침착하였다. 당시 자녀들은 부모의 상사를 처리할 때 일정한 습속의 예의에 부합하여야 했다. 공자의 부친 숙량흘은 생전에 추읍의 대부였으

---

20 정환(鄭環)의 『공자세가고(孔子世家考)』에서는 "성모(聖母: 안징재를 가리킴)는 미리 예기(禮器)를 사놓았다가 장난감으로 주었는데, 은연중에 태임(太任)이 태교한 도에 합치되는 것이 아니겠는가?"라 하였다. 안징재가 공자가 어린아이였을 때 늘 예기를 사서 그에게 장난감으로 주었음을 알 수 있다. 전하는 바에 따르면 문왕(文王)의 어머니 태임(太任)은 성품이 단아하고 성실하고 엄숙하여 잉태하였을 때 태교를 잘하여 문왕을 낳았다고 한다. 안징재를 태임에 비교하는 것은 도리에 맞지 않다.

21 『궐리지(闕里志)』 「연보(年譜)」와 호자의 『공자편년』 등에서는 공자가 24세에 모친이 죽었다고 하였다. 최술은 "연보에서는 24세라고 생각하였지만 또한 억측으로 판단한 것이다."(『洙泗考信錄』 권1)라고 생각하여 취하지 않았다. 이는 『사기』 「공자세가」를 따랐다. 「세가」에서는 "공자의 모친의 사망"을 "공자의 나이 10세"의 앞에 놓았다.

니 모친의 상사를 처리할 때 당연히 더욱 일정한 예의에 부합하여야 했다. 여기서 제일 먼저 맞닥뜨리는 문제는 부모를 합장해야 하는 것이었다. 한데 공구는 부친의 묘혈이 있는 정확한 장소를 알지 못하였다. 부친이 세상을 떠났을 때 공자는 겨우 세 살이었으니 부친의 묘를 알지 못하는 것은 정상을 참작할 만하나 안징재는 줄곧 묘지를 공구에게 일러주지 않았으며, 여기에는 후세인의 의론이 일치하지 않는다. 사마천 또한 "꺼린 것이다."라고 생각을 하였으니 곧 모친이 아들에게 부친의 무덤이 있는 곳을 꺼렸다는 것이다. 무엇 때문에 꺼려야 했을까? 아마 많은 추측이 있을 것이다. 이에 대하여 또한 당나라 사마정(司馬貞)이 비교적 정리에 알맞게 말하였다. 그는 말하기를 안징재는 16~7세의 묘령의 소녀로 숙량흘에게 시집갔다. 오래지 않아 숙량흘이 늙어 죽어 청상과부가 된 안징재는 당시의 사회적 습속에 따라 혐의가 갈 만할 일을 피하여야 했다. 해서 송장(送葬)을 할 수가 없었기 때문에 숙량흘의 무덤이 어디에 있는지 알지 못하여 일러줄 만한 것이 없었던 것이지 결코 꺼려서가 아니었다고 하였다.[22] 공구는 다만 모친의 관구(棺柩)를 '오부지구(五父之衢)'[23]에 두어 남의 주의를 끌어 부친의 무덤이 있는 곳을 물을 수밖에 없었다. 나중에 추읍의 원래 이웃의 안징재와 마음을 터놓고 사는 한 마

---

22 사마정의 『사기색은』 "안징재는 15세[笄年]에 숙량흘에게 시집갔다. 얼마 되지 않아 (숙량흘은) 늙어죽어 청상(靑孀)이 되었는데, 대체로 혐의를 살가봐서 송장하는 데 따라가지 못하였으므로 무덤이 있는 곳을 몰라 마침내 알려주지 못한 것일 따름이며 꺼려서가 아니다." 『예기』 「단궁(檀弓) 상」 제3 "공자는 어려서 고아가 되어 그 무덤을 알지 못하였다."의 조목 아래의 주에는 다음의 견해가 있다. "안징재는 그와 남편이 예를 갖추지 못하고 아내가 된 것을 부끄럽게 여겼는데, 공자가 예를 알고 있는 것을 알았으므로 알려주지 않았다. '묘를 알지 못했다.' 한 것은 관(棺)이 있는 곳을 확실히 알지 못했음을 이른 말이며 이는 묘의 소재를 전혀 알지 못한 것이 아니다. 그가 혹 나갈 때는 하직하고 들어오면 보고하되 그때마다 묘의 본처(本處)만 바라보고 절을 하였다. 지금 합장을 하려고 하면 모름지기 그 있는 곳을 올바로 알아야 했기 때문에 그 무덤을 알지 못한다고 한 것이다."

부의 모친이 숙량흘의 묘가 어디에 있는지 알고 있어서 곧 공자에게 일러주었으며, 공자는 바야흐로 부모를 방(防)에 합장하였다.[24] 방(防)은 곧 지금의 곡부 동쪽 10여km 지점에 있는 방산(防山)이다. 현재 이곳에는 양공림(梁公林, 林은 '陵'이라고도 한다)이 있으며, 전하기로는 공자의 부모 및 백니를 매장한 곳이라고 한다. 이 이후로 나이 겨우 16~7세의 고아인 공구는 당시의 계급이 엄격한 사회에서 독자적으로 삶을 도모하고 학습하고 분투하여야 했다.

셋째 공자의 모친이 죽은 후 오래지 않아 노나라의 귀족인 계손씨(季孫氏)[25]가 사(士) 일급(一級)의 귀족(귀족 가운데 가장 등급이 낮은 士)을 연회에 청했다. 그때 공구는 어머니를 여의고 오래되지 않아 아직 상복을 벗지 못하였다. 그럼에도 자기는 이미 죽은 숙량흘이라는 무사의 아들로 대체로 참가할 자격이 있다고 생각하여 곧 다른 사람과 함께 나아갔다. 그러나 어찌 알았겠는가? 계손씨의 가신(家臣)으로 양호(陽虎)[26]라는 사람이 경멸하는 태도로 공구를 꾸짖으며 배척하여 말하였다. "계씨 가문

23 구(衢)는 사통팔달의 도로를 가리키며 오부지구(五父之衢)는 곧 오부(五父) 지방의 도로 입구를 부르는 말이다.

24 『예기』「단궁(檀弓) 상」제3조의 공영달(孔穎達)의 주소(注疏). "이때 추만부(郰曼父)의 모친이 공자의 모친과 친하였다. 공자가 밖에서 모친의 빈(殯)을 행하는 것을 보고 괴이히 여겨 공자에게 묻자 공자는 괴이히 여기는 것을 마침내 추만부의 모친에게 물어 비로소 부친의 무덤이 있는 곳을 알게 되었으며 그런 다음에 부모의 시신을 방에 합장하게 되었다."

25 계손씨(季孫氏)는 계평자(季平子)를 가리키며 이름은 계손여의(季孫如意)이다. 계손씨, 맹손씨(孟孫氏, 仲孫氏라고도 한다)와 숙손씨(叔孫氏)는 노나라의 3대 귀족으로 모두 노환공(魯桓公: B.C. 711~694년 재위)의 아들인 계우(季友), 중경보(仲慶父, 卽 孟氏)와 숙아(叔牙)의 후예로 '삼환(三桓)'으로 불리는데, 당시 노나라의 대권을 장악하였으며 계손씨의 권력이 가장 컸다.

26 양호(陽虎)는 양화(陽貨)라고도 하며 계손씨 가문에서 권력을 가진 가신(家臣)으로 계손씨 가문의 대권을 장악한 적이 있으며 아울러 또한 노나라 전체의 대권을 장악하였다. 공자는 나중에 그를 지적하여 말하기를 "배신(陪臣)이 나라의 운명을 잡았다"라 하였는데, '배신'은 대부의 가신을 가리키며 의미는 곧 계손씨 대부의 가신으로 노나라의 정권을 잡았다는 것이다.

의 연회에 초청한 것은 사(士)인데 누가 연회에 너를 청하였는가!" 이에 공구는 물러나올 수밖에 없었다.[27] 이는 17~8세의 공구가 귀족사회에 진입하려고 했을 때 맞닥뜨린 생각지도 못한 타격이었다. 이런 경멸과 타격을 공구는 묵묵히 받아들이는 수밖에 없었다. 이 일은 그를 낙담시키지 못하였고 오히려 그를 분발시켜 학습하는 신심과 결심을 더욱 격려하였다.

여기에서 공자의 유소년 생활을 간략히 서술하는 중에 두 가지 우리의 주의를 끄는 것이 있다. 하나는 노나라의 도읍인 곡부에서 옛 문화 특히 예에 감화된 모습이다. 그의 순결하고 어린 마음 깊숙한 곳에서 당시 유래한 지가 이미 오래된 계급이 엄격한 귀족 정치제도 자체에 어떠한 한 가지라도 저촉되는 곳을 느끼지 못하였다. 오히려 이 때문에 엎드려 절하고 경외하는 마음을 충심으로 순종하였고 받아들였다. 아마 그의 후일 정치관과 사회관에서의 호고(好古)와 신고(信古), 복고(復古)의 보수사상은 이때 뿌리를 내렸을 것이다! 둘째는 그는 어려서부터 빈천하여 사회 각계의 냉대를 받는 것에서 양호(陽虎)의 멸시를 받았다. 현실 사회에 대하여 불만을 가지기도 하였지만 귀족의 종법과 등급제도 자체에는 오히려 조금도 원한을 품지 않았다. 공자는 일생 동안 생각하였다. "예악이 붕괴"된 국면을 만회하고 구제하여 반드시 귀족의 통치를 옹호하고 서주(西周)의 문왕과 무왕, 주공의 다스림을 회복하여 인정(仁政)과 덕치의 "이상(理想)"을 실현하겠다고. 결과는 도처에서 벽에 부딪쳤다. 이런 사상은 마찬가지로 이때 이미 뿌리를 내린 것이 아니겠는가?

---

27 사마천의 『사기』 「공자세가」. "공자가 상복을 입고 있을 때 계씨가 사(士)에게 연회를 베풀었다. 공자도 참석하러 갔는데 양호가 가로막고 말하기를, '계씨는 사에게 연회를 베풀었지 감히 그대에게 베푼 것이 아니다.'라 하여 공자는 이로 말미암아 물러났다.

3. 독립하여 삶을 도모하고 근면하게 학문을 좋아하다

20세가 되지 않은 공자는 모친이 세상을 떠나자 어쩔 수 없이 완전히 자신을 믿고 독립하여 삶을 도모하여야 했다. 망부(亡父)인 숙량흘은 무사에 추읍의 대부이고 또한 "용력으로 제후에게 알려진" 명성이 있는데다 망모(亡母)인 안징재는 곡부의 대족 출신이다. 이러한 요소들을 종합해보면 당연히 공자가 사회로 진입하는 데 유리한 조건으로 작용을 하였을 테지만 스스로의 노력에 의지하여야 했다. 공자는 그 이치에 매우 밝았다. 그는 각고의 노력을 했다. 학문을 부지런히 하고 묻기를 좋아하였으며 겸손하고 공손하였으며 처세에 깊이 침잠하였다. 이에 젊은 공자는 세상을 겪은 지 오래지 않아 노나라의 도읍인 곡부의 사회에서 귀족을 포함하여 중간에 매우 좋은 인상을 남겼다. 이런 유리한 조건이 없었더라면 공자가 19세에 송나라 사람 기관 씨(亓官氏)[28]를 아내로 맞는 것은 불가능하였을 것이다. 특히 결혼 후 1년 남짓 만에 아들을 얻었는데, 노나라 임금인 노소공(魯昭公: 姬裯)까지 사람을 보내 잉어[鯉] 한 마리를 보내왔을 정도였다. 공자는 소공이 잉어를 보내온 것을 더없는 영광으로 생각하여 아이의 이름을 이(鯉)로 지어 불렀고 자를 백어(伯魚)라고 하였다.[29] 아내를 맞고 잉어를 보낸 이 두 가지 일은 바로 위에서 서술한 유리한 조건의 합리적인 결과이다. 당연히 이것으로는 결코

---

28 기관 씨(亓官氏): 우리나라와 일본에서는 보통 견관 씨(幵官氏)로 표기를 하지만 여기서는 저자의 표기를 그대로 따랐다.-옮긴이.

29 『공자가어』「본성해(本姓解)」에서는 공자의 나이가 "19세 때 송나라 기관 씨의 딸을 아내로 맞았다. 1년 만에 백어를 낳았다. 백어가 나자 노소공이 잉어[鯉]를 공자에게 내렸는데, 임금이 내 것을 영광스럽게 생각하였기 때문에 이름을 이(鯉)라 하고 자를 백어(伯魚)라 하였다."라 하였다.

가정의 빈궁한 실제 상황이 바뀌지 않았으며 어떻게 삶을 도모하는가
하는 것은 여전히 공자의 긴박한 현실 문제였다.

　공자는 모친이 아직 세상을 떠나지 않았던 유소년 시대에 반드시 모
친을 도와 많은 가사노동과 기타 노동을 하였을 것이다. 모친 사후에는
독립적으로 삶을 도모하기 위해 노동의 범위가 반드시 더욱 광범위하
였을 것이다. 때문에 그는 나중에 "나는 젊어서 미천했기 때문에 비천
한 일에 많이 능하였다.(吾少也賤, 故多能鄙事)"[30]라 하였는데, 결국 어떤 "비
천한 일"인지는 그가 말한 적이 없어 고찰할 수가 없다. 아마 땅을 쓸거
나 밥을 짓는 일, 세탁, 채소 심기, 짐 지기, 수레 밀기 등의 가사노동과
남의 양과 소를 쳐주는 일에서 남의 혼사와 상사(喪事)에서 피리 불고 북
치는 따위의 일까지 그는 모두 하였을 것이다. 그러나 그가 비록 이런
일들을 하기는 하였지만 스스로 마음속으로는 또한 이런 일들을 경시
하였다. 이런 것들은 모두 자기가 젊었을 때 집이 가난하여 어쩔 수 없
이 하였으며 삶을 도모하는 "비천한 일(鄙事)"라고 생각하였다. 그래서
그는 이러한 노동을 하면서 아울러 재주를 숙련시켰다. 한편으로는 사
상의 깊은 곳에서 여전히 노동을 경시하였는데, 이런 일들은 모두 다만
'소인(小人)'이 해야 할 일이지 '군자'가 해야 할 일은 아니라고 하였다.
바로 그가 매우 재주가 있었기 때문에 "비천한 일에 능함이 많았다." 그
는 20세 이후의 일단의 시간에 두 차례 구체적인 직책을 관장하는 소리
(小吏)에 충당된 적이 있다. 한번은 승전(乘田)이었고 한번은 위리(委吏)였
다. 승전은 소와 양을 관리하는 소리이며 위리는 창고를 관리하는 소리
이다. 그는 매우 근면하고 성실하게 이런 하찮은 관리직을 모두 훌륭하

---

30 『논어』 「자한(子罕)」.

게 해내었다. 그는 말하기를 "나에게 소와 양을 관리하게 하였을 때 나는 소와 양을 살지고 튼튼하게 관리할 수 있었다."라고 하였다. 또한 말하기를 "나에게 창고를 관장하게 하였을 때 나는 창고의 장부를 명백하게 계산할 수 있었다."[31]라 하였다.

춘추시대 말기에는 모든 귀족 정치에 참여하여 일정한 지위를 취득하려고 하는 사람은 모두 예(禮)·악(樂)·사(射)·어(御)·서(書)·수(數)라는 여섯 항목의 기본적인 공부를 배워야 했다. 이는 곧 당시에 유행한 예와 악을 따르고, 활 쏘는 기술을 파악하며 마차 모는 것을 배우고, 글씨 쓰는 것을 배우며 또한 일정 정도의 계산 능력을 구비하는 것이었다. 공자는 대개 독학과 남에게 가르침을 청하는 방식을 통하여 마침내 완전무결하게 전면적으로 이 여섯 항목의 공부를 파악하였다.

공자는 어려서부터 부지런히 배우고 묻기를 좋아하였으며 각고하여 독학하였다. 나중에 그의 학생인 재여(宰予)가 낮잠 자기를 즐긴 것을 비평한 일[32]을 보면 미루어 알 수 있다. 그는 1분 1초의 시간도 헛되이 낭비되는 것을 원하지 않았으며 모두 공부를 하는 데 쓰려고 했다. 그는 어떤 사람들에게 배웠었는가? 배운 내용은 어떤 것이고, 배운 방법은 어떤 것이었는가? 믿을 만한 자료는 부족하다. 단편적인 자료 중에서

---

31 이 단락의 고사는 『맹자』 「만장(萬章) 하」의 "공자께서 일찍이 위리가 되셔서는 말씀하시기를 '회계를 마땅하게 할뿐이다.' 하셨고, 일찍이 승전이 되셔서는 '소와 양을 잘 키울 뿐이다.' 하셨다.(孔子嘗爲委吏矣, 日, 會計當而已矣, 嘗爲乘田矣, 日, 牛羊茁壯長而已矣)"라 한 데서 나왔다. 사마천 또한 말하기를 "공자는 가난하고 천하였다. 자라서는 계씨(季氏)의 사(史)가 된 적이 있는데, 양을 헤아림이 공평하였고, 사직리(司直吏)가 된 적이 있는데 잘 길러 번식하였다."라 하였다.(『사기』 「공자세가」)

32 『논어』 「공야장(公冶長)」. "재여가 낮잠을 자자, 공자께서 말씀하셨다. '썩은 나무는 조각할 수 없고, 거름흙으로 쌓은 담장은 흙손질 할 수가 없다. 내 재여에 대하여 꾸짖을 것이 있겠는가?'(宰予晝寢, 子曰, 朽木不可雕也, 糞土之墻, 不可朽也, 於予與何誅?)"

겨우 아래의 몇 가지 예를 조사하여 알 수 있다.

예 1. 공자가 27세 때(B.C. 525, 魯昭公 17년) 노나라 동남쪽에 노나라의 부용국인 소국 담(郯)나라의 담자(郯子)가 노공(魯公)을 조현하러 온 적이 있었다. 연회석상에서 노나라의 대부인 소자(昭子, 이름은 叔孫婼)가 담자에게 소호(少昊) 때 새의 이름으로 관직 이름을 삼은 상황에 관하여 묻자 담자가 상세히 대답해주었다. 공자는 이 소식을 듣자 즉시 가서 담자를 찾아뵙고 그에게 소호씨 시대의 관직제도에 대한 역사적 상황에 대하여 가르침을 청하였다. 나중에 그는 사람들에게 말하였다. "내가 듣건대 '천자에게 어찌 이런 일을 주관하는 사람이 없겠는가? 이런 학문이 오히려 사방의 만이(蠻夷)에게 보존되어 있구나.' 이 말은 오히려 참되도다."[33] 이는 역사상 공자가 담자에게 배웠다는 유명한 일화로 공자는 확실히 어떠한 사람이든 배울 기회가 되는 사람이 있으면 버려두지 않고 가르침을 청하는 배우기를 좋아하는 사람임을 설명해준다.

예 2. 공자가 처음으로 노나라에서 주공(周公)을 제사지내는 태묘(太廟)에 들어갈 기회가 있었을 때 일마다 이런저런 질문을 하였다. 어떤 사람이 이를 보고 말하기를 "누가 추읍 대부의 아들이 예를 안다고 하였는가? 태묘에 들어와서 일마다 이런저런 질문을 하는구나." 이 말이 공

---

33 『좌전』 「소공(昭公) 17년」, "가을에 담자가 와서 조현하여 공이 그에게 연례를 베풀었다. 소자가 그에게 물어 말하였다. '소호씨가 새 이름으로 관직 이름을 삼은 것은 어째서입니까?' 담자가 말하였다. '우리 선조여서 내가 압니다. …… 우리 고조이신 소호씨 지가 즉위할 때 봉황이 마침 날아와 새로 기록을 하였으며 각 관직의 우두머리를 새로 명명하였습니다.……' 중니가 그 말을 듣고 담자를 찾아보고 그에게서 배웠다. 얼마 후 다른 사람에게 일러 말하였다. '내가 듣건대 천자의 백관이 직무를 잃으면 관학이 사방 변경의 나라에 있게 된다 하였는데 확실히 그렇구나.'(秋, 郯子來朝, 公與之宴. 昭子問焉, 曰, 少皞氏鳥名官, 何故也? 郯子曰, 吾祖也, 我知之……我高祖少皞摯之立也, 鳳鳥適至, 故紀於鳥, 爲鳥師而鳥名……仲尼聞之, 見於郯子而學之. 旣而告人曰, 吾聞之, 天子失官, 官學在四夷, 猶信.)"

자의 귀에 전하여지자 공자는 이것이야말로 예에 합당한 것이라고 말하였다.[34] "아는 것을 안다고 하고 모르는 것을 모른다고 하는(知之爲知之, 不知爲不知)" 태도에 근거하여 일을 만나면 이는 어째서인가 묻는 것은 공자의 일종의 학습 방법이다. 현재의 기준으로 말한다면 바로 일종의 조사 연구 방법이다.

예 3. 당시 주나라 천자의 수도인 낙읍(雒邑: 故址는 지금의 河南省 洛陽市 王城 公園 일대에 있다)에 이르러 주나라의 예와 옛 문헌을 배우러 갔다. 이는 공자의 학습 경력 가운데서 중대한 일이다. 곡부에서 낙읍까지는 천리 아득한 길로 노정이 매우 힘들었다. 당시 공자의 빈궁한 사정을 감안하건대 노나라 귀족의 지지가 없었더라면 이 여정이 실현되는 것은 매우 어려웠을 것이다. 마침 노나라의 귀족인 맹희자(孟僖子)가 그의 두 아들 맹의자(孟懿子, 何忌)와 남궁경숙(南宮敬叔)에게 공자를 사사하여 예를 배우게 하였다.(아래의 절에 상세하다) 이 때문에 전하는 바에 의하면 남궁경숙이 노나라 임금(昭公)에게 건의하여 노나라 임금이 거마와 노자를 도와주도록 청하고 아울러 공자와 동행하기를 바란다고 말하였다. 노나라 임금은 공자에게 수레 한 대와 말 두 필, 수행하는 종자 한 사람을 내려주었

---

34 『논어』「팔일(八佾)」. "공자께서 태묘에 들어가 매사를 물으시니, 혹자가 말하기를 '누가 추땅 사람의 아들[孔子]을 일러 예를 안다고 하는가? 태묘에 들어가 매사를 묻는구나!' 하였다. 공자께서 이 말을 들으시고 '이것이 예이다.'라고 하셨다.(子入大廟, 每事問, 或曰, 孰謂 鄹人之子知禮乎! 入大廟, 每事問. 子聞之, 曰, 是禮也)" 어떤 사람은 '是禮也'의 '也'자는 '야(耶)' 로 봐야 한다고 하였는데, 의미는 곧 공자가 반어법으로 당시 노나라의 허다한 제사를 지낼 때의 참람된 예에 대하여 항의하였다는 것이다. 이치상 순조롭지 못한 듯하여 취하지 않는다. "추땅 사람의 아들(鄹人之子)"의 '鄹人'은 곧 숙량흘을 가리킨다. 공영달(孔穎達)은 말하였다. "숙량흘은 추읍의 대부인데 공읍(公邑: 작위가 公인 제후국의 읍)의 대부는 모두 읍 이름을 앞에 붙여서 그 사람을 부른다."(『좌전』「襄公 10년) 일반적으로 존경의 뜻을 띠고 있다. 그러므로 이곳의 "추땅 사람의 아들(鄹人之子)"은 곧 추읍의 대부(叔梁紇)의 아들을 가리킨다.

다.[35] 전하는 말에 의하면 공자는 낙읍에 이르러 "노담에게 예를 물었던(問禮于老聃)" 적이 있다.[36] 공자가 낙읍에서 "노담에게 예를 물었건"[37] 말았건, 또한 낙읍으로 간 확실한 연월을 단정하기 어렵건 말건(南宮敬叔의 동행 여부를 포함하여)[38] 공자가 낙읍으로 가서 배우고 고찰했던 적이 있으며 아울러 배움을 얻기가 힘들기는 하였어도 이는 엄연한 역사적 사실이다. 사마천이 말한 "공자가 주나라에서 노나라로 돌아오자 제자들

---

35 사마천의 『사기』 「공자세가(孔子世家)」. "노나라 남궁경숙(南宮敬叔)이 노나라 임금에게 말하기를 '공자와 함께 주나라에 갈 것을 청합니다.'라 하였다. 노나라 임금은 그에게 수레한 대와 말 두 필, 종 한 사람을 주어 함께 주나라로 가서 예를 물었는데 아마 노자를 본 것을 말할 것이다."

36 『공자가어』 「관주(觀周)」.

37 전목(錢穆)은 "공자가 노자를 만나서 예를 물은 것은 그 해를 정하기 어려울 뿐만 아니라 또한 근거할 곳도 없고 증명할 사람도 없어서 믿지 않는다."(『先秦諸子繫年考辨』, 8쪽)라 생각하였다. 그러나 전목 또한 결코 공자가 낙읍으로 갔었다는 사실 자체에 대해서는 의심을 품지 않았으며, 의심한 것은 다만 노담이라는 사람과 공자가 노담에게 예를 물었다는 사실이다.

38 염약거(閻若璩)는 『사서석지속(四書釋地續)』에서 공자가 주나라로 간 가능한 연도 4개를 열거하였다. 곧, 1. 노소공(魯昭公) 7년(B.C. 535, 공자 17세), 2. 노소공 17년(B.C. 525, 공자 27세), 3. 노소공 20년(B.C. 522, 공자 30세), 4. 노소공 24년(B.C. 518, 공자 34세). 남궁경숙은 소공 11년에 태어났기 때문에 앞의 세 연도는 남궁경숙은 아직 태어나지 않았거나 겨우 10세 가까운 나이로 주나라에 동행을 할 수 없었을 것이다. 네 번째 연도만이 남궁경숙이 14세로 억지로나마 동행이 가능하였을 것이다. 그러나 어떤 사람들은 염약거가 든 네 번째 연도도 합당하지 않다고 생각한다. 첫째, 소공 24년은 남궁경숙의 부친 맹희자(孟僖子)가 막 죽어 남국경숙은 복상 중이라 공자와 함께 주나라로 갈 수 없다고 하였다.(馮景의 『解春集』에 보인다) 둘째, 위에서 말한 원인 외에도 또한 14세 된 아이는 반드시 노나라 임금을 만나지 못하였을 것이므로 주나라에 이르지 못하였을 것이다. 이로 인해 다시 다섯 번째 연도를 제시하였는데, 곧 『장자』에서 말한 "공자는 51세 때 남쪽으로 가서 노담을 만났다."라 말한 것에 근거하여 노정공(魯定公) 9년(B.C. 501, 공자 51세, 남궁경숙 31세)로 정하였지만 그때 공자는 노나라에서 벼슬을 하여 중도재(中都宰)로 임직하고 있어 주나라에 갈 겨를이 없었다. 이 때문에 다섯 번째 연도도 합당하지 않다. 하나의 연도를 정하는 문제 때문에 대대로 많은 필묵을 써가면서 고증을 하였지만 여전히 확정할 방법이 없다.(錢穆의 『先秦諸子繫年考辨』 4~8쪽에 상세히 보인다) 이 때문에 우리는 공자가 주나라에 간 것에 대하여 다만 이 일이 있었을 것이라고 말할 뿐 그 연도를 잃어 반드시 비교적 합리적인 추산을 해야 한다면 대략 공자가 34세와 44세 사이, 곧 B.C. 518~508년 사이일 것이다.

이 조금씩 더 나아갔다."라 한 것은 아마 바로 이런 역사적 사실을 반영한 것일 것이다.

예 4. 사양(師襄)[39]에게 금(琴)을 배운 것. 전하는 말에 의하면 공자는 사양에게 금을 배웠는데 배운 지 10여 일 만에 오래 배운 학생과 같은 곡을 탔다. 사양은 그에게 말하기를 "이 곡은 이미 다 배웠으니 새로운 곡을 배워야겠다."라 하였다. 그러자 공자는 말하기를 "곡조는 이미 배웠지만 연주 기교는 아직 잘 배우지 못하였습니다."라 하였다. 얼마 후 사양이 또 말하기를 "기교는 이미 다 배웠으니 새 곡을 배워야겠다."라 하자 공자는 말하였다. "아직도 이 곡의 지취(志趣)와 신운(神韻)을 깨우칠 수가 없습니다." 그런 날이 지나자 사양이 말하기를 "이미 지취와 신운을 깨우쳤으니 새 곡을 배워야겠다."라 하자 공자가 말하였다. "나는 아직도 이 곡의 작자가 누구인지 체찰하고 아울러 그 사람의 풍모가 어떤지 상상하지 못하였습니다." 또 얼마간의 시간이 지났을 때 공자는 머리를 들고 앙망하였는데 마치 그리워하듯이 말하였다. "나는 이미 작자의 사람됨의 풍모를 체찰하였으니, 이 곡은 주문왕이 아니면 또 누가 지어낼 수 있겠는가!" 사양자(師襄子)는 일어서서 연신 읍(揖)을 하면서 말하였다. "맞습니다! 나의 스승이 이 곡을 전수해줄 때 바로 이 곳을 「문왕조(文王操)」라고 하였습니다."[40] 전하는 말이 완전히 과장되었음을

---

39 사양(師襄)은 공자와 동시대 노나라의 악관(樂官)이다. 옛날에는 악관을 사(師)라고 하였으며, 나중에는 이 직무를 맡은 사람이 사(師)를 성으로 삼아 이름의 앞에 놓았는데, 이를테면 사양(師襄) 같은 것이 있으며 또한 사양자(師襄子)라고도 한다. 자(子)자를 더한 것은 존칭을 나타낸다. 일설에 의하면 사양은 진(晉)나라 사람이라고 한다. 진나라는 노나라와 멀리 떨어져 있는데 공자가 멀리 진나라까지 가서 금을 배운다는 것은 가능성이 희박할 것이다.

40 「문왕조(文王操)」는 금곡(琴曲)의 이름인데 주문왕(周文王)이 지은 것으로 전하여진다. 이 이야기는 『공자가어』 「변악(辯樂)」과 『사기』 「공자세가」에 보이는데 내용은 약간 이동(異同)이 있다. 이는 『사기』에서 대의(大意)를 따왔다.

64

면하지는 못하겠지만 이야기의 기본적인 사실은 공자가 금을 배우는 태도가 얼마나 진지한지 알 수 있다. 그는 금을 타고 음악을 연주할 뿐만 아니라 노래 부르는 것도 매우 좋아하였다. 그는 남들과 노래를 부르다가 누가 노래를 잘하면 반드시 그 사람에게 한 번 더 노래해 줄 것을 청하였다. 그런 다음에 스스로 다시 그와 함께 노래를 하였다.[41] 이렇게 함으로써 다른 사람과 늘 음악에 관한 문제를 이야기할 수 있을 뿐만 아니라 감상 능력이 더 강하여지기 때문이었다. 나중에 제나라에 이르러 「소(韶)」의 음악을 연주하는 것을 듣고 "석 달 동안 고기의 맛을 알지 못할(三月不知肉味)"[42] 정도로 완전히 매혹되기에 이르렀다.

이상의 몇 가지 예로 공자의 예를 배우고 음악을 배우는 성실하고 근면한 정신을 생각해볼 수 있다. "육예(六藝)" 중의 사(射), 어(御), 서(書), 수(數)의 사예(四藝)는 공자가 어떻게 배웠으며 누구에게 배웠는지 비록 참고할 만한 자료는 없지만 그는 각종 상황에서 드러난 숙련 정도 또한 그의 정밀하고 깊은 학습 성과를 설명할 수 있다. 한번은 공자가 곡부성 서쪽 교외의 당시 확상포(矍相圃)라고 불린 곳에서 활쏘기를 익히는 활동을 거행한 적이 있었다. 에워싸고 구경하는 사람들이 매우 많아 심지어 담을 친 것 같은 모습이었다고 하니[43] 그의 활쏘기 숙련 정도를 설명할 수 있다. 게다가 공자가 살고 있는 궐리에서 멀지 않은 달

---

41 『논어』「술이(述而)」. "공자께서는 남과 함께 노래를 불러 상대방이 노래를 잘하면, 반드시 다시 부르게 하시고 그 뒤에 따라 부르셨다.(子與人歌而善, 必使反之, 而後和之)"

42 『논어』「술이(述而)」. "공자께서 제나라에 계실 적에 〈소〉를 들으시고, (배우는) 3개월 동안 고기 맛을 모르시며 '음악을 만든 것이 이러한 경지에 이를 줄은 생각도 못했다.'(子在齊聞韶, 三月不知肉味, 曰, 不圖爲樂之至於斯也)"

43 『예기』「사의(射義)」. "공자가 확상포에서 활쏘기를 했는데 대개 보는 사람들이 담장을 두른 듯이 많았다.(孔子射於矍相之圃, 蓋觀者如堵墻)"

항(達巷)의 사람은 공자를 찬양하여 "정말로 대단하구나! 그렇게 박학하다니! ……"라 하였다. 공자는 이 말을 듣고 제자들에게 말하기를 "내가 무엇을 할 수 있겠는가? 수레 몰기? 활쏘기? 나는 수레를 모는 것을 하는 데 지나지 않는다."[44]라 하였다. 이로써 그가 마차를 모는 일의 숙련된 정도를 설명할 수 있다. 또한 앞에서 이미 제기하였었듯이 공자는 창고관리원[委吏]의 일을 맡았을 때 장부 계산을 매우 분명하게 하였다. 이는 또한 그의 계산 숙련 정도를 설명할 수 있다. 문서를 작성하는 일(書)에 있어서 공자는 더욱 뛰어났다.

이상은 당시의 귀족정치 예비 관리인 '사(士: 현대의 지식인에 해당)'가 반드시 익혀야 할 여섯 항목의 기본적인 공부를 설명해주고 있다. 공자는 모두 "먹음에 배부름을 추구하지 않고, 거처할 때에 편안함을 추구하지 않는(食無求飽, 居無求安)" 완강하면서 각고한 정신으로 부지런히 배우고 묻기를 좋아하는 독학의 길을 통하여 전면적이면서도 숙련되게 배우고 이해하였다. 이와 같을 뿐만 아니라 30세 무렵이 되었을 때 그의 학업은 이미 위에서 언급한 '육예'의 범주를 멀리 뛰어넘었다. 고등의 '육예(六藝)' 곧 나중에 '육경(六經)'(『詩』, 『書』, 『禮』, 『樂』, 『易』, 『春秋』)으로 높여지는 것의 실제 내용과 정신에도 모두 이미 체계적으로 융회관통하게 되었다.

---

44 『논어』「자한(子罕)」. "달항당의 사람이 말하기를 '위대하구나, 공자여! 박학하긴 하나 이름을 이루지는 못하였구나.' 하였다. 공자께서 이를 들으시고 문하의 제자들에게 다음과 같이 말씀하셨다. '내 무엇을 (專門으로) 잡아야 하겠는가? 수레 모는 일을 잡아야 하겠는가? 아니면 활 쏘는 일을 잡아야 하겠는가? 내 말 모는 일을 잡겠다.'(達巷黨人曰, 大哉孔子! 博學而無所成名. 子聞之, 謂門弟子曰, 吾何執? 執御乎? 執射乎? 吾執御矣)" 수레 모는 일은 육예 가운데 가장 쉬운 것으로 공자는 스스로 겨우 "수레를 모는 것(執御)"을 할 수 있을 뿐이라고 하였는데, 이는 그의 학습 방면의 겸허한 태도를 설명한다.

4. "30세에 자립하여" 노나라에서 벼슬하기 전까지

공자는 스스로 말하기를 "30세에 자립하였다(三十而立)"라고 하였다. 이는 곧 그가 일생 동안 배우는 길에서 15세부터 학문에 뜻을 두었고, 30세가 되었을 때 곧 이미 기초가 견고해지게 되었음을 말한다. 이후의 "마흔 살에 (事理에) 의혹되지 않았고, 쉰 살에 천명을 알았고, 예순 살에 귀로 들으면 그대로 이해되었고, 일흔 살에 마음에 하고자 하는 바를 좇아도 법도를 넘지 않았다.(四十而不惑, 五十而知天命, 六十而耳順, 七十而從心所欲, 不踰矩)"[45] 등등은 그가 묘사한 학습과 성장과정 중의 같지 않은 경계로 모두가 이 견고한 기초를 가지고 있었기 때문에 이 기초 위에서 발전시키고 제고시킨 결과이다. 이 기초는 공자 일생의 일, 일생의 처세와 교학 활동(施敎, 治學), 정치 활동(爲政) 등에 대하여 모두 키포인트가 되며 결정적인 의의를 가지고 있다.

"입(立)"의 함의는 바로 고금의 각종 문헌자료 및 당시의 현실적 상황에 통달하여 추상적이거나 조리 있게 원칙적인 사상(義 혹은 道)을 개괄해 내어 '일이관지(一以貫之)'[46]의 경지에 도달하는 것이다. 공자가 "30세에 자립했을" 때 이런 '일이관지'의 원칙 사상은 기본적으로 이미 확립이 되었다.

---

45 『논어』「위정(爲政)」.

46 『논어』「위령공(衛靈公)」. "공자께서 말씀하시기를 '사야! 너는 내가 많이 배우고 그것을 기억하는 자라고 여기느냐?' 하시자, 자공이 대답하였다. '그렇습니다. 아닙니까?' 공자께서 말씀하셨다. "아니다. 나는 하나의 이치가 모든 사물을 꿰뚫은 것이다.(子曰, 賜也! 女以予爲多學而識之者與? 對曰, 然. 非與? 曰, 非也. 予一以貫之)" 이곳의 "일이관지"라는 말은 천징판(陳景磐) 교수의 해석이 매우 옳은데, 그는 말하기를 "이른바 '일이관지'라는 것은 바로 보고 들은 지식을 하나의 중심 원칙으로 귀납시켜 하나의 사상체계를 이루는 것으로 모든 지식을 관철시키는 것이다."라 하였다.(『공자의 교육사상(孔子的教育思想)』 69쪽)

위에서 이미 말하였었듯이 공자는 30세 무렵에 원래의 의의에서 일반적인 귀족이 모두 반드시 이해를 하지 않아도 되었던 '육예(禮·樂·射·御·書·數)에 통달하였다. 뿐만 아니라 또한 한 걸음 더 나아가 귀족이라면 반드시 파악하여야 할 모든 고급 '육예 곧 한나라 이후 '육경'으로 높여지는 '육예에도 통달하였다. 이는 바로 한나라 가의(賈誼)가 말한 『『서(書)』, 『시(詩)』, 『역(易)』, 『춘추(春秋)』, 『예(禮)』, 『악(樂)』을 …… 육예(六藝)라 한다."[47]는 것과 『장자(莊子)』에서 말한 "…… 구(丘)는 『시』, 『서』, 『예』, 『악』, 『역』, 『춘추』의 육경(六經)을 연구했다."[48]는 것이다. 이곳의 '육예와 '육경'은 한 가지이며 '육예를 '육경'이라 한 것은 한조(漢朝)에서 '육예를 육문경전(六門經典)으로 삼아 높이 일컬은 뜻으로 당시에는 고급 '육예가 대표적 고대 문헌이었는데 공자는 모두 통달하였다.

당시 공자는 '육예로 대표되는 대량의 고대 문헌자료에 통달하였다. 한편으로는 당시 주나라 왕실이 쇠미하고, "예악이 붕괴되고", 제후들끼리 분쟁하는 정치적 사회적으로 어지러운 상황을 관찰하고 사고를 거쳐 개괄을 더하여 점차 새롭게 자기의 입신 처세와 관찰을 형성해나갔다. 당시의 각종 문제를 해결하고 서주의 문물 전장을 전범으로 하였으며 복고성을 띠었고 발전된 원칙사상을 가졌다. 이런 원칙적인 사상은 주로 아래의 몇 가지 점으로 귀납될 수 있다.

(1) '인(仁)'을 내용으로 하고 '예(禮)'를 형식으로 하는, 곧 내용과 형식의 결합을 확립시켰다. 또한 '인이 주도하는 존비와 귀천의 등급이 두

---

47 가의(賈誼) 『신서(新書)』 「육술(六術)」.

48 『장자』 「천운(天運)」. 『장자』 「외·잡편(外·雜篇)」은 장자의 작품이 아닌 것이 많다. 「천운」은 아마 후인의 손에서 나왔을 것이다. 이곳은 그 작품을 한나라 사람의 말로 인용한 것으로, 정식으로 '육예를 '육경'으로 일컬은 것은 한나라 때부터 시작되었기 때문이다.

드러지는 봉건 종법사회의 의식형태의 전반적인 윤리관과 정치관, 사회관을 반영하였다. 그 가운데는 물론 일정 정도 인민성과 민주성을 띤 진보적인 요소('汎愛衆' 사상 같은 것 등)가 있긴 하지만 발판은 봉건 귀족의 통치 질서를 수호하는 것이었다. 공자는 봉건 질서의 수호에서 출발하여 개혁하려는 환상을 가졌으나, 실제적으로는 봉건 귀족 통치를 공고히 하는 일체의 보수 사상에 유리한 모든 토대가 바로 여기에 있다.(이 문제는 뒤에서 전문적으로 평론할 것이다)

(2) 위에서 말한 기본 사상에서 태어난 '충군존왕(忠君尊王)' 사상을 확립시켰다. 공자 본래의 의의에서의 '충군존왕' 사상은 조건적이다. 임금은 임금다워야 하고(君君) 신하는 신하다워야 하며(臣臣), 임금은 "신하를 예로 부려야 하고", "절도 있게 쓰고 백성을 사랑하여야 하며", 그런 다음에 신하는 "충성으로 임금을 섬겨야 하니" 이는 종법(宗法) 등급제 봉건사회라는 조건에서 탄생할 수 있는 민주성을 띤 진보 사상이다. 이런 사상의 영도 하에서 힘껏 하나의 '성군'과 '현신', '양민(良民)'으로부터 조성된 봉건사회가 '화해(和諧)'를 이루는 '태평성세'로 실현되기를 추구하였다. 공자의 이 사상은 당시의 역사적인 조건 하에서는 다만 일종의 실현될 길이 없는 '사랑스러운' 환상일 뿐이었다. 역대 봉건 전제통치 계급의 대표 군왕은 공자의 본래는 조건적인 '충군존왕' 사상을 무조건적인 '충군존왕' 사상(현대적 의미의 '개인숭배', '개인미신'은 일정 정도의 의미로는 이 사상에서 연변되어 왔다)으로 변모시켰다. 아울러 공자의 위망(威望)을 이용하여 공자의 '충군존왕' 사상을 왜곡시켜 선양하였다. 이 사상을 무조건적으로 군왕의 존엄을 지켜야 하는 침범할 수 없는 이론적 근거로 삼아 자신의 봉건의 부패한 통치를 공고히 했다. 이에 공자를 높일 것을 표방하여 공자를 '소왕(素王)'으로 받들고 '대성지성문선왕(大成至聖

文宣王)'과 '지성선사(至聖先師)'[49] 등등에 봉하기에 이르렀다. 공자의 유령을 경외심을 가진 사람들이 무릎을 꿇게 하기에 유리한 형상으로 바꾸기 위해 역대 왕조에서는 끊임없이 경쟁적으로 '삼공(三孔)'[50]을 확장시켜 공자를 위장시키고 '높였으며' 공자 본래의 형상을 완전히 다른 면모으로 치장하고 참된 공자를 가짜 공자나 진위가 반반인 공자로 변모시켰다. 당연히 공자의 사상은 일관(一貫)되게 봉건질서 현상의 보수성을 수호하여 희망을 현명한 군왕의 신상에 기탁하였다. 심지어 '군왕'과 '천명(天命)', '성인' 셋을 서로 병렬시켜놓고 "천명을 두려워하고 대인(大人: 君王)을 두려워하며 성인의 말을 두려워하는(畏天命, 畏大人, 是聖人之言)" 모든 사람이 따라야 하는 '삼외(三畏)' 사상을 제기하였다. 이는 확실히 역대 봉건왕조가 전제 통치를 수호하는 데 매우 유리한 이론적 근거를 제공하였다. 이에 현실세계의 황음무도하고 어두운 왕과 용렬한 임

---

49 왕충(王充)의 『논형(論衡)』 「초기(超奇)」에서는 "공자의 춘추는 소왕(素王)의 업이다."라 하여 공자가 『춘추』를 지은 것을 군왕을 대신하여 법도를 세우고 군왕의 도를 행하였는데 군왕의 지위가 없으므로 '소왕'이라고 한다고 생각하였다. 당나라 현종(玄宗) 개원(開元) 27년에 정식으로 공자를 '문선왕(文宣王)'에 봉하였다. 송나라 대중상부(大中祥符) 5년에는 공자를 '지성문선왕'으로 추가하여 봉하였다. 원나라 대덕(大德) 11년에는 또한 '대성지성문선왕'으로 고쳐서 봉하였다. 명청(明淸) 양대에는 '왕'을 '사(師)'로 고쳐서 공자를 '지성선사'에 봉하였다.

50 '삼공(三孔)'은 곧 산동성 곡부시에 있는 공림(孔林: 孔子墓)과 공묘(孔廟), 공부(孔府)이다. 공자의 능묘가 처음에 점유한 면적은 약 1백 시무(市畝)였다.(사마천의 『사기』 「공자세가」에서는 "공자의 무덤은 크기가 1頃이었다."라 하였다) 역대 제왕들이 확대시켜 청말에 이르러서는 1941.9무에 달하였다. 공묘는 공자 사후 오래지 않아 노애공(魯哀公)이 원래 공자와 제자들이 머물던 집을 공자를 제사지내는 사묘(祠廟)로 고쳤다. 역대 제왕들이 부단히 확장시켰는데 점유 면적이 327.5무였으며 방이 466칸이다. 공부는 공자의 적전(嫡傳) 후손인 '연성공(衍聖公)'의 주택으로, 현재 점유 면적이 240무에 방은 463칸으로 엄연히 왕공(王公)의 부저(府邸)이다. 공부는 역대 봉건왕조에서 공자를 높이는 상징일 뿐만 아니라 실로 대관료와 대장원(大莊園) 지주(36만 무의 땅을 보유하고 있다)이다. '삼공'이 있으므로 본래의 '포의(布衣)'의 면모(곧 평민의 면모)는 잃어버렸으며, 역대 봉건통치자에 의해 엄연히 제왕과 마찬가지의 치장을 받는 기만적이고 사람을 놀라게 하는 공자가 되고 말았다.

금과 공자의 사상 속에 있는 '성군(聖君)', '명왕(明王)' 사이의 모순은 공자 자신의 일생 정치생활 중 곳곳에서 벽에 부딪치는 비극적인 결과를 조성하였다.

(3) '과(過)'와 '불급(不及)'을 반대하여 "두 끝을 잡아 그 중을 백성들에게 쓰는(執其兩端而用其中于民)" 것을 주장하는 '중용(中庸)' 사상을 확립하였다. 현대어로 말하면 곧 좌(左: '過')를 반대할 뿐만 아니라 우(右: '不及')도 반대하여 정리에 부합하는 정상(中庸)적 노선의 사상을 선택하려는 것이다. 당연히 '중용(中庸)' 사상과 용속(庸俗)한 절충주의 사상은 완전히 다른 두 가지의 일이다. 절충주의를 신봉하는 사람은 바로 공자가 통한해 한 '향원(鄕愿)'[51]으로 공자가 취하지 않은 부류이다.

(4) 이미 꿋꿋하게 도리에 따라 일을 처리하려고 할 수 있을 뿐만 아니라 또한 위반하지 않는 길이라는 근본적인 전제에서 경중과 득실을 잘 따져보고 임기응변을 할 수 있었으니, 곧 '도(道)'와 '권(權)'을 변통하여 운용하는 사상을 확립하였다.[52] 현대의 언어로 말하면 바로 원칙성도 가지고 있을 뿐만 아니라 유연한 사상도 가지려 하였다. 대개 그가

---

51 『논어』「양화(陽貨)」. "향원은 덕의 적이다.(鄕原, 德之賊也)" 공자가 말한 '향원'을 맹자는 "엄연히 세상에 아첨하는 자가 이 향원이다.(閹然媚於世也者, 是鄕原也)"라 해석하였다. 현재의 용어로 말한다면 바로 절충주의로 원칙이라고는 조금도 없고 각 방면에 비위를 맞추는 "무골호인"이다. 『논어』에는 "원(原)"으로 되어 있고 『맹자』에는 '원(愿)'으로 되어 있는데 뜻은 같다.

52 『논어』「자한(子罕)」. "공자께서 말씀하셨다. '더불어 함께 배울 수는 있어도 함께 도에 나아갈 수는 없으며, 함께 도에 나아갈 수는 있어도 함께 설 수는 없으며, 함께 설 수는 있어도 함께 권도(權道)를 행할 수는 없다.'(子曰, 可與共學, 未可與適道, 可與適道, 未可與立, 可與立, 未可與權)" 청나라 완원(阮元)은 이 말의 순서는 "옮겨 적는 과정에서 착란이 일어났을(傳寫錯倒)" 것이며 "可與共學, 未可與立, 可與適道, 未可與權"이 되어야 한다고 생각하였다. 원래의 여섯 구절을 네 구절로 고쳤는데 원문과 조금 다르지만 뜻은 모두 통한다.(臺灣省商務印書館, 王書林 著 『論語譯注及異文校勘』, 下冊, 240쪽에 상세히 보인다)

만년에 말한 "일흔 살에 마음에 하고자 하는 바를 좇아도 법도를 넘지 않았다(七十而從心所欲,不逾矩)"는 것이다. 이는 바로 이런 책략 사상의 경계를 운용하는 것을 말한 것이다. 이 사상은 잘 퇴고할 가치가 있으니 지금까지도 여전히 강렬한 빛을 발하는 인류의 지혜의 결정이다.

　(5) 자기의 신념(道)이 반드시 이긴다는 것을 굳게 믿어 어떠한 어려움과 곤고함, 안위와 성패(成敗)라는 상황하에서도 절대로 동요되지 않는 사상을 확립하였다. 그 스스로 말한, '篤信好學, 守死善道(독실하게 믿으면서도 학문을 좋아하며, 죽음으로써 지키면서도 도를 잘해야 한다)'53의 여덟 자를 가지고 그의 일생의 행동과 실천을 모두 이렇게 하였다는 것을 증명하였다. 그 스스로 '도'에 대하여 필승의 신념을 가지고 있었다. 때문에 그런 호매(豪邁)한 "분발하면 먹는 것도 잊고, (이치를 깨달으면) 즐거워 근심을 잊어 늙음이 장차 닥쳐오는 줄도 모르는(發憤忘食, 樂以忘憂, 不知老之將至)" 낙관주의 풍모와 "삶을 구하여 인을 해침이 없다. 몸을 죽여 인을 이루게 되는(無求生以害仁, 有殺身以成仁)" 영웅적 기개도 표출해낼 수 있었다. 중국 역사상 죽음을 집으로 돌아가는 것으로 여기고 강개하게 의(義)로 나아가는 민족적 영웅이 허다하였다. 특히 당대의 중국 혁명 사업에 피를 흘리고 희생한 무수한 선열이 바로 각자에 처한 새로운 역사적 조건에서 새로운 자태로 이런 우량한 전통을 계승하여 발양시켰다. 구체적으로 이런 노래를 부르게도 하고 울게도 할 수 있는 영웅적 기개를 표현하였다. 당연히 공자는 결국 2천여 년 전의 봉건사회의 인물이니 그의 사상은 시대적, 계급적 한계성을 띠지 않을 수 없다. 그의 사상 중의 적극적인 방면은 위에서 말한 것과 같다. 지금까지도 여전히 인류의 지혜로운

---

53 『논어』 「태백(泰伯)」.

호기와 광채로 빛을 발하고 있다. 이는 학습하고 발양할 가치가 있지만 바로 이런 동일한 사상에서 적극적인 방면을 빼면 동시에 또한 소극적인 방면도 가지고 있다. 이를테면 위에서 말한 "독실하게 믿으면서도 학문을 좋아하며, 죽음으로써 지키면서도 도를 잘해야 한다(篤信好學, 守死善道)"에 이어 공자는 말하기를 "위태로운 나라에는 들어가지 않고, 어지러운 나라에는 살지 않으며, 천하에 도가 있으면 드러내고, 도가 없으면 숨는다(危邦不入, 亂邦不居, 天下有道則見, 無道則隱)"[54]라 하였다. 이 몇 마디 말은 아마 어려움과 안위를 피하지 않고 용왕매진하여 "죽음으로써 지키면서도 도를 잘해야 한다(守死善道)"는 것과 "삶을 구하여 인을 해침이 없고, 몸을 죽여 인을 이루게 되는(無求生以害仁, 有殺身以成仁)" 것을 관철시키는 호매한 기개가 약화되었다. 그 대신 "명철보신(明哲保身)"이라는 일정한 의의에서 소극적인 것을 띠고 있는 것이 아니겠는가? 당연히 "위태로운 나라(危邦)"에 어떻게 "들어가고(入)" "어지러운 나라(亂邦)"에 어떻게 "살(居)" 것인지 "들어가는(入)" 것과 "사는(居)" 것 사이의 이해득실은 원칙(道)의 유무와 필요라는 대국(大局)에서 출발하여야 한다. 개인의 이해관계라는 소국(小局)에서 출발하면 안 되며 고려하여 (용감하지만 무모한) 경거망동을 피하는 것이 매우 필요하지만 결코 (무조건적으로) 뭉뚱그려서 "들어가지 않거나(不入)" "살지 않는(不居)" 것과 "도가 있으면 드러내고, 도가 없으면 숨는(有道則見, 無道則隱)" 것을 제기할 수는 없다. 이런

---

54 『논어』「태백(泰伯)」. "공자께서 말씀하셨다. '독실하게 믿으면서도 학문을 좋아하며, 죽음으로써 지키면서도 도를 잘해야 한다. 위태로운 나라에는 들어가지 않고, 어지러운 나라에는 살지 않으며, 천하에 도가 있으면 드러내고, 도가 없으면 숨는다. 나라에 도가 있을 때에 가난하고 천한 것이 부끄러운 일이며, 나라에 도가 없을 때에 부하고 귀한 것이 부끄러운 일이다.'(子曰, 篤信好學, 守死善道. 危邦不入, 亂邦不居, 天下有道則見, 無道則隱. 邦有道, 貧且賤焉, 恥也, 邦無道, 富且貴焉, 恥也)"

봉건사회의 개명(開明)한 지식인(士)이 "명철보신(明哲保身)"하는 소극적인 태도를 공자 당시에도 잘 알았을 것이며, 현재의 우리로 말할 것 같으면 바로 취할 수 없으며 밀쳐내야 할 소극적인 방면의 요소이다.

(6) 귀신을 미신하지 않으면서 또한 귀신을 제사할 것을 주장하여 '천명(天命)'을 경외하는[55] 철저하지 않은 이원론에 가까운 '천도(天道)'관(自然觀, 宇宙觀)을 확립하였다. 이는 당시 미신이 성행하던 상황에서 비록 아주 철저하지는 않으나 또한 어느 정도 진보적인 의의가 있다.

이상에서 열거한 여섯 가지는 겨우 비교적 중요하고 대표성을 띤 방면을 가지고 말한 것이다. 인용한 논거는 또한 공자 30세 때의 문헌에 국한되지 않는다. 이유는 매우 간단한데 사상이 발전하는 연속성이 매우 강하기 때문이다. "30세에 자립하였다(三十而立)"는 기초와 나중의 발전은 서로 관계가 밀접하다. 약간의 필요한 후래의 재료를 인용하면 "자립하였을(而立)" 때 확립한 기초를 더 잘 이해하는 데 좋은 점이 있다. 공자의 '이립(而立)'을 종합하여 위에서 말한 여섯 가지로 귀납하였는데, 이는 매우 필요한 것이며 공자의 구체적인 상황과 스스로 만든

---

55 공자가 귀신을 미신하지 않으면서 또 귀신에게 제사지낼 것을 주장하고 천명을 경외하는 모순된 사상은 아래와 같은 예문으로 표현된다. 1. "공자께서는 괴이함과 용력과 패란의 일과 귀신의 일을 말씀하시지 않으셨다.(子不語怪力亂神)"(『논어』 「술이(述而)」) 2. "제사를 지내실 적에는 (先祖가) 계신 듯이 하셨으며, 신을 제사지낼 적에는 신이 계신 듯이 하셨다. 공자께서 말씀하셨다. "내가 제사에 참여하지 않으면 마치 제사하지 않은 것과 같다.(祭如在, 祭神如神在. 子曰, 吾不與祭, 如不祭)"(『논어』 「八佾」) 3. "하늘에 죄를 얻으면 빌 곳이 없다.(獲罪於天, 無所禱也)"(『논어』 「八佾」) 또 말하였다. "군자는 세 가지 두려워함이 있으니, 천명을 두려워하며, 대인을 두려워하며, 성인의 말씀을 두려워한다.(君子有三畏, 畏天命, 畏大人, 畏聖人之言)"(『논어』 「季氏」) 여기서 '외천명(畏天命)'과 '외대인(畏大人: 大人은 위에 있는 사람을 두루 가리키는데 주로 君王을 가리킨다)', '외성인지언(畏聖人之言)'을 나란히 첫 머리에 둔 것은 이미 '천명(天命)'을 화복을 주재하는 불가사의한 힘으로 본 것 같다. 이는 바로 인간의 화복(禍福)을 주재하는 그런 이른바 '천명'에 대하여 비록 회의적인 태도를 가졌지만 여전히 철저하지 못한 표현을 반대했다.

'자아감정(自我鑑定)'에 부합한다. 여기에는 "지나치게 높은" 문제는 존재하지 않는다. 예와 지금 국내외를 막론하고 무릇 인류의 역사상 두드러진 공헌을 해낸 사람들은 주로 '이립(而立)'의 해에 견실한 기초를 닦았으니 보편적인 규율이라고 할 수 없겠는가? 하물며 공자가 인류 역사상 매우 두드러진 인물임에랴! 이상의 여섯 가지는 다만 요점만 열거하고 상세하게 평론하지 않았는데, 아래의 관련이 있는 장절에서 더 언급할 필요가 있기 때문이다.

공자는 이 기초를 가짐으로써 그의 나중의 사람됨과 교학활동(教學活動: 施教、治學) 및 정치활동(爲政)에 매우 유리한 조건을 제공하였다. 그 일생의 정력은 대부분 교학활동과 정치활동의 두 가지 방면에서 소모되었으며, 그로 말할 것 같으면 이 두 방면은 모두 고립된 것이 아니라 상호 결합되고 상호 촉진적이었다. 교학활동에 종사할 때는 정치를 잊지 않았으며, 정치활동에 종사할 때는 교학을 잊지 않았다. 역사적이고 사회적인 여러 가지 조건의 제약은 그의 교학활동상의 성취는 정치활동상의 성취를 멀리 뛰어넘게 하였다.

공자는 중국 역사상 최초로 비교적 대규모의 사학(私學)을 창설한 위대한 교육가이다. 그의 교학(教學) 활동 방면에 관한 상세한 상황은 따로 전문적인 장을 만들어 평론하여 말하기로 하고 여기서는 줄이겠다.

공자는 '이립(而立)'의 해부터 "노나라에서 벼슬하여" 대사구(大司寇)가 되기 전까지의 이 긴 10~20년간 사전(史傳)에 그가 한 일에 대해 남아 있는 기록이 매우 적었다. 최술(崔述)이 말한 것처럼 공자는 "사구가 된 이후는 그 연도를 대략 고찰할 수 있다. 이 이전에는 지위와 명망이 아직 낮고 가벼웠다. 제자도 당시는 아직 적었으며 그 일은 주로 훗날 추기(追記)한 것에서 나오는데, 거기에는 쓸 만하고 취할 만한 증거가 없다."[56] 따라서 현재는 다만 공자가 막 노나라에서 출사하여 중도재(中都宰)가 되기 이전 10여 년간의 비교적 큰 두 가지 일을 아래와 같이 간단하게 서술할 수 있다.

(1) 공자는 35세 때(魯昭公 25년, B.C. 517) 노나라의 내란으로 인하여 제나라로 갔다. 내란은 먼 원인과 가까운 원인이 있었다. 먼 원인은 유래가 이미 오래된 노나라 공실의 쇠퇴, 세경(世卿)의 전횡, 정치가 계씨(季氏)에게 있는 국면으로 이는 노소공으로 하여금 부득불 계평자(季平子)를 약하게 하여 공실의 권력을 회복할 방법을 생각하게끔 하였다. 가까운 원인은 이 해 여름에 생겼다. 마침 계평자와 다른 한 귀족 후소백(郈昭伯) 두 가문이 투계(鬪鷄)로 인하여 분규를 일으켰다. 노소공은 이 갈등을 이용하여 후 씨를 지지하고 계씨를 억제시켰다. 아울러 쭉 후 씨와 연락하는 관계로 발전했다. 다른 귀족인 장소백(臧昭伯)과도 비밀리에 획책하여 같은 해 가을에 군사를 내어 계평자를 포위하였다. 이렇게 먼 원인과 가까운 원인이 요동치는 가운데 소공과 계씨의 투쟁은 죽기 아니면 살기식의 투쟁으로 번졌다. 이 투쟁의 결말은 다른 두 세경, 숙손씨(叔孫氏)와 맹손씨(孟孫氏)가 어느 쪽에 서는지를 보아야 했다. 처음에 숙손씨가 가신들과 어떤 태도를 취할까 상의했을 때 가신들은 모두 "멸망당한다면 우리 숙손씨 또한 존재하지 않게 될 것이다"[57]라 하였다. 이에 숙손씨는 즉시 군사를 일으켜 계평자를 구원하였다. 관망적인 태도를 보이던 맹손씨는 숙손씨가 이미 군사를 일으켜 계씨를 구하자 자

56 최술(崔述) 『수사고신록(洙泗考信錄)』 권1.

57 『좌전』 「소공(昭公) 25년」. 숙손씨와 가신이 상의하면서 먼저 물었다. "요컨대 계씨가 있는 것과 없는 것이 우리에게 무엇이 이롭겠는가?(凡有季氏與無, 於我孰利?)" 모두들 말하였다. "계씨가 없는 것은 숙손씨가 없는 것입니다.(無季氏, 是無叔孫氏也)"

신도 향응하기로 결정을 내린다. 이에 노소공이 파견하여 연락을 하러 보낸 후소백을 죽여서 결심을 보여주었다. 여기에 다른 요소까지 더하여져서(내부적으로 단결이 되지 않는 등) 노소공은 대패하고 제나라로 도망가게 되는 압박을 받게 된다. 이것이 바로 역사적으로 '투계지변(鬪鷄之變)'이라 불리는 사건의 전말이다.

노나라의 이런 난리법석인 내란의 국면에서 공자는 노나라를 떠나 제나라로 갔다. 아마 공자는 제나라에서 2년 남짓 머물렀을 것인데, 곧 소공 25년 겨울에 제나라로 가서 27년에 노나라로 돌아왔다. 제나라에 있는 기간 동안 세 가지 언급할 만한 일이 있었다.

첫째는 "고소자(高昭子)의 가신(家臣)이 되어 경공(景公)과 통하려 한 것이다."[58] 대체로 고소자는 평판이 그다지 훌륭하지 못한 제나라 귀족이다.[59] 공자는 그를 통하여 제경공에게 접근하기 위하여 결국 그의 가신이 되러 갔는데, 후세의 유자들은 이는 공자에 대한 경멸로 생각하여 공자는 이미 성인이니 절대 이런 일은 하지 않았을 것이라고 하였다. 이를테면 양옥승(梁玉繩)은 이렇게 말하였다. "제경공과 통하고자하여 가신을 부끄러이 여기지 않았으니 공자가 이러했겠는가?"[60] "가신이 된" 이 일의 진실성이 어떻든 간에 반대자 또한 확증을 제시하지 못하고 다만 "성인을 기휘하는(諱聖)" 주관적인 억측만 그곳에서 시끄럽게 떠들어댈 뿐이다. 전목(錢穆)은 "공자의 제자 가운데 가신이 된 자가 많은데 공자가 그것을 금하지 않았다면 공자가 가신이 되는 것을 부끄

---

58 사마천, 『사기』 「공자세가」.

59 최술(崔述) 『수사고신록(洙泗考信錄)』. "『춘추전(春秋傳)』 고소자(高昭子)는 이름이 장(張)인데 노소공(魯昭公)을 위로하여 주군(主君)이라 불렸으며, 경공(景公)의 비위를 맞추고 유자(儒子) 도(荼)를 보필하다가 끝내 진 씨(陳氏)에게 쫓겨났으니 그 불초함이 이와 같았다."(권1)

60 양옥승(梁玉繩), 『사기지의(史記志疑)』.

러워하지 않았을 것이다. 또한 위리(委吏)와 승전(乘田)도 되었는데, 유독 가신만 아니겠는가? …… '공자인데 이렇게 했겠는가?'라는 것은 정설로 삼을 수 없다"[61]라 하였다. 이는 자못 합리적인 판단이다.

두 번째는 제나라 악관(樂官: 太師)과 음악을 토론한 것이다. 우순(虞舜)이 전하여온 『소(韶)』라고 하는 옛 음악을 듣고 아울러 연주하는 법을 배웠다. 오직 마음과 뜻을 다하여 3개월간 고기를 먹어도 고기 맛을 알지 못하는 지경에 이르렀다.[62] 공자는 이때 고대 음악에 대하여 흥취가 많았을 뿐만 아니라 이미 많은 연구를 하였음을 알 수 있다.

세 번째는 제경공(齊景公)과 정치문제를 토론한 것이다. 전하는 바에 의하면 공자는 두 차례 유명한 언론을 남겼다. 이른바 "임금은 임금다워야 하고 신하는 신하다워야 하며 아비는 아비다워야 하고 자식은 자식다워야 한다."한 것이 첫 번째다. 두 번째는 "정치는 재물을 절약하는 데 있다"[63]라 한 것이다. 이 두 차례의 토론은 자못 제경공(齊景公)의 칭찬을 받아 제경공은 그를 기용하려고 하였다. 이계(尼谿) 지방의 전지를 그에게 봉읍으로 주어서[64] 그를 채읍지를 가진 제나라의 귀족으로

61 전목(錢穆), 『선진제자계년고변(先秦諸子繫年考辨)』, 9쪽.

62 사마천 『사기』 「공자세가」. "제나라 대부와 음악 이야기를 하였는데 「소(韶)」의 음을 듣고는 배우면서 석 달 동안 고기 맛을 몰랐다." 이는 『논어』 「술이(述而)」에서 말한 "공자께서 제나라에 계실 적에 「소」를 들으시고, (배우는) 3개월 동안 고기 맛을 모르시며 '음악을 만든 것이 이러한 경지에 이를 줄은 생각도 못했다.' 하셨다.(子在齊聞韶, 三月不知肉味, 曰, 不圖爲樂之至於斯也)"한 것과 같은 일이다.

63 사마천 『사기』 「공자세가」. "경공이 공자에게 정치에 대해서 물었다. 공자가 말하였다. '임금은 임금다워야 하고 신하는 신하다워야 하며, 아비는 아비다워야 하고 자식은 자식다워야 합니다.' 경공이 말하기를 '훌륭하도다! 실로 임금이 임금답지 않고 신하가 신하답지 않으며, 아비가 아비답지 않고 자식이 자식답지 않으면 비록 곡식이 있다 한들 내가 어찌 그것을 먹을 수 있겠는가!' 훗날 또 공자에게 정치에 대하여 묻자 공자는 말하기를 '정치는 재물을 절제하는 데 있습니다.'라 하였다."

64 사마천 『사기』 「공자세가」. "경공은 기뻐하며 이계(尼谿)의 땅에 공자를 봉하려고 하였다."

삼으려 했다. 그러나 안영(晏嬰)의 반대로[65] 경공은 이 생각을 거두었다. 이로부터 그에 대해 냉담해졌다. 게다가 제나라 대부가 공자를 해칠 뜻을 품자 공자는 "노나라로 돌아올" 수밖에 없었다. 아울러 처지가 위험하게 되어 마침내 "(밥을 지으려고) 쌀을 담갔다가 건져서 떠났으니(接淅而行)"[66] 매우 황급히 떠났음을 알 수가 있다. 당시 공자의 나이는 37세였다.(魯昭公 27년, B.C. 515)

(2) 공자와 양호의 코미디 같은 만남. 양호라는 사람에 관하여서는 본장의 제2절「유년을 빈천한 가운데 성장하다」에서 제기한 적이 있다. 그는 계씨의 가신으로 일찍이 "호가호위(狐假虎威)"의 태도로 17세의 공자가 계씨 가문의 연회에 가려 한 것을 막은 적이 있다. 30년이 지난 곧 노정공(魯定公) 5년에는[67] 당시 노나라의 정권을 잡고 있던 계평자가 세상을 떠난다. 양호는 계평자를 계승하여 집정하던 계환자(季桓子)를 구금하

~~~~~~~~~

65 사마천『사기』「공자세가」. "안영이 나서며 말하였다. '대체로 유자는 말만 번지르르하므로 법도로 삼을 수 없고 거만하고 자신의 의견만 주장하여 아랫사람으로 삼을 수도 없습니다. 상례를 높이고 슬픔을 다한다면 파산할 정도로 장사를 성대히 처러 풍속으로 삼을 수도 없습니다. 유세를 일삼고 대가를 바래 나라를 다스리게 할 수 없습니다. 훌륭한 현자가 사라진 후에 주나라 왕실은 이미 쇠미해져서 예악이 이지러진 지가 오래되었습니다. 지금 공자는 몸을 성대하게 꾸미며, 번거로운 존비(尊卑)의 예와 세세한 예절을 추구합니다. 몇 세대가 되도록 다 배울 수가 없고 평생토록 그 예를 다 익힐 수가 없습니다. 임금께서 그를 등용하여 제나라의 풍속을 바꾸려는 것은 백성을 우선하는 것이 아닙니다." 최술은 "이 말은 전국시대 사람의 말에서 나왔음이 매우 분명하다. 그 문장의 천루(淺陋)함이 또한 전국·진(秦)·한(漢)의 것과 흡사하여 절대로『좌전』이나『맹자』를 지은 자의 것과 같지 않다."라 하였다. 최술의 평론은 고증이라는 측면에서 보면 참고할 가치가 있다.

66 『맹자』「만장(萬章) 하」. "공자께서 제나라를 떠날 적에 (밥을 지으려고) 쌀을 담갔다가 건져 가지고 떠나셨다.(孔子之去齊, 接淅而行)" 조기(趙起)의 주석 "석(淅)은 쌀을 (물에) 담그는 것이다. 미처 밥을 짓지 못하여 나쁜 상황을 빨리 피한 것이다." 석(淅)은 쌀을 일거나 일어놓은 쌀이며, 접(接)은 건져 올리는 것이다.

67 공자가 17세 때(魯昭公 17년, B.C. 535) 상복을 입고 계씨의 연회에 갔다가 양호의 배척을 받아 물러났을 때부터 양호가 권력을 천단하여 계환자를 구금한 이 해(定公 5년, B.C. 505)까지는 딱 30년이었으며 당시 공자의 나이는 47세였다.

고 계환자를 협박하여 굴복시킨 다음에야 그를 풀어주었다.[68] 당시 노나라는 공실인 노정공의 권력이 세경인 계씨의 수중에서 조종을 당하였다. 세경 계씨의 권력은 가신인 양호의 수중에서 조종을 당하였다. 정치적 국면은 곧 공자가 말한 "배신(陪臣)이 나라의 권력을 잡은" 형국이었다. 바로 이런 상황하에서 당시 공자의 명망이 이미 매우 높았음을 알 수 있다. 양호는 이미 "배신이 나라의 권력을 잡은" 중요한 지위에 처하였기 때문에 공자를 등용하려는 생각이 간절하였다. 공자의 명망을 빌려서 자신의 지위를 공고하게 끌어올리고자 하여 몇 차례나 공자를 만날 것을 요구하였으나 매번 공자로부터 완곡한 거절을 당하였다. 양호는 달리 방도가 없자 한 가지 방법을 생각해내었는데, 당시 통행하는 풍습을 이용하여 공자를 만나고자 한 것이다. 당시의 풍습에 의하면 무릇 대부(大夫)가 사(士)에게 예물을 보냈을 때 사가 집에 있지 않아 직접 받을 수 없다면 사는 반드시 직접 대부의 집에 가서 감사를 드려야 했다.[69] 이에 양호는 곧 공자가 집에 없을 때를 틈타 삶은 새끼 돼지를 공자에게 보내어 공자가 그의 집에 사례하러 오지 않을 수 없게 만들었다. 공자는 양호의 의도를 간파하고 양호가 집에 없을 때를 알아내어 사례를 하러 갔

---

68 『좌전』「정공(定公) 5년」. "9월 …… 을해일에 양호가 계환자를 가두었다. ……" 『사기』「노세가(魯世家)」 "정공 5년에 계평자(季平子)가 죽었다. 양호가 사사로이 분노하여 계환자를 가두고는 그와 맹약을 맺고는 곧 풀어주었다." 『사기』「공자세가」 "환자가 총애하는 신하 가운데 중양회(仲梁懷)라는 사람이 있어 양호와 틈이 생겨 양호가 쫓아내려고 하였는데 공산불뉴(公山不狃)가 말렸다. 그해 가을 중양회가 더욱 교만해지자 양호는 중양회를 잡아들였다. 환자가 노하자 양호는 내친김에 환자를 가두었는데 맹약을 하고는 풀어주었다. 이로 말미암아 더욱 계씨를 깔보게 되었고 계씨 또한 공실(公室)에서 제멋대로 구니 배신(陪臣, 곧 家臣, 여기서는 양호를 가리킨다-지은이)이 국정을 잡은 것이었다. ……"
69 『맹자』「등문공(滕文公) 하」. "대부가 사에게 물건을 하사함이 있을 경우, 사가 자기 집에서 그 물건을 직접 받지 못하였으면 대부의 문에 가서 절하는 예가 있었다.(大夫有賜於士, 不得受於其家, 則往拜其門)"

지만 공교롭게도 노상에서 맞닥뜨렸다. 양호는 공자에게 말하였다. "오시오! 내 그대와 할 말이 있소." 공자는 대답하지 않았다. 양호가 또 말하였다. "스스로 덕을 가지고 재주를 가지고서 나랏일이 어지럽게 되도록 내버려둔다면 이런 사람을 인한 사람이라 할 수 있겠소?" 그는 스스로 이어서 또 말하였다. "아마 인한 사람이라 할 수 없을 것입니다! 스스로 출사하여 일을 하려고 하면서 또한 자주 시기를 놓친다면 이런 사람을 지혜로운 사람이라 할 수 있겠습니까? 아마 지혜로운 사람이라 할 수 없을 것입니다! 시간은 하루하루 흘러가 세월은 그대를 기다려주지 않을 것입니다!" 공자는 그제야 말하기를 "나는 출사하려고 생각하고 있었습니다."[70]라 말하였다. 이 코미디 같은 뜻밖의 만남은 곧 이렇게 끝났다. 그러나 이 일이 있은 후 공자는 끝내 자기의 원칙과 신념을 견지하여 양호가 권력을 잡고 있을 때는 가벼이 출사하지 않았다. "배신(陪臣)이 나라의 권력을 잡고 있어서" 노나라의 정국이 매우 혼란했기 때문에 "공자는 출사하지 않고 물러나 『시』와 『서』, 『예』, 『악』을 정리하였다. 제자들은 더욱 많아져 먼 곳에서 이르러 수업을 받지 않음이 없었다."[71] 이는 이 시간에 공자는 정력을 집중시켜 학문을 연구하고 그가 마련한 사학(私學)

---

70 『논어』「양화(陽貨)」. "양화(곧 陽虎-지은이)가 공자를 만나고자 하였으나, 공자께서 만나주지 않으시자, 양화가 공자에게 삶은 돼지를 선물로 보내주니, 공자께서도 그가 없는 틈을 타 사례하러 가시다가 길에서 마주치셨다. 공자에게 말하기를 '이리 오시오. 내 그대에게 말하겠소. 훌륭한 보배를 품고서 나라를 어지럽게 버려두는 것을 인이라고 할 수 있겠습니까?' 하니, 공자께서 '그렇다고 할 수 없습니다.' 하셨다. 양화가 '종사하기를 좋아하면서 자주 때를 놓치는 것을 지라고 할 수 있겠습니까?' 하니, 공자께서 '그렇다고 할 수 없습니다.' 하셨다. 양화가 '해와 달이 흘러가니, 세월은 기다려 주지 않습니다.' 하니, 공자께서 '알았습니다. 나는 장차 벼슬을 할 것입니다.' 하셨다.(陽貨欲見孔子, 孔子不見, 歸孔子豚, 孔子時其亡也而往拜之, 遇諸塗. 謂孔子曰, 來. 予與爾言. 曰, 懷其寶而迷邦, 可謂仁乎? 曰, 不可. 好從事而亟失時, 可謂知乎? 曰, 不可. 日月逝矣, 歲不我與. 孔子曰, 諾. 吾將仕矣)"
71 사마천 『사기』「공자세가」.

에서 교학에 종사하였다는 것을 설명한다.

30여 세 이후로부터 중도재(中都宰)로 출사(51세)하기까지의 이 20년가량의 긴 세월은 그가 사상, 학문 그리고 품격과 덕성 상에서 '자립'한 기초 위에 계속적으로 부단히 발전하고 제고해가는 과정이었다. 또한 곧 스스로 말한 "30세에 자립한(三十而立)"것으로부터 "마흔 살에 (事理에) 의혹되지 않았고(四十而不惑)", "쉰 살에 천명을 알게 되는(五十而知天命)" 경지로 진입하는 과정이었다. 이는 그가 그 이후 정치에 종사하고 가르침에 종사하며 학문을 연구하여 성취를 획득하는 데 더욱 성숙한 조건을 제공하였다. 배움은 멈춤이 없었다. 사상과 학문, 품격 덕성 방면에서도 계속 부단히 발전하여 제고시킴이 영원히 멈추지 않았다. 여기서 가장 중요한 일은 30세 안팎에는 반드시 열심히 기초를 다져야("三十而立") 하는 것이다. 이는 봉건시대와 자본주의 시대, 사회주의나 공산주의 사회를 막론하고 무릇 출중한 사상가와 정치가, 과학자, 교육가 등등 모두가 필연적으로 30세 무렵에는 각자 자신이 처한 학습의 다른 영역으로 나아가 견실히 기초를 다졌다. 공자는 그 시대, 봉건시대에서 우리에게 한 가지 예정을 제공하는 데 지나지 않을 따름이다.

5. 귀족 통치집단으로 진입하다-첫 번째 벽에 부딪치다

당시의 역사적 조건에서 공자가 선택할 수 있는 정치적 방향은 세 가지였다.

첫 번째는 원칙이라고는 없이 봉건귀족 당권자들과 한통속이 되어 아무 관직이나 얻어 부귀와 안락을 누리는 것이다.

두 번째는 원칙을 가지고 현명한 봉건 귀족 당권자의 신임을 얻어 출사하는 것이다. 이를 빌려 자기의 '인정덕치(仁政德治)'의 이상을 실현하여 "백성에게 널리 베풀고 대중을 구제할 수 있고", "나라를 다스리고 천하를 평화롭게 하는(治國平天下)" 목적에 다다르는 것이다.

세 번째는 천하를 통일시키는 것이다. 현명한 귀족 통치자를 만나지 못하고, '성군명왕'을 만나지 못하더라도 모든 가능한 조건을 이용하고 역량을 끌어모아 문왕과 무왕, 주공처럼 구왕조를 전복시킨다. 그런 다음 새 왕조를 세워서 "도탄에 빠진 백성을 구하여" "왕도(王道: 仁政德治)"를 실행하고 천하를 통일하는 것이다.

첫 번째 방법은 공자가 추구하려고도 하지 않았고 또한 추구하는 것을 달갑게 여기지도 않았다. 그는 "의롭지 못하면서 부유해지고 귀해짐은 나에게는 뜬구름과 같다.(不義而富且貴, 於我如浮雲)"고 말한 적이 있다. 그는 결코 자신의 신념을 희생시켜가며 아무 관직이나 취하지 않았으며 개인적인 '부귀안락'을 탐닉하지 않았다. 그는 일생 동안 또한 확실히 그 스스로 한 이 맹세의 말을 이행하였다.

세 번째 방법은 공자가 추구할 수도 없었고 또한 감히 추구하지도 않았다. 『논어』에서는 두 가지 일을 말한 적이 있다. 한 가지는 노나라의 공산불요(公山弗擾)가 비읍(費邑)을 점거하고 계씨에게 반기를 들려고 하면서 공자에게 동참할 것을 청한 것이다. 공자는 갈 준비를 했었지만 자로의 반대에 부딪쳐 가지 않았다. 그러나 그는 자기가 왜 가려고 했는가, 하는 바람을 표명하면서 "나를 부르는 자가 어찌 하릴없이 하겠느냐? 나를 써 주는 자가 있다면, 나는 문왕과 무왕, 주공의 사업을 동쪽에서 일으킬 것이다."[72]라고 하였다. 다른 하나는 진(晉)나라의 필힐(佛肸)이 중모(中牟)에서 군사를 일으켜 조간자(趙簡子)에게 항거하면서 공

자에게 가담해줄 것을 청한 것이다. 공자는 갈 준비를 하였지만 자로가
반대하여 말하기를 "옛날에 제가 부자께 들은 적이 있사온데 '군자는
나쁜 일을 하는 자에게는 들어가지 않는다.'라 하셨습니다. 필힐이 지
금 중모읍에서 배반하였는데 부자께서 가려고 하시니, 어째서입니까?"
라 하였다. 공자는 다만 "그렇다. 그런 말을 한 적이 있지. 그러나 너는
모르느냐? 단단한 물건은 갈아도 얇아지지 않고, 희디 흰 물건은 검게
물들이지 못한다는 것을. 내가 호리병박이 아니니 어찌 한 곳에 매달
린 채 먹기를 구하지 않을 수 있겠는가?"[73]라고 말할 수 있을 뿐이었다.
그 결과 또 가지 못하였다. 이 두 가지 일은 당시 공자의 사상이 매우 모
순적이었음을 설명해준다. 한편으로는 큰일을 한번 하려는 기회를 찾
으려 하고("나를 써 주는 자가 있다면, 나는 동쪽 주나라를 만들 것이다!"), 다른 한편으

~~~~~~~~~

[72] 『논어』「양화(陽貨)」, "공산불요가 비읍을 가지고 반란을 일으키고 공자를 부르니, 공자께
서 가려고 하셨다. 자로가 기뻐하지 않으며 말하기를 '가실 곳이 없으면 그만이지, 하필이
면 공산 씨에게 가시려 하십니까?' 하니, 공자께서 말씀하셨다. '나를 부르는 자가 어찌 하
릴없이 하겠느냐? 나를 써 주는 자가 있다면, 나는 동쪽 주나라를 만들 것이다.'(公山弗擾以
費畔, 召 子欲往, 子路不說曰, 末之也已, 何必公山氏之之也? 子曰, 夫召我者, 而豈徒哉? 如有用我者, 吾
其爲東周乎!)" 대로 적지 않은 학자들이 이 말을 믿을 수 없다고 의심을 품었으며 가탁한
것이라 생각하였다. 조익(趙翼) 같은 사람은 이렇게 말하였다. "반란을 일으키기 이전에 혹
공자를 부른 일은 있었을 것이다. 그러나 '비읍을 가지고 반란을 일으켜서 그렇게 했다.'고
는 말하지 못한다." 최술은 이렇게 말하였다. "끝내 가지 않았다는 말은 경전(經傳)에 그런
사실이 없다. 가려고 했다는 것은 종횡가(縱橫家)의 무리가 전하여 이렇게 말한 것이다. 이
또한 충분히 가탁한 말로 볼만하다." 최술은 이 장이 사실이 아닐 뿐 아니라 아래에서 말
한 필힐 장(章) 또한 사실이 아니라고 하였다. 그는 말하였다. "이 장과 필힐 장은 더욱 도
를 해치고 성인을 무함하는 것 가운데서도 큰 것이다." 또 말하였다. "공자는 반드시 불요
와 필힐을 좇아 반란을 일으키지 않았을 것이다."(『洙泗考信錄』, 권2) 이는 순수하게 도를 옹
호하고 성인을 기휘하는 진부한 의론이다. 또한 전목(錢穆)은 불요가 공자를 부른 문제에
대하여 옳다고 하면서 "요컨대 불요는 공자를 부를 수 있었지만 공자는 실제로 가지 않았
다."라 하였다. 아울러 불요가 공자를 부른 것은 실재 "비읍을 가지고 반란을 일으키기" 이
전(定公 8~9년 사이)이라고 분명히 가리켰다. "비읍을 가지고 반란을 일으킨 것은" 곧 3년
뒤(定公 12년)의 이다.(『先秦諸子繫年考辨』, 16쪽) 여기서는 전목의 설을 따른다.

로는 완고한 '충군존왕(忠君尊王)' 사상과 현존 귀족통치 계급의 신성 불가침한 입장이라 생각하여 걱정이 태산이었다. 자기의 수족을 꽁꽁 묶는 지경에 이르러 감히 대담하게 앞으로 나아가지 못하였고 감히 반란을 획책하지도 않았다. 그야말로 윈다이잉(惲代英)이 말한 것처럼 공자의 큰 결점은 "인민들 속으로 가서 인민을 선전하고 조직할 줄을 모르고 다만 그런 임금들만 찾을 줄 알았다"[74]는 것이다. 바로 이런 점 때문에 공자는 이 세 번째 길을 갈 수도 없었고 감히 가지도 않았다. 또한 그 때문에 역대 봉건 제왕은 공자의 완고하고 일관된 '충군존왕(忠君尊王)' 사상과 입장이 자기의 통치 존엄을 보호 유지하는 데 이로운 점이 있어서 모두 공자에 대한 찬양이 주도면밀하여 그를 '대성지성(大成至聖)'으로 받들었다.

---

73 『논어』「양화(陽貨)」. "필힐이 공자를 부르니, 공자께서 가려고 하셨다. 자로가 말하였다. '옛날에 제가 부자께 들었사온데, "직접 그 몸에 선하지 않은 행동을 하는 자에게는 군자가 들어가지 않는다."고 하셨습니다. 필힐이 지금 중모읍을 가지고 배반하였는데 부자께서 가려고 하시니, 그 어째서입니까?' 공자께서 말씀하셨다. '그렇다. 그런 말을 한 적이 있거니와, 단단하다고 말하지 않겠는가. 갈아도 얇아지지 않으니, 희다고 말하지 않겠는가. 검은 물을 들여도 검어지지 않으니. 내가 어찌 호리병박과 같아서 한 곳에 매달린 채 먹기를 구하지 않을 수 있겠는가?'(佛肸召, 子欲往. 子路曰, 昔者, 由也聞諸夫子, 曰, 親於其身, 爲不善者, 君子不入也, 佛肸以中牟畔, 子之往也, 如之何? 子曰, 然. 有是言也, 不曰堅乎, 磨而不磷, 不曰白乎, 涅而不緇! 吾豈匏瓜也哉! 焉能繫而不食?)" 필힐은 진(晉)나라 대부 범 씨(范氏)의 가신이며 이중모재(中牟宰: 현재의 縣長에 해당한다. 중모는 춘추시대 진나라 땅으로 故址는 지금의 河北省 邢台와 邯鄲 사이에 있으며 河南의 中牟가 아니다. 당시 진나라의 다른 대부인 조간자(趙簡子)가 범씨(范氏)를 공격하자 필힐은 중모를 차지하고서 조간자에게 항거하였다. "吾豈匏瓜也哉! 焉能繫而不食?"에는 두 가지 해석이 있다. 양버쥔(楊伯峻) 등의 해석으로 "어찌 다만 매달려서 남에게 먹을 것을 주지 않겠는가?"(『論語譯注』)라는 것이다. 한 가지는 왕충(王充)의 해석으로 "스스로 조롱박에 비유한 것은 사람은 벼슬을 하여 녹봉을 먹어야 한다는 말이다. 나는 조롱박처럼 매달려서 먹지 않는 것이 아니다."(『論衡』「문공(問孔)」) 현대어로 말하면 "내가 어찌 저기에 저렇게 매달려 있는 조롱박처럼 출사하여 녹봉을 먹지 않겠는가?"라는 말이다. 여기서는 왕충의 설을 따른다.

74 종리멍(鍾離蒙)과 양펑린(楊風麟)이 주편한 『중국현대철학사자료휘편(中國現代哲學史資料匯編)』, 제1집, 제10책, 28쪽.

이에 공자가 선택할 수 있었던 유일한 길은 두 번째 길뿐이었다. 그러나 당시 주나라 천자는 유명무실해졌고 예악이 붕괴되었다. 이른바 '천하대란(天下大亂)'으로 실은 역사가 이미 앞으로 발전하여 서주(西周)의 문왕(文王)·무왕(武王)이라는 조합은 일찌감치 이미 서로 적응을 하지 못하였다. 그런데 열국의 제후와 귀족의 통치계급은 사적인 계급 본성에서 나왔으며 혹은 웅심(雄心)이 넘쳐 자기의 세력 범위를 확장시키는 데 심취했다. 혹은 편안하고 부유하며 존귀하고 영화로워 평범하면서도 무능하여 하는 것이 없었다. 더러는 황음무도하고 주색에 빠지는 등등이다. 공자의 환상에서 '인정덕치(仁政德治)'를 믿고 널리 시행한 문왕과 무왕 같은 '성왕명군'을 당시의 귀족사회에서는 찾아볼 수 없었다. 공자를 기다리고 있는 것은 다만 벽에 부딪치고 거듭 벽에 부딪치며 또한 벽에 부딪치는 것으로 종언을 고하는 것이었다. 따라서 두 번째 길은 숙명적으로 벽에 부딪칠 수밖에 없는 길이었다. 이는 공자의 사상에 내재한 이중성이 낳은 필연적인 결과이다.

공자가 귀족 통치집단에 진입하는 것을 말하기 전에 먼저 당시의 형세에 대하여 이상과 같은 간단한 분석과 공자의 정치 생애에서 반드시 벽에 부딪치게 되는 원인과 결과를 이해하는 것은 매우 필요하다.

공자가 노나라에서 관직생활을 한 것은 겨우 4~5년뿐으로 대략 정공(定公) 9년 51세 때부터 정공 13년 55세(B.C. 501~497) 때까지이다. 당시의 노나라는 현재의 기준으로 하나의 비교적 큰 관공서에서 관할하는 구역 정도의 크기에 지나지 않았다. 전하는 바에 의하면 공자는 세 차례 같지 않은 관직을 지낸 적이 있다. 한 차례는 중도(中都: 지금의 山東 汶上縣 서쪽)재가 되었는데 현재의 현장(縣長)에 해당된다. 한 차례는 노나라의 소사공(小司空)을 지냈는데 현재 고등판무관의 건설교통부의 부국장에 해당한다. 마지막 한 차례는 노나라의 대사구가 된 것으로, 현재의 고등판무관의 치안사법국장에 상당한다.[75] 이 세 차례 관직을 하는 상황은 현

~~~~~~~~

75 공자가 노나라에서 벼슬한 경력은 전하는 설이 일치하지 않는다. 시간적으로 말하면 사마천의 『사기』 「공자세가」에서는 공자가 중도재(中都宰)의 직책을 맡은 것을 정공(定公) 9년(B.C. 50)으로 정하였는데, 당시 공자는 50세였다. 그러나 『궐리지(闕里志)』 「연보」에서는 이 일을 정공 5년으로 정하였다. 여기서는 「세가」의 설을 따른다. 공자가 벼슬을 사직하고 노나라를 떠나 위(衛)나라로 간 기간은 『사기』의 유관한 각 편마다 일치하지 않는 견해가 있다. 이를테면 「공자세가」에서는 정공 14년으로 정하였으며, 「노세가」에서는 정공 12년으로 정하였는데, 근인 전목은 "공자가 노나라로 돌아온 것은 애공(哀公) 11년이니 그가 노나라를 떠난 것은 바로 정공 13년이다."(『先秦諸子繫年考辨』, 24쪽에 보인다) 노정공은 재위 기간이 15년이고 공자는 정공 13년에 노나라를 떠나 위나라로 갔으며 노애공 11년에 노나라로 돌아와 모두 14년인데 공자가 노나라를 떠난 14년과 딱 부합한다. 여기서는 전목의 설을 따른다. 관직에 대하여 말하자면 『공자세가』에서는 "중도재에서 사공(司空)이 되었으며, 사공에서 대사구가 되었다."라고 하였다. 관직 및 승진을 모두 분명하게 말하였다. 다만 역대의 고증가들은 여기에 대해서도 의론이 분분하다. 이를테면 최술은 다만 공자가 사구를 지냈던 것만 인정하였고 중도재와 사공을 지냈던 적이 있다는 것은 인정하지 않았는데 말하기를 "재(宰)가 되고 사공이 된 것은 또한 모두 전기에 보이지 않는다."(『洙泗考信錄』, 권2)라 하였다. 심지어 '중도'라는 이 장소까지도 존재하지 않는다고 인정하였는데, 『춘추』의 경전(經傳)에 의하면 노나라에는 '중성(中城)'은 있지만 모두 이른바 '중도'라는 것이 있다고는 말하지 않았는데(위와 같음) 논거가 반드시 타당하다고는 할 수 없다. 여기서는 「공자세가」의 설을 따른다. 대사구의 '대(大)'자에 대해서도 대대로 쟁의가 있어왔다. 주나라의 제도에 의하면 천자는 육경(六卿)을 설치하였는데, 사도(司徒)와 사마(司馬), 사공, 사구, 종백(宗伯)과 총재(家宰)이다. 제후는 다만 삼경만 둘 수 있었는데 사도 겸 총재와 사마 겸 종백, 사공 겸 사구이다. 사공은 대경(大卿)이며 아래에 소경(小卿) 둘을 설치하였는데, 곧 소사구와 소사공이다. 이는 일반적인 규정이다. 춘추시대에 이르자 각국의 제후들은 삼경의 제도를 따르지 않았으며 노나라 같은 경우는 계손과 숙손, 맹손의 세 가문에 상경(上卿)을 세습한 외에도 세습을 하지 않는 동문 씨(東門氏)와 장 씨(臧氏), 숙 씨(叔氏)가 있었다. 선공과 성공 시대(B.C. 608~580)에는 상경의 위열(位列)에 또한 버젓이 육경을 설치하였다. 이때의 사구는 곧 사공 아래의 소사구가 아니었으며 이미 승격하여 사공과 상칭하는 대사구가 되었다. 소공과 정공의 대(B.C. 541~495)에 이르러 장 씨는 쇠퇴하고 사구의 관직은 공자가 맡게 되었으므로 사마천은 그를 대사구라 일컬어 소사구와 구별하였으며, 또한 공자가 사구를 맡았을 때는 마땅히 이미 노나라 상경의 반열에 올라 사공 아래의 소사구가 아니었다. 따라서 나중에 공자는 노나라와 제나라가 협곡(夾谷)에서 회맹할 때 "상(相)의 일을 대행한"(이 '相事'는 相禮와 상관이 있으며 현재의 '司儀'에 상당한다. 당시 두 나라 임금이 서로 만난 것은 일반적으로 상경, 상대부가 사의를 맡았을 것이고 이 임무에 적합했던 것은 결코 이른바 단지 "예를 알아서" 임시로 맡은 것이 아니다) 것 및 "대사구로 상의 일을 대행한 것"(대사구의 직무로 계손씨를 대리하여 일상적인 국사를 처리한 것)과 "국정에 참여한 것"(나랏일을 토론하는 데 참여한 것)은 그런 까닭에 여기에 있다.

존하는 문헌과 자료에 근거하여 다음과 같이 개략적으로 서술한다.

(1) 중도재(中都宰)

앞에서 말했듯이 공자는 20여 세 때 '위리(委吏: 倉庫管理員)'와 '승전(乘田: 放牧管理員)'을 지낸 적이 있다. 그것은 비교적 하급의 관리 인원으로 관직을 지낸 것으로 치지도 않았다. 진정한 의미에서 노나라에서 관직 생활을 시작한 것은 노정공 9년(B.C. 501)이다. 당시 공자는 이미 51세가 되어서 처음으로 정공에 의해 중도현장(中都縣長, 中都宰)으로 임명된다. 공자 스스로 말하기를 "쉰 살에 천명을 알았다(五十而知天命)"라 하였다. 현재의 말로 한다면 '천(天)'은 바로 객관적 존재이고, '명(命)'은 바로 규율(規律)이며, '지천명(知天命)'은 바로 객관적 존재 규율을 안 것이다. 당연히 오늘날의 안목으로 본다면 공자는 진정코 객관적 규율을 인식할 수 없었다. 기껏해야 몇몇 규율적인 문제를 제기한 데 지나지 않으며 전반적인 인류발전의 규율이나 자연발전 규율을 가지고 말한다면 그는 아는 것이 거의 없었다. 이렇다고 하더라도 그때 공자는 학문적으로나 경험적인 측면으로나 모두 이미 매우 높은 경지에 이르렀다. 교육 방면의 성과도 매우 커서 학생들이 사방에서 두루 이르렀으며 사회적 명성도 매우 높았다. 양화가 계씨에게 반기를 든 일로 촉발된 노나라의 내란은 이미 잠잠해졌다. 노나라는 여전히 계환자가 정권을 쥐고 있었다. 이런 상황에서 공자는 처음으로 중도현장(中都縣長)을 맡았다. 사마천은 공자가 현장을 맡은 정적(政績)을 높이 평가하여 말하기를 "공자가 중도재가 되자 1년 만에 사방(四方)[76]에서 모두 법도로 삼았다"라 하였지만 정작 무슨 치적이 있는지는 말하지 않았다. 『공자가어』에서는 비교적 상세하게 말하여 공자가 중도현장을 맡았을 때 "산 사람을 봉양하고 죽은 이를 장송하는(養生送死)" 몇 조목의 제도를 정하였다고 하였다. "어른과 아이는 음식을 달리하고, 강한 자와 약한 자는 일을 달리하며 남자와 여자는 길을 달리하고, 길에서 물건을 줍지 않고 기물은 거짓으로 조탁하지 않는다. 네 치[寸]의 관과 다섯 치의 덧널을 쓴다. 구릉을 따라 무덤을 만드는데 봉분을 만들지 않고 나무를 심지 않는다. 시행한 지 1년이 되자 서방(西方)의 제후들이 법도로 삼았다"[77]라 한 것이 있다. 그 가운데 "어른과 아이는 음식을 달리한다(長幼異食)"와 "강한 자와 약한 자는 일을 달리하고(强弱異任)", "길에서 물건을 줍지 않으며(路無拾遺)", "기물은 거짓으로 조탁하지 않는다(器不匪僞)" 같은 조목은 현재의 관점에서 보더라도 참고로 삼을 만 하다. 이 외에 나머지 여러 조목은 당시에는 일정한 의의가 있었을 것이나 현재는 한번 가서 더 이상 돌아오지 않는 역사의 묵은 자취("남자와 여자는 길을 달리하고[男女別途]", "네 치의 관과 다섯 치의 덧널[四寸之棺, 五寸之槨]" 등과 같은 것)가 되었는데, 여기서는 많이 말할 필요가 없다.[78]

〰〰〰〰〰

76 『공자가어』「상로(相魯)」에는 '사방(四方)'이 '서방(西方)'으로 되어 있으며 노나라가 동쪽에 있기 때문에 서방의 제후들이 모두 법도를 취하였다. 사실 두 설은 모두 뜻이 통한다.

77 『공자가어』「상로(相魯)」에 보인다. 최술은 "『가어』라는 책은 본래 후인이 위찬(僞撰)한 것이다. 그 글은 모두 다른 책에서 따와서 가감하고 뜯어고쳐 꾸몄다."(『洙泗考信錄』, 권1)라 하였다. 『가어』는 삼국시대 위나라 왕숙(王肅)이 지은 것으로 "다른 책에서 따왔고", "가감하고 뜯어고친" 곳이 있어도 여전히 어느 정도 참고할 가치가 있으니 일률적으로 부정할 수는 없다. 이 책에서는 또한 잘 헤아려보고 인용을 하는데 「도론(導論)」에서 이미 설명하였다.

78 이른바 "네 치의 관과 다섯 치의 덧널"은 화장이 실행되는 현재로서는 이미 더 이상 논하여 나열할 필요가 없다. 다만 과거에는 여기에 또한 각기 다른 쟁의가 있어 왔다. 어떤 사람은 이는 공자가 후장(厚葬)을 제기한 것이라고 생각하였고 어떤 사람은 이를 부정하였다. 양징판(楊景凡)과 위롱건(兪榮根)은 "공자는 결코 후장을 찬성하지 않았으므로 네 치니 다섯 치니 하는 것은 당시 귀족들이 예를 참람히 한 후장의 풍속을 견주어 상장(喪葬)의 최고 한도를 규정지은 것이라고 생각하였다. 이는 아마 바로 그의 '예치(禮治)'에 대한 개혁조치 중의 하나일 것이다."라 하였다.(西南政法學院教學參考叢書, 『論孔子』, 16쪽에 보인다) 이 설이 아마 공자의 일관된 사상에 더욱 부합할 것이다.

공자가 중도현장으로 있을 때의 치적은 위의 몇몇 전하여오는 말 외에도 꽤 있을 것이다. 경제적인 면에서는 어떻게 하면 생산성을 발전시켜 인민을 부유하게 만들 것이며('富之'), 교육 방면에서는 어떻게 하면 학업의 규모를 공고히 하고 확대시킬까('敎之') 하는 등등이다. 이런 것들은 원래 그 스스로 줄곧 제창해온 것이며, 한 일이 매우 많았을 것인데 안타깝게도 남아 있는 기록이 극히 드물다. 공자는 당시에 명성이 이미 높았고 현장으로서의 치적 또한 훌륭했기 때문에 매우 빨리 노나라의 지방관(中都宰)에서 노나라의 귀족 중앙정권의 소사공으로 올려졌다. 대사공은 맹손씨가 대대로 세습하는 관직이었으며 아래에는 현재의 대리국장에 상당하는 사공(혹은 소사공이라고도 한다)을 설치하였다. 공자가 중도재에서 사공으로 높여진 것은 바로 이 소사공이다.[79]

(2) 소사공(小司空)

사마천의 『사기』 「공자세가」에서는 단지 "중도재에서 사공이 되었으며, 사공에서 대사구가 되었다"라며 한 줄만 언급하고 지나갔다. 사공의 직무가 무엇을 관장하는지 공자가 어떤 치적을 냈는지는 조금도 언급하지 않았다. 『공자가어』에서도 마찬가지다. "정공이 사공으로 삼자 곧 오토(五土)의 성(性)을 구별하였는데 사물이 각기 그 태어나는 타당함을 얻고 모두 그 있을 곳을 얻었으나" 또한 실속이 없고 요령을 얻지 못하였다. 여기서 말한 "오토의 성을 구별하였다(別五土之性)" 운운한 것은 왕숙(王肅)의 설에 의하면 오토(五土)는 첫째 산림(山林)을 가리키며, 둘째 천택

---

79 이곳의 '대사공'과 '소사공'의 견해는 「단궁(檀弓)」 「왕제(王制)」의 소(疏)에서 인용한 최영은(崔靈恩)의 말에 근거한다. 원래의 말은 『사기회주고증(史記會注考證)』, 권47, 2쪽에 근거한다.

(川澤), 셋째 구릉(丘陵), 넷째는 분연(墳衍: 곧 高原)이며, 다섯째는 원합(原隰: 곧 平地)[80]을 가리킨다. 공자 본인은 "내 젊어서 미천했기 때문에 비천한 일에 능함이 많았다(吾少也賤, 故多能鄙事)"라고 말한 적이 있다. 그는 젊었을 때 창고관리원(委吏)과 방목관리원(乘田)을 지낸 적이 있다. 이 때문에 실천 경험에 근거하여 토지를 위에서 말한 다섯 가지로 나누어 땅의 종류에 따라 분별하여 각기 다른 작물을 심었다. 이는 오늘날에는 이미 일반적인 상식이지만 2천여 년 전에는 아마도 신기원이었을 것이다. 그러나 결과는 어떠했는가? 아래의 문장이 없다. 이 때문에 어떤 사람들은 공자가 이른바 사공을 지냈었는지의 여부에 의심을 품었다. 설사 지냈던 적이 있었더라도 반드시 삼경(三卿)과 나란한 대사공은 아닐 것이다. 대사공 아래에 설치한 소사공이었을 것이며, 기간 또한 매우 짧았을 것이다.

(3) 대사구(大司寇)

노나라 정공 10년(B.C. 500) 초에 공자는 노나라의 귀족 중앙정권에서 삼경(三卿: 司徒, 司馬, 司空)과 나란한 사구(司寇)가 되었다. 사마천은 사공과 구별하기 위하여 아래에 소사구와 소사공을 설치하고 '대(大)'자를 더하여 대사구라 일컬었는데 근거가 있다. 앞에서 이미 말하였듯이 이 직무는 실제로는 현재의 비교적 큰 관서에 해당하는 치안 사법국장에 지나지 않았다.

공자는 일생토록 노나라에서 벼슬한 것이 겨우 4년 안팎이었다. 대사구를 맡은 기간이 가장 길어서 정공 10년에서 13년까지(공자 52세~55세) 약 3년 안팎이었다. 문헌자료의 기록에는 공자가 대사구를 지낸 기간

---

80 『공자가어』 「상로(相魯)」.

중의 일이 비록 충분하지는 않아도 앞의 두 차례 관직생활에 비하면 많은 편이고 좀 더 구체적이다. 지금 약간의 비교적 중요한 일을 아래와 같이 서술한다.

첫 번째로 송사를 천단하지 않고 중의를 따랐다. 치안 사법 일을 할 때 가장 중요한 임무는 바로 안건을 처리하고 재판을 심리하는 것이다. 이는 말을 하지 않고 비유를 하는 것이다. 공자의 시대에는 명문화한 법률이 없었다. 판결을 내리는 안건은 주로 귀족 관리가 큰 정도에서 습관에 근거하여 독단적으로 판정을 내리는 것이었다. 공자가 그 일을 주관하는 것은 상규와는 판이하였다. 현재의 말로 한다면 자못 민주적인 작풍이 있어 송사를 판결하기 전에 그는 먼저 상황을 잘 알고 이 안건에 의견이 있는 사람을 찾아 일일이 그들에게 물어보았다. 너는 이 안건에 대한 견해가 어떠하냐? 아무 아무개는 이 안건에 대하여 어떤 의견을 가지고 있는가? 등등이다. 모두의 의견을 다 발표한 후에 공자는 비로소 중지를 참작하여 판결하는 말을 내렸다. 마땅히 아무 아무개의 의견에 따라 이렇게 판단한다.[81] 2천여 년 전에 공자가 이런 민주적인 법안을 판별하는 정신을 가지고 있었으니 우리, 특히 사법 담당자가 참고하고 깊이 생각할 만한 가치가 있는 것이 아니겠는가?

두 번째로 업무를 보기 위해서는 자기를 굽히고 남에게 구하는 것을 아끼지 않아야 한다. 노정공 때 실제적인 집정자는 정공이 아니라 노나라의 세습 삼경의 하나인 계환자였다. 공자는 대사구에 임명되어 명의

---

81 『공자가어』「호생(好生)」, "공자가 노나라 사구가 되어 송사의 판결을 내리는데 모두 여러 사람의 의견을 내게 하여 묻기를 '그대는 어떻게 생각하는가? 아무개는 어떻게 생각하는가?'라 하였다. 모두 이러이러하다고 말하였다. 이와 같이 한 다음에 부자께서는 말하기를 '마땅히 아무개를 따르는 것이 옳을 것이다.'라 하였다."

상으로는 삼경과 마찬가지로 상경의 서열에 들었다. 사무가 노정공에게 책임이 있는 것이 아니라 계환자에게 책임이 있었기 때문에 공자는 늘 계환자를 만나러 갔다. 한번은 공자가 계환자를 만나러 갔는데 무엇 때문인지 알지 못하여 계환자는 기뻐하지 않았다. 대체로 일이 해결되지 않았으므로 공자는 또 그를 만나러 갔다. 공자의 제자 재여(宰予)가 여기에 불만을 품고 공자에게 나아가 말하였다. "예전에 내가 스승님께서 들자하니 '왕공이 나를 요청하지 않으면 나는 그를 만나러 가지 않는다' 하신 적이 있습니다. 지금 스승님께서는 대사구이시고 날짜도 길지 않은데 자신을 굽히고 뵙기를 구한 것이 이미 여러 차례입니다. 떠나지 않을 수 없는 것 아닙니까?" 공자는 답하였다. "훌륭하다. 내 이 말을 한 적이 있다. 다만 노나라는 '대중이 서로 능멸하고 군사로 서로 포악하게 구는' 불안정한 국면이 유래가 이미 오래되어 책임을 진 당국이 다스리지 않아 반드시 크게 어지러워질 것이다. 위태롭고 어지러운 시국은 내가 책임을 지고 일을 처리할 것을 필요로 하는데 이것이 어찌 어떠한 요청에도 모두 더욱 정중하고 긴박한 것 아니겠는가?"[82] 이런 일에 대하여 성실하게 책임을 지고 자기를 굽히고 윗사람을 대하는 정신은 또한 매우 귀한 것이다. 이 일로부터 또한 계환자의 오만과 공자의 굴종을 알 수 있으며, 갈등이 이미 싹을 틔웠고 공자는 조만간 벽에

---

82 『공자가어』 「자로초견(子路初見)」. "공자가 노나라 사구가 되어 계환자(원문에는 康子로 되어 있는데 틀렸다-지은이)를 만났다. 환자가 기뻐하지 않자 공자는 또 그를 만났다. 재여(宰予)가 나아가 말하였다. '옛날 제가 선생님께 들은 적이 있는데 "왕공(王公)이 나를 찾지 않으면 움직이지 않는다."라 하였는데 지금 선생님께서 사구에 있은 날이 적은데 절개를 굽힌지가 여러 번입니다. 그만둘 수 없습니까?' 공자가 말하였다. '그렇다. 노나라는 대중끼리 서로 타넘고 군사로 서로 포악하게 한 날이 오래되었으며 유사는 다스리지 않으니 어지러워질 것이다. 나를 부른 자 중에 누가 이보다 크겠는가!'"

부딪쳐 관직을 그만두고 노나라를 떠나게 될 것이다.

　세 번째는 협곡(夾谷)의 회맹에서의 승리이다. 노정공 10년(B.C. 500) 여름 제와 노 두 나라의 임금인 제경공(齊景公)과 노정공은 협곡(지금의 山東 萊蕪縣 경내)에서 서로 만났다. 공자가 노나라 임금의 상례(相禮)를 맡았다. 상례는 현재의 사의(司儀)에 상당하며 당시 두 나라 임금이 만날 때의 상례는 일반적으로 모두 상경이 담당해야 했다. 공자는 대사구를 맡고 있었고 상경의 반열에 있는 데다 예를 잘 알았으므로 그 직책에 선임되었다. 당시 제나라는 강하고 노나라는 약했다. 제나라는 원래 이 회맹을 통하여 힘을 보여주고 노나라를 힘으로 굴복시켜 노나라를 무조건적으로 자기네 부용국으로 만들 생각을 가졌다. 회맹에서의 투쟁은 매우 복잡하고 첨예하였다. 공자는 상례의 신분으로 참석하였는데 대응이 노련하였다. 이에 앞서 제나라는 사방의 음악을 연주한다는 것을 명분 삼아 창검과 도극(刀戟), 각종 깃털 장식 깃발을 동원하였다. 혼란한 가운데 노나라 임금을 협박하는 데 편하도록 할 심산이었다. 공자는 이를 본 즉시 회맹을 위하여 임시로 쌓은 토단의 계단 위로 올라가 눈을 부릅뜨고 경공을 똑바로 쳐다보며 한번 소매를 휘두르며 노하여 꾸짖어 말하였다. "우리 두 나라의 임금이 여기에서 우호의 회맹을 갖는데 이적(夷狄)의 음악이 여기에 이르니 무엇을 하려는 것이오? 담당자에게 청하여 물리치도록 하시오." 경공은 마음이 두근두근 불안해져서 속으로 예를 어겼다는 것을 알아차리고 손을 저어 물리치고 사과의 뜻을 나타내며 말하기를 "이는 과인의 잘못이오."라 하였다. 그는 돌아간 후 수행원에게 말하였다. "공자는 그의 임금을 인도하면서 옛사람의 예의를 따르는데 너희는 오히려 나를 이적의 비루한 풍속으로 인도하니 이는 어째서냐?" 쌍방 간에 최종적으로 맹약을 체결했을 때 제나라 사람이 갑

자기 맹약에 한 조목을 추가하면서 제나라가 출정할 때 노나라가 병거 3백 승(乘)을 내어 따르지 않는다면 이 맹약을 파기할 것이라고 하였다. 이는 분명하게 노나라에게 자기네는 제나라의 부용국임을 인정하라고 강요하는 것이었다. 공자는 당시 양국의 힘이 현격히 차이가 나는 객관적 형세를 알고 있었다. 이 조목이 비록 거절하기 어렵긴 하지만 무조건적으로 받아들일 수는 없었다. 이에 단도직입적으로 새로운 조목을 제안하여 사람을 보내어 대답하였다. 제나라가 침략하여 점거하고 있던 노나라 한양(漢陽)의 영토를 노나라에 돌려주지 않으면 노나라에 병거를 낼 것을 요구할 때 또한 이 맹약을 파기할 것이라고 하였다. 이는 경공을 매우 난감하게 만들어 회맹 후에 점거하고 있던 문양(汶陽) 지구 운(鄆)과 뇌(灅), 귀음(龜陰)의 세 곳을 노나라에 돌려줄 수밖에 없었다. 공자는 협곡의 회맹에서 임기응변으로 술잔을 들면서 적을 제압하였다. 당시 매우 중시하던 예를 무기로 삼아 투쟁을 진행하여 약국으로 강국을 이겨 국격을 보존하였다. 이로써 위대한 정치가이자 외교가로서의 재능과 담략을 충분히 보여주었다.[83]

(4) 세 도성 허물기의 실패

협곡 회맹에서의 승리는 공자의 위망을 대대적으로 높여주었다. 게다가 공자는 예로 자신을 엄격히 검속하여 윗사람에게는 공경하고 일에는 성실하여 노정공과 노나라의 실질적인 집정자인 계환자의 칭찬과 신임을 더욱 널리 얻었다. 이에 노정공 12년 공자 50세 때 계환자의

---

83 협곡(夾谷)의 회맹에 관해서는 『좌전』과 『공양(公羊)』, 『곡량(穀梁)』의 삼전(三傳)과 『사기』 「공자세가」, 『공자가어』 등의 책의 기록이 서로 출입이 있다. 여기서는 각종 책을 참조하여 종합적으로 서술하였다. 독자들은 위에서 말한 여러 책을 참고하여 볼 것이다.

위탁을 받아 대사구로 계환자를 대리하여 국사(國事)를 처리하였다. 나라의 일을 토론하는 데 참여하였으니, 곧 『사기』 「공자세가」에서 말한 "대사구로 재상의 일을 대행하였다"는 것과 "국정에 참여하여 들었다"는 것이다. 작고 보잘것없는 노나라에서, 귀족 통치집단에서 유명무실한 노정공과 실권을 장악한 계환자를 빼면 이때의 공자는 이미 세 번째 인물로 도약하였다. 이른바 "계손씨에게서 공자가 행함에 석 달 동안 어김이 없었다"[84]는 것이 바로 이때의 상황을 말한 것이다. 그러나 공자와 계씨 사이의 '밀월(蜜月)'은 결국 공고하지 못하고 짧아서 오래지 않았다. 세 도성을 허무는 것 및 기타 약간의 일로 인하여 그들 사이의 갈등이 겉으로 드러나 '밀월'은 사라져버렸다.

앞에서 이미 말했듯이 공자의 '충군존왕' 사상은 확고부동하였다. 그는 당시 노나라 정치의 혼란한 상황—정공의 권력의 공백과 삼경(특히 계씨)의 천단, 삼경 가문의 가신(陽貨가 季氏를 대하는 것 같은)의 농단—에 대하여 매우 불만이 많았다. 이는 '충군존왕'의 도를 위반하는 것이라 생각하였다. 이런 상황에서 그는 탈출구가 한 가지뿐이라고 느꼈다. 그것은 바로 공실을 강하게 하는 것(노정공의 실제적인 통치 권력을 제고시키는 것)이다. 삼경을 억제하며(삼경 특히 계씨가 신하의 도를 지켜 함부로 월권행위를 하지 못하게 하는

---

84 생각건대 "계손씨에게서 공자가 행함에 석 달 동안 어김이 없었다(孔子行乎季孫,三月不違)"라는 이 말은 『공양전(公羊傳)』에 두 번 보인다. 한 번은 정공 10년 '협곡지회(夾谷之會)'의 뒤에 있고, 한번은 정공 12년 '타비(墮費)'와 '타후(墮郈)'의 뒤에 있다. 진립(陳立)은 『공양의소(公羊義疏)』에서는 말하였다. "석 달은 그 오래되었을 따름이라는 것을 말하였으니 반드시 겨우 석 달을 어기지 않은 것은 아니다."라 하였는데 이 말은 매우 옳다. 이른바 "어기지 않은 것"은 쌍방간에 대등하다는 말로 곧 공자가 이미 계씨의 뜻을 어기지 않았을 뿐만 아니라 계씨 또한 공자의 뜻을 어기지 않은 것이니 쌍방이 상하의 사이에서 매우 친밀하게 협조하였다는 것이다. 이 말은 '섭상사(攝相事)'와 '여문국정(與聞國政)' 때에 두는 것이 비교적 타당한 것 같다.

것), 가신을 내쳐서(가신이 온순하게 주인에게 충성을 다하여 발호하지 못하게 하는 것) 노나라가 주나라의 예법에 따르게 한다. 귀족등급제 봉건사회의 질서를 따라 나라를 다스리고 백성을 편안하게 한 다음에 '인정덕치'의 노나라를 기초로 하여 '인정(仁政)'의 영향을 확대시키고 천자를 높이고 제후를 복속시켜 천하를 통일하는 것이었다.[85] 세 도읍을 허무는 것은 표면상으로는 가신을 억제하고 '삼환(三桓)'[86]과 가신 사이의 갈등을 반영하는 것이었지만 실질적으로는 공실과 '삼환' 사이의 갈등이자 공실을 강하게 하고 '삼환'의 억제를 주장하는 공자와 계환자 사이의 갈등이었다. '삼도'는 '삼환'이 실제적으로 할거하고 있는 영지내의 세 성, 곧 비읍(費邑)은 계손씨의 영지 성보(城堡)였고, 후읍(郈邑)은 숙손씨의 영지 성보였으며, 성읍(成邑)은 맹손씨의 영지 성보였다. '삼환'은 모두 곡부에 살고 있었다. 당시 이 세 성보는 실제 또한 모두 '삼환'의 통제하에 있지 않았다. 그들의 가신이 웅거하는 곳이 되어 이를 근거로 '삼환'에 대하여 떠들썩하게 독립을 하였다. '삼환'을 침릉하였으며 '삼환'을 뛰어넘어 국정에 간섭하기까지 하였다. 공자가 이른바 "배신(陪臣)이 나라의 권력을 잡았다"[87]란 것은 바로 이런 정황을 가리킨 것이다. '삼환'은 이에 불만을 품었고 공자는 이에 대해 더욱 불만이었다. 공자는 '삼환', 특히 계손씨의 양화가 비읍을 가지고 반란을 일으킨 것(정공 8년)과, 숙손씨

---

85 공자가 중도현장(中都縣長)에 임명되었을 때 노정공이 공자에게 물은 적이 있다. "그 대의 이 법을 배워 노나라를 다스리려고 하는데 어떠한가?" 공자가 대답하여 말하였다. "비록 천하라도 가할 것입니다! 어찌 다만 노나라일 따름이겠습니까!"(『孔子家語』「相會」) 공자는 늘 치국평천하(治國平天下)를 자기의 임무로 삼았음을 알 수 있다.

86 '삼환(三桓)'은 곧 노환공(魯桓公)의 세 아들의 후예로, 그 가운데 맹손씨(孟孫氏)는 사공(司空)을 맡았고, 숙손씨(叔孫氏)는 사마(司馬)를 맡았으며 계손씨(季孫氏)는 사도(司徒)를 맡았는데 노나라의 삼경(三卿)이다. 계손씨의 세력이 가장 커서 노나라의 국정을 장악하였다.

의 후범(侯犯)이 후읍을 가지고 반란을 일으킨(정공 10년) 것에 대한 불만의 정서를 이용하여 기회를 봐가며 가신(家臣: 陪臣)이 근거하여 반란을 일으키는 세 성보를 허물 것을 건의하였고, 즉시 삼가의 동의를 끌어내었다. 이에 첫 행보로 비교적 순조롭게 숙손씨의 후도(郈都)를 허물었다. 두 번째 행보로 계손씨의 비도(費都)를 허물려 할 때 오히려 비재(費宰: 季氏家臣)인 공산불뉴(公山不狃: 곧 심적으로 계씨를 배반하였으나 반역의 자취가 아직 드러나지 않은 일찍이 공자를 불러 공자가 가려고 했던 공산불요)의 강렬한 반대에 부딪쳤다. 아울러 기선을 제압하여 비읍의 병력으로 곡부를 습격하였으니 다행히 공자가 곡부의 병력을 지휘하여 반격했다. 그 덕에 승리를 쟁취하고 공산불뉴를 패퇴시켜 제나라로 달아나게 하였으며 마침내 비도를 허물었다. 세 번째 행보로 성읍을 허물 때는 상황이 더욱 복잡해져 결과는 완전히 실패로 돌아갔다. 처음에 맹손씨(孟孫氏: 孟懿子)는 도읍을 허무는 것을 찬성하였지만 가신인 공렴처보(公斂處父)는 일관되게 맹손씨에게 충성을 다하여 애초에 반기를 들 뜻이 없었다. 그는 성읍을 허무는 것이 맹손씨에게 불리하리라는 것을 간파하고 곧 맹의자에게 말하였다. "성읍의 성을 허물면 제나라 사람이 반드시 북문에 이를 것입니다. 또한 성읍은 맹씨를 지켜주는 가리개입니다. 성읍이 없으면 이는 맹씨를 없애는 것이 됩니다. 그대가 모르는 척하면 내 성을 허물지 않겠습니다"[88] 맹의자는 계획대로 일을 행하여 표면적으로는 성읍을 허무는

---

87 『논어』 「계씨(季氏)」에 보인다. 『좌전』의 기록에 의거하면 소공(昭公) 14년 남괴(南蒯)는 비읍을 가지고 반란을 일으켰고, 정공(定公) 5년에는 양호(陽虎)가 계환자(季桓子)를 앞서 가두었고, 8년에는 또한 뒤에서 노나라를 배반하고 제나라로 달아났다. 정공 10년에는 후범(侯犯)이 또한 후(郈)를 가지고 반란을 일으켰다. 이른바 "배신(陪臣)이 나라의 권력을 잡았다"는 것은 아마 바로 이 사건을 근거로 결론을 낸 것 같다.

88 『좌전』 「정공(定公) 12년」.

것을 반대하지 않았다. 그렇지만 속으로는 오히려 공렴처보가 전력으로 반항하는 것을 지지하면서 성읍을 허무는 것을 반대했다. 여름부터 겨울이 되도록 성읍의 성보는 여전히 우뚝하여 미동도 하지 않았다. 어쩔 수 없이 12월에 임금인 정공이 친히 말을 타고 나가 성읍을 포위하는 수밖에 없었으나 끝을 내는 데는 실패하였다. 성읍을 허물려는 계획을 성공시키지 못하였으며 또한 곧 세 도읍을 허물려는 계획도 완성시키지 못하였다. 이는 공자에게는 치명적인 타격이었다. 앞에서 말했듯이 '삼환', 특히 계손 씨와 숙손 씨는 가신이 성을 기반으로 반역을 하는 일을 두려워하여 도성을 허무는 것을 찬성하였다. 목적은 후환을 없애고 자기의 역량을 강화하려는 것이었다. 공자가 도읍을 허무는 것을 주장한 것은 가신의 역량을 약화시키려는 것뿐만 아니라 또한 '삼환'의 역량을 약화시키려는 것이었다. 그 목적은 공실을 강하게 하고 임금의 지위를 강하게 하는 것이었다. 세 도읍을 허무는 이 일에 대한 의도는 형질과 모양이 다른 '동상이몽'이었다. 공렴처보의 강화와 맹의자(孟懿子)의 성읍을 허무는 데 대한 태도의 전환은 계손씨를 일깨울 수밖에 없었다. 원래 공자가 세 도성을 허물려는 목적이 '삼상(三相)'을 약화시키고 공실을 강하게 하려는 것임을 깨달았기 때문이었다. 이에 공자의 공실을 강하게 하고 '삼환'(무엇보다도 계손 씨)을 억제하는 주장과 '삼환'(무엇보다도 계손씨)의 공실을 약화시키고 '삼환'을 강하게 하는 주장 사이의 갈등은 드러나게 되었다. "석 달 동안 어김이 없었던" 친밀했던 협력은 흔들렸고 종언을 고했다. 공자가 자가의 주장을 포기하고 굴복하여 구차하게 편안함을 추구하거나 협력이 결렬되거나 양자택일의 기로였다. 공자는 당연히 자기의 주장을 포기할 수 없었다.(잠시 동안 이 주장을 논하지 않은 것은 매우 큰 의의가 있다) 이에 다만 "석 달 동안 어김이 없게 하였던" 협력

관계를 깨뜨려 마침내 벽에 부딪치고 벼슬을 사직한 뒤 노나라를 떠나는 종국으로 이끌게 되었다.

(5) 공자가 소정묘를 죽인 것은 사실 고찰할 길이 없다

부대적으로 여기에서 공자가 소정묘(少正卯)를 죽인 일을 말해보겠다. 이 일은 『순자(荀子)』 「유좌(宥坐)」 편에 처음 보인다.[89] 나중에 『여씨춘추(呂氏春秋)』, 『설원(說苑)』, 『사기』 「공자세가」, 『공자가어』 등의 책에서도 채록하고 있어 실제 그 일이 있었던 것 같다. 청나라 사람 염약거(閻若璩)와 최술, 양옥승(梁玉繩), 강영(江永) 등에 이르러서야 의문을 제기하여 공자가 소정묘라는 사람을 죽인 일을 부정하였다. 이런 학자들이 이에 대해 고증한 것은 매우 가치가 있다.[90] 귀납해보면 공자가 소정묘를 죽인 일이 믿을 만하지 못하다는 점을 논증할 수 있는데 주로 세 가지 근거가 있다. 1. 공자가 소정묘를 죽인 것은 『순자』 「유좌」와 『사기』, 『공자가어』 등

---

89 『순자』 「유좌(宥坐)」의 공자가 소정묘를 죽인 일과 관련된 부분의 내용은 다음과 같다. "공자께서 노나라의 사구(司寇)가 되어 나랏일을 맡게 되자 조정에 나간 지 이레 만에 소정묘를 처형하였다. 문인이 앞으로 나와 공자에게 질문하였다. '소정묘는 노나라에서 유명한 사람입니다. 선생께서 정치를 맡으시면서 맨 먼저 그를 처형한 것은 실수가 되지 않겠습니까?' 공자께서 대답하였다. '거기 앉거라. 내 너에게 그 까닭을 설명해 주마! 사람에게 악한 것이 다섯 가지가 있는데, 도둑질도 그 속에는 들지 않는다. 첫째는 마음이 만사에 통달하면서도 음험한 것, 둘째는 행실이 편벽되면서도 완고한 것. 셋째는 거짓말을 일삼으면서도 말을 잘하는 것, 넷째는 아는 것이 추잡하면서도 광범한 것, 다섯째는 그릇된 일을 일삼으면서도 겉으로는 윤택해 보이는 것이다. 어떤 사람이 이상 다섯 가지 중 한 가지만 가지고 있다 하더라도 군자의 처형을 면할 수가 없을 것인데, 소정모는 그런 것들을 다 갖추고 있었다. …… 죽이지 않을 수 없다." (권20) 당송(唐宋)에서 명청(明淸)에 이르기까지 적지 않은 학자가 「유좌」 및 그 뒤의 네 편에 대하여 의심을 품었는데 모두 순자의 제자가 유전되어 온 것에 근거하여 진위가 잡사(雜事)를 기록하여 편성한 것으로 진실한 사실이 아니다. 주로 순자와 공자의 순자의 공자의 '인정덕치' 사상과 서로 대립되는 법치적 관점을 반영하는 데 쓰인다. 『사기』, 『공자가어』 등의 기록은 내용이 이와 비슷하여 수록하지 않는다.

의 책에만 보일 뿐 『논어』와 『춘추』, 『좌전』 등 이른바 "경전(經傳)"에는 보이지 않는다. 비록 『논어』와 『춘추』, 『좌전』 등의 책에 보이지 않는다고 하여 모두 진실이 아니라고 말할 수는 없다. 다만 공자가 소정묘를 죽였다는 이런 큰 일 같은 것이 끝내 하나도 기록되어 흔적이 전하지 않는다고 하는 것은 불가능하다. 2. 공자가 정권을 잡은 지 이레 만에 한 대부(公子)가 한 대부(少正卯)를 죽이는 이런 일이 춘추시대의 공자에게서 발생하였다는 것은 상상조차 할 수 없다. 3. 공자의 핵심 사상은 '인(仁)'이다. 그는 단호하게 가벼이 사람을 죽이는 것을 반대하였으므로 계강자(季康子)가 "무도한 자를 죽여서 도가 있는 데로 나아가게 하는(殺無道以就有道)" 문제를 제기했다. 공자의 반대에 부딪쳐 "그대가 정사를 함에 어찌 죽임을

---

90 여기서는 염약거(閻若璩)와 최술의 고증을 전적으로 수록하여 그 일부를 엿본다. 염약거의 『사서석지우속(四書釋地又續)』 "소정묘를 죽인 일은 주자는 애초에 그건 일이 없다고 지극히 변론하였으며, 「논어서설(論語序說)」에도 이것이 수록되어 있는데 또한 혁신을 이행함이 미진하였다. 진기정(陳幾亭)은 말하였다. '대체로 성인이 죽임을 행함에는 반드시 그 사람의 드러난 죄와 대중의 버림이 있다. 사람들의 뜻하지 않음에서 나온 적이 없었는데 다만 지난날의 간웅(奸雄)이라 해서 법안도 갖추어지지 않았는데 갑자기 대륙(大戮)을 행한 것이다. 이는 양저(穰苴)와 손무(孫武)가 군사를 행하고 위엄을 세우는 법이니 어찌 성인이 정사를 하는 도란 말인가?'"(學海堂 版『皇淸經解』, 권22, 33쪽) 최술은 말하였다. "내가 생각건대 『논어』에서는 '계강자가 공자께 정사를 물으며 말하였다. "만일 무도한 자를 죽여서 도가 있는 데로 나아가게 하면 어떻습니까?" 공자께서 대답하셨다. "그대가 정사를 함에 어찌 죽임을 쓰겠는가!" …… 성인이 살인을 귀하게 여기지 않는 것이 이와 같거늘 어찌 정사를 맡아본 지 이레 만에 대부를 죽였단 말인가! …… 『논어』·『춘추』의 전(傳)에서는 …… 그런데도 소정묘에 대해서만은 한 마디의 언급도 없다. 소정묘가 과연 정사를 어지럽힌 적이 있었다면, 공자는 어찌하여 단 한마디도 언급하지 않았던 것일까? 그리고 역사를 기록하는 관리도 어찌하여 아무 사건도 기록하지 않았던 것일까? 아무런 사건도 기록하지 않았을 뿐만 아니라 이름조차 보이지 않는다. 그렇다면 그런 사람의 존재 여부조차도 무릇 알 수 없다. 설령 그런 사람이 있었다 하더라도 틀림없이 보잘것없는 녹록한 자였을 따름인데, 어찌 성인의 추상같은 형륙(刑戮)에 저촉되었겠는가! 춘추시대에 대부 한 사람을 죽인다는 것은 쉬운 일이 아니었다. 하물며 대부의 신분으로 대부를 죽이는 것이야 어떠했겠는가! …… 이는 아마 신불해(申不害)나 한비(韓非)의 무리들이 성인을 무고해서 자신들의 의견을 꾸미려 한 것일 것으로 반드시 공자의 일이 아니다."(『洙泗考信錄』, 권2)

쓰겠는가?(子爲政,焉用殺)"라 하였다. 공자가 정권을 잡은 지 이레 만에 "정치를 어지럽히는 대부 소정묘를 죽였다"면 공자의 일관된 사상과 완전히 부합하지 않는 것이 아니겠는가? 그래서 어떤 사람이 이런 결론을 내렸다. "이레 만에 소정묘를 죽인 것은" "공자가 할 수 있고 공자 때 할 필요가 있는 것이 아니었다."[91] 이는 매우 간명하고 확실하다. '문화대혁명' 시기의 '사인방(四人幇)'이 이른바 '평법비유(評法批儒: 법가를 비평하고 유가를 비평함)'에서 소정묘를 법가로 받들어서 공자(儒家)와 서로 대립시키고 그들 간의 투쟁을 초기의 유가와 법가의 투쟁이라고 생각하였는데 그들의 역사에 대한 무지를 표명하는 데 지나지 않을 따름이다.

(6) 갈등이 표면화되어 관직을 버리고 노나라를 떠나다

세 도읍을 허무는 일의 실패는 공자와 계환자 사이에 갈등을 일으켰다. 공자가 공실을 강하게 하고 사가(私家)를 약화시키려는 것을 견지하는 것과, 다른 한편으로는 계환자가 공실을 약하게 하고 사가는 실제 정치권력을 잡는 것을 포기하지 않고 노나라 임금을 꼭두각시의 지위에 두는 것을 견지하는 사이의 갈등을 일으켰다. 원래 "석 달을 어기지 않는" 아주 얇은 망사에 덮여 은폐된 상태에 있던 것이 이제 확 드러나게 되었다. 이런 갈등이 표면된 상황은 아래에 열거하는 사건에서 사실을 확인할 수 있다. 첫째, 자로(子路)는 공자의 득의양양한 제자로 계환자의 가신(宰)이면서 또한 세 도읍을 허무는 것을 지휘한 사람이었다. 계환자가 자로를 신임하였는가, 신임하지 않았는가 하는 것은 곧 공자

---

91 이는 양징판(楊景凡), 위롱건(兪榮根)의 공저 『공자를 논함(論孔子)』에서 제기한 논점으로 논증이 상세하고 확실하여 참고할 만한 가치가 있다.(이 책, 16~20쪽)

를 신임하였는가, 신임하지 않았는가 하는 것과 같다. 나중에 공자의 제자인 공백료(公伯寮)는 계환자의 면전에서 자로를 험담하였는데, 다른 제자인 자복경백(子服景伯)[92]이 이 일을 공자에게 일러주었다. 『논어』에 이 사건을 언급한 말이 있다. "공백료가 자로를 계손에게 참소하니, 자복경백이 공자께 아뢰기를 '부자[季孫]께서 진실로 공백료의 말에 의심을 품고 계시니, 내 힘이 그래도 공백료의 시신을 거리에 널어놓을 수 있습니다.' 공자께서 말씀하셨다. '도가 행해지는 것도 명이며 도가 폐해지는 것도 명이니, 공백료가 그 명을 어떻게 하겠는가?'(公伯寮愬子路於季孫, 子服景伯以告曰, 夫子固有惑志於公伯寮, 吾力猶能肆諸市朝. 子曰, 道之將行也與命也, 道之將廢也與命也, 公伯寮其如命何)"[93] 끝내 공백료가 자로에 대해 어떤 나쁜 말을 했는지 계환자가 듣고 어떤 반응을 보였는지는 『논어』에서 말하지 않았다. 그러나 이미 자로의 험담을 늘어놓았다면 결코 공자에 대한 언급이 없을 수 없을 것이다. 또한 세 도읍을 허무는 일이 계씨에게 미치는 실제적인 의의를 언급하지 않을 수 없었을 것이다. 계환자는 더욱이 두 사람에 대한 의심이 일어나지 않을 수 없었을 것이니 이는 이치상 당연한 상식이라고 하지 않겠는가? 둘째, 공자의 '삼환'에 대한 공격이다. 『논어』에는 이런 말이 있다. "공자께서 말씀하셨다. '녹이 공실에서 떠난 지 5세가 되었고, 정사가 대부에게 미친 지 4세가 되었다. 그러므로 저 삼환의 자손은 미약해질 것이다.'(孔子曰, 祿之去公室五世矣, 政逮於大

---

92 자복경백(子服景伯)의 신분에 관해서는 두 가지 설이 있다. 첫째는 주희(朱熹)의 『사서집주(四書集注)』로 자복경백은 곧 노나라의 대부 자복하(子服何)라고 하였다. 성이 자복이며 이름은 하이고, 경(景)은 시호라고 하였다. 둘째는 주이존(朱彝尊)의 『공자제자고(孔子弟子考)』인데 한나라의 노준(魯峻)의 석벽화(石壁畫) 72자상(子像)에 자복경백이 있으므로 공자의 제자로 단정하였다. 여기서는 후자의 설을 따른다.

93 『논어』「헌문(憲問)」.

夫四世矣. 故夫三桓之子孫微矣)"[94] 이는 곧 국가의 대권이 노나라 임금의 수중
에서 장악되지 못한 것이 이미 5대(곧 宣公, 成公, 襄公, 昭公, 定公의 5대를 지남)가
되었으며, 정권이 대부(季氏)의 손아귀에 떨어진 것이 이미 4대(곧 季氏文
子, 武子, 平子, 桓子의 4대가 지남)[95]이기 때문에 노환공의 세 아들(곧 노나라의 三卿
을 세습한 仲孫, 叔孫, 季孫의 三家)의 후손은 현재 이미 미약해져서 쓸모가 없다
는 것이다. 계환자에 대해 빈정거리는 첨예한 비평은 "석 달 동안 어기
지 않는" '밀월' 기간 중에 말한 것이 아닐 것이다. 갈등이 첨예화되어
결렬의 조짐이 이미 드러났을 때 공자는 어떻게 대처하였는가? 앞에서
말한 것처럼 공자는 자기의 일관된 주장에 대하여 결코 타협하거나 포
기하지 않았다. 결코 '오사모(烏紗帽)'를 보전하기 위하여 원칙적으로 교
역을 하거나 무릎을 꿇고 투항을 하지 않았다. 이에 대처하는 방법은 두
가지 뿐이다. 첫째는, 진취적 혁명 방법이다. 그것은 바로 일체의 연결
가능한 모든 역량을 동원하여 임금을 유지 보호하는 것을 호소하고, 정
공의 명의를 이용하여 계환자를 토벌하고 노나라를 부흥시켜 노나라
의 귀족 정치를 개혁하는 것이었다. 둘째는, 물러서는 보수적인 방법이
다. 그것은 바로 "석 달 동안 어기지 않는" 국면을 이미 계속 이어나갈
수 없었을 뿐만 아니라 자기의 주장을 포기하고 더러운 흐름에 함께 휩
쓸리는 것을 달가워하지 않는 것이다. 곧 벼슬을 버리고 노나라를 떠나

---

94 『논어』 「계씨(季氏)」. 이 말은 어떤 사람은 정공 초년에 말한 것이라고 생각하였는데 역사
적 사실로 고증해보면 타당하지 않은 것 같다. "정사가 대부에게 미친 지 4세가 되었다."의
4세가 가리키는 것은 계씨 문자(季氏文子)와 무자(武子), 평자(平子), 환자(桓子)의 4대(代)이
다. 그런데 정공 9년에 평자가 죽었으니(胡仔의 『孔子編年』에 보인다) 제4대의 환자가 정사를
맡은 것은 정공 9년 이후여야 하며 만약 정공 초년에 있었다면 환자는 아직 정사를 맡지도
않았으며 당시 계씨는 겨우 삼세(三世)로 사실(史實)과 부합하지 않는다. 내용상으로 보면
이 말은 아마 정공 12년 세 도읍을 허무는 일이 실패로 돌아간 후에 말한 것이다.
95 양뷔쥔(楊伯峻)의 『논어역주(論語譯注)』에 근거함.

달리 출구를 찾아야 했다. 공자는 과감하게 첫째 방법을 채택하지 않고 두 번째 방법을 실행할 수밖에 없었다. 마침 이때 제나라의 통치자가 노나라의 귀족 통치자에게 회유하고 타락시키는 정책을 실행하고 있었다. 국내에서 몸에는 화려하고 아름다운 복장을 입히고 가무에 능한 미녀 80명을 가려 뽑고, 눈부신 비단으로 장식한 준마 120필을 뽑아 노나라 임금에게 보내주었다. 목적은 그들을 성색(聲色)에 미혹하게 하여 정사를 게을리 하고 공자를 소원하게 하려는 것이었다. 그 결과 계환자는 제나라에서 보내준 미녀와 준마를 받아들여 종일토록 춤을 구경하고 음악을 들었는데 이런 일이 사흘씩이나 이어져 조정에 나가 정무를 돌보는 일조차 그만두었다. 자로가 공자에게 말하였다. "돌아가는 모양을 보니 스승님께서는 떠나셔야 할 것 같습니다." 공자가 우유부단하여 결정을 내리지 못하였든 또는 환상을 가졌든 간에 계환자가 뉘우치고 "석 달 동안 어기지 않는" 국면을 회복하기를 바랐기 때문에 자로에게 말하였다. "노나라가 교제(郊祭)를 거행할 텐데 여전히 제사 때 쓴 고기(膰)를 예를 갖추어 내게 보내온다면 나는 남을 수 있을 것이다." 그 결과 공자는 제사에 참가하여 배석한 후 집으로 돌아왔는데도 제육(祭肉)을 보내오는 사람이 없었다. 이에 참으려야 참을 수가 없어 벽에 부딪친 후 다급하게 관직을 버리고 노나라를 떠날 수밖에 없었다. 때는 노정공 13년(B.C. 497) 봄으로, 공자는 55세였다.

6. 열국의 제후를 방문하다―가는 곳마다 벽에 부딪치다

여기에서 "열국의 제후를 방문하다"라는 말을 쓰고 '주유열국(周游列國)'

이란 말을 따라 쓰지 않은 것은 후자의 경우 사람들로 하여금 일종의
소요자재(逍遙自在)했다는 느낌을 갖게 하기 때문이다. 사실 공자는 노나
라에서 벼슬을 하다가 벽에 부딪쳐 관직을 버리라는 압박을 받고 달아
난 것이다. 달아날 때는 워낙 급작스런 상황이라 춘제(春祭)에 참가하면
서 썼던 예모(禮帽)마저도 미처 벗지를 못하고[96] 황망하게 노나라를 떠
났다. 비록 공자가 국경에서 잠시 머물렀던 적은 있지만 그것은 맹자가
말한 것과 다르다. '부모의 나라'를 떠나라는 압박을 받아 심정이 불안
해서 일부러 "내 걸음을 더디고 더디게 한 것이다!"[97]라고 했지만, 공자
가 노나라를 떠날 때 사전에 무슨 계획이 있었다면 소요자재하며 열국
을 주유하였다는 것은 실제와 부합하지 않는다.

(1) 열국의 제후를 방문한 목적

공자는 노나라에서 정치적으로 벽에 부딪치자 총망하게 떠났다. 그
런 다음에 열국의 제후를 방문할 수밖에 없었다. 목적은 주로 "벼슬을
구하고(求仕)"(벼슬을 구하여 나라를 다스릴 기회를 잡는 데 편하게끔), '도를 행하는(行
道)'('인정덕치'의 주장을 널리 시행하는 것) 것이었다. 그때 한 개인의 정치적 주장
은 주로 관직을 통하여 실현되었다. 공자의 고제자(高弟子)인 자로의 말
에 의하면 바로 "덕과 재주를 가진 사람(君子)이 관직을 하러 나오는 것
은 다만 그가 해야 할 일을 하는 것일 따름이다."[98]라는 것이다. 이 말은

---

96 『맹자』 「고자(告子) 하」. "면류관을 벗지 않고 떠나셨다.(不稅[脫]冕而行)"

97 『맹자』 「만장(萬章) 하」. "공자께서 노나라를 떠날 적에 …… 말씀하시기를 '더디고 더디다,
내 걸음이여!' 하셨으니, 이는 부모의 나라를 떠나는 도리이다.(孔子之去魯……曰, 遲遲吾行
也, 去父母國之道也)"

98 『논어』 「미자(微子)」. "군자가 벼슬하는 것은 그 의를 행하는 것이다.(君子之仕也, 行其義也)"

공자의 진실된 사상을 반영하였을 것이다. 한번은 정(鄭)나라에 가서 공자와 제자들이 헤어지게 되어 공자 홀로 성곽의 동문에 서 있었다. 정나라의 어떤 사람이 자공에게 말하기를, 동문에 한 사람이 서 있는데 …… 분주하고 지친 것이 망연히 갈 곳이 없는 듯하여 주인을 잃은 상갓집의 한 마리 개와 같아 보였다고 하였다. 자공이 이 말을 그대로 공자에게 알려주었다. 공자는 기뻐하며 웃으면서 말하였다. "나의 용모가 어떻고 어떤지 말하는 것은 차치하고 내가 주인 잃은 상갓집 개 같다는 말은 지당하고도 지당하구나!"[99] 이로써 공자의 '구사(求仕)'와 '치국(治國)'의 마음이 얼마나 강렬한지 설명할 수 있다. "나라를 근심하고 백성을 근심하는(憂國憂民)" 강렬한 이런 심정은 세상의 일에는 전혀 관심이 없는 소극적인 "세상을 피하는(避世)" 사람과 견주어보건대 같은 날 말할 수 있는 것이 아니어서 칭찬할 만한 가치가 있다. 공자는 14년간 열국의 제후를 직접 찾아보던 과정에서 부단히 사람들과 '도'(각종 정치, 윤리와 역사, 학술 문제의 토론)를 논하고 계속적으로 각종 가능한 조건을 이용하여 제자들에게 강학하는 등등 그것은 어디까지나 부대(附帶)적인 일로 목적이 아니었다. 목적은 '구사(求仕)'였다. 이는 충분히 그를 임용하여 '인정덕치'의 주장을 실행하는 이상적인 현명한 제후(國君)를 찾아내기

---

99 사마천의 『사기』「공자세가」. "공자가 정(鄭)나라로 갔는데 제자들과 서로 행방을 잃어서 공자는 성곽의 동문에 홀로 서 있었다. 정나라 사람 가운데 누가 자공에게 말하였다. '동문에 어떤 사람이 있는데 이마는 요임금과 같고 …… 풀죽은 모습이 상갓집의 개와 같았습니다.' 자공이 사실대로 공자에게 일렀다. 공자는 흔쾌히 웃으면서 말하였다. '형상은 아니지만 상갓집 개와 같다고 한 말은 그렇구나, 그랬었지!'" 최술은 공자가 정나라에 간 것에 의심을 품고 "정나라는 송나라의 서쪽에 있으며 진나라는 송나라의 남쪽에 있다. 송나라에서 정나라로 갈 때는 구태여 정나라를 거치지 않아도 된다."라 하였는데, 완전히 당시에 공자가 "상갓집 같았던" 처경을 이해하지 못하였다. 그가 각국을 방문한 차서는 결코 예정된 계획이 아니었으며 우연성이 매우 커서 이 때문에 결코 노선의 순역(順逆)에 따라 공자가 결코 정나라에 가지 않았다고 추단할 수 없다. 그래서 따르지 않는다.

를 바라는 것이었다.

(2) 열국 제후를 방문한 간단명료한 경력

공자가 열국의 제후를 방문한 주요 목적은 '구사(求仕)'이며, 이는 '인정덕치'의 주장을 실행하기 위한('行道') 것으로 이미 위에서 언급하였다. 그러나 "주인 잃은 상갓집 개"처럼 그는 망연히 어디로 가야 하는지도 모르고 14년이나 분주히 보내면서 도처에서 벽에 부딪쳤는데 주요 목적에는 시종 이르지 못하였다. 그래서 사마천 또한 말하기를 "공자는 왕도(王道)를 밝히어 70여 임금에게 구하였으나 등용될 수 없었다."라 하였다. 여기에서 말한 "임금에게 구하는 것(干君)"은 곧 '구사'이다. "등용될 수 없었다(莫能用)"는 것은 곧 "벽에 부딪친 것"이다. "70여 임금에게 구하였다"는 것은 명백히 과장이다. 한나라 왕충(王充)의 고증에 의하면 많아봤자 열 나라를 넘지 않는다.[100] 사실 열국을 방문하기 전에 제나라에 갔던 것 등을 제외하면 열국을 방문한 기간 중 진정한 의미에서 갔었던 곳은 문헌을 통하여 조사해낼 수 있다. 그곳은 진(陳)과 조(曹)·송(宋)·정(鄭)·채(蔡)나라 등 고만고만한 여섯 나라에 지나지 않는다.[101] 경과하거나 머물렀던 기록이 있는 지방도 서너 군데에 지나지 않았으니 곧 광(匡)과 포(蒲)·추향(陬鄕: 衛나라)과 섭(葉: 楚나라) 등이었다. 이

---

100 왕충(王充)의 『논형(論衡)』 「유증(儒增)」. "70개국에서 (관직을) 구했다는 말은 과장된 것이다. 『논어』와 제자(諸子)의 책에 의하면 …… 이른 나라가 열 나라도 될 수 없으며 70나라라고 전하여 말하는 것은 사실이 아니다." 양옥승(梁玉繩)의 『사기지의(史記志疑)』 「유림전서(儒林傳序)」에서도 '중니는 70여 임금에게 구하였으나 만나지 못했다.'라 하였다. …… 이는 아마 전국시대의 무고한 말일 것이다. …… " 이 말은 매우 타당하다.

101 전목(錢穆). "공자는 정공(定公) 12년 봄에 노나라를 떠나 애공(哀公) 11년에 이르러 돌아와 전후로 14년이었으며, 벼슬을 한 곳은 위(衛)와 진(陳) 두 나라뿐이었으며 지난 나라는 조(曹)와 송(宋), 정(鄭), 채(蔡)나라 뿐이었다."(『先秦諸子繫年考辨』, 46쪽)

런 국가와 지방은 주로 산동(山東)과 하남(河南) 두 성(省)을 벗어나지 않았다. 산동의 노나라(曲阜)에서 출발하여 서쪽과 북쪽으로는 황하(黃河: 옛 黃河를 가리킴)를 건너지 않았다. 남쪽으로는 장강(長江)에 이르지 못하였으니 곧 반경 1~2천 리의 지역일 따름이었다.(첨부한 「孔子訪問列國圖」를 참고하라) 그러나 2천 년 전 공자는 자기의 주장('行道')을 실행하기 위하여 교통이 매우 열악한 조건에서 자기를 따르는 수십 명에 달하는 제자들을 데리고[102] 가다서다하면서 14년의 시간을 써가며 여섯 나라 임금을 방문하였다. 비록 가는 길이 어렵고 험하여 도처에서 벽에 부딪쳤으나[103] 여전히 낙담하지 않았다. 그 주장이 옳고 그른지, 실제와 부합하는지를 따지지 않은 이런 분투하기를 게을리하지 않는 정신은 지금도 여전히 사람으로 하여금 경모함을 금치 못하게 한다.

당시 공자가 관직을 버리고 노나라를 떠났을 때 동쪽을 향하여 제나라로 가지 않은 주요 원인은 '협곡(夾谷)의 회맹' 때 공자가 제경공의 심기를 건드렸으며 나중에 또 "제나라가 여악(女樂)을 보낸" 일로 격노했기 때문이다. 이런 배경으로 인하여 공자는 당연히 제나라로 가는 것이 불편했을 것이다. 위나라와 노나라는 형제의 나라로[104] 당시 위나라의 정치가 비교적 안정되었고 경제도 비교적 부유했다.[105] 게다가 자로의

---

102 최술(崔述), "공자를 따른 자는 수십 명뿐이었다. ……"(『洙泗考信錄』, 권3)

103 『논어』 「위령공(衛靈公)」 '절량장(絶糧章)' 공안국(孔安國)의 주석. "공자가 위(衛)나라를 떠나 조(曹)나라로 가는데 조나라에서 받아주지 않아 다시 송나라로 갔으며 송나라에서는 광(匡) 사람들의 어려움을 만났다. 다시 진(陳)나라로 갔는데 마침 오(吳)나라가 진나라를 쳐서 진나라가 어지러워져 먹을 것이 떨어졌다." 명확하게 몇 마디로 대체적으로 공자가 방문한 나라들의 제후들과 곳곳에서 벽에 부딪친 곤경을 개괄하였다.

104 『논어』 「자로(子路)」. "노나라와 위나라의 정사는 형제간이로구나!(魯衛之政, 兄弟也)" 노나라는 주공(周公)의 후예이고 위나라는 강숙(康叔)의 후예이다. 주공과 강숙은 친형제이기 때문에 정치 상황이 비슷하여 형제와 마찬가지였다.

처형인 안탁추(顏濁鄹)[106]는 위나라의 현명한 대부였다. 또한 거백옥(蘧伯玉)[107] 등 현명한 사람이 있어서 서로 문제를 담론('論道')할 수 있어서였

105 『논어』「자로(子路)」. "공자께서 위나라에 가실 때에 염유가 수레를 몰았다. 공자께서 '(백성들이) 많기도 하구나.' 하셨다. ……(子適衛, 冉有僕, 子曰, 庶矣哉!……)" 공자는 위나라에 들어가자마자 '인구가 많다'는 느낌을 받았다. '인구가 많다'는 것은 당시로서는 종종 안정되고 부유하다는 표지가 되었다.

106 사마천의 『사기』「공자세가」. "공자는 마침내 위(衛)나라로 가서 자로의 처형 안탁추의 집에 머물렀다."『맹자』「만장(萬章) 上」"위나라에서는 안수유(顏讎由)의 집에 묵었다." 정환(鄭環)은 "추(鄹)는 수유(讎由)의 전이된 음이다."라고 하였다. 이 때문에 안탁추와 안수유는 한 사람이다. 최술은 "『맹자』에는 안수유로 되어 있으니 『세가』가 틀렸을 것이다. 자로의 처형이라고 한 것은 아마 미자(彌子)가 자로의 동서였기 때문에 오해한 것일 것이다."(이상 정환과 최술의 말은 모두 『史記會注考證』 권7 36쪽에 보인다) 정환과 최술 두 사람은 모두 안탁추와 안수유가 동일 인물이라고 생각하였지만 정환은 안(顏)이 자로의 처형인지의 여부는 설명하지 않았으며, 최술은 안이 자로의 처형이 아니라고 하였으며 미자는 자로의 '동서'라고 하였는데 「세가」에서는 안을 잘못 자로의 처형이라고 하였다. 그러나 최술의 뜻 또한 추측이며 확실한 증거는 없다. 보건대 이렇게 생각할 수 있다. 1. 안탁추와 안수유는 실은 한 사람이다. 2. 안이 자로의 처형이 아니라는 것을 증명할 수 있는 반증이 없으니 여전히 「세가」에서 말한 안이 자로의 처형이라는 말이 옳다고 하겠다. 안이 자로의 처형임을 인정했기 때문에 "미자는 자로의 동서"라는 말은 모순이 없다. 이와 같으니 또한 이미 「세가」의 설을 채택하여 안이 자로의 처형임을 인정하며 또한 『맹자』의 설을 인용하여 미자가 자로의 '동서'임을 인정함이 역사적인 상황에 더욱 부합할 것이다. 다만 안은 당시 위나라의 현대부였기 때문에 공자가 그의 집에서 묵은 것이다. 미자(彌子) 곧 미자하(彌子瑕)는 곧 위령공의 총신으로 "영공의 총애를 받았는데 정도가 아니었다"(『孟子』 趙氏 注에 보인다) 때문에 그는 자로를 통하여 공자가 그의 집으로 가서 묵기를 청하려고 하였는데 공자는 거절하고 떠나지 않았다. 이로써 공자는 당시에 성망이 이미 매우 높았고 각종 사람들이 모두 그와 왕래하는 것을 영예로 여겼으며 이를 빌미로 자기의 지위를 제고하려 했음을 알 수 있다. 그러나 공자는 어떤 사람에게 접근하든 그가 이른바 '도'에 부합한다는 전제에서 또한 명확히 선택을 하였는데 원칙이 없지 않았다.

107 거백옥(蘧伯玉)은 위나라의 유명한 현인이다. 최술은 거백옥은 당시 이미 세상을 떠났을 것이라고 의심하고 양공(襄公) 14년(B.C. 550) 손림보(孫林父)가 거백옥을 방문한 후에 거백옥은 '관(關)'을 따라 나갔다."(『좌전』에 보인다) 정공(定公) 15년(B.C. 495)까지는 모두 65년이며, 양공(襄公) 14년에 거백옥의 나이가 40세였다고 가정하면 이미 105세가 될 것이다. 최술이 가정으로 논거를 대신한 것은 반드시 타당하지는 않을 것이다. 우리 또한 양공 14년에 거백옥의 나이가 20세 전후(20세에 명성을 이루는 것은 역사상 그런 예가 적지 않다)로 가정하면 정공 13년 공자가 위나라로 갔을 때 거백옥의 나이는 또한 83세를 넘지 않으며, 게다가 전하기를 거백옥은 '보생(保生)'하였다 하니 그때 공자가 그와 만나고 아울러 그 집에 묵는 것은 불가능하지는 않을 것이다. 그러므로 여전히 「세가」를 따른다.

다. 이런 인사(人事) 등의 인소는 공자가 열국의 제후를 방문하는 노선이 서쪽을 향하게끔 결정하도록 하였을 것이다. 첫 번째 기착지가 위나라였다.

공자가 열국의 제후를 방문한 경력은 시간과 지점을 포괄하여 견해가 일치하지 않아 왔으며 논쟁이 매우 크다. 현재 주요 문헌과 근현대 학자가 고증한 성과에 근거하여 사실을 추구하고 취사하여 종합해보면 대체로 세 단계로 나눌 수 있다. 첫째, 위나라(지금의 하남성 북부, 국도는 帝丘로 濮陽縣 舊址)를 중심으로 하는 단계. 둘째, 진(陳)나라(지금의 河南省 中南部, 국도는 陳이고 지금의 淮陽縣 구지)를 중심으로 하는 단계. 셋째, 다시 위나라로 돌아오는 단계. 세 단계에서 주로 머무르는 지구(발판)는 위와 진 두 나라이다. 위나라에서는 전후 두 차례 머문 시간이 장장 10년에 달하였다. 진나라에서도 4년 동안이나 머물러(단기간 떠난 시간은 모두 있었던 것에 포함) 두 나라에서의 합이 14년이다.

(3) 열국의 제후를 방문한 세 단계

첫째 단계는 주로 위나라에 있었다. 오고 감에 모두 위나라를 발판으로 삼았다. 이 단계는 노나라 정공 13년 봄에서 노나라 애공 2년 가을과 겨울 사이로 대략 모두 합쳐 5년(B.C. 497~493, 공자의 나이 55세부터 59세까지)[108]이다. 공자는 위나라에 이르러 곧 자로의 처형 안탁추의 집에 머물렀다. 안탁추는 위령공이 공자를 접대하는 이 일에 모종의 작용을 하였을 것으로 보이는데 아마 다리를 놓는 작용을 하였을 것이다. 공자의 명성이 이미 매우 높아진 데다 노나라의 상경(上卿: 大司寇)을 지낸 적이 있기 때문에 위령공은 매우 예를 갖추어 그를 대우하였다. 영공이 그에게 노나라에서는 봉록(薪水)을 얼마나 받았는지 물어보았는데 공자는 "속(粟) 6만을 받았다"고 하였다. 이는 곧 실물 신수(薪水)로 양식 약 2천 석을 받은 것이다.[109] 이에 위령공도 그에게 2천 석의 양식을 봉록으로 주었다. 2천 석의 양식은 공자 및 제자와 수행원 수십 명이 생활해나가는 데 그런대로 유지해나갈 수 있었을 것이다. 그러나 공자가 노나라를 떠나 위나라 및 이후의 다른 나라를 찾아간 것은 그 목적이 겨우 삶을 도모하는 것이었다. 뿐만 아니라 최소한 주관적으로 더욱 중요한 것은 '도를 행하는 것(行道)', 곧 그 '인정덕치'의 주장과 이상을 실현하는 것이었다. 그러나 평범하기 짝이 없는 위령공은 공자의 이른바 '인정덕치'에 대하여 아무런 흥미도 가지지 않았다. 흥미를 가진 것이라고는 다만 그가 공자라는 간판뿐이었다. 으리으리하리만큼 그 '존귀한' 이름을 이용하여 백성을 속이려는 것이었다. 그가 세상을 떠나기(魯哀公 2년) 전에 공자는 위나라에 머문 것이 5년에 달하였다. 주로 그

---

108 공자가 노나라를 떠나 위나라로 간 해에 대해서는 세 가지 견해가 있다. 1. 정공 12년 설. 이 설을 주장한 것으로는 『사기』 「노세가(魯世家)」와 「연표(年表: 魯)」가 있으며, 최술 또한 말하였다. "공자가 노나라를 떠난 것은 정공 12년 가을과 겨울 사이여야 한다."(『洙泗考信錄』, 권2) 2. 정공 13년 설. 이 설을 주장한 것으로는 『사기』 「위세가(衛世家)」와 「연표(衛)」가 있으며, 강영(江永) 또한 말하였다. "노나라를 떠난 것은 실은 정공 134년 봄이다." 마지막으로 공자가 노나라를 떠나도록 재촉한 원인이 "교제 때 제육[膰俎]을 대부에게 내리지 않아 공자는 마침내 길을 떠났다."(『史記』 「孔子世家」)는 것인데, "노나라의 교제는 봄에 있다." 따라서 강영은 공자가 노나라를 떠난 확실한 해가 정공 13년 봄이라고 하였다. 전목도 이 설을 주장하여 말하였다. "지금 「세가」를 고찰해보니 또 이르기를 '공자는 노나라를 떠나 모두 14년 만에 노나라로 돌아왔다.'라 하였다. 공자가 노나라로 돌아온 것이 애공 11년이니 그가 노나라를 떠난 것은 바로 정공 13년이다."(『先秦諸子繫年考辨』, 제24쪽) 3. 정공 14년 설. 이 설을 주장한 사람은 사마천이 있는데 『사기』 「공자세가」에서는 공자가 노나라를 떠난 것을 정공 14년이라 생각하였으며, 호자(胡仔)의 『공자편년(孔子編年)』 또한 이 설을 주장하였다. 여기서는 강영과 전목(錢穆)의 정공 13년 공자가 노나라를 떠났다는 설을 따른다.

109 사마천 『사기』 「공자세가」, 장수절(張守節)의 『사기정의(史記正義)』. "6만은 소두(小斗)로 지금의 2천 석(石)에 해당한다."

가 비록 시종 공자를 등용하지 못하였고 또한 공자에게 정사에 참여하지 못하게 하였지만 표면상으로는 공자에 대하여 매우 존경을 표하였다. 이를테면 공자는 "남자(南子)를 만나고", "다음 수레를 타게 하고(爲次乘)", "군진(軍陣)에 대하여 물은 것" 등의 유쾌하지 않은 일[110] 때문에 비위가 상하여 위나라를 떠나려 하였다. 그 결과 길에서 '포광의 곤경(蒲匡之困)'[111]을 당하였는데 달려가지 않고 다만 위나라로 돌아갔을 때 위령공은 기쁨을 나타내지 않았다. 뿐만 아니라 오히려 큰 환희를 표시하며 직접 교외에까지 나가 공자를 영접하였다. 예의를 중시하는 공자로 말한다면 당연히 매우 흡인력이 있다. 이 이면에는 안탁추와 거백옥 등이 또한 알선 작용을 일으켰을 것이다. 이번에 위나라로 돌아와서는 거백옥의 집에서 머물렀다. 당연히 공자의 입장에서 말할 것 같으면 사상이나 언론 혹은 행동의 측면을 막론하고 확실히 위나라의 귀족 통치계급에 이익이 되는 데 어떠한 불리함도 없었다. 이는 5년 동안이나 "화평(和

---

110 사마천의 『사기』 「공자세가」. "영공에게는 남자(南子)라는 부인이 있었는데 사람을 시켜 공자에게 말하기를 '사방의 군자로 우리 임금과 형제처럼 친하게 지내고 싶은 자는 반드시 우리 부인을 만나는데 우리 부인이 뵙고 싶어 합니다.' 공자는 사양하다가 어쩔 수 없이 만났다. …… 자로는 기뻐하지 않았다. 공자는 맹세하여 말했다. '내가 만일 잘못하였다면 하늘이 나를 버릴 것이다. 하늘이 나를 버릴 것이다!'" 이것이 "남자를 만나게 된" 상황이다. "영공이 부인과 한 수레를 타고 환자(宦者: 內官)인 옹거(雍渠)가 참승(參乘)하여 (도성 문을) 나서면서 공자는 다음 수레에 타게 하고 거드름을 피우며 저자를 지나갔다. 공자가 말하였다. '나는 덕을 좋아하기를 여색을 좋아하듯이 하는 것을 아직 보지 못하였다.' 이에 실망하였다." 이것이 "다음 수레를 타게(爲次乘) 된" 상황이다. "영공이 진법[兵陳]에 대해서 묻자 공자는 말하였다. '제사를 지내는 일에 대해서는 들은 적이 있습니다만 군려(軍旅)의 일에 대해서는 배운 적이 없습니다.'라 하였다. …… 공자는 마침내 떠났다." 이것이 "진법을 물은" 상황이다. 근인인 전목(錢穆)은 말하였다. "『사기』 「공자세가」는 가장 어지럽고 조리가 없다. 기타 「연표(年表)」랑 노·위·진(陳)·채(蔡) 등 각 「세가」에서 무릇 공자를 언급한 것은 거의 저촉되는 일이나 어기는 말이 없다. …… 아마 후인이 고치고 더하고 숨긴 것에서 나온 것이 많을 것이다."(『先秦諸子繫年考辨』, 37~38쪽) 이 때문에 여기서 인용한 세 조목은 제가의 고증에 근거하여 변동이 있다.

㊀)하게 서로 처한" 것이 주요 원인이 되었기 때문일 것이다. 다른 한편 공자가 연속으로 직면한 여의치 못한 조우는 또 있다. 위에서 제기한 '포광의 곤경' 외에도 필힐이 불러서 가려고 하다가 이루지 못한 것 같은 것과, 서쪽으로 향하여 조간자(趙簡子)를 만나려다 "하수에 임하여 탄식을 발한(臨河興歎)"[112] 등등의 일로 하여금 다만 계속 위나라에 남아 있게 하였다. 필힐의 부름에 공자가 가려고 했던 그 일은 앞에서 이미 말한 적이 있다. 공자가 서쪽으로 조간자를 만나러 가려 했던 문제에 관해서는 여기에서 몇 마디 간략하게 말하려고 한다. 조간자는 진(晉)나

---

111 사마천의 『사기』 「공자세가」. 공자는 위나라를 떠나 "진(陳)나라로 가려 하여 광에 들렀는데 …… 광 사람들이 듣고 노나라 양호로 생각하였다. 양호는 광 사람들에게 포악하게 군 적이 있어서 광 사람들이 이에 마침내 공자를 막아 세웠다. 공자의 외모가 양호와 비슷하여 닷새 동안 구금되었는데 …… 그런 다음에야 떠나게 되었다." 최술은 이 말의 가능성에 회의를 품고 풀이하여 말하였다. "공자는 노나라에서 사구가 되었으며 위나라에 머물 때는 임금의 예우를 받았다. 그가 길을 떠났을 때 도로의 사람들은 다 그를 알아보았을 것이다. …… 곧 끝내 그가 양호가 아님을 몰랐다고 한다. 어찌 인정이라 하겠는가? 광 사람들이 공자를 죽이려 했다면 죽였을 것이며, 죽이지 않기로 했다면 풀어주었을 것이다. 닷새나 구금하여 무엇을 하려 했단 말인가? ……"(『洙泗考信錄』, 卷3) 전목은 포광의 곤경은 하나의 일이며 두 가지 곤액이 아니라고 생각하였다. "내가 고찰해보건대 광과 포의 어려움은 아마 본래 하나의 일일 것이다. 지금 『세가』에 수록되어 있는 공자가 광에서 두려움을 느낀 일은 아마 후세에 잘못 전하여진 곳에서 나와 믿기에 부족하다."(『先秦 諸子繫年考辨』, 28쪽) 여기서는 전 씨의 설을 따른다.

112 사마천의 『사기』 「공자세가」. "공자는 위나라에서 등용되지 않자 서쪽으로 조간자를 만나보려고 했다. 하(河)에 이르러 두명독(竇鳴犢)과 순화(舜華)가 죽었다는 말을 듣고 하에 다가서서 말하기를 '아름답도다 물이여 넓고 넓도다. 내가 이곳을 건너지 못하는 것은 운명일 것이다!'라 하였다. ……" 최술은 "조앙(趙鞅: 곧 趙簡子-지은이)은 (주나라) 왕실을 약화시키고 제후를 모독하며 임금에게 반란을 일으켰으니 춘추시대의 대부 가운데 조앙보다 죄가 큰 자가 없다! …… 공자가 어찌 감히 조앙을 만나고자 했는지 알지 못하겠다. …… 이는 필시 전국시대 사람이 거짓으로 칭탁한 것일 것이며 공자의 일이 아니다."(『洙 泗考信錄』, 권2)라고 하였다. 최술의 이 설은 순전히 주관적인 추측이다. 조 씨는 진나라에서 계 씨의 노나라에서의 위상과 비슷하였는데 과연 말한 대로라면 공자가 노나라의 계환자에게서 벼슬한 것을 어찌 "공자의 일이 아니다!"라고 하여야 하지 않겠는가? 그러므로 따르지 않는다.

114

라에서 "실로 군권(君權)을 제멋대로 하고 봉읍(奉邑)이 제후에 버금가는"[113] 인물이다. 그의 지위와 사람됨은 노나라에서의 계환자 지위와 거의 차이가 없었을 것이다. 공자와 계환자는 일찍이 "석 달 동안 어기지 않은" 협력 관계를 가졌다. 이런 경험을 기초로 공자는 조간자와 대화를 해보려고 했다. 그때 그가 자기의 나라를 다스리려는 주장을 관철시킬 가능성이 없었음을 보았다. 이는 공자 당시의 복잡한 사상에서 이런 견해의 가능성을 배제할 수 없었다. 그러나 조간자가 계환자처럼 그와 '협력'을 할 수 있었다고 하더라도 공자의 이른바 '인정덕치'에 대한 주장에 대해서는 또한 무슨 쓸모가 있겠는가? 계환자와 협조한 결과는 일에 도움이 되지 않았다는 것은 충분히 설명하지 않았던가?

위령공이 죽은 후 왕위 계승 문제로 국내가 불안정해졌다. 대국인 진나라와 위나라의 개입이 야기되자[114] 어지러운 국면은 공자를 떠나지 않을 수 없도록 압박했다. 애공 2년 가을에 공자는 위나라를 떠나 진(陳)나라로 갔다.

제2단계에는 주로 진나라에 있었다. 이 단계는 처음부터 끝까지 모두 4년으로 노애공 2년에서 6년까지였다.(B.C. 493~489, 공자 60세에서 63세까지)

공자는 노애공 2년 위나라를 떠났다. 그 스스로 인정한 어느 정도 '상갓집 개' 같은 처지 때문이었을 것이다. 목적지도 명확하지 않았기 때

---

113 사마천의 『사기』 「조세가(趙世家)」.

114 이곳의 왕위 계승 문제는 실제적으로 부자가 왕위를 다투는 문제였다. 위령공의 세자는 괴외(蒯聵)였는데 그는 모친인 남자의 음란한 행위에 불만을 품고 그녀를 죽이려고 하다가 성공을 하지 못하고 진(晉)나라로 달아나 조앙(趙鞅)에게 의탁하였다. 노애공 2년에 위령공이 죽자 위나라에서는 괴외의 아들 첩(輒: 곧 出公이며 孝公이라고도 한다)을 왕위에 등극시켰다. 조앙은 곧 괴외가 귀국하여 그의 아들 첩과 왕위를 다투는 것을 도왔다. 진나라와 위나라의 경계인 척(戚)에 이르러 주둔하고 있는데 제나라에서는 또한 새로 왕의에 오른 첩이 척을 포위하는 것을 도왔다. 공자는 곧 이때 위나라를 떠나 진나라로 갔다.

문에 수십 명의 수행원과 제자들을 데리고 조나라를 지나가게 되었는데 조나라에서는 대우를 하지 않았다. 송나라를 지나갈 때는 대우를 받지 못하였다. 또 송나라의 대부 사마환퇴(司馬桓魋)가 그를 죽이려고 하여[115] 복장을 바꾸어('微服過宋') 지나갈 수밖에 없도록 내몰았다. 그런 다음에 정(鄭)나라에 이르렀다가 제자들과 흩어지는 낭패를 겪었다. 게다가 정나라에서는 대우를 해주지 않았다. 이에 결국 노애공 3년에 진나라에 이르게 된다. 일찍이 서로 알고 지내며 앙모하던 사성정자(司城貞子)의 집에서 머물렀다. 그는 임금인 진후 주(陳侯周: 곧 陳湣公)에게 추천하는 과정을 통하여 유명무실한 직위를 얻게 되었다. 당시에 '봉록'도 있었지만 반드시 위나라에처럼 두텁지는 않았을 것이다. 그렇지 않았다면 사전에 기록이 있을 것이다.

공자는 진나라에 와서 3년을 머물렀는데 노애공 6년까지이다. 오(吳)나라가 진나라를 침략하자 공자는 또 변란을 피하여 떠날 수밖에 없었다. 당시 초(楚)나라에는 제량(諸梁)이라고 하는 대부가 있었다. 채읍이 섭(葉)에 있어서 사람들은 섭공(葉公)이라 불렀다. 마침 부함(負函: 楚나라 땅으로 지금의 河南 信陽縣)에 주둔하여 지키고 있었다. 노애공 2년에 초나라가 채나라를 치자 채나라는 주래(州來: 지금의 安徽 壽縣)로 천도하였다. 초나라는 채나라 사람을 부함으로 옮겼다. 섭공이 부함에 주둔하여 지킨 것은 이 때문이었다. 대체로 섭공은 당시의 현명한 정치가였기 때문에 공자는 진나라를 떠난 후 부함으로 가서 그를 만나보려고 하였다. 진나라

---

115 송나라의 사마환퇴는 자기의 석곽(石槨)을 만드는 데 3년이라는 시간을 썼지만 여전히 완성하지 못하였다. 공자가 이를 비평하여 말하기를 "이렇게 낭비할 바에야 죽어서 빨리 썩는 것이 나을 것이다!"(『禮記』「檀弓 上」에 보인다)라 하였다. 대체로 환퇴는 아마 이 말 때문에 격노하여 공자를 해치려고 하였을 것이며 이에 공자는 "미복을 하고 송나라를 지나(微服過宋)" 피할 수밖에 없었다.

에서 부함으로 가면서 도중에 국도가 이미 주래로 옮겨진 채나라 땅을 지나게 되었다. 길에서 며칠씩이나 아무것도 먹지를 못하였다. 『논어』 「위령공(衛靈公)」에서 말한 "진나라에서 양식이 떨어져 종자들이 병들어 일어나지 못하였다.(在陳絶糧, 從者病, 莫能興)"라 한 것이 이때의 상황을 가리킨 것일 것이다. 이런 상황에서 제자와 종자들은 모두 불만 섞인 감정을 드러냈다. 공자는 여전히 매우 진정되었으며 심지어 계속 강학하고 시를 외며 금(琴)을 타고 노래 부르기를 그치지 않았다. 이런 전설은 과장된 모습을 면치 못하였다. 다만 공자가 당시 위험에 임하여서도 두려워하지 않는 진정된 형상은 반드시 그의 수행원과 제자들을 감동받게 하고 고무시켜 이에 난관을 헤쳐 갈 생각을 하게 했다. 전하는 말에 의하면 한번은 길에서 공자가 적극적으로 정치를 좇아 나라를 다스리려 하는 것에 동의를 하지 않고 소극적으로 세상을 피하여 은거하며 스스로 즐기는 것을 주장하는 사람이 질책하고 풍자하는 말을 들었다. 심지어 "공자가 수레에서 내려 말을 해보려고 하였으나 빨리 걸어 피하였으므로 말을 붙이지 못하였다."[116] 결국 마침내 부함에 이르러 섭공을 만나게 되었다. 섭공과 공자는 몇몇 정치 문제를 토론하였다. 공자는 몇몇 "정치는 멀리 있는 사람을 오게 하고 가까이 있는 사람을 붙게 하는 데 있다(政在來遠附邇)" 같은 언론을 발표했다. 나중에 섭공이 자로에게 공자는 어떤 사람이냐고 물었는데 자로는 이 문제에 대하여 대답할 길이 없었다. 공자는 이 말을 듣고 자로에게 말하였다. "유(由: 子路의 이름)야! 너는 어째서 대답하지 않았느냐! 그의 사람됨이 분발하면 먹는 것도 잊고, (이치를 깨달으면) 즐거워 근심을 잊어 늙음이 장차 닥쳐오는 줄

---

116 사마천의 『사기』 「공자세가」.

도 모를 따름이라고."[117] 이는 아무래도 하나의 매우 형상화한 공자의 자화상일 것이다. 이런 적극적이고 진취적인 정신은 후인들이 앙모하고 배울 만한 가치가 있다.

위나라의 왕위는 마침내 위령공의 손자 첩이 계승하게 되었다. 이 사람이 출공(出公)이며, 효공(孝公)이라고도 한다. 첩의 부친 괴외는 진나라의 비호 아래 위나라와 진나라의 변경으로 흘러와 있었다. 공자의 제자들 가운데 많은 사람이 위나라에서 관직생활을 했다. 위나라의 정국이 또한 안정되어가자 이로 인하여 공자에게 위나라로 돌아오라고 요구하는 소리가 높아졌다. 이렇게 공자는 다시 진나라를 거치지 않고 부함에서 위나라로 질러 돌아갔다. 때는 노애공 6년, 공자 나이 63세였다.

제3단계는 공자가 다시 위나라로 돌아온 때이다. 시간은 노애공 7년에서 11년(B.C. 488~484)까지로 모두 5년이다. 공자의 나이 64세에서 68세까지이다.

공자가 위나라로 돌아오자 자로가 공자에게 물었다. "위나라 임금(곧 出公 輒)이 스승님이 돌아오기를 기다렸다가 정무를 주재하게 한다면 스승님께서는 선결되어야 할 문제가 무엇이라고 생각하십니까?" 이 물음은 공자의 의론을 한번 일으켰다. 이 의론에서 당시 공자의 사상 동향과 정치 주장을 알 수 있다. 공자는 먼저 한 마디로 요점을 제시하였다. "먼저 반드시 명분을 바로잡아(正名) 각자 분수에 편안하게 하는 문제를 해결하겠다." 자로는 비교적 솔직하게 즉시 동의하지 않음을 나타내었다. "문제를 이렇게 제기하실 수 있습니까? 스승님께서는 실제와 맞지 않

---

117 사마천의 『사기』 「공자세가」. 『논어』 「술이(述而)」의 말과는 조금 다른데 참고하여 볼 만하다.

고 고집스럽게 매달리는 것(迂) 아닙니까? 목전의 명분을 바로잡는 문제를 어떻게 통행시키겠습니까!" 공자는 매우 못마땅해하며 말하였다. "유야! 네가 한 말이 얼마나 거칠고 천박하냐! 군자는 자기가 알지 못하는 일에는 태도를 보류하여 함부로 의견을 말할 수 없다!" 이어서 거듭 "명분을 바로잡는" 문제에 대한 이유를 제기하면서 반복하여 "명분이 바르지 못하면 말이 (이치에) 순하지 못하여" "일이 이루어지지 못하게" 된다. "예악이 일어나지 못하며", "형벌이 알맞지 못하고" "백성들이 손발을 둘 곳이 없어진다"는 등등을 말하고 마지막으로 결론을 내린다. "이로 말미암아 군자가 명분을 붙이면 반드시 말할 수 있다. 말할 수 있으면 반드시 행할 수 있는 것이다. 군자는 그 말에 대하여 구차한 것이 없을 뿐이다."[118]라 하였다. 이 말은 두 가지 문제를 반영하고 있다. 하나는 공자가 이미 위나라 임금 출공 첩의 요청을 받아들일 결심을 하였기 때문에 조금도 머뭇거리지 않았다. 정면으로 자로가 제기한 "무엇을 먼

---

[118] 『논어』 「자로(子路)」. "자로가 말하였다. '위나라 군주가 선생님을 기다려 정사를 하려고 하십니다. 선생께서는 무엇을 먼저 하시렵니까?' 공자께서 대답하셨다. '반드시 명분을 바로잡겠다.' 자로가 말하였다. '이러하십니다. 선생님의 우활하심이여! 어떻게 바로잡을 수 있겠습니까?' 공자께서 말씀하셨다. '비속하구나 유여! 군자는 자기가 알지 못하는 것에는 말하지 않고 가만히 있는 것이다. 명분이 바르지 못하면 말이 (이치에) 순하지 못하고, 말이 (이치에) 순하지 못하면 일이 이루어지지 못하고, 일이 이루어지지 못하면 예악이 일어나지 못하고, 예악이 일어나지 못하면 형벌이 알맞지 못하고, 형벌이 알맞지 못하면 백성들이 손발을 둘 곳이 없어진다. 그러므로 군자가 이름[명분]을 붙이면 반드시 말할 수 있으며, 말할 수 있으면 반드시 행할 수 있는 것이니, 군자는 그 말에 대하여 구차한 것이 없을 뿐이다.'(子路曰, 衛君待子而爲政, 子將奚先? 子曰, 必也正名乎! 子路曰, 有是哉! 子之迂也, 奚其正? 子曰, 野哉! 由也. 君子於其所不知, 蓋闕如也. 名不正, 則言不順, 言不順, 則事不成, 則禮樂不興, 禮樂不興, 則刑罰不中, 刑罰不中, 則民無所措手足. 故君子名之, 必可言也, 言之, 必可行也, 君子於其言, 無所苟而已矣)" 『사기』 「공자세가」에 이 말을 인용하였는데 구절에 이동이 있으며 참고할 만하다. 양뷔쥔(楊伯峻)의 『논어역주』에서는 '必也正名乎'를 "그것은 반드시 명분상의 단어 구사가 부당한 것을 바로잡는 것일 것이다."라 하였는데, 이는 공자의 원래 뜻과는 부합하지 않으므로 따르지 않는다.

저 해결하여야 하는가?" 하는 것과 관련된 문제에 대답을 하였다. 이는 공자의 사상 동향은 "위나라에서 벼슬하는 것"임을 반영하고 있다.

둘째. 명확하게 그가 실시하는 정치의 총 강령은 '정명'임을 제기하였다. 그러나 '명분 바로잡기(正名)'를 제기하는 문제는 복잡하였다. 당시의 위나라 임금은 위령공의 손자였다. 세자 괴외의 아들로 영공이 죽은 후 도리상 괴외가 왕위를 이어야 했다. 괴외가 모친의 음란한 행위에 불만을 품고 죽이기를 획책하였으나 이루지 못했다. 이에 나라 밖으로 도망쳤기 때문에 영공의 부인인 남자는 어린 아들 영(郢)을 세우려고 했다. 영이 첩에게 양위하여 이에 첩이 왕위를 이어받았으며[119] 아울러 부친인 괴외의 귀국을 거절하였다. 이 때문에 이른바 '군신(君臣)'의 명분이 되었든, 아니면 '부자(父子)'의 명분이었든 막론하고 모두 '바르지(正)' 않아 국내외에서는 이 문제에 대하여 의론이 분분하였다. 따라서 공자의 '정명(正名)'의 제기는 즉각적으로 자로의 회의를 일으키게 되었으니 도리가 없지는 않았다. 그러면 공자는 이 문제에 대하여 또 어떻게 생각하였는가? 이 문제에 정면으로 대답할 수 있는 자료는 없다. 그러나 공자가 이미 출사하기를 바란다고 표현하였으니 이는 곧 공자가 출공의 왕위가 '명분'에 합당하다는 것을 인정하였음을 설명할 수 있다. '명분'에 맞지 않는다면 "명분에 맞는" 것을 주장하는 공자는 곧 그

---

119 사마천의 『사기』 「위세가(衛世家)」. "영공이 죽자 (영공의) 부인은 자영(子郢)을 태자로 삼으면서 말하였다. '이는 선왕의 명령이다.' 자영이 말하기를 '(국외로) 도망간 태자 괴외(蒯聵)의 아들 회첩(姬輒)이 여기 있사옵니다. 저는 감히 태자 자리에 오를 수 없사옵니다.'라고 하였다. 이에 위나라는 첩을 임금으로 삼으니 그가 출공(出公, 곧 孝公-지은이)이다." 비록 위령공은 어린 아들 자영을 세우라는 유명을 내렸지만 자영은 또한 국외로 도망간 태자 괴외의 아들 첩(영공의 손자)에게 양위하였다. 이렇게 사태가 전환되어 대체로 왕위의 신분이 합법화된 것이다.

에게서 관직을 할 이유가 없는 것이다. 이는 대체로 공자는 출공이 이미 그의 조모인 위령공의 부인 남자의 명을 받아 즉위한 것을 인정한 것이다. 부친을 국외로 배척하였다고 할지라도 그의 왕위의 '명분'에는 영향이 없었을 것이다. 당시 '부자' 관계는 '군신' 관계에 종속되었다. 당시 위나라 임금 첩이 이미 조모의 명을 받아 왕위를 계승하였기 때문에 부친을 국외로 배척한다 하더라도 국내외의 좋지 않은 여론을 잠재우게 하기 위하여 가장 먼저 '정명(正名)'이 필요하였다. 곧 위나라 임금 첩이 내린 왕위의 '명분'은 '예'에 부합한다고 긍정했다. 대체로 공자가 제기한 '정명'의 정치 배경이 바로 이와 같았다. 공자가 분명히 말하지 않았으므로 자로가 알아차릴 수 없어서 회의감을 제기하였을 것이다. 스승의 훈계를 야기시켰고 위에서 말한 큰 의론을 발표하였다. 이에 공자는 '충군존왕'의 명분 사상의 지도 아래 진정코 마음이 편안하게 위나라 임금 첩의 '공양지사(公養之仕)'가 되었다.[120]

공자는 일을 하려는 사람인데 근근이 '공양(公養)'된다는 것은 그의 바람을 저버린 것과 같다. 그러나 위나라 출공은 공자에게 '위정(爲政)'을 원하지 않았고 그에게 "정치를 묻지도(問政)" 않았다. 이런 상황에서 공자는 정력을 교학(教學)과 치학(治學)에 썼다. 비록 이 방면에 대한 직접적인 기록은 없다. 다만 그 일관적으로 "배우기를 싫어하지 않으며 사람

---

120 『맹자』 「만장(萬章) 하」. "공자께서는 도를 행함이 가능한 것을 보신 벼슬이 계셨으며, 교제가 가한 벼슬이 계셨으며, 공양의 벼슬이 계셨으니, 계환자에게서는 도를 행함이 가능한 것을 보신 벼슬이었고, 위령공에게서는 교제가 가한 벼슬이었고, 위효공에게서는 공양의 벼슬이었다.(孔子有見行可之仕, 有際可之仕, 有公養之仕, 於季桓子, 見行可之仕也, 於衛靈公, 際可之仕也, 於衛孝公, 公養之仕也)" '見行可之仕'는 곧 도를 행할 희망이 있는 벼슬이며, '際可之仕'는 곧 예우를 받는 벼슬이며, '公養之仕'는 곧 공양을 받는 관직이다. '예우'와 '공양'은 사실 차이가 크지 않다.

가르치기를 게을리하지 않는(學而不厭, 誨人不倦)" 자기를 책려하는 정신을 보면 이 시기에 치학과 교학 방면에 성과가 있었다고 긍정할 만하다.

(4) 유랑을 끝내고 노나라로 돌아오다

공자의 제자 가운데 염유(冉有)와 자공(子貢), 번지(樊遲) 등과 같은 사람이 노나라에서 관직 생활을 했다. 공자 또한 자신의 조국 노나라로 돌아갈 생각을 했다. 일찌감치 노애공 3년에 공자가 진(陳)나라에 있을 때 노나라 계환자가 죽었다. 그는 아들인 계강자에게 반드시 공자를 노나라로 돌아오게끔 청하라고 명한 적이 있다. 또 몇 년이 지나서 염유가 계씨의 가재(家宰)가 되었다. 애공 11년 봄 제나라가 노나라를 공격했고 41세의 염유는 노나라 군사를 거느리고 제나라 군사를 물리쳤다. 염유는 계강자에게 그의 군사적 재능은 공자에게서 배운 것이라고 일렀다. 아울러 계강자에게 공자를 예의로 불러 노나라로 돌아오도록 극력 권했다. 이때 위나라의 대부 공문자(孔文子)가 다른 대부인 태숙질(太叔疾)을 공격하려고 하면서 공자에게 책략을 물었다. 공자는 문사(文事)는 배운 적이 있지만 무사(武事)는 배운 적이 없다며 즉시 사람에게 수레에 멍에를 매게 하여 떠날 준비를 하였다. 문자는 서둘러 그만둘 것을 권하였고 예로 사과하였다. 공자는 미적거리고 있었는데 마침 노나라의 계강자가 염유의 말을 듣고 사람을 보내어 두터운 예로 공자를 초빙했다. 이에 공자는 노나라로 돌아왔다. 노정공 13년에서 노애공 11년까지(B.C. 497~484) 공자는 조국을 떠나 있었다. 국외에서 도처를 분주히 돌아다닌 것이 14년으로 자기의 정치적 이상이 실현될 수 있기를 바랐다. 그 결과 도처에서 벽에 부딪친 후에야 유랑 생활을 끝냈으며 지금에 이르러서야 노나라로 다시 돌아왔다. 당시 68세였다.

포의의 공자가 삼십 세에 학문적으로 자립하다(布衣孔子三十而立像)

공자는 "30세에 자립하였다"라 하였는데, 30세에 학문과 품덕은 물론 정치와 교육, 학문 방면에서 견실한 기초를 세웠음을 말한다. 공자를 노년의 형상으로 그리는 전통에 동의하지 않아 포의(布民) 공자의 면모를 회복시켜 청년 공자상을 그렸다.

7. "늙음이 닥쳐오리라는 것도 알지 못한" 만년

공자는 노나라로 돌아온 후 68세부터 73세까지 살다가 죽었는데 모두 5년을 생활했다. 이 5년 중에 그는 자기가 말한 "예순 살에 귀로 들으면 그대로 이해되었고 일흔 살에 마음에 하고자 하는 바를 좇아도 법도를 넘지 않았다(六十而耳順, 七十而從心所欲, 不逾矩)"는 두 가지의 사상적 경계를 뛰어넘었다.[121] 곧 "서른 살에 자립(三十而立)"한 기초 위에서 그 스스로 인정한 마지막이자 최고의 발전 단계에 도달하였다. 이른바 "귀로 들으면 그대로 이해함(耳順)"과, "마음에 하고자 하는 바를 좇아도 법도를 넘지 않았다(從心所欲, 不逾矩)"는 것은 실제는 하나의 의사(意思)다. 곧 사상이나 학문, 품덕(品德)의 수양(修養) 방면에서 십분 성숙된 정도에 도달하였다. 무릇 각종 사정을 들은 후에 바로 진위와 시비를 판별할 수 있고('順'), 마음속으로 하려던 일을 하기 시작하면 진리의 준칙에 부합할 수 있다('矩'). 당연히 진위(眞僞)와 시비(是非)는 진리의 준칙으로 처한 시대를 떠날 수 없었다. 모두 시대적 역사적 특징과 제한성을 띠지 않을 수 없었다. 공자도 예외일 수가 없다.

노나라의 당정자인 계강자가 이번에 "폐백(幣는 帛과 같으며, 옛사람들이 서로 간에 주고받는 예물의 총칭-지은이)으로 공자를 맞이한 것"은 곧 예물로 공자를 노나라로 돌아오도록 맞았으며 국로(國老)로 높여졌다. 대개 원래의 "봉록으로 받는 곡식 6만"의 물질로 대우하였으며 여전히 유지시켜 변

---

121 『논어』「위정(爲政)」. "공자께서 말씀하셨다. '나는 열다섯 살에 학문(學問)에 뜻을 두었고, 서른 살에 (학문적으로) 자립하였고, 마흔 살에 (事理에) 의혹되지 않았고, 쉰 살에 천명을 알았고, 예순 살에 귀로 들으면 그대로 이해되었고, 일흔 살에 마음에 하고자 하는 바를 좇아도 법도를 넘지 않았다.'(子曰, 吾十有五而志于學, 三十而立, 四十而不惑, 五十而知天命, 六十而耳順, 七十而從心所欲, 不踰矩)"

하지 않았다. 계강자로 말할 것 같으면 당시 각국의 제후가 경쟁적으로 서로 "현자를 예우하고", "현자를 기르는" 풍속에 적응하기 위하여 이 명망이 매우 높은 인물을 예로 맞아 돌아오게 하였다. 이는 매우 가치 있는 일이었다. "나는 호리병박이 아니니 어찌 한 곳에 매달린 채 먹기를 구하지 않을 수 있겠는가?(吾非匏瓜也哉! 焉能繫而不食)"라 한 공자로 말할 것 같으면 또 한 차례 "임금과의 교제가 가능하여 벼슬하는 경우(際可之仕)"이거나 "국가에서 어진 이를 봉양하여 벼슬하는 경우(公養之仕)"로 만년을 편안하게 보내는 것도 또한 '예'에 부합하였을 것이다. 그러나 이 고희의 늙은이는 비록 객지에서 갖은 풍상을 겪고 도처에서 벽에 부딪쳤지만 오히려 여전히 "분발하면 먹는 것도 잊고, (이치를 깨달으면) 즐거워 근심을 잊어 늙음이 장차 닥쳐오리라는 것을 알지 못하였다.(發憤忘食, 樂以忘憂, 不知老之將至)", 여전히 자기의 '이상'을 실현하기 위한 사업을 해 보려고 하였다. 여전히 생기발랄하게 스스로를 채찍질하면서 말하였다. "덕이 닦여지지 못함과 학문이 강마되지 못함과 의를 듣고 옮겨가지 못함과 불선을 고치지 못하는 것이 바로 나의 걱정거리이다.(德之不修, 學之不講, 聞義不能徙, 不善不能改, 是吾憂也)"[122] 그러나 노나라에서 결국 공자를 등용할 수 없는 구체적인 현실을 직면하자 다만 "나를 알아주는 사람이 없다"[123]는 개탄 속에서 더 이상 "벼슬을 구하지(求仕)"[124] 않기로 결심하였다.

공자는 부지런히 떨쳐 스스로 면려한 사람이다. 이에 그는 곧 "늙음

---

122 사마천의 『사기』 「공자세가」.
123 사마천의 『사기』 「공자세가」. 공자가 아아 하고 탄식하며 말하였다. "나를 알아주지 않는 구나!(莫知我夫)"
124 사마천의 『사기』 「공자세가」. "그러나 노나라에서 끝내 공자를 등용할 수 없자 공자는 또한 벼슬을 추구하지 않았다."

이 장차 닥쳐오리라는 것을 알지 못하는(不知老之將至)" 만년의 주요 정력을 교학 사업과 고대 문헌을 정리하고 보존하는 것에 힘썼다. 주로 '육예(六藝)' 혹은 '육경(六經)'을 편찬하고 조사하여 결정하는 작업이었다. 공자는 교학의 일에 대하여 잠시도 멈춘 적이 없고 문헌의 수집 정리 작업에 대해서도 또한 매우 일찌감치 시작하였지만, 이 두 가지 일에 대하여 공자는 만년의 시간을 이용하여 모두 역사적인 의의를 갖춘 위대한 공헌을 하였다. 이 두 가지 일은 전적으로 2개의 장(제8장 「중국 역사상 첫 번째 위대한 교육가」와 제9장 「중국 역사상 첫 번째 위대한 문헌 정리가」)을 할애하여 논평을 가할 것이다. 여기서는 겨우 공자 만년의 교학과 문헌 정리 작업 외의 몇몇 중요한 활동과 사건을 아래와 같이 간단하게 서술한다.

(1) 계손 씨가 '전부(田賦)'를 실행하는 것을 반대한 문제에 대하여[125]

68세의 공자는 위나라에서 노나라로 돌아오자 그의 제자인 염구가 계씨의 명을 받드는 일을 만나게 되었다. 그에게 전부(田賦)를 실행하는 이 문제를 제기하고 태도를 표명하라고 하였다. '전부'는 옛날의 해석

---

125 『좌전』 「애공(哀公) 11년」. "계손이 전지에 부세를 매기려 하여 염유에게 공자를 찾아 물어보게 하였다. 중니가 말하였다. '나는 모른다.' 세 번을 찾아가자 마침내 말하기를 '선생님은 국가의 원로이며 선생님(의 말씀)을 기다려 행하고자 하거늘 그 어찌 그대는 말을 하지 않습니까?'라 하였다. 중니는 대답을 하지 않고 가만히 염유에게 말하였다. '군자가 일을 행할 때는 예에서 헤아려 베풀 때는 두터운 것을 취하고 일은 그 들어맞는 것을 들며 세금을 거둘 때는 가벼운 것을 따라야 한다. 이렇게 하여야 구로 해도 또한 족할 것이다. 예를 헤아리지 않고 탐욕이 끝이 없다면 전으로 부세를 매겨도 또한 부족하게 될 것이다. 또한 계손이 행하려 하는 것이 법도에 맞다면 주공의 전장이 있으며, 실로 행하고자 한다면 또한 어찌 찾느냐?' 그 말을 듣지 않았다(季孫欲以田賦, 使冉有訪諸仲尼. 仲尼曰, 丘不識也. 三發, 卒曰, 子爲國老, 待子而行, 若之何子之不言也? 仲尼不對, 而私於冉有曰, 君子之行也, 度於禮, 施取其厚, 事擧其中, 斂從其薄. 如是, 則以丘亦足矣. 若不度於禮, 而貪冒無厭, 則雖以田賦, 將又不足. 且子季孫若欲行而法, 則周公之典在; 若欲苟而行, 又何訪焉? 弗聽)." "12년 봄 정월에 전무에 따라 징세하였다.(十二年春王正月, 用田賦)"

126

이 너무 번쇄하여[126] 우리는 다만 그것을 대체로 원래의 토지 부담을 배로 증가시킨 것으로 이해하면 될 것이다. 공자는 처음에는 "나는 모르겠다."라고 하였다. 염구가 재삼 묻는 데다 "스승님은 국가의 원로로 지금 이 일은 선생님이 태도를 표명한 후에 실행하려고 합니다. 어째서 스승님은 의견을 표명하지 않으십니까?"라 하였는데도 대답을 하지 않았다. 다만 사적으로 염구에게 말하였다. "군자가 정치를 시행할 때는 '예제'에 부합하여야 하고 세 가지 원칙에 근거하여 일을 처리해야 한다. 백성에게 베푸는 것은 관후(寬厚)해야 하고(施取其厚), 백성의 일을 처리해줄 때는 지나치거나 미치지 못하는 것을 피하여 그 중용을 지켜야 하며(事擧其中), 백성에게 취할 때는 조금만 취해야 한다(斂從其薄). 이 세 가지 원칙에 따라 일을 처리할 수 있다면 '구부'로도 충분할 것이다. 예제에 따라 일을 처리하지 않으면 탐욕이 끝이 없을 것이니, 그렇다면 '전부'를 시행한다 하더라도 부족하게 될 것이다. 너와 계손 씨가 법도대로 일을 처리하려고 한다면 주공(周公)의 법전에 의거할 만할 것이다. 마음대로 일을 행하고자 한다면 하필 나를 찾아와서 묻느냐?" 계손 씨는 결

---

126 무엇이 '전부(田賦)'인가에 관한 문제는 두예(杜預)는 "구부(丘賦: 魯成公 원년[B.C. 490]에 실행된 매 1丘에서 내는 일정 수량의 軍賦-지은이)의 법으로 그 전재(田財)에 따라 모두 말 1필과 소 3두(頭)를 내었다. 지금 전(田) 및 가(家)가 각기 1부(賦)인 것을 구별하고자 하여 전부(田賦)라고 하였다."(『左傳』「成公 원년」杜預의 注)라 해석하였다. 의미는 대체로 '구부(丘賦)'로 말미암아 '전부(田賦)'로 고친 것으로, 부담이 배로 증가, 곧 말 2필과 소 6두를 부담하여야 한다는 것이다. 위의 주(注)에서 말한 "구로 해도 족할 것이다(丘亦足矣)"라는 '구(丘)'는 곧 원래 '구부(丘賦)'에서 규정한 매 구당 말 1필 소 3두를 내는 것을 가리킨다. 구(丘)의 개념에 관하여 공영달(孔穎達)의 『오경정의(五經正義)』에서는 말하였다. "1평방 리(里)가 정(非)이고, 4정이 읍(邑)이며 4읍이 구(丘)이며 구에서는 말 1필과 소 3두를 내었다."(『左傳』「定公 11년」) 구부를 '전부'로 고친 실질을 알 수 있는데, 바로 원래의 토지 부담(丘賦)을 배로 증가시킨 것이다. '정전(井田)'과 '공전(公田)', '사전(私田)'의 존망과 연변 및 사회 성질과의 관계는 이 책의 제3장 「공자 시대의 사회 배경」에서 이야기할 것이며 여기서는 줄인다.

국 공자의 말을 듣지 않고 이듬해(魯哀公 12) 봄에 '전부'를 실행하기 시작
하였다. 이 일은 공자를 매우 열 받게 했다.『논어』에 이 일에 대하여 전
적으로 한 말이 있다. "계 씨가 주공보다 부유하였는데도 구[冉有]가 그
를 위해 부세를 걷어 재산을 더 늘려주었다. 공자께서 말씀하셨다. "(求
는) 우리 무리가 아니니, 소자들아! 북을 울려 죄를 성토함이 옳다.(季氏富
於周公, 而求也爲之聚斂而附益之, 子曰, 非吾徒也, 小子鳴鼓而攻之可也)"[127] 맹자 또한 이
일에 대하여 논평을 하였다. "맹자께서 말씀하였다. "구가 계 씨의 가신
이 되어 그의 덕[마음씨와 행실]을 고치지 못하고 곡식[세금]을 취한 것이 타
일보다 배가하자, 공자께서 말씀하시기를 '구는 나의 무리가 아니니, 소
자들아 북을 울리면서 성토하는 것이 가하다.' 하셨다.(求也爲季氏宰, 無能改
於其德, 而賦粟倍他日, 孔子曰, 求非我徒也, 小子鳴鼓而攻之可也)"[128] 위의 「좌전」에서
말한 "탐욕이 끝이 없다(貪得無厭)",『논어』에서 말한 "부세를 걷다(聚斂)",
맹자가 말한 "곡식[세금]을 취한 것이 타일보다 배가되다(賦粟倍他日)"에서
말한 것은 모두 하나의 일로 노나라 계손 씨가 실행한 토지 부담이 지난
날보다 배가 많은 새로 제정한 '전부(田賦)'이다. 공자는 계 씨가 실행하
는 이런 토지의 부담(곧 백성의 부담)을 가중시키는 새로 재정한 염구의 '전
부'를 미처 억지하지 못한 것에 대해 매우 불만을 가졌다. 이에 염구를
엄혹하게 비판하여 "구는 나의 제자가 아니다(求非我徒也)"라고 배척하였
다. 아울러 그의 제자들에게 대대적으로 깃발을 들고 북을 치며 죄를 성
토함이 옳다(鳴鼓而攻之, 可也!)고 책망했다. 이 일이 우리의 주의를 끄는 것
은 세 가지이다. 첫째, 공자는 귀족통치자의 "탐욕이 끝이 없이" 대량으

127 『논어』「선진(先進)」에 보인다.
128 『맹자』「이루(離婁) 상」.

로 백성의 재물을 긁어모아 자기들의 헤픈 생활을 누리느라 세금을 거두는 정책(田賦)을 반대했다. "베풀 때는 두터운 것을 취하고", "거둘 때는 가벼운 것을 따르는" 백성들에 유리한 백성을 여유롭게 하는 정책을 주장하였다. 비록 그는 귀족 통치 질서를 유지 보호하는 것에서 출발하여 백성을 피통치자로 보기는 하였지만 당시의 역사적 조건에서 그는 여전히 원대한 식견과 인민을 유리하게 하는 귀족정치 개량주의였다. 둘째, 그는 '전부'의 실행을 반대하였을 때 여전히 뒤를 돌아보고 있었다.(노나라의 옛 제도를 회복하는 것) 앞을 바라보지 않았는데(발전된 사회, 정치, 경제의 현실적인 역사 조건에서 상응하는 조치를 제기하는 것) 이로 인하여 그는 다만 "주공(周公)을 전범으로" 하는 옛 제도를 굳게 지키면서 출구를 모색할 수밖에 없었다. 그는 "옛것을 믿고 좋아하는(信而好古)"[129] 복고사상에서 해방될 수 없었다. 이는 그의 일생의 치명상이었다. 그가 정치적으로 곳곳에서 벽이 부딪치게 된 중요한 원인이었다. 셋째, 원칙적인 문제에서 제자들에게 요구가 매우 엄격하였다. 이곳의 염구에 대한 비평, 심지어 염구를 제자로 인정하지 않는 것 같은 것은 다른 제자들에게 대대적으로 깃발을 들고 북을 치며 그를 질책하게 하였다. 그러나 끝내 사생 관계가 파탄에 이르는 지경까지는 발전되지 않았다. 공자 및 후인은 여전히 염구를 '사과(四科)'의 정사(政事)에서 으뜸으로 쳤다.[130] 염구 또한 여전히 스승을 존경하고 매우 사랑하였다. 공자의 비평은 매우 엄혹하기는 하였지만 염구의 스승에 대한 감정에 영향을 주지 않았다. 이는 주로 공자가

---

129 『논어』 「술이(述而)」.

130 사마천의 『사기』 「중니제자열전(仲尼弟子列傳)」, "덕행(德行)에는 안연(顏淵)·민자건(閔子騫)·염백우(冉伯牛)·중궁(仲弓)이었고, 정사(政事)에는 염유(冉有)·계로(季路)였고, 언어(言語)에는 재아(宰我)·자공(子貢)이었고, 문학(文學)에는 자유(子游)·자하(子夏)였다."

사람에 대한 처사가 밝고 공정하였으며 이런 면이 그의 제자들에게 인정되고 받아들여졌기 때문이다. 이렇게 제자들에게 매우 단호하게 원칙적인 입장을 견지하면서도 사생 관계가 파탄에 이르지 않게 하는 정신은 후인들이 완미하고 배울 가치가 있다.

(2) '서수획린(西狩獲麟)'의 문제에 관하여

용(龍)에 대한 전설만큼이나 중국에서는 기린[麟]에 대해서도 많은 신비한 전설이 있다. 도대체 어떤 것인지 아무도 본 적이 없고 동서고금의 사람들도 모두 본 적이 없다. 공자가 본 적이 있다고 하며 또한 『춘추』와 『사기』 등에 모두 기록이 있다. 대체적인 경과는 다음과 같다. 노 애공 14년(B.C. 481, 孔子 71세) 봄에 산림을 관리하는 사람(虞人)이 곡부의 서쪽 지금의 거야현(巨野縣) 일대(大野)에서 사냥을 하였다. 숙손 씨의 수레를 관리하는 노복(車子) 중에 서상(鉏商)이라 불리는 사람이 기괴한 짐승 한 마리를 잡아서 수레에 싣고 돌아왔다. 숙손은 이 괴수를 보고 상서롭지 못하다고 생각하여 자기는 필요 없다며 '우인(虞人)'에게 내려주었다. 공자가 보고서 말하기를 "이것은 기린이다! 어째서 왔는가! 어째서 왔는가!"라 하고는 아울러 얼굴을 가리고 크게 울었는데 눈물이 옷깃을 적셨다. 숙손이 이 상황을 듣고는 이 괴수를 남겨두었다. 전하는 말에 의하면 공자는 이때 『춘추』를 쓰고 있었는데, 서쪽에서 기린 한 마리를 포획하였다는 말을 듣고 기린은 상서로운 '인수(仁獸)'로 태평성세에야 모습을 드러낸다고 생각하였다. 현재는 태평성세가 아닌데 그 때를 벗어나 사냥에서 잡혔으니 매우 슬픔을 느꼈다. "서쪽에서 사냥하다가 기린을 잡았다(西狩獲麟)"라는 이 구절을 쓴 후에 곧 붓을 멈추고 써 내려가지 않았다. 이것이 바로 전설 중 공자가 『춘추』를 쓰다가 "획린에서 절필한(絶筆于獲麟)"이야기이다.[131] 기린은 도대체 무엇인가? 공영달(孔穎達)은 경방(京房)의 『역전(易傳)』을 인용하여 해석하였다. "기린[麟]은 몸통은 사슴이며 꼬리는 소, 이마는 이리, 발굽은 말로, 다섯 가지 색을 띠고 있다. 배 아래쪽은 누렇고 키는 한 길 두 자이다."라 하였다. 또한 『광아(廣雅)』를 인용하여 말하였다. "기린(麒麟)은 이리의 머리에 살 뿔(肉角)을 하고 있으며 인(仁)을 머금고 의(義)를 품었다. (우는) 소리는 종려(鍾呂)에 맞고 걸음걸이는 규(規)에 맞고 돌 때는 구(矩)에 맞는다. 놀 때는 반드시 땅을 가리고 빙빙 돎에는 반드시 장소가 있다. 살아 있는 벌레를 밟지 않으며 살아 있는 풀을 꺾지 않는다. 무리를 짓거나 나다니지도 않으며 함정에 들어가지 않고 그물에 들어가지 않으며 무늬가 빈빈(斌斌)하다."[132] 앞의 단락은 기린의 형상을 말하였고 뒤의 단락은 기린의 신령한 행태를 말하였다. 신령한 행태를 가지고 말하면 기린은 울면 소리가 음악 같고(音中鍾呂), 달리고 돌 때는 모두 규구에 들어맞으며(行步

<hr>

131 『춘추』「경·애공(經·哀公) 14년」. "14년 봄에 서쪽에서 기린을 잡았다.(十有四年春, 西狩獲麟)" 『좌전』 "14년 봄에 서쪽 대야에서 사냥을 하였는데 숙손씨의 어자 서상이 기린을 잡아 상서롭지 못하게 여겨 우인에게 내렸다. 중니가 그것을 살펴보고는 말하기를 '기린이다'라 하니 그런 다음에야 가져갔다.(十四年春, 西狩於大野, 叔孫氏之車子鉏商獲麟, 以爲不祥, 以賜虞人. 仲尼觀之, 日, 麟也, 然後取之)" 호자는 『춘추』, 『좌전』, 『공자가어』「변물(辯物)」, 『사기』「공자세가」 등의 문헌자료에 의거하여 이에 대하여 총괄적으로 서술하였는데 아래와 같다. "봄에 서쪽의 대야(大野)에서 잡았다. 숙손씨의 거자(車子) 서상이 기린을 잡았는데 앞쪽 왼다리를 꺾어 싣고 돌아왔다. 숙손은 길하지 못하다고 생각하여 우인(虞人)에게 내렸다. 공자가 살펴보고는 '기린이다. 어째서 왔는가? 어째서 왔는가?'라 하였다. 이에 소매를 뒤집어 얼굴을 닦았는데 눈물이 흘러 옷깃을 적셨다. 숙손이 듣고는 그런 다음에 취하였다. 자공(子貢)이 물었다. '선생님께서는 어째서 우시는지요?' 공자가 말하였다. '기린이 이름은 밝은 임금 때문인데 그 때가 아닌데도 나와서 해를 당하였으니 내 이 때문에 슬퍼하는 것이다!' 이에 앞서 공자는 『노사기(魯史記)』를 따라 『춘추』를 지었다. …… 이때 서쪽에서 기린이 잡혔다. 공자는 주(周)나라의 도가 흥하지 않은 것을 슬퍼하여 아름다운 길조가 응함이 없음을 느껴 마침내 이 때문에 절필하였다."(『孔子編年』, 권5)

132 『춘추』「경·애공(經·哀公) 14년」, 공영달의 『소(疏)』.

中規, 折旋中矩), 발로는 벌레를 밟지 않고 몸은 푸른 풀을 꺾지 않는다.(不履生蟲, 不折生草) …… 세계에 이른바 이런 '인수(仁獸)'가 있을 수 있는지 물어보자. 없다. 이는 분명히 환상에서 나와서 신화화한 색채를 입힌 결과이다. 세상에 존재하지도 않는 것인데 무엇 때문에 역대의 유생들은 이렇게 생생하게 날조를 입힌 것일까? 여기에는 두 가지 가능성이 있다. 첫째는 역대의 유생이 공자를 높이기 위하여 공자를 신격화한 성인으로 삼은 후에 이른바 기린이라는 신격화한 인수(仁獸)로 삼은 것이다. 이른바 인수가 "그 때가 아닌데 나와서" 잡힌 것을 공자(聖人)의 "나의 도는 끝이 났다(吾道窮矣)"와 "그 때가 아닐 때 태어난" 정황에 갖다 붙인 것이다. 이렇다면 책임은 공자에게 있지 않으며 신화적 이야기를 날조한 후세의 부유(腐儒)에게 있다. 다른 가능성은 공자가 만년에 이르러 누누이 벽에 부딪쳤다. "즐거워하여 근심을 잊는" 심정의 깊은 곳에서 '천명'을 미신하는 숙명 사상이 여전히 어느 정도 작용을 하였다. 이로 인하여 자기의 "괴(怪)·력(力)·난(亂)·신(神)을 말하지 않는" 주장을 어겨가며 사물을 보고 슬퍼하는 마음으로 사냥에서 포획된 자주 보이지 않는 야수를 보았을 때 곧 그것을 전설 중의 신물(神物)인 기린으로 환상하고 마치 무슨 객관적 의거와 구실이라도 찾아낸 듯 따라서 한번 불평을 하고는 『춘추』의 집필을 여기서 내려놓은 것이다. 공자가 시작하고 후세의 부유들이 조금도 거리낌 없이 과장과 선양을 더하였다. 이에 환상 중에 조작되어 나온 이야기는 곧 역사적 '사실(事實)'이 되어 전하여져 내려왔다. 이렇다면 책임은 곧 공자에게 있으니 공자는 이 신비한 기린에 관한 이야기의 "처음으로 용(俑)을 만든 사람"이다.

앞의 「도론」에서 이미 말했듯이 공자사상의 '이중성'이라는 특징에는 약간의 '천명'을 미신하는 숙명론 적인 인소를 포함하고 있다. 그렇다면 앞의 두 번째는 곧 어느 정도 공자의 사상적 실제와 부합할 것이다.

(3) 진항(陳恒)이 임금을 죽이자 공자가 토벌하기를 청한 문제에 관하여

진항(陳恒)은 제간공(齊簡公)의 상경대부(上卿大夫)다. 그 선조인 진완(陳完)은 원래 진(陳)나라의 귀족이었다. 진나라 귀족의 내분으로 인하여 화를 입을까 두려워하여 제환공(齊桓公) 14년(B.C. 671) 제나라로 달아났다. 진항에 이르러 이미 8대째가 되었다. 진항이 제나라를 다스릴 때 매우 민심을 얻어 제나라 사람 가운데 이런 민가를 부른 사람도 있을 정도였다. "노파가 상추를 뜯어 전성자에게 귀의하였다.(嫗乎采芑, 歸乎田成子)"[133] 전성자는 곧 진성자(陳成子)로 아마 진항일 것이다. 제간공은 지극히 평범해서 하는 것이 없었다. 한 차례 내란이 폭발하려 할 즈음 "간공은 부인과 함께 단대(檀臺)에서 술을 마시고 있었다."[134] 내란이 이미 폭발한 후에는 황급히 서주(舒州: 지금의 山東省 東平縣으로 옛 제나라 땅) 지방으로 도망쳤다. 진항의 부대에게 추격당하였는데 "간공이 복위하면 자기를 죽일까 두려워하여 마침내 간공을 죽였다."[135] 진항은 간공의 아우 오(驁)를 세웠는데 제평공(齊平公)이며 진항은 상(相)이 되었다. 이것이 바로 진항이 임금을 죽이게 된 간략한 상황이다. 이 일은 오히려 공자의 큰 분개

---

133 사마천의 『사기』「전완세가(田完世家)」. 진완(陳完)이 제나라로 달아난 후 성을 전(田)으로 바꾸었으므로 사마천의 「전완세가(田完世家)」에서는 민가 두 번째 구절 "전성자에게 귀의하였다(歸乎田成子)"를 인용하였다. 『한비자(韓非子)』「이병(二柄)」에 의하면 "전상은 위로는 작록을 청하여 군신에게 행하였고, 아래로는 대두(大斗)의 휘[斛]으로 백성들에게 베풀었다."라 하였다. 곧 위로는 신하들을 위하여 임금에게 작록을 청구하였고, 아래로는 큰 말로 10말의 곡식을 백성들에게 베풀었다는 것이다. 대체로 진항이 인심을 잘 거두었기 때문에 제나라에서 당시에 이상과 같은 민가가 출현하였다.

134 사마천의 『사기』「전완세가(田完世家)」.

135 위와 같음.

를 일으켰다. 그는 큰 제전에 임하듯 태도를 단정하게 하여 목욕재계한 후 조정으로 가서 노애공을 뵙고 말하였다. "제나라의 진항이 제나라 임금을 죽였으니 군사를 내어 토벌하기를 청합니다." 애공이 말하였다. "그대는 삼환(三桓: 季孫、叔孫、孟孫, 여기서는 주로 당정자인 季孫을 가리킨다-지은이) 에게 가서 알리시오. 이 일은 내가 간여할 수 없소." 연로한 공자는 천진한 어린아이가 퇴짜를 당하기나 한 것처럼 물러 나와서 혼잣말로 중얼거렸다. "내가 대부의 자리에 있으면서 이런 일을 만났으니 감히 와서 아뢰지 않겠는가? 임금은 오히려 말하기를 '저 삼환에게 가서 알리라.'고 하는구나!" 공자는 또 '삼환'에게 가서 보고했다. '삼환'은 군사를 내어 토벌하는 것을 허락하는 답을 하지 않았다. 공자는 물러나면서 또 혼잣말을 하였다. "내가 대부의 자리에 있으면서 이런 일을 만났으니 감히 와서 아뢰지 않겠는가?"[136] 이 촌극 같은 사건은 이렇게 퇴짜를 맞은 후 흐지부지되었다. 이는 공자가 완고하게 그 명분 사상, 봉건 귀족통치자의 세습 사상과 충군존왕 사상을 견지한 것이 이 사건에서 구체적으로 표현된 것이다. 당시의 조건에서 진항은 또한 민심을 얻었다.(진항이 집정한 기간에 제나라는 안정되기 시작했다. 진항은 후대에 제나라의 임금이 되어 전국시대의 七雄의 하나가 되었다. 진나라가 중국을 통일하기 전에 제나라와 진나라는 서로 대등하

---

136 『논어』, 「헌문(憲問)」. "진성자가 간공을 죽이자, 공자께서 목욕하고 조회하시어 애공에게 아뢰셨다. '진항이 그 군주를 죽였으니, 토벌하소서.' 애공이 말하였다. '저 삼자에게 말하라.' 공자께서 말씀하셨다. '내가 대부의 뒤를 따랐기 때문에 감히 아뢰지 않을 수 없었는데, 임금께서는 저 삼자에게 말하라 하시는구나.' 삼자에게 가서 말씀하자, 불가하다 하니, 공자께서 말씀하셨다. '내가 대부의 뒤를 따랐기 때문에 감히 말하지 않을 수 없었다.'(陳成子弒簡公, 孔子沐浴而朝, 告於哀公曰, 陳恒弒其君, 請討之! 公曰 告夫三子, 孔子曰, 以吾從大夫之後, 不敢不告也. 君曰, 告夫三子者. 之三子告, 不可. 孔子曰, 以吾從大夫之後, 不敢不告也) 이 일은 『좌전』 「애공 14년」에도 보이는데 말이 조금 다르며 참고할 만하다. 본문은 『논어』의 뜻을 따랐다.

여 東帝와 西帝가 되었다) 진항이 제간공보다 유능하였는데도 무엇 때문에 공자는 반드시 간공을 지지하고 진항은 반대하여야 했는가? 유일한 원인은 바로 명분상 간공은 임금이고 진항은 신하로, 신하는 임금에게 충성을 바쳐야 할 뿐 임금을 반대하거나 교체할 수는 없었기 때문이다. 공자는 여기에서 자기가 가장 숭배하는 주공(周公)의 말까지도 잊었다. 주공은 『상서(尙書)』 「강고(康誥)」에서 말하였다. "천명은 항상성이 없다.(惟命不于常)" 『예기』 「대학(大學)」에서는 "선하면 얻고, 선하지 못하면 잃게 될 것이다.(道善 則得之, 不善則失之)"라 해석하였다. 곧 "도가 훌륭한(道善)" 사람은 "도가 훌륭하지 못한(道不善)" 사람을 대체할 것이라는 것이다. 이는 무수한 역사적 사실이 증명한 역사 발전의 규율이며, 주공은 이미 이 규율을 명백히 하였다. 그러나 공자는 진항의 토벌을 청하는 이 일에서 이 규율을 따르지 않았다고 표명하였다. 당연히 공자의 주관으로는 명분에 부합하고, '충군존왕'에 부합하는 것으로 생각되는 일이 바로 '정의'이다. 그의 '정의'를 견지하는 정신은 당시의 역사적인 조건에서 이해를 하여야 한다.

(4) 아내와 아들, 제자가 잇달아 사망하다

공자의 부인 기관 씨는 노애공 10년(B.C. 485) 공자 67세 때 죽었다. 그것은 공자가 위나라에서 노나라로 돌아오기 1년 전이었다.[137] 공자의 외아들 공리(孔鯉)는 노애공 13년(B.C. 482), 공자 70세 때 죽었는데 당시 나이 50세였다.[138] 공자는 부인과 아들의 죽음에 대하여 매우 슬퍼하기

---

[137] 강영(江永)의 고증에 근거하였다. 호자(胡仔)의 『공자편년(孔子編年)』에 보인다.
[138] 전목(錢穆)의 고증에 근거하였다. 공리는 노소공(魯昭公) 10년(B.C. 532)에 태어나서 노애공 13년(B.C. 182)에 죽었으니 향년 50세이고 공자보다 20세 적었다.(『先秦諸子繫年考辨』, 26절)

는 하였지만, 그의 제자 안회와 자로가 죽었을 때의 침통함에는 한참 미치지 못하였다. 이로 공자와 타인의 관계를 알 수 있는데 이는 학문과 도덕, 품격을 표준으로 하고 원칙적으로 결코 처자라는 친속관계로 인해 사사로이 치우침이 없었다. 이 점은 사람을 경모하게 한다. 아래에서 집중적으로 안회와 자로가 사망했을 때의 상황에 대하여 말해보겠다.

안회(顏回)는 공자가 가장 마음에 둔 제자이다. 노소공(魯昭公) 20년(B.C. 522)에 태어나 공자보다 30세 적었다. 노애공 14년(B.C. 481)에 죽어서 향년 41세였고 당시 공자는 71세였다.[139] 안회가 죽었을 때 공자는 비통감에 혼절하려 하면서 탄식하여 말하기를 "아! 하늘이 나를 망하게 하였구나! 하늘이 나를 망하게 하였구나!"[140]라 하였다. 공자가 이렇게 애통하게 울자 동행하며 따르던 제자가 말하였다. "스승님께서는 너무 애통하게 우십니다!" 공자가 말하였다. "너무 애통하게 울었는가? 이 사람을 빼고 내가 또 누구에게 이렇게 애통해할 수 있겠는가"[141]라 하였다. 나중에 노애공이 공자에게 그의 제자들 가운데 누가 가장 학문을

~~~~~~~~~

139 안회의 향년은 과연 얼마일까? 공자보다 몇 세나 적은가? 몇 년에 죽었는가? 등의 문제는 역대의 학자들의 논쟁거리이다. 여기서 확정한 안회의 졸년과 몇 년이나 적은지와 향년의 수는 이착(李鍇)의 『상사(尙史)』와 모기령(毛奇齡)의 『경문십이(經文十二)』와 전목의 고증에 근거하여 정하였다. 『상사』에서는 "안자는 공자보다 30세 어렸고 향년 41세였다." 모씨의 『경문십이』에서는 말하였다. "안연의 죽음을 고찰해보면 『공양전(公羊傳)』 및 『사기』「세가(世家)」에 있는 연월은 실은 애공 14년 봄 기린이 잡힐 즈음이다. …… 안연이 죽었을 때 부자는 71세였으며 61세가 아니었고, 애공 14년이지 4년이 아니다." 전목은 말하였다. "안자의 졸년은 단언컨대 자로가 죽기 1년 전이다."(『先秦諸子繫年考辨』, 49쪽) 이상 안회의 졸년, 연세, 공자와의 나이 차라는 세 숫자에 근거하면 안회가 태어난 해를 노소공 23년(B.C. 522)으로 추정할 수 있다.

140 『논어』「선진(先進)」.

141 『논어』「선진(先進)」. "안연이 죽자, 공자께서 곡하시기를 지나치게 애통해하셨다. 종자가 말하였다. '선생님께서 지나치게 애통해하십니다.' 공자께서 말씀하셨다. '지나치게 애통함이 있었느냐? 저 사람을 위해 애통해하지 않고서 누구를 위해 애통해하겠는가?'(顔淵死, 子哭之慟, 從者曰, 子慟矣. 曰, 有慟乎? 非夫人之爲慟而誰爲?)"

좋아하는가 묻자 공자는 대답하였다. "안회라는 사람이 학문을 좋아하여, 그는 이 사람과 이 일에 대해 노한 것을 다른 사람의 다른 일로 옮기지 않았으며, 한번 잘못을 저지르면 두 번 다시 저지르지 않았습니다. 그는 불행히도 단명하여 죽었습니다! 지금은 없습니다. 다시는 이렇게 학문을 좋아하는 사람을 들은 적이 없습니다."[142] 계강자(季康子)도 같은 문제를 공자에게 물었다. 공자가 또한 말하기를 "안회라는 사람이 학문을 좋아하였습니다. 그는 불행히도 단명하여 죽었습니다! 지금은 없습니다!"[143] 공자가 안회의 죽음에 대하여 이렇게 애통하였지만, 안회 사후 관곽(棺槨)과 매장(埋葬) 등의 문제를 처리하는 데 있어서는 오히려 매우 이지적이었고 매우 '원칙(原則)'적이었다.(당시 喪葬에 대해서는 공인된 소위 '禮'의 원칙이 있었다) 결코 개인의 호오(好惡)를 가지고 감정적으로 일을 처리하지 않았다. 안회의 부친 안로(顏路) 또한 공자의 제자로 그는 공자가 안회에 대해 줄곧 매우 중시하였고 안회가 죽은 후 공자가 이렇게 하는 것을 보고 공자가 그의 수레를 안회의 덧널[槨: 관 밖의 관으로 外棺이라고도 한다]로 삼게 해달라고 요구하였다. 공자는 오히려 말하기를 "재주가 크고 작고를 떠나 모두들 자기 아들의 일을 이야기하는 법이다. 나의 아들 이(鯉)가 죽었을 때도 관은 있었으나 덧널은 없었다. 나는 수레를 그에게 덧널로 삼도록 주어서 혼자 걸어 다닐 수가 없다. 내가 대부의 반

---

142 『논어』「옹야(雍也)」. "애공이 '제자 중에 누가 학문을 좋아합니까? 하고 묻자, 공자께서 대답하셨다. '안회라는 자가 학문을 좋아하여 노여움을 남에게 옮기지 않으며 잘못을 두 번 저지르지 않았는데, 불행히도 명이 짧아 죽었습니다. 지금은 없으니, 아직 학문을 좋아한다는 자를 듣지 못하였습니다.'(哀公問, 弟子孰爲好學? 孔子對曰, 有顏回者好學, 不遷怒, 不貳過, 不幸短命死矣, 今也則亡, 未聞好學者也)"

143 『논어』「선진(先進)」. "계강자가 묻기를 '제자 중에 누가 학문을 좋아합니까?' 하자, 공자가 대답하였다. '안회라는 자가 학문을 좋아했었는데 불행히도 명이 짧아 죽었습니다. 지금은 없습니다.'(季康子問, 弟子孰爲好學? 孔子對曰, 有顏回者好學, 不幸短命死矣, 今也則亡)"

열에 있어서 걸어 다니기가 불편할 것이다."라 하였다. 다른 제자들이 안회가 죽었다는 말을 듣고 또한 그를 후히 장사지내주려고 하였다. 공자는 말하였다. "이렇게 하는 것은 좋지 않다." 제자들은 결국 그대로 후한 예로 안회를 장사지냈는데, 이에 공자는 말하였다. "안회는 나를 부친과 마찬가지로 보았지만 나는 오히려 그를 나의 아들과 마찬가지로 삼을 수가 없었다. 나는 후한 예로 그를 매장하는 일에 간여하지 않았으니 몇몇 제자들이 이렇게 한 것이다!"[144] 그는 원칙(禮)을 뛰어넘는 예로 안회를 매장하는 것을 반대하였는데 당시의 '예제'에 부합하였기 때문이다. 그 결과 제자들은 그대로 후한 장례를 실행하였다. 이에 공자는 결코 스승으로서의 존엄이라고는 없었으며 완고하게 제지하였다. 그러기에 그의 제자들은 그를 존경하면서도 열렬히 사랑하였는데 또한 이는 마음에서 자발적으로 우러난 것이다.

자로(子路)는 비록 사람됨이 비교적 거칠었지만 매우 충실하고 믿음직스러웠다. 솔직담백하여 공자의 가르침에 대하여 몸소 역행하였다. 이따금 고지식하여 매우 우스꽝스런 상황에 이르기도 하였다. 그는 공자보다 9세가 적었다. 공자를 따른 시간이 매우 길었고 용력이 있었다. 공자는 그에게 늘 비판을 제기하였지만 그를 매우 신임했다. 그는 위(衛)나라에서 집정자인 공문자(孔文子)의 가재가 되었다. 공문자가 죽은 후에는 그의 아들 공회(孔悝)가 계속 집정하였다. 노애공 15년 겨울 국외로 쫓겨난 위나라 태자 괴외(蒯聵)의 무리가 그 누이(孔文子의 妻)와 함께 정변(政變)

---

144 『논어』 「선진(先進)」. "안연이 죽자, 문인들이 후히 장사지내려 하니, 공자께서 '옳지 않다.' 하셨다. 문인들이 후히 장사지내자, 공자께서 말씀하셨다. "안회는 나 보기를 아버지처럼 여겼는데, 나는 (그를) 자식처럼 보지 못했으니, 나의 잘못이 아니라 저희들이 한 짓이다(顏淵死, 門人欲厚葬之, 子曰, 不可. 門人厚葬之, 子曰, 回也, 視予猶父也, 予不得視猶子也, 非我也, 夫二三子也)"

을 일으켜 위나라 출공(出公: 괴외의 아들)을 축출하고 왕위를 빼앗았다. 한창 긴급한 고비라 자로는 궁궐로 돌진하여 겹겹이 포위된 공회를 구출하려고 기도하였다. 그 결과 괴외 부하들의 창에 모자의 끈이 잘려 끊어지는 바람에 모자가 땅에 떨어졌다. 이 충실한 공자의 제자는 위급한 중에도 스승의 가르침을 잊지 않고 말했다. "군자는 죽음을 앞에 두고도 모자를 쓰지 않을 수 없다."[145]라 하고는 즉시 모자를 쓰고 갓끈을 맨 다음에 맞아죽은 뒤 육젓으로 담겨졌다. 당시 자로의 나이 63세였다. 공자는 이 소식을 듣고 매우 비통해했다. 이는 72세의 노인에게 죽기 전의 마지막 심각한 타격임에 틀림없었다.

공자의 만년에 부인과 아들 그리고 몇몇 제자가 연속으로 죽었으며 특히 71세 때 죽은 안회와 72세 때 죽은 자로는 이 "즐거워하여 근심을 잊는" 노인의 심령에 우울한 흔적을 남기지 않을 수 없었다.

(5) 공자가 병으로 세상을 떠나다

제자인 안회와 자로가 잇달아 세상을 떠난 후로 공자는 병이 들었다. 죽기 이레 전 새벽에 그는 지팡이를 짚고 문 앞에 서 있었는데, 의중이며 태도가 소요하여 감개가 무량하고 또한 자신만만하게 홀로 읊조리고 홀로 노래하며 말하였다. "드높은 태산이 무너지려 하는도다! 곧디 곧은 들보가 꺾어지려 하는도다! 형형한 철인이여, 말라 시들려 하는도다!" 노래를 마치고 문으로 들어가 방문을 마주하고 앉아 유연히 길게 탄식하여 말하였다. "나는 곧 죽을 것이다!" 이로부터 침상에 누워 일

---

145 『좌전』 「애공(哀公) 15년」. "자로가 말하기를 '군자는 죽을 때 갓을 벗지 않는다.'라 하고 갓끈을 묶고 죽었다.(子路曰, 君子死, 冠不免. 結纓而死)"

어나지 못하였다. 이레 후, 곧 노애공 16년(B.C. 479) 하력(夏曆) 2월 11일 공자는 세상을 떠났는데[146] 향년이 73세였다.

공자는 죽은 후에 곡부성 북쪽 1리쯤 되는 사수(泗水)의 옆에 장사지내졌다. 많은 제자들이 모두 3년간 복상(服喪)했으며, 또한 서로 마주보고 울면서 슬픔을 다한 후에 헤어져서 떠났다. 자공 한 사람만 남아 무덤 곁에 초가집[廬幕]을 짓고 3년을 더 상을 지킨 후에야 스승의 분묘를 떠났다. 어떤 제자들과 노나라 사람들은 공자를 추념하려고 무덤 곁으로 이사를 하여 살았는데 백여 가구가 되었다. 이에 이곳을 '공리(孔里)'라 불렀다. 나중에는 또한 공자의 집과 강당 및 제자의 기숙사를 공묘(孔廟)로 개축하여 공자를 기념하고 아울러 공자의 의관과 금(琴), 수레, 책 등 생전에 쓰던 물건들을 수장하였다. 공자는 봉건사회에서 태어나 자라고 또 충성스럽게 봉건사회 귀족통치 질서를 옹호하던 인물이다. 일생 동안 벽에 부딪치며 아무런 권세도 없이 다만 그의 학문과 도덕 품격에 의지하여 제자들에게 이런 추대를 받고 깊은 정을 받은 것은 그 사이에 반드시 우리가 완미하고 심사숙고할 가치가 있을 것이다. 사마천은 중국 최초의 위대한 역사학자로 공자와 약 3백 년의 시차가 있어 공자로부터 그다지 멀다고 할 수가 없다. 그는 「공자세가」를 다 쓴 후에 매우 감개하여 말하였다. "나는 공자의 책을 읽어보고 그 사람됨을 생각해 보았다.

---

146 『예기』 「단궁(檀弓) 상」. "공자께서 일찍 일어나셔서 손을 등지고 지팡이를 끌면서 문앞을 천천히 거닐면서 노래하였다. '태산이 무너지려나보다! 들보가 꺾어지려나보다! 철인이 병들어 죽으려나보다!' 노래가 끝나자 들어가 방문을 앞두고 앉으셨다. …… 말하기를 '…… 내 아마 곧 죽을 것이다!' 대략 병져 누우신 지 이레 만에 돌아가셨다.'(孔子蚤作, 負手曳杖, 消搖於門, 歌曰, 泰山其頹乎! 梁木其壞乎! 哲人其萎乎! 旣歌而入, 當戶而坐……曰……予殆將死也! 蓋寢疾七日而沒)" 여기서 말한 공자가 죽은 연월일에 대한 고증은 본장 「1. 몰락한 귀족 가정」 1절의 주에 보인다.

노나라에 가서 중니(仲尼)의 묘당(廟堂)과 수레와 의복, 예기(禮器)를 살펴보았다. 여러 유생들이 때때로 그 집에서 예를 익히고 있는 것을 보았다. 나는 고개를 숙이고 그곳을 맴돌며 떠날 수가 없었다. 천하의 군왕에서 현인에 이르기까지 많은 사람들이 있었다. (생존) 당시에는 영화로웠으나 죽으면 그것으로 끝이었다. 공자는 포의(布衣)였지만 10여 세대가 지나도록 학자들이 그를 종주(宗主)로 삼는다. 천자, 왕후(王侯)로부터 나라 안의 육예(六藝)를 담론하는 사람들에 이르기까지 모두 공자의 말씀을 판단 기준으로 삼고 있으니 그는 참으로 최고의 성인이라고 할 수 있겠다."[147] 이는 중국 봉건시대의 위대한 역사학자 사마천이 중국 봉건시대의 위대한 사상가 공자에 대한 합당한 평어(評語)이다. 우리는 당연히 이 평어에 머물 수 없다. 우리로 말할 것 같으면 공자가 역사적인 인물로 가져야 하는 역사적 지위를 긍정하는 외에 더욱 중요한 것이 있다. 성실하게 비판과 청산을 통하여 참 공자와 가짜 공자 혹은 반신반의하는 공자를 구별해내어 공자의 사상 가운데 어떤 것들은 지금까지도 생명력을 가지고 있다. 지금까지도 사회주의 건설을 촉진하는 데 유리한가를 탐색하여야 한다. 사회주의 건설에 진정으로 유리하고 생명력을 가진 것이기만 하다면 아무리 작은 것 하나라도 어찌 두려워할 것인가? 역시 매우 귀중한 것이다. 마오쩌둥이 말한 것처럼 "이 진귀한 유산을 승계하여야 하며" 이 때문에 그것은 우리의 선조가 2천 년 전에 이루어낸 우리와 인류에 대한 유익한 공헌이다. 우리는 이러한 탐색을 하여야 한다.

---

147 사마천의 『사기』 「공자세가」.

제3장

공자 시대의 사회적 배경

「도론」에서 이미 지적했듯이 공자의 사상과 그 사람됨을 연구하려면 반드시 공자의 시대적 배경을 이해하여야 한다. 마르크스가 말한 "사람들의 의식이 사람들의 존재를 결정하는 것이 아니라 사람들의 사회 존재가 사람들의 의식을 결정한다."[1]라는 것과 같다. 이 때문에 반드시 공자의 사상 형성과정과 밀접한 관련이 있는 두 시기의 사회 성질, 곧 서주 시기의 사회 성질과 춘추시기의 사회 성질을 역사의 실제에 부합하는 간단명료한 설명과 논증으로 삼아야 한다. 그래야 비로소 더욱 분명하게 공자의 사상이 형성되는 과정의 깊은 역사적 사회 원인 및 다만 이렇게만 할 수 있고 다르게는 할 수 없는 일정 정도상의 필연성을 이해할 수 있다. 서주 사회가 과연 봉건사회인지 아니면 노예사회인지에 대해서는 지금까지도 논쟁거리이다. 이 논쟁의 주요 대표주자는 바

---

1   마르크스 『정치경제학 비판』 「서언(序言)」, 『마르크스 엥겔스 선집』, 제2권, 82쪽.

로 판원란(范文瀾)과 궈모뤄(郭沫若)이다. 판원란은 봉건사회라 주장했고, 궈모뤄는 노예사회라 주장했다. 그들의 유관 저작을 가지고 비교 연구하여 보았다. 판원란의 설이 비교적 타당하고 비교적 평탄하며, 비교적 마르크스주의의 기본 원리에 부합한다. 또한 문헌·고고학 자료와 민족학 재료에 반영된 당시의 역사발전 상황과 공자의 사상이 형성되는 과정의 '사회존재'에 더욱 부합한다고 나는 생각한다. 여기에 어떠한 편견과 그럭저럭 구차하게 지나는 것은 모두 유해하다. 중요한 것은 실사구시적 과학 연구와 논증 그리고 판단이다. 이 때문에 본 장에서는 판원란의 설을 근거로[2] 서주와 춘추 두 시기의 사회 성질에 대하여 한번 조감하려 한다. 이로써 공자 시대의 사회 배경에 대하여 진실된 인식을 하는 데 편하게 하며, 이는 공자를 전면적으로 연구하고 평가하는 데 대해 매우 필요하다. 지금 서주의 사회 성질과 춘추의 사회 성질로 분별하여 다음과 같이 설명하겠다.[3]

---

2 판원란과 궈모뤄는 모두 내게 익숙한 노선생으로 또한 내가 존경하는 학식이 연박한 두 학자이다. 그들은 서주사회의 성격에 대해 논쟁하면서 다만 자기의 연구 성과에만 근거하여 스스로 독립된 실사구시의 선택을 하였다. 여기에서 나는 힘껏 시비의 구분만 구할 뿐 포폄의 뜻은 없다. 또한 서주사회의 성격에 대하여 내가 궈모뤄의 '서주노예론'에 동의할 수 없다는 것 외에 다른 방면에서는 결코 그에 대한 존경심에 영향을 주지 않는다. 근년에 '서주봉건론'을 가지는 데 관한 중요한 저작으로는 푸주푸(傅筑夫)의 『중국봉건사회경제사(中國封建社會經濟史)』(제1책 先秦, 제2책 秦漢), 자오광시엔(趙光賢)의 『주대사회변석(周代社會辨析)』, 쑨쭤윈(孫作云)의 『시경과 주대사회(詩經與周代社會)』, 양샹쿠이(楊向奎)의 『역사재학술문집(繹史齋學術文集)』 등이 있는데, 일일이 열거하지 않는다.
3 여기서 은상(殷商)을 말하지 않은 것은 은상은 노예사회로 이미 정론이 성립되었기 때문에 생략하여 논하지 않아도 되기 때문이다.

1. 서주(西周)는 영주제(領主制) 봉건사회이다(혹은 초기 封建社會)

(1) 은주(殷周) 간의 투쟁은 두 왕조의 성쇠의 다툼일 뿐만 아니라 두 가지 다른 사회제도의 대변혁의 투쟁이다

공자는 춘추시대 사람이지만 우리가 공자 시대의 사회배경을 이야기하려면 오히려 서주부터 시작해야 한다. 춘추는 서주의 연장과 발전으로 춘추 사회의 성격을 이야기하려면 반드시 먼저 서주 사회의 성격을 명백히 이해하여야 하기 때문이다. 달리 공자는 서주를 동경하여 서주 사회의 성격을 명백하게 이해하지 못하면 그 사상이 형성되는 과정의 역사적 배경을 정확하게 이해할 길이 없게 된다. 그 나눔에 딱 맞는 공정한 평가를 내릴 길이 없게 되기 때문이기도 하다. 그리고 서주 영주제 봉건사회의 발단이 되는 주요 표지는 은나라와 주나라 사이의 투쟁, 특히 주무왕(周武王)이 주(紂)를 정벌한 전쟁의 철저한 승리였다.[4] 일찌감치 6,70년 전에 왕국유(王國維)는 말한 적이 있다. "중국의 정치와 문화의 변혁은 은나라와 주나라가 교체될 즈음보다 극심한 적이 없었다. 은나라와 주나라 사이의 대변혁은 겉으로 말하자면 한 성(姓)과 집의 흥망(興亡)과 도읍의 전이(轉移)에 지나지 않는다. 그 이면으로 말하면 구제도가 폐하여지고 신제도가 흥하여지고, 구문화가 폐하여지고 신문화가 흥한 것이다."[5]

왕국유는 마르크스주의를 이해하지 못하였다. 또한 후래에 출현한

---

4 무왕(武王)이 상(商)나라를 이긴 것은 대략 B.C. 1066년인데, 이는 판원란이 『사기』와 『죽서기년(竹書紀年)』 등의 책에 수록된 연대에 의거해서 산출해낸 것으로, 판원란의 『중국통사(中國通史)』, 제1책, 71쪽에 보인다.

5 왕국유(王國維)의 『은주제도론(殷周制度論)』, 『관당집림(觀堂集林)』, 제10.

수많은 고고자료와 민족학 자료를 보지 못하여 이 때문에 다만 모호한 일반론적인 결론을 내릴 수밖에 없었다. 그러나 그는 대량의 전적을 연구하여 '대변혁'의 역사적 동향을 볼 수 있었는데, 하나의 매우 의의가 있는 공헌이었다. 이 '대변혁'의 성격은 무엇인가? "구제도가 폐하여지고 신제도가 흥하여지는" 실질은 또한 무엇을 의미하는가? 그는 모두 명확하게 긍정적인 답변을 낼 길이 없었다. 우리는 현재 충족된 조건과 자료, 근거를 가지고 있어 매우 명확하고 긍정적으로 지적한다. '대변혁'의 성격, "구제도가 폐하여지고 신제도가 흥하여지는" 실질은 바로 은나라의 노예제사회에서 서주의 영주제 봉건사회로 변혁한 것이다.(初期, 아래도 같음) 이는 당시만 해도 획기적인 혁명적 의의를 갖춘 거대한 대변혁이었다. 마오쩌둥은 주무왕이 은나라 왕조를 소멸시킨 이 일을 "무왕이 영도한 당시의 인민 해방 전쟁"[6]이라고 불렀다. 바로 무왕을 자기 근거지(岐周)의 대규모 민중을 영도하여 이미 일정한 자유와 일정 정도의 독립된 인격을 갖춘 대농노가 되게 한 것을 가리킨다. 게다가 기타 동맹국들이 은나라 왕조를 뒤집어엎어 은나라 왕조의 노예주의 잔혹한 통치 아래에 있던 노예를 해방시켜 그들도 일정한 자유를 가지게 했고 어느 정도 독립된 인격을 가진 농노가 되게 했다. 이 '대변혁'과 이 '인민 해방 전쟁'의 역사적 실제에 깊숙이 들어가 연구하여 명백히 다음과 같은 결론을 내릴 수 있었다.

첫째 이 대변혁의 존재를 가지고 다섯 가지 생산 방식(혹은 다섯 가지 사회

---

6 마오쩌둥(毛澤東)의 「안녕, 레이튼 스튜어트(別了, 司徒雷登)」, 『마오쩌둥 선집(毛澤東選集)』, 제1권, 인민출판사(人民出版社), 1961년판, 1432쪽.

제도)에 있어 중국에서의 점진적 변화를 더욱 잘 설명하였다.

마르크스는 인류의 역사를 연구하여 인류 역사 발전의 공동된 규율을 발견하였다. 곧 일반적으로 모두 원시공사(原始公社)와 노예사회, 봉건사회, 자본주의 사회를 경과한 다음에야 사회주의와 공산주의 사회에 도달한다는 것이었다. (비록 모종의 미세한 면에서 자체적 특징을 띠지만) 중국도 예외는 아니었다. 중국 역사의 발전 상황에서 대체로 하우(夏禹) 이전(B.C. 2천여 년)은 원시공사 시기이다. 하나라 왕조는 원시공사가 해체되기 시작하여 점차 노예사회로 진입하는 초기(약 B.C. 2033년 무렵부터 B.C. 1562년 무렵까지 모두 471년 내외)이다. 은나라 왕조는 노예사회의 중·후기(약 B.C. 1562년 무렵부터 B.C. 1066년 무렵까지 모두 196년 내외), 하와 은나라 2대를 더하여 약 1천 년 내외는 노예사회 시기이다. 서주 이후로 쭉 아편전쟁에 이르기까지는 봉건사회 시기(약 B.C. 1066년 무렵부터 1840년까지 모두 3천 년 정도)이다. 이 장장 3천 년에 달하는 봉건사회는 또 봉건사회 초기(西周~秦나라의 統一)와 봉건사회 중전기(秦~隋나라의 統一), 봉건사회 중후기(隋~원말), 봉건사회 후기(明~淸나라 鴉片戰爭 以前)로 나눌 수 있다. 아편전쟁부터 1949년 중화인민공화국이 수립되기 전까지는 반봉건 반식민지 시기이다. 이는 중국적인 특징을 띠고 있는 간주곡으로 이 1백여 년에 달하는 반봉건 반식민지 시기에는 중국 인민의 반봉건 반식민 통치의 열화 같은 투쟁이 충만했지만 모두 실패했다. 5·4운동 이후에 이르러서야 중국의 노동자 계급, 농민과 혁명지식분자들이 마르크스와 레닌주의의 인도 아래서 중국공산당을 수립하여 겨우 중국혁명의 명확한 방향이 잡혔다. 중국의 인민들은 극단적으로 어려운 조건 하에서 앞사람이 쓰러지면 뒷사람이 계속 이어나가는 식이었다. 대혁명과 10년 토지혁명, 8년 항일전쟁, 해방전쟁을 거쳐 마침내 신민주주의 혁명의 철저한 승리를 쟁취하였으며 바로 이어 공산주의 초급

단계의 사회주의 혁명과 건설 시기(1949년 이후)로 진입하였다. 현재는 고도의 물질문명과 정신문명의 강대한 사회주의 사회의 도로를 건설하며 전진 중이다. 이는 중국 전체 사회 발전 여정의 개략적인 서술이다. 우리는 서주의 봉건론이 중국 사회의 노예제에서 봉건제로 변해가는 전변을 더 잘 설명할 수 있다고 생각하기 때문에 더욱 정확하게 중국의 다섯 가지 생산 방식의 점진적인 변화를 논증할 수 있다.

은나라와 주나라 사이의 사회제도가 대변혁하여 용트림하여 뻗어나간 것은 어떻게 된 것일까? 전하는 바에 따르면 주나라의 시조는 이름이 기(弃)인데 태(邰: 지금의 陝西 武功縣)에서 입신(立身)하였으며 그는 농업 전문가로 후직(后稷)이라 불리며 농신(農神)으로 높여졌다. 그 아들 부줄(不窋)은 융적(戎狄) 사이로 몸을 숨겼다. 증손인 공류(公劉) 또한 융적 사이에서 부족을 거느리고 빈(豳: 지금의 陝西 旬邑縣)으로 옮겨 정착하였다. 농업이 크게 발전하여 부락도 홍왕(興旺)해지기 시작하였다. 이후로 주족(周族)은 매우 오랜 역사 시기 동안 줄곧 비교적 농후한 부계 가장 씨족 사회를 잔류시켰다. 동시에 집 안의 노예의 수량에도 어느 정도의 발전을 이루어냈다. 은나라에 대한 투쟁의 객관적 형세의 추동으로 말미암아 문왕이 기(岐: 지금의 陝西 岐山縣)로 옮긴 후에 영주제는 곧 이미 기초가 확립되었다. 이는 『시경』 「대아·영대(大雅·靈臺)」가 증명해준다.[7] 이 시는 문왕이 '영대(靈臺)'를 건설하려는 것을 서술하였다. 백성들이 아들이 부친을 위해서 일하듯 주동하여 적극적으로 하여 매우 빨리 완공시켰다. 이는 결코 노예주에 의해서 복역을 강요당하는 상황이 아니었다. 문왕

---

7 『시경』 「대아·영대(大雅·靈臺)」. "영대 경영하여, 시작해서 경영하고, 표를 정하시니 서민들이 일하는지라, 하루가 못되어 완성하도다. 경영하여 시작하기를 빨리하지 말라 하시나, 서민들이 자식처럼 오도다.(經始靈臺, 經之營之. 庶民攻之, 不日成之. 經始勿亟, 庶民子來)"

은 정치가일 뿐만 아니라 또한 농업생산 개혁가였다. 그는 온종일 정무를 돌보느라 부지런했을 뿐만 아니라 밥 먹을 시간조차 없었다.[8] 또한 친히 떨어진 옷을 입고 농업 생산활동에 참가하였다.[9] 이렇게 함으로써 농경의 노고를 알게 되어 농민의 생산 적극성을 격려하였다. 목적은 인민들을 부유하게 하는 것이었다.[10] 노역과 지세(地稅)를 주요 착취 형식으로 삼는 정전제도(井田制度)[11]는 주나라의 통치구에서는 보편적으로 실행되기 시작하였다. 무왕이 주(紂)를 멸한 후 이런 토지 착취제도는 곧 당시 대부분 지구에서 시행되고 있었다. 구호는 은상(殷商)의 행정 방

8 『상서(尙書)』「무일(無逸)」. "아침부터 해가 중천에 뜰 때와 해가 기울 때에 이르도록 한가히 밥 먹을 겨를도 없었다.(自朝至于日中昃, 不遑暇食)"

9 『상서(尙書)』「무일(無逸)」. "문왕께서 나쁜 의복으로 백성을 편안히 하는 일과 농사일에 나아가셨습니다.(文王卑服, 卽康功田功)" 장병린(章炳麟)의 『고문상서습유정본(古文尙書拾遺定本)』에서는 "'강공(康功)'은 도로를 평이(平易)하게 하는 일이며, '전공(田功)'은 밭에서 농사를 짓는 일이다. …… 문왕이 모두 친히 하였으므로 '비복(卑服)'이라고 하는 것이다."

10 『상서』「강고(康誥)」. "오직 문왕만이 백성을 공경하고 조심함으로 하여 이 백성들을 편안히 한다.(惟文王之敬忌, 乃裕民)"

11 『맹자』「양혜왕(梁惠王)」하. "옛날 문왕이 기주를 다스릴 때 경작하는 자들에게 9분의 1의 세금을 받았다. ……(昔者文王之治岐也, 耕者九一)" 무엇이 "경자구일(耕者九一)"인가? 맹자는 이렇게 해석하였다. "1평방 리가 정이니, 정은 9백 무이니, 그 가운데가 공전이다. 여덟 집에서 모두 백 무를 사전으로 받아서 함께 공전을 가꾸어, 공전의 일을 끝마친 다음에 감히 사전의 일을 다스린다.(方里而井, 井九百畝, 其中, 爲公田. 八家皆私百畝, 同養公田, 公事畢然後, 敢治私事)"(『孟子』「滕文公上」) 이것이 바로 '경자구일(耕者九一)'의 내용이며, 또한 바로 맹자가 이상화한 이른바 '정전제(井田制)'이다. 대체로 문왕이 기산(岐山)에 있을 때 평천(平川, 平野)이 천 리로 땅은 많고 사람이 적어 실행한 적이 있었는데, 나중에 인구가 날로 많아지게 되어 계속 "1평방 리를 정으로 하는" 방법에 의하여 농사를 짓는 방법이 점차 통하지 않게 되었다. '정전제'의 핵심 문제는 농노로 '사전(私田)'을 경작하게 하는 것이며 또한 '공전'에서 협력하는 데 편하게 하는 것이며, 또한 곧 '노역과 지세'를 시행하는 데 편하게 하는 것이었으므로 나중에는 실제적으로 "1평방 리를 정으로 하는" '정전'은 이미 존재하지 않았으며, "노역으로 지세를 충당하는"(또한 곧 孟子가 말한 '助'法) '공전(公田)'과 '사전(私田)'을 시행하였는데 오히려 여전히 개의 이빨처럼 들쑥날쑥 뒤섞이어 존재하였으며, 이 때문에 사람들은 종종 '정전제'라는 이 명칭을 연용하여 '공전'과 '사전'의 구분을 채택하여 "노역으로 지세를 충당하는" 착취의 실질을 실시하였다.

면의 습속을 연용할 수 있는 것(啓以商政)이었다. 농전(農田) 방면의 정책은 반드시 주나라가 규정한 것에 의해 처리(疆以周索[12])하였으니, 곧 농업생산 노예제를 농노제로 바꾸었다.[13] 이것이 사회발전 규율의 대변혁에 부합하여 용트림하여 뻗어나가는 것이 매우 분명하지 않은가?

둘째, 이 대변혁의 존재가 있어야 중국 노예제가 봉건제로 향해가는 과도기를 정확하게 설명할 수 있다.

한 사회가 노예제인지 아니면 봉건제인지를 판단하려는 중요한 표준의 하나는 이 사회에서 생산에 종사하는 노동자들이다. 그들이 어떤 신분을 갖추고 있는지, 노예인지 아니면 농노 혹은 농민인지를 봐야 한다. 여기서는 먼저 노예와 농민이라는 두 부류의 과학적 함의를 분명히 해야 하는데 이는 문제를 정확히 해결하는 출발점이다. 그렇지 않다면 반드시 "이름이 바르지 않으면 말이 순조롭지 않은" 처지에 빠지게 될 것이다. 문제의 해결에도 도움이 되지 않을 뿐만 아니라 오히려 문제를 혼란한 국면으로 끌어들일 것이다.

---

12 『좌전』 「정공(定公) 4년」. '강이주색(疆以周索)'에 대한 이해는 대대로 주소(注疏)를 다는 사람의 견해가 달랐다. 주나라 초기 대우정(大盂鼎)의 명문 및 『상서』 「재재(梓材)」에서는 모두 "강토(疆土)"를 이어서 썼고, 『시경』 「소아·절남산(小雅·節南山)」, 『시경』 「대아·강한(大雅·江漢)」, 『시경』 「대아·면(綿)」에서는 '강(疆)'과 '리(理)'를 마주하여 들었으니 '정전제'를 노역으로 지세를 충당하는 착취 형식을 미루어 넓힌 것으로 이해할 수 있다. 이외에 주나라 초기의 정치의 시행은 실제에서 출발하여 원활하게 운용되었는데, 이를테면 노나라와 위나라에 있는 땅은 "상나라의 정치제도로 백성을 계도하고, 주나라의 법으로 토지를 구획하게(啓以商政, 疆以周索)" 하였으며 당숙(唐叔)이 봉하여진 땅은 "하나라의 정치제도로 백성을 계도하고, 융의 법으로 토지를 구획하게(啓以夏政, 疆以戎索)" 하였다.

13 판원란의 「중국 역사상의 몇몇 문제에 관하여(關于中國歷史上的一些問題)」에서는 지적하였다. "상조(商朝) 노예계급의 노예주에 대한 투쟁과 주나라 봉건제도의 반노예제도의 투쟁이 합쳐져서 상나라의 노예제도사회를 파괴하였으며 서주 초기의 봉건사회를 출현시켰다."(『范文瀾歷史論文選集』, 40쪽)

현재 우리에게 몇 단계 노예와 농노에 관해 엄격히 구별되는 전형적인 과학적 정의를 인증하게 한다.

먼저 마르크스는 어떻게 말하였는지 보도록 하겠다.

> 노예는 그 자신의 노동력을 노예주에게 팔아먹는 것이 아니라 밭을 가는 소가 농민에게 품을 파는 것과 꼭 마찬가지이다. 노예는 자기의 노동력마저도 영원히 주인에게 팔아먹었다. 노예는 상품으로 일개 소유자의 손아귀에서 다른 소유자의 손아귀로 넘어갈 수도 있다. 노예 자체는 상품이지만 노동력은 그의 상품이 아니다. 농노는 자기의 노동력 일부분만 팔 뿐이다. 토지 소유자 측으로부터 보수를 얻는 것이 아니며, 이와는 상반되게 토지 소유자가 그곳에서 공부(貢賦)를 거둔다. 농노는 토지의 부속품으로 토지 소유자를 위해 과실을 생산한다.[14]

또 말하였다.

> 지세(地稅)의 가장 간단한 형식은 곧 노동임대인데, 이 경우에는 직접생산자(곧 農奴-인용자)는 매 주의 일부분을 실제적으로나 법률적으로 그가 소유한 노동 공구(쟁기, 가축 등)로 실제적으로 그가 소유한 토지에서 농사를 짓는다. 아울러 매 주의 다른 며칠은 대가 없이 지주의 토지에서 지주를 위해 노동한다. …… 노예는 다른 사람의 생산 조건을 가지고 노동을 해야 하며 아울러 독립적이지 않다.[15]

---

14 마르크스의 『고용노동과 자본』, 『마르크스·엥겔스 선집』, 제1권, 355쪽.
15 마르크스의 『자본론』, 제3권, 人民出版社, 1975년판, 889~891쪽.

이번에는 레닌의 말을 보도록 하자.

> 노예사회에서 노예는 완전히 권리가 없으며 근본적으로 사람으로 치
> 지 않는다. 농노제사회에서 농노는 일부의 시간을 자기의 토지에서 일
> 할 수 있으니 어느 정도는 자기가 자기를 지배한다고 말할 수 있다.[16]

이상의 인용문은 노예와 농노의 구별을 이미 매우 분명하게 말했다.
한 사회가 노예사회인지 농노사회인지를 설명하려면 반드시 털끝만큼
도 모호함이 없이 엄격해야 한다. 무엇이 노예이고 무엇이 농노인가 하
는 과학적 함의 및 이와 관련 있는 기타 정황에 비추어 면밀한 조사(文獻
과 考古 그리고 民族學 등 다방면의 자료를 점유하는 것을 포괄)가 이루어져야 한다. 이
를 통하여 대비하고 분석 연구한 다음에 변증유물주의와 역사유물주
의의 기본 관점을 바로잡아야 비로소 과학적 논단을 도출해낼 수 있다.
여기에는 어떠한 주관적인 바람이나 어떠한 자기 멋대로의 억측도 모
두 아무런 도움이 되지 않는다. 우리는 은·주 사이의 "대변혁"은 주나
라가 당시 비교적 진보한 농노제로 상나라의 낙후된 노예제를 이긴 것
이라고 말하였다. 그렇다면 주대의 사회제도 마르크스주의의 농노제
에 관한 전형적인 정의에 부합하건 말건 그 주요 표지는 또 무엇인가?
답변은 긍정적이며 주요 표지는 다음과 같다.

　1. 전국의 토지를 왕의 소유로 선포하여 주나라 천자는 전국의 토지
와 신민(臣民)의 최고 소유자이다. 주나라 천자는 자기가 직접 점유하고
있는 큰 땅덩어리(大田, 甫田, 藉田 等)를 주위의 농노 및 기타 자유농민을

16　레닌의 『나라에 대하여(論國家)』, 제4권, 50쪽.

통하여 무상으로 의무 경작하게 했다. 이 외에도 나머지 토지는 여러 층으로 각급 대소 신료에게 분봉했다. 각급 신료는 다시 농민(이것은 주요한 것)과 자유가 있는 신분의 농민(이는 다음으로 주요한 것)에게 나누어주고 경작하게 하였다. 이것은 곧 봉건 영주소유제라고 부른다. 마르크스는 말한 적이 있다. "유럽에 있는 모든 국가 가운데 봉건 생산의 특징은 토지를 가능한 많은 신하에게 나누어준 것이다. 일체의 군주의 권력과 마찬가지로 봉건주(封建主: 곧 각급 領主-인용자)의 권력은 그 지세의 많고 적음에서 나오는 것이 아니다. 그들 신민의 사람 수에 따라 결정되는데, 후자는 또한 경작(농노 포함-인용자)하는 사람의 수에 따라 결정된다.[17] 이 상황은 서주 초기의 상황과 매우 흡사하다. 그리고 은나라 왕조의 토지는 소량의 자유 신분의 농민들로부터 경작된 외에도 절대 부분이 모두 무리를 이룬 노예를 몰아서 생산을 진행하였다.

2. 각급 봉건 영주의 농노와 일부 자유 신분 농민에 대한 착취는 주로 노역 지세와 실물 지세를 취하는 방식으로 실현되었다. 이런 착취방식은 대량의 노예를 관리하고 착취하는 데 매우 유리할 것이다. 농업 생산을 대대적으로 촉진할 수 있고 따라서 착취하는 수입은 증가한다. 이때 광대한 피통치, 피착취 계급 및 서민(民, 黎民, 衆人, 庶人 等을 포함)은 또한 세 종으로 나누어진다. 상층 서민(小人과 自由民, 小國의 겸병된 후 귀족에서 '食官' 장사치가 된 사람 등), 중층 서민(은나라가 멸망되기 전의 周나라 農奴, 은나라 노예로 해방된 후의 농노), 하층 서민(수량이 자못 많은 수공업, 상업과 궁정 가내에서 노동에 종사하는 노예)이다. 문왕이 은나라를 정벌하기 전에 "도망 다니는 사람은 철저히 검열한다.(有亡荒閱)"[18]는 것의 발포, 곧 도망한 노예에게 대대적으로 체포를 가하는 조치

---

17 마르크스의 『자본론』, 제1권, 인민출판사, 1975년판, 785쪽.

는 대내적으로 자기의 노예가 도망치는 것을 방지하는 것이었다. 이 외에도 주로 당시 주왕(紂王)의 격려와 거두어들인 대량의 노예를 겨냥한 정책이다. 이를 빌미로 나라와 나라의 통치자의 지지를 쟁취했다.

3. 위에서 서술한 농노와 노예의 다름은 노예는 하나도 소유하는 것이 없다는 것이다. 독립된 인격과 신변의 자유도 없다. 농노는 일정한 자유와 일정한 독립된 인격이 있다.[19] 자기의 농기구를 가지고 있으며,[20] 자기의 '사전(私田[21]: '助'나 '撤'의 형식으로 領主에게 어느 정도의 사용권을 얻어냈지만 소유권이 없는 토지)'을 가지고 있다. 또한 자기가 노력하면 충분히 유지할 수 있는 생존이 간단한 가정과 자녀를 가지고 있다.[22] 그들은 무엇보

---

18 『좌전』「소공(昭公) 7년」.

19 은대(殷代)에는 사람을 죽이는(주로 노예) 순장을 했고 서주(西周)에서는 사람을 순장하지 않았다.(개별적인 예외는 있다). 농노의 신변에 대한 권리는 어느 정도 보증되어 노예와는 같지 않다. 귀모뤄는 서주는 노예제라고 주장하였는데, 그는 이미 서주가 노예제라면 노예제를 따라오는 것은 반드시 노예를 죽여서 순장하는 일이었다. 고고학자는 준현(浚縣)의 신촌(辛村)에서 발굴한 82개의 무덤 가운데 순장자는 겨우 2명만 발견되었는데 한 사람은 '여부(輿夫)'이고 한 사람은 '개를 기르는 사람(養犬人)'이었다. 그러나 그는 여전히 말하기를 "신촌의 묘장(墓葬)은 결코 서주의 사람을 죽이지 않는 순장제를 잘 보여주고 있지 않다."라 하였다.(郭沫若의 『奴隸制時代』, 135~139쪽에 보인다) 그는 주대의 이명(彝銘: 彝器의 銘文)에서도 증거를 찾을 수 없어서 이에 "노예는 죽여도 된다는 일은 이명(彝銘: 彝器의 銘文)에 기록이 없으니 유감스런 일이다."라 말할 수밖에 없었다. 이미 유감스러운 일이었기 때문에 이에 자위하면서 말할 뿐이었다. "대체로 노예를 살육하는 것은 곧 일상적인 일이어서 중기(重器)의 가치로 기입하지 않았다."(郭沫若, 『中國古代社會研究』, 298쪽[補注1]) 이런 견해는 실사구시라고 하기에는 부족한 것 같다.

20 『시경』「주송·신공(周頌·臣工)」, "우리 여러 농부들을 명하여 네 가래와 호미를 장만하라. 곧 낫으로 수확함을 보리로다.(命我衆人, 庤乃錢鎛, 奄觀銍艾)" 이는 농노가 자기의 농기구를 가지고 있음을 증명한다.

21 『시경』「소아·대전(小雅·大田)」, "우리 공전에 비를 내리고 마침내 우리 사전에 미치도다.(雨我公田, 遂及我私)" 이는 농노가 얼마간 자기의 경작지를 가지고 있었음을 증명한다.

22 『시경』「주송·재삽(周頌·載芟)」 "그 내온 밥을 여럿이 먹으니 그 부인을 순히 하며 그 남편을 편안히 하네.(有嗿其饁, 思媚其婦, 有依其士)" 이는 농노에게 자기의 집과 자녀가 있었음을 증명한다.

다도 대가 없이 '공전(周天子의 在內의 각급 領主가 직접 管理하는 土地)'을 경작하여야 했다. 그런 다음에야 자기의 작은 '사전'[23]을 경작할 수 있었다. 당연히 또한 다른 사역과 형형색색의 '부세(賦)'가 있어서 그들의 생활은 자연히 매우 어렵고 고달팠다. 하지만 노예와 비교해보면 오히려 크게 같지 않아 이 때문에 노동 적극성 또한 자못 제고되었다.

4. 이미 당시의 주요한 소유제 관계가 봉건영주 토지소유제이다. 이미 당시의 주요 생산부문이 농업생산의 직접 생산자인 농노와 얼마간의 자유농민이라면, 이는 또한 본토의 농노제 생산관계, 즉 봉건 농노제 사회가 아니겠는가? 비록 이 초기 봉건사회에는 위에서 말했듯이 수량이 자못 많은 노예가 존재한다.(내친김에 여기서 한 차례 보충하여 제기한다면 중국은 3천 년에 달하는 봉건사회에서 1949년 중화인민공화국의 성립 전까지 각종 다른 형식의 노예가 줄곧 혹은 많게 혹은 적게, 혹은 숨은 채 혹은 드러난 채 합법적으로 존재하였다!) 이 봉건사회의 성질에 대한 규정은 결정적인 영향을 발생시키지 않았다. 레닌의 말이 옳다. "자연계나 사회에서를 막론하고 '순수한' 현상은 없으면서도 또한 있을 가능성이 있다."[24] 레닌은 또 말하였다. "사회현상 방면에는 마구잡이로 추출한 몇몇 개별 사실과 실제의 예를 쓰는 데 비하여 더욱 보편적이고 발을 붙이고 설 방법이 없다. 일반적인 예를 나열하는 것은 조금도 힘이 들지 않지만 이는 어떠한 의의나 혹은 완

---

23 『맹자』, 「등문공(滕文公) 상」. "1평방 리가 정으로, 정은 9백 무이니, 그 가운데가 공전이다. 여덟 집에서 모두 백 무를 사전으로 받아서 함께 공전을 가꾸어, 공전의 일을 끝마친 다음에 감히 사전의 일을 다스린다.(方里而井, 井九百畝, 其中爲公田. 八家皆私百畝, 同養公田, 公事畢然後, 敢治私事, 所以別野人也)" 정전 문제는 위 주 11)에 보이며 여기서는 생략한다. 서주의 천자와 제후, 공경(公卿) 등 각급 귀족이 가지고 있는 사전(私田) 곧 '공전(公田)'은 주위의 농노(자유 농민을 포함한다)가 모두 규정에 의해 함께 '공전'을 경작하고 '공전'의 경작이 끝나야(公事畢) 비로소 돌아와 자기의 사전을 경작할 수 있었다.(然後敢治私事)
24 레닌, 『제2국제의 파산(第二國際的破産)』, 『레닌전집』, 제21권, 인민출판사, 1959년판, 212쪽.

전히 상반된 작용이 없다. 구체적인 역사의 상황하에서 모든 일이 다 그 개별적인 상황을 가지고 있다. 사실적인 전부에서 총화하고 사실적인 연계에서 사실을 장악해나간다면 사실은 다만 '웅변보다 나은 것이 아니고 또한 증거가 명확한 것이다. 만약 전부에서 총화한 것이 아니고 연계된 것 가운데서 사실을 파악해나가는 것이 아니라 단편적이고 임의로 도출해낸 것이라면, 사실은 일종의 어린애 장난일 것이며 심지어 어린애 장난보다도 못할 것이다."[25] 이는 곧 은주의 대변혁이 "전부에서 총화하고", "연계한 가운데서 사실을 장악해가서" "단편적이거나 임의로 도출해낸" 개별 사실이 아니라면 그 실질은 확실히 농노제가 노예제를 대체하였고 봉건사회가 노예사회를 대체하였다는 것을 말한다.

셋째, 이 대변혁의 존재가 있음으로써 과학적으로 공자의 사상이 태어난 조건을 해석할 수 있다

이 책의 주제가 공자와 그 사상을 연구 평가하는 것이기 때문에 서주의 사회 성격을 언급하지 않을 수 없다. 동시에 공자와 그 일을 가지고 서주 봉건사회를 인증하지 않을 수 없다. 궈모뤄가 몇 마디로 아주 잘 말하였다. 그는 서한이 노예제라고 주장한 사람의 설을 비평하여 말하였다. "서한이 노예제라고 말하는 사람은 여기서 자각하지도 못하게 해결할 길이라곤 없는 모순에 봉착하였다. 그들은 공자와 유가학설인 봉건이론(강조점은 인용자가 추가)을 인정하였다. 서한의 생산 관계가 여전히 노예제의 단계에 있다고 주장하니 어찌 노예제 사회의 기초 위에 봉건

---

25 레닌, 『1917년 3월 4일(17일)의 제강(提綱) 초고(草稿)』, 『레닌전집』, 제23권, 279쪽.

제의 상층 건축을 지은 것이라고 말하는 것과 같지 않겠는가?"[26] 우리가 마찬가지로 서주가 노예제라고 논하는 자는 여기서 마찬가지로 해결할 길이 없는 모순에 봉착하였다고 말할 수 없겠는가? 그들은(무엇보다도 귀모뤄 자신) 공자와 유가학설은 봉건이론(이는 완전히 정확한 것으로 공자의 봉건이론은 실로 文, 武, 周公 시대의 西周 봉건사회의 전통 관념을 계승하였다[27])이라고 인정하며, 오히려 서주의 생산 관계는 여전히 노예제의 단계에 있다고 주장한다. 이것은 어찌 서주 노예제의 사회기초 위에 봉건제의 상층 건축(孔子思想)을 수립하였다고 말하는 것과 같은 것이 아니겠는가? 귀모뤄는 여기에서 확실히 어느 정도 자가당착에 빠졌다. 문제는 이미 매우 명백하다. 공자사상은 생성된 객관적인 조건(封建領主制와 상응하는 오래된 思想資料를 포괄한다)으로 말미암아 다만 그가 동경한 서주 사회에서 올 수 있었다. 또한 곧 서주 사회는 다만 봉건사회(初期)일뿐 노예사회는 아니라고 말하는 것이다.

이상의 세 가지 점에 근거하여 간단히 요약 설명하면 은나라와 주나라 사이의 투쟁을 굳게 믿을 수 있다. (殷王朝와 周王朝) 두 왕조가 누가 이기고 누가 패했는가 하는 투쟁일 뿐만 아니라 (封建制와 奴隷制의) 두 가지 다른 사회제도 사이의 '대변혁'의 투쟁이다. 투쟁의 결과 농노제가 노예제를 이겼으며 이에 서주 봉건사회를 여는 동시에 또한 이후 장장 3천년에 달하는 중국 봉건사회의 기본 방향을 확립하였다.

---

26 귀모뤄, 『노예제시대(奴隷制時代)』, 62쪽.
27 『논어(論語)』 「팔일(八佾)」. "주나라는 (夏·殷) 이대를 보았으니, 찬란하다. 그 문이여! 나는 주나라를 따르겠다.(周監於二代, 郁郁乎文哉! 吾從周)" 이는 가장 권위가 있는 공자 스스로 한 말로 서주는 그가 동경하고 있음을 설명한다. 그의 '봉건 이론'은 그가 동경한 서주의 전통에서 왔고, 따라서 서주를 이룬 것은 또한 반드시 봉건사회여야 하는데, 이는 노예사회의 가장 설득력 있는 논거의 하나가 아니다.

(2) 서주 영주제 봉건사회의 주요 특징

위의 문장에서 서술한 은주(殷周)의 '대변혁'이라는 실질과 의의에서
는 이미 서주 영주제 봉건사회의 일반적인 면모를 대략 볼 수 있다. 더
욱 명확하게 서주 사회의 성격을 이해하기 위해서는 다시 그 주요 특
징을 집중적이고 간명하게 한번 소개할 필요가 있다. 그의 주요 특징은
어느 방면에서 표현되는가?

첫째, 서주의 각급 영주의 토지에 대한 점유

마르크스주의는 "소유제 문제"를 특별히 강조했다.[28] 따라서 역사
상 한 특정 시기의 생산자료(여기서 가리키는 것은 주로 토지)는 주로 무슨 형식
을 취하며 누구의 수중에서 장악하느냐에 따라 소유제의 성격이 결정
되고 생산 관계의 성격이 결정되며 또한 사회의 성격이 결정된다. 서주
의 토지는 명의상 '왕의 소유'(이것이 바로 『시경』「小雅·北山」에서 말한 "넓은 하늘 아
래 왕의 땅이 아닌 곳이 없고, 온 물가에 왕의 신하가 아닌 사람이 없다[溥天之下, 莫非王土: 率土
之濱, 莫非王臣]는 것이다'[29])다. 실제적으로는 각급 봉건영주, 곧 천자(天子, 王)
와 제후, 공(公), 경(卿), 대부(大夫)가 단계적으로 가지고 있다. 그러나 천
자가 소재한 곳의 '왕기천리(王畿千里)'는 천자 본인이 직접 보유한 전지
(田地: 이른바 '大田'과 '甫田', '籍田' 등) 외에도 그 나머지 전지를 또한 '녹전(祿
田)'과 '채읍(采邑)'으로 삼아 직접 천자를 위해 봉사하는 각급 관리(公, 卿,
大夫, 士 等)와 친속(각급 大小 領主)에게 분봉해주었다. 그러나 각급 관리와
친속은 또한 같지 않은 상황에 근거하여 자신이 직접 보유한 전지 외에

---

28 마르크스와 엥겔스의 『공산당선언』, 『마르크스·엥겔스 선집』, 제1권, 271쪽.
29 『시경』「소아·북산(小雅·北山)」은 서주 말기 천자 유왕을 대신하였을 때의 시이며, 당시까
지도 토지는 왕의 소유라는 관념이 여전히 매우 보편적이었다.

그 나머지 전지는 주위의 농민과 자유민 신분의 농민(전자가 주가 되고 후자는 부차적)에게 경작을 하도록 나누어주었다. 이런 농노와 농민은 자기가 수령한 토지(곧 이른바 '私田')를 경작하는 외에 규정에 따라 아무런 대가 없이 협력하여 각급 대소 영주 자신이 보유한 전지(곧 이른바 '公田')를 경작해야 했다. 아울러 기타 각종 노역에도 복무해야 했다. 또한 맹자가 이른 것처럼 "공전의 일을 끝마친 다음에 감히 사전의 일을 다스려야(公事畢, 然後敢治私事)" 했다. 곧 먼저 '공전'을 다 경작한 후에야 감히 '사전'을 경작할 수 있었다. 천자의 왕기 내의 상황이 이러하였고 분봉된 각 제후국의 상황도 대체적으로 이와 같았다.

서주의 천자(王) 이하 각급 봉건 영주가 점유하고 있는 생산 자료(土地)와 불완전하게 점유한 직접 생산자(農奴, 說明見后)의 생산 관계가 봉건적인 생산 관계일 수밖에 없고 따라서 서주 사회의 성격은 영주제 봉건사회의 성격일 수밖에 없다.

둘째, 주요 직접 생산 노동자의 신분

노예란 무엇인가? 앞에서 말한 것과 같이 노예는 바로 노예주에 의하여 완전히 점유된 생산자료(土地)처럼 완전히 점유된 직접 생산노동자다. 그들은 소유한 것이라고는 하나도 없으며 노예주를 위하여 무상의 노동을 제공한다. 갑골문의 기록과 고고학자들이 하남(河南) 안양(安陽) 은허(殷墟)의 은나라 왕궁에서 발굴한 자료로 보면 은대의 노예주 귀족은 모든 생산자료(토지와 생산 도구)를 점유하고 있다.[30] 노예는 경작할 때 소와 말처럼 무리를 이루어 밭 사이에서 서둘러 일해야 했다. 은나라 귀족 및 그 신하가 채찍질을 하며 감시하는 아래에서 소와 말처럼 노동을 해야 했다. 노동을 하지 않을 때는 소와 말처럼 집단적으로 움집에 갇혔다.[31] 노예는 신체에 대한 권리가 없어서 노예주는 임의로 그들을 매매하거나 죽일 수 있었다.[32] 농노는 무엇인가? 농노는 바로 봉건 영주가 완전히 점유하고 있는 생산 자료처럼 완전히 점유할 수 없는 직접 생산노동자로, 봉건영주가 그들을 매매할 수 있지만 그들을 도살할 수는 없다. 이 밖에 그들은 땅뙈기와 자기의 생산도구를 가지고 있으며 가정과 사유 경제를 가지고 있다.[33] 전자는 은대 노예사회의 노예 상황을 묘사하였고, 후자는 서주 영주제 봉건사회의 농노의 상황을 묘사하였다. 전자의 쟁의는 크지 않으며 또한 본장에서 토론할 대상이 아니라 잠시 살짝 밀쳐두고 논하지 않겠다. 후자에 관해서 우리는 앞에서 이미 말했었던 개괄적인 설명을 다음과 같이 연계시키겠다.

1. 은나라가 노예를 도살 특히 대규모로 순장시키는 데 썼던 것과는 달리 문헌이나 유물의 발굴을 막론하고 서주에서 대규모로 농노를 죽여서 순장한 일은 전혀 발견되지 않았다. 이로써 서주 농노의 신변은 이미 상대적으로 보장받았으며 임의로 죽일 수 없었다는 것을 설명할 수 있다.

---

30 안양의 은허를 세 번째 발굴할 때(1928년) 이 토갱(土坑)에서는 석제 낫 1천 자루가 발견되었으며(『安陽發掘告』, 제2기, 249쪽), 일곱 번째 발굴 때(1932년)는 또한 한 방형 갱에서 석제 낫 444자루가 발견되었다.(馬得志 등의 「1958~1959(年殷墟發掘簡報」, 『考古』, 1961년, 제2기) 이 두 갱의 낫의 발견은 이런 낫이 모두 왕실의 귀족 소유로 곡식을 벨 때만 노예들에게 사용하도록 나누어주고 사용이 끝나면 왕실의 귀족들에게 돌려주어 수장(收藏)된다는 것을 설명한다.

31 고고학자의 측정에 의하면 은허에서 발견된 움집 중 하나는 집체적으로 노예를 가둔 곳일 수 있다.(『考古』 1961년 제2기에 수록된 馬得志 등의 「1958~1959年殷墟發掘簡報」)

32 안양 은허의 발굴에서는 대량의 인신 순장과 사람의 희생이 발견되었다. 무관촌(武官村)의 한 큰 무덤에서는 79명의 순장된 사람이 발견되었다. 은나라 왕릉 묘역 부근에서는 191개의 제사를 지낸 구덩이가 깨끗이 정리되었는데 인골을 두는 시렁이 모두 1,178군데 발견되었다. 은나라 왕의 궁전 구역에서도 백을 헤아리는 제단의 순장이 발견되었다. 이런 사람의 순장과 희생에는 얼마간의 포로도 있겠지만 대다수는 노예일 것이다.

33 스탈린의 『변증유물주의와 역사 유물주의를 논함』, 『스탈린선집』, 하권, 인민출판사, 1979년판, 446~447쪽을 참고하여 보라.

2. 은대의 노예가 아무것도 소유하지 못했던 것과는 달리 서주의 농노는 자기의 생산도구를 갖고 있었고 가정과 처자식을 가지고 있었다.

3. 농노도 토지와 마찬가지로 봉건귀족이 실행하는 봉상(封賞)과 증송(增送) 혹은 매매의 대상이 될 수 있었다. 이런 속성은 농노의 생산은 토지를 떠날 수 없었던 데서 기인한다. 반드시 신변이 토지에 대하여 자유롭지 못한 관계라는 성격에서 생성된 것이다.[34] 따라서 주나라 초기에 제후를 분봉할 때 "땅을 주고(授土)", "백성을 주고(授民)",[35] "산천과 토전의 부용을 내려주는(錫之山川, 土田附庸)"[36] 따위의 견해가 있는데, 토지와 토지에 종속된 농노를 한꺼번에 제후에게 봉하여 내려주었다.

2~3천 년이라는 시간적 격차 때문에 당시 사람의 신분을 일컫는 용어에 이를테면 민(民)과 부용(附庸: 토지와 서로 연관되어 풀려난 농노), 서인(庶人), 민인(民人), 농부(農夫), 소인(小人), 인력(人鬲), 신(臣), 료(僚) 등등의 용어에 대하여 확실하게 이해하기가 쉽지 않아 늘 같지 않은 논쟁을 일으켰다. 그러나 "글자를 보고 대강의 뜻만 짐작하는"[37] 것은 피해야 한다. 그 생산에 대한 작용으로부터, 그 사회의 신분상(엄격하게 노예와 농노의 과학적 구별에 비추어)에서, 그 당시의 사회적 성격(生産關系)의 관계상에서 열심히 구

---

34 마르크스는 농노는 "반드시 신체적 종속관계가 있고, 반드시 어느 정도 상관없는 신체의 부자유와 신체가 토지의 부속물이 되는 토지에 대한 종속이 있으며, 반드시 진정하게 종속되는 농노 제도가 있다."라고 말한 적이 있다.(『자본론』, 제3권, 891쪽)

35 『좌전』 「정공(定公) 4년」의 기록에 의하면 강숙(康叔)을 봉할 때 사공(司空) 담계(聃季)에게 "땅을 주고(授土)", 사도(司徒) 도숙(陶叔)에게 "백성을 내렸으니(授民)", 곧 지금의 하남성(河南省) 안양(安陽: 옛 은나라 도읍으로 '殷墟'라 일컫는다) 지구의 토지와 인민, 또한 토지에 딸린 농노를 한꺼번에 강숙(康叔)에게 내려주었다.

36 『시경』 「노송·비궁(魯頌·閟宮)」. "곧 노공을 명하심에 동쪽의 임금이 되게 하시고, 산천과 토전과 부용을 하사하도다.(乃命魯公, 俾侯于東, 錫之山川, 土田附庸)" 이는 곧 주공의 장자 백금(伯禽)을 노나라에 봉할 때 토지(土田)와 토지에 딸린 부용(附庸)을 한꺼번에 백금에게 내렸다는 것을 말한다.

하여 이런 용어의 실질을 이해해나가 일단 명확한 이해를 하게 되면 서주 농민의 신분은 더욱 분명해질 것이다.[38]

셋째, 착취 형식

원시 공사 시기에는 생산성이 낮음으로 말미암아 잉여 노동이 발생하는 문제가 존재하지 않았다. 따라서 잉여 노동을 착취하는 문제도 존재하지 않았기 때문에 이로 인하여 계급이 분화하는 문제 또한 존재하지 않았다. 원시 공사가 차츰 해체되어 문명시대로 진입하기 시작하면서부터(약 B.C. 2천년 무렵인 하나라 왕조시기) 농업과 목축업이 일어나면서 사회의 생산력이 제고되었다. 사람들의 노동은 개인의 생활과 생존을 유지하는 외에도 잉여가 있으며, 비교적 미약하다 하더라도 결국은 경제학적 의미의 잉여노동이 있게 마련이다. 이에 수반되어 오는 것은 빈부의 나뉨, 계급의 나뉨이다. 따라서 잉여 노동을 착취할 가능성을 조성하고, 이런 가능성은 매우 빨리 소수의 사람이 특권을 이용하여 다수의

---

37 이를테면 궈모뤄는 『중국고대사회연구(中國古代社會硏究)』에서 주대(周代)의 청동 이기(彝器)인 우정(盂鼎)과 극정(克鼎), 극준(克尊) 등 20여 건의 명문(銘文)에서 "신복(臣僕)에게 내린 기록이 파다하며 인민 또한 그대로 내려주었다"라는 것을 열거하여 근거로 삼았는데, 다만 '서인(庶人)'이나 '민인(民人)' 그리고 '신복(臣僕)'의 기물과 전지(田地) 등 "실로 무분별하게" 내리는 대상의 표면적인 현상으로 삼아 곧 "서인이 곧 노예"라 단정 짓고 아울러 나아가 서주를 '노예사회'라 단정지었다. 사실 서주를 봉건사회라고 주장하여 논한 자들은 줄곧 서주시대에도 적지 않은 수의 노예가 존재한다고 있다는 것을 부정하지 않았으며 다만 당시 사회생산에서 결정적인 작용을 일으킨 것은 노예가 아니라 농노라는 것을 긍정할 뿐이었다.

38 이를테면 뤼전위(呂振羽)는 "전지를 나누어 경작하는" 농노는 "서민(庶民)과 농부, 야인(野人), 소인(小人)을 포괄한다."(『簡明中國通史』, 상책, 101쪽)고 생각하였다. 또한 우쩌(吳澤)는 "서주 사회의 '농인(農人), 농부(農夫), 서인(庶人) 등 생산 작업자는 노예제 사회의 노예가 아니며 초기 봉건사회의 농노이다.(『中國歷史簡編』, 91쪽)"라고 생각하였다. 판원란 역시 "농민·농부·서민은 모두 농노이거나 자유농민일 것이라고 생각하였다.(『范文瀾歷史論文選集』, 47쪽)" 이런 논단은 위에서 말한 정신과 부합한다.

사람이 가진 잉여가치를 착취하게 되는 부동의 사실로 바뀌게 되었다. 이에 한 계급(少數人)이 다른 한 계급(多數人)을 착취하고 압박하는 계급간의 갈등이 일으키는 운동은 전체 문명시기의 역사 여정 내내 관통하였다. 핵심적 문제는 경제상의 착취와 반 착취, 정치상의 압박과 반 압박의 투쟁이다. 이 두 가지는 상호 영향을 끼치며 서로 표리가 되어 밀접하여 갈라놓을 수 없다. 착취와 압박의 형식, 더욱이 착취에서 채택하는 형식은 당시 사회의 성격을 결정짓는 필요 인소를 이룬다. 옳게 말하였으니 "노예제는 고대 세계 고유의 첫째 착취 형식이며, 이어서 오는 것은 중세기의 농노제와 근대의 고용 노동제이다. 이것이 바로 문명시대의 삼대(三大) 시기 특유의 삼대 노역 형식이며, 공개적이면서 근래에는 은폐된 노예제가 시종 수반한 문명시대이다."[39]라 하였다. 이는 곧 노예제 착취 형식은 노예사회를 구성하고 농노제 착취 형식(혹은 지주의 농민에 대한 착취 형식)은 봉건사회를 구성하며 고용 노동제 착취 형식은 자본주의 사회를 구성한다는 것을 말한다.

엥겔스는 위에서 말한 인용문에서 세 가지 착취 형식에서 결정되는 세 가지 다른 사회에서는 착취의 본질을 가지고 말한다면 모두 공개적이거나 은폐된 노예제가 존재한다고 지적하였다. 곧 세 가지 다른 사회에서 실질적으로는 모두 공개적이거나 은폐된 '노예제'가 존재하였지만 결코 간단하게 세 가지 다른 사회를 모두 노예사회라 말할 수가 없다. 이로 인하여 세 가지 다른 사회는 세 가지 다른 착취 형식으로 인하여 결국 어떤 착취 형식으로도 주도적 지위를 점한다고 결정할 수 없음을 말한다. 이를테면 하(夏)·은(殷) 양대 특히 은대는 노예제 착취형식이

---

39 엥겔스의 『가정, 사유제와 국가의 기원』, 『마르크스·엥겔스 선집』, 제4권, 172쪽.

주도하였으므로 노예사회이며, 서주에는 여전히 노예가 존재하기는 하였지만 농노제 착취 형식이 주도하였으므로 초기 봉건사회나 영주제 봉건사회이다.

　서주 농업의 직접 생산자는 주로 농노였다. 서주 영주 귀족은 여전히 상당 수량의 노예를 축적하고 있었다. 이런 노예는 주로 궁정과 가정의 노역에 봉사하였다. 천자와 제후, 각급 귀족이 생활해나가는 데 필요한 사치용품과 예기(禮器) 등을 만들어주는 일이었다. 규모가 다른 수공업 공장에서 노동을 하였고 주인을 위하여 구매와 운반 활동에 종사하였다. 농업 종사자는 이미 주도적인 지위를 점하지 못하였다. 영주가 장기간의 경험에서 이미 농업 생산에서 농노에 대한 착취 형식을 채택할 줄 알았기 때문인데 노예를 축적해놓고 쓰는 것에 비해 더욱 유리하였다. 이 이외에도 귀족의 방계인 소원한 친속과 은나라가 멸망한 뒤 몰락한 귀족은 자유 신분의 농민과 기타 내원(來源)의 자유농민으로 강등되었다. 그들의 신분은 농노와는 달랐다. 그들의 경작지는 비교적 안정되게 장기적으로 점유하거나 사용할 수 있었다. 심지어 자기의 자손들에게 물려줄 수도 있었다. 농노에게 할당된 땅은 늘 변동과 조정이 발생하였다. 이런 자유농민은 비록 수량 면에서 농민보다 한창 적었지만 그들의 훗날 역사 발전 과정에서 항상 나중에 올 지주의 전신이 되곤 했다. 당연히 당시의 농업 생산에서 그들이 점한 지위의 중요성은 농노와 비견될 수 없었다.

　서주의 봉건영주는 농업생산자, 그중에서도 주로 농노의 착취에 대해서는 지상과 지하에 현재 자료가 매우 적다. 『맹자』의 기록에 의하면 대체로 주로 세 가지 형식을 취하였다. 하나는 정해진 양만큼 지세를 헌납하는 것, 곧 '공(貢)'(孟子는 夏代의 지세 형식이라고 생각하였는데 사실은 서주 때에

도 일정 정도 여전히 존재했다)이다. 하나는 노역(勞役) 지세로 '조(助)'이고 하나는 실물 지세로 곧 '철(徹)'이었다. 이 세 가지 지세의 형식은 동시에 병존하여 분별되어 시행하였는데 뒤의 두 가지가 주가 되었다.[40]

하와 은 2대는 모두 노예제 사회로 노예에 대해 제세를 착취하는 문제가 존재하지 않았다. 하와 은 2대에 또한 이미 정량의 지세 헌납과 '공전'의 경작을 돕는 노역 지세가 있었다면 이는 하와 은의 노예제사회 내부에 이미 소량의 자유농민과 농노가 존재하였다는 것을 증명한다. 이미 봉건 생산관계의 맹아가 잉태되어 있었다. 이런 생산관계는 무왕이 주(紂)를 토벌하여 승리한 후 발생한 갑작스런 변화를 거쳐 이미 당시 사회 생산력 발전 수준에 적응하지 못한 낙후된 노예제 착취 형식은 일거에 폐기되어 농노제 착취 형식("주나라가 규정한 것에 의해 처리[疆以周索]")은 보편적인 시행을 얻게 되었다. 이에 노예는 상대적으로 해방을 획득하였다. 반 자유 농노의 신분이 확정되었고 봉건 생산관계가 확립되었다. 이것이 바로 역사의 변증법이다.

<hr>

40 『맹자』「등문공(滕文公) 상」. "하후씨는 50무에 공법(貢法)을 썼고, 은나라 사람은 70무에 조법(助法)을 썼고, 주나라 사람은 백 무에 철법(徹法)을 썼으니, 그 실제는 모두 10분의 1이니, 철(徹)은 통한다는 뜻이요, 조(助)는 빌린다는 뜻입니다. …… 공이란 몇 년의 중간치를 비교하여 일정한 수를 내게 하는 것이다.(夏后氏五十而貢, 殷人七十而助, 周人百畝而徹, 其實皆什一也, 徹者, 徹也, 助者, 藉也……貢者, 校數歲之中, 以爲常)" 맹자는 하(夏)·상(商)·주(周) 삼대에는 모두 10분의 1을 거두는 조세법을 썼다고 생각하였다. 그래서 조기(趙起)의 주에서는 말하였다. "비록 이름은 다르지만 대략 같다. 그래서 모두 10분의 1(什一)이라고 하였다." 사실 공(貢)과 조(助), 철(徹)은 세 가지 같지 않은 조세의 형식을 대표한다. 공(貢)은 정량을 헌납하는 조세 형식이며, 조(助)는 노역의 조세 형식(무상으로 '공전'의 경작을 돕는 것)이며, 철(徹)은 실물 조세 형식(총생산량에 따라 통틀어 일정 비례의 실물을 취하는 것)이다. 사회 생산력의 발전에 따라 진(秦)·한 이후에는 점차 화폐 조세 형식이 출현하게 되었다. 조세의 비례에서 10분의 1(什一)을 초과하지 않았다는 것은 의심해 볼만하다. 실제로는 모두 '십일(什一)'의 비율을 한참 초과하였을 것이다.

넷째, 분봉(分封)과 종법(宗法), 등급(等級)이라는 삼위일체의 사회 구조와 정치 구조

분봉제는 주대에 처음 거행된 것이 아니라 은대에 이미 있었다.[41] 다만 주대에는 은대의 기초 위에 그것을 더욱 치밀하게 발전시켰고 더욱 완비시켰을 뿐이다. 무왕이 주(紂)를 정벌하고 주공이 동쪽을 정벌하여 잇달아 승리한 후 서주 왕조의 면전에 가장 긴박한 문제가 놓였다. 첫째, 은나라의 귀족('頑民')을 감독하고 통제하고 복종시켜 그들이 반란을 일으킬 수 없게 할 것인가? 둘째, 어떻게 새로 정복한 광대한 강토를 다스릴 것인가? 당시의 조건에서 기장 좋은 방법은 바로 분봉제를 실행하여 자기가 가장 믿을 만하다고 생각하는 동성의 자제와 각급 귀족을 각지로 분봉하는 것이었다. 대소 제후국을 건립하고 이를 빌려 은나라 백성을 복종시키고 광대한 강토를 다스렸으며 주나라 천자를 호위하였다.('以藩屏周'[42]) 전하는 바에 의하면 모두 71개국을 분봉하였는데 희성(姬姓)이 53개국을 차지하여[43] 거의 절대 부분이 주천자의 동성이다. 이렇게 한 결과는 주천자의 '천하공주(天下共主)' 지위를 강화하고 공고히 하였다. 단점은 이런 세습 분봉 제후 열국은 점차 반독립국에서 실질적인 독립국으로 변하여 춘추전국시대에 이르러 서로 겸병하여 근본적으로 '공주(共主)'를 안중에 두지 않았다는 것이다. 이에 분봉제의 역사는 임무를 완수했다.(사회 생산력의 발전으로 말미암아 秦始皇 때에 이르러

---

41 사마천의 『사기』 「은본기(殷本紀)」. "설(契)은 자성(子姓)인데 그 후 나뉘어 봉해져서 그 나라를 성으로 삼았는데 은(殷) 씨, 내(來) 씨, 송(宋) 씨, 공동(空桐) 씨, 치(稚) 씨, 목이(目夷) 씨가 있다."

42 『좌전』 「희공(僖公) 24년」.

43 『순자(荀子)』 「유효(儒效)」에 의거함. 이 외에도 각종 전하는 말이 있는데 하나하나 열거하지 않는다.

분봉제를 폐하여 없애고 郡縣制로 바꾸어 세웠으며 중국 정치상의 진정한 봉건성은 대통일로 곧

실현되었다)

종법제의 핵심은 혈연관계를 기초로 하는 적장자 계승제다. 친소(親疎)와 장유(長幼)의 차별에 비추어 재산을 분배하고 사회 정치 지위를 결정하며 완전히 국왕[國君]을 우두머리로 하는 봉건귀족 통치를 공고히 하기 위한 목적이다. 이른바 "(천자나 제후의) 적자(適[嫡]子)를 세우는 것은 나이의 많고 적음으로 하는 것이다. 서자(庶子)를 세우는 것은 귀함으로 하는 것이며 나이로 하지 않는다.(立適以長不以賢, 立子以貴不以長)"[44] 이밖에도 또한 몇몇 '대종(大宗)'과 '소종(小宗)' 등 번쇄한 전칙(典則)이 있다. 그 목적은 이미 혈통관계를 정치상 천자의 왕통과 제후의 군통의 봉사로 이용하려 하였다. 또한 혈통이 왕통에 복종하고 군통이 군왕 전제를 독존의 지위가 두드러지게 하려고 했다. 군왕의 형제와 군왕은 비록 혈연 종법관계가 있지만 군왕의 면전에서는 다만 군신관계일 수밖에 없어서 형제관계를 강조할 수 없다. 이런 정황은 춘추 이전에는 대략 같지 않았다. 이를테면 주천자는 각 제후에 대하여 늘 '백숙생구(伯叔甥舅)'라 일컬었다. 그러나 춘추전국시대 이후 군권의 팽창에 따라 군통(君統)은 날로 종통(宗統)의 위로 능가했고 종통 또한 군통의 도구를 더욱 공고하게 해주었다.

등급제는 계급사회의 산물이다. 인류가 문명시기에 진입하고부터, 곧 노예사회와 봉건사회에서 자본주의사회에 이르기까지 수반되어 온 것은 다른 형식의 계급 분화와 등급제의 형성이다. 중국은 하와 은 2대부터 노예제 계급사회에 진입하였다. 서주의 변혁에 이르러 봉건사회

---

44 『공양전』 「은공(隱公) 원년」.

가 되었으니, 봉건주의 등급제는 곧 하와 은 2대의 기초 위에서 매우 삼엄하게 완비된 정도에 이르게 되었다. 바로 마르크스가 말한 것과 똑같다. "과거의 각 역사시대(문명시기에 진입하는 각 역사시대를 가리킨다–인용자)에서 우리는 거의 모든 곳에서 사회가 완전히 각자 다른 등급으로 획분됨을 볼 수 있고 각종 사회지위에서 구성된 여러 급의 계층을 볼 수 있다. …… 중세기에는 봉건영주와 배신(陪臣), 장인(匠人), 도제(徒弟), 농노(農奴)가 있었으며 또한 거의 매 계급의 내부에 또 각종 독특한 등제(登第)가 있었다."[45] 서주의 상황이 꼭 이와 같았다. 명칭은 비록 다르지만 실은 서로 같다. 우리는 다만 『좌전』「소공(昭公) 7년」의 한 단락의 말을 들어서 문제를 충분히 설명할 따름이다. 이 단락의 말은 사람을 열 개의 등급으로 나누어 말하였다. "왕의 신하는 공이고 공의 신하는 대부이며 대부의 신하는 사이고 사의 신하는 조이며 조의 신하는 여, 여의 신하는 예, 예의 신하는 요, 요의 신하는 복이고, 복의 신하는 대입니다. 말을 키우는 데는 어가 있고. 소를 키우는 데는 목이 있습니다.(王臣公, 公臣大夫, 大夫臣士, 士臣皁, 皁臣輿, 輿臣隷, 隷臣僚, 僚臣僕, 僕臣臺, 馬有圉, 牛有牧)" 판원란은 이 말을 인용한 이후에 매우 적절하게 설명하였다. "조(皁)에서 대(臺)까지는 각급의 노예이고 마부와 우목(牛牧)은 같은 등급에 들어가지 않는데 대보다 더욱 천하다. 이런 사람들의 공통점은 관청의 봉급을 먹는 것이며,(『國語』「晉語」에서 이른바 '百工과 官商은 관청에서 주는 봉급을 먹게 하고, 皁隷는 직책으로 먹는다[工商食官, 皁隷食職]'는 것이다) 서민 중 자유민과 농노의 공통점은 스스로 먹는데(庶人들은 각각 그 노력함으로 먹게 하는데[庶人食力]) 먹는 것이 다르기 때문에 상중(上中) 두 층의 서민은 열 등급의 안에 들어가지 않는

45 마르크스와 엥겔스의 『공산당선언』, 『마르크스·엥겔스 선집』, 제1권, 239쪽.

다."[46] 중국 봉건사회를 연 서주의 영도자 문(文)·무(武)·주공(周公) 등은 ('예'의 형식을 포함하여) 각종 형식을 써서 봉건사회 등급제를 고정시켜 중국에서 장장 3천 년에 달하는 봉건 사회등급제에서 일정 의의상 '전범(典範)'이 되었다. 곧 역대 봉건 통치계급은 비록 등급제의 형식에는 다소간의 차이는 있겠지만 기본 정신은 오히려 큰 변화가 일어나지 않았다.

이상의 분봉제(分封制)와 종법제(宗法制), 등급제(等級制)의 상호 삼투(滲透)는 삼위일체로 서주 봉건사회의 정치 구조와 사회구조를 형성시켰다. 그것은 서주뿐만 아니라 그 후 3천 년에 달하는 중국 봉건사회는 상층 건축 방면에 표현된 결코 홀시해서는 안 되는 중요한 특징이다.

다섯째, 의식 형태

서주의 영주제 봉건사회와 은대의 노예사회 통치자는 노예의 잔혹한 형살(刑殺)을 달리 하였다. 서주의 통치자는 '유민(裕民)', 곧 백성의 생활을 부유하게 하는 것("오직 문왕이 백성을 공경하고 조심함으로 하여 이 백성들을 부유하게 하였다[惟文王之敬忌, 乃裕民]"[47])이라고 주장하였다. '보민(保民)', 곧 백성을 보호하는 것을 주장하였는데, 더욱이 궁인(窮人)과 홀아비(鰥), 과부에게 은혜를 베풀고자 했다.("소민들을 품어 보호하시며, 홀아비와 과부들에게 은혜를 베풀어 생기가 나게 하였다[懷保小民, 惠鮮鰥寡]"[48]) 그리고 중요한 것은 정치적으로 '유민'

46 판원란(范文瀾)의 『중국통사(中國通史)』, 제1책, 84쪽. 위에서 말한 판원란의 설명에서 볼 수 있는데 그는 조금도 서주 사회에 여전히 적지 않은 노예가 존재한다는 것을 부인하지 않았지만, 그는 서주 사회의 주요 농업 생산역량은 농노이지 노예가 아니라고 생각했다. 따라서 결코 이런 노예의 존재를 부인하지 않을 수 없었기 때문에 서주를 노예사회라고 오인하였다.

47 『상서』 「강고(康誥)」.

48 『상서』 「무일(無逸)」.

과 '보민'을 행하였을 뿐 아니라 통치자 자신도 내적으로 수양함에 주의하여 "덕을 공경(敬德)"하려고 했다.[49] 자기의 품덕을 다 수양을 해야 '천명(天命)'을 얻을 자격("그 덕을 닦아야 영원히 천명에 짝한다[聿修厥德, 永言配命]"[50])을 구비하게 된다. 서주 통치자의 "천명"에 대한 관념 또한 은대의 통치자와는 달랐다. 은대의 통치자는 '천명'을 미신하여 인간의 모든 크고 작은 일이 모두 '천명'에서 안배되어 나온다고 생각하였다. 따라서 크고 작은 일을 가리지 않고 모두 '상제(上帝)'에게 물으려 했고, 모두 복서(卜筮)로 결정하려 했다. 은허에서 출토된 복골은 만(萬)을 헤아리는데 곧 이를 증명한다. 서주 통치자는 비록 '천명'을 따졌지만 주로 인민의 '천명'에 대한 미신 전통을 이용하여 일종의 허구 현상을 조성하는데, 마치 서주가 은나라를 멸한 것은 '천명'이 안배한 것처럼 하여 이를 빌려 자기가 통치하는 심리상의 "이론적 근거"로 삼을 뿐이다.[51] 사실 서주의 통치자는 역사적 경험(殷 紂의 멸망 같은 것)과 사회적 현상에 근거하여 이미 '천명'에 의심을 품어 '천명' 또한 믿을 수 없다고 생각하였다.("천명은 떳떳하지 않다[天命靡常]"[52] "하늘은 믿을 수 없다[天不可信]"[53]), '천명'은 민의를 통하여 표현된 "하늘의 봄이 우리 백성의 봄으로부터 하시며 하늘의 들음이 우리 백

49 『상서』 「소고(召誥)」. "오직 덕을 공경하지 아니하여 일찍 천명(天命)을 실추하였습니다.(惟不敬厥德, 乃早墜厥命)" 또 말하였다. "왕은 공경을 처소로 삼아야 하니, 덕을 공경하지 않으면 안 됩니다.(王敬作所, 不可不敬德)"

50 『시경』 「대아·문왕(大雅·文王)」.

51 대우정(大盂鼎: 西周 康王 때의 銅器)의 명문(銘文). "크게 드러난 문왕은 하늘에서 큰 명을 받았다. 무왕이 문왕을 이어받아 나라를 세웠으며, 그 간특함을 없애어 사방을 어루만졌다.(不[丕]顯玟王[文王], 受天有大令[命]. 在珷王[武王]嗣玟乍[作]邦, 辟厥匿慝[慝][議]匍[撫]有四方)" 여기서 말한 '천명'은 실제적으로 이렇게 보아야 할 것이다.

52 『시경』 「대아·문왕(大雅·文王)」.

53 『상서』 「군석(君奭)」.

성의 들음으로부터 하시니(天視自我民視, 天聽自我民聽)"[54] 또한 인민이 구하
는 것을 '천명'이 반드시 쫓는다.('民之所欲, 天必從之')[55] 위에서 이야기한 몇
'민(民)'자는 "말을 할 수 있는 도구"인 노예를 가리키지 않을 것이다. 가
리키는 것이 노예라면 사실적인 면, 사상적인 면, 논리적인 면을 막론하
고 모두 말이 통하지 않는다. 따라서 가리키는 것은 다만 일정 정도 신
변의 자유가 있는 광대한 농노와 자유민일 것이다. 이렇게 백성을 중시
하고 천명과 민의를 통일시켜 민의를 존중하는 사상을 제고시켰다. "백
성을 부유하게 하고(裕民)" "백성을 보호하는(保民)" 것을 실현하고 민의
를 존중하는 사상을 실현시키려면 관건은 자기의 "덕을 공경하는 것"에
서 시작함에 있다. 현명한 서주 봉건사회의 개창자인 문(文)·무(武)·주공
(周公)의 이 "덕을 하늘에 짝하고(以德配天)", "백성을 보호하며(保民)", "백성
을 부유하게(裕民)"하는 사상은 은대 노예사회 사상과 서주 봉건사회의
사상이 다르다. 이는 중요한 역사적 의의를 갖추고 있는 봉건사회 초기
의 진보사상이다. 진정코 이 사상을 실현한다면 봉건사회가 도달 가능
한 안정되고 번영한 경황이 출현할 것이다. 전하여지는 문·무·주공에
서 성강(成康) 시기에 이르는 것과 같을 것인데 이런 상황이 바로 공자가
동경하는 이상사회이다. 그리고 공자의 "두루 대중을 사랑하는" 사상은
또한 바로 "덕을 하늘에 짝하고", "백성을 보호하며", "백성을 부유하게
하는" 사상의 발전과 제고이다.

　이상의 다섯 특징에 근거하여 우리는 이미 충분히 서주는 확실히 영
주제 봉건사회임을 증명한다.

---

54 『상서』 「태서(泰誓) 중」.

55 『상서』 「태서(泰誓) 상」.

(3) 시솽반나(西雙版納) 해방 전의 영주제 봉건사회에서 본 서주

1982년 가을 마야오(馬曜)와 머우루안허(繆鸞和)의 「시솽반나에서 본 서주」라는 글을 읽고[56] 얻은 것과 계발됨이 매우 컸다. 엥겔스는 토머스 모건이 지은 『고대사회(古代社會)』를 높이 평가하여 이렇게 말한 적이 있다. "모건의 위대한 공적은 그가 중요한 특징적인 면에서 우리의 성문화한 역사의 이런 사전(史前)의 기초를 발견하고 회복한 데 있다. 북미 원주민의 혈족 단체에서 고대 그리스와 로마, 독일 역사에서 그런 지극히 중요하며 지금까지도 여전히 해결되지 않은 수수께끼를 열 열쇠를 찾아낸 것이다."[57] 중국 서주사회의 성격 문제에 관해서는 지금까지도 논쟁이 있다. 여기에 문헌자료와 고고자료가 있는데도 여전히 이 문제를 해결하는 충분한 논거로 삼기에 부족하다고 한다면 일정 정도 바로 모건이 한 것과 마찬가지다. 마야오와 머우루안허 두 사람은 시솽반나를 해방시킨 태족(傣族)이 처한 영주제 봉건사회의 생생한 현실의 풍부한 재료를 민족학적 각도에서 우리에게 더욱 힘이 있는 서주 사회 성질의 '수수께끼'를 해결할 열쇠를 제공하였는데 매우 가치가 있는 공헌이라고 말하지 않겠는가? 마야오와 머우루안허 두 사람이 제공한 보물 같은 재료와 논증에 어느 정도 감성적인 인식을 위해서는 모건이 말

---

56 마야오는 해방 전에 윈난대학교 부교수에 임명되었고 해방 후에는 중공 윈난성 위변회 연구실(中共雲南省委邊會研究室)의 주임과 윈난대학교 역사과 교수 등직에 임명되었으며, 나중에는 윈난민족학원(雲南民族學院) 원장에 임명되었고, 현재는 이 학원의 명예원장이다.(2006년에 사망-옮긴이) 해방 초기에 그는 머우루안허(雲南大學 副敎授, 이미 사망)와 함께 조사대를 통솔하여 시솽반나로 가서 태족에 대한 상황에 심도 있는 조사를 진행한 적이 있으며 아울러 마야오와 함께 『시솽반나 태족사회 경제조사 총결 보고(西雙版納傣族社會經濟調查總報告)』를 기안하였다. 1963년 마야오와 머우루안허는 이 보고 자료와 논점에 근거하여 「시솽반나에서 본 서주(從西雙版納看西周)」라는 글(같은 해에 雲南의 『學術研究』 제1~3기에 연속 발표)을 썼는데 그 기본 관점과 논증은 모두 창조성과 설복력이 있다.

57 엥겔스, 『가정, 사유제와 국가의 기원』, 『마르크스·엥겔스 선집』, 제4권, 2쪽.

한 것과 같은 "오늘 수집하기가 매우 쉬운 사실이 몇 년이 더 지난 후에는 발견할 길이 없을 것이다"[58]라는 말에 비추어보아야 한다. 나는 1983년 12월에 직접 시솽반나로 가서 현장 고찰을 해보았다. 시솽반나의 현재 거대한 변화(당의 영도 하에 영주제 봉건사회의 초월적이고 성숙한 봉건사회와 자본주의 사회에서 사회주의 사회의 역사성으로의 거대한 변화)는 실로 나를 기쁘게 하였다. 나로 하여금 더욱 흥취를 느끼게 한 것은 내가 여전히 해방 전의 적지 않은 노인을 찾아내어 대화를 나눌 수 있게 하고, 해방 전 '소편령(召片領)'(國王)의 궁전 옛터와 농노의 마을을 볼 수 있다는 것이었다.[59] 해방 전의 시솽반나를 이해하는 것은 마치 내 눈앞에 펼쳐진 한 폭의 서주 영주제 봉건사회의 생동적인 광경을, 바로 한 폭의 서주의 천자와 제후, 영주와 농노, 서민과 노예 …… 등 인물이 거듭 등장하는 광경을 보는 것 같다. 사실은 웅변보다 낫다. 나는 여기에서 마야오와 머우루안허 두 사람의 글에서 열거한 "웅변보다 나은" 사실을 가능한 한 아래에 따다 인용하겠다.(원문은 전부 인용할 수 없으니 독자들은 원저를 참고하여보라)

첫째 역사의 간단한 개황

'시솽반나'는 태어(傣語)의 역음(譯音)이다. '시솽(西雙)'의 뜻은 '12'이고 '반나(版納)'는 '천전(千田)'이니 곧 "하나의 봉건 부담에 제공하는 행정 단위"이다. '시솽반나'의 전칭(全稱)을 한어(漢語)로 번역하면 곧 '십이천전(十二千田)'이 되는데 또한 곧 12개의 행정구라는 뜻이 된다.[60] 시솽반

<hr>

58 모건, 『고대사회』 「저자 서문」, 생활·독서·신지(新知), 삼련서점(三聯書店), 1957년판.

59 윈난성(雲南省) 민족연구소의 가오리상(高立上)은 태족(傣族)의 어문에 환할 뿐만 아니라 시솽반나의 상황에도 익숙한데 이번에 그가 우리와 대동하여 가서 고찰을 해주고 아울러 당위(黨委)와 주인대(州人大)의 지지와 도움을 얻어서야 우리는 마을로 깊이 들어갈 수 있는 조건을 갖추었으며 많은 노인과 좌담회를 열고 담화를 나누었는데 매우 감격스러웠다.

나의 윈난 서남쪽 변경은 라오스, 미얀마와 접경을 이루고 총면적은 약 2만 제곱킬로미터이다.[61] 이곳은 아열대로 자연조건이 우월하고 자원이 풍부하다. 여름이 길고 서리 내리는 기간이 짧으며 바람은 적고 일조량이 강하다. 기후는 무덥고 평년 평균 기온은 20℃ 내외이다. 산이 많고 내와 골짜기가 많다. 토양은 비옥하고 1년 내내 푸르러 벼와 고무, 기타 열대 경제작물을 심기에 적합하다. 자연환경이 시솽반나를 쉬 바깥 세계와 단절되게 하였다. 총인구는 약 64만 명인데 그 가운데 태족은 22만 명이다. B.C. 1, 2세기에 한문 사적(史籍) 중에 이미 태족에 관한 기록이 있다. 8세기에서 13세기에 이르기까지 시솽반나는 당·송 왕조 지방 정권인 '남조(南詔)'와 '대리(大理)'에 예속되어 관할되었다. 원·명·청 왕조와 국민당 통치시기에도 각종 명의, 곧 시솽반나의 '소편령(召片領)'(한문으로 '廣大한 土地의 주인', 곧 國王으로 번역된다)을 '선위사(宣慰使)'의 명의로 책봉하는 등등 회유와 통치의 강화를 힘껏 도모하였다. 하지만 자연환경과 사회 풍조 등 특수 원인으로 말미암아 외래 통치역량은 시종 시솽반나의 사회와 농촌의 기층에까지 깊숙이 이르지 못하였다. 시솽반나의 내부 통치구조와 사회생활은 기본적으로 영향을 받지 않은 것이다. 전하기로는 시솽반나의 제1대 시조 소편령은 '팔진(叭眞)'이라고 한다. '팔(叭)'(중국으로 '拍亞pāiyà'로 읽는다)자는 한문(漢文)으로 "정교합일(政敎合一)의 수령"으로 번역된다. '진(眞)'은 "영용(英勇)하고 잘 싸우는"이라고 번

---

60 태족 문자로 된 『늑사(肋史)』의 기록에 의하면 1570년(明 隆慶 4年) 전 구역을 12개의 행정구로 나누었는데, '시솽반나'의 명칭은 여기에서 비롯되었다. 비록 원래 나누어진 12개 행정구는 변화가 없었지만 특별 해방 후에 변화가 비교적 커서 현재는 이미 전 구역을 3개 현(景洪, 邊海, 邊臘)으로 나누었지만 시솽반나라는 이 명칭은 여전히 연용되어 바뀌지 않았다.

61 2만 제곱킬로미터 면적은 이미 상당히 커서 현대세계의 몇몇 독립국가의 전국 총면적보다 조금 크다.

역되는데, 두 자가 결합되면 한문의 '무왕(武王)'이라는 뜻에 해당된다. 그는 무력으로 시솽반나를 통일하였다. 이때부터 '소편령'의 왕위는 부자가 계승하여 대대로 서로 전하였다. 전하는 바에 의하면 그의 넷째 아들 쌍카이넝(桑凱能)이 1180년(南宋 淳熙 7년) 왕위를 계승하였으니 태족의 '소편령'은 확실히 세계(世系) 기년(紀年)이 1180년부터 시작된다. 이 이후 해방 전까지 '소편령'은 45대 765년간 전하여 이어졌으며, 마지막 소편령은 다오스쉰(刀世勛)이다. 1947년에 계위하였을 때 나이가 겨우 22세였으며, 재위 기간은 1년 4개월이었다. 다오스쉰은 해방 후 이미 공작에 참가하여 지금은 윈난성(雲南省) 민족연구소의 부연구원으로 임직하고 있다.

태족의 선민(先民: 古人)은 서기(西紀) 전에 기본적으로 여전히 씨족공사(公社)와 가족공사, 농촌공사가 서로 번갈아 교체하는 원시사회에 처하였다. 태족의 인민이 통상적으로 말하는 '모미소(冒米召)'(추장이 없는), '모미와(冒米瓦)'(佛寺, 즉 宗敎가 없는), '모미탄(冒米坦)'(착취가 없는) '삼몰(三沒)' 시기는 1세기 이후 농촌공사의 토지소유제는 차츰 소노예주의 토지소유제로 변해갔다. 이에 태족사회에는 '소(召)', 즉 소노예주가 출현하기 시작했다. 동시에 산지의 합니족(哈尼族)과 포랑족(布朗族)과 기락족(基諾族) 외에도 각개의 '파자(壩子: 곧 작은 평원)'에 모여 사는 태족은 이미 노예사회로 진입하기 시작하였다. 12세기 말과 13세기 초의 '팔진(叭眞)' 시기부터 시작하여 태족사회는 이미 봉건 영주제나 농노봉건제 사회로 진입하였다. 해방 전 모두 7백여 년이 되도록 오랜 기간 동안 태족사회의 성질은 기본적으로 변하지 않았다. 독특하고 스스로 비교적 완정한 문자와 문화적 봉건영주제나 농노봉건제 사회를 보존하고 있었다.[62]

둘째, '토지왕유(土地王有)'와 '공전(公田)', '사전(私田)'

시솽반나 태족은 해방 전 사회 성격이 몇 차례의 사회조사를 거쳐 농노제 봉건사회 혹은 영주제 봉건사회로 확정되었다. 핵심 문제는 '토지왕유(土地王有)'와 '공전' '사전'의 나눔이다.

시솽반나 최대의 봉건영주는 태어(傣語)에서 '소편령', 즉 '국왕'이라 일컬으며, 또한 곧 원·명·청 이래 봉해진 이른바 '선위사(宣慰使)'이다.

시솽반나의 '소편령'은 서주의 '천자'에 상당하며, 지방 영주는 '소맹(召勐)'('勐'은 地方으로 풀이된다. '召勐'은 곧 "지방의 주인[地方之主]"이다)이라 하며 서주 때의 '제후(諸侯)'와 '봉군(封君)'에 상당한다.

'소편령'은 전구역의 통치권과 토지 소유권을 취득한 후 또한 증례(贈禮)나 은사(恩賜)의 방식으로 얼마간의 토지를 그의 종실과 측근자 그리고 속관(屬官)에게 분봉해주었다. 주로 이하의 세 가지 방식이 있다.

1. 종실의 측근을 각지로 보내어 '소맹'으로 삼았다. 곧 한 파자(壩子)나 하나의 작은 땅의 주인이었다. 이런 '소맹'은 세습할 수 있었고 또한 바꿀 수도 있었으며 혹은 그 토지를 빼앗기도 했다.

2. '소편령'과 각지의 '소맹'은 또한 관할구 내의 토지, 심지어는 같은 촌채의 농민까지 각자의 속관에 분봉해주었다. 등급의 고저에 따라 영유 토지의 다과를 결정하며, 실제적으로는 바로 '봉록(俸祿: 薪金)'의 다과를 결정한다. 속관의 봉지는 세습될 수 없으며 관직에 있어야 "녹을 먹을(食祿)" 수 있었다. 봉지의 많고 적음은 '봉록'의 등차를 표시한다. 관계(官階)의 승강과 봉지 또한 그에 따라 다르다.

<hr>

62 이곳의 재료는 1982년 10월에 출판된 『시솽반나 태족주 개황(西雙版納傣族州槪況)』에서 따왔다.(토론 원고)

3. 산지의 정복된 기타 소수민족에 대해서도 여전히 각자 원래 가지고 있는 토지를 그들의 우두머리에게 나누어주고 일정한 공부를 징수한다.

'소편령' 이하의 '소맹'및 그 속관은 모두 토지를 사유할 권리가 없으며 분봉된 토지는 귀족 통치계급 내부의 토지세를 분할하는 표현에 지나지 않는다. 최고 소유자 혹은 유일한 소유자는 곧 '소편령'이다. 직접 생산자인 농노에 이르러서는 더욱이 토지 소유권이 없다. 이런 소유제 관계는 서주에서 "너른 하늘 아래가 왕의 땅이 아닌 곳이 없으며, 땅을 따른 해내가 왕의 신하가 아님이 없다(溥天之下, 莫非王土; 率土之濱, 莫非王臣)"[63]는 것과 자못 유사하다. 그 땅을 갈라서 분봉하는 정황 또한 서주의 "덕이 밝은 사람을 가려 세워 주나라의 울타리로 삼는 것(選建明德, 以藩屏周)"[64]과 대체로 같다. 태족의 속담에 '남소영소(南召領召)'가 있는데, 의미는 "하늘과 땅이 모두 소의 것"이라는 뜻이다. 이 때문에 농노가 들짐승을 사냥하면 반드시 지면에 눕혀놓은 짐승의 몸뚱이 가운데 절반은 영주에게 갖다 바쳐야 한다. 물고기를 잡으면 제일 큰 놈을 영주에게 갖다 바치는데 '토지왕유(土地王有)'가 가져온 일종의 봉건적 특색이다.

시솽반나의 봉건영주는 전부 세습된 영지를 '영주 직속 토지'와 '농노의 땅'으로 나누었다. '노역 토지세'의 착취를 진행하며, 서주에 '공

---

63 『시경』「소아·북산(小雅·北山)」. 어떤 사람은 이 구절의 말을 '보통노예'의 증거로 삼는데 옳지 않다. '率土之濱, 莫非王臣'의 '신(臣)'이 '민(民)'을 포괄할 뿐만 아니라 또한 '제후', '경', '대부'를 포괄하는데, '제후', '경', '대부', 그리고 '서민'을 모두 노예라고 말할 수 있는가? 분명히 그럴 수 없다. 여기에서는 결코 "글자만 보고 어림짐작하여" 두루뭉술하게 말할 수 없으며 구체적으로 분석을 하여야 한다.
64 『좌전』「정공(定公) 4년」.

전'과 '사전'의 나눔이 있는 것과 마찬가지이다.

'공전'(領主 直屬 土地)은 또 3종으로 나뉜다. 한 가지는 대영주(주로 '召片領'과 '召勐')가 세습하는 '사장전(私莊田)'으로 '선위전(宣慰田)'('召片領'의 밭)과 각 맹(勐)의 '토사전(土司田)'이다. 한 가지는 '소편령' 혹 각 '소맹'이 그들의 부하 신하에게 내리는 '파랑전(波浪田)'('波浪'은 屬官의 統称이다. '波'는 부[父], '浪'은 소의 코를 꿰는 끈과 돌아갈 수 있는 기둥으로 끈과 기둥 사이는 또한 길이 두 길쯤 되는 橫木으로 연결되어 있으며, 의미는 곧 牧民之官이다)이다. 한 가지는 촌사(村社)의 우두머리가 점유하여 쓰는 '두인전(頭人田)'과 영주가 감독하고 경전하는 관사(管事)가 점유하여 쓰는 '농달전(隴達田)'('隴達'은 "아래쪽의 눈"으로 번역된다)이다. 영주 직속 토지는 일반적으로 각개의 촌채에 분산되어 있으며 거의 집중되어 조각이 이어지지 않는다. 징훙(景洪)의 '선위전'이 거의 3천 무이며, 7개 촌채에 분산되어 있다.

농노의 땅은 또한 3종으로 나뉜다. 한 가지는 원래 촌채의 자유농민 집체가 점유한 '채공전(寨公田)'이다. 11판납(版納)과 22맹(勐), 631채(寨)의 통계에 의하면 모두 '채공전' 100,100무를 가지고 있었는데, 농노 토지 전체의 60.5%를 점한다. 한 가지는 가노채의 아들에게 나누어주는 '지차전(支差田)'으로 모두 101,300무인데 전체의 33.9%를 점한다. 한 가지는 귀족의 방계 후손이 스스로 경작하는 '사산(私山)'으로, 모두 16,800무를 가졌고, 5.6%를 점한다.

농노는 땅을 받은 후 그에 상응하는 요역과 공부를 제공해야 했다. 촌의 농민은 주로 농업 노역을 제공하고 자기의 소와 농기구를 가지고 무상으로 각급 영주의 '사장전(私莊田)'을 대신 경작하고 모든 수확물을 납부한다. 땅은 자기의 경작으로 돌아오면 수확물은 자기의 소유에 속하고 더 이상 당지의 영주에게 토지세를 내지 않는다. '가노채(家奴寨)'의 사람은 주로 돌아가며 소편령에게 각종 가무(家務)와 노역을 제공한다. 귀족 방계 후손의 주요 직책은 소편령을 호위하는 것이었다.

노역 토지세의 상황에서 본다면 이곳의 '채공전(寨公田)'은 맹자가 말한 "여덟 집에서 모두 백 무를 받는(八家皆私百畝)" '사전(私田)'과 매우 흡사한데 곧 농노의 분지(份地)이다. 이곳의 '파랑산(波浪山)'은 맹자가 말한 "1평방 리가 정이고, 정은 9백 무(方里而井, 井九百畝)이며" 그 한 가운데가 공전이라는 것이다. '공전'은 곧 영주의 사적인 장전(莊田)이다. 시솽반나의 농노는 영주의 사적인 장전을 대신 경작할 때 정확하게 "공사가 끝난 다음에야 감히 사적인 일을 다스렸다." 영주가 모내기를 하지 않으면 농노는 모를 심을 수 없다. 농노들은 자기의 분지에서 모내기를 할 때 빗물을 충분히 얻도록 하기 위해서 하느님이 비를 한 차례 내려줄 것을 바란다. 이런 심정은 서주의 농노가 하느님에게 "우리 공전에 비를 내리고, 마침내 우리 사전에 미치도다(雨我公田, 遂及我私)"[65]라고 기구하는 심정과 같다. 이는 '공전'을 사랑해서가 아니라 깊은 근심에 빠져 자기의 '사전'에 마음을 졸이는 것이다.

셋째, 촌채(村寨) 제도

시솽반나의 농노제 봉건사회에서 그 기층에서 촌채제도를 실행하였다. 촌채제도에는 독립하여 자존(自存)하는 조직과 자급자족하는 데 목적이 있는 분공(分工)이 있다. 촌채의 성원으로부터 '채부(寨父)'와 '채모(寨母)'로 불린다. 또한 봉건영주로부터 '팔(叭)', '자(鮓)', '선(先)'에 봉하여진 당권자인 우두머리가 있다. 그들은 거주민의 이주를 관리하며 대신

---

65 『시경』「소아·대전(小雅·大田)」.

하여 촌채에서 새로운 구성원을 받아들이고, 촌채의 토지를 관리한다. 영주를 위하여 각종 노역 공부(貢賦)를 징수하고, 종교적 업무를 관리하고 혼인 및 분쟁을 조정하고 해결하는 등의 직권을 관리한다. 그들의 아래에는 무장(武裝)을 관리하는 '곤한(昆悍)'이 있다. 아래로는 전달하고 위로는 반영하여 '향로(鄕老)'의 '도격(陶格)'과 유사하다. 통신(通訊)으로 뛰어다니는 '파판(波板)'이 있고, 문서를 담당하는 '곤차(昆次)'가 있다. 수리(水利)를 관리하는 '판문(板門)', '사신(社神)'을 관리하는 '파마(波摩)', 불사(佛寺)를 관리하는 '파첨(波沾)'도 있다. 미혼 남녀와 청년들의 우두머리인 '내모(乃帽)'와 '내소(乃少)' 등도 있다. 이외에 어떤 촌채에서는 또한 '장갱(張鏗)'(銀工)과 '장감목(張坎木)'(金工), '장열(張列)'(鐵工), '장반(張盤)'(獵手), '소랍(召拉)'(屠宰師), '장석(張腊)'(酒師), '내회(乃懷)'"(商人), '마아(摩雅)'(의사), '장합(章哈)'(시인 겸 가수), '합마(哈麻)'(수의사), '득봉(得棒)'(이발사), '함목완(喊木宛)'(風水) 등을 두었다.(모든 촌채에서 반드시 다 둔 것은 아니다). 그들은 모두 농업생산에서 이탈하지 않았다. 모두 영주가 봉한 '팔(叭)', '자(鮓)', '선(先)' 등의 직함 곧 '팔장갱(叭張鏗)', '자내회(鮓乃懷)' 등으로부터 일반적으로 부분적인 부담을 면할 수 있었다. 다만 반드시 영주를 위하여 무상으로 전업 노역에 종사해야 한다.

촌채 내부에는 여전히 '촌채의사회(村寨議事會)'와 '촌채민중회(村寨民衆會)'라는 원시 민주의 잔재가 남아 있다. '미만(咩曼)'('寨母', 곧 첫 번째 부두령으로 또한 남성), '도격(陶格)', '파판(波板)'과 공동으로 일처리에 참가하는 '선(先)' 급(級) 두령 등 4인으로 구성된 '관(貫)', 곧 '촌채의사회'는 모든 일상적인 일을 처리한다. '미만'의 소집으로 그의 집에서 개회하는데 대두령 '파만(波曼, 寨父)'은 출석하지 않지만 '미만'은 그들에게 사전에 보여줄 것을 청하고 사후에 보고한다. 봉건의 부담과 토지의 분배 조정,

수리의 발주와 보수 및 두령의 교체, 새로운 사원(社員)을 받아들이고 퇴사(退社)를 비준하는 등의 중대한 문제를 만나면 '파만'의 주재로 '민중회의'를 개최한다. 비록 그의 말이 곧 '법률(法律)'이긴 하지만 형식적으로는 여전히 군중의 의견을 듣지 않을 수 없다.

이런 촌채는 낱낱의 원생세포와 마찬가지로 시샹반나 태족 농노제 봉건사회의 기층조직을 이루고 있다. 그들 사이에는 유기적인 상호 연계가 매우 적게 세워졌거나 건립할 필요도 없었다. 이 때문에 역사적으로 많은 풍운과 변화를 겪고 약간의 외래 침략을 당한 적이 있다. 황량하여 인적이 없을 정도로 초토화되기도 하였지만 같은 지점에서 동일한 명칭으로 이어서 건립되어 일체의 촌채제도와 풍속습관이 전혀 변하지 않았다.

이곳에서 농노의 '분지(份地)'는 또한 '납만(納曼)' 혹은 '납만당래(納曼當來)'로도 불린다. '납(納)'은 '전(田)'이고, '만(曼)'은 '채(寨)'이며, '당래(當來)'는 '모두[大家]'라는 뜻이며, 전체적인 뜻은 '채공전(寨公田)' 혹은 '채내(寨內)의 모두의 전지[田]'이다. 촌채와 촌채 사이에는 엄격한 '경계'가 있다. 무릇 촌채 성원의 공동생활에서 벗어나지 못하는 사람들은 모두 1분(份)의 토지를 얻을 수 있는데 이주가 비준되면 반드시 반납해야 한다. 촌채로 들어오는 것이 비준되면 마찬가지로 1분을 나누어 받게 된다. 촌채 내의 토지가 여전히 "집체의 소유로 사인(私人)이 점용(占用)"하는 성격을 지키고 있음을 알 수 있다. 이는 곧 우리로 하여금 서주의 "인구를 헤아려 농지를 주는"의 견해를 연상케 한다. 『주례(周禮)』 「지관·수인(地官·遂人)」에서는 "들의 토지를 상지(上地)와 중지(中地), 하지(下地)로 변별하여 전리(田里)를 나누어준다. 상지는 1부(夫)에게 1전(廛)을 주는데 전지가 1백 무(畝)이고 휴경지가 50무이며 나머지에게도 그렇게 한다. 중지는 1부에게 1전을 주는데 전지가 1백 무이고 휴경지가 1백 무이며 나머지에게도 그렇게 한다. 하지는 1부에게 1전을 주는데 전지가 1백 무이고 휴경지가 2백 무이며 나머지에게도 그렇게 한다.”라 하였다. 이는 시쌍반나의 태족 농노에게 토지를 나누어주는 상황과 흡사하다. 전지를 나누어주는 목적은 시쌍반나에서는 봉건의 부담을 고루 나누기 위함이다. 서주는 곧 『한서(漢書)』 「식화지(食貨志)」에서 말한 “역역(力役)이 생산하여 고르게 될 수 있다(力役生産可得而平也)”라는 것과 같다. 이른바 ‘평(平)’ 또한 바로 봉건의 부담을 고루 나누는 것이다. 서주나 시쌍반나를 막론하고 “인구를 헤아려 농지를 주는” 기본 내용은 모두 역역(力役)이 땅을 따라 달리는 것과 땅이 노력을 따라 달리는 것이다. “인구를 헤아려 농지를 주는”의 인구(口)는 태족의 언어로 ‘곤미(滾尾)’라고 하며 뜻은 “부담하는 사람(負擔人)”이다. “인구를 헤아려 농지를 주는”의 전지(田)은 태족의 언어로 ‘납당(納倘)’이라고 하고 또한 ‘납화미(納火尾)’, ‘납화(納火)’ 혹은 ‘납화흔(納火很)’, ‘당(倘)’, ‘미(尾)’라고도 하는데 모두 ‘부담(負擔)’이라는 뜻이다. ‘화(火)’는 ‘일분(一份)’ 혹은 ‘일두(一頭)’이고, ‘흔(很)’은 ‘문호(門戶)’이다. 이런 태족의 말은 ‘부담전(負擔田)’, ‘분지(份地)’, ‘호두전(戶頭田)’ 혹은 ‘문호전(門戶田)’으로 번역할 수 있다. 따라서 “인구를 헤아려 농지를 주는” 실질은 결코 농노가 생활 자료를 가지는 것을 보증하기 위함이 아니다. 영주가 노동력을 가지거나 혹은 두 가지를 아울러 가지는 것을 보증하는 것이지만 영주가 노동력을 가지는 것을 보증함을 주로 한다.

시쌍반나에서 주요 노력을 상실한 과부는 분지를 반환해야 하며, 땅을 돌려준 후에는 날품을 팔아서 벼이삭을 주워 생활한다. 『시경』 「소아·대전(小雅·大田)」의 “저기에는 버려진 볏단이 있고 여기에는 버려진

이삭이 있으니 이것은 과부의 이익이로다.(被有遺秉, 此有滯穗, 伊寡婦之利)"라 한 구절에서 말한 것이 바로 이런 상황이다.

'토지왕유(土地王有)'(召片領有)의 전제하에 기층 조직에 이른 촌사(村社) 는 '집체소유(集體所有), 사인점용(私人占用)'의 촌재(村寨) 제도가 되었다. 시솽반나 태족과 서주 영주제 봉건사회가 그 정치상의 통치와 경제상 의 착취의 믿을 만한 기초를 공고히 하게 된 것이다. 마르크스의 말이 옳다. "동방의 모든 현상의 기초는 토지 사유제가 존재하지 않는다. 이 는 심지어 동방 천국(天國)을 이해하는 진정한 열쇠이다.[66]" 중국에서 '동방 천국'이라는 범주는 주로 시솽반나 태족 영주제 봉건사회와 비슷 한 서주이다.

넷째, 토지세의 형태

시솽반나의 봉건 영주가 농업생산자 주로 농노의 착취에 대하여 채 택한 다른 형식은 대체적으로 말하여 주로 세 방면에서 표현된다. 곧 노역 토지세와 실물 토지세 그리고 각종 '헌례(獻禮)', '공부(貢賦)' 그리고 기타 특권 사기이다.

첫째는 노역 토지세로 맹자가 말한 "조는 빌린다는 뜻이다(助者藉也)" 의 '조(助)'에 해당한다. 대체로 무상으로 각급 영주가 직접 점유한 토지 를 대신 경작하는 것, 즉 이른바 '공전(公田)'이다. '공전'을 대신 경작하 는 농노는 자기의 '분지' 즉 이른바 '사전'에서 자기를 위해 하는 노동 과 '공전'에서 영주를 위해 하는 노동이 공간적으로 시간적으로 모두 엄격히 나누어진다. 농노가 자기의 '분지'에서 생산하는 것은 가족 부

---

66 『마르크스에서 엥겔스까지』, 『마르크스·엥겔스 전집』, 제28권, 256쪽.

양에 필요한 생산물이며, 영주의 토지에서 생산하는 것은 잉여생산물이다. 전자는 그들이 재생산을 진행하는 데 필요한 생활 자료이고, 후자는 영주에게 제공하는 '노역 토지세'이다. 이곳의 토지세와 잉여가치는 일치한다. 아울러 노역 토지세의 영주의 토지에서의 농업 노동과 영주를 위하여 소와 말을 기르고, 코끼리를 기른다. 궁실과 도로를 수축하는 등 요역 노동뿐만 아니라, 또한 각종 가내 노역 및 농업과 불가분의 관계가 있는 수공업 노동도 계산에 넣어야 한다.

해방 전에 시솽반나 최고의 영주인 '소편령'의 사장전은 모두 11,950납(納: 합 약 3천 무)이었다. 그 중 2,120납(합 약 530무)은 해방 초기에도 여전히 징세하는 농노가 대신 경작하였다. 나머지는 징수한 실물로 노역 토지세를 대신하였다. 위에서 말한 2,120납의 사장전은 4~5개 지구로 분산되었으며 부근에 있는 약간의 농노채를 지정하여 대신 경작하였다. 소편령은 당지의 촌채 두령을 분별하여 '농달(隴達)'(『詩經』의 '田陵'과 유사함)로 지정하고, 공사를 재촉하고 경작을 감독하는 일에서 창고를 지어 수확물을 보관하는 것까지 책임을 지웠다. 그 가운데 한 촌채(曼達村)의 계산에 의하면, 매년 우공(牛工) 74개와 인공(人工) 224개를 내야 했다. 서주의 천자와 기타 귀족의 '공전'도 마찬가지로 농노에게 대신 경작하게 하였으며 농지를 가진 관리(田畯)을 보내어 관리하게 하였다. 시솽반나에서는 모를 심을 때 영주가 창고를 열어 대신 경작하는 농노들에게 묵은 쌀로 지은 푸짐한 점심 한 끼를 먹여주고 또한 얼마간의 술과 담배도 준다. 『시경』「소아·보전(小雅·甫田)」에서 이른바 "내 묵은 곡식을 취하여, 우리 농부들을 먹인다.(我取其陳, 食我農人)"라 한 것이 바로 이런 상황이다. 농노가 '공전'을 대신 경작할 때 '소편령'과 '소맹(召勐)'은 일반적으로 모두 한 차례 희극적인 '경전' 퍼포먼스를 거행해야 하는데 서주의 '적전의 예(籍田禮)'와 흡사하다. 몇몇 소영주들은 농노가 그의 '공전'을 대신 경작할 때 또한 얼마간의 보조적인 노동에 친히 참가하기도 하는데 그가 친히 농노가 대신 경작하는 노동에 참가하고 감독하면 '공전'에서 취득하는 예상 수입을 더욱 잘 보증할 수 있음을 알기 때문이다. 『시경』「주송·희희(周頌·噫嘻)」에 성왕(成王)이 "이 농부들을 거느려 백곡을 파종한다(率時農夫, 播厥百谷)", 또한 『시경』「소아·보전(小雅·甫田)」에서 "증손이 왔을 때 아내와 자식을 데리고 저 남묘에 밥을 내가거늘 …… 증손은 노하지 않으며 농부는 민첩히 일하도다.(曾孫來止, 以其婦子, 饁彼南畝……曾孫不怒, 農夫克敏)"라 제기하였으며, 영정(令鼎)에도 "왕이 기전(諆田)에서 그게 적전을 행하고 …… 왕이 기전에서 돌아왔다."라 기록하고 있다. 강왕(康上) 시대의 주나라는 여전히 친히 적전을 경작했다는 것을 설명한다. 봉건영주가 친히 적전을 경작한 것은 문왕 시대에까지 거슬러 올라갈 수 있다. 『상서』「무일(無逸)」에서는 말했다. "문왕께서 나쁜 의복으로 백성을 편안히 하는 일과 농사일에 나아가셨다.(文王卑服, 卽康[糠]功田功)" 또한 『초사(楚辭)』「천문(天問)」에서는 말하였다. "백창이 도롱이를 입고 채찍을 들고 목축을 하네(伯昌[文王]何衰['荷蓑'와 같으며 곧 '披着蓑衣'], 秉鞭作牧)" 이는 모두 문왕이 농사를 짓고 방목을 하는 이야기를 말하였다. 해방 전의 시솽반나는 확실히 도처에서 몇몇 영주가 친히 주관적으로 농노가 '공전'을 경작하는데 직접 참가한 상황을 볼 수 있다. 당연히 이는 하는 척하는 모양에 지나지 않지만 이를 빌려 농민들이 '공전'을 적극적으로 경작하도록 속임수를 쓰고 격려하는 것이다. 이 때문에 그들도 노동인민이라 말한다면 이는 황당무계한 것이다.

시솽반나든 서주든 봉건 생산관계의 기초가 되는 '토지왕유(土地王有)'와 "촌채에서 소유하고 개인이 차지하여 쓰는" 토지 소유제의 정황은 봉건 착취의 구체적 형식을 결정지었다. 주로 '노역토지세'일 수밖에 없는데, 착취의 구체적인 형식과 노동방식이 노동사회의 생산력의 일정한 발전 단계와 서로 적응하기 때문이다.

　둘째는 실물 토지세로 맹자가 말한 "철(徹)은 통한다는 뜻이다(徹者徹也)"의 '철(徹)'에 상당한다. 맹자가 말한 "철(徹)은 통한다는 뜻이다"라는 말은 대대로 명확한 해석이 없다. 이를테면 초순(焦循)의 『맹자정의(孟子正義)』에서는 말하기를 "철(徹)은 사람이 두루 사물을 취한다는 것과 같다. …… 그러나 그 제도가 어떠한가는 끝내 밝힐 수 없다." 이런 제도는 고대의 문헌에서 구하면 실로 밝히기가 쉽지 않다. 태족 농노사회의 토지세 발전 형태를 상호 참작하면 이해하기가 어려울 것 같지 않다. 시솽반나의 영주제 봉건사회 토지 소유제의 착취에는 매우 분명하게 서주와 동주의 '조(助)'에서 '철(徹)'로 가는 토지세 형태의 발전 단서가 존재하고 있다. 이른바 "철(徹)은 통한다는 뜻이다"의 '철(徹)'은 실질적으로 노역 토지세에서 실물 토지세로 전환해가는 것이다. 전환의 결과는 다음과 같다. 첫째, 봉건영주 토지세는 알았는데 전지(田地)는 알지 못하였다. 둘째, 농노채 내부에서 대신 경작하는 영주의 사장전 또한 기타분지(寨公田)에 함께 넣어서 통일하여 분배하였다. 셋째, 통일 분배의 결과는 곧 '공전'(領主私莊)과 '사전'(農奴份地)의 한계를 취소하여 혼동이 일어나가 시작하였다. 최술은 『삼대경계고(三代經界考)』에서는 '철(徹)'을 해석하여 "그 밭을 통틀어 경작하고 그 곡식을 통틀어 자르는 것을 '철'이라 한다고 하였는데 매우 옳다. 노역 토지세가 실물 토지세로 전환하는 것은 자연스런 발전의 결과이다. 영주 노역 하에서 먼저 '공전'을 다 심어야 '사전'을 심을 수가 있어서('公事畢, 然後敢治私事') 종종 자기 '사전'을 심고 거두는 작업을 그르치게 된다. 이 때문에 공개적으로 반항할 힘이 없을 때 소극적인 반항을 실행한다. 징훙 지구에서는 몇 10년 전에 만달(曼達) 등 채의 농노가 '소편령'의 사장전을 대신 경작하였는데 수확시에 일부러 곡식을 땅에 뿌리는 현상이 출현한 적이 있다. 그들은 말하기를 "소(召)의 곡식을 많이 뿌리고 던져야 우리의 곡식이 잘 자랄 수 있다."라 하였다. 또한 몇몇 촌채에서 '소편령'의 사장전을 대신 경작할 때 일부러 벼를 거꾸로 심기도 하였다. 이런 것은 모두 봉건영주를 매우 골치 아프게 하는 일이었다. 서주 말년의 정황 또한 이와 유사하다. '공전'과 '사전'의 생산량 차이가 이미 매우 현저해졌기 때문에 『시경』 「제풍·보전(齊風·甫田)」에서는 말하기를 "큰 밭을 농사짓지 말지어다. 잡초가 왕성하고 왕성하리라(無田甫田, 維莠驕驕)", "큰 밭을 농사짓지 말지어다. 잡초가 무성하고 무성하리라(無田甫田, 維莠桀桀)"라 하였다. 농노가 경작하는 '공전'에 무성한 잡초가 가득 자라는 것을 묘사하였다. 경작을 돕는 '노역 토지세'는 이미 유지해나가기가 어려웠다. 이는 바로 노역 토지세가 실물 조세법으로 전환되어 가는 근본적 원인이었다. 이런 전환은 농노가 토지를 경작하는 노동 흥취를 제고시켰으며 농전의 생산량을 제고시켰으며 봉건 영주가 때에 따라 얻게 되는 이미 이루어진 '실물 토지세'를 보증하였다.

이것이 바로 '조(助)'(노역 토지세)에서 '철(徹)'(실물 토지세)로 전환되어가는 과정이다. 무엇이 '철'의 현안인지 또한 시솽반나의 살아 있는 재료에서 우리에게 해답을 주었다.

셋째는 각종 '헌례(獻禮)', '공부(貢賦)'와 특권을 이용한 사기 행각이다. '헌례'와 '공부'는 일종의 토지와 결합한 그다지 엄밀하지 않은 착취이다. 또한 한 겹의 종교성을 띤 신비한 겉옷을 걸치고 있어서 비교적 농후한 원시적 색채를 갖추고 있다. 시솽반나 태족은 보편적으로 불교를 믿는데 신을 향한 헌례와 기복(祈福)을 '睒'(음은 탐이다)이라고 한다. 매년 관문절(關門節)과 개문절(開門節), 새해 등 절일(節日)에 농노들은 모두 얼마간의 육포와 쌀, 기름, 차(茶), 돈, 닭, 물고기, 과일 등의 예물을 갖추어 그들을 관할하는 영주에게 봉헌하며 그들을 '신'과 '부처' 화신으로 인정하여 그들에게 '속죄'와 '기복'을 구한다. 영주는 순행을 하거나 시골로 내려가며 농노들 또한 얼마간의 재물을 준비하여 무릎을 꿇고 그에게 바치며 그에게 '행운'을 내려주기를 청한다. '소편령'과 각 맹의 '소맹(召勐)'이 산 구역의 소수민족에 대한 통치와 착취에 있어서는 여전히 '공납제(貢納制)'의 방식을 택하여 진행한다. 시솽반나의 경제 착취와 정치 특권은 긴밀하게 결합되어 있으며 대소영주는 모두 임의로 명목을 내어 농노에게 갈취를 진행한다. 파랑하채자(波郎下寨子)에서는 말을 타느라 허리가 결린다고 하면서 '요산전(腰酸錢)'을 낼 것을 요구하고, 다리가 아프다면서 '퇴동전(腿疼錢)'을 낼 것을 요구하는 식이다. 농노의 파랑(波郎)에 대한 잘못된 칭호에 벌금을 요구하고 심지어 도박에서 돈을 잃으면 또한 소속 농노채에 균등하게 나누어 배상하라고 한다. 영주의 집에 혼례와 상례가 있으면 또한 소속 농노채에 대량의 재물을 보낼 것을 요구한다. 특권 착취는 밑 빠진 독이며 농노들에게 조금이라도 잉여생산물이 있으면 대소 영주들은 그들을 탈취할 방법을 궁리한다. 더욱 참을 수 없는 것은 영주들이 임의로 농노들의 아내와 딸을 가지고 놀며 간음할 수 있는 것이다. 간음하여 더럽힌 후에는 평생 동안 수절할 것을 요구하여 출가(出嫁)를 허락하지 않는다. 태족의 속담에 "산속의 말과 사슴은 임금 것이고 촌채의 아가씨 또한 부른다."라는 것이 있다. 이는 『시경』「빈풍·7월(豳風·七月)」에서 말한 "아가씨의 마음 서글퍼함이여 장차 공자와 함께 돌아가리로다(女心傷悲, 殆及公子同歸)"의 아픈 마음을 만난 것과 무엇이 다르겠는가?

다섯 째, 직접 생산자의 사회적 신분

시솽반나 영주제 봉건사회에서 직접생산자의 사회신분은 세 개 등급
이 있다. 곧 '태맹(傣勐)'과 '곤흔소(滾很召)' 그리고 '소장(召庄)'이다. '태맹'
은 '본지인(本地人)', '토착(土著)' 또는 "채(寨)를 세운 최초의 사람"이라는
뜻인데, 시간의 추이에 따라 차츰 '봉건화'되어 '농노'가 되었다. 1954년
중공(中共) 윈난성 위변위(云南省委邊委) 조사단의 28개 맹에 대한 통계에
의하면 '태맹' 등급은 모두 360채(각 등급의 농노는 단독으로 채를 이루며 섞이어 거주
하지 않는다), 11,174호(戶), 60,403명으로 총 호수의 54%를 차지한다.(村寨
의 두령 포함. 아래도 같음). '곤흔소'는 원래 가내 노예로 부단히 풀려 나가 하
나의 '지차지(支差地)'가 되었다. 많은 '곤흔소' 또한 농업 생산에 쓰여 차
츰 스스로 생활을 관리하는 '내농(來農)'으로 바뀌어 갔다. 한걸음 더 발
전하여 정해진 액수의 일꾼으로 규정되거나 '관조(官租)'로 정해졌는데
본신(本身)은 또한 비교적 독립을 취득한 개체 경제였으나 차츰 '봉건화'
되어 '농노'가 되었다. 위에서 말한 28개 맹의 통계에 의하면 '곤흔소(滾
很召)' 등급은 모두 283채, 7,971호, 40,345명이며, 총 호구의 38%를 차
지한다. '소장'은 원래 귀족의 지파로 나누어져 나가 채자(寨子)를 건립
하여 봉건 토지세를 내지 않거나 혹은 적게 내는 토지를 얻는데 세습
을 하거나 자유로이 처분할 수가 있어서 하나의 소층(小層) '자유농민'이
되었다. 위와 같은 28개 맹의 통계에 의하면 '소장' 등급은 모두 32채,
1,171호(戶), 5,841명으로 총 호수의 5%를 차지한다.[67]

이 세 등급은 모두 직접생산자다. 그들의 신분과 지위 및 그 역사적
변천은 서주의 '중(衆)', '신(臣)', '사(士)'와 자못 비슷하다.

1. '태맹'과 서주의 '중(衆)' 혹은 '서인(庶人)'

'태맹'은 노역 토지세의 주요 부담을 안은 자이다. 영주의 '사장전(私莊田)'(곧 이른바 '公田')은 대부분 그들의 마을에 흩어져 있으며 그들이 대신 경작한다. 이 외에 또한 '감맹(甘勁)'("地方上의 부담"이라는 뜻)을 부담해야 하는데, 수로의 수리, 갑문(閘門) 건설, 도로 수리, 교량 건설, '영피맹(靈披勁)'(全勁을 제사지내는 귀신. 역사적으로 전해 내려 온 '部落神'일 것이다), 병역 복무 등의 요역 노동을 포괄한다. 그들의 1년 사계절 소농 경제생활은 『시경』「빈풍·칠월(豳風·七月)」의 '농부(農夫)'와 흡사하고, 『시경』「대아·영대(大雅·靈臺)」의 '서민(庶民)'과 비슷하다. 이런 시들의 '농부'와 '서인(庶人)'은 이른바 '생산노예'나 '농업노예'가 절대 아니며, 농노이다. 서주의 '민(民)', '중(衆)', '서인(庶人)'은 그 내원 및 신분이 시솽반나의 '태맹', 곧 '농노화'된 촌채 농민과 비슷하다. 시솽반나와 서주의 농노제가 모두 촌채를 기초로 하기 때문에 여전히 모종의 원시적인 민주의 잔재가 남아 있다. 이 때문에 나라에 큰 일이 있으면 반드시 "크게 중서(衆庶)에게 물어보았다."[68] 춘추시대의 서인은 또한 국정을 의논할 수 있었기 때문에 『논어』「계씨(季氏)」에서는 "천하에 도가 있으면 서인들이 의논하지 않는다.(天下有道, 則庶人不議)"라 하였다. 양콴(楊寬)은 「중국 고사 분기 문제를 토론하는 세 가지 다른 주장을 논함(論中國古史分期問題討論中的三種不同主張)」

---

67 태족 사회는 주로 봉건영주계급과 농업·수공업 노동자라는 주로 농노계급의 두 대항 계급으로 나뉜다. 농노계급 내부 등급은 이미 위에서 말한 데 보인다. 봉건영주 통치집단은 귀족에 속한 '맹(孟)'('가장 고귀한 사람'이라는 뜻), '옹(翁)'(영주의 친속)의 두 등급이 있다. '팔(叭)'과 '자(鮓)', '선(先)'에 봉하여진 채의 당권 두령은 통치집단의 기층(爪牙)에 속한다. 영주집단은 약 총 호수의 8%를 차지하는 것으로 짐작되는데, 그 중에서 대소 영주가 2%를 차지하고 촌채의 각급 두령이 약 6%를 차지한다.(후자는 이미 나누어져 통계가 위에서 말한 3개의 농민 등급에 있다.)

68 『주례(周禮)』「지관·향대부(地官·鄕大夫)」.

에서 제대로 이야기하였다. "고문헌인 『상서』와 『시경』을 가지고 보면, '민'과 '서민', '서인'의 신변이 완전히 점유된 하등 노예라는 것을 충분히 증명할 만한 곳이 한 군데도 없다."

시챵반나 농노사회의 각 직접생산자 중에서 '태맹'의 사회 신분(等級)은 겨우 '소장(召莊)'의 다음이었다. 기타 등급은 '태맹'을 '만용(曼竜)'(竜은 '龍'으로 읽는다), 곧 "대채자(大寨子)의 사람"이며, '태만' 또한 자칭 자칭 '만용(曼竜)'이라 하였다. '곤흔소' 등급에 이르러 '태맹'을 '카패(卡牌)' 곧 '노예'라 불렀으며 그들 또한 자칭 '카패'라 하였다. '곤흔소'는 '태맹'의 아가씨를 아내로 맞을 수 없었다. '곤흔소'의 아가씨는 '태맹'에게 시집을 갔는데 본인의 등급은 변치 않았으며 태어난 아기는 '태맹'으로 칠 수 있었다. 특별히 종교생활에서 가장 존숭되는 부락신은 태족에서 '영피맹(靈披勐)'이라 불렀으며 각 맹주(勐主)로 제사를 주재하는 사람은 모두 "태맹" 노채(老寨)의 두령이었다. 제육(祭肉)을 나눌 때 기타 등급의 사람은 '태맹'에게 구걸하여야 했다. '태맹'의 사회 지위에서 또한 서주의 '중', '민', '서인'의 사회신분을 상상할 수 있을 것 같다.

2. '곤흔소'와 서주의 '신(臣)'

'곤흔소(滾很召)'의 '곤(滾)'은 '사람(人)'이며, '흔(很)'은 "가내(家內)의"라는 뜻이고, '소(召)'는 '주자(主子)'로, 뜻을 모으면 "주인집의 사람"이 된다. 이로써 그 사람의 신변이 예속된 관계를 알 수 있다. 이 등급에는 또한 다섯 부류의 사람을 포괄한다.

(1) 영입(領岡): 소(召)를 따른 비교적 이른 가노(家奴)일 것이다. 그들은 풀려나 채(寨)를 세운 시간이 비교적 이르다. 그들의 '지차전(支差田)'은 일반적으로 모두 비교적 많다.

(2) 모재(冒宰): 주로 주인집에서 물을 긷고 밥을 짓고 '나(娜)'(귀족 부녀)

의 치마를 들고 신발 등에 수를 놓는 가노로, 풀려나 채를 짓는다.

(3) 곤내(滚乃): 풀려나 채를 세운 시간이 늦다. 일반적으로 모두 토지가 없으며, 생활은 '소'의 공급에 의지하며, 아직 완전히 가노의 지위에서 벗어나지 못하였다.

(4) 낭목내(郎木乃): 위에서 말한 세 종류의 사람 중에서 분화되어 나왔다. 소편령은 각 맹에 대한 통제를 강화하기 위해서 그들이 가깝고 믿는다고 생각하는 위에서 말한 가노를 각 맹이 채를 세우는 데 배치하였으며 소편령의 '낭목내'('아래쪽 눈'이라는 뜻)로 삼았다.

(5) '홍해(洪海)': "물위로 떠내려 온"이라는 뜻으로, 주로 전쟁 포로이거나 외지에서 도망쳐온 무리로 지위가 가장 낮다. 그들은 일반적으로 '지차전'이 없으며 영주의 '사장전'을 소작하거나 기타 농노의 많이 남는 땅에 의지해서 살아간다. 그들은 영주를 위하여 각종 비천한 노역에 복무한다.

그들의 부담을 통칭하여 '감내흔소(廿乃很召)'라고 하는데, 뜻은 "소(召)의 가내(家內) 노역(勞役) 부담(負擔)"이다. 이런 부담은 많게는 1백여 종에 달한다. 영주를 시종(영주가 순행 나갈 때 의장대로 충당하여 칼을 들거나 금 우산을 드는 등)하고, 가무(家務) 노동(물을 긷거나 장작을 패는 일 등), 비천한 노역(영주의 얼굴을 씻고 발을 씻으며 부채질하고 노래하며 영주의 부인을 위해 수놓은 신을 들고 치마를 들며 영주를 위해 哭喪하고 무덤을 지키며, 엉덩이를 때리는 '便棍' 등을 만든다), 농업 성격의 노역(영주의 私莊과 菜園을 지키고, 곡창과 소와 말, 코끼리 기르는 일 등을 지킴), 공상업 복역(설탕을 짜고 술을 빚으며, 비단을 짜고 집을 지으며, 장사를 하고 소와 말에 짐을 싣는 일을 하는 등 계절에 따른 복역, 농업 생산에서 벗어나지 않는다)을 한다. 그들은 울타리를 건립하고 토지를 나누어 경작한 후에도 여전히 정기적으로 돌아가며 그들이 원래 맡고 있는 가내와 전문적인 노역을 제공한다. 모채(某寨)의 말을 기르고 모채(某寨)의 소를 기르는 등과 같은 일이다. 이 몇 가지 사람의 신분 지위에는 존비와 고하의 구분이 있다. '영입(領囮)'과 '낭내목(郎木乃)'이 가장 높고, '홍해(洪海)'가 가장 낮다. 그러나 태족의 농노사회에서 나뉘어져 나온 건채(建寨)의 가노(奴隸)는 사실상 이미 농노로 변하였다. 그들이 더 이상 주인의 완전한 지배를 받지 않을 뿐만 아니라 반 자유 인격을 획득하였기 때문이다. 주로 또한 그들이 모두 자기의 경제와 가정을 가지고 있기 때문이기도 하다. 그들은 규정에 따라 번갈아 실물 토지세를 내는 외에도 돌아가며 영주가 규정한 위에서 말한 각종 노역을 제공하여야 한다.

이제 서주의 '신(臣)'을 보기로 하자.『좌전』「희공(僖公) 17년」에는 "아들은 신하가 되고 딸은 첩이 된다."는 말이 있다. '신하'과 '첩'이 '가내의 노예'임은 그 원시 신분이 매우 명확하다. 다만 '신하'의 신분 지위는 사회의 발전에 따라 변화하였다. 성왕(成王) 때의 「작책측령궤(作冊矢令簋)」에 "신 십가와 격 백인에 …… 상을 내렸다(賞……臣十家, 鬲百人)"라는 구절이 있다. '신(臣)'은 '가(家)'로 말하고 격(鬲)은 사람으로 계산하였으니 '신'에 이미 '가'가 있었음을 알 수 있다. 지난날의 '가내노예'가 이미 풀려나 '예농(隸農)'으로 전환되었다가 '농노'에 이르렀음을 설명한다. 시솽반나의 '곤혼소'가 걸은 길과 같다. '신(臣)'이면서 실(室)과 가(家)를 가졌으니 이는 큰 변화이다. 이것이 바로 서주 농노제와 은대 노예제의 분계점이다. 서주에서 "전지를 내리고(賜田)", "백성에게 줄 때(授民)" 늘 '중(衆)'과 '신(臣)'도 함께 내렸으니 곧 여기저기 흩어져 분포한 농노채(寨)와 가노채에 동시에 신속(臣屬)도 내린 것이다. 이는 '중(衆)'이 '신(臣)'과 같음을 나타내지 않는 것이다. 다함께 '노예'이며, '신'이 '중'과 같음을 나타내었으니 곧 '농노'이다. 이렇게 과거의 노예와 예농(隸

農), 촌채 농민이 지위상 차별이 차츰 없어져서 그들은 마찬가지로 농노 군중으로 바뀌었다. 이렇게 또한 역사적인 '봉건화' 과정을 완성하였으며 서주를 봉건사회(초기)라 하지 않을 수 없었다.

3. '소장(召莊)'과 서주의 '사(士)'

'소장'은 '소편령'(國內의 最大 領主로 周天子에 상당)과 '소맹'(中等 領主로 西周의 諸侯에 상당)의 먼 친척으로 지파가 번다하고 넘치며 인구가 크게 불어나 모두에게 부귀를 나누어줄 수 없었다. 부득이 그들을 나누어 내보내 각자에게 땅을 주고 채자를 건립하여 스스로 경작하여 먹게 할 수밖에 없었다. 그들은 직접생산자 중 사회적 신분이 가장 높은 등급이다. 그들은 모두가 귀족의 지파에다 의무 또한 시종을 맡기에 가장 어울리는 자격을 갖추고 있다. 영주를 경호하고 돌아가며 숙직하는 임무가 있어서 영주 또한 상응하여 보살펴주었으니 곧 기타 모든 봉건적 부담을 면제하였다. 이 때문에 '소장'이 나누어 받은 토지는 그 성격이 '태맹', '곤흔소'의 분지의 성격과는 완전히 다르다. 주로 '토지'는 '부담'과 서로 결합되지 않으며 '부담전'의 관념은 없다. 다만 그들은 자신의 토지를 자유로이 처리할 수 있었고 심지어 촌채의 바깥에 팔 수도 있었다. 그들은 봉건 부담이라는 끈의 속박을 받지 않았다. 봉건영주 농노의 경제 범주에서 유리되어 나온 작은 층의 '자유농민'이랄 수 있다. 그들이 토지를 다루는 관념은 촌채의 집체 소유도 아니었을뿐더러 또한 영주의 소유도 아니었다. 나누어 얻은 한 뙈기의 땅을 자기 소유로 보는 사실상 확실히 그들에게 속하였고 자유로이 처리할 수 있는 것이었다. 그들은 진정한 소토지 사유자였다.

서주에서 귀족의 지파가 되는 '사(士)'도 마찬가지다. '녹(祿)'을 얻는데 곧 "사대부의 아들이 얻어서 경작하는" '토전(土田)'[69]이었다. '사'는 자유농민이 되어 주로 스스로의 노동에 의지하여 살았으며, 지위는 안정적이지 못하였다. 사와 서인의 구별은, 전자는 자유농민이고 후자는 농노이다. 전자는 토지 소유권이 있으므로 "땅을 가지고 먹으며(食田)", 후자는 토지 소유권이 없었기 때문에 "힘을 가지고 먹었다.(食力)" 서인이 아직 농노 신분이 말소되지 않았을 때는 '출사(出仕)'할 수 없었으며, 사가 출사하는 것은 문제가 되지 않았다. 사는 전쟁 중에는 갑사(甲士)라 일컬었는데 보졸과는 달랐다. 그들의 신분은 서인과는 현저히 같지 않았다. 서주의 사는 태족의 '소장(召莊)'과 자못 비슷하였다. '소장'의 직무는 돌아가며 숙직하고 영주를 호위하며, 서주의 '무사'와 같다. 태족의 '문사(文士)'는 불사(佛寺)에서 양성된다. 이곳의 불사가 봉건영주를 위하여 복무하는 방면에서 일으키는 작용은 또한 서주의 '상서(庠序)'와 흡사하다. 『맹자』「등문공(滕文公) 상」에서는 "상·서·학·교를 설치하여 백성들을 가르쳤으니, 상은 봉양한다는 뜻이요, 교는 가르친다는 뜻이며, 서는 활쏘기를 익힌다는 뜻이다.(設爲庠序學校, 以敎之, 庠者, 養也, 校者, 敎也, 序者, 射也)"라 하였다. 이곳의 상서에서 기르는 사(士)와 『좌전』「양공(襄公) 9년」에서 말한 "사는 가르침에 노력한다(其士競于敎)"의 사가 가리키는 것은 모두 문사(文士)이다. 시솽반나의 불사는 공공집회 활동을 하는 곳으로 촌채의 의사회는 바로 불사에서 거행되는데, 정(鄭)나라의 '향교(鄕校)'와 자못 비슷하다. 『좌전』「양공 31년」 "정나라 사람이 향교에서 놀면서 집정에 대하여 논하였다.(鄭人游于鄕校, 以論執政)"는 기록이 있는데, 시솽반나의 불사 또한 시정(時政)을 토론하는 장소였다. 불사는 또한 노인을 봉양하는 곳이다. 40세 이상의 남자는 관문절(關門節) 후에 모

---

69 『주례』「지관·재사(地官·載師)」의 정전(鄭箋).

두 불사에 와서 휴양한다. 동시에 또한 자제들을 교육시키는 곳으로 태족 남자들은 모두 일단의 종교생활을 해야 한다. 7~8세가 되면 곧 불사로 보내어져 소화상(小和尙)이 되어 태족의 글과 일련의 산술(算術)과 시가(詩家), 역사, 전설 등의 지식을 배우고 일반적으로 성년이 되면 환속한다. 불사에 나아가 화상이 되지 않은 사람은 '야인(野人)'이라 일컬어진다. 이런 사람은 심지어 연애 대상도 찾지 못한다. 불사에 있었던 시간이 비교적 길고 문화가 비교적 높은 사람은 환속한 후에 '강랑(康郞)', 곧 '문사(文士)'로 불리며 사람들의 존경을 받는다. 죽을 때까지 불사에 머무르는 '대불야(大佛爺)' 등은 종교, 문화 방면의 통치자로 각급 영주와 공동으로 통치하고 농노를 착취하는 승려이다.

서주의 '무사'와 '문사'는 거의가 귀족 출신이다. 서민자제에서 신분이 상승하여 '사'가 된 사람도 있는데, 『시경』 「소아·보전(小雅·甫田)」에서 말한 "우리 준사(俊士)들을 위로하도다(丞我髦士)"가 가리키는 것이 이런 상황이다. 시솽반나에도 유사한 성황이 있다. 해방 전에는 적지 않은 농노 출신의 '곤한(昆悍, 武士)'과 '강랑(康郞, 文士)' 등이 또한 소편령과 각 소맹에서 병관(兵官)과 문서, 회계 등을 통괄하는 문직(文職) 관원으로 발탁되었다.

(4) 사람들의 의지로 전이되지 않은 역사적 실제

이상의 근거 문헌과 고고학 재료, 특별히 시솽반나가 해방되기 전의 생생한 태족 사회에 관한 민족학 재료에 근거하여 이미 충분히 사람들의 의지로 전이되지 않은 역사적 실제를 증명하였다. 그것은 서주 영주제 봉건사회(초기 봉건사회)였으며, 결코 노예사회가 아니었다. 서주 봉건사회이기 때문에 공자가 봉건사회의 위대한 사상가라는 이 역사적 사실이 생성될 수 있고 설명될 수 있을 것이다. 서주가 노예사회였다면 공자라는 사람과 사상이 생성되고 설명할 길이 없을 것이다.

한 청년 노동자 지앙친쉬엔(江琴烜)[70]은 자신의 독립된 아마추어 연구 작업에서 이상과 일치하는 결론을 도출하였다. 그는 이렇게 생각하였다. "서주의 정치는 봉건적 정치이고, 서주의 경제는 봉건적 경제이며, 서주의 의식형태는 봉건적 의식형태이다. 이 때문에 완전히 봉건사회의 각종 특징을 구비한 서주사회는 하나의 명실상부한 봉건사회일 것이며 …… 중국 고대사에서 이런 소멸된 옛 생산 관계(노예제 생산관계)는 새로운 생산관계(봉건제 생산관계)를 건립하여 옛 제도(노예제도)를 뒤집었으며, 새로운 제도(봉건제도)의 사회혁명을 건립하였다. 이는 결국 어느 시기에 폭발하였는가? 그것은 바로 은말 주초 시기에 폭발하였으며, 무왕이 주를 정벌한 전쟁은 이 사회혁명을 총 폭발시킨 중대한 표지이다. 중국 고대사에서의 노예제와 봉건제의 시기 구분의 한계는 결국 또한 어떻게 나누어야 하는가? 그것은 바로 또한 다만 무왕이 주를 정벌한 것을 표지로 삼아 구분해야 한다는 것으로 약 B.C. 1066년이다.(판원란의 추산에 의함.『中國通史』, 제1책, 71쪽에 보인다) 무왕이 주(紂)를 치기 이전의 은대와 하대는 모두 노예사회에 속한다. 무왕이 주를 친 이후 서주는 서기 1840년 아편전쟁이 폭발하기 이전까지 2,900년에 달하는 오래된 중국

---

70 지앙친쉬엔(江琴烜)은 항저우(杭州) 봉제공장의 청년 노동자로 금년 41세이다. '문화대혁명' 기간에 일어난 이른바 '비림비공(批林批孔)'은 공자를 노예주 계급의 대변인으로 간주하여 그가 공자사상 연원으로서의 서주사회 성격에 대한 연구와 탐구토론을 하도록 동기 부여를 하고 아울러 「중국의 노예제와 봉건제의 시기 구분을 논하여 봄(試論我國的奴隸制 与封建制的分期)」이라는 논저를 써서 나에게 보내주었다. 나는 그 사람을 몰랐지만 그 글을 읽고 그가 작업 외 시간을 이용하여 대규모의 연구작업을 하고 마침내 자신의 연구 성과를 낸 데 대하여 감탄했다. 그는 사회주의 사회가 낳고 배양해낸 노동자가 지식화한 가상한 예증이다.

사회는 줄곧 봉건사회에 속하였다." 나는 매우 기쁜 심정으로 청년 노동자인 지앙친쉬엔의 이 말을 인용하였다. 그가 제기한 위에서 말한 연구 성과는 마르크스주의의 기본 원리와 중국 역사실제에 부합한다. 이 때문에 나는 특별히 이 말로 본절을 맺는다.

2. 춘추는 영주제에서 지주제를 향해가는 봉건사회의 과도 시대이다

공자의 사상은 서주 영주제 봉건사회 및 그 이전의 각종 사상문화 전통의 연원에서 유래하였고, 영주제에서 지주제를 향해가는 과도기인 춘추시대에 형성되었다.

춘추시대는 거대한 사회적 요동을 겪었다. 사회 각 계층의 사람들은 모두 다른 정도로 사회가 크게 요동치는 물결 속으로 말려들었다. 이런 큰 요동의 합류로 바로 선진의 제자백가가 쟁명하는 시대의 역사적 배경이 태어났다. 당연히 '백가' 중의 첫째인 공자사상이 태어난 배경이다.

(1) 경제 구조상 영주제가 지주제로 향하는 급속한 과도

춘추시기의 경제발전은 농업에서 비롯되었으며 농업의 발전은 철제 공구의 사용에서 시작되었다. 당시 야금술의 발전으로 "질 나쁜 쇠붙이로는 호미, 풀을 깎고 땅을 고르는 농기구, 작은 호미, 괭이 등을 주조하여 농지에 쓰도록 하라."[71]는 상황이 출현하였다. 노동자는 "반드시 보

---

[71] 『국어』 「제어(齊語)」

습 하나, 쟁기 하나, 낫 하나, 괭이 하나, 송곳 하나, 짧은 낫 하나가 있은 다음이라야 농부가 되었다."[72] 생산 도구에 이때 이미 혁명적인 변화가 있었는데, 이는 춘추시기의 모든 사회변화의 기점이다. 철기의 출현에는 필연적으로 우경(牛耕)이 수반되었으며(공자 때 이미 '소[牛]'와 '얼룩소[犁]'가 함께 제기되었다. 이를테면 『論語』 「雍也」 편에 "얼룩소 새끼가 색이 붉고 뿔도 곧다.[犁牛之子, 騂且角]"라 하였다.) 농업 생산력이 매우 크게 발전하였으며 '정전제도(井田制度)'와 역역(力役) 착취를 특징으로 하는 영주제의 생산관계는 일찍이 서주가 은주(殷紂) 노예제도를 이겼을 때 생산력의 진보적인 제도가 촉진되었으며, 현재 이미 생산력의 발전을 저해하는 질곡이 되었다. 대요동의 첫 번째 표지가 된 경제 구조상의 변혁은 필연적인 역사 추세이다.

앞에서 말했듯이 서주 이래의 영주제 봉건경제는 공전과 사전으로 나뉘는 정전제 착취의 기초 상에서 건립되었으며 영주가 농노가 공전에서 생산한 잉여노동에 의지하여 실현되었다. 서주 초기에 사회생산력이 아직 돌파력을 갖춘 발전이 없었을 때 영주와 농노 사이의 갈등은 비교적 조금 완화되었다. 농노가 영주를 위하여 공전을 경작할 때 또한 일정 정도 생산에 적극성을 갖출 수 있었다. 영주 경제 또한 일정 정도의 발전을 획득할 수 있었다. 이것이 농노제가 노예제를 대체한 초기에 비교적 흥왕한 상황이다. 몇백 년의 변화 발전을 거쳐 춘추시대에 이르렀을 때 전쟁이 빈번해지고 군비 지출이 대폭 늘어남에 따라 농노가 받는 착취와 압박은 이미 부단히 가중되었다. 영주와 농노 사이의 갈등 또한 날로 격화되었으며 농노의 생산 적극성도 이미 좌절되었다. 그들이 영주를 위해 공전을 경작하도록 압박받았을 때 모두 이미 "힘껏 공

72 『관자(管子)』 「경중(輕重) 을」.

198

전을 다스리려 하지 않았으며"[73] 영주의 공전에서 잡초 더미가 출현하기 시작하였다. "공전을 다스리지 않는"[74] 잡초가 우거진 경상은 영주가 공전의 수입에 의지하여 획득할 수 있는 착취 이익이 갈수록 적어지게 하였다. 영주경제의 생존에 이미 근본적인 위기를 발생시킨 것이다. 사회 생산력의 발전에 따라 착취방식과 사회경제의 변혁은 이미 피할 수 없는 추세가 되었다.

또한 앞에서 말했듯이 철제 농기구와 우경(牛耕)의 사용은 사회생산력에서 이미 매우 큰 진보와 제고를 보였다. 원래 "쑥대와 명아주와 콩잎(蓬蒿藜藿)"[75]이 나는 땅과 "여우가 살던 곳과 이리와 승냥이가 울부짖던"[76] 들판이 또한 모두 차츰 개척되었다. 개척된 경지가 여전히 농노의 소유로 돌아갈 수는 없었지만 농노는 자기에게 할당된 1백 무 외에도 여전히 충분히 많거나 적거나 얼마간 자기가 차지하고 있는 황무지를 확실히 개척하였다. 동시에 인구 또한 부단히 증가하여 제나라와 진(晉)나라 등 대국의 인구 증가 속도는 말할 필요도 없다. 작디작은 위(衛)나라마저도 춘추 말기에 이르렀을 때 인구가 이미 공자마저도 "많구나!"[77]라고 감탄할 지경에 이르렀다. 인구의 증가는 토지와 인민과 서로 비교되어 마침내 "토지는 협소하고 백성은 많은"[78] 불균형 상태를 형성했다. 사람은 많고 땅은 적은 이런 형세는 반드시 서주 이래 인구를 계산해서 전지를 주는 제도의 실시에 영향을 끼쳤다. 그리고 생산력

---

73 『공양전(公羊傳)』「선공(宣公) 15년」. 하휴(何休)의 주(注).
74 『국어』「진어(晉語)」.
75 『좌전』「소공(召公) 16년」.
76 『좌전』「양공(襄公) 30년」.
77 『논어』「자로(子路)」.
78 사마천의 『사기』「화식열전(貨殖列傳)」.

의 제고와 인구의 증가에 따라 한편으로는 '각자 1백 무(畝)'인 토지 분배방식은 이미 농노의 수요를 만족시키지 못하였다. 농노의 경지면적의 확대 요구와 사전을 자유로이 지배하려는 욕망도 이미 부단히 증가하였다. 다른 한편 공전에서의 유한한 착취 수입은 영주 계급의 날로 더욱 늘어나는 소비 수요를 더 이상 만족시키기 어려웠다. 영주의 강토를 개척하고 영지를 확장하고 재부(財富)를 약탈하고 착취하여 수입을 늘리려는 탐욕이 갈수록 더욱 강렬해졌다. 영주 사이의 영지를 쟁탈하는 전쟁 또한 갈수록 빈번해졌고 발전할수록 격렬해졌다.

영주 사이의 영지를 쟁탈하는 상황은 큰 방면에서 보면 제후국 사이와 같지 않은 부족 사이의 상호 병탄이 있었다. 이를테면 다음과 같다. "제환공은 30개국을 병탄하여 3천 리의 땅을 넓혔다."[79] 초장왕은 26개국을 병탄하여 3천 리의 땅을 넓혔다.[80] 진헌공(晉獻公)은 17개국을 병탄하였고 38개국을 복속시켰다.[81] 진목공은 12개국을 멸하고 천 리의 땅을 넓혔다.[82] 이런 춘추시대에 한 차례 패권을 다투었던 강대한 제후국들은 모두 전쟁에 기대어 자기의 영지를 확장시켰으며, 이를 빌미로 자기의 정치 지위를 제고하고 자기의 경제적 역량을 크게 키웠다. 작은 방면에서 보면 대소 영주 간의 끊임없이 발생하는 전지를 다투는 사례는 더욱 많았다. 이를테면 다음과 같다. "정백이 허나라를 쳐서[83] 서암과 영돈의 전지를 차지하였다.(鄭伯伐許, 取鉏任, 泠敦田)"[84] 진(晉)나라 "극지와

79 『한비자(韓非子)』「유도(有度)」.
80 위와 같음.
81 『한비자』「비난(非難)」.
82 사마천의 『사기』「진본기(秦本紀)」.
83 서임(鉏任)과 영돈(泠敦)은 지금의 허창현(許昌縣) 경내에 있을 것이다.
84 『좌전』「성공(成公) 4년」.

주나라가 전지를 다투었다.(郤至與周爭田)"[85] "주나라 감 사람이 진나라 염가와 염의 전지를 다투었다.(周甘人與晉閻嘉爭閻田)"[86] "진나라 형후와 옹자가 축의 전지를 다투었다.(晉邢侯與与雍子爭鄐田)"[87]

이런 대소 영주의 무력에 호소하는 것은 토지를 빼앗고 자기의 영지를 확대시켰다. 자기의 경지면적과 착취수입은 증가하였지만 빈번한 전쟁은 오히려 농노의 자급자족하고 상대적으로 안정된 경제생활을 파괴했다. "왕사를 견고히 하지 않을 수 없는지라, 서직을 심지 못하니, 부모가 무엇을 잡수실까? 아득하고 아득한 창천아, 언제나 그 그침이 있을까?(王事靡盬, 不能蓺黍稷, 父母何食? 悠悠蒼天, 曷其有極)"[88] 쉼 없는 병역과 요역은 농노의 필요 노동시간을 과다하게 침탈했다. 농노의 생활은 이미 보장이 없었다. "백성들은 그 힘을 셋으로 나누어 둘을 나라에 들였다.(民參其力, 二入于公)"[89] 영주계급의 잔혹한 착취는 이미 노인들을 춥고 굶주리게 했다. 백성들은 질병에 고통받는 처참한 국면을 조성하여 농노는 이미 완전히 재생산 능력을 상실했다. 이에 "떠나서 장차 너를 버리고, 저 낙토로 가리라(逝將去女, 適彼樂土)"[90]며 도적이 되어 "남의 거마와 옷과 갖옷을 빼앗아 자기의 이익으로 삼는 자(奪人車馬衣裘以自利者)"[91]가 생겨났다. 서주 이래의 영주 경제와 그 기초가 되는 이른바 정전제도는 이 시기에 이르러 이미 유지해나갈 수가 없었다. 이런 전란이 어

85 『좌전』「성공(成公) 11년」.
86 『좌전』「소공(昭公) 9년」.
87 『좌전』「소공(昭公) 14년」.
88 『시경』「당풍·보우(唐風·鴇羽)」.
89 『좌전』「소공(昭公) 3년」.
90 『시경』「위풍·석서(魏風·碩鼠)」.
91 『묵자(墨子)』「명귀(明鬼)」.

지러운 시대에 크고 작은 영주는 자기의 영지를 지키기 위한 것은 물론이고 또한 다른 사람의 토지를 약탈하기 위하여 전력을 다하였다. 자기의 정치와 경제, 군사 실력을 크게 키워 자기의 역량을 크게 키우려 한 것이다. 이미 사회 생산력 발전 수요에 적응할 수 없었던 공전을 도와 경작하는 것과 노역 토지세 착취방식을 개혁하지 않았더라면 당시의 사회경제를 변혁시키지 않은 것 또한 불가능했을 것이다.

당연히 사회경제의 변혁은 결코 단번에 이루어지는 것이 아니다. 반드시 그 스스로 차츰 발전하고 성숙되어 가는 과정이 있다. 춘추시기의 착취방식에 가장 먼저 변화가 발생한 것은 춘추시대 초기에 출현한 관중(管仲)이 제환공의 재상이 되어 제나라에서 개혁을 실시했을 때일 것이다. 『관자(管子)』 「승마(乘馬)」에서는 말하였다. "정월에 농사를 시작하게 하여, 공전을 경작하게 한다.(正月令農始作, 服于公田農耕)" 『국어』 「제어(齊語)」에서는 말하였다. "정전과 곡식 심는 논과 삼[麻] 재배하는 전답을 고르게 분배하면 백성이 한스러워하지 않는다.(井田疇均, 則民不憾)" 이는 관중이 제환공의 재상으로 있을 때만 해도 정전제가 여전히 제나라에 존재하였다는 것을 말한다. 그러나 사회생산력의 진보와 제고로 당시의 농노는 이미 자기의 사전 외에도 다시 얼마간의 황무지를 개간할 여력이 있었다. 게다가 농노는 자기의 사전을 경영할 때 또한 극대의 생산 적극성을 갖추고 있었다. 이 때문에 농노의 사전에서의 수확은 이미 점점 증가하고 있었다. 이와는 상반되게 농노가 "공전을 다스리는 데 힘을 다하려 하지 않아서" 영주가 공전에서 획득하는 이익은 갈수록 줄어들었지만 영주가 당시의 상황에서 곧 공전을 없애어 자기의 전통적인 착취의 내원을 자르는 것은 확실히 불가능했다. 그렇다면 어떻게 해야 영주의 착취수입을 증가시킬 수 있는가? 관중이 제환공의 재상이 되어 제나라에서 "땅의 기름지고 척박함을 살펴서 세금을 차등 있게 징수하고"[92], "밭이랑을 따져 징세하는"[93] 제도를 실시하였다. 이로써 기본적으로 이 문제를 해결하였다 할 수 있다.

이른바 "땅의 기름지고 척박함을 살펴서 세금을 차등 있게 징수하고", "밭이랑을 따져 징세하는 것은" 곧 일종의 영주가 농노가 경작하는 사전(私田 이 외에 개간해낸 토지도 포함)의 토질의 좋고 나쁨과 면적의 크기를 헤아려 일정한 실물을 징수하는 착취방식으로 또한 곧 일종의 실물 토지세 착취방식이다. 이렇게 영주가 이미 농노가 "공전을 경작하게 할 수 있어서" 공전의 노역 토지세의 착취 수입을 얻었을 뿐만 아니라 또한 농노의 사전에서 일정한 실물을 징수하여 실물 토지세의 착취수입을 획득할 수 있었다. 노역 토지세와 실물 토지세의 두 가지 착취가 있음으로써 영주의 수입은 자연히 또한 증가하게 되었다. 당연히 이런 두 가지 착취는 당시 제나라의 정국이 여전히 비교적 안정되고 농업생산이 여전히 정상적인 발전상황에 이를 수가 있어서 여전히 비교적 적응할 수 있었다. 그렇지 않다면 제나라가 당시에 어떻게 부국강병으로 패권을 쟁탈할 수 있었겠는가? 그러나 실물 토지세의 출현에 따라 필연적으로 정전제의 붕괴와 노역 토지세의 실물 토지세로의 대체, 영주경제가 지주경제로의 전변은 이미 대세였다. 제나라에서의 실물토지세 출현은 곧 이미 제나라의 영주경제가 지주경제로 변하여가기 시작하였다는 것이다. "제후를 규합(九合諸侯)"하여 "천하를 한번 바로잡은(一匡天下)"[94] 공로가 있다고 한다면 관중이 당시의 영주경제가 지주경제를

---

92 『국어』「제어(齊語)」.
93 『관자(管子)』「대광(大匡)」.
94 『논어』「헌문(憲問)」.

향하여 전환하도록 촉진시키는 과정 중에서 일으킨 선구적인 작용 또한 저평가되어서는 안 될 것이다.

제나라의 착취방식이 변화를 일으킨 후에 이어 노선공(魯宣公) 15년 (B.C. 594) 노나라에서도 "비로소 전무에 부세를 거두는(初稅畝)" 법령을 반포하였다. 이른바 '초세무(初稅畝)'는 바로 두예(杜預)[95]가 말한 "공전 (公田)의 법은 10 가운데 1을 취하는 것이다. 지금 또 그 나머지 전무를 펼쳐서 다시 10에서 1을 거둔다. 그래서 애공(哀公)이 말하기를 '2로도 내 오히려 부족하다.'라 하였기 때문에 마침내 일상이 되었으므로 비로소(初)라고 한 것이다."[96]라 하였다. 이것은 곧 노나라에서 "전무에 부세를 거두기" 전에 행한 것은 공전법(公田法: 곧 井田制)으로 노역 토지세 착취방식이다. "전무에 부세를 거둔" 후에도 공전은 결코 없어지지 않았으며 정전제도 폐지되지 않았다. 이 "밭이랑을 딛고 세금을 거두는(履畝而稅)"것은 실은 공전을 제거하는 것을 가리킨다. 이 외에도 영주가 다시 농노가 경작하는 면적을 이미 확대하려고 하였다. 생산량이 이미 증가한 사전을 일률적으로 실제 이랑의 면적에 따라 일정한 실물세를 징수하는데 실질상 일종의 실물지세 착취방식이다. 노나라의 "밭이랑을 딛고 세금을 거두어" "비로소 전무에 부세를 거두는" 것이 제나라의 "땅이 기름지고 척박함을 살펴서 세금을 차등 있게 징수하는"것과 마찬가지다. 모두 일종의 공전에서의 노역 지세 수입을 없애는 외에도 농노의 사전에서 실물 지세를 거두려고 하는 이중 착취임을 알 수 있다.

---

95 두예(杜預: 222~284)는 서진(西晉) 사람으로 진남대장군(鎭南大將軍)을 지낸 적이 있으며 군공(軍功)으로 후(侯)에 봉하여졌다. 『춘추좌씨전집해(春秋左氏傳集解)』 등을 지었다.

96 『춘추좌전(春秋左傳)』 「희공(僖公) 15년」 주(注).

지세의 형태에 이미 잇달아 변화가 발생하는 외에 각 제후국의 군부(軍賦) 제도 또한 모두 상응하는 변화가 발생하고 있었다. '초세(初稅)' 5년 후에 노나라는 곧 '작구갑(作丘甲)'제를 실시하였다. 『좌전』「성공(成公) 원년」의 기록에 의하면 노나라의 '작구갑'은 "제나라의 어려움 때문"이었다. 두예의 주에서는 말하였다. "전해에 노나라는 초나라에 군사를 요청하여 제나라를 벌하려고 했다. 초나라 군사가 나서지 않았으므로 두려워하여 작구갑을 행했다." 노나라의 '작구갑'이 완전히 전쟁의 수요에서 나왔으며 병원(兵源)을 확대하기 위함임을 알 수 있다. 갑(甲)은 곧 갑병(甲兵) 전사(戰士)를 가리키며, '작구갑'은 곧 구(丘)를 단위로 일정 수량의 사람을 징발하여 군사로 충당하는 것이다. 주나라의 제도에 의하면 "4정이 읍이고 4읍이 구이며 4구가 전이다.(四井爲邑, 四邑爲丘, 四丘爲甸)"[97] 매 전(甸)의 규정은 "갑사(甲士) 3인, 졸(卒) 72인"[98]으로 모두 75인으로 계산되니 매 구는 대략 갑병 18인 안팎을 내야 한다. 매 구는 이미 출병을 요했으며 당연히 상응한 군부 부담을 져야 하는데 곧 주나라의 제도에 의하면 매 구에서 내는 군부는 "융마(戎馬) 1필, 소 3두"[99]일 것이다. 이로써 보건대 이른바 '작구갑' 또한 바로 '작구부(作丘賦)'로 곧 구(丘)를 단위로 하는 군부의 징발이다. 그러나 이러한 끊임없이 가중되는 세(稅)와 부(賦)의 부담은 여전히 쇠락일로에 있는 영주귀족의 착취탐욕과 당시의 전쟁 수요를 만족시키지 못했다. B.C. 183년 노나라가 실시한 '전부(田賦)'제는 또한 원래 이미 "구부를 지은(作丘賦)" 기초 위에 다시 배의 착취가 증가하였다.

---

[97] 『주례(主禮)』「소사도(小司徒)」.
[98] 『한서(漢書)』「형법지(刑法志)」.
[99] 위와 같음.

춘추시대 각국의 토지세 형태와 군부(軍賦) 제도의 서로 이어지는 변혁에 따라 정전제는 이미 당시의 사회발전 수요에 적응할 방법이 없어 이미 그 끝을 향해 달려갔다. 정전제의 철저한 붕괴는 이미 코앞에까지 닥쳤다.

정전제 붕괴의 가속화는 위에서 말한 각종 요인 외에 춘추시기 상품경제의 발전이 또한 한몫을 차지했다. 서주의 영주제 봉건경제는 농업과 가내수공업이 서로 결합된 자급자족하는 순자연 경제의 기초 위에서 건축되었다. 춘추시기 사회 생산력의 발전은 이미 농업과 수공업, 상업의 분업을 촉진시켰고, "사(士)·농(農)·공(工)·상(商)의 사민(四民)"은 이미 "나라의 기둥과 주춧돌이 되는 백성"[100]이 되었다. 서주 이래의 "장인들은 관청에 거처하게 하고"[101], "백공(百工)과 관상(官商)은 관청에서 주는 봉급을 먹게 하는"[102] 관영 공상업은 춘추시대에 존재하기는 하였다. 하지만 "온갖 공인들은 공장에 있으면서 그 일을 이루는(百工居肆以成其事)"[103] 독립된 수공업 대열이 이미 날로 장대해졌으며 신흥 상인 세력은 더욱 저평가될 수 없다. 명을 바로잡아 진(秦)나라 군사에게 음식을 보내어 정나라의 어려움을 푼 현고(弦高)는 상인이었다.[104] 제환공을 보좌하여 패권을 취득한 관중과 포숙(鮑叔)도 원래는 상인이었다.[105] 강(絳: 晉나라 都邑)의 부유한 상인은 이미 "수레를 금과 옥으로 치장하고 옷에는 갖은 무늬를 수놓아 입고 충분히 제후들과 교류하며 선물

---

100 『관자(管子)』「소광(小匡)」.
101 위와 같음.
102 『국어』「진어(晉語)」.
103 『논어』「자장(子張)」.
104 『좌전』「희공(僖公) 33년」.
105 사마천의 『사기』「관안열전(管晏列傳)」.

을 돌릴 수도 있었다."[106] 춘추 말년 월(越)나라의 범려(范蠡)는 월왕 구천(勾踐)이 회계(會稽)의 치욕을 설욕하도록 도와준 후에 "곧 조각배를 타고 강호를 떠돌아다니며", "19년 동안 세 번이나 천금을 일구어" 천하에 이름을 떨치는 도주공(陶朱公)이 되었으며,[107] 공자의 제자 자공(子貢)은 "조(曹)나라와 노나라 사이에서 재물을 사고팔아", "사두마차를 줄줄이 거느리고 비단 꾸러미의 폐백을 가지고 제후들을 찾아뵈니 이르는 곳마다 임금들이 뜰을 나누어주며 예를 높이지 않음이 없었다."[108] 이런 부상(富商)과 대고(大賈)는 재물을 늘리는 매우 높은 재주를 갖추고 있을 뿐만 아니라 정치무대에서의 활약도 매우 활발했다. 세력은 이미 매우 강성해졌다. 이런 부상과 대고 외에 "등짐을 지거나 우마차에 싣고서 사방을 돌아다니며 물물교환을 하고 싼 것을 사고 비싼 것을 팔 것이다. 아침저녁으로 이 일에 종사할 것이다"[109]라는 중소 상인은 더욱 계산할 수가 없다.

상업의 발전은 성시의 번영을 촉진시켜 낙양(洛陽)과 임치(臨淄), 정해(定海) 등의 성시는 모두 당시의 인구가 많고 상업이 흥성한 통도(通都) 대읍(大邑)으로 바뀌었다. "가난함으로 부자를 구하고 농업은 공업만 못하고 공업은 상업만 못하였으며"[110], "음료를 파는 것은 작은 직업이지만" 또한 천만의 이익을 얻을 수 있었다.[111] 이에 농촌 인구는 성시를 향하여 흘러들기 시작하였다.

---

106 『국어』 「진어(晉語)」.
107 사마천의 『사기』 「화식열전(貨殖列傳)」.
108 위와 같음.
109 『관자(管子)』 「소광(小匡)」.
110 사마천의 『사기』 「화식열전(貨殖列傳)」.
111 위와 같음.

"농업과 공업, 상업이 교역하는 길이 트이면 귀(龜)와 패(貝), 금(金), 전(錢), 도(刀), 포(布)가 흥기할 것이다.[112] 상업의 발전과 매매가 성행함에 따라 금(金), 전(錢), 도(刀), 포(布) 등 금속화폐의 사용과 유통 또한 차츰 광범해지기 시작하였다. 상품경제의 발전에 따라 토지를 자유로이 매매하는 현상이 출현하기 시작하였다. 상인들은 "말업(상업)으로 재산을 일구고 본업(농업)으로 지키며"[113] 영주나 농민에게 토지를 구매하여 자연스럽게 세습 영주와는 다른 신흥지주로 전환되었다. 또한 한 무리의 토지를 구매할 재력이 있는 신흥 역량이 있으며 바로 군공을 세워서 상을 받아 관직으로 승격된 서인이 있다.(서인의 원래 신분은 농노로 앞에서 이미 천명하였으며 여기서는 다시 서술하지 않는다) 춘추시대의 빈번한 전쟁은 이미 무수한 종군하여 입대한 서인이 고향을 등지고 떠나 제 명대로 살지 못하게 하였다. 다만 소규모의 요행히 생존하여 군공을 세운 서인에게 농노의 신분을 바꾸고 관직이 승진하여 돈을 벌 기회를 주기도 했다. 춘추시대 말년 진(晉)나라의 조간자(趙簡子)는 범 씨(范氏)와 중항 씨(中行氏)를 공격할 때 이미 규정이 명확했다. "적을 이기면 상대부는 현을 받고 하대부는 군을 받으며, 사는 10만의 전지를, 서인과 공장, 상인은 이룰 수 있고 노예와 노복들은 (신분을) 벗어날 수 있었다."[114] 서인이 군공을 세우면 "나아가 벼슬을 할 수 있었고" 승진하여 벼슬을 하였다. 이는 『맹자』「만장(萬章) 하」에 실린 "하사와 서인으로 관직에 있는 자는 녹이 같았다.(下士與庶人, 在官者同祿)"라 한 설법과 일치한다. 사(士)가 군공을 세우면 10만의 전지를 얻을 수 있었고 관직을 맡은 서인이 군공을 세우면

112 사마천의 『사기』「평준서(平准書)」.
113 사마천의 『사기』「화식열전(貨殖列傳)」.
114 『좌전』「애공(哀公) 2년」.

그 상으로 받는 전지의 수량은 아마 적지 않았을 것이다. 군공을 세우고 관직을 맡은 서인은 자기의 봉록이 있었다. 자기의 재원(財源)이 있었으며 그들은 당연히 또한 토지를 매매할 수 있었다.『한서』「식화지(食貨志)」에서는 말하기를 "서인 가운데 부유한 자가 누거만(累巨萬)이었다"라 하였다. 이는 얼마간 과장이 있긴 하겠지만 춘추시대 말년에 이르면 이미 소규모의 전지와 전재(錢財)를 가진 서인이 출현하였는데 이 점에 대하여서는 의심의 여지가 없다. 이런 부유한 서인은 상업 등에 종사하여 부를 이룬 외에도 군공을 세워 관직을 맡아 부를 이룬 자가 매우 많을 것이다. 그들의 신분은 이미 영주와 달랐으며 더욱이 영주에 붙어사는 농노와는 같지 않았다. 그들은 또한 신흥지주 계급의 구성 요소였다. 실물 토지세 착취방식의 출현으로(이는 결정적 의의가 있다) 봉건영주와 거기에 의존하는 농노는 피차간에 모두 지주와 농민을 향하고 있는 방향이 전환되었다. 당연히 정전제의 철저한 폐지와 토지매매는 일종의 명확한 제도 및 이로 말미암아 형성된 전국 범위의 토지사유제가 되었다. 진나라가 통일한 후에 "검수(黔首: 백성)에게 스스로 실전(實田: 자작의 밭을 실지대로 신고하는 것)하도록 하여서야" 법령의 형식이 정식으로 확정되어 내려왔다.

'정전제도'는 종법 영주봉건제 경제 구조의 첫 번째 '주춧돌'이었다. '주춧돌'의 함몰은 그 정치 구조 및 의식형태 구조, 곧 영주제라는 전체 상층에 건축한 건물은 필연적으로 그에 따라 무너지게 되어 있다. 이런 과정은 완만하기는 하지만 전체적인 추세는 오히려 역전시킬 수 없었다. 공자는 "나면서 그때를 만나" 한편으로는 그가 주문왕과 무왕, 주공의 "다스림(治)"을 회복하여 변혁이 요동치는 필연적인 추세를 막을 것을 기도하였으니 그 보수적 경향이 매우 명확하다. 다른 한편 공자는 인민의 부담을 경감해줄 것과 "널리 사람들을 사랑하되 인한 이를 가까이해야 한다(汎愛衆, 而親仁)"는 인민성을 요구하였는데 진보적 경향이 또한 매우 강하다. 이런 '이중성'의 모순은 역사가 전환하는 고비에 있는 사상가가 늘 구비하고 있는 보편적 성격이다.

(2) 정치 구조상 왕권의 쇠락과 제후가 쟁패하는 혼란한 국면

춘추시기의 정치구조상에서의 변화의 돌출된 표현은 정권의 실제적인 통제가 점진적으로 남의 손아귀로 옮겨가는 것이었다. 동주 이후로 왕실이 쇠미해져 '천하공주(天下共主)'였던 주천자는 허명만 가지고 있었다. 대국이 쟁패하여 "예악과 정벌이 제후에게서 나왔다." 열국에서는 세경(世卿)이 권병을 쥐고 있었으며 심지어 "배신(陪臣)이 명을 잡고 있었다." 춘추시대의 정치 구조는 서주의 역사적 연속성의 일면을 계승하였다고 해야 할 것이며 또한 그 자신에게 중대한 변화가 발생하여 서주의 일면과 다르다. 그 서주의 역사적 전통을 계승한 것은 주로 다음과 같이 표현되었다. 춘추시대의 천자는 여전히 서주 천자의 적장자의 후예이며 춘추시대의 제후국은 여전히 서주의 분봉제도가 건립한 데서 발전되어 왔다. 춘추시대의 경대부는 적지 않았으며 여전히 서주 이래로 세습된 지위를 계속 유지하고 있었다. 서주 때의 왕(天子)과 제후·경대부·사로부터 단계적으로 형성된 귀족영주 등급제 또한 기본적으로 남아 있었다. 그러나 춘추시대의 왕권이 이미 쇠락함으로 말미암아[115] 왕실과 제후 간의 역량 대비는 이미 "꼬리가 너무 커서 흔들 수 없는" 형

---

[115] 사마천의 『사기』 「주본기(周本紀)」. "평왕(平王) 때(春秋가 시작됨) 주나라 왕실이 쇠미해지자 제후들은 강한 나라가 약한 나라를 병탄하여 제나라와 초나라, 진(秦)나라와 진(晉)나라가 비로소 커지자 정치가 방백(方伯)에게서 나왔다."

夾谷之會以禮庠景公

협곡의 회맹에서 예로 경공을 물리치다(夾谷之會以禮斥景公)

B.C. 500년 노정공(魯定公)과 제경공이 협곡에서 회맹하였는데 공자는 대사구(大司寇)로 공을 수행했다. 경공이 정공을 협박하여 굴복시키려 하자 공자는 단숨에 단상으로 올라가 예에 의거하여 근엄하게 경공을 꾸짖었다.

세를 형성하였다. 천자는 이미 제후를 호령하던 '천하공주(天下共主)'의 권력을 완전히 상실하였다. 정치구조 또한 불가피하게 서주와는 다른 많은 중대한 변화를 발생시켰다. 이런 서주와 다른 중대변화는 주로 다음과 같이 표현된다.

서주 때는 "예악과 정벌이 천자로부터 나왔고(禮樂征伐自天子出)" 천자는 심지어 제후의 생사여탈권까지 가지고 있었다. 이를테면 성왕(成王)은 "무경(武庚)과 관숙(管叔)을 벌하여 죽이고 채숙(蔡叔)을 추방하였으며"[116], 이왕(夷王)은 "제애공(齊哀公)을 솥에 삶아 죽였고"[117], 선왕(宣王)은 노의공(魯懿公)과 노효공(魯孝公)[118] 등을 세웠으니 모두 왕명이 한 번 떨어지면 어김을 용납하지 않았다. 춘추시대의 천자는 제후들을 통제하지 못하였을 뿐만 아니라 도리어 제후들에게 기만과 능욕을 당하였다. 정장공(鄭莊公)은 왕의 군사를 크게 패퇴시켰고,[119] 진문공(晉文公)은 주양왕(周襄王)을 천토(踐土)의 회맹에 불렀다.[120] 초장왕(楚莊王)은 주나라 정(鼎)의 무게를 물어 주나라 왕실을 취하려는 뜻을 내비치기도 하는[121] 등등이다. 천자는 제후들을 통제하지 못하였고 제후들은 떠들썩하게 할거 독립하였다. 그 결과 춘추시대 내내 제후가 패권을 다투고 강국이 약국을 병탄하며 대소 영주가 영토를 쟁탈하고 공격과 정벌을 멈추지 않는 온통 혼란한 봉건 할거 국면이 만연하게 되었다.

116 사마천의 『사기』 「주본기(周本紀)」

117 사마천의 『사기』 「주본기(周本紀)」. 장수절(張守節)의 『사기정의(史記正義)』에서는 말하였다. "『기년(紀年)』에서 말하기를 '(王) 3년에 제후를 불러 제애공(齊哀公)을 정에 삶아 죽였다.'라 하였다."

118 사마천의 『사기』 「노주공세가(魯周公世家)」.

119 『좌전』 「환공(桓公) 5년」.

120 사마천의 『사기』 「주본기(周本紀)」.

121 『좌전』 「선공(宣公) 3년」.

제후들이 천자에게서 떠들썩하게 독립을 하였을 뿐만 아니라 제후국 내의 경대부 또한 제후들을 본받아 자기의 채읍 영지를 점거하여 제후들에게서 떠들썩하게 독립하였다. 정나라의 공숙단(共叔段)은 자기의 채읍 영지인 경읍(京邑)을 점거하여 "갑옷과 병기를 잘 손질하고 보병과 전차병을 갖추어"[122] 정장공을 공격하려 하였다. 위(衛)나라의 손림보(孫林父)는 채읍 영지인 척(戚)을 점거하여 위나라에서 반란을 일으켰다.[123] 진(晉)나라 조앙(趙鞅)은 "진양(晉陽)으로 들어가 반란을 일으켰으며", "진(晉)나라 순인(荀寅)과 사길사(士吉射)는 조가(朝歌)로 들어가 반란을 일으켰다."[124] 노나라의 '삼환(三桓)'은 각기 스스로 채읍 영지인 비(費)와 후(郈), 성(成)을 점거하여 노나라 임금에게서 대놓고 독립을 하는 등등이다. 서주 이래 경대부가 대대로 세습하여 전하는 세경제도(世卿制度)로 인하여 제후국 내의 권력은 실질적으로 이미 몇몇 세습 경대부의 손아귀에서 장악되었다. 위나라의 손 씨(孫氏)와 영 씨(寧氏), 노나라의 계손씨(季孫氏)와 숙손씨(叔孫氏), 맹손씨(孟孫氏), 제나라의 국 씨(國氏)와 고 씨(高氏), 최 씨(崔氏). 진 씨(陳氏), 진나라의 조 씨(趙氏)와 위 씨(魏氏), 한 씨(韓氏), 지 씨(智氏), 범 씨(范氏), 중항 씨(中行氏) 등이 있다. 모두 춘추시의 유명한 그 임금을 위협한 강한 종실의 세경(世卿)이었다.

경대부가 제후들로부터 떠들썩하게 독립하자 경대부 수하의 가신(士一級에 상당) 또한 경대부를 대신하여 채읍 영지를 관리하는 기회를 이용하여 틈을 엿보아 경대부들에게서 왁자하게 독립했다. 진나라 범 씨(范氏)의 가신인 필힐(佛肸)은 중모(中牟)를 점거하여 진나라의 권세 있는 경

122 『좌전』「은공(隱公) 원년」.
123 『좌전』「양공(襄公) 26년」.
124 『좌전』「정공(定公) 13년」.

인 조간자(趙簡子)에게 항거하여 공격하였다.[125] 노나라 숙손 씨의 가신인 후범(侯犯)은 후읍을 점거하여 숙손 씨에게 반기를 들었다.[126] 계손씨의 가신 공산불요(公山弗擾)는 비읍(費邑)을 점거하고 계씨에게 반기를 들었다.[127] 이런 것들은 모두 춘추시대 경대부들의 가신이 또한 확고하게 이미 무시할 수 없는 할거 세력을 형성하였음을 잘 설명해주고 있다. 그 중에서도 역량이 강대한 자는 경대부 채읍 영지 내의 권력을 완전히 장악했을 뿐만 아니라 또한 경대부의 권한을 뛰어넘어 국정에도 간여할 수 있었다. 이를테면 노나라 계손씨의 가신인 양호(陽虎)는 노나라에서 "배신(陪臣)이 나라의 권력을 잡은"[128] 국면인 강대한 가신 할거 세력을 이루었다.

왕이 제후를 제어하지 못하고 제후는 경대부를 통제하지 못하였다. 경대부는 자기의 가신(士)을 어쩌지 못하여 "예악과 정벌이 천자로부터 나오는" 통치 질서는 더 이상 볼 수 없게 되었다. 왕과 제후, 경대부, 사(士)가 층층이 서로 누르는 원래의 귀족 영주등급 제도에 동요가 발생했다. 이것이 바로 춘추시대가 서주를 계승하였지만 또한 중대한 변화가 발생하여 서주와는 다른 정치적 국면이었다. 이런 국면의 탄생은 표면상으로 보면 세습귀족 본신의 진부하며 어둡고 범속함 때문이었다. 다만 더욱 중요한 것은 경제구조 변화가 탄생시킨 '충격파'가 혈연의 기초 위에 세워진 종법제도를 유지해나가는 작용을 약화시킨 것이다. 주왕조 본래의 정치 구조는 피라미드식 귀족영주의 전정(專政)이었다. 그

---

125 『논어』「양화(陽貨)」.
126 『좌전』「선공(宣公) 10년」.
127 『논어』「양화(陽貨)」.
128 사마천의 『사기』「노주공세가(魯周公世家)」.

조직의 원칙과 연결고리는 바로 전반적인 종법제도와 종법규념(規念)을 대표하는 '주례(周禮)'이다. 주례의 규정에 의하면 각급 영주는 모두 경제와 정치적인 면에서 최대한의 자주권을 향유하여 봉지는 곧 하나의 소왕국이었다. 경제적으로는 피차간에 경계를 그어 뒤섞이는 것을 용납하지 않았다. 주천자의 직접 수입 또한 기내(畿內)에서만 충당되었다. 정치적으로 세경(世卿) 가신은 직접적인 상급 영주에게 충성을 바칠 뿐이었다.(이 점은 西歐의 中世紀와 완전히 흡사하다) 군사적으로는 각기 병거와 갑사를 보유하였는데 직접적인 영주의 동의를 거치지 않으면 상급 귀족 영주는 직접 움직일 권한이 없었다. 이런 할거 상태는 필연적으로 각 제후국이 발전하는 데 불균형을 조성하였다. 경제적인 수요와 착취량 사이의 차이가 갈수록 커지는 상황에서 영주간에 상호 무력 겸병은 또한 불가피한 것이었다. "춘추에는 의로운 전쟁이 없다(春秋無義戰)"는 말은 바로 이를 가리켜 한 말이다. '겸병(兼幷)'은 일종의 "힘을 숭상하는(尙力)" 원칙에 의거한 경쟁이다. "힘을 숭상하는" 원칙 앞에서 '평등'은 필연적으로 원래의 "예를 숭상하는(尙禮)" 원칙(곧 宗法 等級制)상의 불평등을 타파하게 되어 있었다. 옛 귀족의 몰락과 새 귀족의 흥기는 "사직에 늘 받드는 사람이 없고 임금과 신하 간에 늘 있는 지위가 없는(社稷無常奉, 君臣無常位)"[129] 현상을 조성하였다. 당시와 후세의 유가 '군자'들이 부단히 각급 귀족에게 "예가 아니다"라는 '충고'와 '견책'을 발출하기는 하였지만 "예를 어기는" 현상은 결국 갈수록 많아져 "도도한 것이 천하가 모두 이러한(滔滔者天下皆是也)" 정도에 이르게 되었다. 경제구조의 변혁을 구동력으로 하는 역사의 수레바퀴는 언제나 이미 정치구조를 추동

---

[129] 『좌전』「소공(昭公) 32년」에 사묵(史墨)의 말이 실려 있다.

하는 개변에 있을 뿐만 아니라 모든 정치의 장애가 되는 동요와 요동을 평평하게 잠재우며 넘실넘실 앞을 향하여 나아갔다. 춘추시기 사회의 큰 동요에서 체현한 역사발전 규율은 사람들의 의지로 전이되어가지 않고 불가항력적인 역량으로 자기가 나아갈 길을 개척하고 있었다. 그러므로 춘추시기의 대동란은 앞으로 나아가는 여정에서의 필연적 현상이었는데 그 실질은 공자가 이해하지 못하였다. 이로 인해 장벽에 부딪치게 되었다.

(3) 사상의식상의 모종의 전통 관념의 동요와 모종의 신사조가 싹틈

춘추시기는 경제와 정치구조상의 급격한 변화에 따라 의식형태의 영역 내에서 모종의 전통적인 관념이 동요하기 시작하고 모종의 신사조가 싹트기 시작하는 변화 상황을 출현시키지 않을 수 없었다. 이런 상황은 공자사상의 형성에 매우 큰 영향을 끼쳤다. 다음에 대략 몇 가지 예를 들어 이런 변화 상황을 설명하겠다.

첫째, '천(天)'과 '천명(天命)' 관념의 변화

전통적인 천신 숭배의 종교관념 방면에서 주나라 사람들과 은나라 사람들은 공통점을 가지고 있었다. 모두 왕권의 합법성과 변명할 여지가 없는 최고 권위성의 근거는 '천명(天命)'에서 온다는 것을 강조하였는데, 곧 '왕권'은 반드시 '신권'에 의지하여야 보증된다는 것이다. 공통적이지 않으면서 크게 한 걸음 전진시킨 것은 주나라 사람들은 "덕을 하늘에 짝하는(以德配天)" 관념을 끌어들였으며, 주나라 사람은 통치자가 "덕을 공경하는" 것은 '천명'을 얻는 필요조건이라고 생각했다. "사람의 일을 다 하는 것(盡人事)"과 "천명을 듣는 것(聽天命)"은 상호 보충할 수 있다. 바로 이 때문에 '왕'이 인사(人事)에서 덕을 잃으면 직접적으로 민중의 '하늘'에 대한(天命) 불만을 야기하기 때문에 주나라 사람의 감정을 반영한『시경』에 각종 '한천(恨天)', '원천(怨天)', '매천(罵天)'을 표현한 시편이 있다. 이런 상황은 춘추시기에 이르러 더욱 두드러져 춘추시기 인민의 '천(天)'과 '천명(天命)'에 대한 원래의 신성불가침범한 태도는 감히 한하고 감히 원망하며 욕하는 것으로 변하였다. '천'과 '천명'에 관한 이 변화는 사람들이 처음으로 종교의 신령한 '천'의 인민에 대한 사상의 통제에서 벗어나게 하였다. 사람들은 그제야 비교적 자유로이 이성적 사고를 진행할 수 있었으며, 그제야 종교 신학과 구별되는 '인도'를 중시하는 사상체계를 형성하였을 것이다. 정자산(鄭子産)이 "천도는 멀고 인도는 가깝다(天道遠, 人道邇)"라 한 것은 곧 이런 변화를 반영한다. 공자의 사상은 바로 중국 고대 최초의 비교적 계통적이고 비교적 깊이 있게 '인도'를 연구한 대학문이다. 이 전통은 공자의 유가사상을 중심으로 하는 중국 전통사상 문화의 부단한 창도를 거쳐 이미 중화민족 문화심리의 근저에서 중요한 특징이 되었다. 이 후로 어떠한 인격화한 지상(至上) 신을 핵심 요의(要義)로 하는 '천국'과 '피안(彼岸)'을 선전하는 외래 종교의 사상체계는 모두 중국에서 오래도록 통치 지위를 차지할 수 없었다. 최종적으로 중국의 전통 사상문화에 흡수되거나 융해된 까닭이 바로 여기에 있다.

둘째, '예'의 관념의 변화

춘추시기에는 '천명' 관념의 변화에 따라 사회정치, 윤리, 도덕관념 또한 변화하기 시작하여 '예'의 해석과 응용에서 두드러지게 표현되었다. 주례는 본래 서주 이래 정치와 윤리, 도덕에 관한 총칭으로 '예'는 처음에는 언제나 "하늘을 공경하고(敬天)", "조상을 제사지내는(祭祖)" 종교의식과 서로 혼용되었다. 춘추시기에는 '예'와 '의(儀)'의 관념이 나누어지기 시작하였으니, 『좌전』 「소공(昭公) 5년」의 기록과 같다.

（魯昭)공이 진나라로 갔는데 교로에서 예물을 바치는 것까지 예를 잃지 않았다. 진후가 여숙제에게 일러 말하기를 "노후가 또한 예에 뛰어나다고 하지 않았는가?"라 하였다. 대답하였다. "노후가 어찌 예를 알겠습니까!" 공이 말하였다. "무엇 때문입니까? 교로에서 예물을 바치는 것까지 예에 어긋남이 없었는데 무슨 까닭으로 모른다고 하십니까?" 대답하였다. "이 의례는 예라고 할 수 없습니다. 예는 나라를 지키고 정령을 시행하여 백성을 잃지 않는 것입니다. 지금 정령은 사가에 있어서 가져올 수 없고, 자기가 있어도 쓸 수가 없으며, 대국의 맹약을 범하고 소국을 속이고 학대하며, 남의 어려움을 이용하면서도 자기의 어려움은 알지 못합니다. 공실은 네 개로 나뉘고 백성들은 그들에게서 기식을 합니다. 생각에 공이라고는 아예 없는데 그 결말을 도모하지 않습니다. 나라의 임금이 되어 화난이 몸에 닥쳤는데도 자기의 처지를 돌보지 않습니다. 예의 본말이 여기에 있을 것인데 잗달게 의례를 익힘에만 시급해합니다. 예에 뛰어나다고 하였는데 또한 멀지 않겠습니까?"

公如晉, 自郊勞至于贈賄, 無失禮. 晉侯謂女叔齊曰, 魯侯不亦善於禮乎? 對曰, 魯侯焉知禮! 公曰, 何爲? 自郊勞至于贈賄, 禮無違者, 何故不知? 對曰, 是儀也, 不可謂禮. 禮, 所以守其國, 行其政令, 無失其民者也. 今政令在家, 不能取也; 有子家羈, 弗能用也; 奸大國之盟, 陵虐小國; 利人之難, 不知其私. 公室四分, 民食於他. 思莫在公, 不圖其終. 爲國君, 難將及身, 不恤其所. 禮之本末將於此乎在, 而屑屑焉習儀以亟.

言善於禮, 不亦遠乎?

이 편의 대의론은 명확히 '예'와 '의'를 구분하였는데 의의가 매우 심원하다. 공자가 말한 "예이다, 예이다 하지만, 옥백을 이르는 것이겠는가?(禮云禮云, 玉帛云乎哉!)"[130]라는 것이 바로 이 뜻이다. 다만 이렇게 '예'와 '의(儀)'를 구분하여야 비로소 다시 '예'가 정치적 함의를 갖출 수 있게 하여 하나의 정치 범주를 이루었으며 아울러 '인(仁)'과 서로 결합하여 '인'의 형식으로 표현되었다.

셋째, 군신 관념의 변화
전통적 종법 정치도덕 관념에서 군부(君父)의 신자(臣子)에 대한 통치는 천연(天然)적으로 이치에 합당한 것이다. 그 예속 관계는 다시 움직일 수 없다. 이 점에 대하여 춘추시기를 보면 이미 어떤 사람은 '수정'을 진행하였으며, 『국어』 「노어(魯語) 상」의 기록과 같다.

> 진나라 사람이 여공을 죽이자 (노나라) 국경 수비자가 보고했는데, 성공이 조정에 있다가 말하였다. "신하가 그 임금을 죽임은 누구의 잘못인가?" 대부들 가운데 대답하는 사람이 없었는데 이혁이 대답하였다. "임금의 잘못입니다. 임금은 그 위엄이 크니, 위엄을 잃어서 죽임에 이르게 되면 그 과실이 많을 것입니다."
> 晉人殺厲公, 邊人以告, 成公在朝. 公曰, 臣殺其君, 誰之過也? 大夫莫對, 里革曰, 君之過也, 夫君人者, 其威大矣. 失威而至於殺, 其過多矣.

---

130 『논어』 「양화(陽貨)」.

또한 『좌전』 「양공(襄公) 14년」의 기록과 같다.

사광이 진후를 모셨다. 진후가 말하였다. "위나라 사람이 그 임금을 쫓아냈으니 또한 심하지 않은가?" 대답하였다. "어쩌면 그 임금이 너무 지나쳤던 것 같습니다. 훌륭한 임금은 선한 자에게 상을 내리고 음탕한 자에게는 벌을 내리며 백성을 기르기를 아들처럼 하고 덮어주기를 하늘처럼 하며 포용하기를 땅처럼 합니다. 백성은 그 임금을 받들어 사랑하기를 부모처럼 하고 우러르기를 해와 달처럼 하며 존경하기를 신명처럼 하고 두려워하기를 우레와 천둥처럼 하니 어찌 쫓아낼 수 있겠습니까? 대체로 임금은 신의 주인이고 백성의 희망입니다. 만약 백성의 생활을 곤핍하게 하고 귀신에게 제사 지내는 일이 없어지게 한다면 백성은 희망이 끊길 것이고 사직에는 주인이 없을 것이니 장차 어디에 쓰겠습니까? 그를 없애버리지 않는다면 어떻게 하겠습니까?"

師曠侍於晉侯. 晉侯曰, "衛人出其君, 不亦甚乎?" 對曰, "或者其君實甚. 良君將賞善而刑淫, 養民如子, 蓋之如天, 容之如地; 民奉其君, 愛之如父母, 仰之如日月, 敬之如神明, 畏之如雷霆, 其可出乎? 夫君, 神之主而民之望也. 若困民之主, 匱神乏祀, 百姓絶望, 社稷無主, 將安用之? 弗去何爲?"

또한 『좌전』 「소공(昭公) 33년」에 실린 사묵(史墨)이 논의한 것과 같다.

노나라는 방종음일하였고 계씨는 대대로 다스림에 수고롭혔으니 백성들이 임금을 잊었습니다. 밖에서 죽는다 하더라도 그 누가 불쌍히 여기겠습니까?

魯君世從其失, 季氏世修其勤, 民忘君矣. 雖死於外, 其誰矜之?

　이상 3개국 임금의 '말로'는 모두 '좋지 않아' 한 사람은 '살해'당하였는데 자기의 잘못으로 알려졌다. 한 사람은 '쫓겨'났는데 당연한 것으로 알려졌으며, 한 사람은 타향에서 죽었는데 불쌍히 여기는 사람이 없었다. 이혁(里革)과 사광(師曠), 사묵(史墨) 같은 사람들의 군신관념은 확실히 이미 전통의 종법 관념에서 벗어나기 시작하였다. '임금(君)'을 한 나라의 정치대표로 간주하여 따로 하나의 군신 관계를 평가하는 시비의 표준을 세웠다. 이 군신의 전통적인 관념의 변화는 나중에 맹자에게 흡수되었으며 "임금은 가볍고 백성은 귀하다"는 사상으로 발전했다. 다만 이 관념상의 변화는 결코 공자가 일관되게 견지한 '충군존왕(忠君尊王)' 사상의 실질에는 영향을 미치지 못하였다. 이는 그가 임금을 죽인 진항(陳恒)을 토벌할 것을 청하는 사건에서 충분히 표현되었다.(이 책 제2장의 7 "늙음이 닥쳐오리라는 것도 알지 못한 만년" (3) 「陳恒이 임금을 죽이자 공자가 토벌하기를 청한 문제에 관하여」 절에 상세히 보인다) 이것이 바로 역대 왕조가 이렇게 그를 존숭하는 핵심 소재이다.

　넷째, 인재의 표준과 인생 가치 관념의 변화

　신사조의 맹아는 사람을 쓰는 표준과 인생 가치관에서 더욱 두드러지게 표현되었다. 진나라 대부 조최(趙衰)가 진문공에게 극곡(郤縠)을 추천한 표준은 '덕(德)'과 '의(義)'이다.[131] 장로(張老)가 위강(魏絳)을 천거한 표준은 '지(智)', '인(仁)', '용(勇)', '학(學)'이다. 기타 또한 '인(仁)'과 '예(禮)',

---

131 『좌전』 「희공(僖公) 17년」.

'용(勇)'이라는 설[132]도 있고, '신(信)', '지(智)', '용(勇)'이라는 설[133]도 있으며, '덕(德)', '정(正)', '직(直)', '인(仁)'이라는 설[134]도 있고, '문(文)', '충(忠)', '신(信)', '인(仁)'이라는 설[135]도 있다. 모든 의론은 '사람' 자체의 사회관계에서 표현되어 나온 실제 품격에서 착안하였다. 이런 '재(才)'에 관한 표준은 당연히 전통적인 혈연의 친소관계로 사람을 논하는 옛 관념을 돌파했다. 목숙(穆叔)의 '입덕(立德), 입공(立功), 입언(立言)'을 '불후(不朽)'로 여기는 설은[136] 더욱 비교적 새로운 인생 가치관이었다. 바로 이런 변화가 공자의 현자를 높이는 관념과 도덕사상을 초래했다.

공자사상의 형성을 종합해서 살펴보면 대체로 세 가지 연원으로 개괄할 수 있다. 그 주요 연원은 서주시대에서 왔으며, 둘째 연원은 춘추시대에서 왔고, 셋째 연원은 요순시대에서 왔다.(이 점에 관해서는 제4장에 논술이 있다) 위에서 말한 세 가지 연원 덕분에 공자는 비로소 이론 형식으로 삼는 것이 가능해졌고 그의 '인'을 핵심으로 하고, '예'를 형식으로 하는 중국 고대의 인(仁)의 인생철학을 형성하였다.

---

132 『국어』「주어(周語) 중」.

133 『좌전』「성공(成公) 17년」.

134 『좌전』「양공(襄公) 7년」.

135 『국어』「주어(周語) 하」.

136 『좌전』「양공(襄公)」 24년.

제4장

인(仁)의 인생철학 사상[1]

인(仁)의 인생철학 사상은 공자의 모든 사상체계의 핵심이다. 공자 스스로 "인은 사람(의 몸)이다.(仁者人也)"[2]라 말한 적이 있고, 맹자도 "인은 사람이라는 뜻이다.(仁也者人也)"[3]라 말하였으니 두 사람은 이구동성으로 말한 것이 일치한다. 의미는 바로 인(仁)은 사람이 사람인 도리를 설명한다. 따라서 맹자는 인(仁)과 인(人) 둘을 이어서 말하기를 "합하여 말하면 도이다.(合而言之, 道也)"[4]라 하였다. 이 도는 바로 사람이 되는 도이며, 바로 인생의 도이며, 또한 바로 인(仁)의 인생철학이다.

---

1 인(仁)의 철학에는 여러 가지 설법(說法)이 있는데, 어떤 사람은 인학(仁學)이라 하고, 어떤 사람은 인본철학(人本哲學)이라 하며, 어떤 사람은 이상적인 인생철학이라고 하는데 이런 설법은 모두 일정한 도리를 가지고 있다. 이 책의 제1판에서는 인본철학이라는 설법을 채택하였었으나 반복된 고려를 거쳐 인(仁)의 인생철학 사상이라는 설법으로 고쳐 썼다.

2 『중용(中庸)』.

3 『맹자』「진심(盡心) 하」.

4 위와 같음.

중국의 고대에는 '철학(哲學)'이라는 말이 없었으며, '철인(哲人)'이라는 칭위만 있었다. 사실 '철학'과 '철인'은 서로 통하는 점이 있다. '철학'은 고대 그리스의 "지혜를 사랑함"이란 뜻에서 기원하였다. '철인'이라는 말은 중국에서 매우 일찍부터 있어 왔는데 "이 명철(明哲)한 사람은, 나더러 몹시 수고한다 이른다.(維此哲人, 謂我劬勞)"[5] 같은 말이 있다. 이 철인은 바로 탁월한 지혜를 갖춘 사람으로 일정한 의의에서 철학가와 비슷하다. 공자 스스로 세상을 떠나기 이레 전에 지팡이를 짚고 문밖을 거닐 때 또한 길게 탄식하며 말하였다. "철인이 병들어 죽으려나 보다!(哲人其萎乎)!"[6] 이는 공자도 스스로를 철인이라 생각한 것이 또한 바로 철학가라는 것을 설명한다. 칸트는 말한 적이 있다. "도덕철학이 이성이 가지고 있는 것에 비하여 기타 직능의 우월성을 갖추고 있기 때문에 옛 사람들은 '철학가'라는 말을 늘 도덕가를 가리키는 데 썼을 것이다."[7] 이 말은 공자에게 그대로 적용된다. 이는 공자의 인생철학 사상 중에서 도덕 문제가 매우 중요한 구성 부분이기 때문이다. 그러나 헤겔은 오히려 공자가 "다만 얼마간의 선량하고 노련하며 도덕적인 교훈을 가졌을 뿐"이라고 생각하였으며 "그에게는 사변철학이라고는 하나도 없다."[8]라고 생각하였다. 이는 공자에 대한 공정하지 못한 평가다. 헤겔은 공자 철학사상의 특징이 바로 헤겔의 '사변철학(思辨哲學)'과는 다르며, 항상 윤리도덕과 하나로 연계되어 있고 실천적 논리 사유가 매우 강한 인(仁)의 인생철학이라는 것을 이해하지 못하였음을 설명하고 있다. 철학

---

5 『시경』「소아·홍안(小雅·鴻雁)」.

6 『에기』「단궁(檀弓) 상」.

7 칸트의 『순수이성비판』, 「생활(生活)·독서(讀書)·신지(新知)」, 삼련서점판(三聯書店版), 570쪽.

8 헤겔의 『철학사강연록』, 제1권, 상무인서관(商務印書館), 1978년판, 119쪽.

은 과학과 문화의 부단한 진보에 따라 부단히 풍부해지고 완비되어 갔다. 우리가 현재 말하는 철학은 사람들의 자연계와 인류 사회 그리고 인류사유에 대한 본질 및 그 운동 발전 규율의 인식을 가리킨다. 공자는 2천 년 이전의 사람이기 때문에 비교해보면 그의 철학사상은 자연히 현대철학 같은 시스템이 없었다. 그렇게 서술이 완비되었지만 그 중 허다한 사상 범주와 사람을 깊이 생각하게 만드는 사유의 논리는 지금도 여전히 현실적 의의가 있다. 그 생명력은 결코 2천여 년의 시간이 지난다고 해서 쇠약해지거나 사라지지 않는다.

1. 인(仁)은 공자사상 체계의 철학적 개괄

공자는 스스로 말한 적이 있다. "군자가 인을 떠나면 어찌 이름을 이룰 수 있겠는가? 군자는 밥을 먹는 동안이라도 인을 떠남이 없으니, 아주 급박한 상황에도 반드시 여기(인)에 있다. 곤경에 처한 상황에도 반드시 여기(인)에 있는 것이다.(君子去仁, 惡乎成名. 君子無終食之間違仁, 造次必於是, 顚沛必於是)"[9] 이는 군자는 어떠한 상황에서도 모두 인의 원리를 위배해서는 안 된다는 공자의 생각을 말하고 있으며, 공자가 인을 얼마나 중요하게 보고 있는가를 알 수 있다. 이 때문에 인으로 공자의 사상체계를 개괄하고 아울러 이것을 가지고 공자의 철학을 명명하는 것은 합리적이다. 여기서는 아래의 다섯 방면으로 나누어 논술을 가하겠다. 곧 (1) 인의 출처와 함의, (2) 남을 사랑함이 인이라는 출발점, (3) 인의 다방면에 걸

---

9 『논어』 「이인(里仁)」.

친 여러 층차의 분석, (4) 인의 실사구시 정신, (5) 인의 인생철학 사상의
근원 및 그 역사적 의의이다.

(1) 인의 출처와 함의

인은 본래 공자사상체계의 철학적 개괄이며, 또한 바로 인의 인생철
학 자체이다. 그렇다면 무엇보다도 '인'이라는 글자의 출처와 그 함의
를 분명히 해두어야 한다.

은대와 서주의 갑골문(甲骨文)과 금문(金文)에서는 아직 '인(仁)'자가 발
견되지 않았다. 『상서(尚書)』와 『시경』에서 겨우 매우 적은 경우에 이 글
자가 출현하기 시작하였다.[10] 춘추시대에 이르자 인이라는 글자가 비
로소 사람들에게 비교적 많이 제기된다. 이를테면 『국어(國語)』에서는
24차례 출현하였는데 기본적인 뜻은 모두 사람을 사랑하는 것[愛人]이
었다. 또한 『좌전(左傳)』 같은 데서는 인자가 33차례 출현하였는데 사람
을 사랑한다는 뜻 외에 또한 몇몇 덕목(德目)을 또한 인으로 간주하였다.
이런 모든 문헌에서 제기한 인의 사상에 관한 내포는 모두 비교적 분산
되어 있고 얕다. 공자는 날카로운 관찰과 사유능력으로 당시 인이라는
글자가 포함한 사람을 사랑한다는 사상을 잡고 명확함과 충실함, 제고
를 더하여 그것이 광범한 의의를 갖춘 인의 철학사상이 되게 하였다.

공자가 인을 자기 철학사상의 핵심과 표지로 삼은 이후로 전반적인
사람을 사랑한다는 함의 외에도 늘 또한 사람을 사랑하는 데 직접적이

---

10 『상서』 「금등(金縢)」에는 인(仁)자가 한번 나온 적이 있는데 "나는 아버지에게 어질다(予仁
若考)"라 하였다. 『시경』에는 두 번 나오는데, 곧 「정풍·숙우전(鄭風·叔于田)」의 "진실로 아
름답고 또 인하다(洵美且仁)"와 「제풍·노령(齊風·盧令)」의 "그 사람 아름답고 인하네(其人美
且仁)"이다.

고 간접적인 관계나 그 외의 뜻을 가진 용어로 간주되었다.

예 1. 도덕과 도덕을 가진 사람을 두루 가리킨다. 이를테면 "(樊遲가) 인을 묻자 (공자가) 말하기를 '인자는 어려운 일을 먼저 하고 얻는 것을 뒤에 하니, 이렇게 한다면 인이라고 말할 수 있다.'라 하였다.(仁者先難而後獲, 可謂仁矣)"[11] 이곳의 첫 번째 인자(仁者)라는 것은 곧 도덕을 갖춘 사람을 두루 가리키며, 두 번째 인(仁)자는 도덕을 두루 가리킨다.[12]

예 2. 낙관적이고 고상한 정조를 가진 사람을 두루 가리킨다. 이를테면 공자는 말하기를 "인한 자는 근심하지 않는다.(仁者不憂)"[13]라 하였는데 또한 바로 공자가 다른 곳에서 강론한 "군자는 평탄하(여 여유가 있)다(君子坦蕩蕩)"[14], "군자는 걱정하지 않으며 두려워하지 않는다.(君子不憂不懼)"[15]와 같은 뜻이다. 이곳의 인자(仁者)는 군자와 동일한 함의로 연결되어 있다.

예 3. 진리(眞理)를 두루 가리킨다. 공자는 "인 앞에서는 스승에게도 사

<hr>

11 『논어』 「옹야(雍也)」.

12 근인 시에우량(謝无量)은 "공자가 평소에 말한 것 및 오경에서 정한 여러 가지 덕을 통틀어보면 거의 인에 있지 않은 것이 없는 것 같다. 성(誠)이니 경(敬), 서(恕), 충(忠), 효(孝), 애(愛), 지(知), 용(勇), 공(恭), 관(寬), 신(信), 민(敏), 혜(惠), 자(慈), 친(親), 선(善), 온(溫), 양(良), 검(儉), 양(讓), 중(中), 용(庸), 항(恒), 화(和), 우(友), 순(順), 예(禮), 제(齊), 장(莊), 숙(肅), 제(悌), 강(剛), 의(毅), 정(貞), 양(諒), 질(質), 직(直), 염(廉), 결(潔), 결(決), 명(明), 총(聰), 청(淸), 겸(謙), 유(柔), 원(願), 정(正), 예(睿), 의(義)라는 것이 모두 인의 체(體)에서 포함하고 있는 덕이다."(謝无量의 『中國哲學史』, 제1편 상, 65쪽)라 생각하였다. 이상에서 든 덕목은 모두 49개인데 모두 인의 함의에 포함된다. 이 때문에 인은 두 가지 함의를 가지고 있다. 넓은 의미에서 말하면 인은 이상의 모든 덕목을 통솔하며, 좁은 의미에서 말하면 위에서 말한 넓은 의미에서 통솔하는 덕목 외에도 그 자체가 또한 덕목의 하나가 되어 애(愛)와 연결되어 인애(仁愛)로 해석된다.

13 『논어』 「자한(子罕)」.

14 『논어』 「술이(述而)」.

15 『논어』 「안연(顏淵)」.

양하지 않는다.(當仁不讓於師)"**16**라 하였다. 이 구절의 뜻은 바로 진리의 앞에서는 스승을 대하는 일이라도 멈춰서는 안 된다는 것을 말한다. 여기서는 인을 '진리'로 해석하여 비교적 간단하게 '인덕(仁德)'으로 해석하였는데 의의가 보다 더 분명하고 공자의 원의에 부합한다. 스승의 면전에서도 양보하지 않는 문제는 단순히 도덕성의 문제가 아니다. ('六藝' 같은) 지식적 성격의 문제도 있기 때문에 진리는 도덕성 문제를 포괄할 수 있을 뿐만 아니라 또한 지식성 문제를 포괄할 수도 있다.

겨우 위의 세 가지 정도의 예를 가지고 대체적으로 공자사상의 핵심으로 삼는 '인'이라는 글자의 다양한 함의를 설명할 수 있을 것이다. 인으로 다양한 함의를 인신해낼 수는 있었지만 이런 함의는 모두 일정 정도에서 인은 사람을 사랑하는 것이라는 원래의 뜻과 연결되어 있다.

(2) '사람을 사랑하는 것(愛人)'은 인의 출발점이다

앞에서 이미 지적했듯이 공자 철학사상의 형성은 당시 이미 제기한 것을 흡수하였지만 여전히 맹아 상태에 처한 사람을 사랑하는 것을 주지(主旨)로 하는 인에 충실과 제고를 더하여 차츰 완전해지기 시작하였다. 그러나 원래의 인에 대해 다대한 발전을 이룬 것과는 관계없이 근본으로 돌아가 여전히 사람을 사랑하는 것을 출발점으로 삼고, 아울러 이 출발점을 단단히 둘러싸고 전개되었다. 따라서 공자가 그의 제자인 번지가 인에 대하여 물었을 때 조금도 주저 없이 대답하기를 "사람을 사랑하는 것이다."**17**라 하였다. 나중에 맹자는 이를 근거로 개괄하여

~~~~~~~~~~

16 『논어』 「위령공(衛靈公)」.
17 『논어』 「안연(顏淵)」.

"인한 자는 남을 사랑한다."[18]라 하였다. 이는 공자의 원래 뜻에 부합한다. 공자의 사람을 사랑하는 주요 내용과 특징은 아래와 같이 개술할 수 있다.

첫째, 공자의 사람을 사랑하는 것은 완전히 현실사회의 수요와 가능성에서 출발하였다. 심후한 실사구시적이고 이성적인 내용을 함유하고 있으며, 어떠한 허무주의의 환상과 종교 미신의 색채도 띠지 않았다. 19세기 독일의 포이어바흐에 이르러서도 여전히 인류의 사랑(양성애를 포함하여)은 다만 "종교의 인장을 찍었을 때라야 그들이 완미하다고 동의하고 인정한다."[19]고 생각하였다. 포이어바흐보다 2천여 년 이전의 공자 시대에는 비록 종교는 없었지만 천명과 신귀 등 미신관념은 여전히 비교적 성행하였다. 공자가 스스로 사람을 사랑하는 것이라는 관념을 제기하였을 때도 여전히 이런 미신 관념의 영향을 받지 않았으며 현실적인 관점을 견지하였다.

둘째, 공자는 종법 봉건사회 등급 제도를 수호하였다. 때문에 이로 인하여 그는 등급제 사회현실에서 출발하여 "널리 사람들을 사랑하되 인한 이를 가까이해야 한다(汎愛衆, 而親仁)"는 것을 제기하기는 하였다. 하지만 이 사랑과 인은 여전히 차등이 있어서 일률적이고 평등한 것이 아니었다. 묵자(墨子)는 공자의 사랑에 차등이 있다는 주장에 동의하지 않았다. '겸애(兼愛)'의 주장을 제기하여 말하기를 "남의 나라 보기를 자기의 나라를 보듯이 하고, 남의 집 보기를 자기의 집을 보듯이 하며, 남의 몸 보기를 자기의 몸을 보듯이 한다."[20]라 하였다. 또 말하기를 "해와

18 『맹자』 「이루(離婁) 하」.
19 엥겔스의 『포이어바흐와 독일 고전철학의 종결』, 『마르크스·엥겔스 문선』(兩卷集), 제2권, 모스크바 외문서적출판국(莫斯科外文書籍出版局), 1955, 중국어판, 376쪽.

달에 비유하면 천하를 두루 비추어 사사로움이 없는 것 같다."[21]라 하였다. 비록 묵자의 '겸애' 사상이 이론적으로나 원칙적으로나 공자의 애인사상(愛人思想)에 비하여 비교적 고명한 것 같기는 하지만 등급이 삼엄하고 계급이 분명한 봉건사회에서 이는 오히려 통행될 수 없었다. 공자의 인(仁)의 애인(愛人) 사상은 일반적으로 말하여 당시의 봉건사회의 실제에 부합하기는 하지만 오히려 쉽사리 봉건사회에 받아들여졌기 때문에 따라서 사회의 습속과 풍상(風尙)에서도 유전되어 내려왔다. 이런 유전되어 내려온 사회습속과 풍상에서 실로 봉건적인 누적 곧 소극적 인소가 있긴 하지만 또한 인민성과 민주성을 띤 인소도 있다.

셋째, 비록 공자가 "인한 자는 남을 사랑한다"라 제기하기는 하였지만 동시에 또한 "오직 인한 자라야 사람을 좋아할 수 있으며, 사람을 미워할 수 있다.(惟仁者能好人, 能惡人)"[22]는 것도 제기했다. 이것은 곧 공자의 사람을 사랑함은 선악과 시비를 나누지 않는 것이 아니다. 일체의 모든 사랑이 사랑에 차등이 있음 외에도 또한 사랑하고 사랑하지 않음, 사랑하고 미워함의 구분이 내재되어 있음을 설명한다. 또한 공자의 이 구별에 대한 해석을 보면 말하기를 "나는 인을 좋아하는 자와 불인을 미워하는 자를 보지 못하였다. 인을 좋아하는 자는 그보다 더할 수 없고, 불인을 싫어하는 자는 그가 인을 행할 때에 불인한 것이 그 몸에 가해지지 못하게 한다.(我未見好仁者, 惡不仁者. 好仁者, 無以尙之, 惡不仁者, 其爲仁矣, 不使不仁者加乎其身)"[23]라 하였다. 공자의 입장에서 보건대 사람을 좋아하고 사람

20 『묵자(墨子)』 「겸애(兼愛) 중」.

21 『묵자』 「겸애(兼愛) 하」.

22 『논어』 「이인(里仁)」.

23 『논어』 「이인(里仁)」.

을 미워하는 구별은 '인'의 표준에 부합하는가 하는 여부에 있다. 때문에 공자의 사람을 사랑하고 사람을 미워함은 주관적이어서 그는 선악이 분명하다고 생각하였다.

넷째, 공자는 사람을 사랑하는 것은 큰 곳, 높은 곳에서 착안하여야 한다고 생각하였다. 자신을 미루어 남에게 미치게 하여 "자신이 서고자 하면 남을 세워주고, 자신이 통달하고자 하면 남을 통달하게(己欲立而立人, 己欲達而達人)"[24] 하여야 하는데, 작은 은혜가 고식적으로 옮겨가는 것이 아니다.[25] 여기서 공자는 자기와 남을 연계시켜 곳곳에서 다른 사람을 생각해냈으며 동시에 다만 먼저 자기의 수양(품덕과 학문 등)을 완선(完善: '立'과 '達')에 더해야 다른 사람이 '서고' '통달함'을 도와줄 수 있음을 강조하였다. 따라서 공자는 "경으로 몸을 수양하고(修己以敬)", "몸을 수양하여 사람을 편안하게 하며(修己以安人)", "몸을 닦아서 백성을 편안하게 한다(修己以安百姓)"[26]라 하였다. 이곳의 '안(安)'은 실제적으로 또한 바로 "세워주고(立)" "통달하게 하는 것(達)"이다.(이상에서 인용한 공자의 세 마디 말은 뒤에서 다시 이야기할 것이다) 이런 말과 공자의 사람을 사랑하는 사상을 연계시키면 곧 공자가 사람을 사랑한다는 사람은 개인이거나 소수의 사람, 다수의 사람에서 천하의 사람(인류)에까지 이를 수 있다. 관건은 개인이거나 소수, 다수 혹은 전 인류라고 할지라도 모두 사람을 덕으로 사랑하여야 하며 이런 사상의 경계는 매우 높은 것이다.

---

24 『논어』「옹야(雍也)」.
25 『예기』「단궁(檀弓) 상」에서 증자(曾子)는 말하였다. "군자가 남을 사랑함은 덕으로 하고, 잗단 사람이 남을 사랑함은 구차히 편안함으로 한다.(君子之愛人也以德, 細人之愛人也以姑息)" 이 말은 바로 공자의 사람을 덕으로 사랑하고 구차히 편안함으로 사랑하는 것을 반대하는 주장하는 사상을 반영하였다.
26 『논어』「헌문(憲問)」.

이상에서 말한 공자의 사람을 사랑하는 사상의 네 가지 특징은 우리가 공자가 사람을 사랑하는 것을 그의 인의 출발점으로 삼은 의의를 진일보하여 이해하는 데 도움을 줄 수 있다. 공자는 남과 나의 관계에 대한 문제를 처리할 때 비록 자기를 잊어버리지는 않았지만 종종 자신을 미루어 남에게 미쳤다. 아울러 시종 남을 두드러진 지위에 놓아 양주(楊朱)의 '위아(爲我)'사상("털 하나를 뽑아 세상을 이롭게 한다고 해도 하지 않는다"는 爲我思想)과 확연히 달랐을 뿐만 아니라 또한 묵자(墨子)의 '겸애(兼愛)'사상(계급사회에서 차별 없이 모든 사람을 사랑한다는 空想을 企圖함)과도 달랐다. 바로 그의 사람을 사랑한다는 사상의 배경이 그가 동경하는 서주 종법등급 영주제 봉건사회이기 때문에 이는 곧 그의 사람을 사랑하는 사상 및 모든 인의 철학사상으로 하여금 모두 부득불 서주 종법등급제 봉건사회의 분명한 자취를 띠게 하였으며(두드러지게 '예'로 표현되었는데, 이 점은 뒤에서 다시 논술하겠다), 이는 그의 사람을 사랑하는 사상과 모든 전체 인의 인생철학 사상의 시대적 국한성과 소극성이다. 그러나 다른 한편으로 그는 또한 중국 원시사회(전설 중의 堯舜 時代)에서 남긴 소박한 인도주의와 민주주의 사상을 흡수하였으며 아울러 발휘함이 있었으니 이는 또한 매우 고귀한 적극적 인소이다. 이것이 공자의 사람을 사랑하는 것을 그의 인의 인생철학 사상의 출발점임을 충분히 설명할 수 있다. 비록 여전히 소극적 인소가 있지만 적극적 인소는 더욱 두드러졌다. 바로 이런 적극적인 인소가 중화민족의 자신을 단속하는 데 엄격하며 남을 돕기를 즐기고 적극적이고 진취적인 훌륭한 전통을 구성하였다.

공자의 '사람을 사랑함'을 그의 인의 인생철학 사상의 출발점으로 삼는 적극적 의의는 곧 여기에 있다.

(3) 인의 다방면적이고 다층차적인 분석

인의 실질과 구체적인 내용에 관하여 2천여 년간 진신(縉紳) 학자들이 각 방면에서 여러 가지 다른 해석을 내놓았다. 근현대의 학자들도 또한 여러 가지 견해가 있지만 인이 함축하고 있는 것이 결국 무엇이든 여전히 모색하기가 매우 어렵다. 그 원인은 바로 공자 자신이 통일된 해석이 없이 왕왕 다른 사람들을 겨냥하여 제자들과 다른 대답을 하고 있기 때문이다. 이로 인하여 후인들은 곧 늘 지혜로운 사람은 지혜롭게 보고 어진 사람은 어질게 보는 것처럼 각기 견해가 달라 비교적 일치된 인식을 갖기가 매우 어려웠다. 이 문제를 해결할 출로로 가장 좋은 것은 아무래도 마르크스주의에 가르침을 청하는 것이다. 마르크스주의의 기본 원리 즉 실사구시의 방법을 운용하여 인이 본래 가지고 있던 다방면적이고 다층차적 내용에 분석을 가한다. 이렇게 하면 곧 인의 본질에 대하여 총체적인 이해가 가능할 것이다. 나는 이른바 다방면은 실재로는 세 방면을 가리킨다고 생각한다. 곧 첫째는 도덕 자체가 되는 내용이고, 둘째는 개인의 인에 대한 수양의 요구이며, 셋째는 인의 정치상('爲政')에서의 실천이다. 다층차라는 것은 이 세 방면의 또한 각자 자기만의 다른 층차를 가지는 것과 연관이 있다. 여기서는 세 방면 및 그 다른 층차에서 분별하여 분석을 가하며 아마 윤곽을 비교적 분명하게 정리할 것이다.

첫째, 인을 도덕 자체의 내용상의 다른 층차로 삼는 것은 앞에서 이미 인에는 여러 가지 함의가 있음을 언급하였다. 그 중의 하나의 중요한 함의는 바로 도덕 및 도덕의 총칭을 가리켜 말한 것으로(위 주 12를 참고하여 보라), 여기서 말한 "인을 도덕 자체로 삼는 것"은 곧 이 뜻을 쓴다. 앞에서 인용한 시에우량(謝无量)의 『중국철학사』의 불완전한 통계에 근거하면 인을 도덕의 총칭으로 삼는 것에는 모두 49개의 덕목이 있다. 그 중의 매 덕목에는 모두 다른 정도에서 인의 모종의 방면이나 측면을 체현해내었다. 이를테면,

> 공자께서 말씀하셨다. "강하고 군세고, 질박하고 어눌함이 인에 가깝다."
> 子曰, 剛毅木訥近仁.[27]

> 사마우가 인을 묻자, 공자께서 말씀하셨다. "인자는 그 말을 참아서 하는 것이다." 말하였다. "그 말하는 것을 참아서 하면 이를 인이라 이를 수 있습니까?" 말씀하셨다. "이것을 행하기가 어려우니, 말함에 참아서 하지 않을 수 있겠는가?"
> 司馬牛問仁, 子曰, 仁者, 其言也訒. 曰, 其言也訒, 斯謂之仁矣乎? 子曰, 爲之難, 言之得無訒乎?[28]

> 번지가 인을 묻자, 공자께서 "사람을 사랑하는 것이다." 하셨다.
> 樊遲問仁, 子曰, 愛人.[29]

> 자장이 공자에게 인을 여쭙자, 공자께서 말씀하셨다. "능히 다섯 가지를 천하에 행할 수 있으면 인이다." 하셨다. 자장이 가르쳐 주시기를 청하니, 말씀하시기를 "공손함[恭], 너그러움[寬], 믿음[信], 민첩함[敏], 은혜로움[惠]이니, 공손하면 업신여김을 받지 않고, 너그러우면 여러 사

---

27 『논어』 「자로(子路)」.
28 『논어』 「안연(顔淵)」.
29 『논어』 「안연(顔淵)」.

람들을 얻게 되고, 믿음이 있으면 남들이 의지하게 되고, 민첩하면 공이 있게 되고, 은혜로우면 충분히 남들을 부릴 수 있게 된다." 하셨다.

子張問仁於孔子, 孔子曰, 能行五者於天下, 爲仁矣. 請問之, 曰, 恭寬信敏惠, 恭則不侮, 寬則得衆, 信則人任焉, 敏則有功, 惠則足以使人.[30]

번지가 인을 묻자, 공자께서 대답하셨다. "거처할 적에 공손히 하며, 일을 집행할 적에 공경하며, 사람을 대할 적에 충성되게 하여야 한다. 이것은 비록 이적의 나라에 가더라도 버려서는 안 된다."

樊遲問仁, 子曰, 居處恭, 執事敬, 與人忠, 雖之夷狄, 不可棄也.[31]

군자는 근본을 힘쓰니, 근본이 서면 도가 생긴다. 효(孝)와 제(悌)는 그 인(仁)을 행하는 근본일 것이다."

有子曰, 君子務本, 本立而道生, 孝弟也者, 其爲仁之本與?[32]

『논어』에는 공자의 인에 관한 문답을 기록한 것이 많지만 위에서 말한 예에서는 이면에서 제기한 덕목이 모두 다만 일정 정도에서 체현한 부분적인 내용임을 알 수 있다. 다만 부분적인 것이 조화를 이루어야 전모를 드러내 보일 수 있다. 이로써 살펴보건대 인은 덕목의 총칭이 되었다. 그 신축성은 매우 커서 모종의 혹은 몇 개의 덕목으로부터 인의 부분적인 내용을 체현할 수 있다. 위의 예에서 제기한 "강하고 굳세고, 질박하고 어눌함(剛毅木訥)", "그 말을 참아서 하는 것(其言也訒)" 등에서도 모두 일정 층차의 인의 표현 형태이며 다만 모든 덕목이 조화를 이루어야 최고 층차의 인이다. 이 인은 공자의 심목에서 화(和)와 성(聖) 은 동등하다고 말할 수 있다. 이 때문에 층차가 낮은 인과 층차가 높은 인을 모두 인이라고 한다. 이것이 곧 신축성인데 성인은 이 신축성이 없다. 『논어』에서 공자는 성인은 어떤 덕목을 포함하고 있는지 제기하지 않았다. 그는 다만 어떤 상황에서만 비로소 성인의 경지에 이를 수 있다고 생각하였다. 이런 상황의 예는 바로 다음과 같다.

> 자공이 말하였다. "만일 백성에게 (은혜를) 널리 베풀어 많은 사람을 구제한다면 어떻겠습니까? 인하다고 하겠습니까?" 공자께서 말씀하셨다. "어찌 인을 일삼는 데 그치겠는가. 반드시 성인일 것이다. 요순도 이에 있어서는 오히려 부족하게 여기셨을 것이다. 인자는 자신이 서고자 하면 남을 세워주고, 자신이 통달하고자 하면 남을 통달하게 하는 것이다. 가까이서 비유를 취할 수 있으면 인을 하는 방법이라고 말할 만하다."
> 子貢曰, 如有博施於民而能濟衆, 何如? 可謂仁乎? 子曰, 何事於仁? 必也聖乎! 堯舜其猶病諸. 夫仁者, 己欲立而立人, 己欲達而達人. 能近取譬, 可謂仁之方也已.[33]

여기서 공자는 "백성에게 널리 베풀어 많은 사람을 구제해야" 비로소 성인이라고 생각하였음을 알 수 있다. 다만 "백성에게 널리 베풀어 많은 사람을 구제하는" 것 자체는 결코 어떠한 덕목에도 속하지 않으

---

[33] 『논어』 「옹야(雍也)」.

며 모든 덕목의 총화와 정치, 공업(功業) 상의 표현이다. 이것이 바로 모든 인민이 모두 생활을 안정되게 하고 정신을 유쾌하게 하는 원시 인도주의 정신이다. 요즘 말로 말하자면 어느 정도 "온 마음과 온 뜻으로 사람을 위해 봉사하는" 정신을 가져야 아래의 인민들이 진정코 물질적으로 정신적으로 충분한 만족을 얻도록 감화시킬 것이다. 공자는 이 정도는 되어야 성인이라고 할 수 있을 것이라 생각했다. 그는 여기에서 성과 인을 구별하고 "자신이 서고자 하면 남을 세워주고, 자신이 통달하고자 하면 남을 통달하게 하는(己欲立而立人, 己欲達而達人)" 경지를 이루는 것이 바로 인이며 다만 성은 아니라고 생각하였다. 공자가 여기에서 말한 것은 인은 인이 발전하는 과정 중 모종의 차원에서의 인이며 최고 차원의 인이 아니라는 것이다. 공자는 다른 곳에서 말하였다. "성과 인은 내 어찌 감히 자처할 수 있겠는가? 그러나 (仁聖의 道를) 행하기를 싫어하지 않으며, 남을 가르치기를 게을리 하지 않는 것은 그렇다고 말할 수 있을 뿐이다.(若聖與仁, 則吾豈敢! 抑爲之不厭, 誨人不倦, 則可謂云爾已矣)"[34] 여기서 공자는 성(聖)과 인을 함께 제기하고 아울러 자기는 모두 할 수 없다고 생각하였다. 여기에서 분명하게 성과 인이 이미 같이 높은 경지에 이르렀다. 인이 차원이 다르고 신축성이 있기 때문에 일반인들은 모두 인을 행할 수 있다. 공자는 말하였다. "인이 멀겠는가? 내가 인을 하고자 하면 인이 이르게 될 것이다.(仁, 遠乎哉! 我欲仁, 斯仁至矣)"[35] 또 말하였다. "하루라도 그 힘을 인에다 쓸 수 있겠는가? 나는 힘이 부족한 자를 본 적이 없다.(有能一日用其力于仁矣乎! 我未見力不足者)"[36] 성인에 대하여서는 공

34 『논어』 「술이(述而)」.
35 『논어』 「술이(述而)」.
36 『논어』 「이인(里仁)」.

자는 더할 수 없이 높다고 보아 요순(堯舜) 같은 사람이라야 성인으로 일컬을 수 있다고 생각하였으며, 따라서 공자는 말하였다.

> 공자께서 말씀하셨다. "위대하시다. 요가 임금이 되심이여! 높고 크다. 오직 저 하늘만 크거늘, 오직 요임금만 그와 같으셨으니, 넓고 넓어 백성들이 무어라 형용하지 못하는구나. 높고 높은 그 성공이여! 찬란한 그 문장이여!"
> 子曰, 大哉! 堯之爲君也. 巍巍乎唯天爲大, 唯堯則之, 蕩蕩乎民無能名焉. 巍巍乎其有成功也. 煥乎其有文章.[37]

성인은 일반인이 이를 수 있는 것이 아니다. 다만 다른 차원의 인의 총화를 통하여서만 결국 질적 변화가 일어나 성인의 경지에 이를 수 있음을 알 수 있다. 당연히 개인적으로 타고난 자질과 조건의 다름이 일으키는 다른 작용을 포괄한다. 모든 덕목 중에서 어떤 것이 어느 차원에 속하는가에 이르러서는 기계적인 구분을 할 필요가 없다. 다만 대체적으로 지적할 수 있는데 한 계열의 목적 실현을 통하여 마지막으로 가장 높은 차원의 인에 다다르면 성인의 경계의 인과 같다. 바꾸어 말하면 곧 성인은 최고의 차원이자 경계이며, 인은 이 경계에 도달하는 과정이라는 것이다.

둘째, 인의 개인적 수양에서의 다른 차원

공자는 개인의 도덕 수양을 이야기할 때 특히 인의 중요성을 강조하였다. 인이 이미 모든 도덕의 화(和)의 총칭이자 동시에 또한 당시에 도

---

37 『논어』 「태백(泰伯)」.

달할 수 있었던 문화지식의 화(和)를 포괄하였다. 그렇다면 어떻게 해야 인을 배울 수 있는가? 공자의 제자 자하가 공자의 사상을 반영할 수 있는 말을 몇 마디 했다. "배우기를 널리 하고 뜻을 독실히 하며, 절실하게 묻고 가까이[현실에 필요한 것] 생각하면 인이 그 가운데 있을 것이다.(子夏曰, 博學而篤志, 切問而近思, 仁在其中矣)"38 이로써 이곳의 "배우기를 널리 하고", "절실하게 묻고", "가까이 생각하며", "뜻을 독실히 하는" 네 가지에서 앞의 세 가지는 실제적으로 "앎에 도달하는(致知)" 범위(지식을 광범하게 가지고 소화하는 것)에 속한다. 후자(뜻을 독실히 하는 것)는 실제적으로 실천 범위(자아 각성과 지향을 굳게 정하는 것)이다. '치지'와 '실천'을 서로 결합하면 바로 인의 과정과 방법을 배울 수 있음을 알 수 있다. 이 개인 도덕 수양 과정에서 수양 정도의 깊이와 높이의 다름에 따라 성취의 크기가 다르다. 공자가 이 문제에 대하여 각종 상황에서 말한 다른 의견에 근거하여 귀납하면 도덕 수양의 정도가 다른 사람을 세 가지 다른 차원으로 나눌 수 있다. 곧 1. 사(士), 2. 군자(君子), 3. 성인(聖人)이다. 아래와 같이 분별하여 논술해보겠다.

1. 사(士). 사는 공자 시대에 봉건 통치계급 중 지식 분자의 통칭이자 또한 바로 공자가 제창한 도덕 수양의 가장 기본적이며 수가 비교적 많은 계층이다. 그들은 봉건귀족의 가장 낮은 층에 처하였다. 당시 그들의 주요 출로는 관리(仕)가 되는 것으로 그들은 각급 봉건영주 귀족 통치계급의 예비 관리였다. 그들의 생활 내원은 주로 3개 방면이다. 첫째는 (작은 采地를 갖는) '식전(食田)', 둘째는 (작은 실물 工資를 갖는) '식록(食祿)', 셋째는 (스스로 경작하는) '식력(食力)'이다. 공자는 호칭 3천 제자라 하는데 절

---

38 『논어』「자장(子張)」.

대 다수가 이런 사람에 속한다. 공자 또한 바로 당시의 각급 귀족 예비 관리에게 필요한 덕재(德才)에 의하여 그들을 요구했고 그들을 배양하였다. 공자의 당시 지식인 '사(士)'(공자의 모든 제자들도 그 안에 포함)에 대한 요구는 매우 엄격하다. 문헌 지식(六藝)을 배울 것을 요구하는 외에 특히 그들이 도덕과 품격, 정조의 면에서의 단련과 제고를 요구하였다. 아래에 공자 및 제자가 이 방면에 대하여 거론한 몇몇 말을 들어보겠다.

> 공자께서 말씀하셨다. "선비가 도에 뜻을 두고서 나쁜 옷과 나쁜 음식을 부끄러워하는 자는 더불어 도를 논할 수 없다."
> 子曰, 士志於道而恥惡衣惡食者, 未足與議也.[39]

> 공자께서 말씀하셨다. "선비로서 편안하기를 생각하면 선비라 할 수 없다."
> 子曰, 士而懷居, 不足以爲士矣.[40]

> 증자가 말씀하였다. "선비는 도량이 넓고 뜻이 군세지 않으면 안 된다. 책임이 무겁고 길이 멀기 때문이다."(君子는) 인을 자기의 책임으로 삼으니 또한 중하지 않은가? 죽은 뒤에야 끝나니 또한 멀지 않은가?"
> 曾子曰, 士不可以不弘毅, 任重而道遠, 仁以爲己任, 不亦重乎, 死而後已, 不亦遠乎.[41]

39 『논어』 「이인(里仁)」.
40 『논어』 「헌문(憲問)」.
41 『논어』 「태백(泰伯)」.

자장이 말하였다. "선비가 위태로움을 보고 목숨을 바치고, 이득을 보고 의를 생각하며, 제사에 공경함을 생각하며, 상사에 슬픔을 생각한다면 괜찮을 것이다."

子張曰, 士見危致命, 見得思義, 祭思敬, 喪思哀, 其可已矣.[42]

위의 말들이 개괄하고 있는 것은 '사'는 이래야 한다는 것을 요구하고 있다. 1, 생활은 간소하고 소박하게, 학습은 어렵게. 2, 고향에서의 안락함에 미련을 갖지 말라. 3, 지기(志氣)는 원대하고 굳게 하여 일생토록 인을 자기의 임무로 삼아 행할 것. 4, 위난이 닥쳤을 때 희생할 준비를 하고, 이익이 닥쳤을 때 도의에 부합하는지 생각하고, 제사 때는 공경해야 하고, 거상 때는 슬퍼해야 할 것. 당시의 조건에서 지식인(士)에게 이런 것을 요구하는 것은 확실히 쉽지 않은 것이었다.

2. 군자(君子). '군자'라는 말은 서주 때에는 원래 귀족 통치계급에 대한 존칭과 연관 있었는데, 춘추시기에는 도덕을 가진 사람으로 뜻이 바뀌어갔다. 따라서 공자는 군자를 도덕수양 방면에서 사보다 한 단계 높은 사람의 칭위로 삼았다. 그들과 대칭이 되는 소인(小人)은 도덕이 없는 사람이다.(소인은 서주 때는 통치계급이 노동 인민을 부르는 말이었다) 공자의 군자에 대한 도덕 수양방면에서의 요구는 사에 대한 요구에 비하여 더욱 제고되었다. 아래에 공자가 군자의 도덕과 품격, 정조, 수양에 대한 요구를 몇 가지 예로 들어보겠다.

공자께서 말씀하셨다. "군자는 천하(의 일)에 있어서 오로지 주장함도

---

[42] 『논어』 「자장(子張)」.

없으며, 그렇게 하지 않는다는 것도 없어서 의를 따를 뿐이다."

子曰, 君子之於天下也, 無適也, 無莫也, 義之與比.[43]

공자께서 말씀하셨다. "군자는 의로 바탕을 삼고, 예로 그것을 행하며, 겸손함으로 그것을 내며, 신으로 그것을 이루니, 이것이 군자이다."

子曰, 君子, 義以爲質, 禮以行之, 孫以出之, 信以成之, 君子哉.[44]

공자께서 말씀하셨다. "군자는 두루 사랑하고 편당(偏黨)하지 않으며, 소인은 편당하고 두루 사랑하지 않는다."

子曰, 君子周而不比, 小人比而不周.[45]

공자께서 말씀하셨다. "군자는 화하고 동하지 않으며, 소인은 동하고 화하지 않는다."

子曰, 君子和而不同, 小人同而不和.[46]

사마우가 군자를 묻자, 공자께서 말씀하셨다. "군자는 걱정하지 않으며 두려워하지 않는다." 말하였다. "근심하지 않으며 두려워하지 않으면 군자라 이를 수 있습니까?" 공자께서 말씀하셨다. "안으로 반성하여 조그마한 하자도 없으니, 무엇을 근심하며 무엇을 두려워하겠는가?"

司馬牛問君子, 子曰, 君子不憂不懼. 曰, 不憂不懼, 斯謂之君子矣乎?

43 『논어』 「이인(里仁)」.
44 『논어』 「위령공(衛靈公)」.
45 『논어』 「위정(爲政)」.
46 『논어』 「자로(子路)」.

子曰, 內省不疚, 夫何憂何懼?[47]

　위에서 든 예들을 개괄하면 바로 군자의 등차가 되기를 요구하는 사람은 최소한 다음의 몇 가지 점을 달성해야 한다. 1, 군자는 천하의 일에 대하여, 사전에 정하여진 테두리가 없고 처리할 때는 모두 도의에 부합되는 준칙 여부에 따른다. 2, 군자는 도의를 근본으로 하고 행위에는 예의가 있어야 한다. 말할 때는 겸손해야 하고, 임무를 완성할 때는 성실해야 한다. 3, 군자는 원칙적으로 단결할 것을 주장하고, 결탁하는 것은 반대한다. 소인은 결탁하는 것만 따질 뿐 원칙적인 단결은 따지지 않는다. 4, 군자는 원칙인 화목과 협조를 강구하지만 찬성하지 않는 의견에 대하여서는 결코 부화뇌동하지 않는다. 소인은 같지 않은 의견에 대하여 마음대로 부화뇌동하지만 원칙적인 화목과 협조는 강구하지 않는다. 5, 군자는 근심하지도 않고 두려워하지도 않으며, 스스로 마음에 부끄러운 것이 없고 두려워하는 것이 없다.

　이상 몇 가지는 사에 대한 요구에 비하여 현저히 제고되었다.

　군자와 사의 구별과 등차에 관하여서는 다만 일반적인 요구를 가지고 말할 뿐이다. 일상적인 실제생활에서는 이따금 왕왕 사와 군자를 아울러 제기하며 이는 당시의 조건에서 또한 이해할 수 있다.

　3. 성인(聖人). 성인에는 두 가지 뜻이 있다. 하나는 고대의 봉건제왕에 대한 존칭이다. 하나는 나중에 도덕과 지능, 공적이 더 이상 높을 수 없는 완전한 사람을 가리키는 말로 변화 발전되었다. 앞에서 말했듯이 공자의 심목 중의 성인은 바로 요(堯)와 순(舜), 우(禹) 등 몇 사람일 뿐이다.

---

47 『논어』 「안연(顔淵)」.

그 자신도 "성인을 내가 만나볼 수 없으면, 군자만이라도 만나보면 된다.(聖人, 吾不得而見之矣, 得見君子者, 斯可矣)"[48]라 말한 적이 있다. 공자 심목 중의 성인은 인덕 중의 모든 덕목이 조화를 이룬 화신임을 알 수 있으며, 공자는 당연히 성인에게 다시 어떤 도덕적 요구도 제기하는 것이 불가능하다. 이 때문에 이런 성인만이 다만 인류가 동경하는 이상적 목표가 될 수 있었다. 현실세계에서 이 목표에 도달할 수 있는 사람은 있다고 하더라고 또한 극소수일 뿐이다. 공자가 성인이라고 생각하는 요순이라도 그 또한 의견을 유보하였기 때문에, 앞에서 말했듯이 자공이 "만일 백성에게 (은혜를) 널리 베풀어 많은 사람을 구제한다면"이라는 문제를 물었을 때 공자의 대답은 성인이라야 할 수 있을 것이라고 했다. 이어서 또한 "요순도 이에 있어서는 오히려 부족하게 여기셨을 것이다.(堯舜其猶病諸)"라 하였다. 이상의 상황에 근거하면 인의 최고 층차인 성인이 되는 요구는 생략할 수밖에 없다.

『논어』에서 공자는 또한 성인(成人), 선인(善人), 현인(賢人) 등을 언급하였다. 모두 "거기에 대한 말이 상세하지 않고" 달리 앞에서 공자가 말한 것을 인용했듯이 "성인을 내가 만나볼 수 없으면, 군자만이라도 만나보면 된다"라 하여 공자는 명확하게 군자와 성인(聖人) 사이의 층위 관계를 지적하였다. 때문에 여기서는 특히 군자와 성인을 사람의 도덕과 수양의 두 가지 같지 않으면서 서로 근접한 층위로 간주하여 논하여 말한다. 나머지 성인(成人)과 선인, 현인 등에 대해서는 달리 더 논하여 말하지 않는다.

셋째, 인은 "정사를 행하는(爲政)" 실천 중의 다른 층위이다

---

48 『논어』「술이(述而)」.

'위정(爲政)'과 '종정(從政)' 그리고 '사(仕)'는 뜻이 서로 가까운데 곧 정치 활동에 참가하고 관직 생활을 하는 것을 가리킨다. 앞에서 이미 말했었듯이 서주와 춘추시대에서 사(士)의 주요 출로는 정사를 행하는 것(仕)이다. 학습의 주요 목적 또한 바로 정사를 행하기 위함이기 때문에 공자의 제자인 자하(子夏)는 "학문을 하고서 여가가 있으면 벼슬을 한다.(學而優則仕)"[49]라 하였다. 사(士)와 군자가 정치에 참여하는 데 대한 최고의 요구는 불후의 공업을 세우는 것으로 다만 근근이 관직생활을 하면서 녹만 먹을 뿐이 아니었다. 당시 불후의 공업으로는 '입덕(立德)'과 '입공(立功)', '입언(立言)'이라는 설이 있었다.[50] 이 세 가지는 반드시 정치의 참여를 통해야만 나타나는 것은 아니다. 다만 실제적으로 당시에 모두 직간접적으로 정치의 참여와 관련이 있다. 정치의 참여를 통해서만 입덕과 입공, 입언이라는 인(仁)의 업적을 더욱 두드러지게 드러내 보일 수 있었으므로 공자는 정치에 종사하는 것은 매우 엄숙한 일이라고 생각하였다. 위로는 임금에 대한 책임을 져야 하고 아래로는 백성을 행복하게 해주어야 하므로 그는 사와 군자가 정치에 종사하기 위한 전제 조건으로 무엇보다도 자신의 도덕과 품질 학문을 잘 수양하여야 한다고 제기하였다. 이 때문에 공자는 이미 정치에 종사하려는 사와 군자의 수양에 세 가지 다른 층위의 요구를 제기하였다. 이것이 바로 앞에서 이미 제기한 적이 있는 세 가지다. 첫 번째는 "경으로 몸을 닦는 것(修己以敬)"과 두

---

49 『논어』「자장(子張)」.

50 춘추시대 노나라의 대부인 숙손표(叔孫豹)는 말하였다. "최상의 것으로는 입덕이 있고 그 다음으로는 입공, 그 다음으로는 입언이 있다라 하였습니다. 오래되어도 없어지지 않았으니 이를 일러 썩지 않는다라는 것입니다. …… 이는 작록이 큰 것으로 썩지 않는다고는 말할 수 없습니다.(大上有立德, 其次有立功, 其次有立言. 雖久不廢, 此之謂不朽……祿之大者, 不可謂不朽)"(『左傳』「襄公 24년」)

번째 "몸을 닦아서 사람을 편안하게 하는 것(修己以安人)", 세 번째가 "몸을 닦아서 백성을 편안하게 하는 것(修己以安百姓)"[51]이다. 이 세 가지 말을 그 함의를 가지고 이야기하면 첫 번째가 가리키는 것은 '수신(修身)'이고, 두 번째가 가리키는 것은 '제가(齊家)', 세 번째가 가리키는 것은 '치국평천하(治國平天下)'[52]이다. 아래에서는 "위정"의 세 가지 층위를 '수신'과 '제가', '치국평천하'로 분별하여 논하고 서술하겠다.

1. 수신(修身). 수신과 수기(修己)는 바로 앞에서 말한 개인의 도덕품질 등의 수양으로 정치에 종사하기 위한 필요조건이다. 공자는 사와 군자는 정치에 종사할 기회가 없는 것을 두려워하지 않아야 하며 정말로 두려워해야 할 것은 자기의 도덕과 학문이 이미 수립되었는가, 아닌가 하는 것이며, 자기를 알아주는 사람이 없는 것을 두려워하지 말 것이며 중요한 것은 어떻게 자기의 도덕 학문을 제고시킬까 하는 것이라고 생각하여 남들을 이해시키는 것이라고 하였다. 그의 원래 말은 이렇다.

지위가 없음을 걱정하지 말고 지위에 설 것을 걱정하며, 자신을 알아주는 이가 없음을 걱정하지 말고 알려질 만하기를 구해야 한다.

---

51 『논어』 「헌문(憲問)」.

52 정수덕(程樹德)의 『논어집석(論語集釋)』 「헌문(憲問)」에서는 『유씨정의(劉氏正義)』의 말을 인용하여 "수기(修己)는 수신(修身)이다. …… 안인(安人)은 제가(齊家)이며, 안백성(安百姓)은 치국평천하(治國平天下)이다."라 하였다. 전하는 바에 의하면 서한 초년의 유생들은 증자(曾子)가 전하여 집성(輯成)한 「대학」에 근거하여 수신, 제가, 치국, 평천하를 위정의 네 층차로 나누었는데 보아하니 공자의 "경으로 몸을 닦는 것(修己以敬)"과 "몸을 닦아서 사람을 편안하게 하는 것(修己以安人)", "몸을 닦아서 백성을 편안하게 하는 것(修己以安百姓)"의 이 세 말에서 인신되어 나온 것 같은데 다만 "몸을 닦아서 백성을 편안하게 하는 것"을 '치국'과 '평천하'의 두 층차로 나누었다. '치국'과 '평천하'를 두 층차로 삼으면 한계가 그다지 분명하지 않으므로 이 책에서는 여전히 공자의 원래 뜻에 의하여 '수신', '제가', '치국평천하'의 세 층차로 나누었다.

不患無位, 患所以立, 不患莫己知, 求爲可知也[53]

정치에 종사하려면 반드시 먼저 몸을 수양해야한다는 도리에 관하여 공자는 매우 많은 말을 하였는데 여기서는 다음과 같이 몇 가지 예를 든다.

> 공자께서 말씀하셨다. "(爲政者가) 참으로 자신을 바르게 한다면 정치하는 데에 무슨 어려움이 있겠으며, 자신을 바르게 할 수 없다면 남을 바르게 함을 어떻게 하겠는가?"
> 子曰, 苟正其身矣, 於從政乎, 何有, 不能正其身, 如正人何![54]

> 계강자가 공자에게 정사를 묻자, 공자께서 대답하셨다. "정사란 '바로잡는다'란 뜻이니, 그대가 바름으로써 솔선수범한다면 누가 감히 바르지 않겠는가?"
> 季康子問政於孔子, 孔子對曰, 政者, 正也, 子帥以正, 孰敢不正?[55]

유사한 말을 공자는 또한 적지 않게 말하였는데 많은 예를 들지는 않겠다.

앞에서 인용한 공자가 이야기한 몇몇 말은 수신이 정치에 종사하는 데 대한 관계를 얼마나 중요하게 보았는가를 설명하였다. 그렇다면 어떻게 수신을 진행할까? 공자는 이 이미 평범하면서도 평범하지 않은

---

53 『논어』 「이인(里仁)」.
54 『논어』 「자로(子路)」.
55 『논어』 「안연(顏淵)」.

문제에 대하여 "간단함으로 번거로운 것을 취하는" 방법으로 다만 한 글자로 그것을 해결하는 것을 제기하였다. 이 글자가 바로 앞에서 여러 번 제기한 "경으로 몸을 닦는 것이다(修己以敬)"의 '경(敬)'자이다. '경'의 함의는 바로 성실하고 엄숙하며 신중하여 함부로 하지 않는 것이며, 또한 바로 자기와 남, 일에 대하여 모두 고도의 엄숙하고 성실하며 신중하여 함부로 하지 않는 태도와 정신이다. "경으로써 몸을 닦는 것"은 공자가 자로가 어떻게 해야 군자가 되는가의 질문에 대한 대답이다. 공자는 다른 곳에서 자장이 어떻게 해야 인을 실현하는가 묻자 대답하였다. "'능히 다섯 가지를 천하에 행할 수 있으면 인이다.' 하셨다. 자장이 가르쳐 주시기를 청하니, 말씀하셨다. '공손함(恭), 너그러움(寬), 믿음(信), 민첩함(敏), 은혜로움(惠)이니, 공손하면 업신여김을 받지 않고, 너그러우면 여러 사람들을 얻게 되고, 믿음이 있으면 남들이 의지하게 되고, 민첩하면 공이 있게 되고, 은혜로우면 충분히 남들을 부릴 수 있게 된다.'(問仁於孔子, 孔子曰 能行五者於天下면 爲仁矣. 請問之, 日, 恭寬信敏惠, 恭則不侮, 寬則得衆, 信則人任焉, 敏則有功, 惠則足以使人)"[56] 사실 이 두 가지 사이는 밀접하게 연계되어 있다. 한 사람이 '경'의 공부를 해낸다면 자연히 또한 공손함과 너그러움, 믿음, 민첩함, 은혜로움을 해낼 것이고 또한 "능히 다섯 가지를 천하에 행하여 인이 될" 수 있을 것이다. 수신은 끝이 없으며 한편으로는 "경으로 몸을 닦을 것"을 제기하였다. 다른 곳에서 공자는 또한 "공손함(恭), 너그러움(寬), 믿음(信), 민첩함(敏), 은혜로움(惠)"을 제기하였는데 이 두 가지를 결합하면 군자와 인자의 경지에 이르게 된다. 이런 경지에 이를 수 있는 군자와 인자는 아마 합격점을 받은 정치 종사

---

56 『논어』 「양화(陽貨)」.

자일 것이다. 이것이 공자가 당시 봉건사회의 조건에서 위정자에게 제기한 수신의 요구이다.

공자의 사상에 근거하여 『대학』에서도 특별히 수신을 강조하였다. 수신을 위정의 근본으로 놓았을 뿐만 아니라 아울러 이를 확대시켜 "천자로부터 서인까지 한결같이 모두 수신을 근본으로 삼는다.(自天子以至於庶人, 壹是皆以修身爲本)"[57]는 것을 제기하였다. 수신을 봉건사회의 천자로부터 평민(庶人[58])에 이르기까지 공동의 필수 과목에 놓았다. 공자와 유가의 원시사회(전설의 堯舜時代)의 소박한 민주평등 정신에 대한 동경을 반영하였는데 확실히 매우 높은 사상경계를 드러내 보여주었다.

2. 제가(齊家). 이곳의 제가는 앞에서 제기한 "몸을 닦아서 사람을 편안하게 하는 것(修己以安人)"의 "사람을 편안하게 하는(安人)" 두 글자의 의역이다. 이 점은 앞에서 이미 설명을 하였고 여기서는 진일보하여 '안인(安人)'의 '인(人)'자를 설명한다. 나는 『논어집해』의 공안국(孔安國)의 주석 "사람은 붕우구족이다(人爲朋友九族)"[59]라 한 것에 근거하여 그것을 가정의 성원과 친척, 내재한 붕우의 총칭으로 해석한다. 간략히 칭하여 '가(家)'라고 하였는데, 이것이 바로 '안인(安人)'이 '제가(齊家)'가 되는 근거이다.

서주와 춘추시기 봉건사회의 가(家)는 당시의 사회정치와 경제 그리고 종법 조직의 기층단위(細胞)로 천자에서 농노에 이르기까지 존비와

---

57 『대학』「수장(首章)」.

58 서인(庶人)에는 두 가지 뜻이 있다. 첫째는 전칭(專稱)으로 "사는 자제들을 복예(僕隸)로 삼으며 서인과 공상인들은 각기 친소(親疎)가 있다.(士有隷子弟, 庶人工商, 各有分親)"(『左傳』「桓公」2年)라는 것 같은 것인데 여기서는 서인을 사(士) 이하 공상 이상의 지위를 가진 사람을 일컫는 것이다. 둘째는 범칭(泛稱)으로, 진한 이후로는 점차 서인을 관직이 없는 평민의 칭위로 해석하였다. 『대학』은 이미 서한 초년에 이루어졌으므로 서인은 평민으로 해석된다.

귀천을 막론하고 모두 각자 대소와 빈부가 다른 가(家)를 가지고 있었다. 공자가 여기서 말한 가(家)는 주로 사(士) 이상의(각급 영주에 속한 것을 포괄) 가(家)와 가족을 가리켜 말하였다. 가(家)가 당시 사회의 기층조직이었기 때문에 가(家)와 나라는 부득불 긴밀히 연계되어 국가(國家)로 불렸다. 아래의 예는 이 점을 더욱 잘 설명할 수 있다. 한번은 어떤 사람이 공자에게 물었다. "선생님은 어째서 출사하여 정치를 하지 않습니까?" 공자는 아래와 같이 대답하였다. "『상서』에서 말하기를 '부모에게 효도하고 형제간에 우애하여 정사에 베푼다.'고 하였으니, 이 효도와 우애의 정신 또한 정사에 영향을 끼치니, 이것이 바로 정사가 아니겠는가? 어찌 반드시 벼슬을 해야 정사를 하는 것이겠는가?"[60] 사람마다 모두 집을 가지고 있다. 더욱이 사(士) 이상의 사람은 특수한 상황을 제외하면 일반적으로 모두 혈연관계를 기초로 하고 구족을 포괄하고 규모가

---

[59] '구족(九族)' 두 자는 『상서』 「요전(堯典)」에 최초로 보이는데 원문은 "구족을 친하게 하였다(以親九族)"이다. 공영달(孔穎達)의 『소(疏)』에서는 "구족은 위로는 고조까지 아래로는 현손까지가 무릇 구족이다."라 하였다. "위로는 고조까지"는 곧 부친과 조부, 증조, 고조까지이며, "아래로 현손까지"는 아들과 손자, 증손, 현손이다. 거기에 다시 자기를 더하면 곧 구족이다. 서한 때에는 다른 설이 있는데 곧 하후(夏侯), 구양(歐陽) 두 사람은 구족이 가리키는 것은 "부족(父族) 넷, 모족(母族) 셋, 처족(妻族) 둘"로 합하여 구족이라고 생각하였다. 일반적으로 앞의 설을 주로 한다. 미국의 역사학자 모건(1818~1881)의 『고대사회』에서도 중국 고대의 '구족'을 언급한 적이 있는데, "나 자신의 1대가 1족이며, 내 부친의 1대, 내 조부의 1대, 내 증조부 1대 및 내 고조부 1대가 각기 1족을 가리키는데 이 때문에 나의 위가 모두 4족이며, 나의 아들의 1대가 1족, 나의 손자 1대, 나의 증손 1대 및 나의 현손 1대를 또한 각각 1족을 가리키는데 이 때문에 나의 아래가 또한 모두 4족이다. 나 자신의 1족을 거기에 포함시켜 모두 구족이다. …… 분명하게 중국의 친속제(制)에서는 하와이의 친속제와 마찬가지로 세대로부터 혈친(血親)을 각 범주로 귀납하여 넣었다. 모든 동일한 범주의 방계 친속은 피차간에 모두 형제자매이다."(이 책, 465~466쪽)

[60] 『논어』 「위정(爲政)」. 원문 "或謂孔子曰, 子, 奚不爲政? 子曰, 書云孝乎! 惟孝, 友于兄弟, 施於有政, 是亦爲政, 奚其爲爲政?" 인용한 『상서』는 원래 말은 원문과 조금 다르며 다만 뜻만 같다. 『尙書』의 원문 "唯孝, 友于兄弟, 克施有政."(『尙書』 「君陳」에 보인다)

다른 가정을 가지고 있다. 게다가 친척과 친구가 있기 때문에 이는 한 개인이 상당히 볼 만하고 연계되었거나 밀접하거나 혹은 느슨한 군체이다. 공자는 이 군체의 안정된 단결을 모든 사와 군자가 반드시 완성해야 할 임무로 삼게 하였다. 이는 공자가 주장한 "사람을 편안하게 하는(安人, 齊家)" 목적은 이 점에 이르기만 하면 되는데 바로 위정이다. 이는 공자 시대의 봉건사회 질서가 믿는 안정되고 공고한 필요조건이다.

이상의 설명에 근거하여 우리는 전체 종법제 봉건사회에서 봉건귀족 통치계급은 광대한 피통치계급에 대한 통치를 주로 세 가지 경로를 통하여 실현하였다고 상상할 수 있다. 첫째는 정치적 경로로 곧 각급 귀족 통치자가 각급 관리를 통하는 길이다. 둘째는 경제적 경로로 곧 각종 명목의 부세와 할당 그리고 강취를 통하는 길이다. 셋째는 종법(宗法) 경로로 곧 대종(大宗)과 소종(小宗), 종자(宗子), 서자(庶子) 그리고 항렬 및 이런 명목에 적용되는 윤리도덕 및 봉건미신 등의 정신을 통하는 길이다. 봉건 통치계급은 이 세 가지 경로의 상호 삼투와 상호 보충을 통하여 거미줄 같은 삼투를 사회 각 방면에 이르도록 한다. 특히 각 가정에 삼투하게 하여 이것을 가지고 전체 봉건사회의 통치를 실시한다. 따라서 봉건사회의 질서를 안정시키고 공고하게 했다. 가정이 세 가지 경로 가운데 마지막이다. 정치적 통치의 마지막일 뿐만 아니라 경제 착취의 마지막으로 더욱이 종법제의 마지막을 체현하는 것이다. 때문에 봉건사회의 수요에 따라 가정을 잘 다스리는 것 곧 '제가'를 드러나도록 특별히 중요시했다. 『역경』에서 말한 "집안을 바르게 하면(곧 齊家-지은이) 천하가 정해질 것이다.(正家而天下定矣)"[61]라 한 것과 같다. 공자는 이 점을

---

61 『주역』 「가인괘(家人卦)」.

잡고 제가(安人)를 "이것이 정사를 하는 것이니, 어찌 그것(벼슬)이 정사를 하는 것이겠는가?"라는 높은 경지로 제기하였다. 이는 중국 봉건사회가 수천 년이나 유지될 수 있게 한 하나의 관건이 되는 인소라고 말하지 않을 수 없을 것이다. 현재와 장래에 가정문제를 어떻게 간주하고 해결할 것인가 하는 문제는 하나의 중요한 현실문제다. 뿐만 아니라 또한 하나의 중요한 이론문제로 한 걸음 더 나아간 연구와 토론을 필요로 한다.

3. 치국평천하(治國平天下). 치국과 평천하는 본래 두 개의 층차로 나누었지만 치국과 평천하 사이의 공통성이 차별성보다 많으므로 함께 놓고 이야기하는 것이 비교적 합당하다. 이 문제는 제6장 「정치사상」에서 전문적으로 논할 것이다. 여기서는 다만 간단명료하게 설명한다.

무엇보다도 공자 심목 중의 '치국'은 어떤 나라를 다스려야 하는가? 보아하니 공자의 이상 속의 나라는 실제로 바로 문·무·주공 시대 서주의 나라였다. 우리가 이렇게 이야기하는 것은 매우 근거가 있다. 이 근거는 바로 공자가 스스로 말한 것으로 앞에서 이미 여러 차례 제기한 적이 있는 "주나라는 (夏·殷) 이대를 보았으니, 찬란하다. 그 문이여! 나는 주나라를 따르겠다.(周監於二代. 郁郁乎文哉! 吾從周)"[62]라는 말이다. 그는 한편으로는 서주가 "찬란하다. 그 문이여!"라 찬양하고 다른 한편 또한 명확하게 "나는 주나라를 따르겠다."라고 나타내었으니 매우 분명하지 않은가? 서주 사회의 구체적 상황이 어떠한가에 대해서는 제3장 「공자시대의 사회배경」에서 이미 상세히 이야기하였으므로 여기서는 많이 이야기하지 않겠다. 다만 조금 반드시 재차 강조하여 지적한 것은 서주

---

62 『논어』 「팔일(八佾)」.

영주제 농노 봉건사회는 무왕과 성왕(成王) 주공 등 비교적 개명한 통치자의 다스림 아래 활기차고 번영한 안정되고 단결된 기상을 갖게 되었다. 이는 역사적으로 공인된 것이다. 그러나 서주 왕조의 건립으로부터 공자 시대에 이르기까지는 이미 오백여 년이 흘렀다. 사회, 경제, 정치, 문화에서 모두 매우 큰 발전과 변화가 일어났으며 특히 영주제 봉건사회는 지주제 봉건사회를 향한 과도기였다. 이런 상황에서 공자는 여전히 영주제의 기초 위에 건립된, 이미 흔들리고 추락하려는 주천자를 대일통의 통치자로 삼고자 했다. 아울러 서주 초기의 통치 형식과 대책(각종 禮儀 典章制度)을 회복하려고 하였는데 이는 분명히 실제적이지 못하다. 당연히 공자는 서주 초기 통치자의 '경덕(敬德)'과 '유민(裕民)' 그리고 '애민(愛民)' 사상과 정책을 매우 찬양하고 제창하였다. 때문에 이런 사상과 정책이 봉건 통치계급의 통치를 안정적이고 공고히 하는 데 유리하였다. 뿐만 아니라 피통치계급의 최저한도의 따뜻하고 배불리 하는 생활조건에도 유리하였으므로 이 또한 도리가 있다. 여기에는 또한 부대적으로 보충 설명하여야 할 점이 있다. 당시 주천자는 천하(각 諸侯國을 포함)의 공주(共主)로 서주를 다스렸으니 자연히 바로 '평천하'한 것으로 "나라가 다스려진 후에 천하가 평정된다(國治而后天下平)"[63]는 것이다. 이 때문에 공자는 치국과 평천하를 한꺼번에 말하였다.

다음으로 공자의 사상에서 서주를 전범으로 하는 봉건국가를 잘 다스리려면 어떤 주요 조건을 갖추어야 하는가? 공자가 『논어』 등의 책에서 말한 것에 근거하면 진정으로 서주 같은 국가를 잘 다스리려면 주로 세 가지 조건이 귀납되어야 한다. 첫째는 명군, 둘째는 현신, 셋째는 민

---

63 『대학』 「경(經) 1장」.

심이다.

첫째는 명군(明君)이다. 문왕과 무왕 같은 명군을 가져야 한다. 『중용』에서는 말하였다.

> 애공이 정사를 묻자, 공자께서 다음과 같이 말씀하셨다. "문왕·무왕의 정사가 방책에 펴 있으니, 그러한 사람이 있으면 그러한 정사가 거행되고, 그러한 사람이 없으면 그러한 정사가 종식됩니다."
>
> 哀公問政, 子曰, 文武之政, 布在方策. 其人存, 則其政擧, 其人亡, 則其政息.

이어서 또 말하기를 "그러므로 정사를 함이 사람(을 등용함)에 달려 있다(故爲政在人)"라 하였다. 『논어』「요왈(堯曰)」에도 이런 말이 있다.

> 주나라에 큰 베풂이 있으니, 선인이 이에 많아지게 되었다. "비록 지극히 가까운 친척이 있으나 어진 사람만 같지 못하며, 백성들의 과실은 (책임이) 나 한 사람에게 있다."
>
> 周有大賚, 善人是富. 雖有周親, 不如仁人, 百姓有過, 在予一人.

공자는 이런 인민에게 책임감이 있고 사람을 임용하는 데 현명하고 인민을 매우 사랑하는 명군이라야 진정 국가를 잘 다스릴 수 있다고 생각하였다. 공자는 스스로 이런 명군을 만나지 못한 것을 일생의 유감으로 여겼다.

둘째는 현신(賢臣)이다. 명군이 부족하지 않다 하더라도 현신의 도움이 필요하기 때문에 『논어』「태백(泰伯)」에서는 이렇게 말하였다.

(공자는 말하였다.)⁶⁴ "순임금이 어진 신하 다섯 사람을 두심에⁶⁵ 천하가 다스려졌다. 무왕이 말씀하셨다. "내게는 잘 다스리는 신하 열 사람이 있노라."

(孔子曰)舜有臣五人而天下治. 武王曰 予有亂(본래는 亂로 되어 있는데 '治'의 고자이다-지은이)臣十人.⁶⁶

　　당연히 현신의 아래에는 또한 반드시 각급 현리(賢吏)가 있어야 일을 잘 처리할 수 있다. 『논어』「자로(子路)」에서는 말하였다.

　　중궁이 계씨의 가신이 되어 정사를 묻자, 공자께서 말씀하셨다. "유사에게 먼저 시키고 작은 허물을 용서해주며, 어진 이와 유능한 이를 등용해야 한다." "어떻게 어진이와 유능한 이를 알아 등용합니까?" 하고 묻자, "네가 아는 자[賢才]를 등용하면 네가 미처 모르는 자를 남들이 내 버려두겠느냐?" 하셨다.

　　仲弓爲季氏宰, 問政, 子曰, 先有司, 赦小過, 擧賢才. 曰, 焉知賢才而擧之? 曰, 擧爾所知, 爾所不知, 人其舍諸?

---

64 『논어』에는 원래 "공자왈(孔子曰)" 석 자가 없는데 여기에서는 정수덕(程樹德)의 『논어집석(論語集釋)』에서 인용한 『용수어록(榕樹語錄)』에서 "순에게 두 신하가 있는데 두 구절 또한 부자의 말이다(舜有臣二句亦是夫子語)"라 하였고, 특히 '순(舜)' 앞에 괄호를 써서 '공자왈(孔子曰)' 석 자를 더한 것에 의거하였다.

65 "순이 어진 신하 다섯을 두었다"는 것은 곧 우(禹)와 직(稷), 설(契), 고요(皐陶), 백익(伯益)이다.(朱熹의 『四書集注』에 보인다)

66 "잘 다스리는 신하 열 사람"은 주공단(周公旦)과 소공석(召公奭), 태공망(太公望), 필공(畢公), 태전(太顚), 굉요(閎夭), 산의생(散宜生), 남궁괄(南宮适), 읍강(邑姜: 武王妻)이다.(朱熹의 『四書集注』에 보인다)

공자는 "정사를 함이 사람에 달려 있다"는 것을 봉건시대의 나라를 다스리는 중요한 원칙으로 삼았다. 이는 상당한 식견이 있는 것으로 우리가 참고할 만한 가치가 있다. 우리는 현재에도 영도를 함에 정확한 방침과 정책을 확정한 후에 철저히 관철할 수 있는가와 간부는 유능하게 결정하는가, 하는 인소의 여부를 특별히 강조한다. 이는 "정사를 함이 (현명한) 사람(을 임용함)에 달려 있다"는 것과 일정 정도 비슷한 곳이 있지 않겠는가?

셋째는 민심(民心)이다. 명군과 현신이 있어도 인민의 옹호를 얻고, 인민의 신임, 곧 민심을 얻어야 한다. 한번은 자공이 정사를 묻자, 공자께서는 "양식을 풍족히 하고, 병을 풍족히 하면 백성들이 믿을 것이다.(足食, 足兵, 民信)"라는 세 가지 중요한 대책을 제기하였다. 자공이 또 묻기를 반드시 부득이 해서 버린다면 이 세 가지 중에 무엇을 먼저 해야 하느냐고 하자 공자는 "병을 버려야 한다(去兵)"고 하였다. 자공이 또 묻기를 반드시 부득이해서 버린다면 나머지 두 가지 중에 무엇을 먼저 해야 하느냐고 묻자 공자는 "양식을 버려야 한다(去食)"라 하였다. 이어서 "예로부터 (사람은) 모두 죽게 되거니와, 사람은 신의가 없으면 설 수 없다.(自古皆有死, 民無信不立)"라 하였다. 분명하게 공자는 백성들이 정부에 대해 신심이 있느냐의 여부를 국가의 존재 여부의 가장 중요한 조건으로 보았다.[67] 『중용』에는 대체적으로 공자의 사상을 반영할 수 있는 몇몇 말이 있다. "위[上古時代]의 것은 비록 좋으나 증거 할 만 한 것이 없으니, 증거할 것이 없기 때문에 믿지 않고, 믿지 않기 때문에 백성들이 따르지 않는다. …… 이 때문에 군자의 도는 자기 몸을 근본으로 하여 여러 백성

---

67 『논어』 「안연(顔淵)」에 보인다.

들에게 징험한다.(上焉者, 雖善, 無徵, 無徵, 不信, 不信, 民弗從……故君子之道, 本諸身, 徵
諸庶民)"라는 것이다. 모든 이런 의론은 모두 한 가지, 나라를 다스리려
면 반드시 민심을 얻어야 한다는 것을 설명한다. 공자의 이 주장은 맹
자에 이르러 "백성은 귀하고 임금은 가볍다(民貴君輕)"[68]는 사상으로 발
전된다. 이는 일정 정도 중국 봉건시대의 위대한 사상가의 깨어 있는
민주사상의 맹아를 반영하였다. 이상 세 가지는 바로 공자가 생각한 서
주를 모범으로 하는 봉건국가를 잘 다스리는 데 필수불가결한 조건이
었다.

그 다음은 공자가 나라를 다스리는 가장 좋은 모식은 무엇이라고 생
각하느냐 하는 것이다. 그는 고대 및 당시의 나라를 다스리는 각종 다른
상황을 두루 보고 나라를 다스리는 것을 두 가지 주요한 다른 모식으로
귀납하였다. 그는 이 두 가지 다른 모식을 다음과 같이 묘사하였다.

> 인도하기를 법으로 하고, 가지런히 하기를 형벌로 하면, 백성들이 (형벌
> 을) 면할 수는 있으나, 부끄러워함은 없을 것이다. 인도하기를 덕으로
> 하고, 가지런히 하기를 예로써 하면, (백성들이) 부끄러워함이 있고, 또
> (善에) 이르게 될 것이다.
> 道之以政, 齊之以刑, 民免而無恥. 道之以德, 齊之以禮, 有恥且格.[69]

앞의 세 마디에서 묘사한 것은 일종의 나라를 다스리는 모델, 곧 법

---

68 맹자는 말하였다. "백성이 가장 귀중하고, 사직이 그 다음이고, 군주는 가벼운 것이다. 그
러므로 구민의 마음을 얻은 이는 천자가 되고 ……(民爲貴, 社稷次之, 君爲輕. 是故, 得乎丘民而
爲天子……)"(『孟子』「盡心」하』)

69 『논어』 「위정(爲政)」.

치의 모델이다. 뒤의 세 마디 묘사는 다른 일종의 나라를 다스리는 모델, 곧 덕치의 모델이다.

첫 번째 법치의 모델은 공자의 앞 세 마디 말의 함의에 근거하면 주요 내용은 세 가지이다. 첫째는 정법(政法)의 금령으로 인민을 인도하고 계도하여 인민이 형률(刑律)을 범하지 못하게 하는 것이다. 둘째는 형률을 범하면 일률적으로 법대로 징치하는 것이다. 셋째는 이런 결과가 비록 인민이 징치하는 것을 두려워하여 감히 악행을 저지르고 범법 행위를 하지 않게 하여 표면상으로는 형률을 면하게 할 수는 있다. 그렇지만 생각의 깊은 곳에는 결코 진정 비리를 저지르고 악행을 저지르는 것이 부끄러운 행위임을 깨닫지 못한다. 공자는 이런 법치로 나라를 다스리는 모델에 대하여 결코 완전히 찬동하지 않았다. 그는 "송사를 결단함은 나도 남과 같이 하겠으나 반드시 사람들로 하여금 송사함이 없게 하겠다.(聽訟, 吾猶人也, 必也使無訟乎!)"[70]라 하였다. 공자는 그가 제기한 희망을 두 번째 모델에 기탁하였다.

두 번째 덕치의 모델은 공자가 말한 뒤의 세 구절의 함의에 근거하면 그 주요 내용 또한 세 가지가 있다. 첫째 통치자가 자기의 도덕 행위로 인민을 인도하고 훈도하는 것이다. 둘째 각종 사람의 행위가 모두 일률적으로 예의 습속과 규정을 준수할 것을 요구하는 것이다. 셋째 이 결과 다만 인민이 생각 깊은 곳에서 비리를 저지르고 악행을 저지르는 행위가 부끄러운 행위임을 인식하게 할 수 있을 뿐만 아니라 또한 위의 영도에 대해서도 진정으로 심복하게 할 수 있다.[71] 분명히 공자는 이 덕치의 모델에 대하여 완전히 찬성할 뿐만 아니라 아울러 마음으로 동경

---

[70] 『논어』 「안연(顔淵)」.

하고 있다. 그는 이 도덕적 모델을 실현하기만 한다면 반드시 "정사를 덕으로 하는 것은 비유하면, 북극성이 제자리에 머물러 있으면 여러 별들이 그리로 향하는 것과 같다."[72]고 하는 "태평성세"에 다다르리라고 생각하였다.

공자가 비록 적극적으로 덕치의 모델을 주장하기는 했지만 또한 법치를 행할 수 있는 보충으로 삼는 것을 완전히 부정하지는 않았다. 공자는 말한 적이 있다.

성인이 (나라를) 다스리고 (백성을) 교화함에 반드시 형벌과 정치가 거기에 들어야 한다. 가장 좋은 것은 덕으로 백성을 교화하고 예로 제어하는 것이며, 그 다음은 정치로 백성을 이끌고 형몰로 금하는 것이다. 교화가 변화시키지 못하고 이끌어도 그것을 따르지 않으면 의를 다쳐 풍속을 무너지게 하고 이에 형벌을 쓰게 되는 것이다.

聖人之治化也, 必刑政相參焉. 太上以德教民, 而以禮制之; 其次, 以政導民, 而以刑禁之. 化之弗變, 導之弗從, 傷義以敗俗, 于是乎用刑矣.[73]

---

71 원문 '有恥且格'의 '격(格)'자는 대대로 각종 해석이 있어 왔다. 여기서는 정수덕(程樹德)의 『논어집석(論語集釋)』 중의 '격(格)'자에 대한 해석을 채택하였다. 원문은 아래와 같다. "격(格)은 이른다는 뜻이다. 몸소 행하여 따르면 백성이 실로 의혹을 봄이 있어 홍기할 것이다. 그 깊이와 두께가 같지 않은 것을 또 예로 일치시킨다면 백성이 선하지 못한 것을 부끄러워하고 또 선한 데 이르게 될 것이다. 일설에 의하면 격(格)은 바르다는 뜻이다. 『서경』에서 말하기를 '그릇된 마음을 바로잡는다.(格其非心)'라 하였다." '격(格)'을 '지(至)'로 해석한 것('至于善' 같은 것)과 '정(正)'으로 해석한 것('格其非心', 곧 그 그릇된 마음을 바로잡는 것)에 근거하였으므로 그 뜻을 종합하여 "마음으로 기뻐하며 실로 복종한다(心悅誠服)"로 의역하였다.

72 『논어』 「위정(爲政)」.

73 『공자가어(孔子家語)』 「형정(刑政)」.

공자가 필요한 형벌의 사용을 완전히 반대하지는 않았음을 알 수 있으며 다만 완전히 형법에 의존하여 나라를 다스리는 것을 반대하였다. 그는 또 말하였다.

> 옛날의 형벌은 적었고 지금의 형벌은 많다. 무릇 가르침에 옛날에는 예가 있은 다음에 형벌이 있었으니 이 때문에 형벌이 적었다. 지금은 예가 없음으로 가르치고 형벌을 가지고 가지런하게 하니 형벌이 이 때문에 많아졌다.
> 古之刑省, 今之刑繁. 凡爲敎, 古有禮, 然後有刑, 是以刑省. 今無禮以敎, 而齊之以刑, 刑是以繁.[74]

이는 공자가 나라를 다스리는 가장 좋은 모델은 덕치이며 또한 법치를 완전히 반대하지는 않았으니 곧 필요한 형벌의 사용은 찬성하고 다만 "형벌이 번다한 것(刑繁)"만 반대하였다고 생각하는 것을 증명하는 것이 아니겠는가!

(4) 인의 실사구시 정신

첫째, "아는 것을 안다고 하고 모르는 것을 모른다."고 하는 실사구시 정신

공자가 제자인 자로에게 말하였다. "유야! 내 너에게 안다는 것을 가르쳐 주겠다. 아는 것을 안다고 하고, 모르는 것을 모른다고 하는 것, 이것이 아는 것이다.(由! 誨女知之乎! 知之爲知之, 不知爲不知,是知也)"[75] 이런 "아는

---

74 『공총자(孔叢子)』「형론(刑論)」.

것을 안다고 하고 모르는 것을 모른다고 하는" 실사구시적인 성실한 태도, 곧 모르면서도 아는 체하는 태도를 반대하였다. 이는 공자가 그의 학생을 가르치고 이끌면서 아울러 자기를 단속하는 중요한 사상 원칙이다. 이 때문에 그는 자기가 확실히 알지 못하는 사물에 대하여서 종종 마음대로 의견을 표명하지 않았으며 남겨두고 논하지 않았다. 다만 확실히 알고 있는 일에 대해서만 의견을 나타내었다. 아울러 종종 주관적으로 힘껏 "말에는 반드시 중도가 있어야 한다"고 모색하였다. 여기서는 두 가지 방면의 상황을 가지고 설명을 하겠다.

1. 보류하여 논하지 않는다. 공자는 실재를 중시한 사람이다. 실제·생활 중에서도 검증할 길이 없는 일은 종종 가벼이 긍정하지 않고 가벼이 부정도 하지 않는 태도를 취하였다. "공자께서는 괴이함과 용력과 패란의 일과 귀신의 일을 말씀하시지 않으셨다.(子不語怪力亂神)"[76] 여기서 그는 '폭력'과 '반란' 그리고 괴이함과 귀신을 함께 연결하였다. 이는 실로 합당하지 않지만 그가 일관되게 폭력과 반란을 미워함으로 인하여 용력과 패란, 괴이함과 귀신을 함께 두어 폭력과 반란, 괴이함과 귀신을 동등하게 보는 것을 표현함은 이해할 수 있다. 그렇다면 그는 왜 괴이함과 귀신은 이야기하지 않았는가? 확실히 그는 당시 유행한 괴이함과 귀신 등 미신적인 설법에 대해 회의를 품었다. 이로 인해 긍정도 하지 않고 부정도 하지 않는 태도를 품었다. 또한 다음과 같다.

---

75 『논어』 「위정(爲政)」. 이 말은 공자가 자로를 제자로 삼은 후 얼마 되지 않아 말한 것이다. 여기서는 『한씨외전(韓氏外傳)』 권3에서 말한 것으로 "자로가 막 옷을 갈아입고 들어가 뵈었을 때 한 말이다."라 하였다.

76 『논어』 「술이(述而)」.

계로가 귀신 섬김을 묻자, 공자께서 "사람을 잘 섬기지 못한다면 어떻게 귀신을 섬기겠는가?" 하셨다. "감히 죽음을 묻겠습니다." 하자, 공자께서 "삶을 모른다면 어떻게 죽음을 알겠는가?" 하셨다.

季路問事鬼神, 子曰, 未能事人, 焉能事鬼? 敢問死. 曰, 未知生, 焉知死?[77]

자공이 공자에게 물었다. "죽은 사람에게 앎이 있습니까? 앎이 없습니까?" 공자가 말하였다. "내가 죽은 사람에게도 앎이 있다고 말하자니 효자와 순손이 삶을 해쳐가면서 죽은 사람을 보낼까 걱정이 되고, 앎이 없다고 말하자니 불효한 자손이 버려두고 장사를 지내지 않을까 걱정되는구나. 사야, 죽은 사람에게 앎이 있는지 앎이 없는지 알고 싶은 거냐? 죽으면 천천히 절로 알게 될 것이니 오히려 늦지 않을 것이다."

子貢問孔子, 死人有知, 無知也? 孔子曰, 吾欲言死者有知也, 恐孝子順孫妨生以送死也, 欲言無知, 恐不孝子孫棄不葬也. 賜, 欲知死人有知將無知也, 死, 徐自知之, 猶未晚也.[78]

여기서 귀신의 문제와 삶의 문제에 대하여 공자는 모두 회피하는 태도를 취하였다. 죽음이 무엇인가? 귀신을 어떻게 섬기는가? 당시의 과학 수준으로는 확실히 대답하기 어려운 문제였을 것이다. 이 때문에 공자는 보류하여 논하지 않고 정면으로 대답을 하지 않았다. 또한 다음과 같이 말했다.

[77] 『논어』 「선진(先進)」.
[78] 『설원(說苑)』 「변물(辨物)」.

자공이 말하였다. "부자의 문장은 들을 수 있으나, 부자께서 성과 천도를 말씀하시는 것은 들을 수 없다."

子貢曰, 夫子之文章, 可得而聞也, 夫子之言性與天道, 不可得而聞也.[79]

여기서도 마찬가지로 공자가 당시 유행한 '성〔天性〕'과 '천도(天道)'와 관련 있는 설법에 대하여 반영하고 있는데 또한 보류하고 논하지 않는 태도를 취하고 있다.

이상 세 가지 예에서 언급한 괴이함, 귀신, 죽음, 천성, 천도 등등에 관하여서는 당시의 조건에서라면 자연스럽게 각종 미신적인 기담과 괴론이 광범하게 유전되었을 것이다. 공자는 한편으로는 이런 현상에 대하여 이미 긍정적이지도 않고 부정적이지도 않은 태도를 취하였다. 다른 한편 귀신에게 거행하는 각종 제사와 봉건 종법 도덕관념을 유지하고 보호하는데 효친(孝親)과 충군(忠君) 등 모종의 실제적인 효과로 말미암아 공자는 이런 제사를 이용하는 것이 위에서 말한 목적에 도달하는 데 유익하다고 생각하였다. 또한 적극적인 지지를 나타내었다. 이것이 바로 『논어』 「팔일(八佾)」 편에 실린 공자는 "제사를 지내실 적에는 (先祖가) 계신 듯이 하셨으며, 신을 제사지낼 적에는 신이 계신 듯이 하셨다.(祭如在, 祭神如神在)"는 설법의 사회적 배경과 그 스스로의 사상 배경이다. '여(如)'자가 매우 적은데 만약 귀신이 확실히 존재한다면 "여(如)"자를 쓸 필요가 없을 것이다. 이미 '여(如)'자를 썼다면 곧 귀신의 존재여부에 대하여 여전히 긍정하지 않는 사상 상태에 처하였을 것이라는 것을 설명한다. 이를테면:

---

79 『논어』(공야장(公冶長)).

번지가 지(智)에 대하여 묻자, 공자께서 말씀하셨다. "사람이 지켜야 할 도리를 힘쓰고 귀신을 공경하되 멀리한다면 지라 말할 수 있다."

樊遲問知, 子曰, 務民之義, 敬鬼神而遠之, 可謂知矣[80]

여기서 '원(遠)'자는 위의 '여(如)'자보다 더욱 절묘하다. 상정(常情)에 의하여 말하자면 귀신의 존재를 긍정한다면 무엇 때문에 존경한다 하고서는 또 멀리 해야 하며 아울러 이렇게 하는 것을 '지(知)'(智慧)의 표현이라고 생각하는가? 이것이 귀신이 존재하는가의 여부에 대하여 여전히 회의적인 태도를 유지하는 것이 아니겠는가? 이것이 귀신을 공경하는 것을 빌려서 산 사람이 귀신에 대하여 억측하는 경외심을 끌어내어 모종의 봉건 도덕의 수요를 만족시키는 것이 아니겠는가? 한편으로는 귀신의 존재에 대하여 긍정하지도 않고 부정하지도 않는 공자의 태도를 변함없이 설명할 수 있다. 다른 한편 그가 제사를 적극적으로 지지하는 모순된 심리를 드러낸 것이 아니겠는가? 결론적으로 말하면 공자는 귀신 자체의 존재 여부 등의 문제에 대하여 긍정하지도 않고 부정하지도 않는 태도를 취했다. 이로 인하여 보류하여 논하지 않는 태도는 모두 공자사상의 이중성과 모순성의 실제에 부합한다.

2. 말에는 반드시 중(中)이 있어야 한다. 실제를 중시하였기 때문에 이 책의 「도론」에서 이미 지적하였듯이 공자는 천도(天道)에는 소략하고 인도에는 상세한 사람이다. 당시에는 문화와 과학의 수준이 제한적이었기 때문에 사람들은 자연현상(天道)에 대하여 아는 것이 매우 적었다. 이 때문에 자산(子産)은 "천도는 멀고 인도는 가깝다.(天道遠, 人道邇)"[81]

80 『논어』 「옹야(雍也)」.

라고 말한 적이 있다. 이는 "아는 것을 안다 하고 모르는 것을 모른다고 하는" 것을 공자의 주장에 대하여 말하면 천도에 소략하고 인도에 상세한 것을 취하는 태도는 당시의 상황과 자신의 사상적 실제에 부합하는 것이다. 공자는 필생의 정력을 모두 '인도'를 연구하는 문제에 썼다. 그의 사람이 사람인 까닭, 어떻게 해야 사람인가, 사람과 사람 사이의 관계를 어떻게 처리할 것인가 하는 것 및 어떻게 치국평천하를 이룰 것인가 하는 등에 대한 견해를 조금도 과장 없이 이야기할 수 있었다. 2천여 년 전의 봉건사회라는 조건에서는 확실히 이미 예와 지금에 두루 능통하고 지난날을 잇고 미래를 여는 경지에 도달하였다. 특별히 그는 간단명료하게 '인(仁)'을 가지고 위에서 말한 것을 포괄하는 각 방면에 대한 모든 사상체계에 '일이관지(一以貫之)'하는 철학적 개괄을 하였다. 당시로 말한다면 이는 한 시대의 획을 긋는 의의가 있다. 이렇기 때문에 현존하는 공자의 사상을 반영할 수 있는 주요 문헌인 『논어』는 절대 부분이 모두 '인도(人道)' 문제를 이야기한 언론이다. 그 중 확실히 몇몇은 추상적 사유의 철학적 개괄을 거쳐 모종의 문제를 겨냥하여 제기한 적절한 언론이다. 이를테면:

애공이 "어떻게 하면 백성이 복종합니까?" 하고 묻자, 공자께서 대답하셨다. "정직한 사람을 들어 쓰고, 모든 굽은 사람을 버려두면 백성들이 복종하며, 굽은 사람을 들어 쓰고, 모든 정직한 사람을 버려두면 백성들이 복종하지 않습니다."

哀公問曰, 何爲則民服? 孔子對曰, 擧直錯諸枉, 則民服, 擧枉錯諸直,

---

81 『좌전』 「소공(昭公) 17년」.

則民不服.[82]

　　노애공은 공자에게 어떡하면 백성들이 신복하겠는가 하는 복잡하면
서도 언급한 범위가 넓으며 대답하기 어려운 문제를 제기하였다. 그 안
에는 정사를 행함이 청렴한가의 여부와 부세가 과중한가의 여부 등 다
양한 방면의 내용이 포괄되어 있다. 공자는 자신의 정사를 함이 사람(을
등용함)에 달려 있다는 일관된 주장에 근거하여 요점을 간단명료하게 제
시하여 문제의 핵심을 잡았다. 단도직입적으로 노애공에게 이르기를,
정직한 사람을 발탁하여 정직하지 못한 사람들의 위에 놓을 수만 있다
면 백성들이 복종을 할 것이다. 이는 정직한 사람이 권력을 잡게 하면
많은 정치상의 폐단이 깨끗이 없어질 수 있어서 백성들이 만족을 할 것
이기 때문이다. 정직하지 않은 사람을 발탁하여 정직한 사람의 위에다
둔다면 백성들은 복종하지 않을 것이다. 보라, 이 문제에 대한 대답이
얼마나 적절하며, 얼마나 명쾌하며, 얼마나 지혜가 풍부한 철학적 개괄
인가! 또한 어떤 사람에게 배워야 하는가 하는 문제에 있어서는,

　　공자께서 말씀하셨다. "세 사람이 길을 감에 그 가운데 반드시 나의 스
　　승이 있으니, 그 중에 선한 자를 가려서 좇고, 선하지 못한 자를 가려서
　　자신의 잘못을 고쳐야 한다."
　　子曰, 三人行, 必有我師焉, 擇其善者而從之, 其不善者而改之.[83]

82 『논어』「위정(爲政)」.
83 『논어』「술이(述而)」.

네가 배울 마음만 있으면 스승이 없는 것을 두려워하지 말 것이다. 몇 사람과 길을 걸으면 그 가운데 반드시 스승으로 삼을 만한 사람이 있다고 생각하였다. 이 사람에게 장점이 있으면 그의 장점을 배우고, 다른 사람에게 결점이 있다면 그의 결점을 자기가 속으로 반성하고 바르게 고칠 귀감으로 삼으면 된다. 그는 곳곳에 모두 스승이 있다고 생각하였으니 이런 사상 경계는 얼마나 넓은가! 한편 그는 변증적인 관점으로 배움을 보아 선자(善者)에게서도 배울 수 있고 선하지 못한 자도 반면교사로 삼아 또한 배울 수가 있었다. 여기서 드러내 보인 변증적 사유는 얼마나 깊은가! 다시 사람과 사람 사이의 어떤 정확하게 처하는 문제를 겨냥하여 공자는 제기하였다.

군자는 화하고 동하지 않으며, 소인은 동하고 화하지 않는다.
君子和而不同, 小人同而不和.[84]

이는 일상생활과 일상적인 일에서 소설 속의 인물 로빈슨 크루소 같은 사람을 제외하면 누구도 피할 수 없는 문제이다. 인류 사회의 이런 보편성을 띤 실제문제와 원칙문제에 대하여 공자는 단 12자만으로 고도의 개괄적이고 시비가 분명하며 원칙이 분명하게 명확한 분석과 설명을 하였다. '화(和)'자와 '동(同)'자는 의미상으로 보면 서로 비슷하지만 원칙적인 구별이 있는데 역사상 많은 다른 해석과 논쟁이 있어 왔다. 공자 철학사상의 기본정신에서 보건대 현대의 언어로 이야기하면 '화(和)'는 원칙적인 화목이 함께 하는 곳이고, '동(同)'은 원칙이 없이 구

---

84 『논어』「자로(子路)」.

차스럽게 함께 하거나 함께 더러운 곳에 휩쓸리는 것이다. 고상하고 도덕적인 사람(君子)은 원칙적이고 화목함이 함께 하는 것을 견지하여야 한다. 다른 잘못된 의견에 무원칙적으로 구차스럽게 함께 하거나 함께 더러운 곳으로 휩쓸리는 것을 반대하였다. 도덕이 결여된 사람(小人)만이 무원칙적으로 구차스럽게 함께 하거나 함께 더러운 곳에 휩쓸리는 것을 이야기하고 원칙적이고 화목함이 함께 하는 곳은 이야기하지 않는다고 공자는 생각하였다. 이는 의미심장하고 깊은 의의를 가진 사람들이 모두 당면한 보편성 문제에 대한 철학적 개괄이 아니겠는가?! 이 철학적 개괄은 현재까지도 그 생명력을 유지하고 있지 않겠는가?!

이상에서 든 세 가지 예는 공자가 '인도(人道)' 방면에서 확실히 적지 않은 "말에는 반드시 중도가 있어야 한다."는 언론을 표명하였음을 증명할 수 있다.

둘째, '삼위(三爲)'의 구별과 통일된 지행 일치 정신

앞에서 누차 언급했듯이 공자는 실제적인 것을 강구하는 현실주의자이며 지행이 일치하는 정신을 체현하는 사람이다. 그는 소극적인 무위 사상을 주장하는 노자와 달랐다. 뿐더러 소극적인 염세사상을 갖고 있는 장저(長沮)와 걸닉(桀溺) 같은 무리와도 달랐다.[85] 당시의 "천하에 도가 없는" 것을 "천하에 도가 있는" 것으로 바꿀 것을 주장하는 "그 안 되는 것을 알면서도 하는" 인류에 대해 적극적인 태도를 안고 있는 사람이었다. 어떻게 해야 이런 적극적인 일을 하는 태도와 고상한 풍격을 양성하고 견지할 수 있는가? 공자의 각처에 산견되는 언론에 근거하여

---

85 장저(長沮)와 걸닉(桀溺)은 춘추시대의 두 은사로 경작에 종사하며 성명은 상세하지 않다. 그 사상 자취는 『논어』「미자(微子)」를 참고하라.

나는 이 세 가지 문제에 대하여 맺을 생각이다. 첫째는 위학(爲學)이고, 둘째는 위인(爲人)이며, 셋째는 위정(爲政)이다. 한 개인이 인류 사회에 대하여 공헌을 할 수 있는가의 여부와 공헌의 크기는 모두 이 세 문제의 처리에 대한 결과가 어떠한가에 따라 결정된다. 여기서는 이 세 문제에 대하여 아래와 같이 나누어 간단히 서술하겠다.

1. 위학(爲學)에 관하여. 공자는 학습에 대하여, 치학(治學)에 대하여 매우 근면 성실하였고 매우 진지했다. 그는 15세에 뜻을 세우고부터 73세로 세상을 떠날 때까지 어떤 상황에서든지 모두 학습을 견지하였다. 아울러 학습 과정 중에서 세 가지 원칙으로 총결해냈다. 첫째는 학습은 반드시 사고와 결합되어야 한다. 그는 말하였다. "배우기만 하고 생각하지 않으면 (얻음이) 없고, 생각하기만 하고 배우지 않으면 위태롭다.(學而不思則罔, 思而不學則殆)"[86] 이 때문에 반드시 배움과 생각이 반드시 결합되는 것이 학문을 하는(爲學) 정도이다. 둘째는 학습은 반드시 응용과 결합되어야 한다. 그는 말하였다. "『시경』 3백 편을 외우면서도 정치를 맡겼을 때에 제대로 해내지 못하고, 사방에 사신으로 나가 혼자서 처결하지 못한다면, 비록 많이 외운다 한들 어디에 쓰겠는가?(誦詩三百, 授之以政, 不達, 使於四方, 不能專對, 雖多, 亦奚以爲)"[87] 공자가 배움과 응용을 결합하는 원칙을 얼마나 중시했는지 알 수 있다. 셋째는 반드시 학습을 즐겨야 한다는 것이다. 그는 말하였다. "아는 자가 좋아하는 자만 못하고, 좋아하는 자가 즐기는 자만 못하다.(知之者不如好之者, 好之者不如樂之者)"[88] 이 때문에 『논어』의 첫머리가 "배우고 때로 익히면 정말로 기쁘지 않겠는가?"인 것이다. 공

86 『논어』 「위정(爲政)」.
87 『논어』 「자로(子路)」.
88 『논어』 「옹야(雍也)」.

자는 학문을 하는 것에 대하여 확실히 배우는 것을 즐기는 경지에 이르렀다. 그는 이 때문에 그렇게 박학다식하고 다재다능하게 되었다. 그가 일생 동안 이런 배움을 즐기는 정신을 견지한 것이 도움이 되지 않았다고 말할 수 없다.

2. 위인(爲人)에 관하여. 공자 인의 인생철학과 윤리도덕 사상은 주로 사람과 어떻게 사람이 되는가 하는 문제를 둘러싸고 전개되었다. 이 책의 많은 장절에서 모두 이 문제를 이야기하였는데 여기서는 다만 공자가 생각하는 사람됨의 몇몇 주요 표지를 한번 들면 될 것이다. 첫째는 "배우기를 싫어하지 않으며 사람 가르치기를 게을리 하지 않는 것(學而不厭, 誨人不倦)"[89]이다. 둘째는 "안으로 반성하여 조그마한 하자도 없어 근심하지 않으며 두려워하지 않는 것(內省不疚, 不憂不懼)"[90]이며, 셋째는 "자신이 하고자 하지 않는 것을 남에게 베풀지 않는 것(己所不欲, 勿施於人)"[91]이다. 넷째는 "분발하면 먹는 것도 잊고, (이치를 깨달으면) 즐거워 근심을 잊어 늙음이 장차 닥쳐오는 줄도 모르는 것(發憤忘食, 樂以忘憂, 不知老之將至)"[92]이다. 다섯째는 "인을 해침이 없고, 몸을 죽여 인을 이루는 것(無求生以害仁, 有殺身以成仁)"[93]이다. 이 다섯 가지만으로도 공자 심목 중의 사람됨의 도덕풍모와 품격정조가 얼마나 명랑하고 얼마나 고상한지를 충분히 보여줄 것이다. 그 스스로도 이 다섯 가지에 대하여 또한 확실히 일관되게 궁행 실천하였다. 실사구시와 "하나를 들어 셋을 반증하는

---

89 『논어』 「술이(述而)」.

90 『논어』 「안연(顏淵)」.

91 『논어』 「안연(顏淵)」.

92 『논어』 「술이(述而)」.

93 『논어』 「위령공(衛靈公)」.

(擧一反三)"정신에 근거하여 세밀히 체득하면 대체로 공자의 사람이 되는 도의 요령을 이해할 수 있을 것이다.

3. 위정(爲政)에 관하여. 앞에서 이미 말했었듯이 공자 시대에 지식인의 주요 출로는 '출사(出仕)'와 '위정'이었다. 이 때문에 '위정'은 어떤 의미에서 현재의 '직업'과 '취업'에 상당한다. 출사에는 당시 현저히 두 가지 태도가 존재하고 있었다. 하나는 부귀를 누리기 위해서였고, 다른 하나는 도의를 실현하기 위해서였다. 공자는 당연히 후자에 속하며 자로가 말했듯이 "군자가 벼슬하는 것은 그 의를 행하는 것이다(君子之仕也, 行其義也)"[94]라 한 것은 확실히 공자의 진실한 사상을 반영할 수 있다. 이 때문에 공자는 출사 여부는 출사 자체가 그의 의를 행하는(仁政德治) 포부를 실행할 수 있는가의 여부에 의해 결정된다고 생각하였다. 공자는 안연에게 "써주면 (道를) 행하고 버리면 은둔한다(用之則行, 舍之則藏)"[95]라 하였다. 이어서 그는 또한 찬양하는 어투로 "오직 나와 너만이 이것을 가지고 있을 뿐이다!(惟我與爾有是夫)"라 하였다. 사실 이 점은 공자의 장점을 말했다기보다는 오히려 그의 결점을 말한 것보다 못하다. 그는 의를 행하는 희망을 완전히 봉건 통치계급의 신상에 기탁하였다. 통치계급이 그에게 준 출사할 기회를 의를 행할 유일한 가능성으로 삼았다. 이것이 그가 봉건통치 질서의 정통 관념을 옹호한 필연적인 결과이자 또한 그가 일생토록 벽에 부딪힌 주요 원인 중의 하나이다. 당연히 그는 봉건 통치계급의 "주(紂)를 도와 포학함을 행하지" 않는 상황에서 '인정덕치'의 주장을 제기하고 아울러 견지할 수 있었다. 이는 어느 정

---

94 『논어』「미자(微子)」.
95 『논어』「술이(述而)」.

도에서 또한 인민에게 유리하였고 역사 발전에 촉진 작용을 하였다. 그러나 역사적 변증법은 이에 대해 풍자적인 조롱을 하였다. 역대 봉건통치계급은 한편으로는 공자가 유지하고 보호한 봉건 통치 질서의 '정통 봉건사상'을 힘껏 이용하였다. 다른 한편으로는 오히려 공자가 제기한 '인정덕치'를 입에 걸고 그들의 가렴주구와 잔악하고 포학한 통치를 가려주는 "겉모양이 번지르르한" 가리개로 삼았다. 2천여 년에 달하는 봉건사회에서 공자가 피통치계층에게 '지성선사(至聖先師)'로 높이 받들어지는 것은 바로 여기에 있다. 그러나 우리는 결국 역사적 안목으로 역사 인물을 다룰 수밖에 없다. 공자의 '인정덕치(仁政德治)'의 정치적 주장은 다만 봉건사회 역사에서 공자 같은 위대한 정치가라야 제기할 수 있었다. 공자는 일생동안 쓸쓸하고 불안하게 가는 곳마다 벽에 부딪혔다. 그는 4~5년의 시간만 출사의 기회가 있었지만 중도재의 직무에 있었든 소사공이나 대사구 등의 직무에 있었던 간에 모두 당시의 조건에서는 정적(政績)을 내었다. 그의 정치적 품덕과 재능을 드러내 보였으며 그의 정치가로서의 풍도를 나타내었다.

이상 공자가 말한 위학(爲學)과 위인(爲人) 그리고 위정(爲政)에 관한 세 문제를 구별하고 또 통일하였다. 구별은 통일의 기초위에서의 구별이고, 통일은 상호 연계와 상호 삼투에서의 통일이다. 그러면 이 통일의 핵심은 무엇인가? 이 핵심은 바로 공자가 주장한 '인'이다. 고상한 도덕적 학문과 완정한 인격의 '인'을 체현하는 것이다. 바로 진리와 인생관, 세계관의 '인'을 체현하는 것이며, 공자의 인생철학 사상의 핵심이 된 '인'을 체현하는 것이다. 이 통일된 '인'의 기초에서 이론이 밀접하게 실제(知行合一)와 연계된 정신적 고무 하에서 위학에 표현된 것은 바로 학습을 즐거움으로 삼았다. 표현은 위인에서 바로 고상한 도덕 풍모와 품격 정조를 갖추고 있으며 위정에서 표현되는 것은 바로 '인정덕치'를 주장하고 견지하는 것이다. 나누어 말하면 위에서 이야기한 세 가지 구별(爲學·爲人·爲政)이며, 합하여 말하면 그것들의 통일(仁의 人生哲學 思想)이다. 그 가운데 위학이 바로 방법이거나 수단이며, 위인과 위정(작업)은 응용 혹은 목적이다. 세 가지 중에서 위인(爲人)이 근본이다. 위학과 위정이 일정 정도에서 위인의 품격이 어떻게 결정되거나, 위인과 위학의 실질을 어떻게 또한 집중적으로 위정(작업)을 통하여 표현해내었다. 위학이 좋지만 위인과 위정(작업)은 오히려 좋지 않다고 생각하거나 혹은 위인이 좋지만 위학과 위정(작업)이 좋지 않다고 생각한다면 위정(작업)이 좋지만 위인과 위학이 좋지 않다면 이런 현상은 논리적으로나 사실상으로 모두 상상하기 어렵다. 이는 위학과 위인 그리고 위정(작업) 세 가지의 변증적 구별과 통일 면에서 이런저런 잘못된 결과가 있었기 때문이다. 이는 공자가 늘 자기와 타인에게 타이른 것이다.

(5) 인(仁)의 인생 철학사상의 근원 및 그 역사적 의의

위에서 이미 공자의 인의 인생 철학사상의 기본 내용을 소개하였으며, 여기서 물어본다. 이 사상은 필경 어디에서 왔는가? 그 역사적 의의는 어떤 것인가? 지금 이 두 문제에 대하여 다음과 같이 논술한다.

첫째, 인(仁)의 인생 철학사상의 근원

사상 근원, 특히 공자의 이런 방대하고 복잡한 사상체계의 핵심이 된 인의 인생철학 사상의 근원을 이야기하려는 것은 결코 간단한 문제가 아니다. 여기서는 두 방면에서 그것을 탐색하고 설명하겠다.

1. 역사의 근원. 공자는 거듭 그는 "옛것을 믿고 좋아하며(信而好古)",

"옛것을 좋아하여 급급히 그것을 구한다(好古, 敏以求之)"[96]고 말하였다. 이는 그의 고대문화에 대한 애호와 추구가 이미 얼마나 깊은 정도까지 도달하였는가를 설명한다. 바로 이것 때문에 『중용』에서 말한 "중니는 요·순을 조술[祖宗으로 삼아 傳述함]하시고, 문왕·무왕을 헌장[본받음]하였다 (仲尼祖述堯舜, 憲章文武)"고 하는 것은 공자의 옛것을 좋아하고 옛것을 숭배하는 사상과 부합한다. 우리는 이제 공자의 이 사상의 실제에서 출발하여 요·순과 문·무라는 역사 시기에서 인의 인생철학 사상이 낳은 역사적 근원을 탐구하고 분석해보겠다.

(1) 전설상의 요순시대의 원시적인 민주평등정신은 공자가 "요·순을 조술하는" 연유이다. 공자는 요·순을 숭배하고 요·순시대의 치적을 앙모하여 『중용』에서 말한 "요·순을 조술하기"에 이르렀다. 곧 요·순을 인류의 '조선(祖先)'으로 삼고 '조선'을 조술하는 도를 필생의 임무의 경지로 삼았다. 공자가 이렇게 한 것은 일리가 있다. 요·순은 공자와는 이미 1천 5~6백년이라는 오랜 시간적 거리가 있다. 요·순 이전의 상황은 약간의 전설이 있지만 이미 매우 아득해졌다. 전설 중의 요·순의 상황은 비록 또한 매우 모호하지만 여전히 찾을 만한 단서가 있다.[97] 이 때문에 요·순을 숭배 대상으로 삼았으며 여전히 어느 정도 역사적 근거가 있다. 동시에 전설 중의 요·순시대는 바로 중국 역사상 원시 공사(公社) 씨족사회 후기로 계급과 국가는 여전히 맹아상태에 처하였다. 때문에 이 시기의 사회생활에는 여전히 어느 정도의 원시적이고 소박한 민

---

96 『논어』「술이(述而)」.

97 요·순 때만 해도 문자 기록이 없었으며, 현존 『상서』 중의 「요전(堯典)」 또한 요 때의 작품이 아니며 가장 일러도 또한 주(周)나라의 사관이 전하여 들은 것에 근거하여 정리한 기록이다. 그러나 이 편의 내용은 대체로 원고(遠古)부터 남아 내려온 전설이며 이 때문에 이는 곧 요순시대를 연구하는 중요한 문헌자료이다.

주평등 정신과 풍조를 가지고 있었다. 사람과 사람 사이에 모두 화하고 사랑하여 함께 처할 수 있다. "백성들이 아! 변하여 이에 화하였다.(黎民於變時雍)"[98] 요임금의 다스림과 영향 아래 백성들이 모두 화목하고 서로 사랑하여 일가와 같이 친하다는 뜻이다. 공자는 전설상 요·순시대의 원시적이고 소박한 민주평등과 화애(和愛)가 어울리는 사회생활과 풍조는 극대한 애모와 동경을 나타낸다. 이 때문에 그는 요·순과 우에 대해 열정이 충만한 노래를 불렀다.

> 위대하시다. 요가 임금이 되심이여! 높고 크다. 오직 저 하늘만 크거늘, 오직 요임금만 그와 같으셨으니, 넓고 넓어 백성들이 무어라 형용하지 못하는구나. 높고 높은 그 성공이여! 찬란한 그 문장이여!"
> 大哉! 堯之爲君也. 巍巍乎唯天爲大, 唯堯則之, 蕩蕩乎民無能名焉. 巍巍乎其有成功也. 煥乎! 其有文章.[99]

> 숭고하고 위대하시도다! 순임금과 우임금은 천하를 소유하시고도 그것을 관여치 않으셨으니.
> 巍巍乎! 舜禹之有天下也而不與焉[100]

여기서 조금 특별히 주의를 끄는 것은 바로 "천하를 소유하고도 그것을 관여치 않았다"는 것이다. 이는 천하를 가지고도 천하를 사적인 것으로 여기지 않았다는 것이다. 아들에게 물려주지 않고 현자를 선택하

98 『상서』 「요전(堯典)」.
99 『논어』 「태백(泰伯)」.
100 『논어』 「태백(泰伯)」.

여 선양하는 것을 실행하는, 곧 유명한 "천하는 공적인 것(天下爲公)"이라는 개념이다. 이는 바로 공자가 동경하는 이상이며, 특별히 공자의 인의 인생 철학사상이 귀의하는 곳이다.(이 점은 이 책의 제6장 「정치사상」에서 논하겠다) 공자는 전설상 요순시대의 주요정신(天下爲公, 民主平等 等)에 대해 열렬한 동경을 나타내었다. 이런 정신은 공자 자신의 인의 인생철학 사상에 반영되지 않을 수 없다. 이를테면 다음과 같다.

> 널리 사람들을 사랑하되 인한 이를 가까이해야 한다.
> 汎愛衆 而親仁.[101]

> 늙은이를 편안하게 해주고, 붕우에게는 미덥게 해주고, 젊은이를 품어준다.
> 老者安之, 朋友信之, 少者懷之.[102]

> 명민하면서도 배우기를 좋아하였으며 아랫사람에게 묻기를 부끄럽게 여기지 않았다.
> 敏而好學, 不恥下問.[103]

이런 사상 경계가 매우 높은 언론은 모두 어느 정도 요·순시대의 원시 공사 씨족사회의 모종의 풍조에 관하여 전하여지는 말을 반영해낸다. 당연히 원시사회의 '천명'에 대한, 제사 등에 대한 몇몇 원시 미신사

---

101 『논어』「학이(學而)」.
102 『논어』「위령공(衛靈公)」.
103 『논어』「위령공(衛靈公)」.

상을 공자 또한 적지 않게 받아들였다. 이것은 앞에서 이미 말하였으므로 여기서는 다시 부언하지 않겠다.

(2) 서주 문·무·주공시대의 인정(仁政)과 예치(禮治) 정신은 공자가 "문·무를 본받게 된" 연유였다. 공자는 요·순을 매우 앙모하였다. 그의 문·무·주공에 대한 앙모를 요·순에 대한 앙모에 비교하면 지나칠지언정 미치지 못할 것이 없다. 공자의 요·순과의 거리가 1천 5,6백 년이나 되고 요·순시대에는 여전히 기록된 문자가 없다. 당시의 성황이 전하여져 온 것이기 때문에 희미하고 어슴푸레하여 명확하지 않을뿐더러 또한 구체적이지 않다. 그런데 문·무·주공과 공자와의 거리는 겨우 5~6백 년이며 상당한 수량의 문헌자료가 있어서 상황이 비교적 명확하고 구체적이어서 참고할 만하다. 게다가 문·무·주공의 치국의 도(典章制度)는 이미 상당히 완비되어 있다. 아울러 대규모로 노나라의 도읍인 곡부(曲阜)에 보존되어 있어 공자가 볼 기회가 있었다. 때문에 앞에서 말했듯이 공자는 찬탄하는 어투로 "주나라는 (夏·殷) 양대를 보았으니, 찬란하다. 그 문이여! 나는 주나라를 따르겠다.(周監於二代, 郁郁乎文哉, 吾從周)"[104]라 하였다. 다만 2천여 년 전의 공자는 서주사회의 정치 경제 문화가 발전하는 본질과 규율을 제대로 파악할 수가 없었다. 그가 말한 "찬란하다. 그 문이여!(郁郁乎文哉)" 또한 다만 표면적 현상에 대한 묘사일 뿐 또한 사물의 본질에 접촉할 수 없는 것이 없었다. 현대화한 역사 과학의 관점에서 보면 이 책 제3장 「공자시대의 사회 배경」에서 논한 것과 똑같아서 서주는 중국 역사상 한 시대의 변혁을 구분하는 기점으로 그 주요 표지는 다음과 같다. 1. 은상(殷商)의 노예제를 폐지하여 노

---

104 『논어』「팔일(八佾)」.

예사회의 역사를 끝내고 영주제 봉건사회를 열었다. 2. 총체적으로 말하면 노예를 해방하여 어느 정도 신체적 자유(人格)를 가진 농노가 되게하여 대대적으로 생산력(주로 農業)을 제고시켰다. 3. 종법 등급제의 원칙에 의하면 주요 생산 자료인 토지의 실행을 천자로부터 각계각층의 영주에게 분봉하였다. 마지막으로 직접 농업 생산노동에 종사하는 농노의 손에 나누어졌으며, '노역 토지세'의 원칙에 근거하여 농업생산과 착취에 종사하였다. 4. 전하는 바에 의하면 주공은 문왕과 무왕이 건립하기 시작한 처음으로 규모를 갖춘 나라를 다스리는 전장제도를 기초로 한다. 동시에 모종의 은상이 남긴 제도를 흡수하여 비교적 완정한 예치(禮治) 전칙(典則)을 세웠다고 한다. 이 예치 전칙은 주나라 천자와 충군존왕을 두드러지게 존중하는 것을 주도 사상으로 삼았다. 계급이 엄격한 봉건 통치계급 내부의 협조관계의 각종 의식(외교와 내정, 婚·喪·嫁·娶 등을 포함) 및 하늘에 제사지내고 신에게 제사지내고 선조에게 제사지내는 등의 전례를 포함 상세하게 규정하였다. 이는 실제적으로 힘껏 봉건 통치 질서를 유지보호하고 공고히 한 완정한 서주의 정치제도이다. 5. 서주의 통치자 특히 주공은 하(夏)·상(商) 왕조가 멸망한 교훈을 흡수하여 어떡하면 백성을 더 잘 다스리는가 하는 경험을 총결해내었다. 요점은 주로 '경덕보민(敬德保民)' 넉 자에 응집되어 있다. 전설과 당시의 습속에 의하면 문·무·주공 등은 이렇게 생각하였다. 백성은 하늘이 내었으며 그들 스스로는 하늘이 파견하여 백성을 보호하고 있다. 백성의 의견은 또한 하늘의 의견을 대표한다. "하늘이 봄을 우리 백성을 봄으로부터 하며 하늘이 들음을 우리 백성이 들음으로부터 한다.(天視自我民視, 天聽自我民聽)"[105]는 것이다. 이 때문에 백성의 마음을 따르는 것이 바로 하늘의 명을 공경하는 것으로 자기의 통치 지위를 지킬 수 있다. 백성의 마음을 따르고 하늘의 명을 공경하려면 스스로 도덕을 수양('敬德')해야 한다. 이는 무엇보다도 농사를 짓는 어려움을 이해한 다음에야 편안한 가운데 농사를 짓는 사람의 고통을 알 수 있을 것이다. 곧 『상서』「무일(無逸)」[106]에서 "먼저 농사의 어려움을 알고 편안하면 소인[백성]들이 의지함을 알 것이다.(先知稼穑之艱難, 乃逸, 則知小人之依)"[107]라 한 것과 같다.

위에서 말한 다섯 가지, 특히 마지막 두 가지는 서주 문·무·주공의 이른바 '인정예치(仁政禮治)'의 정신을 집중적으로 체현하였다. 일생 문·무의 도를 선양하는 것(곧 '憲章文武')을 자기의 임무로 삼고 아울러 "문왕이 이미 별세하셨으니, 문이 이 몸에 있지 않겠는가?(文王既沒, 文不在玆乎)"[108]라고 공자는 공언했다. 문·무·주공의 위에서 말한 '인정예치'의 정신에 근거하여 또한 요·순시대의 원시 민주 평등정신을 흡수하고 개괄과 제련을 더하여 자기의 문·무의 도를 기조로 하는 인의 인생철학 사상을 형성하였다. 이는 매우 자연스러운 것이며 이해가 가는 것이다.

2. 개인 경력의 근원. 이 책 제2장 「생애 개략」에서 이미 말했듯이 공자는 귀족의 후예이지만 세 살 때 부친을 여의었다. 유소년 때는 생활이 빈궁하여 각종 노동에 종사한 적이 있다. 이로 인하여 비교적 많은 하층 노동인민과 접촉했고 그들의 질고를 체험으로 알게 되었고 동정하였다. 그는 일념으로 자기의 귀족지위를 회복하여 귀족 통치계급을

---

105 『상서』「태서(泰誓) 중」.

106 사마천의 『사기』「노주공세가(魯周公世家)」의 기록에 의하면 무왕의 아들 성왕(成王)은 나이가 든 후 주공이 성왕이 "음일(淫逸)한 것이 있어" 특별히 「무일(無逸)」편을 지어 성왕을 타일렀다고 한다.

107 '의(依)'는 '衣'와 같다. 『백호통의(白虎通義)』에 의하면 "의(衣)는 숨기는 것(隱)이다."라 하였다. 이곳의 '은(隱)'은 곧 온 고통과 질고를 숨긴다는 뜻이다.

108 『논어』「자한(子罕)」.

위하여 봉사하려는 생각을 했다. 하지만 이 일단의 경력은 그의 훗날의 노동인민의 질고를 동정하는 사상에 비교적 깊은 영향을 남기지 않을 수 없었다. "마구간에 불이 났었는데, 공자께서 퇴조하여 '사람이 다쳤느냐?' 하시고 말에 대해서는 묻지 않으셨다.(廐焚, 子退朝曰, 傷人乎? 不問馬)"[109]한 것을 보면 마구간이 실화로 불탔는데, 공자의 관심대상은 말이 아니라 사람이다. 여기서 "사람이 다쳤느냐?"의 '사람'은 말을 먹이는 따위의 하층노동자일 것이다. 자기의 마음으로 남의 마음을 헤아리는 식으로 노동인민을 동정하는 감정적인 사람은 없을 것이며 일반적으로 이럴 리가 없다. 또한 공자는 "가르치되 차별하지 않는(有敎無類)" 것을 주장하였다. 이곳의 "차별이 없는 것(無類)"것은 확실히 빈부귀천등의 구별이 없었으니 곧 빈궁한 하층인민도 거기에 포함된다. 공자의제자들 또한 확실히 빈천한 사람이 적었다. 이렇기 때문에 그는 자기사상의 감정 깊은 곳에서 전통적인 요·순시대의 원시적인 민주평등정신과 문·무·주공의 '경덕보민(敬德保民)' 사상을 인의 인생철학 사상으로 흡수할 수 있었다. 아울러 인의 철학사상의 정치실천을 대체적으로두 단계로 나누었다. 제1단계는 소강(小康)세계를 실현하는 서주의 다스림이며, 제2단계는 '천하위공(天下爲公)'과 세계 '대동(大同)'의 이상 경계에 도달하는 것이다. 전자는 목전에서 분투해야 할 목표이기 때문에 말한 것이 비교적 많다. 후자는 요원한 장래의 목표로 공자는 공론을 좋아한 사람이 아니기 때문에 말한 것이 매우 적다.

둘째, 인의 인생철학 사상의 역사적 의의

공자는 봉건사회 특히 영주제 봉건사회에서 지주제 봉건사회로 가는

---

109 『논어』「향당(鄕黨)」.

과도기인 춘추시기에 나고 자라 그가 일생 동안 실제 동경한 것은 또한 그가 "찬란하다. 그 문이여!(郁郁乎文哉)"라고 생각한 서주 문·무·주공 시기의 "인정예치(仁政禮治)"였다. 이 때문에 그의 사상은 필연적으로 당시에서 후래에 이르기까지의 사람들이 이해하기 어려운 모순을 드러내게 되었다. 한편으로 그는 일편단심으로 서주식 영주제 봉건귀족 통치계급의 통치 질서를 옹호하였다. 달리 봉건사회 발전의 필연적 추세 곧 영주제 봉건사회가 필연적으로 지주제 봉건사회로 발전하리라는 것과 그에 수반되는 불가피한 혼란 현상들(周天子의 유명무실, 諸侯國 사이의 빈번한 겸병 전쟁과 예악의 붕괴 등)에 대하여 그는 오히려 극도의 분개와 몰이해를 느꼈다. 이런 상황에서 그는 앞으로 지주제 봉건사회가 반드시 도래하리라 보지 않았다. 뒤를 향하여 서주 문·무·주공의 영주제 봉건사회 귀족 통치질서가 회복되는 것이 가장 좋은 출로라고 생각하였다. 역사의 수레바퀴는 당연히 그의 주관적인 염원에 따라 뒤로 퇴보할(서주 영주제 봉건사회로 돌아갈) 수 없었고 넘실넘실 앞을 향해 흘러 지주제 봉건사회를 향하여 전진해나갔다. 역사는 무정하며 공자 또한 보수적이고 역행하는 형상을 드러내지 않을 수 없었다.

모종의 하나의 역사 시기로 보면 영주제가 지주제를 향해 급격하게 넘어갈 때 그는 앞으로 나아가지 않고 뒤로 물러섰다. 이로 인하여 보수적이고 퇴보적인 인물로 지목되지 않을 수 없었다. 다만 전체적인 봉건사회의 역사로 보면 약간 다르다. 봉건사회의 첫 번째 개명한 통치자인 문·무·주공의 나라를 다스리는 도의 업적에서 모종의 국부적이고 잠시 작용을 일으킨다. 순간적으로 흘러가는 인소 외에 확실히 몇몇 전체 봉건사회를 공고히 하는 데 유리한 보편적 인소가 있었다. 문·무·주공의 "덕을 공경하고 백성을 부유하게 하는" 개명한 귀족통치방법과 봉건귀족 통치계급 내부의 예악이 화기애애한 기상 및 막 해방을 얻은 농민[農奴]의 드높아진 생산 열정과 사회질서의 안정, 인민의 편안하고 안락한 생활 등등이 있었다. 이런 인소의 의의는 전체 봉건사회(3천 년) 중 각 시기와 각 왕조의 흥망성쇠에 모두 직접적인 관련이 있다. 공자는 바로 이런 것을 잡은, 곧 앞에서 말한 '헌장문무(憲章文武)'에서 헌장하는 것이 바로 이런 내용이다. 이 때문에 비록 어떤 역사 시기로 보면 그는 보수적인 일면을 가졌지만 전체적인 봉건사회의 역사에서 보면 그는 또한 봉건사회의 보편적 인소를 파악하고 옹호한 개명한 대사상가였다.

뿐만 아니라 우리가 더욱 마땅히 봐야 할 것은 또 있다. 봉건사회 초기에 처한 공자가 이미 사람이 사람인 이유와 인생의 가치와 이상, 사람과 사람 사이에서 지켜야 할 윤리도덕 및 인류 사회 발전의 전경(大同世界) 등 현대 인생철학과 사회과학이 연구하는 문제(이른바 '人道')를 논급한 것이다. 아울러 일정 정도와 모종의 방면에서 이미 봉건사회의 범주를 넘어섰으며 몇몇 인류가 모두 가지고 있는 보편적 의의의 인생 철리를 발견하고 총결해내었다. 이를테면 공자가 말한 "삼군의 장수는 빼앗을 수 있으나, 필부의 뜻은 빼앗을 수 없다.(三軍可奪帥也, 匹夫不可奪志也)"[110] 라든가 "자기 자신이 바르면 명령하지 않아도 행해지고, 자신이 바르지 못하면 비록 명령한다 하더라도 따르지 않는다.(其身正, 不令而行, 其身不正, 雖令不從)"[111], "지사와 인인은 삶을 구하여 인을 해침이 없고, 몸을 죽여 인을 이루는 경우는 있다.(志士仁人, 無求生以害仁, 有殺身以成仁)"[112]는 것 같은 격언이다. 이는 모두 보편적 의의가 있는 인생 철리로 손색이 없는 일컬

110 『논어』「자한(子罕)」.
111 『논어』「자로(子路)」.
112 『논어』「위령공(衛靈公)」.

음으로 삼을 수 있지 않겠는가? 그리고 공자가 인을 중심으로 한 인생철학의 주지 및 그 실천정신은 참고와 귀감이 될 만한 진귀한 유산이 아니겠는가? 마르크스주의의 기본적인 원리 지도에 비판과 계승을 더하면 사회주의 건설사업에 결정적인 작용을 일으키는 중국의 풍격을 갖춘 사람의 배양이라는 측면에서 답은 매우 긍정적이다.

2. 인을 핵심으로 하고 예를 형식으로 하는 인예관

(1) 인과 예의 관계

공자의 사상체계에서 예는 인의 다음가는 중요한 관념일 뿐 그것은 사람들에게 주나라의 예를 행위준칙으로 삼을 것을 요구하고 있다.

주나라의 예(周禮: 이하 주례)는 주족(周族)이 장기적인 사회 실천 과정에서 형성한 전통적 전장(典章)과 제도(制度), 의절(儀節), 습속(習俗)의 총칭이다. 그것은 생산과 생활의 각 방면에서 구체적이고 상세하게 사회성원 상호간, 성원 개인과 집체 사이의 관계 준칙을 반영하였다. 권리와 의무 방면의 통일성과 평등성에서 모든 성원에 대한 공동의 약속성이 그 기본 원칙이다.(民族學과 民俗學의 선사시대 사회형태에 대한 연구에 의하면 이런 기본적인 면은 각 민족의 씨족사회 단계에서 모두 대동소이하다) 그것이 씨족 혈연관계를 유지하는 유대가 된다. 그 형성과 세대가 이어받는 과정 중에서 주족은 경제와 정치, 문화, 심리소질 등 방면의 특징에서 '주나라의 예'라는 형식을 통하여 표현해냈으며 주족과 기타 민족을 구별하는 외재적인 표지가 되었다.

은나라를 멸한 전쟁의 승리로 본래 서방의 '작은 나라 주(小邦周)'의 통치자는 일약 '제하(諸夏: 黃河 중하류의 광대한 지구)'의 '천하공주(天下共主)'가 되었다. '주례' 또한 주족(周族)의 세력이 미침에 따라 화하족(華夏族)의 각국(곧 이른바 '諸夏')에까지 확대되었다. 이것이 바로 '주례'가 그 사회 작용과 성질상에서 근본적 변화를 일으키도록 재촉했다. 다만 본 씨족을 단결시켜 일정한 전통 질서에 의하여 생산과 생활을 진행하는 습속으로 삼았다. 이때에야 주왕조가 영주제 봉건국가를 건립하는 정치구조 조직의 원칙이 되었다. 몇몇 본래 씨족 전체 성원의 공동의 경사나 애도의 정을 나타내기 위해 일정 시절 거행해왔던 제헌(祭獻)과 악무(樂舞), 진퇴읍양(進退揖讓)의 예는 이때에야 상하와 귀천의 등급 차별을 구분하는 정치규범이 되었고, 귀족 영주계급이 누리는 전리품이 되었다. 이와 상응하게 각종 일용 기물, 거마와 복식에서부터 종정(鐘鼎)과 우반(盂盤)에 이르기까지 또한 크기와 품질, 형제(形制), 수량 면에서도 모두 명확한 차별이 있다. 기물 주인의 사회적 지위 면에서 '명분'의 높이를 표명하기 때문이다. 서주에서 춘추까지 각종 정치적 장면은 모두 '주례'의 규정에 의거하여 엄격하게 '명기(名器)'를 구분해야 한다. "오직 기와 명은 사람에게 빌려줄 수 없고 임금이 주관하는 것이다.(唯器與名, 不可以假人, 君之所司也)"[113]라는 것이다. 말한 것은 바로 '기'와 '명'의 중요성이다. 그것이 형식과 실질 두 방면에서 모두 '예'의 체현이고 기와 명을 보지(保持)하고 있다. 귀족 영주계급의 명줄을 보지하고 있기 때문에 근본적으로 주례의 존엄을 옹호하였다.

공자는 예의 의의는 매우 중대하다고 생각했다. 그는 말하였다.

---

113 『좌전』「성공(成公) 2년」에 실린 공자의 말.

저는 들으니 백성들이 말미암아 살아가는 것은 예가 큼이 되니, 예가 아니면 천지의 신을 절도에 맞게 섬길 수 없으며, 예가 아니면 군신과 상하와 장유의 자리를 분변할 수 없으며, 예가 아니면 남녀·부자·형제의 친함과 혼인·소삭(疏數)의 사귐을 분별할 수 없다.

丘聞之, 民之所由生, 禮爲大. 非禮, 無以節事天地之神也; 非禮, 無以辨君臣、上下、長幼之位也; 非禮, 無以別男女·父子·兄弟之親、昏姻·疏數之交也.[114]

이는 곧 예는 사회 정치생활에서 가장 중요한 것이라는 말이다. 예가 없으면 하늘과 땅의 신에게 공경하게 예를 드릴 길이 없으며, 예가 없으면 사람을 군신과 상하의 다른 등급으로 나눌 수가 없다. 예가 없으면 가정과 친척의 친소나 원근을 분별할 수 없다.

공자의 역사관에 의하면 예는 전체 소강시대에 적용된다. 비록 역사상 각 단계의 예는 다름이 있지만 그 기본 내용은 일맥상통한다. 하대(夏代)는 가장 일찍 소강사회에 진입하였다. 이 때문에 먼저 예가 있었다. 하나라를 이은 은나라는 하나라의 예에 대하여 첨삭을 진행하였고 따라서 은례(殷禮)를 형성하였다. 은나라를 이은 주나라는 은나라의 예에 대하여 첨삭을 진행하였고 따라서 주례를 형성하였다. 삼대(三代)의 예에서 주례는 가장 늦게 나왔다. 자연히 더욱 엄밀해졌기 때문에 공자는 거기에 대해 더욱 칭찬을 하였다. 전설상의 예를 제정하고 악을 만든 주공은 더욱 그가 비할 바 없이 경복한 전범(典範)이다.

그러나 예는 결코 실제적으로 전체 소강시대를 통치할 수 없었다. 매

---

114 『예기』「애공문(哀公問)」.

왕조의 말엽에 그것은 사람들에 의해 주기적으로 파괴되었다. 이에 따라 예악이 붕괴되는 국면을 형성하게 되었다. 춘추는 바로 이런 시대이다. 공자는 춘추시대의 천하 대란의 정치 상황을 개변하려면 주례의 권위를 회복시켜야 한다고 생각했다. 상하가 모두 주례에 따라 행동하게 하였으며 모든 사람이 그 지위를 편안히 여기고 그 분수를 지키게 하였다. 이렇게 서주의 성세는 천하에 재건될 수 있었다.

인과 예의 관계는 어떠한가? 예는 종법(宗法) 등급사회의 제도와 규범으로 그것이 강조하는 것은 존비(尊卑)와 장유(長幼)의 순서로 명분이 다른 사람 사이의 구별과 대립을 갖추고 있다. 인은 그 본의에 따르면 인도주의 사상이다. 사람들 사이의 인애(仁愛), 양해(諒解), 관심과 용인을 강조한다. 광대한 인민의 물질생활의 안정과 제고(安, 信, 懷와 庶, 富, 敎)등등도 강조한다. 사회정치적인 면에서 보면 예만 있고 사람은 없다면 그것은 더욱 깊이 대립하게 될 것이다. 갈등이 격화되도록 이끌 것이고 사회적 위기를 조성할 것이다. 인만 있고 예가 없다면 차등이 없는 인애를 낳아 상하와 존비가 모호한 경계로 이끌 것이다. 이런 양극은 모두 공자가 출현하기를 바라지 않은 것이다. 이에 그는 중용의 방법(중용의 문제에 관해서는 아래 절에서 전문적으로 토론할 것이다)을 가지고 양쪽 끝을 잡고 그 중(中)을 써서 인과 예가 서로 제약하고 서로 보좌하게 하였다. 따라서 일종의 등급은 있지만 지나치게 대립하지 않고 인애는 있지만 구별이 없지 않다. 또한 등급과 인애, 대립과 화해(和諧)의 통일과 모두의 생활이 안정되고 부유한 이상 상태에 도달하도록 하였다. 이것이 곧 이상적인 소강사회이다.

공자의 윤리학이라는 각도에서 보면 예는 사람들의 행위 준칙으로 사회의 사람에 대한 외재적인 약속을 체현하였다. 인은 사람의 본질이며 자신을 수양하고 남을 사랑하는 내재적인 자각성이다. 외재적 약속만 있고 내재적 자각은 없다면 사람의 행위는 완전히 강제적인 결과가 될 것이며 사람이 사람인 까닭의 특징을 잃게 될 것이다. 내재적 자각만 있고 외재적인 약속이 없다면 사람마다 자기만의 표준에 의하여 일을 행하여 존비와 상하의 질서를 유지해나갈 수 없을 것이다. 이로 인하여 바깥과 안, 예와 인은 반드시 통일되어야 한다. 예의 준칙으로 인을 행하고(修己愛人), 인의 자각으로 예를 회복(貴賤에 순서가 있고 親疏에 등급이 있는 것)하여야 한다.

인과 결합한 예는 인의 제약이 있음으로 말미암아 인도주의의 색채를 물들였다. 역사와 현실에서 인도에 부합하지 않는 일, 이를테면 사람을 죽여서 순장하고 귀족이 천인을 기르는 것 및 인정(仁政)에 부합하지 않은 혼군(昏君)의 독재, 가렴주구 등등은 모두 공자에게 예에 부합되지 않는 것으로 여겨져 배제되었다. 동시에 인을 자기의 사상 내용으로 삼을 수 있었기 때문에 예는 곧 사람들의 인격의 자각이라는 기초 위에 건립되었다. 이렇게 예는 또한 반전되어 사람들의 내재적인 요구를 이루었다. 다만 외부적인 강제가 아닐뿐더러 무형 중에 사람들이 예를 집행하는 자각성을 제고시켰다. 공자는 말하였다.

"사람으로서 인하지 않다면 예를 어떻게 할 것이며, 사람으로서 인하지 않다면 악을 어떻게 하겠는가?
"人而不仁, 如禮何, 人而不仁, 如樂可."[115]

---

[115] 『논어』 「팔일(八佾)」.

"예이다, 예이다 하지만, 옥백을 이르는 것이겠는가? 악이다, 악이다 하지만, 종고를 이르는 것이겠는가?

"禮云禮云, 玉帛云乎哉? 樂云樂云, 鍾鼓云乎哉."[116]

　이런 말은 인은 예의 사상 기초라는 것을 강조하며 인의 사상 내용은 없고 옥백과 종고 등 예의 형식만 있다면 이는 예악이라 일컬을 수 없다고 생각하는 것이다. 한 가지 더 주의를 해야 할 가치가 있는 것은 공자는 예와 덕을 모두 백성을 다스리는 중요한 도로 삼아[117] 예를 아래 사람에게 베풀지 않는 옛 제도를 타파하였다는 것이다. 이 방면에서는 서인의 지위를 제고시키는 동시에 또한 주나라의 예가 더욱 대중성을 띤 귀족 영주 혹은 지주 봉건통치계급의 유력한 통치 도구가 되도록 촉진시켰다.

　예와 결합한 인은 예의 제약을 받아서 무차별적인 인류의 사랑이 아니다. 친한 이를 가까이하고 높은 사람을 높이는 것을 핵심으로 하는 차등이 있는 사랑이다. 그 인격의 자각 또한 일반인의 자각이 아니다. 종법과 등급 아래 있는 사람의 자각이다. 예는 인의 외재적인 준칙이다. 예를 떠나면 인이 있을 수가 없으며 형식이 없으면 내용을 표현할 수 없는 것과 마찬가지이다. 이 때문에 공자는 말하였다. "자기의 사욕을 이겨 예에 돌아감이 인을 하는 것이니, 하루 동안이라도 사욕을 이겨 예에 돌아가면 천하가 인을 인정하는 것이다.(克己復禮爲仁, 一日克己復禮, 天下歸仁焉.)"[118]

116　『논어』「양화(陽貨)」.
117　『논어』「위정(爲政)」.
118　『논어』「안연(顏淵)」.

결론적으로 인은 예를 내재적으로 주도하는 인소로 공자사상체계의 핵심이다. 예는 인의 외재적 표현형식으로 이 때문에 공자사상체계에서 인과 예는 밀접하게 연계되어 있다. 그러나 『논어』에는 예를 알지 못하는 인한 사람이 있는데 곧 관중(管仲)이다. 이는 인과 예는 분리될 수 없다는 것을 의미하는 것이 아니겠는가? 공자의 평가를 보도록 하자.

> "나라의 임금이어야 병풍으로 문을 가릴 수 있는데 관 씨도 병풍으로 문을 가렸으며, 나라의 임금이어야 두 임금이 우호로 만날 때에 술잔을 되돌려 놓는 자리를 둘 수 있는데 관 씨도 술잔을 되돌려 놓은 자리를 두었으니, 관 씨가 예를 안다면 누가 예를 알지 못하겠는가?"
> "邦君樹塞門, 管氏亦樹塞門. 邦君爲兩君之好, 有反坫, 管氏亦有反坫. 管氏而知禮, 孰不知禮?"[119]

"병풍으로 문을 가리고", "술잔을 되돌려 놓는 자리를 두는" 월권행위는 관중이 예를 알지 못하는 것이고 예를 어긴 사람이다. 그러나 다른 곳에서 공자는 또 말하였다.

> "환공이 제후들을 규합하되, 병거[武力]를 쓰지 않은 것은 관중의 힘이었으니, (누가) 그의 인만 하겠는가? 그의 인만 하겠는가?"
> "桓公九合諸侯, 不以兵車, 管仲之力也, 如其仁, 如其仁."[120]

---

119 『논어』「팔일(八佾)」.
120 『논어』「헌문(憲問)」.

"관중이 환공을 도와 제후의 패자가 되어 한 번 천하를 바로잡아, 백성들이 지금까지 그 혜택을 받고 있으니, 관중이 없었더라면 나[우리]는 머리를 풀고 옷깃을 왼편으로 하였을 것이다."

"管仲相桓公, 霸諸侯, 一匡天下, 民到于今受其賜. 微管仲, 吾其被髮左衽社矣."**121**

　관중은 환공을 도와 평화적 방식으로 제후들을 단결시켰다. 아울러 한 차례 주나라 천자를 높였고 만이(蠻夷)가 하(夏)를 더럽히는 것을 막아 화하족의 독립과 존엄을 지켜내었다. 이런 공적과 위에서 말한 두 가지 예를 어기고 월권행위를 한 것을 서로 비교하였다. 공(功)이 과(過)보다 크고 경중(輕重)의 균형을 이루었다고 할 수 있을 것이다. 공자는 여전히 관중이 인한 사람이라고 인정하였다. 공자는 근본적인 시비 문제에 있어서 여전히 인을 예의 앞에 놓았음을 알 수 있다. 이는 그의 일관되게 인을 중심으로 하는 사상에 부합한다.

　전체 소강시대에서 인과 예는 반드시 계급과 등급의 차별을 체현한다. 공자의 이상적인 '대동'세계에서만 인은 차별이 없는 진정 평등한 인류의 사랑이 될 것이다. 그때는 예 또한 필연적으로 인의 내재적 요구에 복종하여 인과 서로 일치하여 겨우 상호간에 경애와 친밀을 나타내는 정도의 평등한 예의를 이룰 것이다. 형식은 이따금 일정 정도 내용을 제약하지만 결정 형식의 주요 인소는 근본이나 내용으로 귀결될 것이다. 예(形式)는 결국 인(內容)에서 결정된다는 것을 말한다. 이것이 바로 공자가 인을 핵심으로 하고 예를 형식으로 하는 인예관(仁禮觀)이다.

---

121 위와 같음.

(2) 높은 이를 높이고 친한 이를 가까이하는 관계

공자는 주나라의 예 가운데서 가장 중요한 원칙은 바로 높은 이를 높이고 친한 이를 가까이하는 것이라고 생각하였다. 높은 이를 높이는 것은 곧 귀한 이를 높이는 것으로 등급제의 원칙을 옹호하는 것이다. 그것은 인민이 귀족의 특권에 복종하도록 규정하고 있다. B.C. 513년 진(晉)나라는 형정(刑鼎)을 주조하여 공자의 맹렬한 비난을 받았다. 그것이 높은 이를 높이는 원칙을 깨뜨렸기 때문이다.

그는 진(晉)나라를 개국한 임금 당숙(唐叔)이 주천자에게서 받은 법도는 고칠 수 없는 것이라고 생각하였다. 그것은 백성들이 귀한 이를 높이고 본업을 지키며 귀천 관계를 엄격하게 하고 어지럽히지 않는 것이었다. 그러나 형정의 주조는 오히려 이런 상황을 깨뜨려버렸다. 백성들을 정에 새겨진 조문(條文)에 의거하여 귀한 자와 다투게 할 수 있었다. 천한 자가 귀한 이를 높이지 않았다. 귀한 사람이 본업을 지키지 못하였으니 진나라는 곧 망하게 될 것이다.[122] 공자는 귀천의 등급이 사라지고 나면 나라는 그 나라를 이루지 못할 것이라고 생각하였다.

높은 이를 높이는 것은 무엇보다도 임금을 높여야 한다. 공자는 "임금을 섬길 때는 예를 다하여야 하며(事君盡例)"[123], "임금을 섬길 때는 그 몸을 바칠 수 있어야 한다(事君, 能致其身)"[124], "임금을 섬길 때는 그 일을 공경히 한 후에 식록을 먹는다(事君, 敬其事而後其食)"[125]라 하였다. 그 자신은 매우 경건하고 정성스레 임금을 높이는 원칙을 집행하였다. 임금이

---

122 『좌전』「소공(昭公) 29년」에 상세히 보인다.

123 『논어』「팔일(八佾)」.

124 『논어』「학이(學而)」.

125 『논어』「위령공(衛靈公)」.

그를 불러서 만나려고 하면 그는 수레가 준비되기를 기다리지 않고 즉시 걸어서 앞으로 나갔다. 임금의 궁전에서는 매우 삼가고 조심하는 모습을 보였다. 임금의 위엄을 건드릴까 두려워하였고, 심지어 임금의 빈 자리를 지나갈 때도 임금이 자리에 있는 것처럼 공경했다. 제(齊)나라의 진항(陳恒)이 임금을 죽이고 권력을 빼앗자 공자는 일찌감치 관직을 떠났음에도 여전히 목욕재계하고 그 일을 정중히 노나라 임금[魯公]과 '삼상(三相)'에게 아뢰고 진항을 토벌할 것을 청하였다. 사실상 진항은 제간공(齊簡公)보다 훨씬 깨어 있고 능력이 뛰어났다. 이로 인하여 민중의 옹호를 얻게 되었지만 공자는 여전히 임금을 죽였으니(昏庸한 임금이라고 하더라도) 곧 충군존왕의 원칙을 위배한 것이며 토벌을 하여야 한다고 생각하였다. 이 일은 공자의 충군존왕과 등급명분의 사상적 실질을 충분히 반영하였다.(제2장 「생애 개략」의 제7절에 상세히 보인다)

친한 이를 가까이한다는 것은 곧 마음이 자기의 친족을 향하는 것이다. 이는 종법제의 원칙이다. 친한 이를 가까이하는 가장 중요한 것은 효제(孝悌)이다. 공자는 말하였다. "아우와 자식은 들어가서는 효도하고 나와서는 공손(恭遜)해야 한다.(弟子入則孝, 出則弟)"[126] "어버이를 섬김에 그 힘을 다할 수 있어야 한다.(事父母, 能竭其力)"[127] "3년 동안 아버지의 도[행동]를 고치지 말아야 효성스럽다 이를 수 있을 것이다.(三年無改於父之道, 可謂孝矣)"[128] 부모에게 복종하고 형과 어른에게 복종하는 것은 그들의 뜻에 순종하는 것에 그치지 말고 또한 그들의 죄과까지 덮어주어야 한다. 부모가 다른 사람의 양을 훔쳤다면 아들은 검거할 수 없고 숨도록

---

[126] 『논어』 「술이(述而)」.
[127] 『논어』 「술이(述而)」.
[128] 『논어』 「술이(述而)」.

도와주어야 한다. "아버지는 자식을 숨겨주고 자식은 아버지를 숨겨주니, 정직함은 그 가운데 있는 것이다.(父爲子隱, 子爲父隱, 直在其中矣)"[129] 맹자는 이런 사상을 계승하여 어떤 사람이 순의 부친이 죄를 저질렀다면 천자인 순은 어떻게 처리를 해야 하는가를 물었다. 그는 대답하기를 순은 그 어버이를 등에 업고 해변으로 도망가서 숨겼을 것이라고 하였다. 이런 가족의 이익을 최고 이익으로 삼고 아울러 그곳을 진리와 정의의 위에 놓는 관행은 종법 관념의 협애함과 비루함을 충분히 드러내보였다. 종법 등급사회에서 한 개인의 사회적 지위는 그의 혈연상 천자, 경, 대부 등과의 관계의 거리에 따라 결정되며, 사회관계 또한 동시에 혈연관계이다.

높은 이를 높이고 가까운 이를 가까이하는 것은 등급 종법제의 영주제와 지주제 봉건사회의 기본 정치원칙이다. 공자는 이 원칙을 옹호하기 위하여 심지어 정치적으로 어리석은 일(陳恒을 토벌하는 것)을 하는 것도 아끼지 않았다. 남들과 교왕함에 거짓말까지 하였다.(높은 이와 친한 이를 꺼림) 이런 것은 공자사상의 찌꺼기이다. 오늘날 부자와 형제, 부부, 붕우, 특히 동지 사이의 친밀한 관계는 하급인이 상급인을 존중하고 상급인도 하급인을 존중하여야 한다. 이로써 상하 사이의 우애와 단결 관계가 객관적이면서도 필수적으로 존재하여 사회주의 원칙의 평등한 우애 관계에 부합한다. 이는 봉건사회의 가까운 이를 가까이하고 높은 이를 높이는 사상과는 원칙적으로 구별되어 결코 나란히 논할 수가 없다. 이런 새로운 사람과 사람 사이의 관계를 발전시키기 위하여서는 반드시 친한 이를 가까이하고 높은 사람을 높이는 봉건시대의 잔재된 영향에

129 『논어』 「자로(子路)」.

부단한 비판과 숙청을 가하여야 한다. 그러나 알아야 할 것은 공자가 주나라 예의 이론과 행동을 옹호한 것은 그 시대에는 이해가 되었다는 것이다. 그렇지 않다면 그것은 역사상의 공자가 아니다. 이것과 오늘날 반드시 비판과 숙청을 가해야 하는 것은 별개의 일이다. 이것이 바로 역사 유물주의의 태도이다.

(3) 정명(正名)의 의의

주례의 존엄을 옹호하기 위하여, 가까운 이를 가까이하고 높은 이를 높이는 원칙을 관철시키기 위하여 공자는 '정명(正名)'이라는 주장을 제기하였다. 그는 말하였다. "명분이 바르지 못하면 말이 (이치에) 순하지 못하고, 말이 (이치에) 순하지 못하면 일이 이루어지지 못한다. 일이 이루어지지 못하면 예악이 일어나지 못하고, 예악이 일어나지 못하면 형벌이 알맞지 못하다. 형벌이 알맞지 못하면 백성들이 손발을 둘 곳이 없어진다.(名不正則言不順, 言不順則事不成, 事不成則禮樂不興, 禮樂不興則刑罰不中, 刑罰不中則民無所措手足)"[130] 이곳의 '명(名)'은 바로 주례가 규정한 사람의 신분 지위를 가리킨다. '정명(正名)'은 어떤 사람들 특히 지위에 있는 사람과 그 신분이 서로 부합하지 않는 언론과 행동을 바로잡아 정돈하는 것이다. 그래서 그는 또 말하였다. "임금은 임금다워야 하고, 신하는 신하다워야 하며, 아버지는 아버지다워야 하고, 자식은 자식다워야 한다.(君君, 臣臣, 父父, 子子)"[131] '군군(君君)'의 첫 번째 '군(君)'자는 임금의 지위에 있는 사람을 가리키고, 두 번째 '군'자는 임금의 신분과 지위, 행위 준칙 등등

---

130 『논어』「자로(子路)」.
131 『논어』「안연(顏淵)」.

을 가리킨다. 한 마디로 군도(君道)를 대표하며 여기서는 동사로 쓰였다. '군군(君君)'은 모든 임금의 지위에 있는 사람은 모두 자기의 말과 행위가 임금의 도에 부합하여야 함을 말한다. 마찬가지로 신하는 신하의 도에 부합하여야 하고, 아비는 아비의 도에 부합하여야 하며, 자식은 자식의 도에 부합하여야 한다. 정명(正名)의 요구에서 출발하여 공자는 자기의 신분에 의하여 일을 행하지 않는 사람에 대하여 모두 비평을 진행하였다. 비평의 중점은 주로 신하가 임금에게 함부로 월권행위를 하는데 놓여 있었다. 노나라 대부의 지위를 가진 계씨(季氏)가 마침내 공공연하게 천자만이 사용할 수 있는 '팔일(八佾)'무[132]의 의식을 쓰자 공자는 분개하여 말하였다. "(天子의) 팔일무를 뜰에서 춤추게 하니, 이 짓을 차마 한다면 무엇을 차마 할 수 없겠는가?(八佾舞於庭, 是可忍也, 孰不可忍也)"[133] 노나라의 '삼환(三桓: 仲孫, 叔孫, 季孫의 세 大夫)'이 조상의 제사를 마칠 때 "제후들이 제사를 돕거늘 천자는 엄숙하게 계시다.(相維辟公, 天子穆穆)"라는「옹(雍)」의 시를 썼다. 공자는 말하기를 이 천자의 제사를 묘사하는 시가를 "어찌하여 삼가의 당에서 취해다 쓰는가?(奚取於三家之堂?)"[134]라 하였다. 이런 것들은 모두 노나라 대부에 대한 질책이지만 노나라의 임금에 대하여서는 질책을 하였다. 뿐만 아니라 덮어서 숨기는 것을 도와주기까지 하였다. 노소공(魯昭公)은 동성 간의 결혼이 예에 맞지 않음을 분명히 알았는데도 동성의 오희(吳姬)를 아내로 맞아들이자 공자는 이에 말하기를 소공은 '예를 안다(知禮)'[135]라 하였다. 이로써 공자가 이른바

---

132 팔일(八佾)은 고대의 (음악을 동반한) 춤으로, 8명 1행(行)을 일일(一佾)이라 한다. 주례에서는 천자는 팔일(64명), 제후는 육일(48명), 대부는 사일(36명)로 규정하여 계씨는 사일을 추어야 하는데 지금 마침내 팔일을 썼으므로 예를 뛰어넘은 것이다.

133 『논어』「팔일(八佾)」.

134 「옹(雍)」은 『시경』「주송(周頌)」의 시편 이름이다.

'정명(正名)'과 '복례(復禮)'의 가장 근본적인 목적은 하극상의 현상을 없애고 윗사람 본인이거나 혹 위에서 아래를 대하면서 명예를 실추시키고 예를 어기는 부도덕한 행위는 "위에 있는 사람, 존귀한 자가 꺼리는 것"이라는 구실로 대수롭지 않게 되는 것임을 알 수 있다. 이로써 공자의 정명은 철저하지 않으며, 철저할 수가 없는 것임을 알 수 있다. 공자가 정명을 주장하면서 의거한 것은 주례이다. 주례는 상층 건축으로 사회적 경제 기초로 말미암아 결정된 것이다. 근본으로 귀결되는 것은 사회의 물질적 생산과 재생산에 의하여 결정된다. 춘추시대에 이르자 주례는 이미 점점 사회실천에서 벗어나게 되었다. 공자는 여전히 이미 사회실천에 부합하지 않는 주례를 '정명'의 근거로 삼기를 기도하였으니 이는 현저히 통행될 수 없는 것이다. 그래서 마오쩌둥은 공자의 정명사상에 대하여 이렇게 평론하였다.

철학의 전체적인 강령이 되는 것으로 말하면 관념론은 …… 그러나 철

---

135 『논어』「술이(述而)」. "진나라 사패가 묻기를 '소공은 예를 알았습니까?'라 하자, 공자께서 '예를 아셨다.' 하고 대답하셨다. 공자께서 물러가시자, (司敗가) 무마기에게 읍하여 들어오게 하고 말하였다. '내가 들건대 군자는 편을 들지 않는다 하였는데, 군자도 편을 드는가? 임금[昭公]께서는 오나라에서 장가드셨으니, 동성이다. 그러므로 (그 사실을 숨기기 위해) 오맹자라고 불렀으니, 임금께서 예를 아셨다면 누가 예를 알지 못하겠는가?' 무마기가 그대로 알리니, 공자께서 말씀하셨다. '나는 다행이다. 만일 잘못이 있으면 남들이 반드시 아는구나.'(陳司敗問, 昭公知禮乎? 孔子曰, 知禮. 孔子退, 揖巫馬期而進之, 曰, 吾聞君子不黨, 君子亦黨乎? 君取於吳, 爲同姓, 謂之吳孟子, 君而知禮, 孰不知禮? 巫馬期以告, 子曰, 丘也幸, 苟有過, 人必知之)" 노와 오 두 나라는 모두 희(姬)성으로 동성이다. 주나라의 예에 의하면 동성은 결혼할 수 없는데 노소공이 오나라 부인을 아내로 삼아 오희(吳姬: 옛날 여자들은 출신국 이름과 출신국 성씨를 붙여서 불렀다-옮긴이)라 불려야 하는데 오맹자(吳孟子)로 고쳐서 동성으로 결혼한 사실을 숨기는 데 편하게 했다. 공자는 본래 이 사실을 상세히 알았지만 "임금의 일을 꺼려서" 또한 예라고 하였기 때문에 일부러 소공이 예를 안다고 하였고 마지막으로 죄를 자기에게 돌렸다.

학의 부분으로 삼는다면 곧 실천론을 삼는 것으로 말한다면 옳다. 이는 "정확한 이론이 없으면 정확한 실천이 없다"는 생각과 비슷하다. 공자의 "명분이 바르지 못하다(名不正)" 위에 한 구절을 더하여 "실천이 분명하지 않으면 명분이 바르지 못하다(實不明則名不正)"라고 하여 공자가 또한 진정으로 실천을 근본으로 삼는 것을 인정하였다면 그 공자는 곧 관념론이 아니었겠지만 사실상 이와 같지 않았기 때문에 공자의 체계는 관념론이다. 다만 단편적으로 진리로 삼는 것은 옳으며, 모든 관념론은 모두 단편적인 진리를 가지고 있으니 공자 또한 마찬가지이다. …… '정명'의 일은 공자 뿐만 아니라 우리도 해야 하는데, 공자는 봉건질서의 명분을 바로잡았고 우리는 혁명질서의 명분을 바로 잡았으며, 공자는 명(名)을 주로 하였고 우리는 실(實)을 주로 하였으니 차이점은 바로 여기에 있다.[136]

마오쩌둥은 공자가 정명을 잡은 것은 결코 완전한 잘못은 아니며, 잘못은 다만 그가 이미 당시의 사회에서는 이미 실제에 합당하지 않은 명분(周禮)을 가지고 이미 발전하고 변화한 당시의 사회 실제를 바로잡으려 한 데 있다고 생각하였다. 명분이 실제로 필요한 데 부합하였다고 한다면 공자의 정명은 할 수 있을 뿐만 아니라 해야 할 합리적인 조치가 되었을 것이다. 마오쩌둥은 바로 공자의 정명 주장에서 옳지 않은 방면은 부정하였고 그 옳은 방면은 긍정하였다.

여기에서 지적해야 할 것은 공자가 '정명'의 근거로 삼은 예에 관한

---

136 마오쩌둥의 「장원티엔에게(致張聞天)」, 『마오쩌둥 서신 선집(毛澤東書信選集)』, 인민출판사, 1983년판, 144~145쪽.

사상이다. 그의 사상체계에서는 낙후되고 보수적인 것에 속한다. 나중의 지주계급은 비록 영주계급의 통치를 뒤엎었지만 근본적으로 종법과 등급 특권제도를 바꾸지 않았다. 때문에 이로 인하여 공자의 존귀한 이를 높이고 친한 이를 가까이하는 등의 예에 관한 사상은 여전히 이어져 내려와 조금씩 변통되고 있고 또한 지주계급의 정종(正宗) 사상이 되었다.

3. 인의 인생철학 방법론으로서의 중용

(1) 중용(中庸)의 본의

중용이 방법론으로 삼은 것은 공자의 인을 표지로 하는 인생철학사상의 필연적 산물이다. 그들 사이의 관계는 일맥상통한다. 『논어』에서 중용을 언급한 것은 단 한 차례 "중용의 덕이 지극하구나! 사람들이 (이 덕을 소유한 이가) 적어진 지 오래되었다.(中庸之爲德也, 其至矣乎! 民鮮久矣)"[137]라 한 것뿐이다. 그러나 실제적으로 공자는 자기의 이론과 실천 활동에서 시종 중용사상을 관철시켰다.

선진시대에 각 유파의 철학가는 자기의 세계관과 방법론을 건립하기 위해 모두 모순적인 문제를 연구했다. 도가는 대립된 상대성을 강조하여 무조건적인 전화(轉化)를 주장하였다. 노자(老子)는 말하였다. "화여 복이 숨어 있고, 복이여 화가 숨어 있구나. 누가 그 끝을 알겠는가? 그 바름이 없고 바름은 다시 바르지 않음이 되고 좋음은 다시 나쁨이

---

137 『논어』 「옹야(雍也)」.

된다.(禍兮福之所倚, 福兮禍之所伏. 孰知其極? 其無正. 正復爲奇, 善復爲妖)"138 화와 복의 사이, 기(奇)와 정(正)의 사이, 선(善)과 요(妖)의 사이에는 정하여진 객관적인 조건은 있을 필요가 없으며 반복적으로 전화될 수 있는 것이다. 법가(法家)는 대립적인 절대성을 강조하였고 강함이 약함을 능가하고 큰 것이 작은 것을 제압하는 것을 주장하였다. 한비자(韓非子)는 군주는 엄한 형벌과 준엄한 법을 써야 신민(臣民)을 진압할 수 있다고 생각하였다. "엄한 형벌은 백성이 두려워하는 것이고, 중한 벌은 백성이 미워하는 것이다. 그러므로 성인은 백성이 두려워하는 것[형벌]을 펼쳐 금하고, 백성이 미워하는 것[중벌]을 설치하여 간악함을 막는다. 그런 까닭에 나라는 평안해지고 폭란이 일어나지 않게 된다. 내 이 때문에 인의와 자애는 부족하고 엄한 형벌과 무거운 벌이 나라를 다스릴 수 있다는 것을 분명히 알았다."139

공자는 모순된 태도와 노자, 한비자의 같지 않음에 대하여 중용을 주장하였다. 모순성의 통일과 평형, 장기적인 안정을 지켜왔다.

그렇다면 중용은 무엇인가? 이른바 중(中)은 곧 중정(中正)이고 중화(中和)이다.140 용(庸)은 곧 용(用)이고 상(常)이다.141 이 때문에 중용(中庸)은 곧 "마음을 쓰는 상도(常道)이다."142 『예기』「중용(中庸)」은 공자의 중용사상

---

139 『한비자(韓非子)』「호겁시신(好劫弑臣)」.

140 주준성(朱駿聲)의 『설문통훈정성(說文通訓定聲)』 "저후(著侯, 과녁)의 정(正)이 중이므로, 중(中)은 곧 정(正)이라는 뜻이다. 『백호통의(白虎通義)』「오행(五行)」 "중(中)은 화(和)이다." 『논어』「옹야(雍也)」 "중용의 덕이다(中庸之爲德也)" 황간(皇侃)의 소(疏) "중(中)은 중화(中和)이다."

141 『설문(說文)』 "용(庸)은 용(用)이다." 『이아(爾雅)』「석고(釋詁)」 "용(庸)은 상(常)이다." 『맹자』「고자(告子)」 상 "평상시의 공경은 형에게 있다.(庸敬在兄)" 조기(趙起)의 주 "용(庸)은 상(常)이며, 평상시의 공경이 형에게 있는 것이다."

이 발휘된 저작으로, "두 끝을 잡고 그 중을 백성에게 쓴다.(執其兩端, 用其中於民)"라 하였는데, 이 말은 중용의 실질을 자못 잘 설명하고 있다. 중용은 "그 중을 잡을 것(允執其中)"[143]을 요구하지만 그 중을 견지하려면 반드시 '양단' 곧 모순의 대립적인 면, 양단을 떠나면 곧 이른바 중-대립되는 면의 통일과 연결, 협조, 평형 등등은 없다는 것을 파악해야 한다. 그러나 '양단'을 잡는 것은 '양단'을 쓰려고 하는 것이 아니고 그들의 중을 쓰려는 것이다. 이렇게 하나의 극단으로 치우치는 것을 피하여 중의 입장에 설 수 있으며, 모순된 통일을 협조하여 유지해나가게 하였다.

우리는 쌍방의 모순적인 투쟁 사물의 발전을 추동한다. 이 발전은 두 개의 단계로 나눌 수 있음을 알 수 있다. 모순의 쌍방이 하나의 통일체의 중(中)에 처하였을 때 사물은 양적 변화의 단계에 처하여 모순은 파열되어야 한다. 한 방향이 한 방향을 향하여 전환 변화할 때 사물은 질적 변화나 비약적 단계에 처한다. 유물변증법은 양적 변화를 연구한데다가 질적 변화도 연구하였다. 모순의 통일을 연구한데다가 전환 변화도 연구하였으며 질적 변화와 전환 변화에 더욱 큰 주의를 기울었다. 공자는 정치적인 면에서 인정과 덕치를 주장하여 각자 그 분수를 편안히 여기고 각자 그 있을 곳을 얻어 "일이 그 중을 취하여" 화평한 가운데 개량되기를 희망하여 혁명을 두려워하였다. 이 때문에 방법론 면에서 모순의 통일과 조화만을 강조하고 모순의 투쟁과 전환 변화는 이야기하지 않았다. 이는 그의 학설의 엄중한 결함이다. 그러나 그는 모순

---

142 『예기』「중용(中庸)」'군자중용(君子中庸)' 정현(鄭玄)의 주. "용(庸)은 상(常)이다. 중을 쓰는 것은 상도(常道)이다." 정씨(鄭氏)의 『중용』 해제에서는 말하였다. "중용이라고 한 것은 그 중화(中和)를 기록하였기 때문이다."
143 『논어』「요왈(堯曰)」.

에 대한 통일을 중용이라는 이름으로 비교적 깊이 들어간 탐구를 진행하였으며, 이 방면에서 변증법에 대하여 공헌하였다.

(2) 중용의 주요 특징

공자의 방법론이 된 중용사상의 주요 특징은 다음과 같다.

첫째, "지나침은 미치지 못함과 같다(過猶不及)"

한번은 자공이 공자에게 물었다. "자장(子張)과 자하(子夏)는 누가 더 낫습니까?" 공자가 말하였다. "자장은 좀 지나치고 자하는 확실히 좀 미치지 못하느니라." 자공이 말하였다. "그렇다면 자장이 좀 나은가요?" 공자가 말하였다. "지나침은 미치지 못함과 같으니라." 바로 지나친 것과 미치지 못하는 것은 마찬가지로 좋지 못하다는 말로,[144] 현대어로 말하면 이거나 저거나 다 좋지 못하다는 것이다. 아주 분명하게 공자의 심목에는 오직 지나침도 없고 미치지 못함도 없는 중정(中正)만이 좋은 것이다.

지나침과 미치지 못함은 모두 일정한 표준과 상대적으로 말한 것으로 그것들은 상반되는 방향에서 표준적인 대립 경향을 벗어났으며 명실상부한 양단(兩端)을 구성하였다. 중용사상에 의하면 양단을 파악해야 중(中)을 더욱 잘 견지할 수 있다. 아울러 중을 운용하며, 이로 인하여 공자의 "지나침과 미치지 못함은 같다"는 사상이나 혹 지나침도 없

---

144 『논어』「선진(先進)」. "자공이 '사[子張]와 상[子夏]은 누가 낫습니까?' 하고 묻자, 공자께서 '사는 지나치고, 상은 미치지 못한다.' 하셨다. '그러면 사(師)가 낫습니까?' 공자께서 말씀하셨다. '지나침은 미치지 못함과 같다.'(子貢問 師與商也孰賢? 子曰, 師也, 過, 商也, 不及. 曰, 然則師愈與? 子曰, 過猶不及)"

고 미치지 못함도 없는 사상이 바로 중용 원칙의 구체적 응용이다. 중은 지나침과 미치지 못함의 연결점이자 분계점이다. 중은 지나친 인소도 있고 미치지 못하는 인소도 가지고 있다. 이와 같은 것 때문에 지나침도 아닐뿐더러 미치지 못함도 아니며 그것들의 부정이다.

"지나침은 미치지 못함과 같다"는 사상은 혹자는 지나침도 없고 미치지 못함도 없는 사상을 말한다고 생각할 수 있으며 어느 정도 질과 양의 변증관계를 드러내 보였는데 곧 도량의 관념이다. 이것은 바로 일정한 질은 일정한 양과 연계되어 있다는 것이다. 양적으로 지나침과 미치지 못함은 모두 사물의 질을 바꿀 수 있다. 사물이 일정한 질을 갖추는 것을 보증하기 위하여 반드시 지나친 것을 반대할 뿐만 아니라 또한 미치지 못하는 것도 반대하였다. 마오쩌둥은 말하였다.

> "지나침은 미치지 못함과 같다"는 것은 두 전선이 투쟁하는 방법이며 중요한 사상방법의 하나이다. 모든 철학과 모든 사상, 모든 일상생활은 모두 두 전선의 투쟁을 하여 사물과 개념의 상대적으로 안정된 질을 긍정해나가야 한다.[145]

> 공자의 중용 관념은 …… 공자의 일대 발견이고 일대 공적이며 철학의 중요 범주로 한번 잘 해석해볼 가치가 있다.[146]

이 평가는 정곡을 찔렀다. 중용은 확실히 하나의 중요한 철학 범주이

---

145 『마오쩌둥 서신 선집(毛澤東書信選集)』, 145~146쪽.
146 마오쩌둥의 「장원티엔에게(致張聞天)」, 『마오쩌둥 서신 선집(毛澤東書信選集)』, 147쪽.

며 딱 들어맞는 설명과 평가를 부여하였다.

어떤 사람은 "두 끝을 잡으시어 그 중을 백성에게 쓰는" 지나침도 없고 미치지 못함도 없는 것은 절충주의라고 생각하였다. 사실은 그렇지 않다. 절충주의는 원칙적으로 대립적인 관점 사이에서 취한 무원칙적으로 타협하는 태도이다. 이미 인정된 것을 또 저렇게 인정하여 원칙도 없고 시비도 없는 것이다. 그러나 양쪽을 잡고 중을 쓰는 지나침이 없고 미치지 못함이 없는 것은 오히려 이런 것이 아니다. 그것은 원칙이 있으며, 이 원칙은 바로 사람과 사람 사이의 각종 관계에서 반드시 준수하는 예이다. 구체적으로 이야기하자면 공자 심목 중의 곧 주례이다.

> 공자가 말씀하셨다. "사야, 너는 지나치고 상은 미치지 못한다." 자공이 자리를 넘어 대답하기를 "감히 묻겠습니다. 어떻게 이 중을 하는 것입니까?" 공자가 말씀하셨다. "예이다 예. 예가 중을 통제하는 것이다.
> 子曰, 師爾過, 而商也不及. 子貢越席而對曰, 敢問將何以爲此中者也?
> 子曰, 禮乎禮. 夫禮所以制中也.[147]

이는 예는 이미 인의 형식이기 때문에 결정적 표준이 될 수도 있다는 말이다. 예라는 표준이 있어야 무엇이 지나친 것이고 미치지 못하는 것인지 무엇이 지나침이 없고 미치지 못함이 없는 중인지 명확하기 때문이다. 공자는 예로 중을 제어하여 당연히 낙후된 일면이 있다. 우리는 그 주례를 원칙으로 하는 낙후성을 비평할 수 있지만 그가 원칙이 없다고는 말할 수 없다.

~~~~~~~~
147 『예기』「중니연거(仲尼燕居)」.

사실상 공자는 절충주의를 취하지 않았을 뿐만 아니라 도리어 절충주의를 일삼는 사람을 매우 통한해했다. 어떤 사람이 있는데 상황에 따라 맞추어 말을 하고 "풍속과 동화하며 더러운 세상에 영합하여(同乎流俗, 合乎汚世)"[148] 어디를 가더라도 환영을 받는데, 공자는 이런 사람을 '향원(鄕愿)'이라고 불렀다. 그는 말하였다. "내 문 앞을 지나면서 내 집에 들어오지 않더라도 내 유감으로 여기지 않을 자는 오직 향원일 것이다. 향원은 덕의 적이다.(過我門而不入我室, 我不憾焉者, 其惟鄕原乎! 鄕原, 德之賊也)"[149] 송나라 말기의 유자들은 중은 모호하고 구차하며 선악을 구분하지 않는다는 뜻이라 생각하였다. 이러하다면 무원칙이 곧 중용이며 향원은 바로 중용의 모범인데, 공자는 어째서 그렇게 맹렬하게 향원을 규탄하였을까? 사실 중용과 향원의 구별은 전자는 원칙이 있고 후자는 원칙이 없는데 있으며, 공자가 향원을 통한해한 원인이 바로 여기에 있다.

둘째, "화하고 동하지 않는다(和而不同)"

지나침과 미치지 못함이 중용사상(양쪽을 잡고 중을 쓰는 것)은 반드시 반대되는 잘못된 경향을 더하는 것을 관철한다고 한다면 '화하고 동하지 않는' 것은, 중용사상은 반드시 제창한 정확한 작법을 관철시킨다. 전자는 각기 한쪽 끝을 잡는 형태로 나타나고 후자는 양쪽의 중간을 아울러 수용하는 합리적인 인소이자 융회관통하는 형태로 나타난다. 곧 사람과 사람이 함께 처하는 문제를 대할 때 원칙적이고 화목이 함께 처하는 형태로 출현한다.

---

148 『맹자』 「진심(盡心) 하」.
149 『맹자』 「진심(盡心) 하」.

그렇다면 화(和)는 무엇인가? 동(同)은 무엇인가? 선진시대에 사람들은 모순과 대립적인 면의 화해를 지켜나가는 것을 화라고 하였다. 모순과 대립적인 면의 차이를 없애는 것을 동이라고 하여, 화와 동은 원칙적 구별이 있었다. 군신을 예로 들면 화는 군신의 견해가 다른 협조로 임금이 행할 만하다고 말하면 그 가운데는 행할 수 없는 것도 있을 것이다. 신하가 그 행할 수 없는 곳을 지적해내어 행할 수 있는 것을 더욱 완비되게 하는 것이다. 임금이 행할 수 없다고 말한다면 그 가운데는 행할 만한 것도 있을 것이다. 신하가 그 행할 만한 곳을 지적해내어 그 행할 수 없는 것을 없애어 이렇게 하면 정치가 평온하고 백성들이 다투는 마음이 없는 상황에 이르게 될 것이다. 이른바 동은 바로 임금이 옳다고 하면 신하도 옳다고 하고 임금이 옳지 않다고 하면 신하도 옳지 않다고 하여 갈등을 없애어 군주의 말만 따르는 것을 조성하는 것이다. 그 결과 군주를 정치적으로 잘못을 저지르게 하고 또한 일이 갈수록 심각해지게 하는 것이다.[150] 공자는 화(和)만 행할 수 있으며 동(同)은 쓸 수 없는 것으로 생각하였다. 그래서 그는 말하였다. "군자는 화하고 동하지 않으며, 소인은 동하고 화하지 않는다.(君子和而不同, 小人同而不和)"[151] 이것이 바로 군자는 원칙이 있는 화목과 함께 처하는 것을 견지하고 원칙이 없이 구차스럽게 함께 하는 것을 반대한다. 소인은 다만 원칙 없는 부화뇌동만 좋아하고 원칙이 있는 화목함이 함께 하는 것을 좋아하지 않는다고 말하는 것이다.

'화이부동(和而不同)'은 이런 사상 내용을 포함하고 있다. 무릇 원칙과

---

150 『좌전(左傳)』「소공(昭公) 20년」.
151 『논어』「자로(子路)」.

관계없는 작은 일은 협조를 강구하고 화목을 중시해야 하며 하찮은 일을 요란스레 처리해서는 안 되며 떠들썩하게 단결해서는 안 된다. 무릇 원칙과 관계있는 큰 문제는 원칙을 견지해야 하며 구차하게 동화해서는 안 된다.

그러나 모순의 화해(和諧)나 통일(統一), 평형 등등은 가까스로 모순이 투쟁하는 일종의 상태이고, 사물이 발전하는 양적 변화의 단계이다. 양적 변화 단계는 또한 끝날 것이다. 점진성의 중단 즉, 비약이나 질적 변화 단계가 출현하였다. 그러나 공자는 파괴와 화해의 격렬한 투쟁과 질적 변화에 대하여 부정적인 태도를 취하였다. 그들은 발전된 상규라는 것을 인정하지 않았다. 이로 인하여 춘추시대의 큰 변화를 그는 어떤 것이든 간에 받아들일 수가 없었고 "천하에 도가 없다(天下無道)"고 배척하였다. 앞에서 말한 것과 같이 그는 한마음으로 회복할 수 없는 아득하게 사회발전의 뒤편으로 떨어져버린 서주 초년의 영주제 봉건사회 같은 화해하고 안정된 상태를 회복하려고 하였다. 이는 당연히 할 수 없는 것이었고 다만 벽에 부딪혀 종언을 고할 수밖에 없었다.

셋째, '시중(時中)'과 '권(權)'

공자가 이른바 중은 결코 확고불변하는 것이 아니다. 그것은 시간과 조건이 다름에 따라 달라지리라는 것을 간파했다. 그는 말하였다. "군자가 중용을 함은 군자이면서 때에 맞게 하기 때문이다.(君子之中庸也, 君子而時中)"152 시중은 곧 같지 않은 시기에 중을 쓰는 것이다. 모종의 조건에서 중의 행위이고 다른 모종의 조건에서는 중이 아니다. 때때로 중에

---

152 『예기』 「중용(中庸)」.

맞게 하려면 때를 살피고 형세를 헤아려야 하는데 이는 유연한 처치이다. 맹자는 말하였다. "벼슬할 만하면 벼슬하고 그만둘 만하면 그만두며, 오래 머무를 만하면 오래 머물고 빨리 떠날 만하면 빨리 떠나심은 공자이시다.(可以仕則仕,可以止則止, 可以久則久, 可以速則速, 孔子也)"[153] 이는 출사와 출사하지 않는 것 사이의 시중이다. 사람을 교육시키는 데도 시중이 있다. 자로가 물었다. "(옳은 것을) 들으면 실행하여야 합니까?" 공자께서 "부형이 계시니, 어찌 들으면 실행할 수 있겠는가?" 하고 대답하셨다. (나중에) 염유가 "(옳은 것을) 들으면 곧 실행하여야 합니까?" 하고 묻자, 공자께서 "들으면 실행하여야 한다." 하고 대답하셨다. 왜 두 사람에게 한 대답이 같지 않은가? 공자(孔子)께서 말씀하셨다. "구는 물러나므로 나아가게 한 것이요, 유는 일반인보다 나음으로 물러가게 한 것이다."[154] 똑같은 도리에 저돌적인 사람은 과분하게 처리해나가기 때문에 진정시키기 위해 조금 물러나도록 말린 것이다. 보수적인 사람은 미치지 못하게 처리하기 때문에 굳세게 고무시키기 위해 조금 나서도록 부추긴 것이다. 다른 사람에게 다른 교법(敎法)을 가지는 것이 바로 시중이다.

　공자는 또 말하였다. "더불어 함께 배울 수는 있어도 함께 도에 나아갈 수는 없다. 함께 도에 나아갈 수는 있어도 함께 설 수는 없으며, 함께 설 수는 있어도 함께 권도(權道)를 행할 수는 없다.(可與共學, 未可與適道, 可與適道, 未可與立, 可與立, 未可與權)"[155] 이곳의 "可與立, 未可權"의 '권(權)'자는 그 기본 함의가 또한 '시중(時中)'과 비슷하다. 곧 권변(權變: 임기응변)에 통달한 것으로 모든 일에는 때를 살피고 형세를 헤아려야 함을 말하였으

153 『맹자』「공손추(公孫丑) 상」.
154 『논어』「선진(先進)」.
155 『논어』「자한(子罕)」.

며 유연성을 강구하였다.

　이상의 세 가지는 대체적으로 중용사상의 주요 특징을 개괄할 수 있다.

　예가 인의 형식이고 인이 예의 핵심이라면 중용(中庸)은 바로 내용(仁)과 형식(禮)을 서로 통일시키는 방법론이다. '과유불급(過猶不及)'이니 '화이부동(和而不同)', '시중(時中)', '권(權)' 등등은 모두 중용이라는 이 방법론을 운용하는 데 있어서의 각기 다른 형식이다. 그 최종목적은 인과 예의 고도의 통일에 도달하고, 인을 사람과 사람 사이의 각종 관계의 개괄이라는 사상으로 삼는 데 도달하는 것으로, 현실의 사회생활에서 완미한 표현과 관철을 얻어내었다.

　마오쩌둥은 중용사상은 "공자의 일대 발견이며, 일대 공적"이라고 생각하였다. 대개 가리킨 것은 바로 이런 것이다. 그 적극적 방면의 의의는 현재에도 여전히 잘 논증하고 천발할 가치가 있어 "옛것을 지금 쓰는(古爲今用)" 것이 되었다.

제5장

윤리사상

인(仁)은 공자 윤리사상의 총강(總綱)이다. 이는 제4장에서 이미 논하였으며 본장에서는 오로지 윤리사상 자체만 가지고 한 걸음 더 나아가 토론해보겠다.

공자는 먼저 백성과 백성 사이에 장기적으로 처한 경험과 교훈을 총체적으로 보았다. 거기에 연구와 체득을 더하여 자기의 윤리사상을 제기하였다. 이른바 윤리사상은 인류[1]가 사람과 사람 사이에서 합리적으로 처하고 공동으로 준수하여야 할 도덕규범을 가리킨다. 맹자가 이야기한 "사람이 금수와 다른 것이 얼마 안 된다(人之所以異於禽獸者幾希)"[2]의 이 "얼마 안 된다(幾希)"는 주로 사람의 윤리도덕을 가리킨다. 사람이면서 덕이 없어 금수나 금수에 의관을 입힌 것과 같다면 사람이 되지 못

---

1 "윤(倫)은 유(類)와 같다." 정현(鄭玄)의 『예기』「곡례(曲禮) 하」. '윤(倫)'자에 관한 주석에 보인다.
2 『맹자』「이루(離婁) 하」.

한다. 공자 시대는 영주제 종법 봉건사회로 사람과 사람 사이의 등급이 엄격하였다. 이런 상황에서 유가에서는 여전히 감히 공자의 윤리사상에 근거하여 "천자로부터 서인까지 한결같이 모두 수신을 근본으로 삼는다.(自天子以至於庶人, 壹是皆以修身爲本)"[3] 곧 한결같이 사랑하는 윤리 수양을 제기하였다. 완전하게 해낼 수 있거나 말거나, 특히 천자를 대표로 하는 각급 귀족이 실로 이 문제를 충분히 해낼 수 있든 없든 다만 사람이 사람인 까닭처럼 모두 윤리도덕을 가질 것을 요구하였다. 2천여 년 전에 이런 견해를 제기할 수 있었던 정신은 훌륭하다. 더욱이 공자는 정치적으로 '인정덕치'를 주장하였다. 이렇게 윤리도덕을 정치와 밀접하게 결합시켜 합하여 하나로 하였다. 공자가 말한 "경으로 몸을 닦음과 몸을 닦아서 사람을 편안하게 함, 몸을 닦아서 백성을 편안하게 함(修己以敬, 修己以安人, 修己以安百姓)"[4]은 당시 봉건시대의 정치와 윤리도덕의 통일성을 설명해준다.

1. 공자의 윤리사상 및 당시 제가의 윤리사상과의 이동과 논쟁

(1) 공자 윤리사상의 주지(主旨)

공자는 봉건사회의 개명한 사상가로 귀족 통치계급의 통치가 오래도록 평안하게 다스려지기를 희망하였다. 통치를 받는 많은 노동인민 또한 편안하게 살며 생업을 즐기기를 희망하였다. 이는 그가 생각한 소강

---

3 『대학』.
4 『논어』「헌문(憲問)」.

세계(西周社會)의 이상이었다. 이 사회가 안정되고 부유할 수 있는가의 여부와, 관건이 국가의 운명을 조종하는 귀족 통치계급이 고상한 윤리도덕을 갖추느냐의 여부와, "덕을 공경하고 백성을 보호하는(敬德保民)"가의 여부에 달렸다고 생각하였다. 이 때문에 그는 당시 귀족 통치계급의 윤리도덕 수양에 간절한 희망을 기탁하였다. 그는 춘추시대의 사회와 정치적 동란의 가장 중요한 원인은 바로 각급 귀족이 윤리도덕의 고상한 수양이 결핍되어 이로 인하여 국가의 업무를 처리할 때 윤리도덕의 준칙을 저버리게 되었으며, 이에 바르지 않은 강기(綱紀)가 점차 범람하여 천하의 대란에 이르게 되었다고 생각하였다. 이런 국면을 만회하려면 무엇보다도 귀족 통치자가 위험에 임하여 두려워하고 과실을 깨달아 자각적으로 도덕수양을 제고하고 품격을 단정히 하며 몸소 힘껏 행하여야 한다. 다만 이렇게 하여야 도덕규범을 가지고 국가적 업무를 지도하고 백성들의 교화하고 풍속을 바꾸며, "자기 자신이 바르게 되어 명령하지 않아도 행해지는(其身正不令而行)"[5] 훌륭한 정치를 실현하게 된다. 공자는 귀족 통치계급의 지배계층은 모두 덕망이 높고 중한 인인군자(仁人君子)가 되어야 한다고 생각하였다. 이를 이루는 관건은 몸을 수양함을 스스로 깨닫고 덕으로 몸을 다스리며 자기의 도덕 학문 수양을 풍부히 해야 한다. 이렇게 하는 것만이 내재한 도덕 학문 수양의 힘을 풍부히 하고 광휘가 찬란한 부국안민의 공을 세울 수 있다. 공자의 간절한 희망은 당시 귀족의 실제생활의 부패와 타락에 맞서는 것이었다. 이 때문에 그는 깊이 우려하며 탄식하여 말하였다.

5 『논어』 「자로(子路)」.

덕이 닦여지지 못함과, 학문이 강마되지 못함과, 의를 듣고 옮겨가지 못함과, 불선을 고치지 못하는 것이 바로 나의 걱정거리이다.

德之不修, 學之不講, 聞義不能徙, 不善不能改, 是吾憂也.[6]

공자는 당시의 많은 제후와 경, 대부가 준엄한 형법과 음모, 편취 등과 같은 수법에만 의존하여 나라를 다스리는 상황에 대하여 매우 불만이었다. 그는 정치와 윤리도덕을 밀접하게 결합시킬 것을 주장하였다. 이렇게 하여야 진정으로 국가를 잘 관리할 수 있다. 준엄한 형벌과 음모, 편취의 방법으로 나라를 다스리기 때문에 기껏해야 백성들이 법을 두려워하게 할 수 있을 뿐이고 그들이 충심으로 기쁘게 심복하고 법을 지키고 예를 따르게 할 수 없었다. 정치와 교육, 윤리도덕을 일체로 융화시켜서 백성을 다스리는 것만이 그들을 충심으로 기쁘게 심복하고 법을 지키고 예를 따르게 하며 부끄러움을 알고 선을 좇을 수 있게 한다.

공자는 인과 예는 귀족의 내부에 적용될 뿐만 아니라 일정 정도에서 또한 많은 노동 군중에게도 적용될 수 있다고 생각하였다. 그는 명확하게 "널리 사람들을 사랑하되 인한 이를 가까이할 것(汎愛衆而親仁)"[7]이라는 요구를 제기하였다. 이는 바로 이 점을 설명하고 있다. "널리 사람들을 사랑하는" 요구는 매우 담력과 지모가 있다. "널리 사람들을 사랑하는" 것만이 자신을 미루어 남에게 미칠 수 있다. '서(恕)'를 이룰 수 있으며, "생각을 하여야만" 모든 사람을 사람으로 볼 수 있기 때문에 공자는 바로 '생각'이 "종신토록 행할 수 있는(可以終身行之)"[8] 미덕이라고 생각

---

6 『논어』「술이(述而)」.
7 『논어』「학이(學而)」.
8 『논어』「위령공(衛靈公)」.

하였다. 주초의 통치자는 '경덕보민(敬德保民)'의 구호를 제기하였다. 은대의 노예주가 노예를 가축으로 간주하는 것에 비해서는 자연히 진보를 이루어냈지만 여전히 서민을 자기와 같은 사람으로 간주하지 않았다. 자기를 미루어 남에게 미친다는 관념도 없었다. 서의 관념은 공자를 그들과 구분하였다. 이 차별은 역사적인 거대한 진보를 반영하였다.

등급이 엄격한 봉건사회에서는 농노에서 노예에 이르기까지의 등급을 포함한 다른 사람을 자신에게 속한 사람으로 간주하였다. 이는 이미 인이 실천적인 면에서 매우 크고 진보적인 작용을 발휘하였다. 그러나 인과 예는 상호 제약적이다. 예는 이미 봉건 종법등급제의 전칙(典則)이어서 이 때문에 반드시 예와 상호 적응하는 인이 무차별적 인류의 사랑이 될 수는 없다. 단지 각급 귀족을 중점으로 하는 차등이 있는 사랑일 뿐이다. 이에 '인을 하는 방법(爲仁之方)'으로 삼은 자기를 미루어 남에게 미치는 서(恕)의 도는 다만 사람들이 종법 등급제의 다른 지위에 의하여 추진해나갈 수 있었다. 이 모순은 공자의 윤리사상에 내재한 '이중성'을 충분히 드러내 보였다. 이는 곧 사람을 사랑하는 것은 인정하지만 사랑에는 차등이 있다는 것을 강조하는 것을 말한다. 두드러진 군부(君父)의 지위 하에서 사람들에게 일정한 배려를 해주자는 것을 주장하였지만 결코 군부의 통치를 벗어나거나 뛰어넘는 권리를 허락하지 않았다. 결론적으로 말하면 공자 윤리사상의 주지는 국태민안의 소강세계(西周社會)를 실현하게 된다. 곧 가정과 이웃, 사회, 국가의 각종 성원 사이의 일정한 인을 핵심으로 하는 다른 도덕규범을 규정한다. 이를 통하여 예의 등급제에 의한 약속 곧 '정명(正名)'의 약속 하에 '중용'의 방법으로 전사회가 영주제 귀족통치 계급의 천자를 대표로 하는 각 등급이 각기 각자의 생업을 행하는 것을 모두 도달할 수 있는 화해를 실현하는 것이다.

(2) 공자와 묵(墨)·노(老) 2가의 윤리사상의 이동과 논쟁

춘추전국시대는 백가쟁명의 시기로 제가는 계급 지위가 같지 않았다. 정치적 입장이 같지 않았고 윤리관념 또한 서로 같지 않았다. 묵자는 성시 수공업 조합의 기술자를 대표한다. 수공업자는 옛 종법제도를 반대하였다. 나라와 나라, 집과 집, 사람과 사람 사이의 전쟁과 쟁탈을 반대하고 온 천하 모든 사람의 이익을 대표하는 집권(集權) 정부를 건립할 것을 요구하였다. 묵자는 이런 정치 경향에 적응하여 윤리학에서 '겸애'의 주장을 제기하였다. 그는 천하가 크게 어지럽게 된 근원이 다음 몇 가지에 있다고 생각하였다. 제후들 사이의 전쟁과 가족 사이의 약탈, 개인들끼리 서로 해치는 일에서 출현하였다. 서로 사랑하지 않고 제후들은 다만 자기의 나라만 사랑하고 다른 사람의 나라는 사랑하지 않았다. 집 주인은 다만 자기 집만 사랑하고 다른 사람의 집은 사랑하지 않았다. 개인은 자기의 몸만 사랑하고 다른 사람의 몸은 사랑하지 않았다. 이런 상황을 바꾸려면 반드시 "서로 두루 사랑하고 서로 이득을 주는 것"을 실행하여야 한다. 모든 사람으로 하여금 모두 사상방면에서 나라와 나라, 집과 집, 사람과 사람 사이의 한계를 해소하여야 박애를 실현할 수 있다. 그들의 심목에서 대우(大禹)는 바로 천하 사람들의 이익을 위하여 오랜 세월 치수를 하느라 고생한 사람이었다. 묵자 스스로도 침략전쟁을 막기 위하여 자기의 정치적 주장을 실행하여 천하의 백성을 구해내느라 일생 동안 분주하였다. 그는 그의 학생들에게 "거친 옷을 입고 나막신이나 짚신을 신고 밤낮으로 쉬지 않고 자기 몸을 고통스럽게 하는 것을 최고의 규율로 삼게 하도록"[9] 가르쳤다. 이런 것들은

---

9 『장자(莊子)』 「천하(天下)」.

모두 묵자의 자아 희생정신을 표현한다.

도가는 은자로 구귀족이 전화되어 온 소생산자의 사상을 대표한다. 그들은 자기들을 몰락시킨 운명을 만나게 한 종법·등급 제도를 원망하고 이 제도를 반영하는 도덕관념에 격렬한 공격을 전개하였다. 노자는 말하였다. "성과 지를 끊어 버리면 백성들의 이익이 백 배가 될 것이며, 인과 의를 끊어버리면 백성들은 효도와 자애를 회복하게 될 것이다.(絶聖棄智, 民利百倍, 絶仁棄義, 民復孝慈)"[10] 그는 대도(大道)가 유행하던 시대에는 인(仁)과 의(義), 충(忠), 효(孝), 예(禮), 악(樂) 등등이 존재하지 않았으며, 모든 유가가 마음속 깊이 사랑하는 이런 것들은 모두 대도가 이미 숨고 세풍이 각박한 시대의 산물이며 천하대란의 근원이라고 생각하였다. 그는 나라를 작게 하고 백성을 적게 하며 늙어죽도록 서로 왕래하지 않는 원시시대로의 회귀를 희망하였다. 도가의 다른 두 대표적 인물은 장자(莊子)와 양주(楊朱)이며, 종법 등급제도를 반대함으로 윤리관에 있어서는 이기주의를 지향하고 있다. 장자는 도를 배우는 목적이 전 생애의 참됨을 보전하고 불로장생하는 데 있다고 생각하였다. 양주(楊朱)는 "자신을 위함을 취하였으니, 털 하나를 뽑아서 천하가 이롭게 된다 하더라도 하지 않았다.(取爲我, 拔一毛而利天下, 不爲也)"[11] 장자는 굶어죽을지라도 관직생활을 하면서 임금을 위하여 힘을 쓰려고 하지 않았다. 그의 이상적인 성인은 고대의 은자인 허유(許由)다. 전설에 의하면 허유는 자유로운 생활을 누리기 위하여 천자가 내린 직위를 받는 것을 거절하였다.

공자의 유가적 관점에서 보면 묵가의 겸애는 사람을 사랑하는 것을

---

10 『노자(老子)』 19장.
11 『맹자』 「진심(盡心) 하」.

차등이 없는 경지까지 발전시켰다. 이는 친한 사람을 가까이하는 것을 위반하였다. 도가는 스스로를 사랑하는 것을 존귀함이 없는 경지까지 발전시켰는데, 높은 사람을 높이는 것을 위반하였다. 이 둘이 각자 취하거나 지나치거나 미치지 못하는 입장은 중용을 멀리 벗어났다. 그러나 공자의 중용은 모종의 의의에서 바로 '겸애'와 '위아(爲我)'의 '중(中)'을 취할 것을 말한다. 더욱 확실하게 이미 겸애도 아니고 위아도 아닌 나의 '중'이라고 말하였다. 맹자는 공자의 사상을 견지하여 양주와 묵자의 주장을 맹렬하게 반격했다. 그는 말하였다. "양 씨는 자신만을 위하니, 이는 군주가 없는 것이요, 묵 씨는 똑같이 사랑하니, 이는 아비가 없는 것이다. 아비가 없고 군주가 없으면 이는 금수이다.(楊氏爲我, 是無君也, 墨氏兼愛, 是無父也, 無父無君, 是禽獸也)"[12] 이런 설법은 공자의 사상과 부합하며, 유가의 두 학파에 대한 비평과 논쟁을 대표하는데, 승리는 공자의 몫이었다. 이는 역사적 조건의 필연적 결과이다. 사실 삼가의 말은 각기 장단점이 있다. 우리는 사회주의의 요구에서 출발하여 삼가의 득실을 평가하고 그 장점을 받아들여 풍부한 사회주의 윤리도덕의 내용을 가지고 그것을 완미하게 하였다.

2. 공자의 인을 핵심으로 하는 도덕규범 체계

공자는 윤리도덕은 사람과 사람 사이의 정상적인 관계를 합리적으로 처리하는 준칙이며, 사람은 때와 장소, 일을 가리지 않고 모두 윤리도

---

12 『맹자』 「등문공(滕文公) 하」.

덕의 약속과 영향을 받았다고 생각하였다. 자기 혼자만 있다고 하더라도 '신독(愼獨)'의 요구가 있는데 신독이 바로 윤리도덕의 중요 내용이기 때문이다. 공자는 "군자는 밥을 먹는 동안이라도 인을 떠남이 없다.(君子無終食之間違仁)"[13]고 말한 적이 있다. 이는 군자는 어떤 때라도 인을 핵심으로 하는 윤리도덕을 저버리지 않아야 한다는 것을 말한다. 그것이 인류 정신문명의 지주이고 인류를 다른 동물과 구별하는 표지이기 때문이다. 공자는 관찰하고 체험하고 연구하고 총결하는 과정에서 방대한 도덕 규범체계를 건립하였다. 이는 앞에서 이미 말한 적이 있다. 지금 공자의 방대한 인을 핵심으로 하고 예를 형식으로 하는 도덕 규범체계를 몇 가지 주요한 예를 들어 아래와 같이 설명하겠다.

(1) 효제(孝悌)

사람이 태어나면 가장 먼저 접촉하게 되는 사람은 바로 부모·형제 등이다. 이는 동서고금을 막론하고 현재까지도 사람이 사는 곳이라면 예외가 없다. 공자는 그의 윤리사상에서 가장 먼저 부자와 형제가 함께 처하는 도덕 준칙을 강조하는 것에 치중하였다. 이것이 바로 효제(孝悌)이다. 효(孝)는 부모를 존경하는 것을 가리키며, 제(悌)는 형장(兄長)을 존중하는 것을 가리킨다. 효제는 가장과 족장의 지위를 옹호하고 종법제도의 필요 덕목을 공고히 한다. 공자는 말하기를 "아우와 자식은 (집에) 들어가서는 효도하고 나와서는 공손(恭遜)해야 한다.(弟子入則孝, 出則弟)"[14] "나가서는 공경을 섬기고, 들어와서는 부형을 섬긴다(出則事公卿, 入則事父

---

13 『논어』 「이인(里仁)」.
14 『논어』 「학이(學而)」.

兄)"[15]라 하였다. 당시의 가족조직과 행정조직은 일치하여 집에서 효제를 할 수 있는 사람이 정치상에서 반드시 군주와 공경을 공경하고 중시할 수 있기 때문이다. 이에 "그 사람됨이 효성스럽고 공경하면서도 윗사람을 범하기를 좋아하는 자는 드물다.(其爲人也孝弟, 而好犯上者, 鮮矣)"[16]라 하였다. 동시에 각종 사람들에 대한 인애가 모두 효제라는 부자형제 간의 사랑에서 부연되어 나오는 것이다. 때문에 유자(有子)는 말하기를 "군자는 근본을 힘쓰니, 근본이 서면 도가 생긴다. 효와 제는 그 인을 행하는 근본일 것이다.(君子務本, 本立而道生, 孝弟也者, 其爲仁之本與)"[17]라 하였다. 효제가 인의 근본이기 때문에 우리는 무엇보다도 효제를 제기하여 고찰할 것을 제기한다. 효와 제 둘 중에서 공자는 효를 더 중시했다. 그러나 어떻게 해야 효라고 할 것인가? 우선 예에 맞아야 한다. 공자는 말하였다. "살아 계시면 예로 섬기고, 돌아가시면 예로 장사지내고, 예로 제사지낸다.(生, 事之以禮, 死, 葬之以禮, 祭之以禮)"[18] 다만 여기의 예는 결코 형식적인 예가 아니며 그에 상응하는 진정한 실감이 있어야 한다. 공자는 말하였다. "지금의 효라는 것은 (물질적으로) 잘 봉양한다고 이를 수 있다. 그러나 개나 말에게도 모두 길러줌이 있으니, 공경하지 않으면 무엇으로 구별하겠는가?(今之孝者, 是謂能養. 至于犬馬, 皆能有養. 不敬, 何以別乎?)"[19] 자하(子夏)가 효를 묻자 공자는 대답하였다. "얼굴빛이 어려운 것이다."[20] 이는 곧 부모를 잘 봉양하려면 공경하고 존중하는 심정을 가져야 하고 기

15 『논어』「학이(學而)」.
16 『논어』「자한(子罕)」.
17 『논어』「학이(學而)」.
18 『논어』「위정(爲政)」.
19 『논어』「위정(爲政)」.
20 『논어』「위정(爲政)」.

뻐하면서도 삼가는 표정을 지어야 하는 것이다. 이런 것이 없으면 형식상으로 "일이 있으면 제자가 그 수고로움을 대신하고, 술과 밥이 있으면 부형을 잡숫게 하는 것(有事弟子服其勞, 有酒食, 先生饌)"을 일찍이 효라고 하겠는가? 또한 효도로 볼 수 없는 것이다.

공자는 효를 단순하게 예에 복종하는 강제라 해석하지 않고 그는 친자(親子) 사이의 정감 인소를 중시할 것을 매우 중시하였다. 효는 부모의 자녀에 대한 사랑에서 일어난 자녀의 부모에 대한 사랑이라고 생각하였다. 이런 사랑의 기초에서 태어난 존경하는 심정과 기뻐하는 안색에서 봉양하는 행동에 이르기까지 필연적으로 진실하고 속이지 않는 정감이 드러난다. 그러나 공자의 관점은 오히려 그가 강조한 부자지간의 등급이 엄격한 통치와 피통치의 관계였다. 자식은 반드시 아비에게 복종해야 한다. 심지어 아비가 죽은 후에 아들은 "3년 동안 아비의 도를 고치지 않을 것"을 요구하는 사상과 연계되어 이런 소극적인 인소를 발전시켜 후세의 이른바 "사람을 잡아먹는 예교"가 되는 데 이르게끔 했다. 이 또한 '이중성'의 표현이다. 공자는 부자관계가 종법제도의 속박을 벗어나게 할 수 없었다. 다만 그는 효의 관념에 친자(親子)라는 새로운 인소를 주입하고 강조하였는데 오히려 광채를 발하였다. 수천 년간 중화민족의 수많은 가정에서 이 적극적 인소를 발양하였다. 젊은이는 길러주고 늙은이는 마칠 곳이 있게 하여 중화민족 특유의 부자자효(父慈子孝)의 정상적인 습속과 아름다운 도덕풍상을 형성하였다. 이는 곧 효제의 덕목은 봉건시대의 잔재를 배제하고 사회주의 사회에서 여전히 일정한 적극적인 작용을 발휘할 수 있다는 것을 말한다.

(2) 충신(忠信)

공자의 충(忠)은 사람 특히 윗사람에 대하여 마음과 힘을 다하고 성실히 책임을 지는 것을 가리키는 태도이다. 그는 "사람을 대할 적에 충성되게 하여야 한다(與人忠)"[21]는 것을 요구하여 그의 제자인 증자(曾子)는 늘 자기가 "남의 일을 도모해 줌에 충성스럽지 못하였는가?(爲人謀而不忠)"[22]의 여부를 점검했다. 그러나 보통사람에 대한 충(忠)은 평등한 인소를 갖추고 있으며 사람들이 서로 충성을 다할 수 있으며, 임금-천자와 제후에 대한 충성은 불평등한 인소를 갖추고 있다. 공자는 "임금은 신하를 부리기를 예로 하고, 신하는 임금을 섬기기를 충성으로 해야 한다(君使臣以禮, 臣事君以忠)"[23], "임금을 섬김에 예를 다해야 한다(事君盡禮)"[24], "임금을 섬길 때는 그 몸을 바칠 수 있어야 한다(事君, 能致其身)"[25]는 것을 주장하였다. '부리고(使)'와 '섬기고(事)'는 이미 분명하게 군신관계의 불평등을 말하였다. 신하는 임금을 위하여 목숨을 바칠 수 있는데 임금은 신하를 위하여 이런 것을 요구하지 않는다. 임금을 섬김을 충성으로 한다는 것은 또한 임금을 섬김에 예를 다한다고 말할 수 있다. 이것은 아래에서 위를 대하는 예로 "임금이 신하를 예로 부리는 것(君使臣以禮)" 즉 위에서 아래를 대하는 예와는 다르다. 그러나 공자의 충군은 후대의 유자의 충군과는 또한 상당히 큰 차이가 있다. 후대의 유자는 전제주의 중앙집권제도의 수요에 적응하기 위하여 법가사상을 흡수하여 충군을

---

21 『논어』 「자로(子路)」.
22 『논어』 「학이(學而)」.
23 『논어』 「팔일(八佾)」.
24 『논어』 「팔일(八佾)」.
25 『논어』 「학이(學而)」.

임금의 신하에 대한 절대적 통치와 신하의 임금에 대한 절대적 복종으로 해석하였다. 한유(韓愈)는 폭군인 주왕(紂王)이 주문왕을 사형에 처하려고 했더라도 문왕은 또한 원한을 품어서는 안 될 것이며 여전히 충심을 발하면서 왕에게 "신의 죄는 죽어 마땅하거늘, 천왕께서는 성명하시도다.(臣罪當誅兮, 天上聖明)"라고 하였을 것이라고 생각하였다. 공자의 "신하는 임금을 충성을 섬기는 것"은 "임금은 신하를 예로 부린다"는 것이 전제되어야 한다. 임금이 예가 없으면 신하도 충성이 없으며 또한 떠나도 상관이 없을 것이며, 맹자는 이 사상을 남김없이 발휘하였다. "군주가 신하 보기를 수족과 같이 하면 신하가 군주 보기를 복심과 같이 여긴다. 군주가 신하 보기를 개와 말처럼 하면 신하가 군주 보기를 국인[路人]과 같이 여긴다. 군주가 신하 보기를 토개와 같이 하면 신하가 군주 보기를 원수와 같이 하는 것이다.(君之視臣, 如手足, 則臣視君, 如腹心, 君之視臣, 如犬馬, 則臣視君, 如國人, 君之視臣, 如土芥, 則臣視君, 如寇讐)"[26] 또한 공자는 임금에게 잘못이 있으면 신하는 면전에서 직간하여야 한다(『논어』「憲問」 "속이지 말고 얼굴을 대놓고 간쟁해야 한다.[勿欺也, 而犯之]")고 주장하였다. 군주가 잘못을 견지하면 신하는 그를 포기할 수 있으며 다른 현명한 임금에게 충성을 바칠 수도 있었다. 그 스스로도 바로 이렇게 노나라를 떠났다. 그러나 공자의 개명은 여기서 그쳤다. 군주가 아무리 혼암하고 황음하더라도 그는 또한 임금을 전복시킬 것을 주장하지 않았다. 그는 주무왕에게 조금 불만을 품었는데 무왕이 무력으로 은나라 주왕을 전복시켰기 때문이다. 공자의 충군사상에 이런 소극적이고 불합리한 인소가 있기 때문에 후대의 유자들은 그것을 법가사상과 결합시킬 수 있었다. 그러나 후

---

26 『맹자』「이루(離婁) 하」.

대의 유자가 제창한 충군에 대해서도 또한 분석이 되어야 한다. 임금은 봉건국가와 민족의 대표 혹은 상징이다. 외족이 침범하였을 때 사람들의 애국주의 사상은 왕왕 충군과 연결되었으며 아울러 충군을 수기 신호로 삼았다. 이런 상황에서 충군사상은 왕왕 모종의 적극적인 인소를 갖추고 있다. 그러나 임금의 이익과 국가와 민족의 이익은 다르다. 군주는 한 몸의 사리를 위하여 늘 파괴하고 항전한다. 이 때문에 충군사상은 항상 민족적 영웅이 그 애국적 열정을 발휘하는 것을 제한하여 그들의 사업이 중도에서 폐하여지도록 하였다.

신(信)은 곧 성실하여 속임이 없는 것이다. 공자는 군자가 되고 도덕을 가진 엄숙하고 단정한 사람은 반드시 "충성과 신실함을 주로 하고(主忠信)"[27], "일을 공경하고 믿게 하며(敬事而信)"[28], "(행실을) 삼가고 (말을) 성실하게 하며(謹而信)"[29], "말을 하여 성실함이 있어야(言而有信)"[30]한다고 생각하였다. 그는 사람은 이런 품덕을 믿음이 있어야 다른 사람의 임용, 곧 "믿음이 있으면 남들이 의지하게 됨.(信則人任焉)"[31]을 얻을 수 있으며, 집정자가 성실하고 신용이 있어야 민중을 성실하고 신용 있게 부릴 수 있다. "윗사람이 신을 좋아하면 백성들이 감히 실정(情)대로 하지 않는 이가 없는 것이다.(上好信, 則民莫敢不用情)"[32]고 지적하였다. 이 때문에 신(信)은 보통의 사람과 사람 사이의 교우하는 도일뿐만 아니라 또한 출사하는 것과 나라를 다스리는 도이기도 하다. 공자는 원칙 없이 신용

27 『논어』「학이(學而)」.
28 『논어』「학이(學而)」.
29 『논어』「학이(學而)」.
30 『논어』「학이(學而)」.
31 『논어』「양화(陽貨)」.
32 『논어』「자로(子路)」.

을 지키는 것은 찬성하지 않았다. 그는 말하기를 "말을 반드시 미덥게 하고 행실을 반드시 과단성 있게 하는 것은 국량이 좁은 소인이다.(言必信, 行必果, 然小人哉)" 승낙하는 것이 중하다는 것만 알고 시비와 선악을 분변할 줄은 모르기 때문에 말을 하면 반드시 신의가 있고 행함이 있으면 반드시 결과가 있어서 왕왕 착오를 범하게 된다. 그러므로 유약(有若)은 말하기를 "약속을 의리에 가깝게 하면 (약속한) 말을 실천할 수 있다.(信近於義, 言可復也)"[33]라 하였다. 신용을 지키는 자체가 도의에 부합한다고 하더라도 이미 말한 말에 옳지 않은 곳(의에 부합하지 않는 것)이 있음을 발견했다면 이런 말에는 이행하지 않더라도 괜찮다.[34] 이는 또한 의에 부합하는 말은 실행하여야 할 것이며 의에 부합하지 않는 말은 실행하지 않아야 한다는 것을 말한다.

---

33 『논어』 「학이(學而)」.

34 "信近於義, 言可復也"에는 두 가지 해석이 있다. 하나는 주희의 『논어집주(論語集注)』에서 말한 것으로 "신(信)은 약신[約束]이다. 의(義)는 일의 마땅함이요, 복(復)은 말을 실천하는 것이다. …… 약속을 하면서 그 마땅함에 부합하면 그 (약속한) 말을 반드시 실천할 수 있을 것이다."라 하였다. 전목(錢穆)의 『논어신해(論語新解)』에서는 혹 "지키는 약속의 말이 의(義)에 부합하고 한 말이 실행되는 것이다."라 생각하였다.(楊伯峻의 『論語譯注』) 두 번째는 정수덕(程樹德)의 『논어집석(論語集釋)』 '신근어의(信近於義)' 조에서 근거한 『집주』에서 말한 것이다. "복(復)은 복(覆)과 같다. 의는 반드시 약속을 할 수 없고, 약속은 반드시 의로울 필요가 없다. 말은 반복할 수 있기 때문에 의에 가깝다고 하는 것이다. …… 정(鄭) 씨의 주에서는 말하였다. '복(復)은 복(覆)이다. 말의 약속은 반복될 수 있다. ……' 『이아(爾雅)』 「석언(釋言)」에서는 말하였다. '복(復)은 반(返)이며 반(返)은 반(反)과 같다. 『설문(說文)』 "복(復)은 왕래(往來)하는 것이다. 왕래는 곧 반복한다는 뜻이다.' …… 복(復)의 훈(訓)은 반복(反覆)하는 것인데, 한당(漢唐) 이래로 구설이 이와 같았으며 '말을 실천하는 것(踐言)'이란 훈은 없었다. 『집주』(곧 위에서 말한 朱熹의 『論語集注』-인용자는) 틀렸다." 이에 의거하여 현대어로 번역하면 다음과 같다. "자신을 믿음이 도의에 부합하고 말했던 것(이미 時宜에 부합하지 않는 말)을 이행하지 않아도 괜찮다." 여기에는 '복(復)'자 자체에 두 가지 뜻이 있기 때문인데 하나는 '말을 실천하고', '이행하며', '실행'하는 것이고, 하나는 '반복하고', '이행하지 않는 것'이다. "말을 반드시 미덥게 하고 행실을 반드시 과단성 있게 하는 것은 국량이 좁은 소인이다!(言必信, 行必果. 硜硜然小人哉)"라 생각한 일관한 사상에서 보면 뒤의 해석이 비교적 공자의 본의에 가깝다. 뒤의 해석을 따른다.

(3) 공경(恭敬)

공(恭)은 곧 자기에게 장중하고 엄숙하며, 남에게는 겸허하고 화평한 것이다. 공자는 "거처할 적에 공손히 할 것이며(居處恭)"[35], "모양은 공손함을 생각할 것(貌思恭)"[36]을 주장하여 공경은 군자의 필요조건이라고 생각하였다. 그러나 그는 과분한 공손함은 반대하였다. "말을 잘하고 얼굴빛을 좋게 하고 공손을 지나치게 함을 좌구명이 부끄럽게 여겼는데, 나 또한 이를 부끄러워하노라.(巧言, 令色, 足恭, 左丘明恥之, 丘亦恥之)"[37] 이런 정당하지 못한 공손함은 사람에게 부끄러움을 느끼게 한다. 그래서 공손하게 되려면 또한 반드시 예에 따라서 행하여야 한다. 유약은 말하였다. "공손함을 예에 가깝게 하면 치욕을 멀리할 수 있다.(恭近於禮, 遠恥辱也)"[38] 이른바 경(敬)은 곧 일에 대해서는 엄숙하고 성실하며, 사람에 대해서는 진실되게 예로 대하는 것이다. 일을 하는 데 있어서 공자는 제자들에게 "일을 집행함에 공경하며(執事敬)"[39], "일은 경건함을 생각할(事思敬)"[40] 것을 요구하였다. 이는 중국 최초의 직업도덕 이론일 것이다. 사람을 대하는 방면에 있어서 공자는 부모를 공경할 것을 주장하여 봉양만 하고 공경하지 않으면 곧 불효하다고 생각하였다. 상급자를 공경함에 자산(子産)이 "윗사람을 섬김이 공경스러운(事上也敬)"[41] 것을 찬양하였다. 붕우를 공경함에 안자(晏子)의 "남과 사귀기를 잘하여 오래

---

35 『논어』 「자로(子路)」.
36 『논어』 「계씨(季氏)」.
37 『논어』 「공야장(公冶長)」.
38 『논어』 「학이(學而)」.
39 『논어』 「자로(子路)」.
40 『논어』 「계씨(季氏)」.
41 『논어』 「공야장(公冶長)」.

되어도 공경함(善與人交, 久而敬之)"[42]을 찬양하였다. 공자의 공경은 모두 예와 서로 부합하며 이로 인하여 불가피하게 종법등급제의 색채를 띠게 되었다. 공자는 "지나치게 공손함(足恭)"을 반대하였지만 그의 군주에 대한 공경은 이 때문에 예에 의하여 행하여졌다. 이를테면 "공문[궁문]에 들어가실 적에는, 몸을 굽히시어 용납하지 못하는 듯이 하셨다.(入公門, 鞠躬如也, 如不容)", "(임금이 계시던) 자리를 지나실 적에는 낯빛을 변하시고, 발걸음을 조심하시며, 말씀을 부족한 듯이 하셨다.(過位, 色勃如也, 足躩如也, 其言似不足者)"[43] 등등은 어찌 또한 "지나치게 공손한" 것을 싫어함이 있지 않겠는가? 그는 탄식하여 말하였다. "임금을 섬김에 예를 다함을 사람들은 아첨한다고 한다!(事君盡禮, 人以爲諂也)"[44] 당시 많은 사람들의 심목 중에는 주례는 이미 시대에 뒤떨어진 것으로 생각하여 공자가 임금을 섬기는 공경은 이미 아첨하는 것으로 비쳐졌다. 그러나 한편 공경은 끝내 사람과 사람이 상호 교왕하는 가운데 반드시 준수하여야 할 피차간에 존중하고 예의로 서로 대하는 원칙임을 지적하였다. 그 등급제의 때를 벗겨내고 그것을 사회주의 원칙과 평등한 동지 의식이라는 사람과 사람의 관계의 기초 위에 건립한다면 공경은 사회주의 도덕의 구성 요소가 될 것이다.

(4) 지용(智勇)

공자께서 말하였다. "군자의 도가 세 가지인데, 나는 능한 것이 없다. 인자는 근심하지 않고, 지자는 의혹하지 않고, 용자는 두려워하지 않는

---

42 『논어』 「공야장(公冶長)」.
43 『논어』 「향당(鄕黨)」.
44 『논어』 「팔일(八佾)」.

것이다.(君子道者三, 我無能焉, 仁者, 不憂, 知者, 不惑, 勇者, 不懼)"⁴⁵ 이는 곧 지(知, 智)와 용(勇)은 인(仁)과 마찬가지로 군자의 도의 한 방면이라는 말이다. 공자는 말하였다. "인자는 인을 편안히 여기고 지자는 인을 이롭게 여긴다.(仁者安仁, 知者利仁)"⁴⁶ 지자(智者)는 그들의 지혜로 말미암아 인을 행함이 유리한 것을 알면 인을 행한다. 이는 인인(仁人)이 인을 행하지 않으면 불안하다는 것에 비하여 비록 겸손하기는 하나 이미 귀하다고 하기에는 어려운 축에 든다. 지자(智者)는 사람을 잘 알고 말을 잘 알아 이 때문에 임기응변할 수 있다. 인인(仁人)이 되려면 인에 지혜가 행하여지지 않음이 없어야 한다. 용(勇)은 과감한 것으로, 주로 도덕실천 방면의 용기를 가리킨다. 공자는 말하였다. "의를 보고 하지 않음은 용맹이 없는 것이다.(見義不爲, 無勇也)"⁴⁷ 따라서 용(勇)은 곧 의를 보고 용감히 행하는 것으로 인을 행함에 용감한 것과 허물을 고치는데 용감한 것 등등을 포함한다. 의(義)의 지도하에서 용기를 발휘하지 않는다면 그것은 바로 미덕이 아니며 악덕일 것이다. 공자는 말하였다. "군자가 용맹함만 있고 의가 없으면 난을 일으킨다.(君子有勇而無義爲亂)"⁴⁸ 이로 인하여 반드시 "의를 으뜸으로 삼아(義以爲上)"⁴⁹ 용기가 의를 통솔해 받게 한다. 공자가 논한 지용은 일반적으로 도덕 방면에 편중되어 있으며, 지용을 잘 펼쳐 보여줄 수 있는 풍부한 내용은 없다. 다만 지용과 도덕의 관계를 가지고 말하면 공자의 논설은 식견이 없지 않다.

45 『논어』「헌문(憲問)」.

46 『논어』「이인(里仁)」.

47 『논어』「위정(爲政)」.

48 『논어』「양화(陽貨)」.

49 『논어』「양화(陽貨)」.

이 외에도 또한 너그러움(寬), 은혜(惠), 민첩함(敏), 겸손(讓), 절검(儉), 정직(直), 성신(誠信, 貞), 온화(溫), 선량함(良), 부끄러움을 앎(知恥), 배움을 좋아함(好學), 두루 사랑하고 편당(偏黨)하지 않음(周而不比), 화하되 동하지 않음(和而不同), 여색과 싸움, 얻음을 경계하는 삼계(三戒)가 있다. 봄에는 밝음을 생각하며(視思明), 들음에는 귀 밝음을 생각하며(聽思聰), 얼굴빛은 온화함을 생각하며(色思溫), 모습은 공손함을 생각하며(貌思恭), 말은 충성함을 생각하며(言思忠), 일은 경건함을 생각하며(事思敬), 의심스러움은 물음을 생각하며(疑思問), 분함은 어려움을 생각하며(忿思難), 얻는 것을 보면 의를 생각하는(見得思義) 아홉 가지 생각(九思) 등등도 있다. 이런 도덕규범은 분석비판을 거쳐 그 중에서 많은 것을 사회주의 원칙으로 개조를 가할 수 있었다. 따라서 우리의 오늘날 학습하고 수양하는 데 이로운 사회주의 미덕이 되었다.

3. 공자의 의리관(義利觀)과 중국 역사상의 의리의 변(辨)

(1) 공자의 의리관

의리(義利)는 공자의 윤리사상에서 하나의 주요 모순점이다. 전체 공자의 윤리사상 및 도덕규범 체계는 모두 이 모순과 시도를 둘러싸고 이 모순의 해결에 협조하고 있다. 그래서 인류의 존재는 우선 주로 의(衣), 식(食), 주(住), 행(行)에 의존하고, 물질과 재부에 의존하며 이(利)에 의존한다고 할 수 있다. 이 때문에 이의 분배와 여탈(與奪)은 사회의 결정적인 중대한 문제가 되었다. 이 중대한 이의 분배문제를 해결하는 데는 어떤 표준이 필요하다. 비록 사회의 모든 성원을 다 만족시킬 수는 없지만 대체적으로 그들이 충분히 살아갈 수 있게는 해야 했다. 이 표준은 공자의 말로 하면 바로 의(義)이다. "의는 마땅한 것(義者宜也)"[50]으로 현재의 말로 하면 바로 공평하고 합리적인 것이다. 공자는 이 문제를 매우 중시하였으며 아울러 자신의 의리관을 세웠다.

1. 의(義)와 이(利) 문제의 제기. 중국 역사에는 공자 이전에 매우 일찍부터 '의(義)'와 '이(利)' 두 글자가 있어왔다. '의(義)'('公平合理'로 해석)는 사람들의 행위의 윤리적 범주를 나타내며 '이(利)'는 사람들의 생활의 물질적 범주를 나타낸다. 이 두 범주는 구별이 있기는 하지만 처음 사용되었을 때는 구별이 그다지 분명하지 않았다. 『주역』「건괘·문언(乾卦·文言)」에서는 "이는 의에 화함이다(利者義之和也)"라 하였다. 또 "물건을 이롭게 함이 족히 의에 조화된다(利物足以和義)"라고도 하였다. 여기서 말한 이와 의는 주로 그들의 화해와 통일의 일면을 강조하였다. 공자는 의와 이의 구별과 모순된 일면을 부각시켰다. 다른 한편 그 목적은 곧 윤리 도덕의 제약을 통하여 그들 사이의 화해와 통일에 도달시키기 위해서였다. 공자의 최고 이상은 '대동세계'이다. 공자는 '대동세계'의 실현이 일시적으로 이루기 어렵다고 생각했기 때문에 그가 평생을 그것을 위해 분투하는 것은 그의 '대동세계'보다 낮은 서주를 모델로 하는 소강 사회이다. 그의 이상에서 '대동세계'의 주요 특징은 "천하가 공정한 것(天下爲公)"과 "재화는 땅에 버려짐을 싫어할지언정 굳이 자기에게 보관하려 하지 않고, 힘은 그 자기 몸에서 나오지 않음을 싫어할지언정 굳이 자기를 위하려고 하지는 않았다.(貨, 惡其棄於地也,不必藏於己; 力, 惡其不出於身也,不必爲己)"[51]는 것이다. 이는 곧 사회제도와 물질적 조건에서 의리의

50 『중용』.

화해와 통일의 가능성을 보증하도록 촉진하는 것이다. 그리고 소강사회의 특징은 "천하를 집으로 여겨(天下爲家)", "재화와 힘을 자기의 것으로 하는 것(貨力爲己)"과 "간사한 꾀가 일어난 것(謀用是作)"이다. 이는 곧 서로 권력과 이익을 다투고 의리(義利)가 모순이 되는 국면을 형성하였다. 이런 국면에 이른 사회가 안정되기 위해서는 "예의를 기강으로 하는 것"[52]을 강조해야 했다. 윤리도덕의 역량, 곧 공평하고 합리적인 의(義)의 역량을 힘껏 구하여 사람들이 권력과 이익을 다투는 욕망을 억제해나가 의와 이의 화해와 통일에 도달하고, 빈부가 균형을 이루지 못하여 안정되기 어려운 사회의 상대적인 안정에 도달한다는 것을 말한다.

2. 공자 시대에는 진정으로 "공평하고 합리적인"(義의) 원칙을 실현할 수 없었다. 앞에서 말했듯이 공자가 처한 시대는 영주제 봉건사회에서 지주제 봉건사회를 향해가는 과도기인 춘추시대이다. 예악이 붕괴된 시대이며, 등급이 엄격하고, 빈부가 고르지 않으며 전쟁이 빈번한 동란의 시대였다. 이 시대의 사회적 상황은 공자가 도달하기를 희망한 낮은 이상, 서주식 소강사회와 이탈하였으며 또한 매우 큰 거리가 있다. 이런 동란의 사회에서 진정으로 "공평하고 합리적인"(義) 원칙을 실현하는 것은 불가능하다. 각급 귀족통치계급은 가렴주구를 일삼으며 주지육림의 호화로운 생활을 하였다. 반면에 일반 서민, 특히 광범위하게 농업노동에 종사하는 농노와 농민은 주림과 추위가 번갈아 닥치는 먹고살기 힘든 고난의 생활을 보내고 있는 데다 전쟁이 빈번하여 안정될 수가 없었다. 이런 상황에서는 이를 돌아보면 의는 돌아볼 수 없고

51 『예기』 「예운(禮運)」.
52 『예기』 「예운(禮運)」.

의를 돌아보면 이를 돌아볼 수 없다. 재부의 분배(利)에서는 근본적으로 공평하고 합리적인 것(義)을 이야기할 수 없다. 전체 사회에서 말하면 각급 귀족통치계급은 각종 명의와 각종 형식을 채택하여 광대한 노동인민(주로 農民)을 대상으로 가렴주구를 일삼았다. 다른 사람의 노동성과를 자기가 향수하는 재부로 삼았는데 여기서 무슨 "공평하고 합리적인 것"(義)을 말할 수 있겠는가! 그리고 광대한 노동인민에 대하여 말하면 자기 노동성과의 절대 부분이 약탈과 착취를 당하면서 주림과 추위가 번갈아 닥치는 생활을 하고 있었으니 다시 무슨 의와 이를 이야기할 수 있겠는가! 전자는 노동을 하지 않고도 얻었고(富且貴), 후자는 노동을 하면서도 얻는 것이 없거나 얻는 것이 적었다.(貧且賤) 이런 상황하에서 공자는 부귀는 천명이 결정하고 사람의 힘으로 구할 수 없다는 것("생사는 명이 있고 부귀는 하늘에 달려 있다[生死有命, 富貴在天]"53)과 "부를 만일 구할 수 있다면, 말채찍을 잡는 사람이라도 내 또한 그리 하겠다. 그러나 만일 구할 수 없는 것이라면, 내가 좋아하는 바를 좇겠다.(富而可求也, 雖執鞭之士, 吾亦爲之. 如不可求, 從吾所好)"54라는 것을 제기하였다. 이렇게 의와 천명을 서로 결합하였으며 또한 의가 천명을 체현하였다.55 이에 공자는 "의에 맞은 뒤에야 취하고(義然後取)"56, "이를 보면 의를 생각할 것(見利思義)"57 등등을 제기하였다. 곧 거짓으로 치고 빠지는 것과 같아, 이미 봉건귀

<hr />

53 『논어』 「안연(顔淵)」.
54 『논어』 「술이(述而)」.
55 공자는 어떤 때는 '천명'을 강조하였고, 어떤 때는 또 주관적인 능동성을 강조하였는데, 이를테면 "불가한 줄을 알면서도 하는(知其不可而爲之)" 이런 사상적으로 모순된 현상은 생소한 것이 아니다. 이 책의 '도론'에서 이미 말했으므로 여기서는 더 이상 논하지 않겠다.
56 『논어』 「헌문(憲問)」.
57 『논어』 「헌문(憲問)」.

족의 이익을 옹호할(그들의 부귀는 천명이 결정하는 것으로 의에 부합한다) 뿐만 아니라, 또한 노동인민을 위무(그들의 빈천 또한 천명이 결정하며 인력으로 바꿀 수 있는 것이 아니다)하였다. 이런 상황하에서 공자는 한 걸음 더 나아가 "가난하면서도 즐거워하며, 부유하면서도 예를 좋아할(貧而樂, 富而好禮)" 것을 제기하였다. 빈부가 고르지 않고 의롭지 않은 사회에 대하여 의(義)의 명의 아래서 "천명을 즐겨 편안히 여겨(樂天安命)" 또한 극히 불안정한 안정을 구하는 것이다. 사실 공자가 동경하는 '소강사회'(사실상 서주 文·武·周公時期의 社會)에서도 여전히 등급이 엄격하고 빈부가 고르지 않은 제도가 존재하였다. 경제생활과 재부의 분배에서 진정한 공평과 합리(義)를 실현하는 것은 불가능하다. 진정으로 경제생활과 재부 분배(利)의 공평하고 합리적인 것(義)을 완전하게 실현하려고 하면 '대동세계(大同世界)'로 진입하는 수밖에 없다. 현대의 언어로 이야기하면 곧 공유제 재부의 대대적인 부유함은 사람의 문화적 수준과 품덕 소양의 대대적 제고와 생산 면에서 각자 기능을 다하고, 분배에 있어서 수요에 따라 분배함을 전제로 하는 공산주의 사회라야 가능하다.

3. 공자의 의리관의 소극적인 작용과 적극적 작용. 전체 사회역사를 가지고 말한다면 공자의 의리관은 소극적 작용의 일면일 뿐만 아니라 또한 적극적 작용의 일면이 있다. 두 가지는 이따금 일정한 다른 상황에서 또한 상호 전환될 수 있다.

의를 공평하고 합리적인 윤리도덕으로 삼는 것은 본래 나무랄 데가 없지만 앞에서 말했듯이 의를 천명과 결합하여 천명을 체현하는 숙명론이 일종의 행위 준칙이 된다면 상황은 완전히 다르게 된다. 봉건사회 질서와 귀족통치계급은 천명이 결정한 데다가 이에 그것을 저촉하고 개변시키고 전복시켜 마침내 "위를 범하여 난을 일으키는(犯上作亂)"58

불의한 행위에 이르게 하였다. 공자는 순(舜)이 천하를 얻은 데에는 조금도 의견이 없으며, 무왕(武王)이 주(紂)를 정벌하고 서주를 건립한 데 대하여서는 조금 완곡한 어조로 비평하였다. 이런 것들은 모두 두 옛 음악에 대한 평가를 통하여 표현되어 나왔다. 순의 공덕을 노래로 칭송한 '소(韶)'의 음악에 대하여 그는 "지극히 아름답고 또 지극히 좋다(盡美矣又盡善也)"라 하였다. 무왕의 공덕을 노래로 칭송한 '무(武)'의 음악에 대하여서는 "지극히 아름다운데 지극히 좋지는 않다(盡美矣未盡善也)"[59]고 말하였다. 왜 '소(韶)' 음악은 지극히 좋고 지극히 아름다운데 '무(武)' 음악은 지극히 아름다운데 지극히 좋지는 않다고 말하였을까? 순이 천하를 얻은 것은 요는 선양(禪讓)을 하였고 무왕은 무력을 통하여 주왕(紂王)을 쳐서 전복시키고 천하를 얻었기 때문이다. 이는 주왕이 무도하였다고 하더라도 또한 무력으로 전복시키지 말았어야 했으며 무력으로 한 왕조를 전복시키는 것은 언제나 "위를 범하고 난을 일으켰다는" 혐의를 띠는 것을 면치 못한다는 뜻이다. 한 왕조를 전복시키는 것이 항상 불의한 행위라면 천하의 이를 얻는 것 또한 불의한 것이다. 이렇게 의리관은 봉건사회 질서와 귀족통치계급 이익을 옹호하는 정신상의 '호신부(護身符)'가 되었다. 동시에 또한 광대한 서민을 노예의 역할에 안주하도록 강제하는 정신상의 '긴고주(緊箍咒)'가 되었다. 이 '호신부'와 '긴고주'는 이후 2천여 년 간 장기적으로 유지되는 봉건사회의 정신 역량의 하나가 되었다. 이것이 바로 이 의리관이 중국 사회역사에서 일으킨 소극적 작용이다.

---

58 『논어』「학이(學而)」.
59 『논어』「팔일(八佾)」.

의와 천명의 관계를 구별하여 떼어놓아 그 본래의 참모습으로 돌려놓았는데 그렇게 하여 곧 공평하고 합리적인 윤리표준이 되었다. 공자는 다양한 장면에서 바로 이 의의 상에서 '의(義)'자를 사용했다. 그는 귀족통치계급이 광대한 피통치계급의 서민을 대하면서 "베풀 때는 두터운 것을 취하고 일은 그 들어맞는 것을 들며 세금을 거둘 때는 가벼운 것을 따라야 한다.(施取其厚, 事擧其中, 斂從其薄)"[60]는 것을 실행하는 정책을 권고하였다. 이는 의심할 바 없이 귀족통치계급이 가렴주구하는 탐욕을 억제할 수 있을 뿐만 아니라 일정 정도상 정사를 함에 청렴한 작용을 일으켜 인민의 부담을 경감하고 인민의 생활을 개선할 수도 있다. 또한 공자가 "이를 보고 의를 생각하며, 위태로움을 보고 목숨을 바친다(見利思義, 見危授命)"[61]라 하고 또한 "의에 맞은 뒤에야 취하므로 사람들이 그의 취함을 싫어하지 않는다.(義然後取, 人不厭其取)"[62] 같은 것은 일정 정도에서 돈후한 민풍과 훌륭한 사회질서와 경제 질서를 형성하는 데 유리하다. 앞에서 이미 인용했었던 공자의 말 "선비가 도에 뜻을 두고서 나쁜 옷과 나쁜 음식을 부끄러워하는 자는 더불어 도를 논할 수 없다.(士志於道而恥惡衣惡食者, 未足與議也)"[63]와 같은 이런 도의의 추구를 물질적 향유의 추구 위에 놓는 각고의 학문을 좋아하는 정신은 중국 역사에서 하나씩 또 하나씩 학습과 사업상에서 성취를 이룬 지식인(士)을 고무시켰다. 이상의 몇 가지 예는 공자의 의리관이 중국의 기나긴 역사에서 또 큰 적극적인 작용을 일으켰다는 것을 설명할 수 있다. 사회의 역사

---

60 『좌전』 「성공(成公) 11년」.

61 『논어』 「헌문(憲問)」.

62 『논어』 「헌문(憲問)」.

63 『논어』 「이인(里仁)」.

와 계급의 복잡성으로 말미암아 때로는 소극적 작용과 적극적 작용이 서로 전화(轉化)하는 상황이 생겨날 수 있었다. "가난하면서도 즐거워하며, 부유하면서도 예를 좋아하는 자만 못하다.(未若貧而樂, 富而好禮者也)"64 라는 말은 빈부차가 특히 크고 등급이 특히 엄격했던 공자시대는 앞에서 그 소극적 작용을 이미 지적한 적이 있다. 그러나 다른 상황에서, 현재 사회주의의 초급단계에 처한 중국은 비록 여전히 빈부의 격차는 있지만 차이가 크지 않다. 또한 전체 사회경제가 부단히 건강하게 발전하며 거리가 부단히 축소되며 이런 상황에서 이 말은 사회가 안정되고 단결되는 적극적 작용을 촉진시킬 것이다.

4. 의리관의 적극적 작용의 현대적 의의. 공자의 의리관에서 적극적 작용의 핵심은 의와 이(利)의 통일과 화해, 곧 의를 중시하면서도 이를 경시하지 않는다. 다만 의와 이 사이에서 다 돌아볼 수가 없어 다만 하나만 취할 수 있는 상황에서 그는 조금도 머뭇거리지 않고 전자(義)를 선택하였다. 그가 일찍이 말한 적이 있는 "부와 귀는 사람들이 하고자 하는 것이나 그 정상적인 방법으로 얻지 않으면 처하지 않는다.(富與貴, 是人之所欲也, 不以其道得之不處也)"65와 "의롭지 못하면서 부유해지고 귀해짐은 나에게는 뜬구름과 같다.(不義而富且貴, 於我如浮雲)"66 같은 것은 바로 이런 상황을 이야기한 것이다. '부와 귀'는 이(利)이고, "정상적인 방법으로 얻지 않는 것"은 바로 오히려 의를 행하려 하고 이를 행하려 하지 않는다. 반대로 만약 '부와 귀'(利)를 "정상적인 방법으로 얻는다"(義)면 그 이와 의는 바로 통일되고 화해로울 것이며, 부와 귀는 곧 이치대로 되

---

64 『논어』 「학이(學而)」.
65 『논어』 「이인(里仁)」.
66 『논어』 「술이(述而)」.

어 마음이 편안하게 거기에 처할 수 있을 것이다. 그러므로 공자의 의리관은 다만 의만 말하고 이는 말하지 않는 것이 아니라 그는 다만 이는 "정상적인 방법으로 얻어야" 한다는 것을 강조하였다. "공평하고 합리적인" 이를 강조하였으며 이는 한유(漢儒) 동중서(董仲舒)가 제창한 "의리를 바르게 하고 이익을 도모하지 않는(正其誼, 不謀其利)" 것과 송유(宋儒) 이정(二程: 程顥와 程頤)이 제창한 "천리를 보존하고 인욕을 없애는(存天理, 滅人欲)" 것과는 의의가 아득히 같지 않다.(이는 뒤에서 더 언급할 것이다) 전자는 정리에 부합하고 후자는 정리에 역행한다. 우리는 현재 합리적이지 않을 뿐만 아니라 합법적이지 않고 오직 이만 도모하는 바르지 않은 기풍을 반대한다. 이는 또한 그 정절이 엄중한 것에 대하여 반드시 법으로 얽어매는 것이 아닌가! 의리와 통일되고 화해한 것을 따지지 않는 바르지 않은 기풍의 합법적인 존재를 허락할 수 있는 것은 아니겠는가! 우리가 공자의 의리관의 적극적 작용의 현대적 의의를 소홀히 하는 것이 아닌가!

의리관은 공자사상의 각 영역 특히 경제영역의 간선에서 관철된다. 당연히 의리관의 "의(義)"의 구체적 내용은 시대사회의 다름에 따라 달라지며 영원불변하는 영원한 내용은 존재하지 않는다. 다만 약간은 긍정적인데 의를 공평하고 합리적인 행위 준칙으로 삼는다면 그것은 각 시기의 인류 사회가 이왕의 끊이지 않고 누적된 손익에서 형성된 사람과 사람 사이의 따라야 할 공동 준칙에 지나지 않을 따름이다. 이로써 공자의 의리관은 앞에서 지적한 것과 같이 모종의 (의와 천명의 상호 결합 등과 같은) 시대에 뒤진 시대적 제한성을 띠고 있다. 하지만 확실히 우리가 거울과 손익으로 삼아 그것을 쓰는 현대에도 여전히 생명력이 있는 적극적인 인소를 가지고 있음을 알 수 있다.

(2) 중국 역사상의 의리지변(義利之辨)

의리(義利)의 문제는 인류 사회의 물질 재부(財富)와 정신 재부의 분배에 관한 중대한 문제이다. 이로 인하여 중국 역사상 일찍이 다른 방식을 가지고 이에 대해 진행한 다른 토론이 있었다. 이것이 바로 유명한 의리지변(義利之辨)이다. 여기서 대략 몇 가지 예를 아래와 같이 들어 한 부분을 보겠다.

1. 묵자(墨子)의 "아울러 서로 사랑하고 서로 이득을 준다.(兼相愛, 交相利)"[67] 공자는 남을 사랑할 것을 주장했다. 묵자 또한 남을 사랑할 것을 주장하였지만 공자는 사랑에 차등이 있음을 주장하였으며 묵자는 사랑에 차등이 없음을 주장하였다. 공자는 인(仁)을 주장하였으며, 묵자 또한 인을 주장하였지만, 공자의 인은 사랑에 차등이 있는 인이고 묵자는 겸애의 인을 주장하였다. 이는 그들의 사상에서 원칙성의 구별이다. 묵자는 공자의 추기급인(推己及人)을 찬성하지 않았다. 남을 자기처럼 사랑할 것을 주장하였으며, 남을 이롭게 할 것을 주장했다. 공리(公利)를 주장하고 사리(私利)를 반대했다. 그는 의는 곧 이이며 의리는 일치하여 모두가 천하의 사람들에게 향유되는 것이라고 생각하였다. 묵자는 "의는 이이다(義, 利也)"[68]라 하였다. 이 이는 바로 "국가와 백성 인민의 이(國家百姓人民之利)"[69]이며 사인(私人)의 이가 아니다. 때문에 그는 "인한 사람이 일을 하는 것은 반드시 천하의 이를 일으키며 천하의 해를 제거하여 이를 일로 삼는 자이다.(仁人之所以爲事者, 必興天下之利, 除去天下之害, 以此爲事者也)"[70]라 주장했다. 그는 사랑은 빈 것이 아니고 사랑의 실제 내용은 곧

---

67 『묵자』 「겸애(兼愛)」.
68 『묵경(墨經) 상』.
69 『묵자』 「비명(非命) 상」.

이라고 생각하였다. 인한 사람이 사람을 사랑하는 것은 주로 천하의 사람을 위하여 이를 도모하는 것으로 표현되며 인민의 이익이 되는 일을 방해하지 않는다. 그는 특별히 낭비를 반대하고 절약할 것을 주장하였다. 절약은 또한 욕심이 적은 것이 아니며 주로 늘 기본생활의 수요를 만족시킬 수 있게 하기 위함이다. 묵자의 사상 경계가 매우 높음을 알 수 있는데 안타깝게도 높은 것과 적은 것을 굽혔으니 당시 사회의 일반인이 받아들일 수 있는 것이 아니었다.

2. 순자의 "의와 이는 사람이 둘 다 가지고 있는 것이다.(義與利者, 人之所兩有也)"[71] 순자는 의를 중시하면서 이도 중시하여 의(義)와 이(利) 이 두 가지는 곧 사람에게 불가결한 상정이라고 생각하였다. 다만 실행하는 중에 의리 두 가지에 대하여 순자는 의를 첫째 자리에 놓았다. 때문에 "이를 좋아하고 해를 미워하는 것은 군자와 소인이 같은 것이며, 그것을 구하는 도 같은 것은 다르다.(好利惡害, 是君子小人之所同也; 若其所以求之之道則異矣)"[72]라 하였다. 그렇다면 "그것을 구하는 도"의 다름은 어디에 있는가? 다름은 곧 군자는 의를 우선시하고 소인은 이를 우선시하는 데 있다. 그래서 순자는 "학문을 하지 않아 정의가 없어 부와 이를 높이는 것은 속인이다.(不學問無正義, 以富利爲隆, 是俗人者也)"[73]라 하였다. 위에서 말한 것은 개인이며 크게 한 국가에 적용시켜 말하여도 또한 그러하다. 그것이 바로 "의가 이를 이기는 것이 치세이고 이가 의를 이기는 것은 난세이다.(義勝利者爲治世, 利克義者爲亂世)"[74]라는 것이다. 이상 공자의 유가사상

70 『묵자』「겸애(兼愛) 중」.
71 『순자』「대략(大略)」.
72 『순자』「영욕(榮辱)」.
73 『순자』「유효(儒效)」.

을 계승하고 아울러 유물주의 방면에서 발전을 이룬 사상가인 순경의 의리에 관한 관점과 공자의 관점은 대체로 서로 같으면서도 또한 더욱 명확하다.

3. 맹자의 "왕께서는 하필 이를 말하십니까? 또한 인과 의가 있을 따름입니다.(王何必日利? 亦有仁義而已矣)"[75] 맹자는 공자의 의리관을 계승하였지만 공자의 의를 중시한 사상을 더욱 발전시켰다. 심지어 이(利)의 언급을 회피하기까지 하였는데 조금 지나친 점이 있다. 양혜왕(梁惠王)이 맹자에게 "늙은이께서 천리를 멀다 않고 오셨으니 또한 우리나라를 이롭게 함이 있겠습니까?(叟, 不遠千里而來, 亦將有以利吾國乎?)"라고 물었다. 맹자는 이(利)자를 듣고 반감을 드러내며 즉각 대답하였다. "왕께서는 하필 이를 말하십니까? 또한 인과 의가 있을 따름입니다." 맹자는 첨예하게 '인의'로 양혜왕이 제기한 '이(利)'를 일축하였다. 표면상 맹자가 다만 인의만 요구하고 이는 요구하지 않은 것으로 본다면 매우 진부한 것이다. 당시 사회정치의 실제 상황에 대하여 이해를 하면 우리에게 맹자가 결코 "과녁 없이 활을 쏜" 것이 아님을 알게 하는 데 도움을 줄 것이며 진부한 것이라고 할 수 없다. 당시 조정은 부패하고 나라와 나라 사이는 서로 쟁탈을 일삼아 전쟁이 빈번하였다. 전원은 황폐해졌고, 백성들은 살 방도가 없었으니 맹자가 말한 것과 같다.

> (임금의) 푸줏간에는 살진 고기가 있고, 마구간에는 살찐 말이 있으면서, 백성들은 굶주린 기색이 있고, 들에 굶어 죽은 시체가 있다면, 이것은

---

74 『순자』 「대략(大略)」.
75 『맹자』 「양혜왕 상」.

짐승을 몰아서 사람을 잡아먹게 한 것입니다. 짐승끼리 서로 잡아먹는 것도 사람들은 미워하는데, 백성의 부모가 되어 정사를 행하되 짐승을 몰아 사람을 먹게 함을 면치 못한다면 백성의 부모 됨이 어디에 있습니까?

庖有肥肉, 廐有肥馬, 民有飢色, 野有餓莩, 此率獸而食人也. 獸相食, 且人惡之, 爲民父母, 行政, 不免於率獸而食人, 惡在其爲民父母也?[76]

또 말하였다.

개와 돼지가 사람이 먹을 양식을 먹되 절제할 줄 모르며, 길에 굶어 죽은 시체가 있어도 창고를 열 줄 모르고, 사람들이 굶어 죽으면 말하기를 '내가 그렇게 한 것이 아니요, 연사(年事) 때문이다.'하니, 이 어찌 사람을 찔러 죽이고 말하기를 '내가 그렇게 한 것이 아니요, 병기 때문이다.'라고 말하는 것과 다르겠습니까? ……

狗彘食人食而不知檢, 塗有餓莩而不知發, 人死, 則曰, 非我也, 歲也. 是何異於刺人而殺之曰, 非我也, 兵也……[77]

이 얼마나 처참한 백성이 삶을 도모하지 못하고 주림과 추위가 번갈아 닥치고 사망이 잇따르고 사람이 차마 눈뜨고 보지 못하게 하는 폭정을 그린 그림인가! 이런 참혹하고 가슴 아픈 정경 앞에서 맹자가 큰 소리로 인의를 행하라고 외침이 어찌 크게 비난받을 일이겠는가?! 맹자

76 『맹자』「양혜왕(梁惠王) 상」.
77 『맹자』「양혜왕(梁惠王) 상」.

가 이야기한 인의는 빈말이 아니라 내용이 있는 것이다. 현재의 말로 말하면 맹자가 말한 인의는 실로 개명한 정치를 실행하여 인민을 고난에서 해방해주는 것에 상당한다. 맹자가 제창한 인의의 실제 내용은 바로 인애(仁)의, 공평하고 합리적(義)인, 인민에게 실제로 이익이 있는 행정의 시행이다. 이 시행은 또한 맹자 자신이 어떻게 말하였는가를 잠시 보아야 한다.

농사철을 어기지 않게 하면 곡식을 이루 다 먹을 수 없으며, 촘촘한 그물을 웅덩이와 연못에 넣지 않으면 고기와 자라를 이루 다 먹을 수 없으며, 도끼와 자귀를 때에 따라 산림에 들어가게 하면 재목을 이루 다 쓸 수 없을 것입니다. 곡식과 고기와 자라를 이루 다 먹을 수 없으며, 재목을 이루 다 쓸 수 없으면, 이는 백성으로 하여금 산 이를 봉양하고 죽은 이를 장송(葬送)함에 유감이 없게 하는 것이니, 산 이는 봉양하고 죽은 이를 장송함에 유감이 없게 하는 것이 왕도의 시작입니다. 5무의 집 가장자리에 뽕나무를 심으면 50세 된 자가 비단옷을 입을 수 있으며, 개와 돼지와 닭과 큰 돼지의 가축을 기름에 (새끼 칠) 때를 잃지 않게 하면 70세 된 자가 고기를 먹을 수 있으며, 백 묘의 토지에 농사철을 빼앗지 않는다면 몇 식구의 집안이 굶주림이 없을 수 있으며, 상서의 가르침을 삼가서 효제의 의리로써 거듭한다면, 머리가 반백이 된 자가 도로에서 짐을 지거나 이지 않을 것입니다. 70세 된 자가 비단옷을 입고 고기를 먹으며, 백성들이 굶주리지 않고 춥지 않게 하고서도 다스리지 못하는 자는 있지 않았습니다.

不違農時, 穀不可勝食也. 數罟不入洿池, 魚鼈不可勝食也. 斧斤以時入山林, 材木不可勝用也. 穀與魚鼈不可勝食, 材木不可勝用, 是使民

養生喪死無憾也. 養生喪死無憾, 王道之始也. 五畝之宅, 樹之以桑,
五十者可以衣帛矣. 雞豚狗彘之畜, 無失其時, 七十者可以食肉矣. 百
畝之田, 勿奪其時, 數口之家可以無飢矣. 謹庠序之教, 申之以孝悌之
義, 頒白者不負戴於道路矣. 七十者衣帛食肉, 黎民不飢不寒, 然而不
王者未之有也.[78]

　이는 또한 얼마나 사람을 흥분시키는 고대의 민락도(民樂圖)인가! 이
그림은 바로 맹자가 제기한 인의를 시행한 결과이다. 맹자가 여기서 반
대한 이는 무엇을 가리키는가? 이 이가 가리키는 것은 바로 "왕께서는
하필 이를 말하십니까?"라 한 그 이이다. 그 내용과 결과는 바로 맹자
가 말한 "푸줏간에는 살진 고기가 있고, 마구간에는 살찐 말이 있으면
서, 백성들은 굶주린 기색이 있고, 들에 굶어 죽은 시체가 있다"이다. 바
로 "윗사람과 아랫사람이 서로 이를 취한다면 나라가 위태로워질 것이
다.(上下交征利, 而國危矣)"라는 것이다. 맹자는 여기에서 상당한 구체적 상
황에 근거하여 대비되는 방법을 썼다. 한편으로는 백성의 '인의'에 복
을 가져다주게 하고 한편으로는 인민의 '이'를 해치는 것을 반대하여
정치적으로 맑게 깨지 못한 양혜왕을 훈계하여 그가 잘못을 고치기를
바랐다. 역사적 관점으로 보면 그가 이렇게 말한 것은 일리가 있다. 맹
자의 양혜왕에 대한 훈계는 사상이 매우 분명하고 실현을 시켜야 실로
이(利)가 있을 것이며 이는 결코 빈말이 아님을 알 수 있다. 이것이 바로
맹자가 의리에 관하여 변별한 견해이다.
　4. 동중서(董仲舒)의 "그 의리를 바르게 하고 이익은 도모하지 않으

---

78 『맹자』「양혜왕(梁惠王) 상」.

며, 그 도를 밝히고 그 공은 생각지 않는다.(正其誼[義]不謀其利, 明其道不計其功)"[79] 사람은 밥을 먹어야 살아갈 수 있다는 것은 아무도 부인할 수 없으며 다른 것은 거짓말과 빈말을 할 수 있어도 밥을 먹는 문제만은 언제나 참말이다. 이 때문에 조금도 이상하지 않으며 신을 믿고 귀신을 믿는 동중서라 할지라도 "하늘이 사람을 냄에 사람으로 하여금 의와 이를 내게 하였다. 이로 그 몸을 기르고 의로 그 마음을 기른다. 마음이 의를 얻지 못하면 즐거울 수 없고 몸이 이를 얻지 못하면 편안할 수 없다.(天之生人也, 使人生義與利. 利以養其體, 義以養其心. 心不得義不能樂, 體不得利不能安)"[80]라 말하지 않을 수 없었다. 가장 실제적인 밥을 먹는 문제에서 그는 "이로 그 몸을 기르며", "몸이 이를 얻지 못하면 편안할 수 없다"고 인정하지 않을 수 없었다. 다만 (仁義道德 등) 추상사유 문제를 언급하면서 그는 곧 입에서 나오는 대로 거침없이 지껄였다. 말은 사실 '소활(疏闊)'하였으니 "의리를 바르게 하고 이익은 도모하지 않으며, 그 도를 밝히고 그 공은 생각지 않는다."라 한 것이 바로 밝은 증거이다. 일단 남송(南宋)의 섭적(葉適)은 이 말을 어떻게 비평했는가 보자. 그는 말하였다.

인한 사람은 의리를 바르게 하고 이익은 도모하지 않으며, 그 도를 밝히고 그 공은 생각지 않는다고 하였는데 이 말은 처음에는 매우 좋으나 자세히 보면 소활하다. 옛사람들은 남에게 이를 주면서도 그 공을 자처하지 않았으므로 도의(道義)가 밝았다. 후세의 유자(儒者)가 동중서

79 『한서(漢書)』 「동중서전(董仲舒傳)」.
80 동중서의 『춘추번로(春秋繁露)』 「신지양막중우의(身之養莫重于義)」.

가 논한 것을 행하면 공리라고는 없으니 도의는 곧 쓸모없는 빈말일 따름이다[81]

청조(淸朝)의 안원(顏元)이 이에 대하여 평론한 것을 보자. 그는 말하였다.

세상에 농사를 지으면서 수확을 꾀하지 않는 자가 있겠는가? 세상에 그물을 지고 낚시를 지니고 물고기를 잡을 계책을 세우지 않는 자가 있겠는가? …… 이곳의 도모하지 않고(不謀) 생각하지 않는(不計)의 두 불(不)자는 곧 "도가의 무(老無)"와 "석가의 공(釋空)"의 근본이다. …… 대체로 도를 바르게 하면 이를 도모하고, 도를 밝히면 그 공을 생각하는 것은 빨리 이루고자 하고 자라도록 돕는 것이니 완전히 이익을 도모하고 공을 생각지 않는다면 이는 공적(空寂)이니 부유(腐儒)이다.[82]

섭적과 안원이 동중서의 의리지변에 대해 비평한 것은 정곡을 찌른 것이라 할 수 있으며, 동중서라는 유가의 허환하고 부박한 핵심을 타파했다. 동중서의 의리에 관한 변의 사상은 대대적으로 공자를 낙후시켰을 뿐만 아니라 대대적으로 공자의 본의를 곡해하였다.

5. 송명이학파(宋明理學派)의 "의에서 나가면 이로 들어가고, 이에서 나가면 의로 들어간다.(出義則入利, 出利則入義)" 간략하게 하고자 하여 다만 송명이학파를 함께 놓고 이야기하였다. 그 가운데는 정주(程朱)의 이학파와 육왕(陸王)의 심학파(心學派) 등등의 구분이 있지만 의리의 문제에

<hr>

81 섭적의 『습학기언(習學記言)』 권23.
82 『안습재선생언행록(顏習齋先生言行錄)』 권하.

있어서는 실로 대동소이하다.

　송명이학파의 주요 특징은 바로 의리를 완전히 분리시키고 대립시킨 것이다. 정호(程顥)는 말하였다.

　　대체로 의에서 나오면 이로 들어가고 이에서 나오면 의로 들어가니, 천하의 일은 오직 의와 이일 뿐이다.[83]

　의와 이는 본래 통일된 것이고 엄밀하여 나눌 수 없는 것이다. 이가 없으면 의도 없고 의가 없으면 이도 없다. 정호의 의견에 따르면 의와 이는 물과 불처럼 서로를 용납하지 못하여 이가 있으면 의가 없고 의가 있으면 이가 없는 것이니 이는 이(理)와 어긋나는 데다가 사실과도 부합하지 않는다. 주희(朱熹)는 동중서의 수법을 배워서 "입과 코와 귀와 눈과 사지의 욕망 같은 것이다. 비록 사람이 없을 수 없는 것이나, 많이 하고 절제하지 않는다면 그 본심을 잃지 않을 자가 없다."[84]고 하였다. 이는 밥을 먹지 않으면 살아가지 못한다는 사실 앞에서 어쩔 수 없이 이 말을 한 것이다. 이어서 그는 곧 엄숙하고 위엄 있게 이른바 이학을 크게 떠벌렸다. 그는 말하였다.

　　사람은 한마음이어서 천리(天理)가 있으면 인욕은 망하고 인욕이 이기면 천리는 멸하여진다.[85]

83 『하남정씨유서(河南程氏遺書)』 권11.

84 주희(朱熹)의 『사서집주(四書集注)』 「맹자(孟子)」.

85 『주자어류(朱子語類)』 권13.

또 말하였다.

학자는 모름지기 인욕을 완전히 혁파하고 다시 천리를 다하여야 바야
호로 비로소 배우게 된다.[86]

왕수인(王守仁)도 말하였다.

학자가 성인을 배우는 것은 인욕을 제거하고 천리를 존속시키는 데 지
나지 않을 따름이다.[87]

주희와 왕수인이 여기에서 이야기한 '천리'는 바로 '의'이며, 이야기
한 '인욕'은 곧 '이'이다. 그들 두 사람이 한 말은 내용상으로나 문자, 어
투적인 면을 막론하고 모두 하나의 바퀴에서 나온 것 같다. 실제적으로
정호와 마찬가지로 모두 의와 이의 양자는 병존할 수 없다고 생각하여
마치 한 사람이 천리를 따지기만 하면 인욕은 없어도 살아갈 수 있다
는 것과 같다. 사실 인욕이 없고 어느 정도 인욕을 만족시키지 못하면
사람은 또한 존재하지 않을 것이며, 사람이 없다면 또한 천리가 있겠는
가? 이는 보통 사람도 모두 환히 알 수 있는 도리가 아니겠는가?

인류 사회의 발전은 사람의 (精神生活을 포함하여) 물질생활을 부단하게
발전시키고 개선시켜 왔다. 지금 이학파가 뜻밖에 이학을 생각해내어
인욕을 없애야 한다고 말하였으니 이것은 현저히 사회가 발전해가는

---

86 『주자어류(朱子語類)』 권13.
87 왕수인(王守仁)의 『전습록(傳習錄) 상』.

역정(歷程)과 서로 배치되는 것이 아닌가?

이학파의 사람은 매우 많은데 대동소이하므로 기타 사람들의 말은 일일이 열거하지 않겠다.

6. 안원(顏元)의 "의 가운데 있는 이는 군자가 귀하게 여기는 것이다.(義中之利, 君子所貴也)." 청조(淸朝)의 사상가 안원(顏元: 1635~1704)은 공자 이래 2천여 년 동안 이어져 온 의리지변에 비교적 전면적이면서 비교적 합리적인 견해를 내놓았다. 이는 전체 중국 봉건사회와 반식민지 반봉건사회에 이 문제에 대하여 토론한 하나의 '소결(小結)'이라 말할 수 있을 것이다. 지금 이후로 이 문제에 대하여 다른 토론의 필요성을 제기한다면 그것은 바로 다른 역사적 단계의 일일 것이다. 곧 중화인민공화국이 성립된 후 과학적 선진 이론인 마르크스주의를 지도로 삼아 새로운 토론을 전개하고 새로운 성과를 맺고 새로운 실천을 지도하는 것이다.

안원은 의와 이를 함께 돌아보았으며 또한 "의를 이로 생각하는" 것을 강조하였다. 이는 공자의 의리관에 비하여 또 한 걸음 앞으로 나아갔다. 그는 말하였다.

> 이(利)는 의(義)가 화(和)한 것이다. …… 의 가운데 있는 이는 군자가 귀하게 여기는 것이다.[88]

안원은 "이는 의가 화한 것이다"라는 정신에 근거하여 맹자가 반론한 "왕께서는 하필 이를 말합니까?"의 '이(利)'자에 합리적인 해석을 하였다. 그는 말하였다. "맹자는 이(利)자를 매우 반박하였는데 악부(惡夫)

---

[88] 안원의 『사서정오(四書正誤)』 권1.

가 가렴주구하는 것일 따름이며 사실 의 가운데 있는 이는 군자가 귀하게 여기는 것이다." 이는 맹자가 양혜왕의 면전에서 큰소리로 급하게 "왕께서는 하필 이를 말합니까?"라 하여 반대한 '이(利)'자는 그 원인과 목적이 조정이 부패한 것과 탐관오리를 미워하는 것이다. 의에 부합하는 이를 반대한 것은 아니라는 뜻이다. 앞에서 이미 말했듯이 맹자의 인의(仁義)의 실제 내용은 바로 실리(實利)와 실혜(實惠)이다. 안원의 태도가 공정하다는 것을 알 수 있다.

안원은 동중서를 질책하여 그가 제기한 "그 의리를 바르게 하고 이익은 도모하지 않는다"와 "그 도를 밝히고 그 공은 생각지 않는다"를 '공적(空寂)한' '부유(腐儒)'의 견해로 생각하였다. 그러므로 "나는 일찍이 그 치우친 것을 바로잡아 '그 의리를 바르게 하고 이익을 도모하며, 그 도를 밝히고 그 공을 생각한다.(正其誼而謀其利, 明其道而計其功)'로 고쳐서 말한 적이 있다."[89]라 하였다. 그의 제자인 이공(李塨)은 동중서의 "의리를 바르게 하고(正誼)"와 "도를 밝히는(明道)" 것 또한 반박하여 물리쳐 말하기를 "…… 일을 구할 수 없는데 그 구할 수 없는 사람에게 맡기려 하겠는가? 공을 이룸을 구하지 못하는데 그 이루지 못하는 자에게 맡기겠는가? …… '세상에 활을 들고 화살을 끼고 빈손으로 돌아오려고 하는 사람이 있겠는가? ……"[90]라 하였다.

안원은 이정(二程), 주희 등 송대 이학가의 의리관에 대하여 특히 불만을 가졌다. 그들이 동중서의 "그 의리를 바르게 하고 이익은 도모하지 않으며, 그 도를 밝히고 그 공은 생각지 않는다."는 의발(衣鉢)을 주워 심

89 위와 같음.
90 이공(李塨)의 『논어전주문상(論語傳注問上)』.

성(心性)에 대한 공론만 했다.(그들은 이것이 바로 義라고 생각하였다) 실사(實事)와 실리(實利)는 이야기하지 않고 "인재를 그르치고 천하의 일을 망쳤다. ......"91 그들은 사람이 글을 읽을 때 "조용히 앉아", "...... 반드시 사람들에게 천하의 많은 책을 읽게 하려고 하였는데 이는 도를 온전히 책에 있는 것으로 본 것이고 배움을 온전히 글을 읽는 데 있는 것으로 보았으며", 이에 "글을 읽음이 많을수록 의혹이 많아졌으며 기밀을 살필수록 무식해졌으며 경제에 힘을 쓸수록 무력해졌다."92 또 말하였다. "천여 년 래로 천하를 이끌고 옛 종이뭉치 속으로 들어가 몸과 마음의 기력을 소진시켜 약자와 병자, 쓸모없는 사람을 만든 것은 모두 회암(晦庵, 곧 朱熹)이 한 것이다."93 송명(宋明) 두 왕조가 전복되어 멸망한 것은 송명이학 특히 의와 이에 관한 변의 텅 빈 내용과 거짓과 상관이 있다고 말하지 않을 수 없다.

이상에서 안원은 동중서와 이정, 주희, 송명이학가의 의와 이에 대한 변의 내용이 없고 소략한 담론에 치중하여 비판하고 바로잡았다. 의와 이의 문제에 있어서의 잘못된 관점을 깨끗하게 하여 의와 이 양자를 한데 융합시켜 통일시켰다. 현재의 언어로 말하면 바로 공평하고 합리적인 준칙(義)으로 물질 재부와 정신 재부(利)를 분배하였다. 안원이 봉건사회의 학자로 봉건사회의 이와 이의 문제에 이런 의견을 제기할 수 있는 것은 매우 귀한 것이었다. 공자와 순자 등이 제기한 의리관을 종합하여 마르크스주의의 지도하에서 계승 발전시켜 새 피를 주입시켜 신사회를 위하여 봉사할 수 있는 것이다.

---

91 『습재연보(習齋年譜)』.
92 『주자어류평(朱子語類評)』.
93 위와 같음.

4. 호학(好學)은 품덕과 수양을 촉진시키는 관건이다

앞에서 이미 말했듯이 공자는 사람은 반드시 학문을 좋아해야 하며, 학문을 좋아하는 것만이 자기의 도덕수준을 부단히 제고시켜줄 수 있고, 도덕관념 특히 인에 대하여 정확히 인식할 수 있다고 생각하였다. 그는 그의 제자들에게 문장을 배우고 시를 배우며 예를 배우고 도를 배울 것을 요구하였다. 궁극적인 목적은 모두 인에 도달하고 인을 행하는 자각성을 일으키기 위함이었다. 공자는 "아래에서 배워 위에 이르는(下學而上達)"[94] 것, 곧 얕은 데서 깊은 데로 들어가 순서대로 차근히 나아갈 것을 주장하여 쇄소응대(灑掃應對)와 진퇴주선(進退周旋)이라는 이런 일상의 예의에서 그 정신을 체득하여 이에 따라 인에 이를 것을 요구하였다. 무엇이 인의 본질이고 인의 표현인지 명확히 안 것이며 도덕 수양의 방향을 확립하였다.

그러나 인과 예에 대한 지식만으로는 아직 한참 멀고 부족하니 반드시 인을 좋아하고 예를 좋아하는 도덕관념을 배양하여야 한다. 공자는 말하였다. "(道를) 아는 자가 좋아하는 자만 못하고, 좋아하는 자가 즐기는 자만 못하다.(知之者不如好之者, 好之者不如樂之者)"[95] 또 말하기를 "인자는 인을 편안히 여긴다.(仁者安仁)"[96]라 하였다. 도덕을 갖춘 사람이 되려면 인을 아는 데 한할 수 없다. 더욱 중요한 것은 인을 좋아하고 인을 즐기고 인을 편안히 여기는 것이다. 이것이 바로 인을 자기의 인생관으로 삼는다는 것이다. 인을 행하면 편안하고 인을 행하지 않으면 안락하지

94 『논어』 「헌문(憲問)」.
95 『논어』 「옹야(雍也)」.
96 『논어』 「이인(里仁)」.

못하게 된다. 이것을 해낼 수 있으면 인은 사람에게 대하여 말하자면 곧 외재적인 것이 아니라 내재적인 것이니, 인을 구하는 것은 더 이상 일종의 (名利에 도달하는 것 같은) 수단이 아니라 최종 목적인 것이다. 이렇게 하여 죽을 때까지 곤고하다 하더라도 인을 떠날 수 없다.

공자는 또한 어떠한 상황에서도 인과 예를 견지하도록 하여 곧 평생토록 인과 예를 견지하기에 이르러 반드시 굳은 의지를 수립하면 "삼군의 장수는 빼앗을 수 있으나, 필부의 뜻은 빼앗을 수 없다.(三軍可奪帥也, 匹夫不可奪志)"[97]고 보았다. 보통 사람도 도덕 의지를 수립하기만 하면 어떤 힘도 움직일 수 없다. 그는 부귀도 음란하게 할 수 없고 빈천도 옮길 수가 없다. 위무도 굽힐 수 없어 "삶을 구하여 인을 해침이 없고, 몸을 죽여 인을 이루는 경우는 있다.(無求生以害仁, 有殺身以成仁)"[98]

도덕 수준의 제고는 학습과 실천을 떼어놓고 생각할 수가 없다. 공자는 말하기를 "인을 좋아하고 배우기를 좋아하지 않으면 그 폐단[가림]이 어리석게 된다. 지혜를 좋아하고 배우기를 좋아하지 않으면 그 폐단이 방탕하게 된다. 믿음을 좋아하고 배우기를 좋아하지 않으면 그 폐단이 해치게 된다. 곧은 것을 좋아하고 배우기를 좋아하지 않으면 그 폐단이 급하게 되고, 용맹을 좋아하고 배우기를 좋아하지 않으면 그 폐단이 어지럽게 된다. 강한 것을 좋아하고 배우기를 좋아하지 않으면 그 폐단이 경솔하게 된다.(好仁不好學, 其蔽也愚, 好知不好學, 其蔽也蕩, 好信不好學, 其蔽也賊, 好直不好學, 其蔽也絞, 好勇不好學, 其蔽也亂, 好剛不好學, 其蔽也狂)"[99]라 하였다. 인(仁)과 지(知), 신(信), 직(直), 용(勇), 강(剛) 등은 모두가 미덕이다. 하지만 학습을

---

97 『논어』 「자한(子罕)」.
98 『논어』 「위령공(衛靈公)」.
99 『논어』 「양화(陽貨)」.

통하여 그것들의 실질과 도량을 파악하지 않고 덮어놓고 인애를 이야기하고 거듭 인정만 한다면 마음먹은 대로 과감히 한다면 …… 그것은 바로 일의 반대쪽으로 나가는 것으로 선이 악으로 바뀌고 좋은 것이 나쁜 것으로 바뀐다. 공자는 봉건적인 도덕규범의 실천에 필생의 노력을 기울였다. 15세에 학문에 뜻을 두었고 30세에는 인에 대한 인식과 인을 견지하는 신심이 있었기 때문에 '설' 수 있었다. 40세에는 인의 풍부한 내용을 알아서 굳게 믿어 의심하지 않았으며, 50세에는 인이 곧 하늘이 부여한 사명임을 알았다. 60세에는 때에 따라 사물이 인의 원칙에 부합하는가의 여부를 변별하였다. 70세 이후에는 심(心)과 인(仁)이 합일되어 이 때문에 "마음에 하고자 하는 바를 좇아도 법도를 넘지 않았다.(從心所欲, 不逾矩)" 공자가 이런 높은 도덕적 경계에 도달할 수 있었던 것은 확고부동하게 인의 인생관을 확립한 것이다. 그는 부단히 배우고 부단히 실천했기 때문이다.

공자가 이른바 학(學)의 본신(本身)은 실천, 즉 행(行)의 내용을 포괄한다. 그는 말하기를 "군자는 먹음에 배부름을 추구하지 않고, 거처할 때 편안함을 추구하지 않는다. 일을 함에 민첩하고 말을 삼간다. 도가 있는 이에게 찾아가서 바로잡는다면 배움을 좋아한다고 이를 만하다.(君子食無求飽, 居無求安; 敏於事而愼於言, 就有道而正焉, 可謂好學也已)"[100]라 하였다. 학(學)은 이해하고 연구 토론하는 공부, 널리 배우고 자세히 물으며 신중히 생각하고 밝게 분변하는 것을 가리킬 뿐만 아니라, 또한 실천의 공부 곧 이른바 독행을 가리킨다고 말할 수 있다. 한 사람이 배우고 묻고 생각하고 변별만 하고 행하지 않으면 결코 학문을 좋아하는 사람과 도

---

100 『논어』 「학이(學而)」.

덕이 있는 사람으로 간주될 수 없다.

공자는 수신을 제창하여 자기 및 제자들은 그 몸을 훌륭하게 해야 한다. 뿐만 아니라 더욱 중요한 것은 치국·평천하를 위한 것이기 때문에 제자들에게 다만 "온 마음으로 다만 성현의 책만 읽고, 두 귀로는 창밖의 일을 듣지 않는다(一心只讀聖賢書, 兩耳不聞窗外事)"거나 혹은 고개를 숙이고 손을 모아 인의만 공론할 것을 결코 요구하지 않았다. 송명시대의 몇몇 이학가들이 그랬던 것처럼 그들에게 수신을 하는 동시에 정치와 연계시켜 치국의 도를 배웠다. 그는 수신과 치국을 통일시켜 그들을 동일한 과정의 단계와 층차의 다른 방면으로 간주하였다. 이 때문에 그의 제자들은 비교적 높은 도덕 수준을 갖추고 있는 동시에 다방면의 재능을 배웠다. 어떤 사람은 행정장관을 맡을 만했고 어떤 사람은 부세의 관리에 능했다. 어떤 사람은 군사를 거느리고 전쟁을 잘했으며, 어떤 사람은 외교를 잘 처리했다. 어떤 사람은 전례의 의식 절차에 능했다. 이 점은 공자의 이론과 실천(學과 行)이 서로 결합한 윤리사상의 고명한 곳이라고 할 것이다.

수양 공부에서 공자는 자아성찰을 매우 중시하였다. 공자는 행위의 효과만 중시한 것이 아니라 행위의 동기도 중시하였다. 그러므로 동기의 좋고 나쁨은 주로 행위자가 스스로 점검하게 하였다. 공자는 말하기를 "현명함을 보면 그와 같아지기를 생각하며, 현명하지 못함을 보면 안으로 스스로 반성한다.(見賢思齊焉, 見不賢而內自省也)"[101]라 하였다. "어쩔 수 없구나! 나는 아직 자신의 허물을 보고서 내심 자책하는 자를 보지 못하였다.(已矣乎, 吾未見能見其過而內自訟者也)"[102]라고도 하였다. 또 "안으로

---

101 『논어』「이인(里仁)」.

반성하여 조그마한 하자도 없으니, 무엇을 근심하며 무엇을 두려워하겠는가?(內省不疚, 大何化何懼?)"[103]라 하였다. 좋아하지 않는 사람과 일을 보면 자기도 똑같은 잘못이 있는지 없는지를 점검해봐야 하며 자기에게 잘못이 있다면 자아비판('內省', '內自訟')을 진행해야 한다. 자가 점검을 거쳐서 자기의 행위가 마음속에 부끄러움이 없는지 느껴야 진정한 즐거움이 있을 것이라고 주장했다. 그의 교육 하에 제자인 증삼은 매일 자아성찰을 하였다. 그의 명언은 "나는 날마다 세 가지로 내 몸을 반성하는데, 남의 일을 도모해 줌에 충성스럽지 못하였는가, 벗과 사귐에 성실하지 못하였는가, 전수받은 것을 복습하지 않았는가, 이다.(吾日三省吾身, 謂人謀而不忠乎? 與朋友交而不信乎? 傳不習乎?)"[104]

공자는 붕우 간의 상호 영향이 수양에도 중요한 의의를 띤다고 생각하였다. 그는 '이인(里仁)' 곧 인한 사람과 함께 할 것과, 벗을 고름에 "정직한 이를 사귀고 신실한 이를 사귀고 많이 들은 사람을 사귀면 유익할 것이다.(友直, 友諒, 友多聞, 益矣)"[105] "붕우는 간절하고 자상하게 권면할(朋友切切偲偲)"[106] 것이다. 특히 "도가 있는 이에게 찾아가서 바로잡을(就有道而正焉)"[107] 것을 주장하였다.

결론적으로 공자의 호학정신과 학행일치의 정신은 거울로 삼고 배울 만한 가치가 있다.

---

102 『논어』「공야장(公冶長)」.

103 『논어』「학이(學而)」.

104 『논어』「학이(學而)」.

105 『논어』「계씨(季氏)」.

106 『논어』「자로(子路)」.

107 『논어』「학이(學而)」.

제6장

정치사상

공자가 생활한 춘추시대는 중국이 고대 영주제 봉건사회에서 지주제 봉건사회로 향해가던 과도기의 크게 요동치는 시기였다. 요동의 혼란은 자식이 아비를 죽이고 신하가 임금을 죽이며 형제간에 서로 해치고 권신(權臣)의 월권행위로 나타났다. 게다가 백성이 폭동을 일으키고 열국이 겸병하며 이적(夷狄)이 번갈아 침략하여 천하공주의 주나라 천자는 유명무실하게 되었다. 이런 사회현실을 직시하고 공자는 평화적인 방법으로 분란을 가라앉히고 다시 질서를 바로잡아 전체 사회가 인을 내용으로 하고 예를 형식으로 하여 궤도가 운행되도록 힘껏 도모하였다. 정치적으로는 '인정덕치'에 다다르고 경제적으로는 백성들이 부유하고 천하가 안락한 이상적 경계에 이르도록 하였다. 공자의 심목에 이 이상적 경계는 바로 서주 문·무·주공의 다스림이었다. 공자는 정치에 도가 없으면 경제는 발전할 수 없고, 정치에 도(仁政德治)만 있으면 경제는 이치상 당연히 발전하고 번영하기 시작할 것이라 생각하였다. 정치와 경제의 관계에서 그는 경제를 정치에 종속시켰다. 그가 우선적으로 염려하였던 것은 정치적으로 도가 있느냐의 여부였으며, 경제적으로 빈궁한가의 여부("군자는 도를 걱정하고 가난함을 걱정하지 않는다.[君子憂道, 不憂貧]")[1] 는 아니었다. 공자 시대에는 엄격한 과학적 의미에서의 정치경제학 사상이 없어서 또한 정치와 경제의 관계를 이해할 수 없었다. 곧 경제는 기초이며 정치는 경제의 기초 위에 상층 건축물을 건립하는 것이다. 그러나 당시의 생산력이 발달하지 않은 소농경제 위주의 봉건사회에서는 경제 역량이 여전히 정치적 방향에 영향을 끼치거나 결정할 수 있을 만큼 발전하지 않았다. 정치 역량이 경제의 성쇠에 영향을 끼치고 결정하는 상황에서 공자는 우선적으로 정치를 강조한 다음에 경제적 사상을 이야기하였다. 일정 정도에서 당시 사회의 실제 상황을 반영하였는데 이는 도리가 있고 이해 가능하다. 이 때문에 이 책에서는 또한 공자의 정치를 우선하고 경제를 뒤로하는 이 순서에 의거하여 경제사상을 다음 장에 두어 논한다.

1. 정치사상

공자 정치사상의 특징은 인(仁)의 인생철학 사상에서 출발하여 회고하는 방식으로 미래를 동경하는 것이다. 그는 고대사회를 미화하여 요순시대를 '대동(大同)', 문·무·주공시대를 '소강'이라 하였다. 당시에 보편적으로 유행한 역사를 역전시켜 오래된 것일수록 더 좋다는 옛것을 좋

---

1 『논어』「위령공(衛靈公)」.

아하는 것을 방불케 하는 안광(眼光)을 병용하여, '대동'을 최고의 이상
으로, '소강'을 단기적인 목표로 삼았다.

(1) 대동사상에 관하여

대동사상은 선현(先賢)의 원고(遠古)의 계급이 없는 사회에 대한 회념
에서 연원하였다. 선진(先秦) 제자(諸子)의 사상에서 모두 다른 형식으로
곡절하게 노동 군중의 이런 정서를 반영하였으며 각기 특색 있는 정치
이상과 주장을 제기하였다. 공자의 대동사상은 그의 인(仁)의 인생철학
과 밀접하게 연계되어 있으며, 바로 대동은 철저하게 실현화한 인의 아
름다운 사회이다.

'대동'의 청사진은 『예기』 「예운(禮運)」에 보이는데 원문은 다음과 같다.

> 대도가 행해질 때에는 천하가 공정하여 어진 이와 능한 이를 가려 뽑
> 으며 신의를 강하고 화목함을 닦았다. 그러므로 사람들이 다만 그 친
> 한 이를 친히 할 뿐만이 아니요, 다만 그 자식을 사랑할 뿐만이 아니어
> 서 노인은 생애를 잘 마침이 있다. 장성한 이는 쓰일 곳이 있게 하며, 어
> 린이로 하여금 자라는 바가 있게 한다. 홀아비, 과부, 고아, 늙어서 자식
> 없는 사람과 불치병을 앓는 자가 모두 부양을 받을 수 있게 하며, 남자
> 는 직분이 있고 여자는 시집갈 곳이 있게 한다. 재화는 땅에 버려짐을
> 싫어할지언정 굳이 자기에게 보관하려 하지 않는다. 힘은 그 자기 몸에
> 서 나오지 않음을 싫어할지언정 굳이 자기를 위하려고 하지는 않았다.
> 이 때문에 간사한 꾀가 막혀서 일어나지 않았고, 도적질과 난적이 일어
> 나지 않았다. 그러므로 바깥문을 닫지 않았으니, 이것을 '대동'이라 이
> 른다.

大道之行也, 天下爲公, 選賢與能, 講信修睦. 故人不獨親其親, 不獨子
其子, 使老有所終, 壯有所用, 幼有所長, 矜、寡、孤、獨、廢疾者, 皆有
所養, 男有分, 女有歸, 貨惡其棄於地也, 不必藏於己, 力惡其不出於身
也, 不必爲己. 是故謀閉而不興, 盜竊亂賊而不作. 故外戶而不閉, 是謂
大同.

이는 한 폭의 이상화한 전설 중의 요순시대 원시사회의 그림 속에서
나 볼 수 있는 광경이며 또한 공자 정치 이상의 최고 경지이다.

(2) 소강사상에 관하여

앞에서 이미 말했듯이 공자는 현실을 중시한 사상가로 비록 대동세
계를 동경하기는 하였지만 단기적인 목표로 삼아 당장 현실에서 촉진
하고자 하였던 것은 소강세계였다. 소강의 청사진 또한 『예기』 「예운」
에 보이는데 원문은 다음과 같다.

지금은 대도가 이미 숨어버려 천하를 자기 집으로 여겨서 각각 그 어
버이를 친애하고 각각 그 자식을 사랑한다. 재화와 힘을 자기를 위하
여 보관하고 쓰며 천자와 제후들이 대대로 세습하거나 아우에게 미치
는 것을 예로 삼는다. 성곽과 해자(垓字)로 견고함을 삼고 예의로 기강
을 삼아서 이로써 군신 간을 바로잡고 부자간을 돈독히 하고 형제간을
화목하게 하고 부부간에 화하게 한다. 이것으로써 제도를 만들고 이것
으로써 전지와 택리(宅里)를 세우며, 용맹과 지혜를 어질게 여기고 공을
자기 것으로 삼는다. 그러므로 간사한 꾀가 이 때문에 일어나서 병란이
이로 말미암아 일어나니, 우왕과 탕왕, 문왕, 무왕, 성왕 그리고 주공이

이로 말미암아 뽑히셨으니, 이 여섯 군자들은 예를 삼가지 않음이 없었다. 이로써 그 의를 드러내고 이로써 그 신을 이루며, 허물이 있는 자를 드러내고 인을 본받고 겸양하는 도리를 강설해서 백성들에게 떳떳한 법이 있음을 보여주셨으니, 만일 이것을 따르지 않는 자가 있으면 권세 있는 자를 제거해서 천하 사람들이 재앙으로 여기나니, 이것을 '소강'이라 이른다.

今大道旣隱, 天下爲家, 各親其親, 各子其子, 貨力爲己. 大人世及以爲禮, 城郭溝池以爲固, 禮義以爲紀, 以正君臣, 以篤父子, 以睦兄弟, 以和夫婦, 以設制度, 以立田里, 以賢勇知, 以功爲己. 故謀用是作, 而兵由此起. 禹·湯·文·武·成王·周公, 由此其選也. 此六君子者, 未有不謹於禮者也. 以著其義, 以考其信, 著有過, 刑仁, 講讓, 示民有常. 如有不由此者, 在埶者去, 衆以爲殃. 是謂小康.

이곳에서 묘사한 것은 실제로는 (孔子 心目 중의 小康時代인) 원시사회에 이어서 일어난 계급사회 특히 서주 문·무시대, 하·상·주 삼대의 '성세'의 경상이다. 이 시기에는 이미 "천하를 집으로 여겨" "천하를 집으로 삼는" 요구에 적응하기 위하여 한 계열의 전장제도와 윤리도덕을 탄생시켰다. "천하를 집으로 삼는" 것을 지키고 쟁탈하기 위하여 또한 어쩔 수 없이 성곽과 해자, 음모, 병전(兵戰)이 출현하였다. 이런 사회는 당연히 '대동'세계 같은 화해로운 아름다움과 도덕적 고상함에는 미치지 못한다. 그러나 이 사회는 필경 '예'가 있고 '신(信)', '의(義)', '인(仁)', '양(讓)'이 있다. 정상적인 질서가 있기 때문에 여전히 '소강'이다. 공자의 입장에서 '대동'은 요·순시대를 전형으로 생각하였고, '소강'은 서주를 전형으로 생각하였다. 다만 요·순시대는 요원하고 전장제도는 고찰할 수가 없어 다만 전설에 근거하여 그것을 최고의 이상으로 삼아 선전하고 일단 조건이 성숙되면 다시 실현화된다. 서주시대는 매우 가깝고 전장 문물과 예악제도가 기본적으로 보존되어 있다. 더욱이 노나라에서 더욱 볼 수 있는 것이고 찾을 수 있는 것이기 때문에 공자는 서주의 '소강'사회를 중건하는 것("나는 주나라를 따르겠다")을 일생 동안 분투할 단기간의 정치 이상으로 삼았다. 따라서 공자의 '소강'세계는 실제적으로 바로 서주 초기의 영주제 봉건사회이다. 이 때문에 공자는 서주사회 및 그 주요 인물인 문·무·주·소(召)에 대해 모두 매우 추앙하였다.

(3) 『예기』 「예운」은 공자의 정치 이상을 반영하였는가?

『예기』 「예운」편이 출현한 시대는 실은 공자보다 후대이지만 오히려 선진 유가와 일맥상통하는 전통적 관점을 포괄하였으며 본질적으로 공자의 정치 이상을 반영하였다. 우리가 이런 논단을 내리는 이유는 다음과 같다.

우선 고대 역사발전 단계의 견해에 대하여 『예기』 「예운」편의 관점은 대체적으로 공자와 서로 같다. 「예운」편에서 말한 '대동'은 실제적으로 전설 중의 요·순시대에 상당하며, 이른바 "소강"은 실제적으로 서주 초기의 영주제 봉건사회에 상당한다.

『예기』 「중용(中庸)」에서는 "중니는 요·순을 조술[祖宗으로 삼아 傳述함]하였고, 문왕·무왕을 헌장[본받음]하였다.(仲尼祖述堯舜, 憲章文武)"라고 명백히 지적했다. 공자 또한 역사를 요·순과 문·무의 두 다른 단계로 나누었음을 알 수 있다. 첫째 단계의 역사에 대하여 공자는 다만 최고 이상으로 삼아 선전을 진행하였고(祖述), 두 번째 단계의 역사에 대하여서는 곧 구체적으로 본받으려 하여 실행하려고("憲章") 노력했다. 이는 곧 '조술(祖

述)'로는 요·순에 대하여, '헌장(憲章)'으로는 문·무에 대하여 표명한 것이다. 구별이 있고 분별이 있어서 어느 정도 다른 함의를 가지고 있다.

그 다음 공자가 '도'를 논한 부분의 정치내용은 대체적으로 『예기』「예운」에서 이야기한 '대도(大道)'와 일치한다.

『예기』「예운」 중의 '도'의 주요 내용은 '천하위공(天下爲公)'과 '선현거능(選賢擧能: 현자를 가려 뽑고 유능한 자를 천거하는 것)'인데 이는 실로 공자가 이해한 요·순의 도와는 한 가지의 의미이다. 『논어』「태백(泰伯)」에서는 말하였다. "위대하시다. 요가 임금이 되심이여! …… 오직 저 하늘만 크거늘, 오직 요임금만 그와 같으셨다.(大哉, 堯之爲君也…… 唯天爲大, 唯堯則之)" 순의 시대에 이르러 또한 "천하를 소유하시고도 그것을 관여치 않았다.(有天下也而不與焉)."[2] 곧 천하를 다스림에 조금도 자기를 위하지 않았다. "순임금이 어진 신하 다섯 사람을 두심에 천하가 다스려졌다. …… 인재를 얻기가 어려움이 그렇지 않겠는가? 당우의 즈음만이 주나라보다 성하였다.(舜有臣五人而天下治…… 才難不其然乎! 唐虞之際, 於斯爲盛)"[3] 순이 다섯 신하를 써서 천하를 잘 다스릴 수 있었던 원인은 그가 현재(賢才)를 등용한 데 있다. 따라서 이는 공자가 현재를 천거하는 사상과 일치한다. 공자가 고도로 "백성에게 (은혜를) 널리 베풀어 많은 사람을 구제한(博施於民而能濟衆)"[4] 것을 찬양한 것은 실제적으로는 '천하위공'의 구체화이다. 널리 베풀고 많은 사람을 구제하기만 하면 '천하위공'을 충분히 실행할 수 있으며, 그렇지 않으면 "각각 그 어버이를 친애하고 각각 그 자식을 사랑하게 되니" 어떻게 공(公)을 이야기하겠는가? 『예기』「예운」은 "노

---

2 『논어』「태백(泰伯)」.
3 『논어』「태백(泰伯)」.
4 『논어』「옹야(雍也)」.

인은 생애를 잘 마감함이 있고, 장성한 이는 쓰일 곳이 있게 하며, 어린 이로 하여금 자라는 바가 있게 할 것(老有所終, 壯有所用, 幼有所長)"을 주장하였다. 공자가 제기한 "늙은이를 편안하게 해주고, 붕우에게는 미덥게 해주고, 젊은이를 품어주고자 한다(老者安之, 朋友信之, 少者懷之)"는 것과 거의 궤를 같이 한다. 이로 말미암아 공자의 '도'와 "대도가 행하여짐(大道之行也)"의 '대도'는 기본적으로 같은 내용을 갖추고 있음을 알 수 있다.

어떤 사람은 「예운」 편이 늦게 나왔기 때문에 두 단락의 문자가 모두 "공자가 말하기를(孔子曰)"이라 표명하였지만 공자의 사상을 대표할 수 없다고 생각하였다. 우리는 무슨 책이 공자의 사상 자료가 될 수 있는가 생각하지만 시간적으로 판정할 수는 없다. 더욱 중요한 것은 사상 실질이 일치하느냐의 여부를 보는 것이다. 그렇지 않다면 『논어』까지도 믿을 수 없는 자료가 될 것이다. 이는 그것이 결코 공자가 손수 지은 것이 아니고 제자나 재전제자가 기록에 근거하기 때문이며 추후에 기록하고 정리하여 이룬 것이기 때문이다. 하물며 「예운」 편은 한(漢)나라 초기의 유가의 손에서 나와 공자와는 그래도 그리 멀지 않으며 이 때문에 내용적인 면으로나 시간적으로나 모두 「예운」에 수록된 '대동'과 '소강'의 사상이 공자의 인을 인생철학으로 하는 진실된 사상을 반영할 수 있다고 확정지을 수 있어서다.

(4) 소강시대 문·무·주공의 다스림의 주요 특징과 정확하게 대동사상을 대하는 것에 관한 문제

공자가 앙모한 서주 초기의 문·무·주·소의 다스림은 그것을 스스로를 위해 분투하는 정치 이상의 단기적인 목표로 삼았다. 이는 서주 초기는 확실히 봉건사회 초기에 출현할 수 있는 '인덕정치'의 번영과 안정된 경상이 출현하였기 때문인데, 주로 다음으로 표현된다.

1. 경덕보민(敬德保民): 주공은 은나라 왕조가 멸망한 교훈을 총결하여 귀족은 스스로에게 '경덕(敬德)' 또한 곧 도덕준칙을 삼가 지킬 것을 주장하였다. 동시에 귀족은 아래에 '보민(保民)' 정책을 실행할 것을 요구하였다. 경덕의 구체적인 내용은 효우와 근로, 교육위주의 방침을 제창하고, 일락(逸樂)과 술주정, 형벌을 남발하는 것을 금지하는 것이다. '보민'은 정전제를 행하여 백성들을 경작할 수 있게 하는 것 외에도 또한 부세를 줄이는 등의 내용도 포괄하고 있다. 공자의 인정덕치 등의 사상은 마치 이런 정치 이론의 발전인 것 같다. 경덕보민 원칙의 관철로 말미암아 "성강(成康)의 때에는 천하가 평안하여 형법의 조치가 40여 년간 쓰이지 않았다."[5] "백성들은 화목하였고", "찬송하는 소리가 일어났는데"[6] 이런 사회질서와 이런 정치 국면은 당연히 공자가 전심으로 동경하던 것이었다.

2. 예치(禮治): '예'는 봉건종법 영주제 통치 질서를 건립하는 기본 원칙으로, 만상을 망라하는 성질을 가지고 있다. 크게는 각급 영주귀족의 작위와 적장자 계승제와 열국 간의 정벌, 맹빙(盟聘)으로부터 작게는 거마와 복식, 진퇴읍양에 이르기까지 모두 따를 만한 예가 있다. '예'가 있으면 모든 것을 예에 의하여 행하며, 사회질서가 정연하여 문란하지 않다. 예를 잃으면 봉건 종법영주제의 이런 사회질서는 유지할 수 없게 된다.

공자의 제자인 유약(有若)은 말했다. "예의 쓰임은 화함을 귀하게 여기

---

5 『사기』「주본기(周本紀)」.

6 『사기』「주본기(周本紀)」.

니, 선왕의 도는 이것을 아름답게 여겼다.(禮之用, 和爲貴. 先王之道, 斯爲美)"[7]
서주시대의 예제가 비교적 완비된 정도에 도달하였고 예의 제정자가
주공이었으므로 유약이 말한 '선왕의 도'는 실제적으로 문·무·주공의
도이다. '선왕의 도'는 '예'를 가장 아름답게 여기는데 이는 예로 질서를
건립하여 모든 사람들마다 각기 다른 등급에 따라 "화목하게 함께 처
하게" 할 수 있기 때문이다. 예치는 따라서 바로 인정의 필연적 표현형
식이며 당연히 또한 바로 공자가 전심으로 동경한 것이다.

3. 임현(任賢): 공자는 서주야말로 현인이 재위한 세상이라고 생각했
다. "주나라에 큰 베풂이 있으니, 선인이 이에 많아지게 되었다.(周有大
賚, 善人是富)" "비록 지극히 가까운 친척이 있으나 어진 사람만 같지 못하
다.(雖有周親, 不如仁人)"[8] (뒤의 두 구절은 劉寶楠의 『論語正義』에서 인용한 宋나라 翔鳳이 "이
것은 주무왕이 諸侯를 봉할 때 한 말이다."라 한 것에 근거) 앞의 인용구는 주조(周朝)가
늘 선인을 장려했다는 말이다. 뒤의 인용구 또한 바로 친척이 인한 사
람보다 못하다는 말이다. 서주 초기는 '선인(善人)'과 '인인(仁人)'이 권력
을 잡았으며 그렇다면 주초에 보필한 대신과 일반 관리는 자연히 모두
현재(賢才)라는 것으로, 바로 『논어』에서 말한 것과 같다.

> 무왕이 말하였다. "내게는 잘 다스리는 신하 열 사람이 있다." 공자께서
> 말씀하셨다. "인재를 얻기가 어렵다."
> 武王曰, 予有亂臣十人. 孔子曰, 才難.[9]

---

7 『논어』 「학이(學而)」.
8 『논어』 「요왈(堯曰)」.
9 『논어』 「태백(泰伯)」.

주나라에 여덟 선비가 있었으니 백달과 백괄과 중돌과 중홀과 숙야와
숙하와 계수와 계와이다.

周有八士, 伯達、伯适、仲突、伸忽、叔夜、叔夏、季隨、季騧.[10]

　이상 세 가지는 대체로 바로 '선왕의 도'의 주요 내용이며, 공자의 '소
강' 정치 이상의 주요 특징이다. 공자가 종신토록 분투한 '소강'사회는
경제가 발전하고 인민이 안정된 사회라고 해야 한다. 공자는 철저한 혁
신을 생각지 않았고, "주나라를 따라야" 한다며 매우 농후한 보수적 색
채를 표현하였다. 그러나 그는 또한 서주의 구체제를 그대로 답습하지
는 않았으며 곧 "주나라를 따른다"는 명의 하에 그의 이상적인 봉건사
회를 건설하였다. 복고라는 이름(옛 西周를 회복)으로 제도를 고치는 것을
실행하였다. 공자의 '대동'사상이 얼마나 천진하고 실제와 부합하지 않
는가와는 무관하게 확실히 일정 정도상 피압박 인민의 바람과 요구를
반영하였다. 몽롱하게 인류의 미래 발전 방향을 지명하였다. 그것이 과
학적 사회주의가 원칙이 있는 것과는 다르지만 레닌이 지적한 "착취의
존재는 영원히 피착취자 본신과 개별 '지식인'이 중간 생산과 이 제도
의 상반된 이상을 대표할 것이다." "이런 이상은 마르크스주의자에 대
하여 말하자면 매우 귀중한 것이다."[11]라 한 말과 흡사하다. 우리는 당
연히 공자가 2천 년 전에 제기한 '대동'사상을 "매우 귀중한" 유산으로
삼아 소화하고 계승 발양하여야 할 것이다.

---

10 『논어』 「미자(微子)」.
11 레닌의 『민수주의(民粹主義)의 경제 내용』, 『레닌전집』, 제1권, 인민출판사, 1955년판,
　　393~394쪽.

2. 정치주장

선진제자의 정치주장은 다른 계급과 계층, 사회집단의 이익을 반영하고 있으며, 각기 다른 내용과 특징을 갖추고 있다. 공자는 개명한 귀족 정치를 견지하는 한편 봉건 종법등급의 특권을 극력 옹호하였다. 다른 한편으로는 인민의 이익을 배려하였다. 그는 사회현상을 개혁하려고 하였지만 주무왕 같은 혁명을 진행시키려고 하지 않았다. 통치계급 자신의 "자신을 이겨서 예를 회복함(克己復禮)"과 피통치자에 대한 "덕으로 인도하고(道之以德)", "예로 가지런하게 하는(齊之以禮)" 방법에 의존하여 인덕정치를 회복하기를 바랐다. 이것이 공자가 정치적으로 주장하는 핵심과 기본 특징이다. 공자의 다른 사상과 마찬가지로 정치 주장 또한 다면성을 가지고 있다. 많은 봉건적인 잔재를 가지고 있을 뿐만 아니라 확실히 허다한 보편적 의의를 띠고 있다. 오늘날 보기에도 여전히 매우 귀한 원대하고 탁월한 식견을 제기하여 성실하게 연구할 만한 가치가 있다. 공자의 정치주장은 주로 아래의 다섯 방면의 내용이다.

(1) 충군존왕(忠君尊王)

충군존왕은 공자 정치주장의 두드러진 내용이며 또한 공자 자신의 일관된 정치표현이다. 공자는 일생 동안 주례(周禮)를 엄수하였다. 더욱이 군신관계 방면에서는 털끝만큼도 궤도를 벗어나는 행위가 없었다. 임금이 임금인 까닭은 지위가 존귀하기 때문이다. 이에 의거하여 신하와 서민은 반드시 임금에게 충성을 다하고 예를 준수해야 한다. 그렇지 않다면 인한 사람이 아니라는 것이 그의 생각이었다. 그는 특별히 "임금은 신하를 예로 부리고 신하는 임금을 충성으로 섬겨야 한다.(君使臣以

禮, 臣事君以忠), "12 "오직 천자만이 하늘의 명을 받고, 사는 군주의 명을 받는다.(唯天子受命于天, 士受命于君)"13는 것을 강조하였다. 『논어』「향당(鄕黨)」편은 생동적으로 공자의 임금에 대한 경외를 기술하였다. 그는 임금의 자리를 지날 때 임금이 그곳에 없어도 여전히 공경을 다하였다. 안색을 엄숙히 하고 숨을 쉴 수 없는 것같이 숨을 참았다. 공문(公門)에서는 몸을 용납할 곳이 없는 듯한 모습을 보였다. 공당(公堂)을 나서서 계단을 한 칸 내려와서야 안색이 조금 편안하게 바뀌었으니 그가 군신의 예를 엄수한 정도를 충분히 볼 수 있다. 공자는 예를 지키지 않는 행위를 규탄하였다. 관중(管仲)이 "병풍으로 문을 가리고(樹塞門)" "반점을 두자(有反坫)" 공자는 그가 "어떻게 검소할 수 있으며", "예를 알지 못한다"라 하였다. 계씨가 뜰에서 팔일무(八佾舞)를 추자 그는 매우 미워하고 통절히 성을 내며 말하기를 "이 짓을 차마 한다면 무엇을 차마 할 수 없겠는가?(是可忍也, 孰不可忍也!)"14라 하였다.

  공자는 존왕을 매우 중시하였으며 또한 주천자를 존숭하였다. 그는 『춘추』에서 가능한 한 주왕의 절대적 권위를 옹호하였다. 주천자는 일찌감치 허세가 되고 말았지만 공자는 여전히 '춘왕정월(春王正月)' 따위의 말을 크게 내세웠다. '왕정월(王正月)'은 무엇인가? 『공양전(公羊傳)』에서는 말하였다. "어찌하여 왕을 먼저 말한 후에 정월을 말하였는가? 왕의 정월이기 때문이다. 어째서 왕의 정월이라고 하였는가? 대일통이기 때문이다.(曷爲先言王而後言正月? 王正月也. 何言乎王正月? 大一統也)" 먼저 왕을 말하고 나중에 정월을 말한 것은 정월을 주천자가 확정했기 때문이라는

---

12 『논어』「팔일(八佾)」.
13 『예기』「표기(表記)」.
14 『논어』「팔일(八佾)」.

것이다. 따라서 왕정월(王正月)은 주천자가 정월을 세워서 천하의 정교를 통괄하였다는 것을 강조하여 말하려는 것이다. 또한 천토(踐土)의 회맹 같은 것은 본래 진(晉)나라가 매우 무례하게 주천자를 (회맹에) 가게 하였지만 사실에 비추어보면 주천자의 존엄을 깎아내리는 것이었다. 이에 공자는 다만 "천왕이 하양에서 사냥하였다(天王狩于河陽)"라며 사냥을 간 것이라고 고쳐 썼다. 공자는 도를 행하려는 권변(權變)에 통달하여야 한다고 주장하였지만 '충군존왕'이라는 큰 문제의 원칙 문제에서 매우 조심스러워하였다. 권변에 능하지 않은 잘못을 범할지언정 권변으로 인하여 '충군존왕이라는 원칙에 해를 끼치는 것은 허락할 수 없다고 하였다. 계씨의 가신인 공산불요(公山弗擾)는 비읍(費邑)을 기반으로 계씨에게 반기를 들고 공자에게 가담하도록 불렀다. 진(晉)나라의 대부 범씨(范氏)의 가신인 필힐(佛肸)이 중모(中牟)를 기반으로 반기를 들면서 공자에게 가담하도록 불렀다. 공자는 이 두 차례의 부름에 모두 가려다가 그들과 계씨 같은 사가(私家)와의 갈등을 이용하여 사가의 세력을 약화시키고 "공실을 확장(張公室)"시키려는 목적을 이루려고 하였다. 공자가 이런 생각을 가졌건 말았건 공산불요와 필힐이 계씨 등을 배반하는 것을 지지하는 것 바로 신하가 임금을 배반하는 것을 지지하는 행위이다. 이것이 공실에 유리하다고 하지만 결국은 군신의 의를 파괴하는 것이다. 따라서 그는 결국 원래의 생각을 버렸다. 이 두 사건은 공자의 전통적인 옛 등급과 명분 관념을 깊이 반영하였다.

충군존왕 사상은 공자사상에 잔재한 주요 표현으로 후세에 끼친 영향이 매우 컸다. 역대 봉건통치계급은 모두 이 사상에 대하여 극력 선양을 하여 인민을 속이고 우롱한 적이 있는데, 공자의 영향을 빌려서 자기의 통치 지위를 공고히 하려고 도모한 것이다.

(2) 인정덕치

'경덕보민' 사상은 서주 초기에 이미 매우 강조되었다. 주나라 초기의 통치자들은 "덕을 가지고(有德)" "덕을 잃은(失德)" 것을 가지고 자기가 '천명(天命)'을 획득하고 은나라 사람이 '천명'을 잃은 원인을 해석하였다. 이는 주나라 사람이 은나라 통치자가 멸망한 교훈에서 총결해낸 "인사를 중시하는(重人事)" 사상 노선이다. 『시경』에는 문왕 등 통치자의 성덕을 노래하여 칭송한 것이 적지 않다. 『상서』에도 주나라 사람의 후대 통치자에게 '경덕(敬德)'과 '명덕(明德)', '덕'을 반복적으로 타이르는 편장이 적지 않지만 후래의 통치자가 덕을 잃고 예를 어기는 현상은 날로 심해져갔다. 춘추시대 말기에 이르러서는 예와 악이 붕괴되어 "천하가 무도(無道)"하였다. 이런 국면을 직시하고 공자는 서주의 '경덕보민' 사상을 계승하여 인정 덕치의 정치주장을 제기하였다. 공자의 이런 주장은 대체로 세 방면의 내용 곧 "덕으로 정치를 하고", "자기(의 사욕)를 이겨 예를 회복하고", "예로 가지런하게 하는" 것이었다.

1. 덕으로 정치를 한다(爲政以德): 『논어』「위정(爲政)에는 "정사를 덕으로 하는 것은 비유컨대, 북극성이 제자리에 머물러 있으면 여러 별들이 그리로 향하는 것과 같다.(爲政以德, 譬如北辰, 居其所而衆星共之)"라는 공자의 말이 기록되어 있다.

공자는 또 말하였다. "태백은 덕이 지극하다고 이를 만하다. 세 번 천하를 사양하였으나 백성들이 (그 德을) 칭송할 수 없게 하였구나!(泰伯其可謂至德也已矣! 三以天下讓, 民無得而稱焉)"[15] 태백이 그 아우 왕계(王季)에게 양위한 것을 공자는 "덕이 지극하다(至德)"고 칭찬하였다. 통치집단 내부에

---

15 『논어』「태백(泰伯)」.

서 모두 태백 같이 예로 양위할 수 있다면 자연히 일치단결하여 절대로 서로 해치고 죽이는 국면에 이르지는 않게 될 것이기 때문이다.

공자는 일관되이 교화를 중시하고 형벌을 줄이며 부세를 가벼이 하고 두터이 베풀어줄 것을 주장하였다. 봉건사회 각양각색의 사람들이 모두 평안히 살고 즐겁게 일하는 생활을 누릴 수 있도록 기원한 것이다. 이런 것들은 모두 "덕으로 정치를 하는" 내용에 속한다.

2. 자기를 이겨 예를 회복한다(克己復禮): 공자가 보건대 통치자는 스스로 생활상의 사치와 정치상의 참월(僭越)을 억제할 수 없으면 인정을 실행하는 것이 불가능했다. 그렇기 때문에 공자는 "자기를 이겨 예를 회복할 것(克己復禮)"을 주장했다. '극기(克己)'는 바로 자기의 욕망을 억제하여 주례를 엄수하고 궤도를 이탈할 수 없는 것이다. 당시 계씨는 "뜰에서 팔일무를 추었는데" 이는 예를 어긴 행위로 공자는 엄하게 질책했다. 극기는 복례의 전제 조건으로 생활상의 사치를 억제하지 못하면 정치상의 참월은 예악의 질서가 잡히고 천하에 도가 있는 국면으로 회복할 길이 없다. "자기를 이겨 예를 회복하는 것"은 주로 통치계급을 두고한 말로, 통치계급에게 주례를 준수하고 인정을 행할 도덕적 자각성을 요구하는 것이다. 공자와 선진 유가의 이런 통치계급에게 "말을 올리는" 전통은 후세 유가에게 계승되었다. "말을 올리는" 것과 "교령을 내리는" 것의 결합은 유생의 사대부 계층이 장기간 중국 봉건사회의 정치 구조에서 줄곧 모종의 완충과 조절작용을 일으켰다. 이는 중국 봉건사회 정치생활에서 하나의 중요한 특색이다.

3. 예로 가지런하게 한다(齊之以禮): '극기복례'가 주로 통치계급에게 "말을 올리는" 것이라면 "도로 인도하고 예로 가지런하게 하는 것"은 주로 서민계층에게 "교령을 내리는 것"이다. 공자는 전통적인 "정치로

인도하고 형벌로 가지런하게 하는" 주장을 반대하고 "도로 인도하고 예로 가지런하게 하는 것"[16]을 주장하였다. 공자는 전자의 결과는 "백성들이 면하나 부끄러워함은 없을 것이다.(民免而無恥)" 후자는 "부끄러워함이 있고, 또 (善에) 이르게 될 것(有恥且格)"[17]이라고 지적하여 "덕"과 '예' 그리고 '정(政)'과 '형(刑)'을 명확하게 대립시켜 두 가지 방법이 야기하는 두 가지 결과를 지적하였다. 이는 나라를 다스리고 백성을 다스리는 방면에서 공자의 독창적 견해이다. 정(政)과 형(刑)만 강조하고 단순히 서민을 잔혹한 노예의 역할에 두면 반드시 계급간의 갈등이 첨예화될 것이다. '덕'과 '예'를 강조하는 것은 공자 인정사상의 구체적인 전개, 곧 서민 또한 귀족과 마찬가지로 충분히 "부끄러움을 아는" 사람이라는 것을 인정하여 통치자가 자신의 덕행을 '시범'하기만 하면 피통치자는 풀과 같이 바람에 따라 쓰러지는 것처럼 따를 것이다. "예로 가지런하게 하는 것"은 서민이 부끄러워하는 마음을 가지게 하는 조건이다. 따라서 "예는 서민에게 적용하지 않는(禮不下庶人)" 전통적인 방법을 바꾸었다. 원래 귀족의 전용물인 '예'를 군중들에게까지 확충하여 모든 사회성원을 예의 규범 안으로 받아들이게 하여 도덕예의에서의 평등으로 계급지위에서의 불평등을 희석시키고 가렸다. 이후 『대학』의 "천자로부터 서인까지 한결같이 모두 수신을 근본으로 삼는다.(自天子以至於庶人,壹是皆以修身爲本)"는 관점은 곧 여기에서 연원하였다. "백성들이 면하나 부끄러워함은 없는 것"에서 "부끄러워함이 있고, 또 (善에) 이르게 되는 것"까지 또한 곧 피통치자로 하여금 단순히 '감히' 예를 어기어 위를

16 『논어』 「위정(爲政)」.
17 『논어』 「위정(爲政)」.

범하지 '않는' 것에서부터 강제성을 띤 약속을 내재적인 심리 자각으로 삼았다. 이는 당연히 매우 고명한 통치방법이다. "예로 가지런하게 하는 것" 또한 바로 예를 서민에게 적용하는 것이다. 표면상으로만 이야기하면 서인의 지위를 제고시켜 그들이 예의 자격을 향수하도록 하는 것 같다. 그런데 실질적으로는 오히려 피통치자의 목에 도덕적 족쇄를 채우는 것으로 피통치자의 육체와 정신을 있는 대로 통치 계급지배에게 갖다 주고 최종적으로 통치자가 부리는 마소로 삼는 것이다. 공자의 '덕'과 '예'가 결합한 '인정'이 비록 '폭정'에 비하여 피통치자에게 훨씬 유리하기는 하다. 그렇지만 근본으로 귀결되어 일정한 의의상에서 또한 역대 봉건통치자에게 매우 정교한 서민들의 "마음을 공략하는" 방법을 제공한 것으로 엄격한 등급질서가 농후한 민족적 윤리적 색채의 따뜻한 정감의 막으로 둘러싼 것이다. 이는 당연히 공자 본인도 애초에 헤아리지 못한 것일 것이다.

(3) '이적(夷狄)'과 '제하(諸夏)'의 구별을 밝히다

공자는 일생토록 '주례'를 옹호하고 회복하는 것을 자기의 임무로 삼았다. 그의 각 항의 정치주장은 모두 이 총 목표에서 출발하여 제기한 것이다. '이적'과 '제하'의 구별을 밝히는 것도 그 중의 하나였다. 공자는 이 방면에 대하여 말을 많이 하기는 하였으나 "민족의식의 자각"이라는 큰 문제를 언급하였고 후세에 끼친 영향 또한 매우 심원하여서 논술의 필요성을 부여한다.

'주례'가 주왕조의 영주제 봉건국가 정치기구의 조직을 건립하는 원칙이 된 후에 주족(周族)의 전장제도와 의례, 습속을 총괄적으로 일컫는 의의가 되어 의연히 존재할 뿐만 아니라 전체 화하민족의 세력범위까지 확대되고 확충되었다. 당시에는 '주례'를 쓰느냐 쓰지 않느냐가 이미 '이적'과 '제하'를 구분하는 주요 표지가 되었다. 진(秦)나라의 경우 서쪽에 치우쳐져 융적(戎狄)과 섞여 살았다. 종법 전통인 주례의 영향이 매우 약한 곳(戰國 말기의 荀卿이 서쪽으로 들어가 "진(秦)나라에 유자[儒]가 없음"을 발견한 것으로 증명)을 대표하였다. 또한 제후의 회맹에도 거의 참가하지 않아 '제하'의 각국은 진나라를 곧 "융적으로 보았다.(戎狄視之)" 초나라 같은 경우는 남방의 대국으로 문화 발전 정도가 주나라 족속의 희성(姬姓)의 각국보다 결코 낮지 않았는데도 단지 '주례'를 쓰지 않아서 '제하'의 각국에게 "만이(蠻夷)"로 비쳐졌다. 제환공이 패업을 세울 때 또한 전적으로 "포모를 공물로 바치지 않은(包茅不貢)" 것을 구실로 삼아 초나라에 토벌을 감행했다. '주례'가 '이적'과 '제하'를 구분하는 중요한 의의임을 알 수 있다. 당시만 해도 '이적'과 '제하' 사이에는 여전히 엄연한 민족 투쟁이 존재하고 있었기 때문에 이런 구분은 매우 중요한 현실적 의의를 지니고 있었다. 서주에서 춘추말기까지 화하족이 황하 중하류 유역에서 이미 주도적인 지위를 차지하고 있었지만 근본적으로 화하의 여러 나라 및 소수민족이 섞여 사는 국면을 바꿀 수는 없었다. 성주(成周: 지금의 洛陽)는 주천자의 '왕기(王畿)'이긴 하였지만 부근에는 곧 이락지융(伊雒之戎)과 육혼지융(陸軍之戎)이 있었다. 또 위(衛)나라 강숙(康叔)의 후손 같은 경우는 은(殷)나라의 고도(故都)에 처하여 있었다. 주나라 초기에 분봉될 때만 해도 제후국 중 대국이었으나 위의공(衛懿公) 때 형국(邢國)과 함께 적족에 의해 '파괴'되었다. 위나라를 구하고 형나라를 존속시켰으며 남쪽으로 초나라를 정벌하고 북으로는 산융(山戎)을 정벌한 것은 관중(管仲)이 제환공을 보좌하여 세운 중요한 패업이다. 따라서 공자가 관중의 참월과 예를 어긴 데 대하여 자못 불만을 가지기는 하였지만 "환공을 도와 제후의 패자가 되어 한 번 천하를 바로잡은(相桓公, 九合諸侯, 一匡天下)" 것에 대하여서는 그래도 매우 인정하였다. 특별히 그 '이적'과 '제하'가 투쟁한 의의를 지적하여 "관중이 없었더라면 나[우리]는 머리를 풀고 옷깃을 왼편으로 하였을 것이다.(微管仲, 吾其被髮左衽矣)"[18]라 하였다. 공자가 깨닫고 의식한 당시 민족투쟁의 엄중성은 주례의 옹호로부터 '제하'의 단결과 통일을 자각적으로 옹호하기까지는 관중의 이 방면에서의 공적을 충분히 긍정할 만하다. 이는 공자는 자각적으로 민족의 이익을 옹호하는 것을 첫째가는 대의(大義)로 삼는 것으로 관중의 공헌을 "그의 인만 하겠는가? 그의 인만 하겠는가?(如其仁, 如其仁)"하는 경지까지 끌어올렸다고 설명할 수 있다. 첫 번째 '민족 대의'로 비교해보면 관중은 기타 방면이 부족했고 공자로 보자면 모두를 용인하였다고 할 수 있다. 최초의 모종의 몽롱한 상태에 있던 민족의식의 자각을 체현하게 하였다고 할 수 있으며 이런 민족의식의 자각의 계승과 발양은 바로 민족적 구심력과 응집력이 되었다. 중화민족의 문화 전통은 수천 년 동안 면면히 끊어지지 않아 중단된 적이 없었다. 이는 세계 문명발전사상 기적이며 그것의 출현은 공자가 시작한 민족의식의 자각과 일정한 사상 연원 관계가 있다고 해야 할 것이다.

'제하'와 '이적'을 구별하는 것에 관하여 공자는 또 유명한 의론을 남겼는데 "이적에 군주가 있는 것이 제하에 없는 것보다 못하다.(夷狄之有君, 不如諸夏之亡也)"[19]라 하였다. 이는 당시의 '이적'에게도 "임금이 있기는 하지만" '주례'를 행하지 않아 군신과 상하의 명분이 없다는 것과 같다. '제하'가 어찌 임금이 없는 것을 두려워하겠는가만 군신과 상하, 존비

<hr>

18 『논어』 「헌문(憲問)」.
19 『논어』 「팔일(八佾)」.

와 귀천의 등급질서가 똑같이 존재한다는 것을 말한다. 공자가 '이적'
과 '제하'의 구별을 밝히면서 표현해 낸 몽롱한 '민족의식'의 자각은 고
립된 것이 아니라 그 군신의 등급관념을 한데 얽은 것이다. 이 때문에
결코 너무 지나치거나 역사의 진실을 위반하는 평가를 내릴 수 없다.

공자의 '이적'과 '제하'의 구별을 밝힌 정치주장이 있은 이래 진한 이
후로 차츰 "화이를 밝히는 변(明華夷之辨)"의 명제는 역대 유가에 의해 계
승 발양되었다. 그 역사적인 작용 또한 이중성이 있다. 적극적인 방면
에서 보면 민족이 위망(危亡)에 처했을 때면 언제나 한 무리의 민족적 영
웅이 이를 사상적 무기와 정신적 지주로 삼아 개인의 생사와 안위를 돌
보지 않고 민족의 대의를 신장시켰다. 소극적 방면에서 보면 항상 몇몇
사람들이 그것을 핑계로 대내적으로는 민족적 차별을 실행하고 소수
민족을 속이고 압박하여 대한족주의로 변모시켰다. 대외적으로는 관
문을 닫고 나라를 굳게 걸어 잠가 천조의 대국으로 자처하며 보수로 교
착되어 협애한 민족주의로 흘렀다. 이는 구체적인 역사적 분석을 필요
로 하며 뭉뚱그려 일반적으로 평론해서는 안 된다.

(4) 현재(賢才)를 천거함

공자는 예로부터 정치적으로 큰일을 한 군주는 그 성공의 비결 중 하
나가 바로 현재를 등용하여 쓰는 것이라고 생각했다. 공자는 "그러한
사람이 있으면 그러한 정사가 거행되고, 그러한 사람이 없으면 그러
한 정사가 종식된다. …… 그러므로 정사를 함이 사람에게 달려 있다.
……(其人存, 則其政擧, 其人亡, 則其政息……故爲政在人……)"[20]라고 말하였다. 이

---

20 『예기』「중용(中庸)」.

때문에 공자의 제자로 계씨의 가신이 된 중궁(仲弓)이 어떻게 정치를 해야 되는지 묻자 공자는 그에게 "유사에게 먼저 시키고 작은 허물을 용서해주며, 어진 이와 유능한 이를 등용해야 한다.(先有司, 赦小過, 擧賢才)"[21]라고 일러주었다. 무성재(武城宰)로 있는 자유(子游)를 만나러 가서는 첫마디가 "너는 인물을 얻었느냐?(女得人焉爾乎?)"[22]였다.

공자의 제자인 자공이 현재를 이야기하면서 말한 적이 있다. "문왕과 무왕의 도가 아직 땅에 떨어지지 않아 사람들에게 남아 있다. 그리하여 현자는 그 큰 것을 기억하고, 어질지 못한 자들은 작은 것을 기억하고 있다. ……(文武之道, 未墜於地, 在人. 賢者識其大者, 不賢者識其小者……)"[23] 현재는 반드시 큰 원칙에서 문·무의 도를 파악하여야 하며 공자 심목 중의 문·무의 도는 실제적으로 바로 그 스스로의 인과 예가 결합한 유자의 도임을 알 수 있다. 공자는 군자는 인덕을 가져야 할 뿐 아니라 또한 예의를 알아야 하며 정치에 종사할 만한 현재라면 당연히 또한 이쯤은 되어야 함을 강조하였다.

공자는 현재는 반드시 덕과 재를 겸비해야 하고 또한 덕을 주로 하여야 한다고 강조하였다. 『설원(說苑)』「존현(尊賢)」에는 다음과 같은 말이 기록되어 있다. "사람은 반드시 충신(忠信)하고 중후한 다음이라야 지혜와 재능을 구할 수 있다. …… 이 때문에 그 사람이 인의를 성실히 행하는 사람인지 살펴보고 난 다음에 친해져야 하고, 여기에 지혜와 재능이 있는 사람인지를 안 다음에 임용하는 것이다. 그래서 '인의를 행하는 사람을 친히 하고 재능이 있는 사람을 부려야 된다.'고 말하는 것이다."

---

21 『논어』「자로(子路)」.
22 『논어』「옹야(雍也)」.
23 『논어』「자장(子張)」.

이 말은 덕을 중시한 사상을 매우 잘 천명하였다.

　그러나 공자는 후세의 덕만 있으면 그만이지 재능은 배양할 필요가 없다고 생각하는 유자와는 달리 현자는 반드시 재능이 있어야 한다고 주장하였다. 그는 말하기를 "군자는 그릇 같지 않다.(君子不器)"[24]라고 하였는데 다방면의 재능을 갖추어야 한다는 것을 말한다. 그는 교학활동에서 인과 예로 제자를 훈도하고, 문헌자료로 그 지식을 충실하게 하는 것 외에도 그들에게 정무 처리와 부세의 관리, 전례의 주재, 빈객 접대 등을 가르쳐 많은 제자를 유능하고 숙련된 현재로 키워냈다. 전인적 재능을 중시하였지만 사람(곧 賢才라 하더라도)에 대하여 결코 완전히 질책하는 것을 구하지 않았고 그들이 모종의 방면에서의 장기를 충분히 발휘할 것을 주장했다.

　공자가 현재를 천거하는 사상의 가장 근본적인 점은 종법제도의 가까운 사람만 임용하는 금고(禁錮)를 타파하는 데 있었다. 귀족 외의 각 등급에서 현재를 선발하여 귀족정치에 신선한 피를 수혈하여 생기를 회복하게 하였다. 이 때문에 공자는 사람을 쓸 때는 그 사람 본인이 덕과 재능을 겸비한 현재인지 아닌지를 봐야 하며 출신의 존비와 귀천을 보는 것이 아니라고 생각하였다. 그는 중궁(仲弓)에 대하여 담론할 때 말하였다. "얼룩소 새끼가 색깔이 붉고 또 뿔이 제대로 났다면 비록 쓰지 않고자 하나 산천의 신이야 어찌 그것을 버리겠는가?(犁牛之子騂且角, 雖欲勿用, 山川其舍諸?)"[25] 중궁은 출신은 빈천하지만 재간이 뛰어난데 이런 사람은 벼슬을 할 수 있을까? 공자는 비유로 이 문제에 대답하였다. 밭갈

---

24 『논어』 「위정(爲政)」.
25 『논어』 「옹야(雍也)」.

이 소는 천하고 제사에 쓰이는 소는 고귀하여, 밭갈이 소는 제사에 쓸 수가 없다. 공자는 밭갈이 소의 새끼가 순적색의 털과 완전하고 바른 뿔을 가지고 났다면 비록 제사에 쓰려는 생각을 하지 않는다고 하더라도 산천의 신이 절대로 그 소를 거절하지 않을 것이라는 것이다. 이는 곧 작용을 일으킨 것은 소 자체가 확실히 "붉고 또 뿔이 올바른(驊且角)" 조건을 갖추어야 하는 것이지 '얼룩소의 새끼(犁牛之子)'인지의 여부는 긴요함과는 무관하다는 것을 말한다. 이 때문에 중궁의 출신은 당연히 그의 정치적 앞길에 영향을 주지 않아야 했다.

공자는 "선배들이 예악에 대하여 한 것을 (지금 사람들이) 야인(촌스러운 사람)이라 하고, 후배들이 예악에 대하여 하는 것을 군자라고 한다. (내가) 만일 (禮樂을) 쓴다면 나는 선배를 따르겠다.(先進於禮樂, 野人也, 後進於禮樂, 君子也. 如用之, 則吾從先進)"[26]라 말한 적이 있다. 여기서는 군자와 야인을 나란히 들었는데 군자는 귀족을 가리키고 야인은 귀족이 아닌 기타 각 등급의 사람을 가리킨다. 공자는 야인은 먼저 예악을 배운 후에 벼슬을 해야 하고 군자는 먼저 벼슬을 한 후에 예악을 배워야 한다고 말하였다. 인재를 선발하여 쓰려면 먼저 예악을 배운 야인을 선발하여야 한다. 누구라도 예악을 더욱 잘 파악을 하여야 함을 중시하였고 출신의 고저와 귀천은 보지 않았다는 것을 알 수 있다.

공자의 창도를 거쳐 현재(賢才)를 천거하는 여론은 갈수록 중시되었다. 춘추전국 시기의 유(儒)·묵(墨)·법(法) 등 각가를 대표하는 인물들은 모두 상현(尙賢)과 존현(尊賢), 거현(擧賢)을 고취하였다. 역대의 개명한 귀족통치계급 또한 숭현(崇賢)과 양현(養賢)의 기풍이 있었으며 이는 확실

---

26 『논어』 「선진(先進)」.

히 시대적 요구였고 공자의 영향과도 관계가 없지 않다.

(5) 서(庶)·부(富)·교(敎)

앞에서 이미 지적했듯이 공자 최상의 정치 이상은 대동이지만 그가 일생 동안 실제적으로 분투한 것은 그의 단기적인 목표인 소강이었다. 그리고 서(庶)·부(富)·교(敎)는 바로 소강의 경계에 도달하는 3개의 중요 목표이다.

공자가 열국의 제후를 방문한 첫 번째 기착지는 위(衛)나라였다. 위나라로 가는 노상에서 제자인 염유(冉有)가 수레를 몰았다. 공자와 염유는 '서(庶)'(인구가 많음)와 '부(富)' 그리고 '교(敎)'에 관하여 중요한 이야기를 나눈 적이 있다.[27] 제1장과 제3장에서 이미 이야기했었지만, 여기서는 각도를 달리하여 필요에 따라 논평하고 서술한다. 인구가 많고 생활이 부유하며 교육의 발달이라는 이 세 방면은 공자 인정덕치의 중요한 구성 내용이다.

춘추시대에 식견이 있는 사(士)들은 모두 사람이 매우 귀중한 자원이라는 것을 인식하였다. 사람이 있으면 많은 황무지 개척으로 식량을 많이 생산하여 국가를 부강하게 할 수 있다. 당시는 사람은 적고 땅은 많아 인구과잉 문제가 존재하지 않았으며, 인구가 많은 것은 확실히 국가 흥왕의 표지이다. 제후와 경·대부가 인구를 늘리려고 하면 두 가지 길이 있었다. 첫째는 멀리 있는 사람을 오게 하는 것이다. 다른 지방의 민중이 자기 나라나 채읍(采邑)에 이르게 하여 자기의 노동력이 되게 하는 것이었다. 둘째는 자연적인 증식이었다. 이 두 가지 길을 잘 통하게 하

---

27 『논어』 「자로(子路)」.

려면 반드시 최저한도로 백성들을 우혜하는 정책을 실행하여 자기 치하의 백성들이 잘 생활해나가고 아이를 양육할 수 있게 해야 한다. 그러면 자연히 멀리 있는 사람을 흡인하는 힘이 생길 것이다. 공자는 위(衛)나라에 사람이 많은 것을 찬미하였다. 이는 위나라를 부강하게 한 자원이었을 뿐만 아니라 또한 위나라의 집정자가 백성에게 은혜를 베풀 수 있음을 표명하였기 때문이다.

서(庶)의 문제에 있어서 공자가 당시의 식견이 있는 사(士) 내지 일반 통치자의 견해와 기본적으로 일치한다고 한다면, 부(富)의 문제에 있어서는 그들을 뛰어넘었다. 일반 통치자의 혜민 정책은 다만 민중이 잘 생활해나가는 것만 고려하여 자기를 위해 많이 생산하고 부세를 많이 납부하고 요역에 많이 복무할 수 있게 하는 등등이다. 한 마디로 주는 것과 구함의 관계에서 주는 것은 다만 수단일 뿐이고 진정한 목적은 구함이다. 구하는 것이 많아질수록 좋아진다. 공자는 같지 않았다. 그는 혜민의 주요 목적은 민중의 생활이 부단히 개선되고 부유하게 하는 것이며, 구하는 것은 그에 상응한 결과라고 생각하였다. 이 때문에 반드시 "쓰기를 절도 있게 하고 백성을 사랑하며, 백성을 부리기를 제때에 하여야 하며(節用而愛人, 使民以時)"[28], "수고롭게 할 만한 것을 가려 수고롭게 하고(擇可勞而勞之)"[29], "세금을 적게 거두어 백성이 부유해지는(薄賦斂則民富)"[30] 방법을 택해야 한다. 그러니, 결론적으로 가혹한 정치를 반대하였으며 "백성들이 이롭게 여기는 대로 이롭게 해주었다.(因民之所利而利之)"[31] 그는 이렇게 해나가면 백성들이 편안하게 거처하고 생업을 즐기

28 『논어』 「학이(學而)」.
29 『논어』 「요왈(堯曰)」.
30 『설원(說苑)』 「정리(政理)」.

며 아울러 차츰 부유해지게 할 것이라고 생각하였다. 공자는 봉건적인 등급 제도를 견지하였다. 이 제도에 비추어 등급이 다른 사람은 다른 등급의 생활수준을 갖추어야 한다고 생각하였다. 그러나 공자는 등급 사이의 과분한 대립은 바라지 않았다. 인민에 대한 착취와 압박을 제한하여 그들도 어느 정도 부유한 생활을 누리게 하고, 백성을 인하고 부유하게 하는 방법으로 화해로운 등급사회를 건설할 것을 주장하였다.

그러나 공자는 "그들을 부유하게" 하는 것으로 결코 만족하지 않았다. 부유한 기초 위에서 민중에 대한 교육을 발전시키고자 하였다. 이 점에 있어서 공자는 당시의 식견 있는 사(士)를 크게 뛰어넘었다. 공자는 일생을 교육 사업에 종사하여 교육의 작용을 매우 중시했다. 그는 "가르치지 않고 죽이는 것(不教而殺)", "경계하지 않고 이룸을 책하는 것(不戒視成)"을 반대하였다. 이것 또한 바로 통치자는 법률과 법령으로 금지한 것과 요구하는 것을 광범하게 선전교육을 진행하여 인민들이 알게 하고 형법에 저촉됨을 피하게 할 것을 주장하는 것이다. 그는 "선인이 7년 동안 백성을 가르치면 군대[싸움터]에 나아가게 할 수 있다.(善人教民七年, 亦可以卽戎矣)"32, "가르치지 않은 백성을 가지고 전쟁하는 것, 이것을 일러 백성을 버리는 행위라 한다.(以不教民戰, 是謂棄之)"33라 하였다. 이에 의하면 공자는 비록 군주가 무력을 남용하여 전쟁을 일삼는 것을 반대하였지만 전쟁이 불가피함을 보았을 때는 그래도 군려(軍旅)의 일을 백성에게 가르쳐 그들이 전쟁에서 헛되이 희생되지 않게 할 것을 주장하였음을 알 수 있다. 다만 위에서 말한 각 항은 결코 공자가 민중을 교

31 『논어』 「요왈(堯曰)」.
32 『논어』 「자로(子路)」.
33 『논어』 「자로(子路)」.

육시키는 근본적 내용이 아니며, 그 근본 내용은 덕과 예이다. 공자는 민중에게 "덕으로 인도하고, 예로 가지런하게(道之以德, 齊之以禮)"[34] 하여 귀족의 전유물인 품덕과 예에서 백성을 교화시킬 수 있으며 귀족 통치 질서를 공고히 할 수 있는데 유리한 부분을 민중 속으로 전파하고 확충하여 민중에 대한 사상교화를 강화시킬 것을 기도했다. 공자는 덕과 예의 교화를 널리 추진하여 민중과 귀족의 관계를 조금 완화시키고 봉건문화를 다소간 하층으로 얼마간 보급될 수 있게 하였으니 매우 적극적 의의가 있다.

위에서 말한 다섯 가지 방면에서 공자의 정치주장을 고찰하면 충군존왕을 주도로 하는 공자 정치사상의 기조는 당연히 당시의 전체 봉건사회에서는 합리적이라고도 할 수 있다. 그러나 봉건 군주의 날로 심해가는 전제 독재와 백성을 해치는 것을 즐거워함에 따라 또한 충군존왕을 강조하였으니 그 낙후성과 반동성을 더욱 더 잘 드러내 보여주었다고 말할 수 있다. 그런 가운데 현재를 천거하고 서(庶)·부(富)·교(教) 등의 정치주장은 충분히 그 인민성을 드러내 보여주었으니 지금까지도 거울로 삼을 만한 가치가 있다. 이 두 방면은 역사 유물주의 발전 규율에 부합하는 공자사상에 내재한 이중성의 필연적 산물이다.

3. 공자의 정치 품격과 재략(才略)

공자가 일생 동안 정치에 종사한 시간은 길지 않았지만「생애 개략」에 상세

---

[34] 『논어』 「위정(爲政)」.

히 보임) 그의 언론과 행동은 그가 대정치가가 된 특유의 품격과 재략을 모두 두드러지게 표현하였다.

정치상으로 공자의 가장 걸출한 품격은 곧 굳건한 원칙성이다. 그 자신의 정치목표와 정치원칙은 심사숙고한 기초 위에서 형성된 후 종래 동요된 적이 없다. 맹자가 말한 "부귀가 마음을 방탕하게 하지 못하며, 빈천이 절개를 옮겨놓지 못하며, 위무가 지조를 굽히게 할 수 없다(富貴不能淫, 貧賤不能移, 威武不能屈)"[35]라 한 것이 공자를 제대로 묘사한 것이라고 할 수 있다. 공자는 한차례 노나라의 집정자인 계환자(季桓子)의 신임을 얻어 노나라의 대사구를 지낸 적이 있다. 이 때문에 자기가 처음 먹은 마음을 고쳐 '삼환'의 이익을 도모해주지 않았으며 사문을 약화시키고 공문을 확장시키는 원칙을 굳게 관철시켜 노나라를 진동시킨 '삼환'의 세력을 약화시키는 "세 도읍을 허무는" 정치투쟁을 발동시켰다.

"세 도읍을 허무는" 것이 좌절된 후 계환자는 성색(聲色)에 빠졌을 뿐만 아니라, 생활에서도 더욱 부패하여졌다. 아울러 공자를 의심하고 시기였으며 태만히 했다. 당시 공자는 두 갈래 선택의 기로에 놓였다. 하나는 고관의 두터운 봉록에 미련을 두어 원칙을 팽개치고 계씨와 의기투합하는 것이었고, 하나는 원칙을 견지하여 영화부귀를 내던지는 것이었다. "의롭지 못하면서 부유해지고 귀해짐은 나에게는 뜬구름과 같다.(不義而富且貴, 於我如浮雲)"[36] 그는 단호하게 후자를 택하였다. 대사구의 지위를 헌옷 버리듯 버리고 장기간 영락하여 유랑하는 생활이 시작된 것이다. 거취 문제에 있어서 공자의 기절(氣節)은 후세에 본보기가 되었다.

~~~~~~~~~~

35 『맹자』「등문공(滕文公) 하」.
36 『논어』「술이(述而)」.

공자는 열국에서 분주했던 기간에 여러 차례 폭력과 위협에 당면한 적이 있었다. 그때마다 모두 굳은 신심으로 어려움을 극복해냈다. 그는 광(匡)을 지날 때 광의 갑사들에게 포위되었는데 제자들은 매우 두려워하였다. 이때 공자는 말하였다. "문왕이 이미 별세하셨으니, 문이 이 몸에 있지 않겠는가? 하늘이 장차 이 문을 없애려 하셨다면 뒤에 죽는 사람[자신]이 이 문에 참여하지 못하였을 것이다. 그러나 하늘이 이 문을 없애려 하지 않으셨으니, 광 땅의 사람들이 나를 어떻게 하겠는가?(文王旣沒, 文不在茲乎? 天之將喪斯文也, 後死者不得與於斯文也, 天之未喪斯文也, 匡人其如予何!)"[37] 공자가 송나라에 가서 제자들과 큰 나무 아래서 예를 익히고 있는데 송나라의 사마환퇴(司馬桓魋)가 공자를 죽이려고 그 나무를 뽑아서 본때를 보여주었다. 제자들은 모두 공자에게 달아나라고 권하였지만 공자는 말하기를 "하늘이 나에게 덕을 주었으니, 환퇴가 나를 어찌하겠는가?(天生德於予, 桓魋其如予何!)"[38]라 하였다. 생사의 고비에서도 두려워하지 않고 무력 앞에서도 굴복을 하지 않고 자기의 덕행능력 및 정치사명에 자신감이 충만하였다. 적절한 조치로 마침내 위험한 상황을 평온하게 만들었다. 공자는 "지사와 인인은 삶을 구하여 인을 해침이 없고, 몸을 죽여서 인을 이루는 경우는 있다.(志士仁人, 無求生以害仁, 有殺身以成仁)"[39]라 말한 적이 있다. 그 스스로 이미 이 도덕 신조를 실천하였다.

더욱 어려운 일은 공자가 여러 번이나 장벽에 부딪힌 후에 이미 자기의 주장과 포부가 실현될 수 없는 것임을 알고서도 여전히 굳건하게 그것을 위해 분투하여 "그 안 됨을 알면서도 하는(知其不可而爲之)" 사람으

---

37 『논어』 「자한(子罕)」.

38 『논어』 「술이(述而)」.

39 『논어』 「위령공(衛靈公)」.

로 불린 것이다. 적지 않은 은자들도 모두 공자의 행동에 대해 부정적 태도를 지녔다. 다른 사람이 이해하지 못하는 데 대하여 공자는 슬픔을 느꼈지만 절대로 동요되지 않았다. 그와 제자들이 진(陳)나라와 채(蔡)나라 사이에서 양식이 떨어졌을 때 그는 세 제자에게 도를 행하는 데 대한 의견과 견해를 구한 적이 있었다. 자로가 회의적인 태도를 품자 공자는 인과 지(智)에 도달하지 못하였을 것이라고 생각하였다. 자공은 공자의 도가 지극히 크다고 인정은 하였지만 천하에 받아들여질 수가 없으니 공자가 생각을 바꿀 것을 바랐다. 안연은 말하였다. "부자의 도는 지극히 크기 때문에 천하에 받아들여지지 않는 것입니다. 비록 그렇지만 부자께서는 미루어 행하고 계십니다! 받아들여지지 않음이 무슨 걱정입니까? 받아들여지지 않은 후에야 군자가 드러나는 것입니다!"[40] 천하에서 받아들이지 않는 것은 다만 천하 사람의 견식이 얕기 때문에 천하가 받아들이지 않는 것이니 공자에게 해가 될 것은 없고 오히려 공자의 인인군자(仁人君子)의 고상한 품격만 드러내 보여주는 것을 증명한다는 것이다. 이 말은 공자의 마음의 소리를 표현하였으며 공자는 매우 만족하였다. 그는 "그 안 됨을 알면서도 하는 것"은 바로 자기가 하는 일이 도(眞理)에 부합함을 굳게 믿었다. 생전에 실현이 될 수 없다고 하더라도 또한 후인들에게 하나의 전범을 세워주어 그들이 그의 족적을 따라 나아갈 수 있게끔 계발시켜주려는 것이었다.

공자의 훌륭한 정치 품격은 또한 많은 방면을 포괄하고 있다. 풍격의 올바름, 광명정대함, 마음에 거리낌이 없음, 악을 원수처럼 미워함, 적극적이고 낙관적임, 주동적으로 융통성 있음 등등과 같은 것이다. 다만

---

40 사마천의 『사기』 「공자세가(孔子世家)」.

여기서는 일일이 상세하게 말하지 않겠다.

공자가 정치가로서의 재략을 갖추었음이 표현된 사례는 역사상 유명한 제나라와 노나라의 '협곡지회(夾谷之會)'이다.(제2장 「생애 개략」에 보인다) 이 회맹에서 제나라는 체면을 구겼으며 노나라는 실리를 얻었다. 여기에서 공자는 형세를 잘 헤아려 각국 사이의 갈등을 충분히 이용하였다. 당시 제나라와 진(晉)나라의 갈등이 비교적 두드러졌다. 노나라는 제나라와 진나라 사이에서 일거수일투족이 중요한 영향을 끼치는 위치에 처해 있었다. 제나라가 노나라와의 관계를 잘 처리할 수 없다면 노나라와 진나라가 연합하여 제나라에 맞서는 형세를 쉽사리 촉발시킬 수 있었다. 이렇게 제나라는 양쪽의 협공을 받게 되었다. 이 점에서 공자와 제나라의 당권자는 모두 분명하였다. 이 때문에 제나라는 감히 가볍게 노나라에게 죄를 짓지 않았을 뿐만 아니라 또한 다방면에서 노나라의 우호를 쟁취하려고 하였다. 이런 형세를 헤아리면 공자는 제나라에 대하여 원칙적으로 비교적 강경한 태도를 지녔다.

협곡(夾谷)의 회맹은 성공적인 외교 투쟁이었다. 공자는 이 투쟁에서 정치가의 큰 지혜와 큰 용기를 나타내었다. 이 때문에 그가 봉건시대의 위대한 정치가임을 인정하지 않는다면 그것은 실사구시적이지 못하다.

제7장

경제사상

1. 경제사상

공자의 경제사상은 그의 철학사상과 윤리사상, 정치사상 및 교육사상과 마찬가지로 분산되어 있고 체계적이지 않다. 현존하는 관련 문헌, 그 중에서도 『논어』에 나누어 보인다. 이런 문헌에서 하나의 단서를 이끌어내고자 내가 고려한 것은 주로 공자의 경제사상에 함축된 결정적인 의의가 있는 두 가지 강령이다. 이를 포착한 다음에 논술을 더하여 바야흐로 요점을 잡아내는 것이었다. 이 두 강령은 어떻게 생산노동과 노동성과를 다루는가 하는 문제와 어떻게 봉건 통치계급의 경제 이익과 통치를 받는 광대한 노동인민의 경제 이익을 다루는가 하는 문제라고 생각한다. 아래에서는 생각의 맥락에 근거하여 서술을 가하겠다.

(1) 노동생산의 경제적 성과는 중시하면서도 생산노동 자체의 사회적 가치와 의의는 경시

공자의 심목에는 서주의 영주제 봉건종법사회가 가장 이상적 사회였다. 그는 "주나라는 (夏·殷) 2대를 보았으니, 찬란하다. 그 문이여! 나는 주나라를 따르겠다.(周監於二代, 郁郁乎文哉, 吾從周)"[1]라 말한 적이 있다. 이 봉건사회는 언제나 사회의 역할 분담을 가지고 말하는데 두 가지 부류의 사람으로 구성된다고 생각하였다. 하나는 소수의 완전히 생산노동에서 벗어나 풍부한 물질적 재부를 점유하고 있는 귀족통치계급(天子와 諸侯의 각급 臣僚로 "君子"로 통칭되기도 함)이며, 하나는 광대한 물질의 재부를 창조하는 데 종사하지만 점유한 물질재부는 매우 적은 피통치 계급('小人'이라고 통칭하기도 함)이다. 나중에 맹자는 이에 근거해 개괄적으로 말하기를 "혹은 마음을 수고롭게 하며, 혹은 힘을 수고롭게 하나니, 마음을 수고롭게 하는 자는 남을 다스리고, 힘을 수고롭게 하는 자는 남에게 다스려진다 하였으니, 남에게 다스려지는 자는 남을 먹여주고, 남을 다스리는 자는 남에게 얻어먹는 것이 천하의 공통된 의리이다.(或勞心, 或勞力, 勞心者, 治人, 勞力者, 治於人, 治於人者, 食人, 治人者, 食於人, 天下之通義也)"[2]라 하였다. 전자는 귀족통치계급('君子')이고 후자는 노동자와 피통치계급('小人')이다. 이런 마음을 수고롭게 함(정신노동)과 힘을 수고롭게 함(육체노동)이 서로 나누어지는 현상은 사회 생산력의 발전과정 중에서의 낮은 단계, 곧 인류가 원시사회에서 계급사회로 진입한 후에 불가피하게 발생한다. 바로 엥겔스가 말한 것과 똑같다. "실제 노동 인민은 이와 같이 자기가 필요한 노동

---

1   『논어』「팔일(八佾)」.
2   『맹자』「등문공(滕文公) 상」.

에 바빠야 하며 그 많은 시간이 없는 것을 가지고 그런 공동의 의의를 가진 사회 사무―노동을 영도하고, 국가의 사무를 영도하고, 심판을 진행하며, 예술 과학에 종사하는 등등―에 종사하며, 이때 특수하게 실제 노동 계급의 존재를 벗어나는 것은 불가피한 것이다."[3] 이것이 바로 생산이 지극히 불공평한 마음을 수고롭게 하는 자는 남을 다스리고, 힘을 수고롭게 하는 자는 남의 다스림을 받는다는 사회역사의 배경이다.

공자는 당연히 어떤 사람과 어떤 국가가 생존하는 것은 무엇보다도 반드시 일정한 물질조건과 일정한 생활 자료를 구비해야 하며, 아울러 물질적 조건과 생활 자료는 풍부해질수록 더 좋아진다는 것을 알았다. 이를테면 자공이 나라를 다스리는 방법을 문자(問政) 공자는 대답하기를 "양식을 풍족히 하고, 군사력을 풍족히 하면 백성들이 믿을 것이다.(足食足兵, 民信之矣)"[4]라 하였다. 공자는 '양식을 풍족히 하는 것(足食)'을 나라를 다스리는 중요한 지위에 두었다. 이 책 제6장의 「정치주장」 1절에서 이야기한 '서(庶)', '부(富)', '교(敎)' 사상 또한 인구의 흥왕과 물산의 풍부함을 함께 들어 첫 자리에 놓았다. 이로써 당시 위나라 경제에 대하여 부유하다는 좋은 인상을 나타내었다. 이것이 공자가 경제이익과 물질생산 성과에 대하여(여기서 가리키는 것은 주로 농업경제 이익과 성과이다) 중시한 사상을 설명하는 것 아니겠는가? 그러나 경제행위 자체와 물질 생산 종사자의 노동과 기술 자체에 대하여서는 폄하하고 경시하는 태도를 나타내었다. 번지(樊遲)가 농사짓는 일과 채소를 경작하는 문제에 관하여 제기하였을 때 공자는 명쾌하게 대답하기를 "나는 늙은 농부만

3   엥겔스의 『반듀링론』, 인민출판사, 1956년판, 87쪽.
4   『논어』 「안연(顔淵)」.

못하다(吾不如老農)", "나는 늙은 채마지기만 못하다(吾不如老圃)"라 하였다. 번지가 나가자 공자는 이렇게 평론하였다. "소인이로다! 번수여! 윗사람이 예를 좋아하면 백성들이 윗사람을 공경하지 않는 이가 없고, 윗사람이 의를 좋아하면 백성들이 복종하지 않는 이가 없다. 윗사람이 신을 좋아하면 백성들이 감히 실정[情]대로 하지 않는 이가 없는 것이다. 이렇게 되면 사방의 백성들이 자식을 포대기에 업고 올 것이니, 어찌 농사짓는 것이 무슨 소용이 있겠는가?(小人哉 樊須也. 上好禮, 則民莫敢不敬, 上好義, 則民莫敢不服, 上好信, 則民莫敢不用情, 夫如是, 則四方之民, 襁負其子而至矣, 焉用稼)"[5] 귀족계급 "군자"(지위가 있고 없는 사를 포괄)는 여태껏 바로 "앉아서 도를 논하고(坐而論道)", "배워서 그 도를 이루며(學以致其道)"(여기서 가리키는 것은 자연히 治國과 治人의 도), 여태껏 노동생산에는 종사하지 않아야 하며 그들이 해야 할 일은 바로 도를 배우는 것이다. 나라를 다스리고 백성을 다스리는 것으로 "하늘이 백성을 낳고 임금을 세워주었으며 그들을 사목하게 하였다.(天生民而立之君, 使司牧之)"[6] '소인'이 해야 할 일은 생산노동과 '군자'를 공양하는 것이며 이는 불변의 진리가 되는 준칙('天下之通義')이라고 공자는 생각하였다. 이 때문에 생산노동과 생산기술 등과 관련된 일에 대하여 "군자"는 관심을 가질 필요가 없었다. 이에 대인(大人) 군자와 여민(黎民) 백성[小시]의 높고 낮은 사회정치 지위를 확정하였다. 뿐만 아니라 동시에 물질재부를 창조하는 데 힘입는 생산노동 및 그와 밀접한 상관이 있는 생산 기술과 노동자 자체를 또한 한 차례 폄하하였다.[7] 당연히 공자 자신도 소년 때 빈곤 때문에 다양한 노동에 참가하여 많은

---

5 『논어』 「자로(子路)」

6 『좌전』 「양공(襄公) 14년」.

기술을 배운 적이 있으며 안타까운 어투로 자공에게 "내 젊어서 미천했기 때문에 비천한 일에 능함이 많았다.(吾少也賤, 故多能鄙事)"라 하였다. "군자는 (능한 것이) 많은가? 많지 않다.(君子多乎哉? 不多也)"라고 강조하기도 하였다. 이는 '군자'는 이런 많은 "비천한 일(노동과 기예)을 배울 필요가 없다는 뜻이다.[8] 확실히 이런 사회발전을 촉진시키는 숭고한 물질재부를 창조하는 생산노동 및 그와 밀접한 상관이 있는 생산기술을 노동인민과 하나로 연동시켜 경시하고 폄하하는 사상은 계급사회의 소수인이 다수의 노동성과를 착취하고 약탈하는 극히 불공평한 괴현상이 낳은 괴이한 사상이다. 이 괴이한 사상은 향후 2천여 년에 달하는 중국 사회의 생산노동을 경시하고 자연과학과 기술개발을 홀시하며 지금까지도 여전히 무거운 짐이 되어 정신과 육체가 분리되고 경제와 과학기술이 낙후된 역사적 결과를 조성하였다. 이는 공자의 경제사상에서 봉건사회의 불합리와 불공평 현상의 소극적 인소를 반영한다. 이 점에 대한 지적은 매우 필수적이다.

---

7 인류는 계급사회로 진입하면서부터(첫째 형태는 노예사회) 생산노동을 경시하는 습속과 관점이 생겼다. 이를테면 고대 그리스의 노예주 계급 철학자인 플라톤(B.C. 427~347) 등은 공개적으로 통치계급이 생산노동에 참가하는 것을 반대하는 관점을 제기한 적이 있다. 중국에서 어떤 사람은 이론적으로 명확하게 '군자'(통치계급과 지식인)가 직접적으로 생산노동에 참가한 것을 반대한 사람은 공자라고 설명하였다. 위에서 이야기한 "번지의 질문에 답한 것" 외에도 그는 또한 "군자는 도를 도모하고 밥을 도모하지 않는다. 밭을 갊에 굶주림이 그 가운데 있고, 학문을 함에 녹이 그 가운데 있는 것이니, 군자는 도를 걱정하고 가난함을 걱정하지 않는다.(君子謀道不謀食, 耕也, 餒在其中矣. 學也, 祿在其中矣. 君子憂道不憂貧)"(『논어』 「衛靈公」)라 하였다. 이는 바로 향후 중국의 사군자(士君子) 계층(지식인)에 광범하게 유행한 육체노동을 경시하고 정신노동을 중시한 이른바 "모든 것이 하품이고 독서만이 높은 것(萬般皆下品, 唯有讀書高)"이라는 것의 이론적 근거이다.(후지추앙[胡寄窗]의 『中國經濟思想史』, 上海出版社, 1962년판, 87~90쪽을 참고하라)
8 『논어』 「자한(子罕)」에 보인다.

390

(2) 봉건귀족계급의 경제적 요구를 살피면서도 노동인민의 경제적 이익에 관심을 가짐

앞에서 이야기한 것은 공자가 경제사상에서 경제의 성과를 중시하면서도 경제행위는(이런 행위를 체현하는 노동자와 생산 기술을 포괄) 가볍게 본 모순을 내포한 인소의 문제였다. 여기서는 다시 나아가 공자의 경제사상에서 경제성과를 사회에 분배하는 방면과 실제적으로 착취하고 착취당하는 것에 관한 문제를 이야기해 보겠다. 공자는 귀족통치계급의 경제적 착취 요구를 합리적으로 만족시켜야 하며, 또한 노동인민의 경제적 이익에 관심을 가져야 한다고 주장하였다. 공자는 줄곧 서주의 영주제 봉건사회를 이상적인 규범으로 보았다. 이 때문에 사회경제 이익의 분배에서 혹 '주고(予)' '취하는(取)' 것이 합리적인가의 여부를 따질 때 늘 서주의 제도를 표준으로 삼았다. 여기서 말한 서주제도가 가리키는 것은 곧 주공의 "오직 문왕이 백성을 공경하고 조심함으로 하여 이 백성들을 편안히 하는(惟文王之敬忌,乃裕民)"[9] 비교적 개명한 징수정책에 근거하여 제정한 공전의 경작을 돕는 공부법(貢賦法), 곧 "10분의 1의 공전 경작(什一而藉)"[10]이다. 춘추시대에 이르러 사회경제 상황은 이미 큰 변화를 일으켰다. 특히 영주제 봉건사회가 이미 지주제 봉건사회를 향해가기 시작한 과도기의 역사적 변혁에서 표현되었다. 공자는 여전히 고집스럽게 이미 발전된 시대적 요구에 적응하지 못하는 주공의 법을 추숭하였다. 이는 그의 보수성을 반영하는 것이었다. 한편 그는 봉건통치계급이 노동인민을 착취하는 제도를 옹호하기는 하였지만 이런 착취와

---

9 『상서』「강고(康誥)」.

10 『공양전(公羊傳)』「선공(宣公) 15년」.

요구는 한도가 있어야 한다고 주장하였다. 그의 심목 중의 한도는 대체적으로 바로 "10분의 1의 공전 경작"이었다. 이 한도를 초과하면 그는 합리적이지 못하다 생각하였으며 단호하게 반대하였다. 이는 또한 그가 "10분의 1의 공전 경작"을 빌려서 통치계급이 그가 생각한 합리적인 한도를 뛰어넘는 노동인민에 대한 강탈을 억제하는 것을 기도하였음을 충분히 설명한다. 당시의 각 제후국이 경쟁적으로 각 나라의 노동인민에게 가렴주구를 일삼는 상황에서 그는 공공연히 이런 가렴주구를 반대하였다. 다른 방면에서 그가 위대한 사상가로서 시대의 한계를 충분히 돌파할 수 있으며 노동인민에게 동정을 쏟는 것을 반영하여 그의 진보성을 설명할 수 있는 것이 아니겠는가? 위에서 말한 보수성과 진보성의 상호 결합이 바로 공자 경제사상의 모순을 변증하고 통일하는 일종의 표현 형식이었다.

이에 공자의 경제사상에서는 이미 천자에서 제후국의 각급 통치계급에 이르는 영주제 봉건귀족의 경제적 요구를 돌아보았을 뿐만 아니라 노동인민의 경제적 이익이라는 이 두 가지를 겸하여 돌아보는 바람에 관심을 가졌다. 천자에서 제후국의 귀족통치계급에 이르는 노동인민에 대한 그칠 줄 모르는 가렴주구 때문에 좌절의 아픔을 당하여 그가 주의한 중점은 어쩔 수 없이 가렴주구를 반대하고 인민을 만족시키는 경제 이익 방면으로 옮겨가게 된다. 이 방면에 대한 공자의 언론은 매우 많은데 두드러지는 예로 다음과 같은 것이 있다.

계손이 전지에 부세를 매기려 하여 염유에게 공자를 찾아 물어보게 하였다. 중니가 말하였다. "나는 모른다." 세 번을 찾아가서 마침내 말하기를 "그대는 국가의 원로이며 그대를 기다려 행하고자 하거늘 그 어찌 그대는 말을 하지 않습니까?"라 하였다. 중니는 대답을 하지 않고 가만히 염유에게 말하였다. "군자가 일을 행할 때는 예에서 헤아려 베 풀 때는 두터운 것을 취하고 일은 그 들어맞는 것을 들며 세금을 거둘 때는 가벼운 것 따라야 한다. 이렇게 하여야 구로 해도 또한 족할 것이 다. 예를 헤아리지 않고 탐욕이 끝이 없다면 전으로 부세를 매겨도 또 한 부족하게 될 것이다. 또한 계손이 행하려 하는 것이 법도에 맞다면 주공의 전장이 있으며, 실로 행하고자 한다면 또한 어찌 찾느냐?" 그 말을 듣지 않았다.

季孫欲以田賦, 使冉有訪諸仲尼. 仲尼曰, 丘不識也. 三發, 卒曰, 子爲 國老, 待子而行, 若之何子之不言也? 仲尼不對, 而私於冉有曰, 君子之 行也, 度於禮, 施取其厚, 事擧其中, 斂從其薄. 如是, 則以丘亦足矣. 若 不度於禮, 而貪冒無厭, 則雖以田賦, 將又不足. 且子季孫若欲行而法, 則周公之典在, 若欲苟而行, 又何訪焉? 弗聽.(강조점은 지은이가 추가)

이 말은 공자 당시에는 '주공의 전장(周公之典)'이 준칙이며 가렴주구 에 반대하고 노동인민의 경제 이익에 대하여 관심을 가진 선명한 태도 를 충분히 반영하였다.(상세한 해석은 이 책 제2장 7절의 (1)에 보인다) 나중에 공 자는 염유에게 계손씨가 '전부(田賦)'를 실행함을 권하여 저지할 수 없 었음에 매우 불만을 가지고 준엄하게 그를 비판한다. 『논어』에 이 일이 기록되어 있다. "계씨가 주공보다 부유하였는데도 구가 그를 위해 부 세를 걷어 재산을 더 늘려주었다. 공자가 말하였다. '우리 무리가 아니 니, 소자들아! 북을 울려 죄를 성토함이 옳다.'(季氏富於周公, 而求也爲之聚斂 而附益之. 子曰, 非吾徒也, 小子鳴鼓而攻之可也)"[11] 공자의 이런 가렴주구를 반대 하고 인민의 이익에 관심을 가지는 태도는 향후 중국 역사상 개명한

任乘田放牧圖

승전직을 맡아 방목하다(任乘田放牧圖)
맹자는 "공자는 일찍이 승전이 된 적이 있는데 '소와 양을 잘 키울 뿐이다.'라 하셨다."라 하
였다. 승전은 육축(六畜)을 기르는 일을 관장하였다. 공자가 승전을 맡자 그의 관할 하에 있
던 소와 양이 모두 아주 살지고 건장하게 자랐다.

통치계급 및 각급 관리가 청렴한 정치 기풍을 제창하는 데 적극적 영향을 끼쳤다.

결론적으로 공자의 경제사상은 소극적 인소(노동인민과 노동기술의 경시)와 정반(正反)이 섞여 있는 인소('周公의 전장'을 고수함)가 있었을 뿐만 아니라, 또한 적극적 인소(고생하는 인민의 이익에 관심을 가짐)도 있었다. 우리는 역사적이고 과학적인 태도로 소극적 인소는 배제하고 정반이 섞여 있는 인소는 지양해야 한다. 적극적 인소는 계승시키고 발양하여 중화민족의 우수한 전통을 발양하도록 하여야 한다.

이상의 두 '강령[綱]'은 공자 경제사상의 주요 특징을 설명할 수 있으며 그가 '조목[目]'으로 간주했다고 볼 수 있는 구체적 내용은 아래의 「경제주장」의 절에서 논술을 가하겠다.

2. 경제주장

공자는 인사(人事)를 중시하고 실제를 따졌으며 공론을 반대하였다. 따라서 그의 경제주장은 모두 비교적 구체적이고 지향성이 있어서 행하기에 이점이 있고 효과를 보기도 쉽다. 공자가 보건대 경제가 정치를 결정하는 것이 아니라 정치가 경제를 결정한다. 정치가 경제를 위해 봉사하는 것이 아니라 경제가 정치를 위해 봉사하는 것이다. 이는 또한 그의 경제사상과 경제주장은 모두 그의 인정덕치 정치를 위하여 봉사한다는 말이다. 2,500여 년 전의 공자는 이론적으로 경제와 정치적 관

---

11 『논어』「선진(先進)」.

계가 전도되기는 하였지만, 우리도 전도된 관계에서 문제의 실질을 볼 수 있다. 이제 특히 아래의 네 방면을 가지고 공자의 경제주장의 주요 내용을 천술하겠다.

(1) 농업에서 결코 농민의 계절별 노동시간을 그르칠 수 없다고 주장하고 토지자원을 합리적으로 사용할 것을 주장하였으며 좋은 경지(耕地)를 아꼈다

중국 고대 특히 은주 이후로는 줄곧 농업으로 나라를 세우는 국책을 명확히 하였다. 국가경제는 농업경제였으며, 사회생산은 농업생산이었다. 수확하는 농작물의 많고 적음은 국가경제와 민생의 좋고 나쁨을 결정한다. 다만 농업은 계절에 따른 영향력이 매우 커서 공자는 특히 "백성을 부리기를 제때에 하여"[12] 결코 농민이 제철에 해야 할 노동 시간을 그르쳐서는 안 된다는 주장을 제기하였다. 이는 당시 각급 영주의 경쟁적인 사치 풍조를 겨냥한 것이다. 궁실을 건축하고 원유(園囿)를 가꾸며, 교량과 길을 건설하는 등등의 일에 종종 대규모의 농업노동력을 징발하여 계절성이 강한 농업생산에 영향을 끼쳐 토지를 황폐하게 하였다. 수입도 대폭 감소하게 하였다. 이는 광대한 농업 노동자의 생활에 영향을 끼쳤을 뿐만 아니라 대대적으로 각급 귀족통치 계급의 수입을 떨어뜨렸다. 이런 상황에서 공자는 대성일갈하여 "백성을 부리기를 제때에 하라는" 주장을 제기하였다. 동시에 "백성을 제때에 부리는" 것은 또 다른 의미를 지니고 있다. 그는 당시 사용 중이던 주력(周曆)에 불만을 가지고 "하나라의 철[책력]을 행할 것(行夏之時)"[13], 곧 하력(夏曆, 夏代의

---

12 공자께서 말씀하셨다. "천승의 나라를 다스리되 일을 공경하고 믿게 하며 쓰기를 절도 있게 하고 백성을 사랑하며, 백성을 부리기를 제 때에 하여야 한다.(子曰, 道千乘之國, 敬事而信, 節用而愛人, 使民以時)"(『논어』 「학이(學而)」

曆法)으로 주력(周代의 曆法)을 대체할 것을 제기하였다. 이는 농업에서 지극히 중요한 문제다. 하력이 현재에도 그대로 쓰는 '농력(農曆)'('서기'에 대하는 말)으로 매년 정월을 첫째 달로 하여 봄 여름 가을 겨울의 천체와 자연현상이 일치한다. 봄에 씨 뿌리고 여름에 김매고 가을에 수확하고 겨울에 저장하는 농업 계절과 대체적으로 일치한다. 주력은 '농력' 11월을 매년의 첫째 달(正月)로 정하여 앞으로 두 달을 당겼다. 이는 농업의 시령 계절과 서로 일치하지 않는다.[14] 따라서 공자는 농업을 발전시키는 데서 착안하여 주력을 사용하지 말고 하력을 사용할 것을 주장하였다. 이외에 또한 당시 각급 영주통치계급은 주력으로 정월 초하루 전에 모두 대규모의 노동력을 징발하였다. 신년을 경하하느라 각종 준비 작업을 하여야 했기 때문이다. 이때는 바로 하력의 9월과 10월 사이다. 농작물의 수확과 파종 그리고 저장에 긴급하면서도 바쁜 때이다. 농민에게는 연중 가장 관건이 되는 시기인데 이때 노동력을 징발하면 농업경제에 막대한 손실을 조성하게 될 것이다. 공자는 이 엄중한 상황을 겨냥하여 역법을 고쳐 '주력'을 폐기하고 "하나라의 철을 행"할 것을, "쓰기를 절도 있게 하고 백성을 사랑하며, 백성을 부리기를 제때에 하여야

~~~~~~~~~

13 『논어』「위령공(衛靈公)」.
14 중국 고대 역법은 복잡하면서도 자못 미신적인 성분을 띤 문제이지만, 또한 일상생활 특히 농업생산과 관계있는 문제이다. 특별히 정수덕의 『논어집석』(「衛靈公」上, 938쪽)의 이와 관련 있는 문제를 인용하여 참고자료로 제공한다. "하나라 때는 두병(斗柄)이 초저녁에 인을 가리키는(建寅) 달을 한 해의 첫 달로 하였다. 하늘은 자(子)에서 열리고 땅은 축(丑)에서 열리며 사람은 인에서 생긴다. 그러므로 두병이 이 이 세 때를 가리키는 달을 모두 한 해의 첫 달로 삼을 수 있었다. 삼대에는 이를 번갈아 썼다. 하나라 때는 인을 인정(人正)으로 하였고, 상나라는 축을 지정(地正)으로 하였으며, 주나라에서는 자를 천정(天正)으로 하였다. 그러나 때에 맞춰 일을 해야 하니 세월은 당연히 인(人)을 기(紀)로 하여야 한다. 공자가 주장한 "하나라의 철을 쓸 것"은 대개 "그때의 정(正)과 그 영(令)의 훌륭함을 취하였으니" 비교적 농업생산의 계절적 요구에 부합하였다.

한다(節用而愛人, 使民以時)"[15]는 것을 제기하였다. 이렇게 해야 농업생산에 유리할 것이며 양식의 제공과 비축을 충실히 할 수 있을 것이라 했다. 공자는 치국의 도가 중요한 것은 첫째 인민의 안정, 둘째 양식의 충족, 셋째 상례를 지극히 하는 것, 넷째 제사를 진중히 하는 것("所重, 民·食·喪·祭")[16]이라 생각하였다. 뒤의 두 가지는 당시의 습속에서 중시한 것이라 지금은 이야기할 것이 없다. 앞의 두 가지는 지금까지도 현실적 의의가 있다. 공자는 그것들을 앞에다 두었다. 사상적으로나 정치적으로나 원대하고 탁월한 식견이며 실제를 중시하는 그의 정신이다. "백성을 제때 부리는" 것과 백성을 중시하고 식량을 중시하는 주장은 나중에 맹자에 의하여 계승되고 발양되었다. 맹자는 일맥상통하는 농업상의 "농사철을 어기지 않아야" 한다고 주장을 제기하였다.(이 책 340쪽에 보임) 공자의 '인정덕치'와 맹자의 '왕도'는 사실 서로 같은 뜻이다. 그들은 마음을 쓰는 사람(각급 영주 봉건통치계급 과 士)의 지위를 중시하였다. 한편으로는 힘을 쓰는 자(농민과 농노, 黎民과 小人)의 지위를 경시하였다. 또한 '인정덕치'나 '왕도'의 경제 기초, 주로 농업경제의 무거운 짐을 농업노동자의 몸에 지우는 것을 실행할 수밖에 없었다. 이런 이중성의 모순 현상은 서주 영주제에서 향후 지주제까지 삼천 년에 달하는 봉건사회의 간선을 관통하였다. 그것만 이해하면 기본적으로 봉건사회와 공맹의 경제사상에 관한 실질을 이해하게 된다. 맹자의 말에서 우리는 공자와 맹자의 '인정덕치'와 '왕도'의 표지가 된 경제실체가 한 폭의 봉건사회에서 "끊임없이 순환하는" 정체된 상태에 만족하고 자급자족하는 재생산이 간

15 『논어』「학이(學而)」.
16 『논어』「요왈(堯曰)」.

단한 소농경제의 경상에 지나지 않음을 알 수 있다. 그들이 속한 그 사회의 역사적 단계에서는 이 점 또한 하나의 실현하기 어려운 이상 경계였다. 이는 주로 첫째, 그들은 많은 나라를 방문하고도 그들이 바라는 '명군'을 만나지 못하였다. 만난 사람은 모두 범용하고 혼암한 임금으로 '끝없는 탐욕'의 욕구가 범용하고 혼암한 임금이 이렇게 하도록 허락하지 않았다. 둘째, 모든 영주계급과 지주계급의 착취 본성이 그들이 이렇게 하도록 허락지 않았기 때문이다. 이에 맹자가 묘사한 듯한 소농경제의 따뜻하고 배부른 경상은 다만 하나의 실현할 길이 없는 '아름답고 묘한(美妙)' 의경일 수밖에 없었다. 당시로서는 자못 원대한 견해였지만 현재까지도 여전히 거울로 삼을 만한 의경이다.

이외에 공자는 농업용지 자원의 합리적 사용을 매우 중시했다. 공자가 노나라에서 중도재와 소사공(현재의 工程局長에 상당)에 임용되었을 때 토지를 다섯 가지로 분류한 적이 있다. 첫째 산림지대, 둘째 천택(川澤)지대, 셋째 구릉지대, 넷째 고원지대, 다섯째 평정(平整)지대이다.(이 책의 90~91쪽을 참고해보라) 쪽을 참고하여 보라. 이렇게 다른 토지에 근거한 토지제에 따라 적합한 다른 작물을 심을 수 있었으며 "사물이 각기 그 자라기에 마땅한 곳을 얻어 그 적합한 장소를 얻게 되었다."[17] 이는 현재에서 보면 이미 보통 상식이지만 2천여 년 전의 시대에는 농업상의 진보라고 말하지 않을 수 없다.

마지막으로 특별히 지적해야 할 것은 공자는 "부친이 돌아가시면 예로 장사지낸다"는 효도를 제창한 것이다. 다만 경작할 수 있는 좋은 전지를 보호하고 절약하기 위해 또 힘껏 "언덕을 따라 무덤을 만들고 봉

---

17 『공자가어』「상로(相魯)」.

분도 쌓지 말고 나무도 심지 말 것"[18]을 주장하였다. 이는 훌륭한 전지를 차지하는 것을 면하기 위함이었다.[19] 그렇게 "부친이 돌아가시면 예로 장사지낼" 것을 제창한 공자는 여기서 오히려 또 좋은 전지를 보호하고 농업을 발전시키는 것을 묘장(墓葬)보다 더 두드러진 지위에 놓았다. 이는 일관되게 농업노동과 기예를 경시한 공자가 사상 깊은 곳에서는 또한 농업의 실제 효과에 매우 관심을 가졌음을 설명한다.

(2) 수공업에서 '백공'을 오게 할 것을 주장하고, 각자의 노동성적에 따라 임금을 주다

앞에서 이미 말했듯이 중국은 예로부터 특별히 서주 이후로는 이미 농업으로 나라를 세우는 국책이 명확해져 공업(주로 手工業)이 차츰 중시되기 시작하였다. 다만[20] 농업에 비하면 부차적인 지위에 놓여 있었다. 당연히 농업성과를 중시하고 농업노동에 종사하는 서민과 농노 등 '소인'을 경시하는 것과 마찬가지로 수공업을 대우하는 상황 또한 이와 같았다. 한편으로는 수공업이 창조한 각종 정미롭고 호화로운 생산

---

18 『공자가어』 「상로(相魯)」.

19 이곳의 '불봉(不封)'은 "흙을 쌓아 봉분을 만들지 않는 것"으로 해석되며, 『주역정의』 「계사(繫辭) 하」 공영달(孔穎達)의 소(疏)에 의하면, "흙을 쌓아서 무덤을 만들지 않으면 봉분을 쌓는 것이 아니다."라 하였다. '불수(不樹)'는 "나무를 심거나 비석을 세워서 무덤이 가리지 않게 한다"로 해석되며, 『이아(爾雅)』 「석언(釋言)」에 의하면 "가리개를 수라고 한다(屛謂之樹)"라 하였으니, 곧 '수(樹)'는 가리개를 세우는 것으로 나무를 심는 것이 아니며, 여기서는 두 가지의 뜻(나무도 가리키고 비석을 세우는 것도 가리킴)으로 의역하였다. 공자의 "언덕을 따라 무덤을 만들고 봉분도 쌓지 말고 나무도 심지 말 것"은 두 가지 의미로 해석될 수 있다. 첫째는 공자는 일관되게 "예는 사치하기보다는 차라리 검소하여야 하고, 상은 형식적으로 잘 치르기보다는 차라리 슬퍼하여야 한다.(禮, 與其奢也, 寧儉, 喪, 與其易也, 寧戚)"(『論語』 「八佾」)는 것을 주장하여 마음이 진실되고 슬픔은 간절할 것을 제창하였으며, 위의 말은 이런 정신과 딱 부합한다. 둘째는 이렇게 하면 바로 양질의 전지를 점용하지 않아 농업생산에 영향을 끼치지 않을 수 있다.

물(궁전과 禮器, 服飾, 用具 等을 포함)을 중시하고 누리며 자랑하기까지 이르렀지만, 다른 한편 오히려 수공업 노동자의 사회 지위를 폄하했다. 공자는 공업을 비교적 중시하고 "백공을 오게 하는 것"을 '천하국가'를 다스리는데 필수적으로 따라야 할 아홉 가지 원칙('經') 중의 한 조목으로 열거하였다.[21] 농업이 제공하는 양식에 의존해야 하는 외에도 반드시 각종 수공업 공장(工匠)이 발전시킨 각종 수공업에 의존해야 함을 알았기 때문이다. 이렇게 해야 필요한 수공업 생산품이 풍족해져서 (무엇보다도 귀족의) 생활과 생산을 만족시키고 전쟁무기의 수요를 생산할 수 있기 때문에 "백공을 오게 하여 재용[財政]을 풍족하게 한다.(來百工, 則財用足)"[22]라 하였다.

공자가 생활한 춘추시대에는 서주 이래 수공업 생산의 경험이 누적되고 발전을 답습하여 공업에 이미 큰 진전을 이루어냈다. 당시의 수공업은 대개 세 가지로 나누어질 수 있다. 하나는 관공업(官工業)이며, 하나는 농업이기도 하고 공업이기도 한 "남자는 농사를 짓고 여자는 베를

~~~~~~~~~

20 이를테면 은나라를 멸하고 주나라를 세운 초창기에는 은나라 풍속이 술을 좋아한 폐단을 거울삼아 음주를 엄금하여 술을 마신 자를 극형에 처하였는데 '백공(百工)'만은 예외였다. 주공은 일찍이 백공에게 명을 내려 술을 마신 자에게 "죽이지 말라(勿庸殺之)"(『尙書』「酒誥」)고 하였는데, 목적은 그들의 기예의 창조력이 풍부한 것을 이용하여 나라의 쓰임에 충실하게 하기 위함이었다. 주공이 이렇게 수공업의 작용을 중시한 것은 자연히 공자에게 큰 영향을 끼쳤다.

21 『예기』「중용(中庸)」"무릇 천하와 국가를 다스림에 구경[아홉 가지 떳떳한 법]이 있으니, 몸을 닦음과 어진 이를 높임과 친척을 친히 함과 대신을 공경함과 여러 신하들의 마음을 체찰함과 여러 백성들을 자식처럼 사랑함과 百工들을 오게 함과 먼 지방의 사람을 회유함과 제후들을 은혜롭게 하는 것이다.(凡爲天下國家有九經, 曰, 修身也, 尊賢也, 親親也, 敬大臣也, 體群臣也, 子庶民也, 來百工也, 柔遠人也, 懷諸侯也)" 전하는 바에 의하면, 「중용」은 공자의 손자인 공급(孔伋, 子思)이 지었다고 하며, 주로 공자가 남긴 말을 추술하였다고 하는데, 그 기본정신은 공자의 사상과 서로 일치한다.(본문의 강조점은 지은이가 추가)

22 『예기』「중용(中庸)」.

짜는" 가내 수공업이다. 나머지 하나는 사인(私人)의 전업(專業) 수공업이다. 공자가 제기한 "백공을 오게 하는" 것은 주로 관공업을 가지고 말할 것이다.

관공업은 귀족 통치계급의 복식과 예기(禮器) 및 호화 생활사치품과 전쟁 무기의 제작을 위하여 왕궁에 설치한 공장이다. 무릇 국내에 일정한 전업 기예의 각종 공장(工匠)을 갖춘다면 모두 관부에 의해 무조건적으로 징발되었다. 특기에 의하여 공정작업을 나눈다면 "장인들을 거처하게 함에 관청에 나아가게 하는(處工就官府)"23 총칭이 '백공'의 각종 공장이며 "백(百)이라 한 것은 큰 수를 든 것일 따름이다.(言百者擧大數耳)"24 모든 관공(官工)은 모두 각류의 공관(工官: 현재의 도목수에 상당)의 엄격한 관할 하에 노동하며 모두 일정 정도에서 신체적 자유를 박탈당하였다. 그들은 생활의 대우에 대해 큰 차이가 있을 뿐만 아니라 사회적 지위도 매우 낮아서 자유민과 나란히 놓을 수 없다. 곧 『예기』 「왕제(王制)」에서 말한 "고을(공방)을 떠나서는 사의 대열에 끼지 못한다(出鄕不與士齒)"와 같다. 사(士)는 자유민이며 치(齒)는 동등하다는 뜻이다. 작업 시간의 길이와 보수가 약하고 게다가 각급 공관의 억제와 착취 때문에 많은 공장(工匠)은 각종 달아날 기회를 엿보지 않을 수 없었기 때문에 백공의 무리는 안정적이지 못하였다. 공자는 이런 상황에서 "백공을 오게 하는 것"을 제기하여, 봉건 귀족국가가 백공의 생산을 통하여 "재용(財用)이 풍족해지는" 목적에 이는데 편하게 할 것이다. 공자가 제기한 "백공을 오게 하는 것"은 조건적이었다. 이 조건은 "녹을 줌을 일

---

23 『국어』 「제어(齊語)」.
24 『주례』 「고공기·소(考工記·疏)」.

에 맞추어 함(餼廩稱事)", 곧 각급 공관이 백공에 대한 억제와 착취를 없애고 그들의 물질적 처우를 개선하면 그들이 합리적인 보수를 받을 수 있게 한다는 것이다. 공자는 이렇게 하면 백공의 무리가 안정될 수 있을 것이라 생각했다.

"녹을 줌을 일에 맞추어 한다(餼廩稱事)"는 말은 『예기』 「중용」에서 나왔는데, 원문은 이렇다. "날로 살펴보고 달로 시험하여 창고에서 녹을 줌을 일에 맞추어 함은 백공을 권면하는 것이다.(日省月試, 既稟[餼廩] 稱事, 所以勸百工也)"[25] 일정 의의에서 위에서 말한 "녹을 줌을 일에 맞추어 함"은 현재의 "근로에 맞춰 보수를 준다"는 것에 상당한다. 2천여 년 전의 춘추시기는 경제외적 착취가 성행하여 공자는 수공업 공장(工匠: 百工)의 임금(餼廩) 문제에 관하여 "녹을 줌을 일에 맞추어야 한다"는 주장을 제기할 수 있었다. 이는 확실히 매우 갸륵한 것이다. 가장 가치 있는 점은 명확하게 잔혹한 경제외적 착취의 반대를 제기한 데 있다. 당시의 조건이 허락하는 한 합리적으로 백공에게 응분의 임금을 줄 것(녹을 줌을 일에 맞추어 함)을 주장하였다. 지금의 관점에서 보면 누구에게나 상식으로 통하지만, 현재도 진정으로 곡해하지 않고 철저하게 "근로에 맞춰 보수를 주는 것"(餼廩稱事)은 실천하는 것뿐만 아니라 이론적으로도 모두 아직 완전히 해결된 문제가 아니다. 2천여 년 전의 봉건사회에서 영주 귀족계급의 인민에 대한 잔혹한 경제외적인 착취는 "백성들은 그 힘을 셋으로 나누어 둘을 나라에 들이고 하나로 먹고 산다. 임금의 모아놓은 것이 썩고 벌레가 생기지만 삼로는 동상에 걸

---

25 공영달(孔穎達)의 『소(疏)』에서는 이 몇 마디에 대하여 다음과 같이 해석하고 있다. "음식과 양식의 지급을 그 일에 맞게 하여 공이 많으면 양식을 두터이 주고 공이 작으면 양식을 적게 주는데, 이는 백공을 권하는 까닭이다."(『十三經注疏』 下冊, 中華書局態印本, 1630쪽)

리고 굶주리며…… 백성들은 고통스러워하였다.(民參其力, 二入於公, 而衣食 其一. 公聚朽蠹, 而三老凍餒[26]……民人痛疾)"[27] 백공의 상황은 자연히 예외적일 수 없다. 이런 상황에서 그가 주장한 "녹을 줌을 일에 맞추어야 한다" 는 확실히 당시의 폐단에 정곡을 찔렀다. 공자가 공인의 임금 처우 문 제에서 주장한 것은 현대의 "근로에 맞춰 보수를 주는" 정신에 상당 한다. "녹을 줌을 일에 맞추어야 한다"는 것과 같은 방법은 당시에 선 구적 의의가 있다고 말하지 않을 수 없다. 봉건사회에서 생장한 동시 에 또한 전심전력으로 이 사회제도를 옹호한 사람이 "사람들을 사랑 하되 인한 이를 가까이해야 한다(汎愛衆, 而親仁)[28]"는 생각을 품은 위대 한 사상가와 정치가가 아니었다면 시대적으로 사회적으로 겹겹이 막 힌 힘을 투과하여 이런 주장을 제기할 수 있었겠는가? "녹을 줌을 일 에 맞추어야 한다"와 "근로에 맞춰 보수를 주는" 이 두 서로 2천여 년 이 떨어진 각자 자기 시대의 특징을 띤 것같지 않은 방법은 누구도 그 들 사이의 출발점에는 어느 정도 비슷한 곳이 있다는 것을 부인할 수 없다. 이는 공자의 이 주장에 대한 역사적 의의와 가치를 충분히 보여 준다.

(3) 상업에서 세관의 폐지를 주장하고 도량형을 통일하고 위조품을 제지하다

공자 시대에는 "근본을 중시하고 말엽적인 것을 억압(重本抑末)", 곧 농

---

26 '삼로(三老)'의 '삼(三)'자는 주석가들에게 정해진 설이 없으며 어떤 사람은 농(農), 공(工), 상(商)의 세 노인이라 하였고 어떤 사람은 상·중·하의 세 노인이라고 하였는데 모두 타당성이 적다. 옛날에는 '삼(三)'을 항상 '많다(多)'는 뜻으로 해석했다. 여기서 '노인'을 두루 가리킨다는 뜻 또한 통한다.

27 『좌전』 「소공(昭公) 3년」.

28 『논어』 「학이(學而)」.

업을 중시하고 상업을 억제하는 사상이 이미 싹을 틔우기 시작하였지만 그래도 엄중하지는 않았다. 그러나 『논어』의 어디에서도 공자가 상업을 폄하고 경멸하였다는 언론을 찾을 수 없다. 번지가 "농사를 묻고", "채소 경작을 묻는" 것 같은 것에 대한 비하하는 듯한 언어는 한 마디도 없다. 특별히 젊었을 때 상업 활동을 경영해본 적이 있는 관중에 대하여(管仲)[29] 여전히 그 나중의 공적을 기려 "그의 인만 하겠는가? 그의 인만 하겠는가?(如其仁, 如其仁)"[30]라 하였다. 그의 제자 자공이 상업 경영을 하여 거부(巨富)가 된 데 대하여[31] 공자는 찬양하여 말하기를 "사(賜, 子貢)는 천명(天命)을 받아들이지 않고 재화를 늘렸으나 억측(憶測)하면 자주 들어맞았다."[32]라 하였다. 곧 이 두 예는 공자가 유생이 상업을

29 사마천의 『사기』 「관안열전(管晏列傳)」에 관중이 스스로 말하기를 "내가 처음에 곤궁하였을 때 일찍이 포숙과 함께 장사를 한 적이 있는데 재화와 이익을 나눌 때 내가 많이 가져갔는데도 포숙(鮑叔)은 나를 탐욕스럽다 하지 않았으니 내가 가난한 것을 알았기 때문이다."라는 기록이 있다.

30 『논어』 「헌문(憲問)」.

31 사마천의 『사기』 「화식열전(貨殖列傳)」. "자공은…… 조나라와 노나라 사이에서 재물을 사고팔아 70제자의 무리 가운데 단목사(端木賜)가 가장 부유하였다. …… 대체로 공자의 이름을 천하에 두루 떨치게 한 것은 자공이 전후에서 주선을 하였기 때문이다." 후대의 유자들은 많이 공자가 말한 "안회는 (道에) 가까웠고 자주 끼니를 굶었다. 사(賜)는 천명(天命)을 받아들이지 않고 재화를 늘렸으나 억측(憶測)하면 자주 맞았다."라는 이 두 마디는 공자가 안연을 칭찬하고 자공을 풍자한 것이라고 생각하였다. 이를테면 한나라 왕충(王充)의 『논형(論衡)』 「지실(知實)」편에서는 "사(賜)는 천명(天命)을 받아들이지 않았다"라는 구절은 공자가 "자공이 부를 축적한 것을 허물한 것이다."라 하였다. 사실 이런 것은 모두 진부한 견해이며 공자를 곡해한 것이다. 실제 상황은 춘추시기에는 상업이 이미 매우 발전하여 모든 상인과 거상이 모두 생산활동에 직접 참가하지 않았으며 이 점은 사(士)의 계층에 있는 유자 또한 매우 비슷하다. 또한 어떤 상인은 신흥 귀족으로 이미 폐백으로 제후를 초빙하였으며 임금과 교유를 맺고 조정에 출사하기도 하였으며(子貢이 한 예이다), 이 실제적인 상황에 근거하여 공자는 상업에 대하여 비교적 현실적인 태도를 취하였다. 이 때문에 "사(賜)는 천명(天命)을 받아들이지 않았다"라는 말은 자공에 대한 풍자가 아니라 마찬가지로 칭찬하는 말일 것이다.

32 『논어』 「선진(先進)」에 보인다.

경영하는 것을 결코 반대하지 않았다는 것을 설명할 수 있다. 이뿐만 아니라 그는 또한 노양공 때 노나라에서 벼슬한 장문중(藏文仲)은 세 가지 인하지 못한 것이 있다고 비판하였다. 그 가운데 인하지 못한 한 가지는 바로 장문중이 육관(六關)[33]을 설치하여 행상에게서 세금을 거둔 것이다. 나중에 공자는 노양공에게 육관을 폐지하도록 설득하였다. 목적은 상고와 행인의 편의를 위해서였다. 이는 공자 당시 이미 상업적으로 세금을 거두지 않거나 세금을 적게 거두는 개방성과 자유무역의 생각을 반영하였다. 그는 또한 "권(權)과 양(量)을 삼가고, 법도를 살핀다(謹權量, 審法度)"[34]는 도량형 통일을 주장[35]하였다. 상품의 유통이 안정되고 발전해나가는 데는 상품의 분량과 척촌에서 허위날조의 폐단을 혁제하는 것이 필요 전제 조건이다. 시장에서는 가격을 멋대로 올리는 것을 엄금하였다. 이는 더욱이 경영 기풍을 단정히 하고 소비자의 이익을 옹호하는 정확한 주장과 시행이었다. 모든 이런 공자가 노나라에서 중도재(中都宰)와 소사공(小司空)으로 있던 기간 중에 대개 모두 여러 가지를 시행한 적이 있다. 결과는 "처음에 노나라의 양을 파는 사람 중에 심유 씨(沈猶氏)가 늘 아침마다 그 양에게 물을 먹여서 시장 사람을 속였다. …… 육축(六畜)을 파는 사람은 겉을 꾸며서 가격을 올렸다. …… 석 달만에 말과 소를 파는 사람은 가격을 속이고 올리지 않았으며 양과 돼지

---

33 『공자가어』 「안회(顏回)」의 원주. "육관(六關)은 관문의 이름이다. 노나라에는 본래 이 관문이 없었는데 문중이 설치하여 행인에게 세금을 거두었다."

34 『논어』 「요왈(堯曰)」.

35 이곳의 "권(權)과 양(量)을 삼가고, 법도를 살핀다(謹權量, 審法度)"는 의미는 바로 도량형의 경중(斤, 兩)과 도량형의 용량(斗, 升), 도량형의 길이(丈, 尺, 寸)가 도구를 잘 살펴서 신중하게 결정하는 것이다. '법도(法度)'는 정치 법률의 개념이 아니며 도량형 용량의 용구이다. 현대적인 말로 한다면 엄격하게 통일된 도량형 제도를 규정한다는 것이다.

를 파는 사람은 더 꾸미지 않았다."[36] 3개월을 다스린 성적이 이와 같이 빛났으니 다소 과분한 칭찬이라고 하더라도 일정 사실 근거가 없다고는 할 수 없을 것이다.

공자는 "기물을 헛되이 꾸미지 않을 것(器不雕僞)"[37]도 주장하였다. 이 말은 시장상품에 하나의 중요한 원칙적 문제를 제기하였으니 곧 어떻게 실용과 형식, 진위의 문제를 처리하는가이다. 공자가 주장한 "기물을 헛되이 꾸미지 않음"은 실질적으로 곧 상품의 외관은 실용에 복종해야 하는 것을 제창하고 거짓이 진실을 어지럽히는 것을 엄금하였다. 조금 부족한 곳이 있다면 과분하게 '꾸미지 않았음'을 강조하며 다시 한 구절을 보충하여 "꾸밈이 바탕을 넘지 않는다", 곧 외관의 아름다움이 실용적인 질을 넘어서지 않는다면 더욱 좋을 것이다. 그러나 우리 또한 옛사람에게서 완전한 것을 구하지 않아야 한다. 2천여 년 전의 공자가 제기할 수 있었던 "기물을 헛되이 꾸미지 않을 것"을 주장한 데 대하여 이미 귀감으로 삼을 가치가 있다.

(4) 소비를 '예'에 의해 행할 것을 주장하고 사치와 인색함을 모두 반대함

소비는 생산과 분배의 결과로 어떤 사회 생산과 분배에는 어떤 소비가 있다. 앞에서 이미 지적했듯이 춘추시기 봉건사회의 주요 특징은 바로 한편으로는 각급 귀족 및 그 신료로 구성된 등급이 엄격한 통치계급(몇몇 士도 거기에 포함)이다. 그들은 생산노동에는 참여하지 않았지만 대부분의 사회 재부를 차지하였으며, 호화롭거나 부유한 생활을 지냈다.

---

36 『순자』「유효(儒效)」.
37 『공자가어』「상로(相魯)」.

다른 한편은 광대한 농노와 자유농민, 백공을 포괄하는 서민 피통치계급으로, 그들은 전체 사회의 노동을 담당하면서도 노동의 성과는 통치계급이 각종 형식의 가렴주구를 통하여 절대 부분 착취되었다. 그들에게 남겨진 것이라곤 고작 따뜻하고 배부른 것을 유지하느라 애쓰는 것뿐이었다. 이따금 따뜻하고 배부른 것조차 유지하기 어려운 빈곤한 생활이었다. 이는 당시 전체 사회의 생산이 분배되고 소비되는 상황이다. 이 때문에 공자가 이야기한 소비문제는 실제 주로 통치계급 내부에서 어떻게 노동인민에게서 착취한 재부를 나누는가 하는 문제이지 광대한 피통치계급인 노동인민과의 관계는 매우 적다. 역대 통치계급 및 지식계층은 언제나 일정한 온정이 흐르는 윤리도덕 관념으로 그들의 잔혹한 착취 행위를 미화함으로써 한결같이 자위하려 하였으며 동시에 피착취계급을 위무했다. "부귀에 처해서는 부귀대로 행하며, 빈천에 처해서는 빈천대로 행한다(素富貴, 行乎富貴, 素貧賤, 行乎貧賤)"[38]는 것은 실제적으로 바로 생산관계와 소비관계의 현실경제 생활에서 추출해낸 윤리적 개괄이다. 곧 통치계급은 사치한 생활에 안주하게 하였고 피통치계급은 빈곤한 생활을 편안하게 여기게 되었다. 따라서 이런 불공평한 사회가 안정되고 편안하게 하였다. 공자의 소비문제에 있어서의 많은 주장은 바로 이런 사회 배경에서 생성되었다.

무엇보다도 공자는 그것을 가지고 소비분배의 표준이 되는 것을 "주례"로 하려고 기도했다. '예'를 소비의 준칙으로 삼아, 바로 통치계급 내부의 존비의 소비등급으로 의·식·주·행의 각종 소비를 모두 이것을 표준으로 하려고 했다. 서민은 이런 예를 실행할 조건이 없었을 것이

---

38 『예기』「중용(中庸)」.

므로 『예기』 「곡례(曲禮)」에는 이런 말이 있다. "예는 서민에게 적용하지 않는다.(禮不下庶人)"[39] 공자는 서인을 예의 안에 포괄시키려 시도한 적이 있다. "예를 서민에게 적용한다"는 것이다. 그가 말한 "덕으로 인도하고, 예로 가지런히 한다.(道之以德, 齊之以禮)"[40]는 것은 실제적으로 당연히 통행되지 않을 것이다. 공자가 당면한 것이 바로 "예와 악이 붕괴된" 춘추시기이다. 정치 경제의 부단한 발전으로 귀족 내부 및 전체 사회의 상황에 매우 큰 변화가 있었기 때문에 공자가 견지하려는 '주례'의 규범과 약속은 귀족 통치계급 내부에 또한 이미 실효가 있었다. 공자 자신은 이미 많은 '주례'를 어긴 일을 맞닥뜨렸다. 이런 상황에서 그는 여전히 시의적절하지 않은 '주례'를 귀족계급 소비분배의 표준으로 고수하려고 했다. 이는 확실히 통하지 않는 것이니 사민은 더 이상 말할 것도 없다. 비록 이와 같기는 하지만 그의 몇몇 소비에 관한 주장은 여전히 주의하고 거울로 삼을 만한 가치가 있다.

첫째 생활소비에서 만족을 아는 주장. 만족을 아는 것에 관한 주장을 어떤 사람은 현상에 만족하고 진취적인 것을 추구하지 않는 소극적인 뜻으로 잘못 이해했다. 사실 이는 공자의 본의가 아니다. 공자의 본의는 적극적인 방면에서 착상한 것이다. 그는 한 지식인(士)은 물질생활에서 지나치게 높은 것을 요구해서는 안 되며, 학습과 사업에서는 자기에게 엄격할 것을 요구하여야 한다고 생각하였다. 이를테면 학습과 사업 방면에 대하여 그는 말하기를 "배우기를 싫어하지 않는다(學而不厭)"[41]라 하였다. 또 "선비가 도에 뜻을 두고서 나쁜 옷과 나쁜 음식을 부끄러

---

39 『예기』 「곡례(曲禮)」 정현의 주석. "일에 갑작스럽고 또한 사물을 갖출 수 없기 때문이다."
40 『논어』 「위정(爲政)」.
41 『논어』 「술이(述而)」.

위하는 자는 더불어 도를 논할 수 없다.(士志於道而恥惡衣惡食者, 未足與議也)"[42]
라 하였다. 사업 면에서 당시 사람들은 공자를 일컫기를 "바로 불가능
한 줄을 알면서도 하는 자 말인가?(是知其不可而爲之者與)"[43]라 하였다. 바로
그가 어려움을 두려워하지 않는 적극적이고 진취적인 사람이라는 말이
다. 그는 주요한 정력을 사업과 학습 방면에 두어야 하고 정력을 과분하
게 생활을 누리는 것을 추구하는 데 쓰지 않아서 학습과 사업의 진취에
영향을 주지 않아야 한다고 주장하였는데 어떻게 소극적이라는 말인
가? 공자가 소비 면에서 만족을 알았다고 말한 것이 오로지 노동인민에
대하여 한 말이라면 노동인민에게 생활의 기아상태에 만족하라는 것으
로 그것은 당연히 옳지 않은 것이다. 그러나 공자는 여기서 주로 지식인
(士)을 염두에 두고 한 말로 지식인은 학습에 있어서 각고의 고생을, 사
업에 있어서는 진전을 추구할 것을 요구하였다. 이는 크게 비난할 것이
없다. 당연히 생활 소비에서 만족을 아는 것은 현대적인 의의에서 이야
기한다면 충분한 보증이 필요한 건강을 전제로 한다.

둘째는 사치한 것도 반대하였고 인색한 것도 반대한 주장이다. 공자
는 전체 귀족통치계급(士도 거기에 포함)에게 일관되게 생활소비에서의 사
치행위를 반대하였고 절검할 것을 제창하였다. 예와 상(喪)은 당시에 으
뜸가는 대사로 인식되었다. 이런 으뜸가는 대사에 대하여 공자는 "예
는 사치스럽기보다는 차라리 검소하여야 하고, 상은 형식적으로 잘 치
르기보다는 차라리 슬퍼하여야 한다.(禮, 與其奢也, 寧儉, 喪, 與其易也, 寧戚)"[44]
고 주장했다. 기타 의·식·주·행(行) 등에 대해서도 모든 귀족(士도 거기에

42 『논어』 「이인(里仁)」.
43 『논어』 「헌문(憲問)」.
44 『논어』 「팔일(八佾)」.

포함)이 절약하고 힘껏 사치를 피할 것을 주장했다. 공자는 "사치하면 공순하지 못하고 검소하면 고루하니, 공순하지 못하느니 차라리 고루해지겠다.(奢則不孫, 儉則固, 與其不孫也, 寧固)"[45]라고 하였다. "해진 솜옷을 입고 여우나 담비가죽으로 만든 갖옷을 입은 자와 같이 서 있으면서도 부끄러워하지 않는 자는 아마 유일할 것이다!(衣敝縕袍, 與衣狐貉者, 立而不恥者, 其由也與!)"[46]라며 자로를 찬양하기도 하였다. 이외에 심지어 모자 같은 작은 일에도 공자는 매우 주의하였다. 그는 "베로 만든 면류관이 예이지만 지금에는 관을 생사(生絲)로 만드니, 검소하다. 나는 여러 사람들[時俗]을 따르겠다.(麻冕, 禮也, 今也純, 儉, 吾從衆)"[47]라 하였다. 여기서 말한 것은 모자를 쓰는 것이다. 주례에서 규정한 것은 삼베로 만든 모자이지만 삼베로 만든 모자는 수공과 일, 돈이 많이 들며 당시에 검은 실로 짠 모자가 비교적 수공과 일, 돈을 절약할 수 있으므로 실로 만든 모자를 쓸 것을 찬성하였다. 그러나 그는 검약에는 반드시 일정 한도가 있어야 한다고 생각하였다. 이 한도를 벗어나 인색하게 되는 것 또한 반대하였다. 공자는 강개하고 남을 돕기를 즐긴 사람이었다. 대사구로 있을 때일 것으로 제자인 원사(原思)를 그의 집의 관가(管家)로 삼도록 명하고 공자는 그에게 9백 속(粟: 量은 미상-지은이)을 주었다. 원사는 많은 것을 싫어해 사양하였다. 공자가 그에게 사양하지 말라며 필요가 없다면 가져다 그가 사는 고을의 가난한 사람을 도와준다면 된다고 하였다. 원문은 이렇다. "원사가 (孔子의) 가신이 되었는데, (孔子께서) 곡식 9백을 주자, 사양하였다. 공자께서 말씀하였다. '사양하지 말고 너의 이웃집과 마을 및 향당에

45 『논어』「술이(述而)」.
46 『논어』「자한(子罕)」.
47 『논어』「자한(子罕)」.

주려무나!'(原思爲之宰, 與之粟九百, 辭. 子曰, 毋, 以與爾隣里鄕黨乎)"[48] 공자는 남을 돕기를 좋아한 사람이었기 때문에 인색한 데 대하여 매우 엄격한 태도를 취하였고 반대하기까지 했다. 주공은 공자가 가장 숭배한 사람이다. 공자는 한 사람이 주공처럼 완미한 재덕을 가지고 있다고 하더라도 교만하고 인색한 결점을 가지고 있다면 그의 완미한 재덕은 파묻히고 말 것이다. 나머지는 한번 볼 만한 가치도 없을 것이라고 생각하였다. 원문은 다음과 같다.

> 만일 주공과 같은 아름다운 재예를 가지고 있더라도 교만하고 인색하다면, 그 나머지는 볼 것이 없다.
>
> 如有周公之才之美, 使驕且吝, 其餘不足觀也已.[49]

이와 같았을 뿐만 아니라 공자는 인색함을 정치에 종사하는 '네 가지 악덕(四惡)'의 하나라고 하였다. "똑같이 남에게 주면서도 출납할 때 인색하게 하는 것을 유사라고 한다.(猶之與人也, 出納之吝, 謂之有司)"[50] 남에게 재물을 주는 데 인색한 사람을 수전노라고까지 하였다.

셋째는 예를 어기지 않고 합리적으로 누리는 것을 찬성하였다. 공자는 주례와 의(義)를 상용하여 사람들의 생활 소비를 약속하였다. 생활을

<hr>

48 『논어』「옹야(雍也)」.

49 『논어』「태백(泰伯)」.

50 '유사(有司)'는 귀족계급 관리의 일반 칭호로 주로 재무를 관리하는 데 쓰인다. 이른바 '사악(四惡)'은 곧 "가르치지 않고 죽이는 것을 학(虐)이라 하고, 경계하지 않고 이룸을 책하는 것을 포(暴)라 하고, 명령을 태만히 하고 기일을 각박히 하는 것을 적(賊)이라 하고, 똑같이 남에게 주면서도 출납할 때 인색하게 하는 것을 유사라고 한다.(不敎而殺謂之虐, 不戒視成謂之暴, 慢令致期之賊, 猶之與人也, 出納之吝, 謂之有司)"(『논어』「堯曰」) 여기에서 말한 유사는 분명히 폄하하는 말이므로 이 때문에 여기서는 '수전노'(有司)라 표현하였다.

누림이 예의 규범과 의의 준칙을 위반할 수 없다고 생각하였지만 예를 따지거나 물질에 관심이 없었던 것은 아니다. 그는 "밥은 정한 것을 싫어하지 않았으며, 회는 가늘게 썬 것을 싫어하지 않았다.(食不厭精, 膾不厭細)"[51] 하는데 이는 그가 먹는 문제에서 또한 따지는 것이 많았음을 설명한다. 다른 방면에서도 이와 같았다. 다만 예가 규정한 일정 한도를 넘지 않았을 뿐이다. 당연히 주례에서 규정한 귀족 통치계급 내부에서 누리는 표준의 정도는 매우 커서 지금의 관점으로는 결코 합리적이지 않지만 당시 공자는 어떤 표준(限度)에 항상 더한 제한이 하나도 없었다. 이 표준을 좀 더 공정하게 조정한다면 앞에서 말한 의리지변(義理之辨)의 적극적인 시행에 부합할 것이며 그렇다면 더욱 합리적이고 더욱 현실적 의의가 있을 것이다.

---

51 『논어』「향당(鄕黨)」.

제8장

중국 역사상 첫 번째 위대한 교육가

공자는 중화민족 역사상 첫 번째 위대한 교육가이자 어떤 의미에서 전 인류 역사상 위대한 교육가이기도 하다. 공자는 평민교육을 가장 먼저 제창하였으며, 고대문화를 계승 발전시키고 전파하였다. 그의 교육사상과 교학 방법, 학문연구 태도 및 그가 창도한 서로 경애(敬愛)하는 사제관계는 오늘에 이르기까지 우리가 배우고 귀감으로 삼을 만한 가치가 있다.

1. 성과가 탁월하게 드러난 교육실천

(1) 사학의 무리를 모아 강학하는 업적을 창립하다

공자 이전과 공자 당시에는 중국 고대 봉건귀족이 문화교육의 권리를 농단하였다. "배움은 관부에 있다(學在官府)"는 것은 학교가 귀족자제들을 위하여 설립되었으며, 평민에게는 교육받을 가능성이 없었다는 것을 말한다. 사회생산력의 발전과 계급의 분화로 어느 정도 문화 교양이 몰락한 귀족이 생겨났으며 특히 상급의 귀족은 또한 자기의 문화수양(『詩』, 『書』, 『禮』, 『樂』 등 방면의 지식)을 이용하여 학도를 모아 가르침을 펼쳤는데 촌숙(村塾)[1]이라 한다. 이런 사숙은 춘추시기에 이미 있어 왔지만 영향은 그다지 크지 않았다. 공자가 창설한 사학은 완전히 달랐다. 그것은 중국 교육사상 "배움은 관부에 있다"와는 대립되는 "배움이 민간으로 옮겨갔다(學移民間)"는 획기적인 표지였다.

공자가 사학을 창립한 영향은 전에 없이 넓고 깊었다. 그가 무리를 받아들여 강학한 성적에서 말한다면 동서고금의 역사에서 드문 것이었다. 공자가 "30세에 자립하였을(三十而立)" 때 학업과 덕행의 넓고 깊음으로 말미암아 이미 점차 사회에서 인정을 받았다. 그는 정치에 종사할(仕) 기회가 없어지자 곧 무리를 받아들여 강학하기 시작하였다.[2] 이때부터 그의 문하에 몰려든 제자는 나날이 많아져서 전후로 전하는 말에 의하면 모두 3천에 달하며 '육예(六藝)'에 통달한 자가 72명(일설에는 77명)이었다. 이런 학생들은 대다수가 출신이 빈천하였다. 귀족 출신 제자는 노나라의 맹의자(孟懿子)와 남궁경숙(南宮敬叔) 형제와 송나라의 사마우(司馬牛)

---

1 『예기』 「학기(學記)」에 "옛날의 가르치는 사람에게는 숙(塾)이 있었다." 정현(鄭玄)의 주에서는 "옛날에는 벼슬을 하다가 그만둔 자는 (고향의) 마을로 돌아와 가르쳤다. 아침저녁으로 (마을 입구의) 문에 앉았는데 문 곁의 집을 숙(塾)이라 하였다." 이른바 사숙(私塾)은 여기에서 근원하였다. 그러나 당시 가르침을 받을 수 있었던 사람은 여전히 마을(閭里)의 신분이 있는 집안의 자제로, 공자가 평민을 가르친 교육인 사학과는 비교할 수가 없다.

2 공자가 어느 때부터 제자를 받아들였는지에 대해서는 대대로 다른 견해가 있어 왔는데, 하나는 17세설(사마천의 『사기』 「孔子世家」)이고, 하나는 22세설(胡仔의 『孔子編年』)이며, 하나는 35세설(司馬貞의 『史記索隱』)이다. 여기서는 공자 스스로 말한 "30세에 자립하였다(三十而立)"라 한 것과 기타 방증에 근거하여 공자가 무리를 받아들여 강학한 것을 30세 무렵으로 정하였다.

등 몇 사람뿐이었다. 제자 가운데 나중에 어떤 사람은 정치에 종사(仕)하였고, 어떤 사람은 교육에 종사(師)하였다. 정적이 있거나 명망이 있는 사람이 매우 많았다. 평민이 학습을 통하여 귀족정치에 참여할 수 있는 새로운 상황은 공자가 사학을 창립한 후에야 흥성되기 시작하였다.[3] 서주 이래의 세경(世卿) 제도는 춘추시대 계급관계의 변동으로 말미암아 이미 흔들흔들하여 곧 떨어질 것 같았다. 공자는 일생 동안 4, 50년간 "배우기를 싫어하지 않으며 사람 가르치기를 게을리하지 않는(學而不厭, 誨人不倦)" 오랜 노력으로 무리를 받아들여 강학하고 일군의 인재를 배양하였다. 한걸음 더 나아가 귀족이 문화교육을 농단하고 귀족이 정치와 관직을 세습하는 것을 타파하는 국면에 중요한 작용을 일으켰다. 당시의 역사적 조건에서는 저평가되어서는 안 될 개혁 정적이다.

(2) 교육활동에 종사한 세 주요 시기

공자 일생의 교육실천 활동은 주로 세 시기로 나눈다.

첫째 시기는 공자가 "30세에 자립한(三十而立)" 전후의 시기로 대략 30세에서 35세까지의 기간이다. 이 시기에 그는 제자를 받아들여 강학하기 시작하였다. 첫 번째 무리의 제자 중에는 그보다 6세 적은 안유(顔由, 顔回의 부친)와 9세 적은 자로(子路)가 있다. 공자가 학교를 열자 명성이 알려져 많은 민간의 자제들이 나아가 배우도록 흡인하였다. 34세 때에는 귀족인 맹희자(孟僖子)의 두 아들인 맹의자(孟懿子)와 남궁경숙(南宮敬叔)도 예를 표하고 스승으로 삼았다. 이 해에 그는 남궁경숙을 데리고 "주나

---

3 전목(錢穆), "평민이 학술로 나아가고 귀족의 지위에 들게 된 것은 유가에서 비로소 성해졌다."(『先進諸子繫年考辨』)

라로 가서 예를 묻고(適周問禮)" 동쪽으로 향하여 주나라 왕실의 사관(史官)에게 가서 주례를 배웠다.

공자가 30세 무렵에 무리를 받아들여 강학을 할 수 있었던 것은 그가 풍부한 고대문물 전적을 보존하고 있는 노나라에서 생장하여 객관적으로 비교적 좋은 학습조건을 갖추었기 때문이다. 그는 어려서부터 모친 안징재의 훈도 하에 『시』, 『서』, 『예』, 『악』에 대해 많은 흥취를 가지고 있었다. 5~6세에는 "조와 두를 벌려놓고 예를 행하는 모습을 갖춤"을 배웠다. 다른 한편 공자는 총명함이 남보다 뛰어났다. 뿐만 아니라 부지런하고 학문을 좋아하여 15세에는 학문에 뜻을 두고 30세에는 이미 학업과 품덕 수양에서 견실한 기초를 다졌다. 그는 고금의 문헌에 환하였으며 인을 세우고 예를 알아 정치 종사와 교육을 베푸는 데 충분한 조건을 창조하였다. 그가 스스로 "30세에 (학문적으로) 자립하였다(三十而立)"고 말한 것은 결코 허풍이 아니었다.(「생애 개략」 장에 상세히 보인다)

두 번째 시기는 공자가 노소공(魯昭公) 27년 제나라에서 노나라로 돌아와 노나라에서 벼슬하기 전으로 곧 37세에서 50세까지이다. 당시 노나라의 정치형세는 정사가 임금에게 있지 않고 대부에게 있었다. 대부의 정사는 사(士, 곧 陪臣, 당시는 陽貨)에게 있었다. "배신(陪臣)이 나라의 운명을 잡았다." 공자는 이런 권신과는 같은 물에서 놀기를 바라지 않았으므로 출사하지 않고 "물러나 『시』와 『서』, 『예』, 『악』을 닦았는데 제자들이 더 많아졌다. 먼 곳에서도 이르러 학업을 배우지 않음이 없었다."[4] 이때 공자의 제자는 산동(山東) 경내인 제나라와 노나라에서 온 것 외에도 또한 초(楚, 湖北), 진(晉, 山西), 진(秦, 陝西), 진(陳, 河南), 오(吳, 江蘇)나라에 속

---

4 사마천의 『사기』 「공자세가(孔子世家)」.

한 각지에서 명성을 흠모하여 와 거의 당시의 주요 제후국에 두루 미쳤다. 이 10여 년은 공자의 교육사상과 교육 사업이 크게 발전한 시기이며, 갈수록 전 사회(상층 귀족과 하층 서민을 포괄)의 광범한 주의를 끌게 되었다. 당시 많은 청년이 공자를 사사하였다. 연령으로 추산하여 안회(顔回, 孔子보다 30세 적음), 자공(子貢, 孔子보다 31세 적음), 염구(冉求, 孔子보다 29세 적음), 중궁(仲弓, 孔子보다 29세 적음) 등이 대체로 모두 이 시기에 공자 문하의 제자가 되었다.

세 번째 시기는 공자의 만년이다. 노애공(魯哀公) 11년(B.C. 484) 공자는 장장 14년에 달하는 유랑생활을 끝내고 위(衛)나라에서 노나라로 돌아왔다. 이 해 공자는 68세였으며 73세를 일기로 세상을 떠나기까지는 아직도 만 5년의 시간이 남아 있었다. 공자는 몇십 년의 순탄치 못한 생활을 거치며, 열국의 제후를 방문할 때는 가는 곳마다 장벽에 부딪쳐 끝내 뜻을 얻지 못하였다. 그러나 시종 가르치는 일을 멈추지 않았다. 시종 "남을 가르치기를 게을리하지 않으며" 희망을 미래에 기탁하였다. 이때 그는 정력을 더욱 집중시켜 만년의 모든 열정을 교육 사업에 바쳤다. 또한 자하와 자장, 증삼 등 일군의 재화가 출중한 제자들을 배양해냈다. 이와 동시에 이왕에 교학할 때 썼던 『시』와 『서』, 『예』, 『악』, 『역』, 『춘추』 등 문화전적에 대하여 정리와 산정을 진행하여 완정한 형태의 교본을 이루었다. 공자의 교학경험은 이 시기에 진일보된 시스템을 얻었으며 최종적으로 완정한 공자 교육사상 시스템을 형성하였다.

공자의 제자는 호칭 3천이라 하는데, 공자가 일생 동안 가르쳐준 학생의 총수를 가리킬 것이다. 동시에 재학한 사람의 수는 결코 이렇게 많지 않았을 것이다. 공자의 제자 중에는 통학생도 있었고 기숙생도 있었다. 기숙사는 '내(內)'라 하였고 교실은 '당(堂)'이라 하였다. 그가 제자를 받아들이는 수속은 매우 간단하였다. 다만 "포 한 속 이상을 가지고 와 집지의 예를 행한 자에게는 내 일찍이 가르쳐 주지 않은 적이 없었다.(自行束脩以上, 吾未嘗無誨焉)"[5]라 하였으니 상징적으로 스승에 대한 경의만 표시하면 되었다.

공자는 30세 무렵부터 세상을 떠날 때까지 노나라에서 정치에 종사할 때(大司寇 등의 관직)와 열국의 제후를 방문할 때도 조금도 고삐를 늦추지 않고 갖은 어려움과 방해를 극복해가며 자기가 창설한 사학을 발전시켰다. 자기의 심혈과 생명을 가지고 효과가 탁월한 교육 사업이라는 승리의 개선곡을 작곡하였는데 중화민족에서 전 인류의 역사에 이르기까지 지대한 공헌을 하였다.

2. "가르치되 차별하지 않음"과 "남을 가르치기를 게을리하지 않음"

공자의 교육사상은 그의 세계관, 정치관과 밀접한 상관이 있으며, 세계관과 정치관을 위해 봉사하였다. '인(仁)'은 공자의 세계관과 진리관의 핵심이다. 공자의 교육 작업은 인의 인생철학 사상을 기초로 하며, '인정덕치'의 정치를 위해 봉사한다. 따라서 일정 의의상에서 말하면 공자의 교육 작업 또한 바로 정치 작업이다. 공자는 교육가인 동시에 정치가이다.

---

5 『논어』「술이(述而)」.

(1) 사람은 누구나 교육을 받아야 한다

공자의 교육사상에서 가장 빛나는 점은 정치적으로 원대한 견해를 갖춘 "가르치되 차별하지 않는(有敎無類)"[6] 것이다. 곧 사람은 누구나 교육을 받아야 한다는 주장이다. 이는 공자 교육사상의 인민성과 민주성의 인소를 충분히 표현하였으며, 문화가 아래로 옮겨가고 교육을 보급하는 방면으로 통하는 새 도로를 개척하였다. 중국 교육사상 획기적이고 혁명적인 첫 쾌거이다.

"가르치되 차별하지 않는다"는 "사람들을 사랑하되 인한 이를 가까이 해야 한다(汎愛衆, 而親仁)"는 것이 구체화된 것이다. 공자는 '인'의 관념에서 출발하여 모든 가르침을 베풀 수 있는 사람에 대하여 "포 한 속 이상을 가지고 오기만 하면" 모두 교육의 진행을 거절하지 않고 균등한 교육기회를 누리게 하였다. '류(類)'에 관하여서는 대대로 다른 해석이 있어 왔다. 양대(梁代)의 황간(皇侃)은 "사람은 곧 귀천이 있는데 가르치는 바탕은 같아야 하며 많은 비천한 사람에 따라 가르치지 않을 수 없다. 가르치면 선해짐에는 본래 차별이 없다."[7]라 하였다. "가르치되 차별하지 않는다"에 노예를 포함시켜야 하는가의 여부에 대해 우리는 공자의 "인한 사람은 남을 사랑한다(仁者愛人)"는 일관된 주장으로 보건대, 농노에서 노예까지를 "가르치되 차별하지 않는"다고 배제하였다는 것은 문헌자료로 입증하지도 못하고 논리적으로도 통하였다고 말하기 어렵다. 이 때문에 비교적 확실하게 가르치되 차별하지 않는다는 것은 종족의 귀천을 구분해서는 안 되고 계층을 나누어서도 안 되며 모두에

---

6 『논어』「위령공(衛靈公)」.
7 황간(皇侃)의 『논어의소(論語義疏)』.

게 가르침을 시행할 수 있다고 하였다. 이는 인류의 교육사상 매우 혁신적인 의의가 있는 정치적 돌파로 지금까지도 칭송을 받을 만한 가치가 있다. 그러나 공자가 결국 인류의 2분의 1을 차지하는 부녀자를 교육대상에서 배제하였다는 점은 유감이다. 공자는 남자를 중시하고 여자를 가벼이 보는 남존여비의 전통적인 관념에 빠져 스스로 헤어날 수가 없었다. 주무왕은 스스로 말하기를 그에게는 자기가 나라를 다스리는 것을 보좌하는 10명의 신하가 있다고 하였다. 이 열 사람 중에는 무왕 자신의 아내인 읍강(邑姜)도 그 안에 포함된다고 전하여진다. 그러나 공자는 오히려 말하기를 무왕을 보좌하는 10명 중에 부녀자가 한 사람 있다고 해서 아홉 사람으로만 쳤다.[8] 이는 의심할 바 없이 공자 자신의 "가르치되 차별하지 않는다"는 사상의 원칙을 손상시켰다. 어째서 그에게 여제자가 하나도 없는가를 이해하게 한다. 따라서 그의 "가르치되 차별하지 않는다"는 사람의 무리 중 절반, 다만 남자만 포괄할 뿐 여자는 그 대상에 포함되지 않는다. 이른바 남존여비 사상은 반드시 엄숙하게 비판되고 그것이 남긴 영향을 철저히 청산해야 한다. 청대 건륭 연간의 사상가이자 문학가인 원매(袁枚, 1716~1798)는 부녀를 처우하는 문제에 있어서 공자 이래의 전통적 관념과 같지 않았다. 원매는 공자의 "사

---

8 『논어』「태백(泰伯)」, "무왕이 말씀하셨다. '내게는 잘 다스리는 신하 열 사람이 있노라.' 공자께서 말씀하셨다. '……부인이 들어 있으니, (男子는) 아홉 사람일뿐이다.'(武王曰, 予有亂臣十人. 孔子曰……有婦人焉, 九人而已)" 열 사람은 주공단(周公旦)과 소공석(召公奭), 태공(太公), 필공(畢公), 영공(榮公), 태전(太顚), 굉요(閎夭), 산의생(散宜生), 남궁괄(南宮适)과 부인[婦女] 한 사람이다. 이 부인은 혹자는 문왕의 아내인 태사(太姒)라고 하고 혹자는 무왕(武王)의 아내인 읍강(邑姜, 姜太公의 딸)이라고도 하는데 읍강으로 보는 것이 이치에 더 가깝다. 태강이든 읍강이든 그것은 부차적인 문제이고 중요한 문제는 공자가 여자를 남자와 나란히 놓으면 안 된다고 생각한 것이다. 그는 완고하게 남존여비의 입장에 서서 무왕에게는 나라를 잘 다스린 신하가 아홉만 있다고 인정하였다. 이는 그의 사상에서 보수적이고 뒤처진 부분이다.

람들을 사랑하되 인한 이를 가까이해야 한다"와 "가르치되 차별하지 않는다"는 사상에 근거하여 당시 봉건 여론계의 책망을 돌아보지 않고 일단의 여제자를 받아들였다.[9] 이는 곧 공자보다 많이 고명하다. 오늘날 우리는 공자의 이 문제에서의 착오를 지적함에 전면적으로 공자의 "가르치되 차별하지 않는다"는 사상이 필요하다고 평가한다.

공자는 "가르치되 차별하지 않는다"는 주장을 제기하였으며 이 주장을 실천하였다. 그는 제자들을 매우 폭넓게 받아들였다. 귀천과 빈부, 노소와 국적의 제한을 받지 않았으며 그 중에는 대다수가 빈천한 가문 출신이다. 아래에 여섯 가지 예를 들어보겠다.

안회(顔回): "한 그릇의 밥과 한 표주박의 음료로 누추한 시골에 있는 것을 딴 사람들은 그 근심을 견뎌내지 못하는데, 안회는 그 즐거움을 바꾸지 않았다.(一簞食, 一瓢飲, 在陋巷, 人不堪其憂, 回也不改其樂)"[10]

중궁(仲弓): 그 아비는 '천인(賤人)'으로, 집에는 "송곳을 세울 곳이 없었다."[11]

자로(子路): '변(卞)의 야인(野人)'[12]으로 자로는 어버이를 섬기면서 "일찍이 명아주와 콩의 열매를 먹다가 어버이를 위해서 백 리 밖에서 쌀을 지고 왔다."[13]

---

9 20년대에 나(저자)는 장원티엔(張聞天), 허우사오치우(侯紹裘), 리핑신(李平心) 등과 함께 전후로 쑤저우(蘇州) 악익여자중학(樂益女子中學)에서 가르칠 때, 『수원여제자시선(隨園女弟子詩選)』(上海光華書局出版)을 선록하여 편집한 적이 있는데 원매가 부녀를 경시하지 않은 탁월한 견해를 표창하였다.

10 『논어』「옹야(雍也)」.

11 『순자(荀子)』「비십이자(非十二子)」.

12 『사기』「중니제자열전」 '잡해(集解)'에서 서광(徐廣)의 말을 인용.

13 『설원(說苑)』「건본(建本)」.

원헌(原憲): "노나라에 살면서 사방 1도(堵)의 집에 생 띠풀로 지붕을 이었으며 쑥대로 만든 문은 완전하지 않았고 뽕나무 뿌리로 지도리를 만들었다. 옹기로 낸 창의 두 방은 갈포로 막았다. 천장은 새고 바닥은 축축하였는데 바르게 앉아 현악기를 타며 노래하였다."

증삼(曾參): 가난하게 위(衛)나라에 살고 있었다. 솜옷은 다 닳아 해지고 얼굴색은 종기가 곪아 터져 푸석푸석한 데다 야위고 까칠하였다. 손발은 트고 갈라지고 굳은살이 박여 있었다. 사흘 동안이나 불로 익힌 식사를 하지 못하였고 10년 동안이나 옷을 새로 만들어 입지 못하였다.[14]

민자건(閔子騫): 겨울에도 추위를 막을 옷이 없어서 "갈대꽃(을 솜 삼아)으로 옷을 해 입었다."[15]

이런 상황을 겨냥하여 남곽혜자(南郭惠子)가 의문을 제기한 적이 있다. "선생님의 문하는 어찌하여 그렇게 잡됩니까?" 자공이 말하였다. "군자는 자신을 올바로 건사하며 남을 대합니다. 찾아오는 사람은 거절하지 않고, 떠나려는 사람은 잡지 않습니다. 바로 훌륭한 의원의 문 앞에는 병자가 많은 것과 같지요. 그래서 선생님의 문하는 늘 사람으로 복잡하여 각양각색의 사람이 다 있습니다."[16] 이 기록은 매우 정확하게 공자의 "가르치되 차별하지 않는다"와 "찾아오는 사람은 거절하지 않는(來者不拒)"교육사업의 숭고한 정신에 대한 포부를 밝혔다.

공자의 모든 사람은 교육을 받아야 한다는 사상과 실천은 교육을 보

---

14 『장자』「양왕(讓王)」에 보인다.

15 『설원(說苑)』에 보인다.

16 『순자』「법행(法行)」에 보인다.

급시키고 중원지구의 선진문화를 전파하고 각 민족 간의 문화교류를 촉진시키는 데 모두 적극적인 작용을 일으켰다.

(2) 모든 사람은 교육을 통해서 자아를 혁신시킬 수 있다

사람이 교육을 통하여 개조와 제고를 얻을 수 있다고 인정하는 것은 교육사상에서의 중대한 돌파이다. 이 문제에 대하여 공자는 이미 명확하게 인식하고 있었으니 그는 "성품(性稟)은 서로 비슷하나 습관 때문에 서로 멀어지게 된다.(性相近也, 習相遠也)"[17]라 하였다. '성(性)'은 사람의 공통된 본성을 가리키며, '습(習)'은 후천적 환경영향, 주로 교육과 습성을 가리킨다. 왕부지(王夫之)가 말한 "성(性)은 천도이고 습(習)은 인도이다."[18]라 한 것과 똑같다. 이 구절의 의미는 사람의 본성은 서로 가까워 비슷하지만 사람이 도덕과 지식에 있어서 중대한 차이가 나게 되는 것은 후천적인 교육과 학습의 결과라는 말이다. 그래서 공자가 사람의 본성은 비슷하다고 한 것은 실제적 상황에 부합한다. 실제 생활에서 공자는 후천적인 습성이 사람의 의식에 끼치는 작용을 더 중시하여 사람의 실제적 사상(思想) 상황은 습성에서 결정되는 것이지 선천적으로 결정되는 것은 아니라고 생각하였다. 여기에는 귀중한 유물주의적 인소가 있다. 이 관점은 공자의 선진철학과 심리학에 대한 중대한 공헌이다. 그의 윤리와 정치, 교육이론에 중대한 의의를 가지고 있으며, 그의 교육학설 인식론의 기초이다. 이 이론에 근거하여 공자는 모든 사람은 다 교육을 통하여 좋은 영향을 받아들일 수 있으며 도덕과 지식 면에서 개

17 『논어』「양화(陽貨)」.
18 왕부지(王夫之)의 「사해(俟解)」.

조되고 제고될 수 있으며 불량한 습성에 물든 사람도 좋게 변할 수 있다고 생각하였다. 그의 제자 가운데는 소질이 비교적 좋은 사람도 있었고 소질이 비교적 떨어지는 사람도 있었는데 공자의 차근차근 잘 이끌어주는 교도를 거쳐 유명하게 바뀐 현재(賢才)가 적지 않다.

공자가 2천여 년 전에 제기한 교육은 사람의 '성습설(性習說)'을 혁신시킬 수 있었다. 사람을 후천적으로 물들게 하는 작용, 곧 교육의 중요한 작용을 강조하고 인정하였다. 이는 교육 수단을 운용하여 사람을 개변시키는 데 있어서는 사람의 도덕과 지식수준을 제고시켰다. 교육에 있어서는 기본적으로 인류 사회를 소멸시키는 보통 사람과 사람 사이의 도덕과 지식수준의 격차를 축소시킬 수 있는 중대한 의의를 갖추고 있다. 마르크스주의의 교육학 또한 이 사상을 하나의 중요한 과제로 삼아 연구해야 한다.

(3) 교육가의 의무와 직책

공자는 교육의 실천에서 유명한 논점을 제기한 적이 있는데 "남을 가르치기를 게을리하지 않는 것(誨人不倦)"이다. 이는 그의 세계관 및 정치이상과 불가분의 관계에 있다. 공자는 교육과 정치 관계를 밀접하게 결합시켜 함께 다루었다. 교육은 정치에 사상적 기초와 자격을 갖춘 인재를 제공했으며, 정치는 교육에 실천기회와 발전의 조건을 제공하였다. 공자의 심목에서 교육은 정치개혁(孔子 心目 중의 改革)의 창조 조건을 촉진시켰고, 정치는 상반되게 교육의 발전창조 조건을 촉진시켰다. 따라서 공자의 "남을 가르치기를 게을리하지 않는" 교학 태도는 그 출발점이 무엇보다도 그가 기도한 귀족정치 개혁과 '인정', '덕치'를 실행하려는 적극적인 정치 요구에서 왔다. 그 다음으로는 그 스스로가 "배우기를 싫어하지 않는" 학문을 좋아하는 정신에서 왔고, 다시 그 다음은 앎을 구하는 자에 대하여 성실하게 책임을 지는 태도에서 왔다. 그는 겸손하게 말한 적이 있다. "나를 성스럽다 하고 나를 인하다고 하지만 나는 모두 감당하지 못한다! 나는 다만 오래도록 자만하지 않고 오래도록 제자를 가르침을 게을리하지 않았을 따름이다."[19] 공자가 지식을 배우는 것을 다루는 태도 또한 일관되게 실사구시적이고 매우 성실했다. 이는 자로에게 한 말에서 충분히 표현되었다. "유야! 내 너에게 안다는 것을 가르쳐주겠다. 아는 것을 안다고 하고, 모르는 것을 모른다고 하는 것이, 이것이 아는 것이다.(由! 誨女知之乎? 知之爲知之, 不知爲不知, 是知也)"[20] 공자는 일생 동안 바로 이런 성실하고 엄숙하고, 편안하고 책임감 있는 교학태도로 충성스럽고 백절불굴의 정신으로 한 교사와 한 교육가로서의 의무와 직책을 이행하였다.

3. 인정덕치를 실현할 우수한 인재를 배양하다

(1) 정치 이상 교육목적

공자가 사학을 연 목적은 정치 이상을 실현하기 위해서였다. 그의 정치주장은 앞에서 말했던 것처럼 바로 '인정'과 '덕치'이며, 이 정치주장을 실현할 역량은 '국군(國君)'과 '현신(賢臣)' 그리고 '양민(良民)'이다. 그

---

19 『논어』「술이(述而)」. "성과 인은 내 어찌 감히 자처할 수 있겠는가? 그러나 (仁聖의 道를) 행하기를 싫어하지 않으며, 남을 가르치기를 게을리하지 않는 것은 그렇다고 말할 수 있을 뿐이다.(若聖與仁, 則吾豈敢! 抑爲之不厭, 誨人不倦, 則可謂云爾已矣)"

20 『논어』「위정(爲政)」.

는 나라의 국군은 이미 정하여졌고 신성불가침적인 것이어서 군왕이 무도하다 하더라도 전복시켜 대신하는 것은 또한 불충하고 무례한 표현이라고 생각하였다. 양민은 비록 수는 많지만 다만 정사를 베풀 대상이라고 생각하였다. 다만 '현신'에 대해서 공자는 자기의 주관적인 노력을 거쳐 결정적 고리를 개선하고 배양할 수 있다고 생각하였다. 위로는 임금을 충성으로 섬기고 아래로는 백성을 은혜로 부리는(많게 하고 부유하게 하며 가르치는) 현신이 있다면 나라를 '태평성세'에 이를 수 있게 하고 '소강'사회를 실현할 수 있을 것이다.

누가 '현신'을 담당할 수 있겠는가? 일반적으로 말하면 사(士, 知識階層)이고, 특수하게 말하면 군자(德才를 겸비한 知識階層)이다. 사는 군자의 초급단계이다. 군자는 사에서 발전했고 우수하게 제고된 자이다. 격에 맞는 군자와 사가 있으면 그 가운데서 임무를 감당할 수 있는 현신과 현재와 현리(賢吏)를 선출하여 위로는 나라에 충성하고 아래로는 백성들에게 은혜를 베풀 수 있다. 인정과 덕치가 실현될 수 있으며 봉건 종법등급제의 국가가 태평하고 부강하며 오래도록 평안하게 다스려질 수 있을 것이다. 공자가 학교를 설립한 목적은 바로 이런 사와 군자를 배양하는 것이었다. 바로 이런 사와 군자가 정치에 종사하여 나라의 운명에 영향을 끼치고 장악하길 바라고 인정과 덕치를 실현하고 소강의 경계에 도달하는 것이다. 공자의 제자 중에 많은 평민과 '비인(鄙人)', '비부(鄙夫)', '천인(賤人)' 외에도 확실히 또한 소수의 귀족과 부호(富豪)도 있었다. 맹의자(孟懿子)와 남궁경숙(南宮敬叔)은 노나라의 귀족이었고, 염유와 자공은 노나라와 위나라의 부호이다. 각양각색 다른 학생의 상황에서 보면 공자의 "가르치되 차별하지 않는다"는 주장은 확실히 그대로 반드시 실행되었다. 문제는 평민 중에서 학생을 받아들이는 것은 실로 혁명적인 진보 조치라는 것이었다. 하지만 교육의 목적과 요구가 근본으로 귀결되는 것은 그들을 배양하여 귀족통치계급에 진입할 수 있는 적격의 인재, 곧 등급이 엄격한 봉건종법제 사회질서를 옹호하고 공고히 하는 사와 군자를 만드는 것이다. 공자의 생각은 이런 품덕이 고상한 치세에 능한 사람의 수송을 통하여 높고 낮고 귀하고 천한 각 계층의 사람들이 모두 평안한 생활을 할 수 있는 개명한 귀족통치 국면을 조성하였다. 그러나 이는 반드시 파멸되고 도처에서 장벽에 막힌 환상일 수 있다. 그래서 「도론」에서 말했던 것처럼 공자가 아래를 내려다볼 때 평민을 볼 수 있었고 "사람들을 사랑하되 인한 이를 가까이해야 한다(汎愛衆, 而親仁)"고 생각할 수 있었다. "만일 백성에게 (은혜를) 널리 베풀어 많은 사람을 구제한다(博施於民而能濟衆)"는 생각을 할 수 있었으며, 이는 진보적 혁명정신을 갖고 있는 위대한 사상가이다. 다만 그의 눈으로 위를 볼 때 귀족의 통치역량만 보았으며, 그는 희망을 '성군명왕'의 몸에 기탁하였다. 생각한 것은 '충군존왕'이다. 귀족 등급제의 존엄을 옹호하여 헤겔 같은, 사상적으로는 진보적이면서 정치상으로는 독일의 황권을 옹호하여 평범하고 보수적인 인물로 변한 것과 같다. 강대한 역사전통 습관 세력의 면전에서 그는 다만 역사적 조건하의 인물일 수 있으며, 우리 또한 역사의 경험과 교훈을 받아들일 수 있는 의의에서 그를 고려해야 한다.

(2) 정치개혁의 인재를 배양하다

공자의 교육은 그 정치 이상의 방법과 수단을 실현하는 것이고, 그 목적은 "학문을 하고서 여가가 있으면 벼슬을 하는 것(學而優則仕)"이다. 최종적으로는 이런 교육을 통하여 제가와 치국, 평천하의 우수한 인재를 육성하여 그들이 정치 개혁에 참여할 수 있게 하려는 것이다. 따라서 춘추시기의 이른바 "천하가 무도한" 혼란한 국면을 바꾸어 "늙은이를 편안하게 하고(老安)", "젊은이를 품어주며(少懷)", "벗이 신의가 있게 하는(友信)" 이상 사회를 실현할 수 있기를 기대하는 것이었다. 이 목적에 도달하기 위하여 공자의 제자에 대한 교육은 책에 기본한 지식인 『시』, 『서』, 『예』, 『악』 등을 전하여 익히는데 근근이 머무르지 않았다. 더욱 중요한 것은 제자의 품덕 수양과 업무처리 능력의 제고에 두었다. 미국의 중국학자 H. G. 크릴은 공자는 "근근이 학자를 배양하는 것이 아니라 세상을 다스리는 능인을 훈련시켰으며 책을 가르친 것이 아니라 사람을 가르쳤다."[21]고 하였다. 사람을 가르치는 것은 곧 세상을 다스리는 능인을 훈련시키는 것이었고, 세상을 다스리는 능인은 무엇보다도 사와 군의 품격을 갖출 것을 요했다. 공자의 심목 중의 군자는 품덕이 고상하고 또한 '육예(六藝)'에 정통한 덕과 재주를 겸비한 인재이며, 그 자신이 한 말로 바로 "군자는 그릇 같지 않다.(君子不器)"[22]는 것이다. "그릇 같지 않다"는 것의 함의는 바로 한 가지 재주 한 가지 기예에 국한되지 말고 덕행이 무리를 뛰어넘고 여러 방면을 두루 겸하여 계획하고 돌보는 전체적인 국면을 살피는 융통성을 갖춘 걸출한 통재(通才)이다. 그 다음은 흉회가 솔직담백("군자는 평탄하여 여유가 있다[君子坦蕩蕩]")[23]하여 말을 꺼내면 실행하고 선참후계하며, 사람과 사물에 대하여 모두 공정하며, 사정(私情)은 이야기하지 않으며("먼저 그 말한 것을 실행하고, 그 뒤에 말

21 H. G. Creel, *Confucius and the Chinese Way*(『공자와 중국의 도』), Harper & Row Publishers, New York and Evanston, 1960년판, 79쪽.
22 『논어』 「위정(爲政)」.
23 『논어』 「술이(述而)」.

이 행동을 따르게 하는 것이다.[先行其言而後從之]", "군자는 두루 사랑하고 편당(偏黨)하지 않는다[君子周而不比]"[24], 더욱이 자로가 군자에 대하여 물었을 때 그가 말한 것처럼 "경으로 몸을 닦고, 몸을 닦아서 사람을 편안하게 하고, 몸을 닦아서 백성을 편안하게 하는 것이다."라 하였다. 여기까지 말하고 특별히 강조하는 어기로 "몸을 닦아서 백성을 편안하게 함은 요·순께서도 오히려 부족하게 여기셨다!"[25]라 하였다. 요·순은 공자의 심목 중의 인자다. 성인으로 공자가 이야기한 군자가 해야 할 일은 성인인 요·순조차 완전하게 하기 어려웠다. 이는 공자의 군자에 대한 요구가 매우 높았음을 설명한다. 대개 성인은 군자가 끌어올려진 것이다. 군자는 성인의 밑바탕으로 그들 사이는 상호 삼투적이어서 분할하기가 어렵다. 여기서 말한 군자는 실제적으로 이미 인덕 즉 성인의 기본적 기질을 구비하고 있다. 공자는 "군자가 그릇 같지 않다(君子不器)"는 것은 통재(通才)라고 생각하였다. 공자가 희망을 기탁한 것은 "육척의 (어린) 임금을 맡길 만하고, 백리[諸侯國]의 명을 부탁할 만하며, 큰 절개에 임해서 (그 절개를) 빼앗을 수 없는(可以託六尺之孤, 可以寄百里之命, 臨大節而不可奪也)"[26], "나라에 도가 있으면 벼슬하고, 나라에 도가 없으면 거두어 속에 감추어 두는(邦有道則仕, 邦無道則可卷而懷之)"[27] 다재다능하고 선정을 베푸는

---

24 『논어』「위정(爲政)」.

25 『논어』「헌문(憲問)」. "자로가 군자에 대하여 물으니, 공자께서 '경으로 몸을 닦는 것이다.' 하셨다. '이와 같을 뿐입니까?' 하자, '몸을 닦아서 사람을 편안하게 하는 것이다.' 하고 대답하셨다. 다시 '이와 같을 뿐입니까?' 하고 묻자, 다음과 같이 말씀하셨다. '몸을 닦아서 백성을 편안하게 하는 것이니, 몸을 닦아서 백성을 편안하게 함은 요순께서도 오히려 부족하게 여기셨다.(子路問君子, 子曰, 修己以敬. 曰, 如斯而已乎? 曰, 修己以安人. 曰, 如斯而已乎? 曰, 修己以安百姓, 修己以安百姓, 堯舜其猶病諸)"

26 『논어』「태백(泰伯)」.

27 『논어』「위령공(衛靈公)」.

430

사람이다. 이런 사람은 하늘에서 뚝 떨어져 내려오는 것이 아니라 교육으로 배양해내는 것이라고 생각하였다. 이것이 공자가 학교를 설립한 목적이다.

공자 심목 중의 사와 군자는 품덕이 아무리 좋고 재능이 아무리 높더라도 출사할 때 기껏해야 '경(卿)'이나 '대부(大夫)', 곧 군왕의 신복(臣僕)일 뿐 군(君)이나 왕(王)이 될 수는 없다. 군왕이 되는 것은 상상도 못할 일인데 그는 이를 "위를 범하는(犯上)" 사상이며, 그의 확고부동한 '충군존왕'의 원칙을 어기는 것으로 생각했기 때문이다. 아울러 군왕을 계승하는 제도에 대한 원칙 또한 확고부동하였다. 그는 세경제(世卿制: 卿大大의 世襲制)는 바꾸려면 바꿀 수 있다고 생각하였다. 사실상 그가 생활했던 시대는 이미 변화가 발생하기 시작하였고 이미 세습제에서 선임제로 향해가기 시작하던 과도기였다. 그는 이런 변화는 군왕에게 현재를 선임할 기회와 인연을 제공하고 군왕으로 하여금 직책에 어울리는 현신을 찾아내게 할 수 있으며, 현신이 군왕의 충분한 신임을 통하여 정치를 개혁하면 인정덕치는 실현할 수 있을 것이라 생각하였다. 사실 문제의 관건은 현능(賢能)의 보좌에 있는 것이 아니라 군주 자신에게 있다. 다만 군왕은 중국의 장기간에 걸친 봉건사회가 봉건사회인(孔子가 동경하는 西周의 小康社會도 포함) '권력의 상징'이었다. 공자는 봉건사회의 사상가이며 아울러 역대 봉건통치 계급(君王)의 환영과 찬상을 받았다. 그 중요 원인의 하나는 바로 공자가 '충군존왕의 원칙을 견지하고 군왕의 세습제를 견지하였기 때문이다. 다만 군왕은 세습적이고 독존적이다. 역대 군왕이 공자가 바란 '성군명왕'에의 요구에 부합할 수 있는 것은 극히 적고 적었다. 대다수는 모두 전제의 포학하거나 부와 영광에 안주하는 혼암한 왕에 용렬한 임금이었다. 그래서 공자는 사와 군자를 배양하여

나아가 군왕의 현능한 보좌 신하를 맡아 인정덕치를 실현하기를 기도
했지만 매우 현실적이지 않았다. 전체 봉건사회의 역대 조대의 사·군
자로 출사한 사람 가운데 정도가 다른 몇몇 순리와 청관(淸官)도 있었다.
하지만 절대다수는 다만 역대 군왕의 아첨꾼이나 졸개만 될 수 있었을
뿐임이 사실로 증명되었다. 이는 공자가 귀족계급 입장의 제한을 받은
것으로 공자사상의 이중성이 가진 비극이다.

4. 문질빈빈과 덕과 재능을 아울러 중시함

공자가 학교를 설치한 교육 내용은 당연히 그의 교육목적에 복종하는
것, 곧 어떤 사람을 배양하는가 하는 문제에 복종하는 것이다. 앞에서
말했듯이 공자가 배양한 주요 대상은 사와 군자, 곧 인정덕치의 실현
을 위하여 인재를 배양하는 것이었다. 실제적으로는 봉건 귀족통치 계
급을 위하여 거기에 걸맞은 예비 관리를 배양하는 것이다. 그는 인품에
내재하는 소질과 외재하는 표현을 매우 중시하여 "문(외재한 형식)과 질(내
재한 사상)이 적당히 배합된 뒤에야 군자이다(文質彬彬, 然後君子)"²⁸라는 주
장을 제기한 적이 있다. 표리가 여일하여야 대아군자라라고 할 수 있다
고 생각한 것이다. 이 때문에 그의 교육 내용은 덕과 재능을 아울러 중
시하였으며 도덕교육과 지식교육을 아울러 중시하였다. 『논어』「술이
(述而)」에서 말한 "공자께서는 네 가지로 가르치셨으니, 문·행·충·신
이었다.(子以四敎, 文行忠信)"라는 제기방식은 개념상 충분히 확실하지 않

---

28 『논어』「옹야(雍也)」.

다.[29] 따라서 여기서 말한 공자의 교육내용은 '사교(四敎)'로 나누지 않는다. 여기서는 실제적인 상황에 비추어 세 방면에서 아래와 같이 논술한다.

(1) 품덕 수양

공자의 가장 기본적인 교육내용은 덕육(德育), 곧 제자들의 품덕 수양을 강화시키는 것이었다. 공자의 도덕관념에 관해서는 이미 「윤리사상」 장에서 다루었으므로 여기서는 다만 그것이 교육실천에 운용되어 가는 상황에 대하여 천술하겠다.

공자는 도덕에 대한 인식에 크게 노력을 기울였는데, 그 도덕의 총개념은 '인(仁)'이다. 공자는 '인'에 대하여 수많은 해석을 내렸지만 윤리도덕이라는 각도에서 말한다면 "사람을 사랑한다(愛人)"는 이 총 원칙에서 벗어나지 않는다. 제자들이 정확하게 인을 파악하고 인을 이해시키기 위해 공자는 여러 차례 상세하게 제자들이 제기한 문제에 대답한 적이 있다. 이를테면 "강하고 굳세고, 질박하고 어눌함이 인에 가깝다.(剛·毅·木·訥, 近仁)"[30]라 한 것 들이다. 또 효(孝)와 제(悌), 충(忠), 신(信), 근(勤), 의(義), 용(勇), 경(敬), 성(誠), 서(恕), 온(溫), 량(良), 공(恭), 검(儉), 양(讓), 겸(謙), 화(和), 관(寬), 민(敏), 혜(惠) 등과 같은 일련의 구체적인 개념을 내놓아 품덕 수양의 내용을 풍부하게 하면서도 발전시켰다. 이런 내

---

29 정수덕(程樹德)의 『논어집석(論語集釋)』에서는 "공자께서는 네 가지로써 가르치셨으니, 문·행·충·신이었다.(子以四敎, 文·行·忠·信)" 조 아래에 왕호남(王滹南)의 말을 인용하여 말하였다. "대체로 문과 은 실로 두 가지이며, 충과 신은 특히 행 중의 양단인데 또 어찌 두 가르침으로 구별하는가!"라 하여 충과 신 두 가지는 실은 이미 행 중에 포함되었는데 어찌 반드시 '이교(二敎)'로 구별하겠는가 하는 것으로 논한 것이 매우 타당하다.

30 『논어』 「자로(子路)」.

용은 봉건도덕으로 삼는다고 말하자면 어느 정도는 당시 봉건제의 필요성에 부합할 것이다. 그렇지만 현재는 반드시 비판과 분석, 정리를 가하여 찌꺼기와 정화를 엄격하게 구분한 다음에 취사를 결정하여 결코 하나로 뭉뚱그려서 통째로 모호하게 넘어가서는 안 된다.

공자는 학생의 도덕정조를 매우 중시했다. 그는 말하기를 "가난하면서 원망이 없기는 어렵고, 부자이면서 교만이 없기는 쉽다.(貧而無怨難, 富而無驕易)"[31]라 하였다. 부자이면서 교만하지 않고 가난하면서 원망이 없음의 이면에는 억제된 감정의 문제를 띠고 있다. "(『詩經』)「관저」편에서는 즐거우면서도 지나치지 않고, 슬프면서도 화(和)를 해치지 않는다.(關雎樂而不淫, 哀而不傷)"[32]라 하였다. 이는 한 개인의 희로애락에는 정해진 한도가 있으며 지나쳐서는 안 된다는 것을 설명하고 있다. 이외에 "인한 자는 남을 사랑한다(仁者愛人)" 또한 무원칙적으로 무엇이든 모두 사랑해야 하는 것이 아니다. "군자도 미워함이 있고(君子亦有惡)"[33] "오직 인한 자라야 사람을 좋아할 수 있으며, 사람을 미워할 수 있다.(惟仁者能好人, 能惡人)"[34] 이는 인덕(仁德) 내에는 '호(好)'와 '오(惡)'라는 상반된 정서가 포함되어 있다는 것을 설명한다. 제자들에게는 선악을 분명하게 그을 것을 요구하여 "몸가짐에 부끄러움이 있고(行己有恥)"[35], '인을 좋아하고' '인하지 못함을 미워하여' 할 것이 있고 하지 말아야 할 것이 있다. 이런 호오의 감정표현이 바로 '부끄러움을 아는 것(知恥)'이다. 공자는 또

31 『논어』 「헌문(憲問)」.
32 『논어』 「팔일(八佾)」.
33 『논어』 「양화(陽貨)」.
34 『논어』 「이인(里仁)」.
35 『논어』 「자로(子路)」.

한 사람의 감정은 충동적이기 쉽다는 것을 인식하였다. 그것은 억제가 필요하고 한도를 파악해야 한다는 것이다. 이 때문에 공자는 '중용(中庸)'의 주장을 제기하였다. 도덕 감정의 균형을 잡는 법도로 삼아 "사랑할 때는 그가 살기를 바라고, 미워할 때는 그가 죽기를 바라(愛之欲其生, 惡之欲其死)"는 편견을 방지하였다. 감정적 처리나 극단화를 방지하였으며 편파적이지 않고 적당한 선에서 멈추었다.

공자는 한 개인이 도덕 감정에서 '인'에 부합하지 않는 사념(邪念)을 억제하려면 '인'에 부합하는 도덕관념을 확립하여야 한다고 생각하였다. 인인(仁人)은 반드시 뜻을 세워 "삼군의 장수는 빼앗을 수 있으나, 필부의 뜻은 빼앗을 수 없어야 한다.(三軍可奪帥也, 匹夫不可奪志也)"[36]고 생각하였다. 한 개인이 인을 구하려는 의지를 구비한다면 인을 구하여 인에 이를 수 있을 것이다. "내가 인을 하고자 하면 인이 이를 것이다.(我欲仁, 斯仁至矣)"[37] "지사와 인인은 삶을 구하여 인을 해침이 없고, 몸을 죽여 인을 이루는 경우는 있다.(志士仁人, 無求生以害仁, 有殺身以成仁)"[38] 이것이 바로 공자가 도덕관념을 수립하는 데 대한 명확한 요구이다.

뜻을 세우는 동시에 해야 할 것이 힘껏 행하는 것이며, 개인의 표현과 실천이다. 공자는 '인'의 외재적 형식을 체현하는 것이 '예'라고 생각했다. 그는 "자기의 사욕을 이겨 예에 돌아감이 인이다(克己復禮爲仁)"[39], "예를 배우지 않으면 설 수가 없다.(不學禮, 無以立)"[40]라 하였다.

---

36 『논어』「자한(子罕)」.
37 『논어』「술이(述而)」.
38 『논어』「위령공(衛靈公)」.
39 『논어』「안연(顏淵)」.
40 『논어』「계씨(季氏)」.

'극기'는 일종의 '자성(自省)' 공부로 바로 자신을 단속하고 스스로 억제하여 자기의 일상 행동이 모두 예에 부합하게 하여 "적당히 배합하여 예가 있도록" 하는 것이다. 극기의 수단은 '사물'로 "예가 아니면 보지 말며, 예가 아니면 듣지 말며, 예가 아니면 말하지 말며, 예가 아니면 동하지 마는 것이다."[41] 그렇다면 '예'는 무엇인가? 공자의 시대에는 주로 주례, 곧 전통적 서주의 전장제도와 풍속습관으로 사람과 사람이 교왕할 때의 예와 예절, 예의 및 관(冠), 혼(婚), 상(喪) 제(祭) 등 모든 생활행동 중의 규칙을 포괄한다. 이런 명확한 규칙이 있으면 도덕행위는 곧 표준을 가지게 된다. 『장자』「천하(天下)」편에서 유가의 "예를 행위 규범으로 하는(以禮爲行)" 것에 관한 제기 방식이 바로 이 방면을 가리킨다.

도덕행위는 도덕적 인식이 명확한가 아닌가, 도덕정조가 고상한가 아닌가, 도덕관념이 확고한가 아닌가를 검증하는 시금석이자, 품덕수양이 궁행실천으로 들어가는 가장 중요한 일환이다. 따라서 공자는 "그 말을 듣고 그 행동을 살필(聽其言而觀其行)"[42] 것을 강조하였다. '문질빈빈'도 주장하였는데 '질(質)'이 있어도 '문(文)'으로 표현되어야 했다. 이렇게 해야만 품행[操行]이 있는 군자를 양성할 수 있다.

공자는 개인의 품덕수양을 강조하였다. 그 당시에도 옳았을 뿐만 아니라 이는 오늘날에도 강조되어야 하며, 공산주의 사회가 되든 지구상에 인류가 존재하기만 한다면 모두 강조되어야 한다. 당연히 품덕을 수양하는 구체적 내용과 요구는 필연적으로 시대의 다름과 변화하고 발

---

41 『논어』「안연(顔淵)」.
42 『논어』「공야장(公冶長)」.

전하는 것에 따라야 한다. 이는 "사회의 존재가 사회의식을 결정한다"는 마르크스주의 역사 유물주의 관점에 근거하여 도출해낸 필연적 결론이다.

(2) 문헌 지식

공자가 전수한 지식의 범위는 주로 인도 방면에 한정된다. 사람이 되는 것과 정치에 종사하는 도리를 전문적으로 이야기하였는데, 이런 것은 또한 모두 전적의 교습을 통하여 완성되어간다. 문헌 방면으로 이야기하자면 '육경'(六經), 곧 『시(詩)』『서(書)』, 『예(禮)』, 『악(樂)』, 『역(易)』, 『춘추(春秋)』를 전수하는 것이다. '육경' 혹은 '육예(六藝)'의 기본 내용은 공자 이전 시대부터 일찌감치 있어 왔다. 아울러 일찌감치 귀족교육의 주요 내용이 되었으며 공자는 한 차례 더 선용(選用)하고 긍정한 것에 지나지 않을 따름이다. 무엇 때문에 공자는 이런 전적을 선용하여 교재로 삼았을까? 『예기』「경해(經解)」에서는 공자의 말을 인용하여 말하였다. "그 사람됨이 온유하고 돈후함은 『시』의 가르침이다. 소통하여 멀리 아는 것은 『서』의 가르침이며, 넓고 간이하고 신실함은 『악』의 가르침이다. 결정하고 정미함은 『역』의 가르침이다. 공검하고 장경함은 『예』의 가르침이며, 사실에 맞게 문사를 엮음은 『춘추』의 가르침이다.(其爲人也, 溫柔敦厚, 詩敎也; 疏通知遠, 書敎也; 廣博易良, 樂敎也; 絜靜精微, 易敎也; 恭儉莊敬, 禮敎也; 屬辭比事, 春秋敎也)" 이는 '육경'의 교육적 의의와 교육 가치를 설명하고 있으며 아울러 덕육(德育)을 지육(智育)에 기탁한 작용을 표명하였다. 이 때문에 그것들은 공자의 여섯 가지 문헌 재료가 되었다. '육경'의 유래와 형성, 내용 및 공자와의 관계는 제9장에서 상세히 논술할 것이다. 여기서는 다만 공자의 교육실천에서의 응용 방면에서만 간략하게 천명하겠다.

『시』는 당시 주로 전례와 풍간, 언어와 시를 지어 뜻을 말하는 등의 방면에 쓰였다. 공자는 『시』를 배우면 언어 표현 능력을 단련시킬 수 있으며 "『시』를 배우지 않으면 말할 것이 없다.(不學詩, 無以言)"[43]고 생각하였다. 송나라 사람 형병(邢昺)은 『논어주소(論語注疏)』에서 말하기를 "옛날에 회동할 때는 모두 시를 읊어 뜻을 나타내었으니 시를 배우지 않는다면 어떻게 말을 하겠는가?"라 하였다. 『좌전』에 각국의 임금과 신하가 시를 읊고 시를 인용한 것이 모두 251차례에 달한다고 기록되어 있다. 당시는 사대부가 시를 읊을 수 없다면 업신여김을 당할 것이었다. 『좌전』 「소공(昭公) 12년」에는 "송나라 화정(華定)[44]이 내빙하였는데 왕위를 이은 것을 통보하기 위함이었다. 향례를 베풀어주고, 「요소(蓼蕭)」를 읊어주었으나 그 뜻을 알아차리지 못하였고 답으로 시를 읊지도 않았다. 소자(昭子)가 말하였다. '반드시 도망갈 것이다. 연회의 말을 생각지 않고 총신과 영광을 펴지 않으며 아름다운 덕을 모르고 복을 함께 함을 받지 않으니 장차 어떻게 마치겠는가?'"라는 기록이 있다. 화정은 『시』로 답하여 읊을 수가 없어서 그 자리서 망신을 당하였고, 아울러 소자의 비웃음을 당하였다. 이로써 공자가 『시』를 배우는 목적을 강조한 것이 실질적으로는 정치에 종사하기 위함임을 알 수 있다. "『시』 3백 편을 외우면서도 정치를 맡겼을 때에 제대로 해내지 못하고, 사방에 사신으로 나가 혼자서 처결하지 못한다면, 비록 많이 외운다 한들 어디에 쓰겠는가!(誦詩三百, 授之以政, 不達, 使於四方, 不能專對, 雖多, 亦奚以爲!)"[45] 여기서는

~~~~~~~~~

43 『논어』 「계씨(季氏)」.

44 화정(華定)은 송나라의 대부이며, 송원공(宋元公)이 막 즉위하여 그를 노나라에 사신으로 파견하여 통하여 빙문하였다.

45 『논어』 「자로(子路)」.

『시』를 배우면 상황에 따라 임기응변에 능해야 한다. 다만 외우기만 많이 하고 그에 따라 국정을 처리할 수 없고 또 독립적으로 운용하여 외교업무를 처리해나갈 수 없다면 아무리 많이 외운다 한들 또한 무슨 소용이 있겠느냐는 것을 지적하였다. 공자 문하의 제자 중에 외교활동에 가장 뛰어났던 자공은 곧 『시』를 배워 가장 잘 써먹은 대표적 인물로 공자의 칭찬을 받은 적이 있다.(『論語』「學而」에 보인다)

공자는 『시』의 가르침을 중시하여 그것을 도덕을 수양하고 성정을 도야하며 제가와 치국의 중요한 수단으로 삼았다. 한번은 그가 제자들에게 『시』를 가르치는 중요한 의의를 강해하면서 말하였다. "너희들은 어찌하여 시를 배우지 아니하느냐? 시는 일으킬 수 있으며, 살필 수 있으며, 무리를 지을 수 있으며, 원망할 수 있으며, 가까이는 어버이를 섬길 수 있게 하며, 멀리는 임금을 섬길 수 있게 하고, 새와 짐승, 풀과 나무의 이름을 많이 알게 한다.(小子何莫學夫詩? 詩可以興, 可以觀, 可以群, 可以怨, 邇之事父, 遠之事君, 多識於鳥獸草木之名)"[46] 이는 공자의 『시』에 가장 예리한 논술이라고 할 수 있다. 그로 볼 것 같으면 『시』를 읽는 것은 정서를 고무시킬 수 있을 뿐만 아니라 풍속과 민정의 성쇠를 살필 수 있다. 상호간의 양해를 세울 수 있으며 시정의 득실을 풍유하고 비평할 수 있다. 심지어 그 속에 들어 있는 도리를 운용하여 부모를 섬기고 정치에 종사하여 임금을 섬길 수도 있다. 자연계의 조수와 초목을 알 수도 있는 것이었다. 이런 시학관(詩學觀)은 『시』가 후세에 거대한 영향을 낳게끔 했다.

『악』 또한 교육에서 중요한 교재 중 하나였다. 음악의 가르침은 음악을 학습하는 기본적인 공부를 가리킬 뿐만 아니라 동시에 또한 음악 이

---

[46] 『논어』「양화(陽貨)」.

론과 심미 등의 내용을 학습하는 것을 포괄한다. 공자는『시』와『예(禮)』,
『악』을 하나로 융합시켰다. "시에서 흥기시키며, 예에서 서며, 음악에
서 이룬다.(興於詩, 立於禮, 成於樂)"[47] "뜻이 지극하면 시 또한 지극하다. 시
가 지극하면 예 또한 지극하며, 예가 지극하면 악 또한 지극하다.(志之所
至, 詩亦至焉. 詩之所至, 禮亦至焉. 禮之所至, 樂亦至焉)"[48] 공자의 심목에서는 뜻을
세운 후에 시를 배우고 시를 배운 후에는 예를 알아야 하며, 예를 안 다
음에야 음악의 계발에서 자각적으로 성정이 도야된다. 시를 다루는 것
과 마찬가지로 공자는 음악의 학습 또한 수신하는 수단으로 삼았으며,
실천에 부쳤다. 공자는 악곡의 감상과 평론에 뛰어났다. "공자께서 제
나라에 계실 적에「소」를 들으시고, (배우는) 3개월 동안 고기 맛을 모르
시며 '음악을 만든 것이 이러한 경지에 이를 줄은 생각도 못했다.' 하셨
다.(子在齊聞韶, 三月不知肉味, 曰, 不圖爲樂之至於斯也)"[49] "공자께서「소」에 대해
이르시기를 '지극히 아름답고 지극히 좋다.' 하셨으며,「무」에 대해 이
르시기를 '지극히 아름답지만 지극히 좋지는 못하다.' 하셨다.(子謂韶, 盡
美矣, 又盡善也. 謂武, 盡美矣, 未盡善也)"[50] "공자께서 말씀하셨다. '위나라에서
노나라로 돌아온 뒤로 음악이 올바르게 되어 아와 송이 각기 제자리를
찾게 되었다.'(子曰, 吾自衛反魯然後樂正, 雅頌各得其所)"[51] 그는『시』를 정리할
때 악곡의 성질에 따라「풍(風)」,「아(雅)」,「송(頌)」의 세 부분으로 나누었
다. 그는 제자들에게 노래를 가르칠 때 자기도 따라 부르면서 그들에게

47 『논어』「태백(泰伯)」.
48 『예기』「공자한거(孔子閑居)」.
49 『논어』「술이(述而)」.
50 『논어』「팔일(八佾)」.
51 『논어』「자한(子罕)」.

악기를 연주하도록 지시하였다.[52] 그는 "음악으로 나라를 다스리는" 이유는 "악을 지극히 하여 마음을 다스려(致樂以治心)" "(어진 마음이) 생겨 나면 즐거울 것이요, 즐거우면 편안할 것이다. 편안하면 오래 할 것이 요, 오래 하면 천연(天然)하게 될 것이요, 천연하게 되면 신묘하게 될 것 이다. 천연하면 말하지 않아도 믿고 신묘하면 노여워하지 않아도 두려 워하니, 악을 지극히 하여 마음을 다스리는 것이다.(生則樂, 樂則安, 安則久, 久則天, 天則神, 天則不言而信, 神則不怒而威, 致樂以治心者也)"[53]라 주장하였다. 그가 악치주의자(樂治主義者)임을 알 수 있고, 음악을 가르치는 최종 목적은 여 전히 정치에 종사하여 봉사하기 위함이다.

『서』는 공자가 정치와 역사의 교재로 삼아서 썼다. 『논어』에는 공자 가 『서』를 인용한 것을 세 번 기록하고 있다. 모두 옛것으로 지금을 비 유하였으며 어떻게 정치에 종사하고 도를 행할 것인가를 강해하였다.

『예』는 첫째 문헌 교재로 삼아 강해를 진행했고, 둘째 예의 의식과 기 능을 학습했다. 공자가 진행하는 예교는 실습을 중시하였다. 예가 입신 처세의 행동 준칙이기 때문에 그는 자신의 아들 공리(孔鯉)에게 "예(禮) 를 알지 못하면 서지 못하게 된다(不學禮, 無以立)"[54]라 타일렀다. 『예』의 구체적 내용에 관하여서는 「인의 인생철학 사상」에서 이미 서술하였으 므로 여기서는 중복하여 말하지 않는다.

『역』은 「경(經)」과 「전(傳)」의 두 부분으로 나뉜다. 「경」의 내용은 공자 이전에 이미 있었고 「전」의 내용은 후세의 유자가 완성한 것이다. 공자 당시에 『역』은 음양과 팔괘의 점복을 이야기하는 책이었다. 내용은 신

52 『논어』 「술이(述而)」와 『논어』 「선진(先進)」에 보인다.
53 『예기』 「악기(樂記)」.
54 『논어』 「계씨(季氏)」.

비하고 방대하면서도 복잡하였는데 노나라에서 비교적 완정하게 보존되어 있었다.『사기』「공자세가」의 기록에 의하면 "공자는 만년에 『역』을 좋아하여", "『역』을 읽다가 가죽끈이 세 번 끊어졌다."라 하였다. 그가 깊은 연구를 진행했었다는 것을 알 수 있으며 공자는 책 안의 소박한 변증법 사상을 빨아들여 제자를 교육시킨 적이 있다.

『춘추』는 공자가 세상을 떠나기 2년 전에 이루어졌으며 친히 편저한 것이다. 다만 교재로 삼은『춘추』는 대체로 두 가지 가능성이 있다. 첫째, 당시에는『백국춘추(百國春秋)』곧 각 제후국의 '사기(史記)'가 있었다. 내용은 국가의 정적(政績), 흥망의 기록에 관한 것이 아닌 것이 없었으며, 공자가 학생을 가르치기 위한 것은 이런『백국춘추』일 것이다. 둘째,『백국춘추』가 권질이 넓고 방대하며 재료가 번잡하여 공자는 곧『노춘추』를 저본으로 하여 각국의 '사기' 중의 주요 대사를 하나의 체제로 통일시켜 먼저 교재로 삼은 후 나중에 비로소 정리하여 지금 전하는 판본이 되었다는 것이다.『춘추』에는 공자의 사회정치이론과 명분을 정함, 포폄을 기탁함, 미언대의(微言大義)를 포함하고 있다. 이는 공자가 학생들에게 정치와 역사교육을 진행한 교과서이다.

(3) 체육 단련과 정서 교육 도야

'육경' 외에도 공자는 다른 교재가 있었는가? 예·악·사·어·서·수의 초급 '육예(六藝)'에서 보면 또한 몇몇 기예 방면의 교육 내용이 있다. 공자의 시대에는 '체육(體育)'이라는 명칭이 없었지만 '사(射)'와 '어(御)'는 현대의 체육의 범주에 속한다. 공자는 이 방면의 내용에 대해서도 주의를 기울였으며 신체적으로 힘껏 행하며 교학에서 관철시켜 나갔다. 공자 본인은 결코 쇠약한 노스승이 아니었으며, 그는 지취가 광범하고 신체가 건장하여 매우 크게 자랐다.[55] 춘추시기에 사람들의 평균수명은 현재보다 매우 짧았다. 그럼에도 73세까지 살았다는 것은 아주 드문 예 가운데 하나다. 이는 그가 신체단련에 주의를 기울인 것과 밀접한 관계가 있다. 궈모뤄(郭沫若)는 『십비판서(十批判書)』에서 『회남자(淮南子)』에 근거하여 그는 '경표문지관(勁杓門之關)'이라 하였는데 공자는 "천근의 대역사(千斤大力士)"로 풀이되며 일정 사실 근거가 있을 것이다. 그는 늘 제자들을 데리고 사하(泗河) 기슭의 교외로 가서 놀았다. 그는 등산하기를 좋아하여 "태산에 올라 천하를 작게 여겼는데(登泰山而小天下)" 지금도 태산 정상에는 공자가 올라서 내려다본 유적이 남아 있다. 공자는 활쏘기와 마차를 모는 방면에 있어서도 매우 숙련되었다. 제자들은 대부분 그의 활을 잘 쏘는 전통을 계승하였다. 『사기』「공자세가」의 기록에서는 "노나라에서는 대대로 전하여가며 세시(歲時)에 공자의 무덤에 제사를 지냈다. 유생들도 공자의 무덤에서 예를 강론하고 향음주례와 활쏘기를 하였다."라 하였다. 사마천은 친히 고찰하여 공자의 향사(鄕射)의 유풍을 관찰하였다. 청대의 학자 안원(顔元)은 공자의 체육교육사상에 대하여 객관적인 평가를 내린 적이 있다. "공자의 문하에서는 예·악·사·어의 배움을 맡아 행하여 사람의 근골을 튼튼하게 하였다. 사람의 혈기를 화(和)하게 하였으며, 사람의 성정을 조섭하였다."[56] 공자의 체육교육의 의의를 알 수 있는데, 신체를 강건하게 하는 외에 또한 성정의 작용을 도야하였다. 이는 예·악의 정서교양과 결합되었다.

---

55 사마천의 『사기』「공자세가」의 기록에 의하면 공자는 신장이 9척 6촌이어서 "사람들이 모두 꺽다리라고 하면서 기이해 하였다."고 하였다. 주척(周尺)으로 1척은 현재의 도량형으로 환산하면 19.91센티미터이므로 공자의 신장은 대략 1.91미터다.
56 『안습재선생언행록(顔習齋先生言行錄)』.

공자가 치중한 정서는 '문(文)'과 '질(質)' 두 방면을 포괄하며 구체적으로 가리키는 것은 예악을 수양하는 외재적인 미와 내재적인 미이다. 그는 "군자는 남의 아름다움을 이루어준다(君子成人之美)"[57]는 것을 주장하였다. 미는 곧 미덕이며, 그 표준은 "문을 널리 배우고 예로 요약하는(博學於文, 約之以禮)" 것이었다. 그는 「소(韶)」 음악을 칭찬하여 "지극히 아름답고 지극히 좋다.(盡美矣, 又盡善也)"라 하였다. 이런 음악은 우순(虞舜)이 겸양하는 평화의 미덕을 표현하여 사람의 성정을 훈도할 수 있기 때문이었다. 공자는 윤리도덕 이론가와 실천가인 데다 반드시 정서와 도덕 관념을 밀접하게 결합시켰다. 이에 미 또한 공자의 덕목 중 하나가 되었다. 따라서 공자가 치중한 미는 실제적으로 다소간 우리가 현재 이야기하는 언어미와 행위미, 심령미, 그리고 환경미의 모종의 내용들을 포함하고 있다. 그의 시교는 언어미와 결합하였고, 그가 말하는 '문질빈빈'은 행위미와 결합되었다. 그가 제기한 '지(智)·인(仁)·용(勇)'은 심령과 결합되었으며, 그가 주장한 "자리가 바르지 않으면 앉지 않았다"는 것은 환경미와 결합되었다. 공자의 미의 관점과 도덕 관점을 연계시킨 교육실천은 의심할 바 없이 의의가 심원하다.

이상 이야기한 품덕수양을 강화하고 문헌 지식을 파악하며 체육의 단련과 정서의 도야에 치중함은 그 목적이 세상을 다스리는 데 능한 사람(士·君子)을 배양하기 위함이다. 공자의 이런 교육 내용으로 보면 그 가운데 적지 않은 합리적인 인소는 지금까지도 여전히 찬란한 광채를 뿜어내고 있다. 다만 반드시 지적해야 할 것은 공자가 교학하면서 사용한 교재(六經)는 곧 2천여 년 전의 춘추시기에도 사회발전에서 이미

---

57 『논어』「안연(顔淵)」.

취득한 성취를 반영할 수가 없었다. 당시의 공·농업 생산 공구와 전쟁용 무기는 이미 청동기에서 철기로 발전해갔다. 농업에서도 이미 우경(牛耕)을 사용하였고 수공업제품은 무기에서 정미로운 견(絹)·백(帛)·제(綈)·호(縞) 및 종(鍾)·정(鼎) 등 궁정 용품과 민간용품은 물론, 농예와 원예, 공예와 상업에 있어서와 천문·지리·역법과 의학 그리고 요리는 물론, 군사 전략과 전술상에서도 모두 큰 발전과 진보를 이루었다. 이런 것들은 공자의 교재('六經')에 매우 적거나 전혀 반영되지 않았다. 우리는 공자가 2천여 년 전의 그런 사회 조건하에서 부끄러움이 없는 위대한 사상가이자 정치가, 교육가라는 것을 인정하는 동시에 반드시 그의 큰 보수성과 국한성을 지적해야 한다. 공자 이후의, 봉건사회 속박 하의 중국은 정체되어 앞으로 나아가지 않는 국면이었다. 거기에 철학과 사회과학상의 물질과 정신에 관한 것이 무엇이 먼저인지 진리가 인식되는가의 여부와, 사회발전 규율의 탐색과 논증 및 자연과학 방면의 이론과 실험 응용(특히 工·農業生産 方面) 등 정체되어 나가지 않는 상황을 포괄하여 실로 다방면의 원인에서 조성되었다. 이 또한 공자의 사상 및 교학 내용상의 국한성의 영향과 떼려야 뗄 수가 없다. 이 점을 이해하지 못하면 진정하게 공자를 이해할 수 없다. 공자의 교육성취를 정확하게 평가할 수 없으며 매우 큰 편견에 빠질 수 있다.

5. 융통성이 다양한 교학 방법

위대한 교육 사상가로 공자는 일생의 교학을 실천하는 활동에서 매우 가치 있는 교학 방법을 누적시켰다. 많은 방면에 소박한 변증법과 유물주의 관점을 반영하였다. 이는 공자 교육사상에서 가장 정화된 부분이며 진귀한 유산으로 지금도 일정한 귀감 작용을 하고 있다.

(1) 학(學)과 사(思)가 결합한 변증 원리

공자는 한 사람이 지식을 신장시키려면 반드시 성실하게 학습하고 사고를 진행시켜야 한다고 생각하였다. 그는 학(學)과 사(思)의 변증법을 연구하였다. "배우기만 하고 생각하지 않으면 (얻음이) 없고, 생각하기만 하고 배우지 않으면 위태롭다.(學而不思則罔, 思而不學則殆)"[58]라는 예리한 견해를 내놓았다. '학'은 지식재료를 점유하고 있으며, '사'는 문제를 사고하고 분석한다. 한 사람이 학습을 잘하지 않으면 하루 종일 괴로이 공상만 할 것이며 엉터리로 추측하는 경지에 빠질 것이다. 여하를 막론하고 아무런 좋은 점도 없을 것이다. 그는 말한 적이 있다. "내 일찍이 종일토록 밥을 먹지 않으며 밤새도록 잠을 자지 않고서 생각하니, 유익함이 없었다. 배우는 것만 같지 못하였다.(吾嘗終日不食, 終夜不寢, 以思, 無益, 不如學也)"[59] "배우고 때로 익힐 것(學而時習之)"과 "옛것을 복습하고, 새것을 알 것(溫故而知新)"을 제기하여 "세 사람이 길을 가면 거기에는 반드시 나의 스승이 있다(三人行必有我師焉)"는 것을 제기하였다. 관건은 고자세를 버리고 "아래 사람에게 묻는 것을 부끄러워하지 않는(不恥下問)" 소학생이 되는 것을 달가워하는 데 있다. "배우기를 좋아하고(好學)", "배우기를 싫어하지 않고(學而不厭)" 사람에게 배우고 일에서 배우고 책에서 배울 것을 창도하였다.

58 『논어』 「위정(爲政)」.
59 『논어』 「위령공(衛靈公)」.

그러나 배우기만 하고 사고하지 않으면 망연자실하여 갈 곳이 없는 지경에 빠지게 될 것이다. 한 사람은 문헌 재료(知識材料)를 가진 이후에 또한 반드시 분석적 사고를 진행시켜야 소화하고 이해할 수 있다. 따라서 학(學)과 사(思)는 하나라도 없어서는 안 된다. 공자는 특별히 독립적으로 사고하고, 비근한 생각을 절실하게 물으며, 근원을 추구하여 일을 만나면 몇 번이고 왜인가 물어야 한다는 것을 제창하여 말하기를 "몇몇 다른 일을 만나 '어찌할까 어찌할까' 하는 사람은 나도 어찌할 수 없다!"[60]라 하였다. 그런 "종일토록 배불리 먹고 마음을 쓰는 일이 없는" 사상이 게으른 사람을 비평하였다. 제자들에게 "많이 듣되 의심스런 것은 빼도록(多聞闕疑)" 가르쳤다. 과감히 문제를 드러내어 사고능력을 배양하는 데 편하도록 해야 한다고 했다. 공자의 배움과 생각이 결합한 교학 방법에 관하여 청초(淸初)의 왕부지(王夫之)는 치밀하게 해석을 한 적이 있다. "치지(致知)의 도에는 두 가지가 있다. 배운다 하고, 생각한다 함은 …… 배움은 생각에 장애가 없으며 배움이 넓을수록 생각이 원대하고 생각은 바로 배움에 도움이 된다."[61] 이는 배움과 생각이 일치하면 서로 얻음이 더욱 빛날 것이라는 도리를 설명한다.

(2) 재목에 따라 가르침을 베풀고 차근차근 잘 이끌어주다

공자가 교학활동을 진행한 특징은 충분히 학생의 실제 상황에서 출발하여 지력(智力)의 고하에 맞추어서 다르게 "재목에 따라 가르침을 베푸는" 것이었다. 마르크스주의자 또한 사람의 지력에는 차이가 있음을

---

60 『논어』「위령공(衛靈公)」 "공자께서 말씀하셨다. '어찌할까? 어찌할까? 하고 말하지 않는 자는 나도 어찌하지 못할 뿐이다.'(子曰, 不曰如之何, 如之何者─吾末如之何也已矣)"
61 왕부지의 『사서훈의(四書訓義)』, 권6.

인정하였는데 『자본론』권1에서는 말하였다. "천부적인 특수성은 분업이 이에 의거하여 싹을 틔우는 기초이다." 공자는 일찌감치 사람의 재주와 지력에 고하의 구별이 있음을 주의하여 "중등 인물 이상은 높은 것을 말해 줄 수 있으나, 중등 인물 이하는 높은 것을 말해 줄 수 없다.(中人以上, 可以語上也, 中人以下, 不可以語上也)"[62]라 하였다. 이는 곧 지력의 수준이 중등 이상인 사람에게는 높고 깊은 학문을 강학해줄 수 있으며 지력의 수준이 중등 이하인 사람에게는 높고 깊은 내용을 강학해줄 수 없다는 말이다. 이 원칙에 근거하여 그는 제자들의 다른 지취와 지혜 그리고 능력을 깊이 이해하였고 각자의 특징을 파악하여 다른 교육을 베풀었다. 『논어』「선진(先進)」의 기록에는 염구가 일을 하는데 잘 위축되고 담이 작아 공자는 일을 할 때는 꽉 쥐고 한번 들으면 즉시 하게 하였다. 중유는 담대하여 일에 과감하여 경솔하여 화를 일으킬까 걱정하여 그에게 모든 일에 먼저 한 발 물러나라고 가르쳤다. 또 부모에게 보인 다음에 다시 하라고 했다.("구는 물러남으로 나아가게 한 것이요, 유는 일반인보다 나음으로 물러가게 한 것이다.[求也退, 故進之, 由也兼人, 故退之]") 공자는 바로 이런 장점을 발양하고 단점은 피하는 방법으로 제자들의 덕업 수양을 완전하게 하였다.

공자는 학생들의 다른 습성과 흥취를 간파하여 차근차근 이끌어주는 데 뛰어났다. 그는 한 개인은 학습의 중요성을 알아야 할 뿐만 아니라 배우는 것을 즐겨야 한다고 생각하였다. "아는 자가 좋아하는 자만 못하고, 좋아하는 자가 즐기는 자만 못하다.(知之者不如好之者, 好之者不如樂之者)"[63]

---

62 『논어』「옹야(雍也)」.

63 『논어』「옹야(雍也)」.

학습의 흥취를 배양시키기만 하면 학습의 자각성을 세울 수 있고 따라서 학습의 열정을 생성시키며 배워도 싫증이 나지 않음에 이르게 된다.

공자가 제자의 학습 흥취를 배양시키는 방법은 일상생활 중의 생동적인 사례들을 통하여 형상사유 방식으로 유도해나가는 것이다. 『논어』에는 공자가 철리적인 비유를 가지고 학생들을 교도하는 사례가 기록되어 있다. "날씨가 추워진 뒤에야 소나무와 측백나무가 뒤늦게 시듦을 알 수 있는 것이다.(歲寒然後, 知松柏之後彫)" 같은 말은 절조를 비유하여 가리켰다. 학생들이 인고와 인내, 불요불굴의 정신을 가지도록 교도하는 것이다. "흘러가는 것이 이와 같구나.(逝者如斯夫)"라는 말은 시간은 한번 가면 다시 돌아오지 않는다는 비유로 제자들에게 시간을 아끼고 분발하여 강해지도록 격려하는 데 뜻이 있다. 이런 교학방식은 제자들의 칭찬을 받았다. 안회는 일찍이 총결하여 말하기를 "선생님께서는 차근차근 사람을 잘 이끌어주신다.(夫子循循然善誘人)"[64]라 하였다. 공자는 학생들을 인내심을 가지고 유도할 수 있었으며 학생들이 자각하여 주동적으로 학습을 진행하도록 하였다. 확실히 극히 아름다운 교학 효과를 거두었다.

(3) 계발에 뛰어나고 하나를 보면 열을 알다

공자는 중국고대의 계발식 교학법을 창시한 교육가이다. 『논어』 「술이(述而)」에는 그의 주장이 기록되어 있다. "마음속으로 통하려고 노력하지 않으면 열어주지 않으며, 애타지 않으면 말해주지 않되, 한 귀퉁이를 들어주었다. 이것을 가지고 남은 세 귀퉁이를 반증하지 못하면

---

64 『논어』 「자한(子罕)」.

다시 더 일러주지 않는다.(不憤不啓, 不悱不發, 擧一隅, 不以三隅反, 則不復也)" 주희(朱熹)는 『논어집주(論語集注)』에서 해석하기를 "분(憤)은 마음속으로 통달하려고 하되 되지 않아 애태우는 뜻이요, 비(悱)는 입으로 말하고 싶어하되 능하지 못하여 애태우는 모양이다. 계(啓)는 그 뜻을 열어줌을 말하고, 발(發)은 그 말문을 열어줌을 말한다. 물건에 네 귀퉁이가 있는 것은 그중 하나만 들면 나머지 세 귀퉁이도 알 수 있다. 반(反)은 되돌려서 서로 증명한다는 뜻이요, 부(復)는 다시 일러주는 것이다."라 하였다. 학생의 교육은 주입식 방식은 채택해서는 안 되며 가르침과 배움을 결합하여 동시에 그가 주동적으로 사고할 수 있도록 유도하고 사고하게 해야 한다. 후에 요령을 얻지 못하였을 때 다시 계도해나가며 그 다음은 그 스스로 의견을 말하게 하고 또 말하지 못할 때 다시 그를 말을 하도록 계발시킨다는 말이다. 달리 반드시 학생에게 하나를 들어 셋을 반증하게 하여 하나를 알면 열을 알게 하였다. 만약 그에게 동쪽을 가리켜주었는데 그가 이로부터 미루어 그 나머지 서쪽과 남쪽, 북쪽의 세 방향을 알 수 없다면 더 이상 억지로 그를 가르칠 필요가 없다. 이 총체적인 정신은 교학할 때 다만 강박적으로 주입할 수 없는 것을 가리키며 학생이 학습상의 적극성과 능동성을 배양해야 한다. 공자의 이 논점은 매우 고명하며 그는 학생에게 적극적인 사고 문제를 요구하며 추론에 뛰어나 하나를 들면 둘을 알고 하나를 들면 셋을 반증하여야 한다. 이런 계발식 교학 방법은 오늘까지도 여전히 매우 중요한 현실 의의를 가지고 있다.

(4) 상호 절차탁마, 교학상장

공자는 교학법에서 사제지간에 상호 절차탁마하고 공동으로 토론하여 교학상장의 효과를 거둘 것을 제창했다. 『논어』 「학이(學而)」에는 자공이 공자의 교도를 들은 후 융통성 있게 "자른 듯하며, 간 듯하며, 쫀 듯하며, 간 듯하다.(如切如磋, 如琢如磨)"는 도리를 깨달았으며 공자는 매우 기뻐했다. 일부 『논어』에는 실제적으로 그들 사제지간에 서로 토론하고 문답하는 상황을 기록하였다. 한번은 안연과 자로가 각자 자기의 지취를 말하였다. 자로는 공자도 말할 것을 요구하였다. 공자는 매우 사근사근하고 진지하게 제자의 요구를 만족시켜 자기의 뜻을 이야기하였다. "노인들은 만년에 편안하게 하고, 벗들은 서로 신임하게 하고 젊은이들은 관심을 얻게 하는 것이다."[65] 그는 이것으로 안연과 자로에게 각자의 지취를 서로 비교하게 하였는데, 일종의 정면교육의 가장 좋은 방법이라 할 수 있다. 공자는 진심으로 성의 있게 학생들이 그에게 의견을 제기하는 것을 환영하고 있다. 그의 득의한 제자 자로는 종종 그에게 비판적인 의견을 제기하는데 그 중에서 세 차례가 비교적 두드러진다. 첫째는 노나라 계씨의 가신 공산불요(公山不擾)가 사람을 보내어 공자를 청하여 공자가 갈 준비를 하자 자로는 매우 불만을 품고 비판하며 말하였다. "갈 곳이 없습니까? 하필이면 반란을 일으킨 공산불요에게 가려고 하십니까?" 공자는 비록 해명은 했지만 또한 자로의 의견을 받아들여 가지 않았다.[66] 다른 한 차례는 공자가 위(衛)나라에 있을

---

65 『논어』 「공야장(公冶長)」. "안연과 계로가 공자를 모시고 있었는데, 공자께서 '어찌 각자 너희들의 뜻을 말하지 않는가!' 하셨다. 자로가 말하였다. '수레와 말과 가벼운 갖옷을 친구와 함께 쓰다가 해지더라도 유감이 없고자 하옵니다.' 안연이 말하였다. '자신의 잘하는 것을 자랑함이 없으며, 공로를 과시함이 없고자 하옵니다.' 자로가 '선생님의 뜻을 듣고자 하옵니다.' 하자, 공자께서 말씀하셨다. '늙은이를 편안하게 해주고, 붕우에게는 미덥게 해주고, 젊은이를 품어주고자 한다.'(顏淵季路侍. 子曰. 盍各言爾志. 子路曰. 願車馬衣輕裘, 與朋友共, 敝之而無憾. 顏淵曰, 願無伐善, 無施勞. 子路曰, 願聞子之志. 子曰, 老者安之, 朋友信之, 少者懷之)"

때 위령공의 부인인 남자(南子)의 부름을 받아들였다. 마찬가지로 "자로의 불쾌함"을 이끌어내었으며 공자는 굳게 맹세하며 상황을 분명히 할 수밖에 없었지만 열을 받지는 않았다.[67] 또 한 차례는 진(晉)나라 범 씨(范氏)의 가신인 필힐(佛肸)이 공자를 청한 일이다. 공자가 또 가려고 하자 자로는 이번에도 비판을 제기하며 말하였다. "옛날에 제가 부자께 들었사온데, '직접 그 몸에 선하지 않은 행동을 하는 자에게는 군자가 들어가지 않는다.'고 하셨습니다. 필힐이 지금 중모읍을 가지고 배반하였는데 부자께서 가려고 하시니, 어째서입니까?" 공자는 인정할 수밖에 없었다. "그렇다. 그런 말을 한 적이 있다." 이어서 해명하여 마지막으로 말하였다. "내가 어찌 호리병박과 같아서 한 곳에 매달린 채 먹기를 구하지 않을 수 있겠는가?" 솔직하게 출사하여 봉록을 구하는 데 급급해하는 심정을 인정하였지만 결국 자로의 비판을 받아들였으며 가려는 뜻을 단념했다. 이로써 공자의 교학은 민주적이라는 것을 알 수 있다. 그는 제자의 비판을 즐거이 받아들였지만 의견을 제기하지 않으려 하는 제자에게는 오히려 질책을 가했다. 안회는 공자가 가장 칭찬한 제자이지만 안회는 공자의 모든 말에 순종적이어서 한 번도 의견을 제기하지 않았다. 이 때문에 공자는 그를 책망하여 말하였다. "안회는 나를 돕

---

66 『논어』「양화(陽貨)」. "공산불요가 비읍을 가지고 반란을 일으키고 공자를 부르니, 공자께서 가려고 하셨다. 자로가 기뻐하지 않으며 말하기를 '가실 곳이 없으면 그만이지, 하필이면 공산씨에게 가시려 하십니까?' 하니, 공자께서 말씀하셨다. '나를 부르는 자가 어찌 하릴없이 하겠느냐? 나를 써 주는 자가 있다면, 나는 동쪽 주나라를 만들 것이다.'(公山弗擾以費畔, 召, 子欲往. 子路不說曰, 末之也已, 何必公山氏之之也. 子曰 夫召我者, 而豈徒哉, 如有用我者, 吾其爲東周乎)

67 『논어』「옹야(雍也)」. "공자께서 남자를 만나시자, 자로가 기뻐하지 않았다. 공자께서 맹세하여 말씀하셨다. '내 맹세코 잘못된 짓을 하였다면 하늘이 나를 버리시리라! 하늘이 나를 버리시리라!'(子見南子, 子路不說, 夫子矢之曰, 予所否者, 天厭之, 天厭之)"

452

는 자가 아니구나! 나의 말에 대해 기뻐하지 않음이 없구나!(回也, 非助我者也, 於吾言無所不說)"[68] 안회가 한 번도 그에게 다른 의견을 제기하지 않았음을 가리킨 것이다. 이는 사제지간에 교학상장의 장점을 거둘 수 없게 하기 때문이라 "안회는 나를 돕는 자가 아니다."라 한 것이다. 공자가 깨어 있고 민주적인 교육가임을 알 수 있으며 결코 후세의 부유(腐儒)의 '유아독존(唯我獨尊)'적으로 '사도(師道)의 존엄(尊嚴)'을 내세워 학생들이 선의로 천리 밖의 위선자를 비판하는 것을 거부하는 것에 비교될 수 있다.

(5) 실제적인 사람의 평과 시정의 평을 연계시키다

공자의 교학 방법 중에는 또한 하나의 중요한 창조가 있다. 그것은 인물의 평가와 시정(時政)의 평론을 통하여 제자들에게 자기의 정치 관점과 철학사상을 천명했다. 공자가 평가했던 인물은 매우 많다. 위로는 요(堯), 순(舜), 우(禹), 탕(湯), 문(文), 무(武), 주공(周公), 백이(伯夷), 숙제(叔齊)로부터 아래로 춘추시기의 관중(管仲)과 자산(子産) 등 각류의 명인 및 자기의 제자에까지 이르렀다. 공자가 특별히 주의하여 평론한 것은 그런 사회에 대해, 인민에 대해 큰 공을 세운 사람이거나 품덕이 고상한 사람이다. 관중과 자산에 대해서 공자는 인(仁)을 인정했다. 백이와 숙제가 군위(君位)의 계승을 서로 양위한 것에 대해서는 "인을 구하여 인을 얻었다(求仁而得仁)"[69]라 하였다. 불초한 사람들에 대해서는 규탄을 하였는데 노나라 대부 장문중(臧文仲)은 유하혜(柳下惠)가 현량한 선비임을

---

68 『논어』 「선진(先進)」.
69 『논어』 「술이(述而)」.

알았지만 임용하려 하지 않았으며 공자는 그가 관직만 차고앉아서 실제 하는 일은 없다고 비판하였다. 계강자(季康子)는 인민을 잔혹하게 압박하고 착취하였는데 인민은 기아에 허덕여 도둑이 되는 자가 매우 많았다. 계강자가 공자에게 어떻게 해야 하는가, 묻자 공자는 평론하여 말하였다. "만일 그대가 탐욕을 부리지 않는다면 비록 백성들에게 상을 주면서 도둑질하게 하더라도 도둑질하지 않을 것이오."[70] 이렇게 공자는 사람에 대한 평가를 통하여 제자들에게 시비와 선악을 변별하도록 교육했다. 제자들에게 몸을 수양하고 본성을 길러 이상적 인격의 전범을 세워주었다.

공자는 요동치고 불안정한 시대에 처하여 사회 이슈가 매우 많았다. 정치가와 교육가로서 그는 반드시 시사를 밀접하게 주시하고 관심을 가져서, 수시로 자기의 태도를 표명하였고 자기의 주장을 선전하였다. 계씨가 전유(顓臾)를 공격할 준비를 하자 염유와 자로가 이 사건을 공자에게 알렸다. 공자는 계씨의 무력 침략행위를 굳게 반대하였으며 곧장 정면으로 자기의 견해를 천명하였다. "나라를 소유하고 집을 소유한 자는 (백성이) 적음을 근심하지 않고 고르지 못함을 근심하며, 가난함을 근심하지 않고 편안하지 못함을 근심한다고 한다. 고르면 가난함이 없고, 화하면 적음이 없고, 편안하면 기울어짐이 없는 것이다.(有國有家者, 不患寡而患不均, 不患貧而患不安. 蓋均無貧, 和無寡, 安無傾)"[71] 그는 계씨의 탐욕이 끝이 없으며 반드시 사회의 불안을 일으킬 것이다. 유일한 출로는 바로 재화

70 『논어』「안연(顏淵)」. "계강자가 도둑을 걱정하여 공자에게 대책을 묻자, 공자께서 대답하셨다. '만일 그대가 탐욕을 부리지 않는다면 비록 백성들에게 상을 주면서 도둑질하게 하더라도 도둑질하지 않을 것이다.'(季康子患盜, 問於孔子. 孔子對曰, 苟子之不欲, 雖賞之, 不竊)"
71 『논어』「계씨(季氏)」.

를 고르게 해야 백성들이 편안하게 자기를 지키게 할 수 있을 것이라 생각하였다. 이렇게 해야만 백성들은 궁벽해도 난을 일으키지 않을 것이다. 그의 이 평론은 실제적으로 염유와 자로를 교육시킨 것이다. 한 번은 공자가 태산에서 길을 지나는데 한 부인이 무덤 곁에서 통곡하는 것을 보고 자로에게 가서 물어보게 하였다. 가혹한 정치가 그들을 고향을 등지도록 몰아세웠고 오히려 호환을 당하였다는 것을 듣고 그는 "가혹한 정치는 호랑이보다 사납다(苛政猛于虎)"[72]는 평론을 내놓았다.

　결론적으로 공자는 자기의 일생 중에서 많은 사람과 일을 평론하였다. 이런 평어들에서 때를 살피고 형세를 헤아리는 그의 흉회와 포부를 볼 수 있다. 아울러 그의 실례를 통하여 학생을 교육시키는 이론을 실제적인 좋은 학풍과 연계시킨 것을 반영하였다.

6. 민주 평등 정신의 사제 관계를 체현하다

공자 사학 중의 사제관계는 경모하고 배워야 할 가치가 있다. 공자 교학 방법에 있어서는 민주정신을 체현했다고 한다면 사제관계에서는 평등정신을 체현했다. 공자의 학생에 대한 솔직하고 진실함과 제자의 공자에 대한 경애와 존중은 사제관계 방면에 있어서 후인들에게 학생의 모범을 수립해주었다.

---

[72] 『예기』 「단궁(檀弓)」.

(1) 일시동인(一視同仁), 평등한 대우

공자는 몰락한 귀족가정 출신으로 일생동안 '인정덕치'의 주장으로 귀족정치의 개량에 힘을 다하였다. 뇌리에는 엄격한 존비와 귀천의 등급관념을 가지고 있었다. 그러나 공자가 '인자애인(仁者愛人)'을 제창하였고 교육을 받는 사람은 계급과 나라의 제한이 있어서는 안 된다('有教無類')고 하였기 때문에 그는 출신이 빈곤한 제자들을 포함하여 모든 제자들에 대하여 일률적으로 차별을 하지 않았다. 확실히 한결같이 사랑하여 평등하게 대우하였다. 그는 그보다 30세 적은 빈한한 제자 안연을 매우 중시하여 안연을 덕행의 으뜸으로 놓았다.[73] "현명하도다, 안회여! 한 그릇의 밥과 한 표주박의 음료로 누추한 시골에 있는 것을 딴 사람들은 그 근심을 견뎌내지 못하는데, 안회는 그 즐거움을 변치 않으니, 현명하도다, 안회여!"[74]라 찬양하였다. "써주면 (道를) 행하고 버리면 은둔하는 것을 오직 나와 너만이 이것을 가지고 있을 뿐이다.(用之則行, 舍之則藏, 惟我與爾有是夫)"[75]라고 안회에게 친히 말하기도 하였다. 이는 사제 지간의 대화 같지 않고 완전히 평등한 붕우 사이의 마음을 이야기한 것 같다. 30세 무렵에 첫 번째 무리로 받아들인 제자 가운데 염백우(冉伯牛) 같은 사람은 그보다 겨우 7세 적다. 공자의 사학 가운데서 나이가 많고 명망이 있는 선배였는데 악질(한센병) 때문에 일어날 수가 없어 공자는 친히 문병을 가서 영결하려 할 때 "그럴 리가 없는데, 운명인가보다. 이 사람이 이런 병에 걸리다니! 이 사람이 이런 병에 걸리다니!(亡之, 命矣夫!

---

73 『논어』 「선진(先進)」. "덕행에는 안연·민자건·염백우·중궁이었고, 언어에는 재아·자공이었고, 정사에는 염유·계로였고, 문학에는 자유·자하였다.(德行: 顔淵閔子騫冉伯牛仲弓, 言語: 宰我子貢, 政事: 冉有季路, 文學: 子游子夏)"

74 『논어』 「옹야(雍也)」에 보인다.

75 『논어』 「술이(述而)」.

斯人也而有斯疾也, 斯人也而有斯疾也)"**76**라 하였다. 이는 제자들을 평등하게 대우한 진실한 기록이다. 절대로 역대의 봉건 통치계급이 '대성지성선사(大成至聖先師)'로 왜곡시킨 존엄하여 두려워할 만한 위세가 없다.

공자는 모든 제자들에게 결코 어떠한 개인적인 호오로 인한 친소와 후박의 구분이 없었다. 그는 제자를 자기의 아들을 사랑하는 것처럼 사랑하여 진정으로 "한결같이 사랑하는" 숭고한 원칙을 체현하였다. 한 번은 공자의 제자인 진항(陳亢)이 공자의 아들 백어(伯魚)와 마주치게 되었는데 의심을 품고 있는 듯한 말투로 말하였다. "그대는 부친에게서 아무래도 우리는 듣지 못한 특별한 가르침이 있겠지?" 백어가 대답했다. "없었다. 일찍이 홀로 서 계실 때에 내[鯉]가 빨리 걸어 뜰을 지나는데, '『시』를 배웠느냐?' 하고 물으시기에 '아직요.' 하고 대답하였더니, '『시』를 배우지 않으면 말할 것이 없다.' 하시므로 내가 물러가 『시』를 배웠다네. 다른 날에 또 홀로 서 계실 때에 내가 빨리 걸어 뜰을 지나는데, '『예』를 배웠느냐?' 하고 물으시기에 '아직요.' 하고 대답하였더니, '『예』를 배우지 않으면 설 수 없다.' 하시므로 내가 물러 나와 『예』를 배웠다네. 이 두 가지를 들었다네." 진항은 물러나와 매우 기뻐하면서 말하였다. "하나를 물어서 셋을 들었으니, 『시』(의 가르침)를 듣고 『예』(의 가르침)를 들었으며, 군자가 그 아들을 멀리하는 것을 들었도다."**77** 공자는 본래 부자지간의 관계는 "친한 이를 가까이한다"는 것을 주장하였다.

76 『논어』「옹야(雍也)」. "백우가 병을 앓자, 공자께서 문병하실 적에 남쪽 창문에서 그의 손을 잡고 말씀하셨다. '그럴 리가 없는데, 운명인가보다. 이 사람이 이런 병에 걸리다니! 이 사람이 이런 병에 걸리다니!'(伯牛有疾, 子問之, 自牖執其手曰, 亡之, 命矣夫. 斯人也而有斯疾也, 斯人也而有斯疾也)" 『회남자(淮南子)』「정신훈(精神訓)」에서는 '伯牛爲厲'라고 하였는데, '厲'는 '癩'와 소리가 가까우며, 아마 백우가 걸린 것은 나병(癩病)일 것으로, 속칭 한센병이라고 한다.

이치상 다른 사람들과는 차별이 있을 법하지만 사제지간의 관계에 그는 이렇게 하지 않았다. 그는 제자와 아들을 마찬가지로 대우하였으며, 제자들에 대한 친근감과 애호를 표현하였다.

(2) 평이하게 사람을 가까이하고 친밀하게 단결하다

공자와 제자들은 인격상으로 평등하였을 뿐만 아니라 학문상으로도 평등하였다. 그는 "인(진리) 앞에서는 스승에게도 사양하지 않는다.(當仁 不讓於師)"[78]고 제창하였다.[79] 이 이치가 지극한 명언은 공자의 솔직한 흉회와 관대한 회포를 반영하였다. 그는 평이하게 사람을 가까이하여 제자들과 한 덩어리가 되어 상호간에 경애를 발할 수 있었다. 공자는 솔직하게 제자들에게 선포한 적이 있다. "그대들은 내가 무엇을 숨긴다고 여기는가? 나는 그대들에게 숨기는 것이 없노라. 행하고서 그대들에게 보여주지 않은 것이 없는 자가 바로 나다!(二三子以我爲隱乎? 吾無隱乎爾. 吾無 行而不與二三子者是丘也)"[80] 이 구절은 진실하며, 공자의 40여 년간의 교학

---

77 『논어』「계씨(季氏)」. "진항이 백어에게 물었다. '그대는 아무래도 특이한 들음이 있겠지?' (伯魚가) 대답하였다. '없었다. 일찍이 홀로 서 계실 때에 내[鯉]가 빨리 걸어 뜰을 지나는 데, 『시』를 배웠느냐?' 하고 물으시기에 "아직요." 하고 대답하였더니, "『시』를 배우지 않으면 말할 것이 없다." 하시므로 내가 물러가 『시』를 배웠다네. 다른 날에 또 홀로 서 계실 때에 내가 빨리 걸어 뜰을 지나는데, "『예』를 배웠느냐?' 하고 물으시기에 "아직요."하고 대답하였더니, "『예』를 배우지 않으면 설 수 없다."하시므로 내가 물러 나와 『예』를 배웠다네. 이 두 가지를 들었다네.' 진항이 물러 나와 기뻐하면서 말하였다. '하나를 물어서 셋을 들었으니, 『시』를 듣고 『예』를 들었으며, 또 군자가 그 아들을 멀리하는 것을 들었도다.'(陳 亢問於伯魚曰, 子亦有異聞乎? 對曰, 未也. 嘗獨立, 鯉趨而過庭, 曰, 學詩乎? 對曰, 未也. 不學詩, 無以言, 鯉退而學詩. 他日, 又獨立, 鯉趨而過庭, 曰, 學禮乎? 對曰, 未也. 不學禮, 無以立, 鯉退而學禮. 聞斯二者. 陳亢退而喜曰 問一得三, 聞詩聞禮, 又聞君子之遠其子也)"

78 『논어』「위령공(衛靈公)」.

79 '인(仁)'은 공자의 심목 중에서 바로 '진리(眞理)'이며, 바로 모든 진(眞), 의(義), 미(美)의 진리를 포괄하고 있으므로 여기서는 '當仁'을 "진리의 앞에서"로 해석하였다.

80 『논어』『술이(述而)」.

활동에서 사제관계의 실천이 반영되어 있다. 어떠한 빈 마음이나 가식적인 뜻이 내재되어 있지 않다. 따라서 제자들은 모두 공자를 존경했다. 어떤 사람은 부형처럼 사랑했고 어떤 사람은 공경함이 요순보다 더하였다."[81] 역대 봉건 통치계급은 있는 대로 공자를 추어올렸으며 공자를 신격화하고 성화하였다. 반대로 공자의 겸허하기가 골짜기 같고 흉회가 담박한 '포의(布衣)의 학자'라는 형상을 왜곡하고 버려놓았다. 사실 그의 제자들 가운데의 형상은 "온화하면서도 엄숙하며, 위엄이 있으면서도 사납지 않았으며, 공손하면서도 편안하였다.(溫而厲, 威而不猛, 恭而安)"[82] 공자는 평시에 제자들과 비교적 편안하게 이야기하여 형식에 얽매이지 않았다. 제자들은 그의 면전에서 이야기하면서 어떤 거리낌도 없었다. 공자가 정나라에 있을 때 제자들과 흩어져 자공이 스승을 찾자 정나라 사람이 일러주기를 동문 밖에 한 사람이 있는데 "후줄근하여 상갓집 개 같다"고 하자 자공이 사실대로 일러주었다. 공자는 그 말을 듣고 성을 내지 않고 오히려 기쁘게 웃으면서 "상갓집 개 같다는 말은 실로 그렇다!"라 하였다.[83] 이렇게 사제관계가 친밀하고 단결되었으니 충분히 우애정신을 체현하였다. 따라서 가장 곤란한 상황이라 해도(열국의 제후들을 방문할 때 匡에서 곤액을 당하고 陳·蔡 등에서 곤경에 처한 것 등) 어떤 학생들은 그와 함께 환난을 겪으면서 흩어지지 않았다. 이는 공자와 제자들은 교학 방면에 있어서는 사제관계였으며 연령으로 보면 부자(父子), 형제, 붕우관계였으며, 정치상으로는 동지관계였음을 설명하는데 세 가지를

---

81 『맹자』 「공손추(公孫丑) 상」. "재아가 말하였다. '내가 부자를 관찰해보건대 요순보다 훨씬 나으시다.'(宰我曰, 以予觀於夫子, 賢於堯舜遠矣)"

82 『논어』·「술이(述而)」.

83 사마천의 『사기』 「공자세가」.

통일하면 맹자가 말한 것이 매우 옳다. "덕으로써 남을 복종시키는 자는 마음속으로 기뻐하여 진실로 복종함이니, 70제자가 공자에게 심복함과 같은 것이다.(以德服人者, 中心悅而誠服也, 如七十子之服孔子也)"[84] 공자 사학 중의 사제관계가 이렇게 융합되었으며, 이렇게 서로 경애하였으니 그 오묘함은 대개 맹자가 총결한 이 말과 같다.

(3) 스승을 존경하고 제자를 사랑하는 모범

공자는 자기의 고상한 품덕과 해박한 학문으로 제자들의 존경을 얻었다. 지도자로서의 품행은 제자들을 잘 단결시킬 수 있었으며 박학함 또한 제자들을 단결시킬 수 있었다. 공자는 두 가지를 겸비하여 제자들로 하여금 함께 처하는 과정에서 추구함과 얻음이 있게 하였다. 공자와 제자 사이의 이런 '주고(予)' '구하는(求)' 관계는 그들을 밀접하게 연결시켰다. 공자에 대하여 말하자면 '주는' 것은 바로 사람을 가르침을 게을리하지 않는 것이다. 『맹자』「공손추(公孫丑) 상」에는 "옛날에 자공이 공자께 묻기를 '부자는 성인이십니다.' 하자, 공자께서 '성인은 내 능하지 못하거니와 나는 배우기를 싫어하지 않고 가르치기를 게을리하지 않았노라.' 하셨다. 자공이 말하기를 '배우기를 싫어하지 않음은 지(智)요, 가르치기를 게을리하지 않음은 인(仁)이니, 인하고 또 지하시니, 부자는 이미 성인이십니다.' 라 하였다.(子貢問於孔子曰, 夫子聖矣乎? 孔子曰, 聖則吾不能, 我學不厭而教不倦. 子貢曰, 學不厭, 智也, 教不倦, 仁也, 仁且智, 夫子既聖矣)"라는 기록이 있다. 제자에게 가르침을 게을리하지 않는 공자의 이러한 정신은 그의 제자들에게 깊이 영향을 끼쳐 제자들이 지식을 추구하는 적극성

---

[84] 『맹자』「공손추(公孫丑) 상」.

을 높였다. 이런 '구함(求)'은 강제된 것이 아니라 완전히 자각적인 기초 위에서 건립되었다. 안회는 이렇게 말한 적이 있다. "(夫子의 道는) 우러를수록 높아지고, 뚫을수록 단단해지며, 바라보면 앞에 있는가 하더니 홀연히 뒤에 있도다. 부자께서 차근차근 사람을 잘 이끄시어 문으로 나의 지식을 넓혀주시고 예로 나의 행동을 요약하게 해주셨다. (공부를) 그만두고자 해도 그만둘 수 없어 이미 나의 재주를 다하니, (夫子의 道가) 내 앞에 우뚝 서있는 듯하다. 그리하여 그를 따르고자 하나 어디로부터 시작해야 할지 모르겠다."[85] 공자가 제자들에게 일종의 거대한 흡인력을 가지고 있음을 알 수 있다. 바로 이러한 것 때문에 진(陳)나라에서 양식이 끊기는 상황에서도 공자는 여전히 "강학하고 음악에 맞춰 노래함이 조금도 흐트러지지 않았고"[86] 제자들도 떠나지 않았다.

"남을 공경하는 자는 남이 항상 공경하고, 남을 사랑하는 자는 남이 항상 사랑한다.(敬人者, 人恒敬之, 愛人者, 人恒愛之)" 공자의 제자에 대한 깊고 진지한 사랑 때문에 제자들은 공자에 대해 더욱 존경을 배가하였다. 어떤 사람이 공자를 헐뜯자 자공은 이렇게 말하지 말라 하고 중니는 헐뜯을 수 없는 사람이라고 하였다. "타인 가운데 어진 자는 구릉과 같아 넘을 수 있지만, 중니는 해와 달과 같아 넘을 수 없다. 사람들이 비록 스스로 관계를 끊고자 하여도 어찌 해와 달에 해가 되겠는가? 다만 자기의 분수를 알지 못함을 보일 뿐이다.(他人之賢者, 丘陵也, 猶可踰也, 仲尼, 日月也, 無得而踰焉, 人雖欲自絶, 其何傷於日月乎? 多見其不知量也)"[87] 공자 사후 많은 공자의 가르침을 받은 제자들이 모두 와서 송장(送葬)하였는데 모두 3년간 복상하

---

85 『논어』 「자한(子罕)」.
86 사마천(司馬遷)의 『사기』 「공자세가」.
87 『논어』 「자장(子張)」.

였다. 자공은 무덤 곁에 여막을 짓고 6년 상을 지킨 후에 떠났다.[88]

공자는 제자들을 사랑하였다. 제자들은 공자를 존경하여 그들은 사제지간의 방면에 있어서 후인들의 모범이 될 만하다. 그들 사제지간의 서로 알아줌의 깊음과 사랑함의 성실하고 진지한 정신은 지금까지도 여전히 사람들이 경모함을 그치지 않게 한다.

부기: 공자 제자의 간략한 소개

서한(西漢) 사마천은 『사기』「공자세가」에서 "공자는 『시(詩)』와 『서(書)』, 『예(禮)』, 『악(樂)』으로 가르쳤다. 제자가 거의 3천 명이었으며 육예(六藝) 에 통달한 자가 72명이었다."라 하였다. 『사기』「중니제자열전(仲尼弟子 列傳)」에서는 말하였다. "학업을 배워 통달한 자가 77명이었다." 조위 (曹魏) 때 왕숙(王肅)이 지은 『공자가어(孔子家語)』「칠십이제자해(七十二弟子 解)」에서는 76명을 열거하였다. 그 가운데 금뢰(琴牢)와 진항(陳亢), 현단 (縣亶)의 세 사람은 『사기』에 없으며, 『사기』의 진염(秦冉)과 공백료(公伯 繚), 교단(鄡單), 안하(顔何) 네 사람은 『공자가어』에는 없다. 여기서는 『사 기』「중니제자열전」을 기본 재료로 하고 『논어』와 『좌전(左傳)』, 『사기 집해(史記集解)』, 『사기색은(史記索隱)』, 『사기정의(史記正義)』, 『공자가어(孔子 家語)』 등의 문헌을 참고하여, 공문 제자의 상황을 아래와 같이 간략히 소개한다. 그 가운데 참고할 수 있는 사적이 있는 사람은 앞에 두었다. 대체로 공자 문하에서의 지위나 후세에 끼친 영향이 어떠한가에 근거

---

88 사마천의 『사기』「공자세가」.

子路曾晳冉有公西華侍坐

자로, 증석, 염유, 공서화가 모시고 앉다(子路曾晳冉有公西華侍坐)

자로와 증석, 염유, 공서화가 공자를 모시고 평소의 포부를 밝혔다. 증석은 정치적 포부를
밝힌 다른 세 제자들과는 달리 유유자적한 삶을 추구한다고 밝혔다. 이에 공자께서는 감탄
하시며 "나는 점의 방식에 찬동한다." 하였다.

하여 전후로 나누어 차례로 열거하고, 『논어』에 출현한 횟수를 병기하였다. 32번 양전(梁鱣) 이하 79번까지의 여러 사람은 대부분 찾을 만한 자취가 없어 『사기』「중니제자열전」에서 배열한 순서를 따랐다. 『공자가어』에서도 그 이동을 적당히 인용하였다.[89] 80번 금뢰(琴牢) 이하 여러 명은 『공자가어』와 『공자제자고(孔子弟子考)』 등 문적의 부록(陳亢은 비록 『가어』의 부록에 근거하기는 하였지만 『논어』에 보이는 것을 앞당겨 배열하였다)에 근거하였다. 이렇게 공자의 3천 제자 가운데 성명을 고증할 수 있는 사람은 모두 95명이다.

 1) **안회(顔回)** 노(魯)나라(山東) 사람으로 자는 자연(子淵)이며, 공자보다 30세 적다. 『논어』에 스물한 차례 언급되었다. 가정 형편이 매우 빈한하였다. 일생 동안 관직생활을 하지 않았으며, 누추하고 좁은 골목에서 살면서 대나무 그릇으로 밥을 먹고 표주박으로 물을 마셨다. 다른 사람들은 아무도 이런 어려운 처지를 견디지 못하였는데 그는 스스로 그것을 즐겼다. 공자가 가장 좋아한 제자로 학문이 깊고 넓었으며 품격이 고상하여 덕으로 일컬어져서 후대의 유자들은 그를 72현의 으뜸에 놓았다. 공자는 그를 칭찬하여 "학문을 좋아하여 노여움을 남에게 옮기지 않으며 (같은) 잘못을 두 번 저지르지 않았다.(好學, 不遷怒, 不貳過)"[90]라 하

<hr>

89 본 부록의 모든 『사기(史記)』라고 주석을 단 것은 사마천(司馬遷)의 『사기』「중니제자열전 (仲尼弟子列傳)」을 가리키며, 모든 『가어(家語)』라 약칭한 것은 『공자가어(孔子家語)』(叢書集成 『孔子家語疏證』 본을 썼음)이다. 제자들의 성씨와 관적, 나이 등이 각종 책에서 기록에 차이가 있을 때는 모두 『사기』와 『사기집해(史記集解)』에서 인용한 정현(鄭玄)의 말을 근거로 삼고 『가어』를 표준으로 삼지 않았으며 『사기』로 고증이 되지 않을 때만 『가어』의 설을 아울러 채택하였고, 『논어』에 이명(異名)이나 별칭이 있으면 또한 함께 표기하였다. 거칠고 소략하여 누락된 곳은 제가의 지정을 청한다.
90 『논어』「옹야(雍也)」.

였다. 안타깝게도 41세에 죽었는데,[91] 공자는 이 때문에 크게 상심하여 통곡하였다. 어떤 사람이 나아가 위로하면서 곡을 너무 비통하게 하는 것 같다고 하자 공자는 말하였다. "내가 너무 비통하게 곡을 하였느냐? 이런 사람을 위하여 비통해하지 않으면 또 누구를 위해 비통해하겠느냐!"[92]라 하였다.

2) **중유(仲由)** 변(卞, 山東) 사람으로 자는 자로(子路)이고, 계로(季路)[93]라고도 하며, 공자보다 9세 적다. 『논어』에 서른여덟 차례 언급되어 있다. 사람됨이 강직하였고 용력과 재주가 있었으며 일생 동안 공자에게 충성하였다. 그는 성정이 거칠고 사나웠으며 늘 공자를 비판하였고 공자 또한 늘 그를 비판하였다. 그러나 공자는 그의 사람됨을 잘 이해하여 그를 높이 평가하였다. 그가 재능이 있다고 하면서 "천승의 나라에 그 군정(軍政)을 다스리게 할 수는 있다.(千乘之國可使治其賦)"라 하였다. 대신의 수를 채울 만하다며 아울러 칭찬하기를 "내가 유를 얻은 이래로 나쁜 말이 귀에 들리지 않게 되었다."[94]라 하였다. 자로가 노나라에서 벼슬을 했던 기간은 공자가 '세 도성을 허무는(墮三都)' 일을 거행하는 데 가장 중요한 협조자 중의 하나였다. 그는 노나라의 계씨재(季氏宰: 季孫氏의 總管)를 지낸 적이 있다. 나중에 위나라 대부 공회(孔悝)의 읍재(邑宰)를 지낸 적이 있으며 정사(政事)로 알려졌다. 자로는 공자의 가르침을 따라 궁행실천한 훌륭한 제자다. 성실하고 독실하며 충성스럽고 신의가 있

---

91 안회(顏回)의 졸년이 41세라고 고증한 데 관해서는 제2장 「생애의 개략」 제7절을 보라.
92 『논어』 「선진(先進)」.
93 『논어』 「선진(先進)」. 자로가 계씨의 가신이 되었던 적이 있기 때문에 옛사람들은 그를 계로(季路)라 하였다.
94 『사기』.

었으며 일처리에 진지하였다. 63세 때 위(衛)나라에서 궁정의 정변이 발생하였다. 그는 여전히 공회에게 충성을 바쳤다. "그 식읍을 먹는 자는 어려움을 피하지 않는다."라 하면서 적과 싸울 때 갓끈이 끊어지자 공자가 말한 "군자는 죽을 때도 관모를 벗지 않는다.(君子死而冠不免)"라 한 예의에 관한 가르침을 떠올리고 다시 갓끈을 다 매고 적에게 죽임을 당하였으며 육젓으로 담가졌다. 자로의 죽음은 당시 72세의 공자에게 묵직한 타격을 주었다.

3) **단목사(端木賜)** 위(衛)나라(河南) 사람으로 자는 자공(子貢)이며 공자보다 31세 적다. 『논어』에 서른여덟 차례 언급되었다. 언변이 뛰어나 말재주로 일컬어졌다. 『논어』에 보이는 공자의 제자와 공자가 문답한 말 가운데 그의 말이 가장 많다. 공자는 그를 안회 다음으로 중시하였다. 자로와는 마침 한 사람은 문(文)이고 한 사람은 무(武)라 공자의 왼손과 오른손에 비할 수 있다. 공자의 문하에서 길러낸 외교가이다. 『사기』「중니제자열전」에서는 그를 평가하여 "그러므로 자공이 한번 나서서 노나라를 존속시켰고 제나라를 어지럽혔으며 오나라를 깨뜨리고 진나라를 강하게 하였으며 월나라가 패권을 잡게 하였다. 자공이 한번 사신으로 나가 판세를 서로 깨지게 하였다. 10년 만에 다섯 나라에 각기 변화가 있게 하였다."라 한 적이 있다. 그는 실제로 공자 문하의 제자 가운데 사교활동에 가장 뛰어난 재주 있는 사람이었다. 어떤 사람이 그가 공자보다 더 고명하다고 말하자 그는 단호하게 바로잡아 충실하게 공자의 성망과 지위를 옹호했다. 공자 사후에 6년간 무덤을 지켜 사제지간의 정이 부자 관계보다 뛰어났다. 자공은 또한 경상(經商)에도 뛰어나 춘추시대의 저명한 거상이었다. 공자는 말하기를 "사는 천명을 받아들이지 않고 재화를 늘렸으나 억측하면 자주 맞았다.(賜不受命, 而貨殖焉, 億則

厫中)"[95]라 하였다.

4) **복상(卜商)** 위(衛)나라 사람으로 자는 자하(子夏)이며 공자보다 44세 적다. 『논어』에 열아홉 차례 언급되었다. 자하는 공자 문하의 고족 제자로 문학에 뛰어났으며 노나라의 거보재(莒父宰)를 맡은 적이 있다.[96] 공자와 문제를 토론할 때 모두 일정 정도 심도를 갖추고 있었고 공자의 높은 평가를 받았다. "배우고 여가가 있으면 벼슬을 한다(學而優則仕)"는 유명한 논점을 제기하여 후세의 유생들에게 매우 큰 영향을 끼쳤다. 공자 사후 위(魏)나라의 서하(西河) 지방으로 가서 스스로 문호를 세웠다. 무리를 모아 강학하여 위문후(魏文侯)의 스승이 되기도 하였다.[97]

5) **전손사(顓孫師)** 진(陳)나라(河南) 사람으로 자는 자장(子張)이며, 공자보다 48세 적다. 『논어』에 스무 차례 언급되었다. 사람됨이 온화하고 화락하며 도량이 컸다. 의표가 매우 좋았고 재주와 외모가 남보다 뛰어났다. 결점은 천성이 사벽(邪僻)하여 접근하기가 어려워 공자는 그를 평가하기를 '벽(辟)'(偏激)하다 했지만 그는 학문을 좋아하고 공자와 문제를 토론하기를 좋아하였다. 나중에 유가 8파의 하나가 되었다.[98]

6) **증삼(曾參)** 노나라 남무성(南武城) 사람으로 자는 자여(子輿)이다. 사람들이 증자(曾子)로 높여 불렀으며, 공자보다 46세 적었다. 『논어』에 열네 차례 언급되었다. 수신(修身)을 가장 중시하여 "나는 하루에 세 번 내 몸

~~~~~~~~~~

95 『논어』「선진(先進)」.

96 『논어』「자로(子路)」.

97 『사기』에 보인다.

98 팔파(八派)의 설은 『한비자』「현학(顯學)」에 보인다. "공자가 죽고 난 후 자장의 유(儒)가 있었고, 자사(孔子의 손자 孔伋)의 유가 있으며, 안씨(顏回)의 유, 맹씨(孟軻)의 유, 칠조씨(漆雕氏, 漆雕開의 후인)의 유, 중량씨(仲良氏, 仲梁子)의 유, 손씨(孫氏, 孫卿, 荀卿)의 유, 악정씨(樂正氏, 樂正子春)의 유가 있었다."

을 반성한다(吾日三省吾身)”고 창도하였다. 효도로 이름이 났으며 저작에 『효경』과 『대학』이 있다고 전하여진다. 유가의 도통을 가지고 말하면 증자는 자사(子思)에게 전하였다. 자사는 맹자에게 전하였으니 그가 공자 문하의 중요한 전도자의 하나임을 알 수 있다.

7) **염구(冉求)** 노나라 사람으로 자는 자유(子有)이며, 염유(冉有)라고도 하고 공자보다 29세 적다. 『논어』에 열여섯 차례 언급되었다. 공자 문하 제자 가운데 재능이 뛰어난 사람으로 공자는 거듭 그가 재주[才藝]가 많다고 칭찬하였다. 염구는 정사에 뛰어나 노나라의 집정자 계강자(季康子)가 그를 재신(宰臣)으로 초빙한 적이 있다. 그는 군사를 거느리고 전쟁을 하기도 하였다. 노애공 11년(B.C. 484) 좌사통솔(左師統帥)을 맡았을 때 긴 창을 든 보병을 이용하는 돌격 전술로 제나라 군사를 무찔렀다.[99] 이 승리를 기회로 계강자를 설득하여 14년간 국외를 떠돌던 공자를 맞아 돌아오게 하였다. 그러나 그는 계강자가 백성의 재물을 거두어들이는 데 도운 적이 있었다. 이 때문에 공자의 호된 비판을 받았다.[100] 비판은 호되었지만 결코 사제관계에는 영향을 끼치지 못하였다. 사제지간에 서로 잘 알고 서로 잘 헤아림이 깊었음을 잘 보여준다.

8) **언언(言偃)** 오(吳, 江蘇)나라 사람으로,[101] 자는 자유(子游)이며, 공자보다 45세 적다. 『논어』에 여덟 차례 언급되었다. 자하와 함께 공자 문하 문학(文學)의 과(科)에 든 고족 제자다. 20여 세에 노나라의 무성재(武城宰)

---

99 『좌전』에 의거함.

100 『논어』「선진(先進)」. “계씨는 주공보다 부유하였는데도 구(求, 冉有)가 그를 위해 부세를 걷어 재산을 더 늘려주었다. 공자께서 말씀하셨다. “(求는) 우리 무리가 아니니, 소자들아! 북을 울려 죄를 성토함이 옳다.(季氏富於周公, 而求也爲之聚斂而附益之. 子曰, 非吾徒也. 小子鳴鼓而攻之可也)”

101 『사기』「중니제자열전」에 보인다. 『공자가어』에서는 노나라 사람이라 하였는데 틀렸다.

를 맡아 공자의 예악으로 다스림에 대한 가르침을 실천하고 아울러 관철하였다. 공자가 시찰을 하러 갔을 때 온 성에 현가(弦歌)의 소리가 들렸다. 그의 후학들은 전국시대 때 비교적 큰 학파를 형성한 적이 있는데 반대파인 순황(荀況)의 공격을 받았다.『순자』「비십이자(非十二子)」에서는 그를 자장, 자하와 함께 '천유(賤儒)'로 배척하였다.

9) **번수(樊須)** 제나라(山東) 사람으로 자는 자지(子遲)이며, 번지(樊遲)라고도 하는데 공자보다 36세 적다.『논어』에 다섯 차례 언급되어 있다. 그는 염구가 제나라 군사를 쳐서 무찌르는 일에 협조하여 큰 공을 세웠다. 번지는 학문을 좋아하여 도덕 문장에서 노동생산까지 모두 배울 생각을 했다. 한번은 그가 공자에게 농사짓는 법과 채소를 심는 일을 물어 공자로부터 장래성이 없다는 질책을 받았다. 이는 공자가 생산노동에 대한 표현을 경시한 것으로 분명 옳지 않다. 실제적으로는 오히려 공자 문하의 빼어난 사람 중의 하나였다.

10) **재여(宰予)** 노나라 사람으로 자는 자아(子我)이며, 재아(宰我)라고도 한다.『논어』에 다섯 차례 언급되었다. 그는 언변이 뛰어나 자공과 함께 공자 문하의 언어과의 우수생으로 분류되었다. 재여는 일을 당하면 자기의 주견(主見)을 폈으며, 맹자는 그를 "지혜가 성인을 알 만하다.(智足以知聖人)"라고 칭찬하였다. 늘 공자와 문제를 토론할 때 자못 독립적인 사고정신과 독특한 견해를 가졌다. 그는 '삼년상(三年之喪)'을 반대하여 공자의 질책을 당하였다.[102] 한번은 재여가 낮잠을 자다가 공자의 호된 질책을 받기도 하였다. 나중에 제나라로 가서 임치(臨淄)의 대부를 맡았는데 전상(田常, 곧 陳恒)이 임금을 죽인 일에 가담하였다가 피살되었다.(陳

---

102 『논어』「양화(陽貨)」에 보인다.

11) **염옹(冉雍)** 노나라 사람으로 자는 중궁(仲弓)이며, 공자보다 29세 적다.[103] 『논어』에 일곱 차례 언급되었다. 출신이 비록 빈천하였지만 공자는 매우 중시하여 그에게 말하기를 "남면할 만하다(可使南面)"[104]라 하여 지방의 장관으로 삼을 만하다고 인정했다. 일찍이 계 씨(季氏)의 재(宰)를 맡은 적이 있으며 덕행으로 알려졌다. 전국시대 후기의 순황(荀況)이 매우 추숭하여(전하는 바에 의하면 荀況은 仲弓의 제자라고 한다) 그를 공자와 나란한 대유의 반열에 놓았다.[105]

12) **유약(有若)** 노나라 사람으로 자는 자유(子有)이며, 사람들이 유자(有子)로 높여 불렀고 공자보다 43세 적었다. 『논어』에 네 차례 언급되었다. 공자 만년의 뜻을 얻은 제자였다. 사람됨이 기억력이 강하고 옛것을 좋아하였다. 노애공과 정사를 논할 때 "백성이 풍족하면 임금께서 누구와 더불어 부족하실 것이며, 백성이 풍족하지 못하다면 임금께서 누구와 더불어 풍족하시겠습니까?(百姓足, 君孰與不足, 百姓不足, 君孰與足)"라는 유명한 논점을 제기하였다.[106] 그는 또 효제(孝悌)가 "인의 근본(爲仁之本)", "예의 쓰임은 화한 것을 귀하에 여긴다(禮之用, 和爲貴)"는 등의 주장을 제기한 적이 있으며[107] 유가의 학설이 풍부하였다. 외모가 공자와 흡사하여 공자 사후에 제자들이 부자(夫子)를 그리워하여 그를 스승으로 추대하여 공자처럼 스승으로 섬겼으나 나중에 쫓겨났다.

---

103 사마정(司馬貞)의 『사기색은(史記索隱)』에 근거함.
104 『논어』 「옹야(雍也)」에 보인다.
105 『순자(荀子)』 「비십이자(非十二子)」와 「유효(儒效)」 두 편에 보인다.
106 『논어』 「안연(顏淵)」.
107 『논어』 「학이(學而)」.

13) **민손(閔損)** 노나라 사람으로 자는 자건(子騫)이며, 공자보다 15세 적다. 『논어』에 다섯 차례 언급되었다. 덕행으로 알려졌으며 공자가 특별히 그의 효행을 표창했다. 한나라 유향(劉向)의 『설원(說苑)』에 의하면 계모의 학대를 당하였지만 이복동생을 돌보기 위해 고생을 감수했다고 한다. 사람됨이 청고(淸高)하여 "대부의 밑에서 벼슬을 하지 않았고 더러운 임금의 녹을 먹지 않았다."[108] 공자 문하 제자 가운데 유일하게 명확하게 벼슬을 하지 않을 것을 주장한 사람일 것이다.

14) **원헌(原憲)** 노나라 사람으로 자는 자사(子思)인데, 원사(原思)라고도 하며 공자보다 36세 적다.[109] 『논어』에 두 차례 언급되었다. 맑고 깨끗하게 절개를 지켰으며, 가난하면서도 도를 즐겼다. "공자가 노나라 사구(司寇)가 되었을 때 원헌이 공자의 재(宰, 總管)가 되었다. 공자가 죽은 후 원헌은 물러나 은거하며 위(衛)나라에서 살았다."[110] 그는 곤궁하면서도 뜻을 잃지 않았으며 '가난하면서도 원망하지 않은' 전형적인 인물이다.

15) **공서적(公西赤)** 노나라 사람으로 자는 자화(子華)이고, 공서화(公西華)라고도 하며, 공자보다 42세 적었다. 『논어』에 다섯 차례 언급되었다. 그는 자기의 지취를 서술하여 "각종 업무를 잘 배워서 종묘에서 제사를 지내거나 다른 나라와 회맹을 할 때 예복을 갖춰 입고 관모를 쓰고 의례를 맡은 집례자가 되기를 바랍니다."[111]라 한 적이 있다. 공자가 그를 칭찬하여 "띠를 매고 조정에 서서 빈객을 맞아 대화를 나누게 할 수

---

108 『사기』.
109 『가어』.
110 『가어』.
111 『논어』「선진(先進)」에 보인다.

있다.(束帶立於朝, 可使與賓客言也)"라 하였다.[112]

16) **고시(高柴)** 제나라 사람이다. 자는 자고(子羔)이며, 공자보다 30세
적다. 『논어』에 두 차례 언급되었다. 그는 자라서 키가 별로 크지 않았
고 외모도 보기 좋지 않았다. 자로가 그를 비읍(費邑)의 읍재를 맡도록
소개하려 하였는데 공자는 그가 비교적 어리석고 생각하여 감당하지
못할 것이라고 하였다.[113] 그러나 그는 일을 하는 데 융통성이 있었고
임기응변도 있었다. 그는 자로와 동시에 위(衛)나라에서 정치에 종사하
였다. 노애공(魯哀公) 15년에 위나라 궁정에서 정변이 일어나자 그는 급
히 위나라를 떠났으며 자로에게 궁궐로 돌아가지 말 것을 권했다. 자로
는 맡은 일에 충직하여 궁궐로 돌아가 해를 당하였다. 공자가 위나라의
난리를 듣고 자고는 살아서 돌아올 것이나 자로는 죽을 것이라고 예언
을 하였는데 결국 과연 헤아림을 벗어나지 못하였다.[114]

17) **염경(冉耕)** 노나라 사람으로 자는 백우(伯牛)로 공자보다 7세 적
다.[115] 『논어』에 두 차례 언급되었다. 『독사방여기요(讀史方輿紀要)』「문산
현(汶山縣)」 조에서 말하기를 "부자가 중도재(中都宰)가 되어 사구(司寇)로
들어가자 염백우가 읍재의 일을 대신 맡았다."라 하였다. 그는 덕행으
로 일컬어졌으며 불행히도 나병을 앓다가 죽자[116] 공자는 매우 애통해
했다.

18) **복부제(宓不齊)** 노나라 사람으로 자는 자천(子賤)이며, 공자보다 30세

---

112 『논어』「공야장(公冶長)」.

113 『논어』「선진(先進)」에 보인다.

114 『좌전』「애공(哀公) 15년」에 보인다.

115 『가어소증(家語疏證)』에서 인용한 『성문지(聖門志)』에 의거.

116 동한(東漢) 반고(班固) 등이 지은 『백호통의(白虎通義)』「정성(情性)」의 기록에서도 말하였
다. "염백우(冉伯牛)는 곧은 말과 바른 행동을 하였는데도 악질을 만났다."

적었다. 『논어』에 한 차례 언급되었다. 선보재(單父宰)를 맡은 적이 있다. "재주와 지혜가 있었으며 인애가 있어서 백성들이 차마 속이지 못하였다."[117] 공자는 그를 칭찬하여 말하기를 "이 사람은 실로 군자로다!"[118] 라 하였다.

19) **사마경(司馬耕)** 송(宋: 河南)나라 사람으로 자는 자우(子牛)이며, 사마우(司馬牛)라고도 한다. 말을 잘 하였고 성격이 조급했다. 『논어』에 세 차례 언급되었다.

20) **담대멸명(澹臺滅明)** 노나라 무성(武城: 山東) 사람이다. 자는 자우(子羽)이며 공자보다 39세 적다. 『논어』에 한 차례 언급되었다. 사람됨이 공평무사해서 군자의 재능이 있었다. 공자가 그의 용모가 추한 것을 싫어한 적이 있지만, 그는 물러나 수행하여 사람의 마음을 얻었다. 남쪽으로 놀러가 장강에 이르렀을 때 따른 제자가 3백 명이었다. 공자 문하에서 도를 전한 자 가운데 하나이다. 공자가 일찍이 교훈의 경험을 총결하여 말하기를 "내가 말로 사람을 취하여 재여(宰予)에게서 그르쳤고, 외모로 사람을 취하여 자우(子羽)에게서 그르쳤다."라 하였다."[119]

21) **증점(曾蒧)** 노나라 사람으로 자는 석(晳)이며, 곧 증삼의 부친이다.(『가어』에는 曾點으로 되어 있고, 자는 子晳이라 하였다) 『논어』에서 한 차례 언급되었다. 그의 사상은 비교적 초탈하여 『논어』 「선진(先進)」에 기록된 그의 지취는 금을 타고 노래하는 것이었다. 공자가 매우 칭찬하였다.

22) **상구(商瞿)** 노나라 사람으로 자는 자목(子木)이며, 공자보다 29세 적다. 그는 공자를 좇아 『역(易)』을 전공하였다. 공문(孔門)에서 도를 전한

---

117 『가어』.
118 원문은 『논어』 「공야장(公冶長)」에 보인다.
119 『사기』.

사람 가운데 하나이다.

23) **공백료(公伯繚, 寮)** 노나라 사람으로 자는 자주(子周)이다. 『논어』에서 한 차례 언급되었다. 「헌문(憲問)」편에 공백료가 계손씨에게 자로를 고 발하자 노나라의 대부인 자복경백(子服景伯, 일설에는 子服最伯 또한 공자의 제자라 고 한다. 뒤의 93을 참고하여 보라)이 이 때문에 공백료를 죽이려 하였지만 공자 의 제지를 받았다.

24) **공야장(公冶長)** 제나라 사람으로 자는 자장(子長)이며 공자의 사위 이다. 『논어』에 한 차례 언급되었다. 「공야장」편에 공자는 공야장이 옥 중에 갇혀서도 싫어하지 않았다. 그의 품덕이 좋아서 억울한 옥살이를 받는다고 생각하여 이에 그를 사위로 선택하였다는 기록이 있다. 이는 공자가 사람을 평가하는 것이 처지를 표준으로 삼는 것이 아니라 덕재 (德才)를 표준으로 삼고 있다는 것을 설명하고 있다.

25) **남궁괄(南宮适, 括)** 노나라 사람으로 자는 자용(子容)으로 남용(南容)이 라고도 한다. 『논어』에 세 차례 언급되었다. 『사기색은(史記索隱)』에서는 그는 바로 맹희자(孟僖子)의 아들 남궁경숙(南宮敬叔)으로 본명은 중손열 (仲孫閱)이라고 생각하였다.[120] 궁궐의 남쪽[南宮]에 살았기 때문에 그것 을 씨(氏)로 삼았다. 공자는 그가 덕을 숭상하는 군자라고 칭찬하고 아 울러 질녀를 아내로 주었다.

26) **공석애(公晳哀)** 제나라 사람으로 자는 계차(季次)이다. 공자는 "천하 에서 (덕을) 행하지 않고 거의 가신이 되어 도읍에서 벼슬을 하는데, 계 차만은 일찍이 벼슬을 한 적이 없다."[121]라 말한 적이 있다. 이로 그는

---

120 주이존(朱彝尊)의 『공자제자고(孔子弟子考)』(叢書集成本)에서는 중손열(仲孫閱: 南宮敬叔)과 남궁괄(南宮适)은 한 사람이 아니고 두 사람이라고 생각하였다.
121 『사기』.

매우 청고(淸高)하고 귀족에게 무릎을 꿇으려 하지 않았음을 알 수 있다.

27) **안무유(顔無繇)** 노나라 사람으로 자는 노(路)이다. 『논어』에 한 차례 언급되었다. 그는 바로 안회의 부친이다. "공자가 비로소 가르칠 때 궐리(闕里)에서 배웠으며 공자보다 6세 적다."[122]

28) **칠리개(漆離開)** 노나라 사람으로 자는 자개(子開) 또는 자약(子若)이며 공자보다 11세 적다. 『논어』에는 한 차례 언급되었다. 그는 오로지 『상서』만 공부하였고 출사를 바라지 않았다.

29) **무마시(巫馬施)** 노나라 사람으로 자는 자기(子旗)이며, 공자보다 30세 적다. 『논어』에서 한 차례 언급되었다. 『가어』에는 무마기(巫馬期)로 되어 있고 자는 자기(子期)라 하였다.

30) **진항(陳亢)** 진(陳)나라 사람으로 자는 자항(子亢) 또는 자금(子禽)이며, 공자보다 40세 적다. 『논어』에서 두 차례 언급되었으며, 자공과 백어(伯魚)에게 묻는 말이 기록되어 있다.[123]

31) **맹의자(孟懿子)** 원래의 성은 중손(仲孫)이며 이름은 하기(何忌)이다. 『논어』에 한 차례 언급되었다. 노나라의 귀족 맹희자(孟僖子)의 장자로 그 부친의 유촉을 따라 아우인 남궁경숙(南宮敬叔, 곧 南宮适)과 함께 공자를 사사하였다.[124]

32) **양전(梁鱣)** 제나라 사람으로 자는 숙어(叔魚)이며, 공자보다 29세 적다.

33) **안행(顔幸)** 노나라 사람으로 자는 자류(子柳)이며, 공자보다 46세 적다.

34) **염유(冉孺)** 노나라 사람으로 자는 소로(少魯)이며, 공자보다 50세 적다.

---

122 『가어』.
123 『논어』와 『가어』에 의하여 수록.
124 『논어』 「위정(爲政)」과 『좌전』 「소공(昭公) 17년」에 의거하여 수록.

35) **조휼(曹卹)** 자는 자순(子循)이며, 공자보다 50세 적다.

36) **백도(伯度)** 자는 자석(子析)이며, 공자보다 50세 적다.

37) **공손룡(公孫龍)** 초나라(湖北) 사람으로 자는 자석(子石)이며, 공자보다 53세 적다.

38) **염계(冉季)** 노나라 사람으로 자는 자산(子產)이다.

39) **공조구자(公祖句玆)** (『가어』에는 "公祖玆"로 되어 있다) 자는 자지(子之)이다.

40) **진조(秦祖)** 진(秦: 陝西)나라 사람으로, 자는 자남(子南)이다.

41) **칠조치(漆雕哆)** 노나라 사람으로 자는 자렴(子斂)이다.

42) **안고(顔高)** (『가어』에는 '顔刻'으로 되어 있다) 자는 자교(子驕)이며, 공자보다 50세 적다. 공자가 위(衛)나라에 갔을 때 자교는 종으로 따랐다.

43) **칠조도보(漆雕徒父)** (『가어』에는 '漆雕從'으로 되어 있다) 자는 자문(子文)이다.

44) **양사적(壤駟赤)** 진(秦)나라 사람으로 자는 자도(子徒)이다.(『가어』에서는 "자는 子從이다"라 하였다)

45) **상택(商澤)** 자는 자수(子秀)이다.(『가어』에서는 어떤 판본에는 "자는 子季이다"라 하였다)

46) **석작촉(石作蜀)** 자는 자명(子明)이다.

47) **임부제(任不齊)** 초나라 사람으로 자는 자선(字選)이다.(『가어』에서는 "任子齊는 자가 子選이다"라 하였다)

48) **공양유(公良孺, 儒)** 진(陳)나라 사람으로 자는 자정(子正)이다. "현명하고 용력이 있어 공자가 주유할 때 늘 가거(家車) 5승(乘)으로 따랐다."[125]

49) **후처(后處)** 제나라 사람으로 자는 자리(子里)이다.(『가어』에서는 "자가 里之이다"라 하였다)

---

[125] 『가어』.

50) **진단(秦丹)** 자는 자는 개(開)이다.

51) **공하수(公夏首)** 노나라 사람으로 자는 승(乘)이다.(『가어』에서는 "公夏守는 자가 子乘이다"라 하였다)

52) **해용잠(奚容箴)** (『가어』에서는 "奚蔵"이라 하였다) 위(衛)나라 사람으로 자는 자철(子哲)이다.

53) **공견정(公肩定)** 노나라 사람으로 자는 자중(子中)이다.(『가어』에서는 "자가 子仲이다"라 하였다)

54) **안조(顏祖)** 노나라 사람으로 자는 양(襄)이다.(『가어』에서는 "顏相은 자가 子襄이다"라 하였다)

55) **교단(郹單)** 자는 자가(子家)이다.

56) **구정강(句井彊)** 위(衛)나라 사람으로 자는 자강(子彊)이다.

57) **한보흑(罕父黑)** 자는 자색(子索)이다.(『가어』에서는 "宰父黑은 자가 子黑이다"라 하였다)

58) **진상(秦商)** 초나라 사람으로 자는 자비(子丕)이다. "공자보다 4세 적으며 그 아버지인 근보(堇父)는 공자의 부친 숙량흘과 함께 용력으로 알려졌다."[126]

59) **신당(申黨)** (古本에는 "申棠"으로 되어 있다) 노나라 사람으로 자는 주(周)이다.(『가어』에서는 "由續[어떤 판본에는 '申續']은 자가 子間이다"라 하였다), 생각건대 『논어』「공야장(公冶長)」에서는 공문 제자 신정(申根)을 언급하였다. 『사기색은(史記索隱)』에서는 곧 신당(申堂, 棠)이라 하고, "'根'과 '堂'은 소리가 서로 비슷하다."[127]라 하였다.

~~~~~~~~~~

126 『가어』.

127 주이존(朱彛尊)의 『공자제자고(孔子弟子考)』에서는 신당(申棠)과 신정(申根)은 두 사람이라고 하였다.

60) **안지복(顔之僕)** 노나라 사람으로 자는 숙(叔)이다. (『가어』에서는 "자가 子叔이다"라 하였다)

61) **영기(榮旂)** 자는 자기(子祈)이다. (『가어』에서는 "榮祈는 자가 子祈이다"라 하였다)

62) **현성(縣成)** 노나라 사람으로 자는 자기(子祺)이다. (『가어』에서는 "자가 子橫이다"라 하였다)

63) **좌인영(左人郢)** 노나라 사람으로 자는 행(行)이다. (『가어』에서는 "左郢은 자가 子行이다"라 하였다)

64) **연급(燕伋)** 자는 사(思)이다. (『가어』에서는 "자가 子思이다"라 하였다)

65) **정국(鄭國)** 자는 자도(子徒)이다. (『가어』에서는 "薛邦은 자가 子徒이다"라 하였다. 『史記索隱』에서는 薛邦이 곧 鄭國이라고 생각하였다).

66) **진비(秦非)** 노나라 사람으로 자는 자지(子之)이다.

67) **시지상(施之常)** 자는 자항(子恒)이다.

68) **안합(顔哈)** 노나라 사람으로 자는 대성(子聲)이다.

69) **보숙승(步叔乘)** 제나라 사람으로 자는 자거(子車)이다.

70) **원항적(原亢籍)** (『가어』에서는 "原忼은 자가 子籍이다"라 하였다)

71) **악관(樂欵)** (『가어』에서는 '樂欣'으로 되어 있다) 노나라 사람으로 자는 자성(子聲)이다.

72) **염결(廉絜)** 위(衛)나라 사람으로 자는 자용(子庸, 四部備要本 『가어』에서는 "廉潔은 자가 子曹이다"라 하였다)이다.

73) **숙중회(叔仲會)** 진나라(晉, 山西) 사람으로 자는 자기(子期)이다. "공자보다 50세가 적고 공선(孔璇)과 나이가 비슷하다. 유자(孺子)가 붓을 잡고 부자의 일을 기록할 때마다 두 사람이 번갈아가며 좌우에서 모셨다."[128]

---

[128] 『가어(家語)』.

74) **안하(顔何)** 노나라 사람으로 자는 염(冉)이다.

75) **적흑(狄黑)** 자는 석(晳)이다.(『가어』에서는 "자는 晳之이다"라 하였다)

76) **방손(邦巽)** (『가어』에서는 '邦選'이라 하였다) 노나라 사람으로 자는 자렴(子斂)이다.

77) **공충(孔忠)** (『가어』에서는 "孔弗은 字가 子蔑이며, 孔子의 형의 아들이다."라 하였다. 『史記集解』에서는 孔弗이 곧 孔忠이라 생각하였다)

78) **공서여여(公西輿如)** (『가어』에서는 '公西輿'라 하였다) 자는 자상(子上)이다.

79) **공서점(公西蒧)** 노나라 사람으로 자는 자상(子上)이다.(『가어』에서는 "자가 子索이다."라 하였다)

80) **금뢰(琴牢)** 위나라 사람으로 자는 자견(子開), 또는 자장(子張)이라고도 한다.(『가어』에 의하여 보충)

81) **현단(縣亶)** 자는 자상(子象)이다.(『가어』에 의하여 보충)

82) **안탁추(顔濁鄒)** 『사기』「공자세가」에서는 말하였다. "육예(六藝)에 통달한 자가 72명이었는데 안탁추 등 자못 학업을 배운 사람이 매우 많았다." 『사기정의(史記正義)』에서는 그가 72명 혹은 77명에 있지 않다고 지적하였다. 여불위(呂不韋)가 지은 『여람(呂覽)』에 안탁취(顔涿聚)가 있는데 제나라 대부이다. 주이존(朱彝尊)의 『공자제자고(孔子弟子考)』(이하 『주서』로 약칭)에서는 안탁추로 생각하였다.

83) **염우(廉瑀)** 『주서』에서 한대 문옹(文翁)의 『예전도(禮殿圖)』에 의거하여 보충.

84) **유비(孺悲)** 노나라 사람. 『주서』에서 『예기(禮記)』「잡기(雜記)」에 의하여 보충.

85) **공망지구(公罔之裘)** 『주서』에서 『예기』「사의(射義)」에 의거하여 보충.

86) **서점(序點)** 『주서』에서 『예기』「사의」에 의거하여 보충.

87) **공선(孔璇)** 『주서』에서 『가어』 숙중회(叔仲會)의 이름 아래의 기사("子游가 衛나라에 간 적이 있는데 將軍 子蘭과 친하게 지냈으며 부자에게서 배웠다.")에 의거하여 보충.

88) **혜숙란(惠叔蘭)** 위(衛)나라 사람으로 사구(司寇)의 직책을 맡은 적이 있다. 『주서』에서 별본 『가어』의 기사에 의거하여 보충.

89) **좌구명(左邱明)** 노나라 사람으로 『논어』에서 한 차례 언급되었다. 『주서』에서 유흠(劉歆)과 노식(盧植), 두예(杜預) 등 선유(先儒)의 견해에 의거하여 좌구명은 "공자의 문하에서 배웠다(受業于孔門)"고 인정.

90) **임방(林放)** 노나라 사람. 『논어』에 2차례 언급. 『주서』에서 한대 문옹의 『예전도』에 의거하여 보충.

91) **목피(牧皮)** 『주서』에서 『맹자』에 의거하여 보충.

92) **상계(常季)** 『주서』에서 『장자』에 의거하여 보충.

93) **자복하(子服何)** 노나라 사람으로 자는 경백(景伯)이다. 『논어』에 두 차례 언급되었다. 『주서』에서 한대의 노준석(魯峻石) 벽화 72자상(그 중에 자복경백이 있다)에 의거하여 보충.

94) **빈모가(賓牟賈)** 『주서』에서 『예기』 「악기(樂記)」에 의거하여 보충.

95) **국어(鞠語)** 『주서』에서 『안자춘추(晏子春秋)』에 의거하여 보충.

제9장

중국 역사상
첫 번째 위대한 문헌 정리가

중국은 역사가 유구한 위대한 문명의 고국(古國)이다. 문명의 고국이라 불리는 중요한 원인의 하나는 비교적 완정한 2천여 년 전의 '육경(六經)' 을 대표로 하는 고대 문헌을 보유하고 있기 때문이다.[1] '육경'을 언급 하면 그 정리자를 떠올리지 않을 수 없는데 중국 역사상 첫 번째 위대 한 문헌 정리가인 공자이다. 그렇다면 공자 이전의 문헌 상황은 어떠한 가? 이른바 '육경'이 가리키는 것은 무엇인가? 그것들의 발생과 형성과 정은 어떠한가? 공자와 '육경'의 관계와 '육경'을 정리한 구체적인 상황 은 어떠한가? 어떻게 공자가 문헌을 정리한 역사적 공적을 평가할 것 인가? 아래에서 이런 문제들에 대해 간단명료하게 평하면서 서술하려 고 한다.

---

1 '문헌(文獻)' 두 자는 옛날에 두 가지 뜻이 있었다. 곧 '문(文)'은 전적(典籍)을 가리키며, '헌 (獻)'은 현인(賢人)을 가리키는데, 합하여 전적과 현인이다. 여기서는 전적으로 역사전적자 료(歷史典籍資料)를 가리킨다.

1. 공자 이전의 문헌 개황

(1) 고대 문헌 조감(鳥瞰)

공자는 중국 고대문화를 아래위로 잇고 연 집대성자이다. 공자는 "주나라 왕실이 쇠미해져 『예』와 『악』이 폐하여지고 『시』와 『서』가 이지러진"[2] 춘추시기에 태어났다. 하·은 두 대(代) 및 그 이전시대의 "전적(典籍)이 전술(傳述)"되어, 이미 잔결되어 완전하지는 않았지만 대체로 얼마간은 볼 수가 있었다. 그렇지 않았다면 그는 "삼대의 예의 자취를 좇아 『서』「전(傳)」의 순서를 정하고 위로 당우(唐虞)의 때를 정리하고 아래로 진목공(秦繆公)까지 일을 편차할 수가"[3] 없었을 것이다. 이와 같았는데도 당시 공자는 "문헌이 부족"한 고뇌를 느꼈다. 공자는 당시에 이미 "문헌이 부족"하다는 탄식을 하였다. 현재 다시 2천여 년이 지나고 보니 공자 당시 및 그 이전의 문헌 상황에 대하여서는 더 '막연'한 느낌이 없을 수 없다. 이로 인하여 우리는 여기서 관련 있는 문헌의 기록에 근거하여 흩어진 편린만 가지고 예를 들어 공자 이전의 문헌 상황에 대하여 조감하여 대략이나마 그 내용을 아는 데 편의성을 제공할 수밖에 없다.

예 1. 『좌전』「소공(昭公) 12년」에 "『삼분』(三墳: 伏羲, 神農, 黃帝의 책)과 『오전(五典)』(少昊, 顓頊, 高辛, 唐堯, 虞舜의 책), 『팔삭(八索)』(八卦에 관한 최초의 책), 『구구

---

3 『논어』「팔일(八佾)」. "공자께서 말씀하셨다. '하나라의 예를 내가 말할 수 있으나 (그 후손의 나라인) 기나라에서 충분히 증거를 대주지 못하며, 은나라의 예를 내가 말할 수 있으나 (그 후손의 나라인) 송나라에서 충분히 증거를 대주지 못함은 문헌이 부족하기 때문이다. (文獻이) 충분하다면 내가 (내 말의) 증거를 댈 수 있을 것이다.'(子曰, 夏禮, 吾能言之, 杞不足徵也. 殷禮, 吾能言之, 宋不足徵也, 文獻不足故也, 足則吾能徵之矣)" 이곳의 '문헌' 두 자는 송나라 주의의 주에 근거하여 '전적'과 '현인'을 합하여 풀이하였다.

(九丘)』(구주의 토지와 풍습 책)의 책을 읽을 수 있다.”라는 기록이 있다. 여기서 말한 『삼분』과 『오전』, 『팔삭』과 『구구』 등의 책은 당시까지만 해도 여전히 존재하고 있었으며 이해할 수 있었다. 공자도 보고 이해할 수 있었을 것이며, 현재는 책 이름만 남아 있다.

예 2. 『맹자』 「이루(離婁) 하」에 “진나라의 『승』과 초나라의 『도올』과 노나라의 『춘추』는 똑같은 것이다.(晉之乘楚之檮杌魯之春秋, 一也)”라는 말이 있다. 춘추시기 각국에는 모두 사서(史書)가 있는데 명칭만 같지 않았을 따름이다.

예 3. 『관자』 「산권수(山權數)」 “관자가 말하였다. 『시(詩)』는 사물을 기록한 것이며, 『시(時)』는 세시를 기록한 것이다. 『춘추(春秋)』는 성패(成敗)를 기록한 것이며, 『행(行)』은 백성의 이해(利害)를 기록한 것이다. 『역(易)』은 길흉과 성패를 지킨 것이며, 『복(卜)』은 길흉과 이해를 점친 것이다.” 여기서는 이야기한 여섯 가지 책의 성질과 의의 등을 모두 설명하였다.

예 4. 『국어』 「초어(楚語) 상」 “…… 『춘추』를 가르쳐 선을 북돋우고 악을 억제하여 그에게 마음을 경계시키거나 권면하도록 해야 한다. 『세(世)』(先王의 世系)를 가르쳐 그에게 밝은 덕을 밝히고 어두움을 걷어내 자신의 행동에 두려움을 느끼도록 해야 한다. 『시』를 가르쳐 훌륭한 덕을 가졌던 분들을 넓게 알려 자신의 뜻이 환하여지도록 해야 한다. 『예』를 가르쳐서 군상과 신하의 법칙을 알게 하고, 『악』을 가르쳐서 자신의 더러운 마음을 씻어 내고 경솔한 마음이 진중해지도록 해야 한다. 『영(令)』을 가르쳐서 각 직책을 맡은 관원들이 하는 일을 생각해 보게 해야 한다. 『어(語)』(나라를 다스리는 훌륭한 말)를 가르쳐서 자신의 덕을 밝히고 선왕이 백성들에게 덕을 밝히기 위해 힘쓴 것을 알도록 해야 한다. 『고지(故

志)』(전세의 성패를 기록한 책)를 가르쳐서 나라를 망하게 하고 흥하게 한 자들을 알아 경계하여 두려움을 느끼도록 해야 한다. 『훈전(訓典)』(五帝의 책)을 가르쳐서 친족의 멀고 가까움을 알게 하고 행동이 의리를 따르도록 해야 한다.” 여기에서 열거한 『춘추』와 『세』, 『시』, 『예』, 『악』, 『영』, 『어』, 『고지』, 『훈전』 등 9종은 당시에 존재한 책으로 모두 귀족을 교육시키는 교과서였다.

예 5. 『여람(呂覽)』「선지람(先知覽)」 “하나라가 망하자 태사(大史)인 종고(終古)는 『도(圖)』와 『법(法)』을 안고 상(商)나라로 달아났으며, 상나라가 망하자 태사인 상지(向摯)는 『도』와 『법』을 안고 주나라로 달아났다.” 여기서 이야기한 『도』와 『법』은 지금은 이름만 존재하고 책은 없어져서 내용이 어떠한지 공자가 봤는지 등에 대한 여부는 모두 알 수 없다.

예 6. 『좌전』「문공(文公) 7년」에서는 『하서(夏書)』를 언급하였다. 『좌전』「은공(隱公) 6년」에서는 『상서(商書)』를 언급하였으며, 『좌전』「선공(宣公) 6년」에서는 『주서(周書)』를 언급하였다. 이런 책들의 서명 및 부분적인 내용은 늘 인용되어서 당시에 여전히 세상에 유행했음을 알 수 있다. 이런 책들은 어떤 것은 완정하였고 어떤 것은 완정치 못하였는데, 공자가 어느 정도는 보았을 것이다.

이외에도 이른바 『서(書)』(‘六書’라는 뜻)와 『수(數)』(‘九數’라는 뜻), 『하시(夏時)』(夏나라의 四時를 기록한 책), 『곤건(坤乾)』(殷나라의 陰陽을 기록한 책)과 천문, 역법, 의약, 농상(農桑), 공예, 민가, 신화 등을 기술한 문헌자료가 있다. 위에서 열거한 옛 문헌 명목은 당연히 완전하지 않다. 그 중 현재도 볼 수 있는 것은 이미 매우 적다. 공자 당시에 모두 볼 수 있었는가 하는 것은 현재까지도 분명히 알 길이 없다. 위에 든 여러 책 외에 공자가 어떤 책을 볼 수 있었는가 하는 것과 명목조차 알 수 없는 전적도 마찬가지다.

근대에 발굴한 은·주의 갑골문과 금문 등등은 자연히 고대 문화를 연구하는 귀중한 재료이다. 다만 공자가 이런 재료에 주의를 기울이고 파악을 했는가, 이런 재료가 공자가 고대의 문헌을 정리하는 것과 중요한 관련이 있는가에 대해서는 확증할 길이 없다.

우리는 공자가 근거하여 정리한 그 이전의 문헌 정황에 대하여 지금까지 여전히 위와 같이 극히 거칠고 간략한 조감만 할 수 있다. 다만 장차 지하의 발굴 작업으로 새로운 발견을 해내기를 바란다.

(2) '육예'와 '육경'

위에서 말한 조감에서 우리는 주나라 왕실이 쇠미해지고 제후들이 분쟁을 일으켜 예악이 붕괴되었음을 알 수 있다. 그 과정에서 형성된 "천자의 백관이 직무를 잃으면 관학이 사방 변경의 나라에 있게 된다(天子失官, 官學在四夷)"[4]는 혼란한 국면에서 문헌이 산실된 것이 많기는 하지만 공자가 볼 수 있었던 것이 여전히 적지 않았을 것이다. 이런 문헌 가운데 귀족의 교육에 진정으로 광범위하게 쓰인 교본은 '육경'(六經)'이라는 여섯 전적이다. '육경'은 일반적으로 당시에는 주로 '육예'로 불렸다.

'육예'는 옛날에는 두 가지 함의를 갖고 있었다. 하나는 귀족이 반드시 배워야 할 초급적인 예·악·사·어·서·수 등 여섯 가지 기예를 가리키고,[5] 하나는 귀족이 반드시 배워야 할 고급의 『시』·『서』·『예』·『악』·『역』·『춘추』 등 여섯 전적을 가리킨다.[6] 『대대기(大戴記)』「보부(保傅)」에서는 말하

---

4 『좌전』「소공(昭公)」17년'에 기록된 공자의 말.

5 『십삼경주소(十三經注疏)』「논어주소」권7 「술이(述而)」 '유어예(游於禮)' 구절 아래의 주(注). "'육예'는 예·악·사·어·서·수를 이른다. …… '육예'를 가르치는데 첫째가 오례(五禮), 둘째는 육악(六樂), 셋째는 오사(五射), 넷째는 오어(五御), 다섯째는 육서(六書), 여섯째는 구수(九數)이다."

였다. "옛날에 8세가 되면 외사(外舍, 小學)로 나아가 소예(小藝)를 배우고, 소절(小節)을 익히며, 머리를 묶으면 대학에 나아가 대예(大藝)를 배우고 대절(大節)을 익힌다." 여기서 말한 '소예'와 '소절'이 가리키는 것은 위에서 말한 초급의 '육예'이다. '대예'와 '대절'이 가리키는 것은 고급 '육예'이다. 주대의 귀족교육은 사람의 연령이 높아짐에 따라 순서가 점진적으로 나아간다. 유년 시에는 소학에서 글자 알기와 글자 쓰기, 산술, 음악, 노래, 춤과 활쏘기, 수레 몰기 등을 배우는데 이런 것이 곧 여섯 가지 기예인 '소예'이다. 성년 이후에는 '대학'으로 나아간다. 위에서 이야기한 고급 전적인 『시』·『서』·『예』·『악』·『역』·『춘추』를 배워서 사람의 지식이 그리 되는 것을 아는 데서부터 그리 되는 까닭을 알게 하는 데로 나아가게 해서 학업과 도덕 수준을 제고시킨다. 이것이 바로 주대의 귀족 자제에게 간단한 데서 복잡한 데로, 초급에서 고급에 이르는 교학 과정이다. 이런 것들은 공자 이전에 이미 실행되었다. 『예기』 「경해(經解)」는 한나라 초기 사람의 손에서 나왔을 것이지만 공자와 시기적으로 멀지 않아 참고할 만하다. 거기에는 "어느 나라에 들어가든 (그 나라에서 무엇으로) 교화했는지를 알 수 있으니, 사람됨이 온유하고 돈후함은

---

6 이 여섯 가지 전적의 차서는 두 가지 배열법이 있다. 하나는 고문경학파의 배열법으로 그들은 '육예'가 생성된 시대의 순서에 따라 『역』·『서』·『시』·『예』·『악』·『춘추』의 순으로 배열하고, 『역』의 팔괘는 복희에게서 나왔으므로 첫 번째로 배열하였으며, 『서』 가운데 가장 이른 것은 「요전(堯典)」으로 복희보다 늦어서 두 번째로 배열하였고, 『시』 가운데 가장 이른 것은 「상송(商頌)」으로 요순보다 늦어서 세 번째로 배열하였으며, 『예』와 『악』은 주공에게서 나와 상보다 늦어 네 번째와 다섯 번째로 배열하였고, 『춘추』는 공자가 노나라 역사를 근거로 지은 것이므로 마지막에 배열하였다고 하였다. 한 가지는 금문경학파의 배열법으로 그들은 '육예'의 깊이와 난이의 정도에 따라 교육가의 교과과정처럼 배열하여 『시』·『서』·『예』·『악』·『역』·『춘추』로 배열하였으며, 앞의 네 가지는 공자의 보통교육이거나 초급교육 과정이며, 뒤의 두 가지는 전문교육이거나 고등교육 과정이라고 생각하였다. 여기서는 뒤의 설을 따른다.

『시』의 가르침이다. 소통하여 먼 것을 아는 것은 『서』의 가르침이며, 광박하고 평이하고 선량함은 『악』의 가르침이다. 깨끗하고 고요하고 정미함은 『역』의 가르침이며, 공검하고 장경(莊敬)함은 『예』의 가르침이다. 글을 잘 엮고 사건을 차례대로 잘 정리하는 것은 『춘추』의 가르침이다."라 한 말이 있다. 여기서도 고급 '육예'는 대체로 공자 이전에 이미 존재하였으며, '육예'를 편정하여 정형화한 여섯 교재로 완성한 것은 공자라는 것을 알 수 있다. 나중에 '육예'로 일컫는 것은 일반적으로 곧 위에서 말한 고급의 '육예'를 가리킨다. '육예'는 나중에 '육경'으로 불리게 되는데 대략 전국 후기의 일이다. 『장자』 「천운(天運)」에는 공자가 "나[丘]는 『시』·『서』·『예』·『악』·『역』·『춘추』의 육경을 연구했다."라 한 말이 있다. '육경'의 이름은 당연히 공자 스스로 "경"으로 높인 것이 아니다. 그보다는 장자의 후학이 더한 것일 테지만 전국시대 후기에 '육예'를 '육경'으로 불렀음을 이미 알 수 있다. 그래서 『예기』에서는 위에서 언급한 것을 「경해」라는 편명으로 이 여섯 책을 천술하였다. 공자 당시 및 그 이전에는 '경'이란 말을 듣지 못하여 사마천이 『사기』를 지을 때도 여전히 '육예'라 하였다. 『공자세가』에서 "육예에 통달한 자가 72인이었다." 하였고, 「골계열전(滑稽列傳)」에서는 "육예는 다스리는 데 있어서 한 가지이다."라 하였다. 이로써 당시에는 '육예'와 '육경'이 병칭되었음을 말해준다. 한무제가 백가를 축출하고 유술만 높인 이후에 역대 전제왕조가 자기의 통치를 공고히 하기 위한 정치적 필요성을 더하여 다투어 '육경'이란 명칭으로 높여 '육예'라는 명칭을 까마득히 뒤편으로 밀어내게 되었다. 진시황의 '분서갱유'로 인해 '육경'의 『악경』은 일실되고[7] '오경'만 남게 되었지만 사람들은 여전히 습관적으로 '육경'이란 명칭을 따르고 있다.

2. 공자와 '육경'

'육경'이 공자가 고대 문헌을 정리한 주요 성과인 만큼 우리는 공자가 문헌을 정리한 일을 평할 때 반드시 집중적으로 공자가 '육경'을 정리했을 때의 상황과 문제를 소개하여야 한다.

(1) 두 가지 편향

공자와 '육경'의 관계, 특히 공자가 '육경'을 정리하고 편정한 적이 없다는 것에 관한 문제는 대대로 여러 가지 설이 분분했다. 이 문제를 분명히 하는 것은 중국 고대문화 사상의 원류를 이해하는 데 극히 중요한 의의를 가지고 있다. 이 문제에 관해서는 두 가지 편향적이거나 두 가지 극단적인 견해가 있다.

첫째, 치엔쉬엔퉁(錢玄同)의 견해는 공자와 '육경'의 관계를 완전히 부정했다. 치엔 씨는 '육경'과 공자가 무관하다는 것을 설명하기 위하여 다섯 조목으로 총결하였다. 그 중에는 "공구는 '육경'을 산술(刪述)하거

---

7 『악경』의 일실과 유무에 관한 문제는 완전히 다른 두 가지 의견이 있다. 고문경학파는 『악』은 본래 경이 있었는데 진나라의 분서(焚書)로 인하여 망실되었다고 생각하였다. 이를테면 서견(徐堅)의 『초학기(初學記)』에서는 "진나라의 분서 때 『악경』이 없어지고 지금은 『역』·『시』·『서』·『예』·『춘추』의 오경이 되었다."라 하였다. 금문경학파는 『악』은 본래 경이 없었으며, 악은 곧 『시』와 『예』 가운데 있는 것이라 생각하였는데 이를테면 소의진(邵懿辰)은 『예경통론(禮經通論)』에서 말했다. "악은 본래 경이 없다. …… 악은 원래 『시』 3백 편 중에 있었으며 악의 쓰임은 『예』 17편 중에 있었다. …… 악의 대원(大原)을 알려면 3백 편을 보면 되고 악의 대용(大用)을 알려면 17편을 보면 되니 처음부터 따로 『악경』이 있었던 것은 아니다." 그는 오경인데 육경이라 일컫는 것은 완전히 습관을 이어받은 것으로 본래 문자가 없기 때문이다. 이 논쟁은 아주 오래된 문제이며 매우 복잡하여 여기서는 깊이 탐구하지 않는다. 『악』은 본래 경이 있었는데 진(秦)의 분서(焚書)로 인하여 없어졌다는 설법이 비교적 정리에 가깝다.

나 제작한 일이 없다", "『시』·『서』·『예』·『역』·『춘추』는 본래 각기 서로 상관이 없는 다섯 책이다", "'육경'이 이루어진 것은 전국의 말기여야 한다."[8] 등등이 있다. 한 마디로 공자는 근본적으로 '육경'을 정리한 적이 없다는 것이다. 치엔 씨는 또 말하였다. "우리가 공구의 학설과 사적을 고찰하려 한다면 나는 다만 『논어』만이 비교적 가장 믿을 만한 근거라고 생각한다." 결론적으로 치엔 씨는 '옛것을 의심하는(疑古)' 관점에서 출발하여 전반적으로 공자와 '육경'의 관계를 부정하였다. 이는 일종의 편향이다.

둘째, 피석서(皮錫瑞)와 강유위(康有爲)의 견해는 '육경'은 모두 공자가 지었다고 생각하였다. 피석서는 "첫째 경을 공자가 정하였다고 하는 것은 공자 이전에는 경이 있을 수 없다는 것을 알아야 하며, 둘째 한나라 초기는 옛날과 멀지 않아 공자가 경을 지었다는 설이 반드시 근거가 있음을 알아야 한다. ……[9]"고 하였다. 심지어 『역』의 괘사(卦辭) 등도 모두 공자가 지었다고 하였다.[10] 강유위의 『공자개제고(孔子改制考)』에서도 "무릇 '육경'은 모두 공자가 지었는데 옛사람들이 공자가 산술(刪述)하였다고 하는 것은 잘못이다."라 하였다. 피석서와 강유위의 설은 나중에 큰 영향을 끼치기는 하였지만 논술이 독단적이고 얼마간 부회를 면치 못한다. 이는 또 다른 편향이다.

나는 이상 두 가지 설법은 각자 자기의 의견만을 고집하여 모두 실사구시의 정신에 위배되며 두 가지 형식의 다른 편향이라고 생각한다. 실사구시적 태도로 이 문제를 다루면 '육경'은 비록 완전히 공자

---

8   치엔쉬엔퉁(錢玄同)의 『고사변(古史辨)』, 제1책, 69~70쪽.
9   피석서(皮錫瑞)의 『경학통론(經學通論)』 「서(序)」.
10 피석서의 『경학통론』 「역경(易經)」.

가 지은 것은 아니지만 모두 공자의 정리를 거쳤으며 다만 정리의 정도가 상이한데 지나지 않는다고 하여야 한다. 그 가운데 어떤 것은 짓기도 하고, 어떤 것은 전술[述]하기도 하였으며, 어떤 것은 산삭하고, 어떤 것은 정하여 상황이 각기 달라 심사평가해야 한다. 오늘날 보는 『시』·『서』·『예』·『역』·『춘추』가 당시의 원래 모습은 아니지만 공자가 수정하고 편찬, 첨삭한 흔적을 매우 많이 보존하고 있다. 그 내용은 모두 공자를 연구하는 중요한 사료이다. 허무주의적인 태도로 전반적으로 부정하고 '육경'이 공자와 무관하다고 생각하는 것은 확실히 옳지 않다. 전반적으로 긍정하여 '육경'이 모두 공자가 지은 것이라고 생각하는 것도 옳지 않다. 저우위통(周予同)이 한 말이 비교적 합당하다. "공자는 학교를 설립하고 학생도 많아 교본이 없다는 것은 매우 상상하기 어렵다. 조금도 의심할 것이 없이 첫 번째 사립학교에 대하여 말하면 현재(의 모습으로) 이루어진 교본은 없었다. 『논어』의 기록에 의하면 공자는 삼대의 전장(典章)을 매우 염두에 두고 학생들이 『시』와 『서』 및 예악제도를 배우도록 지도하였다. 이에 따라 공자는 교수의 필요성 때문에 노·주·송·기(杞) 등 옛 나라의 문헌을 수집하여 거듭 정리와 편차를 거쳐 『역』·『서』·『시』·『예』·『악』·『춘추』의 여섯 교본이 형성되었다는 설법이 믿을 만하다."[11]

(2) '육경'을 정리하는 지침

공자가 고대 문헌을 정리하는 데 지침은 있었을까? 결론은 긍정적이다. 공자는 사학의 교재문제를 해결하기 위하여 반드시 스스로 교본

---

11 『저우위통 경학사 논저 선집(周予同經學史論著選集)』, 801쪽.

을 편정하여야 했을 것이다. 이런 교본을 편정하는 것은 시종 일관된 지침을 필요로 한다. 판원란은 『중국통사』에서 말했다. "공자가 육경을 정리하는 데는 세 가지 준칙이 있었다. 하나는 '전술하되 창작하지 않는(述而不作)' 원래의 문사를 보존하는 것이다. '괴이함과 용력과 패란의 일과 귀신의 일을 말하지 않는(不語怪、力、亂、神)'(『논어』「述而」) 것으로 난잡하고 황당한 편장을 산삭해버리는 것이 두 번째 준칙이다. 나머지는 '이단을 전공하면 해가 될 뿐이다(攻乎異端, 斯害也已)'(「爲政」)라는 것으로, 모든 중용에 반하는 의론을 배척하였다." 저우위통의 관점은 판원란과 일치하며, 판원란과 함께 세 조목을 제시하였다.[12] 공자의 문헌 정리는 인의 인생철학 사상의 중요한 방면을 반영하였다. 그의 목적은 문헌전적을 통해서 도를 전하고 가르침을 베풀며 '인'을 핵심으로 하고 '예'를 형식으로 하는 정신을 문헌에서 체현하는 것이다. 나는 공자가 문헌을 정리하는 지침은 주로 다음의 네 가지 방면으로 귀납될 수 있다고 생각한다.

1. '인'의 사상을 문헌정리의 총 원칙으로 삼다

공자의 문헌 정리는 '인'을 내용으로 하고 '예'를 형식으로 하는 원칙 아래 실현되었다. 공자는 전적을 전파하는 형식으로 도를 전하기를 기

---

12 『저우위통 경학사 논저 선집(周予同經學史論著選集)』, 802~804쪽. 판(范)과 저우(周) 두 사람은 "이단을 전공하면 해가 될 뿐이다(攻乎異端, 斯害也已)"란 말에 대하여 이해가 같지 않은 것 같다. 판은 '攻'자를 '치(治)'(硏究)로 해석했고, 저우는 '배제(排除)'(批判)로 해석했다. 저우의 해석은 양뷔쥔(楊伯峻)과 같다. 양은 이 구절을 "그런 부정확한 의론을 비판하면 손해가 없어질 것이다."(『論語譯注』, 18쪽)로 해석했다. 판의 해석은 치엔무에 가깝다. 전은 이 구절을 "오로지 반대를 향하여 힘을 쓴다면 곧 해가 될 것이다."(『論語新解』, 51쪽) 여기서는 저우와 양 두 사람의 해석을 따른다.

도하였다. 공자의 도에서 인은 가장 중요한 내용이다. 이는 공자가 평시에 한 말을 기록한 『논어』에 반영되었을 뿐만 아니라 또한 '육경'의 자간(字間)에도 반영된다. "너그러움으로 거하고 인으로 행한다(寬以居之, 仁以行之)",[13] "인자는 이를 보고 인이라 이른다(仁者見之謂之仁)",[14] "인자는 인을 편안히 여긴다(仁者安仁)",[15] "인은 의의 근본이다(仁者, 義之本也)"[16]라 하였는데, '인'의 사상이 모든 '육경'을 정리하는 과정에서 관철되고 있음을 알 수 있다.

2. "괴이함과 용력과 패란의 일과 귀신의 일을 말하지 않는다"

공자는 철저한 유물주의자가 아니지만 귀신에 의심을 품고 평상시에 "괴이함과 용력과 패란의 일과 귀신의 일을 말하지 않는다."는 사상은 매우 귀중하다. 『역』을 가지고 말해보자면 본래 점복(占卜)의 책이었지만 공자는 종교와 무술(巫術)의 속박에서 최대한 벗어났다. 그것이 사람을 배양하고 사람을 완전하게 하며 자기를 수양하여 남에게 이르게 하는 의리의 책이 되게 했다. 공자는 『역』 「항괘(恒卦)」의 두 구절 "그 덕을 항상하지 않으니, 부끄러움이 혹 이를 것이다.(不恒其德, 或承之羞)"를 인용한 적이 있다. 이어서 말하기를 "점을 치지 않을 따름이다."라 하였다. 「항괘」에서 말한 두 구절은 점복의 말이 아니라 사람이 무슨 일을 하든 항상성을 지니도록 고무시킨 것이다.[17] 『좌전』 「애공(哀公) 6년」에

13 『역』 「건·문언(乾·文言)」.
14 『역』 「계사(繫辭)」.
15 『예기』 「표기(表記)」.
16 『예기』 「예운(禮運)」.
17 『논어』 「자로(子路)」.

서는 "붉은 새떼 같은 구름이 있어서 해를 끼고 사흘을 날았다."라 하였다. 주나라 태사가 말하기를 "이 일은 초소왕(楚昭王)의 신상에 닥칠 것이며", "양제(禳祭)를 올린다면" 재화가 전이될 것이라 하였다. 소왕은 믿지 않고 제사를 지내지 않았다. 소왕이 병이 들자 점쟁이가 말하기를 하신(河神)이 빌미가 된다고 하였다. 소왕은 여전히 믿지 않고 계속 제사를 지내지 않았다. 공자는 이 사실을 알고 초소왕을 크게 칭찬하여 말하기를 "큰 도를 아니 나라를 잃지 않음이 확실하다."라 하였다. 공자는 이를 빌려 사람들에게 나라를 잘 다스리려 한다면 천명과 귀신에게 의존할 수 없다. 규율('大道')에 따라 처리하여야 나라와 백성을 이롭게 할 수 있다고 일렀다. 위로부터 우리는 오늘날 보는 '오경' 등 전적에서 신괴하거나 황당한 내용이 매우 적음을 알 수 있다. 공자와 꽤나 큰 관계가 있을 것이며 이는 공자가 산삭한 결과일 것이다.

"공자가 하늘을 말하고 귀신을 말하긴 하였지만 점의 말을 빌려서 사람의 다스림을 융성하게 하는 것에 지나지 않는다. 이것이 바로 공자가 옛것을 변화시킨 것이며 바로 공자의 특별한 앎이었다."[18] 이 점에 대해서는 루쉰(魯迅)도 "공구 선생은 확실히 위대하여 무귀(巫鬼)의 세력이 이렇게 왕성한 시대에 태어났는데도 시속을 따라 귀신을 이야기하지 않으려 했다."[19]라 칭찬하였다. 후세의 묵가와 비교하여 논증하면 귀신의 존재에 대한 논점은 공자가 의심할 바 없이 더욱 고명하다. 각종 종교가 중국에서 목적을 이루기가 어려운 것은 공자가 문헌을 정

18 천두슈(陳獨秀)의 「다시 유송화에게 답함(再答兪頌華)」, 『두슈문존(獨秀文存)』, 안휘(安徽)인민출판사, 1987년판, 697쪽.

19 루쉰(魯迅)의 「다시 뇌봉탑이 쓰러짐을 논함(再論雷峰塔的倒掉)」, 『루쉰전집(魯迅全集)』, 제1권, 인민문학출판사, 1958년판, 296쪽.

리할 때 (당연히 그리 철저하지는 않지만) 귀신을 배척한 것과 매우 큰 관계가 있을 것이다.

3. "전술하되 창작하지 않는다"는 것에 관하여

공자는 스스로 "전술하되 창작하지 않는다(述而不作)"라고 하였다. 이는 공자는 다만 도를 전하는 자로 옛 선왕의 일을 전술하고 자기의 창작이 없다는 것을 표현하는 것이다. 공자는 가르침을 베풀 필요성 때문에 '육경' 등의 전적을 정리하였다. 그의 "옛것을 믿고 좋아하는(信而好古)" 기본 태도로 말미암아 대대적으로 원래 있는 문헌의 내용 및 풍격을 남겨놓았기 때문에 그를 두고 "전술하되 창작하지 않는다."고 하는 것은 옳다. 그러나 사상 내용 면에서 보면 공자는 대대적으로 고대 제왕들의 관점을 발전시켰다. '인'을 핵심으로 하고 '예'를 형식으로 하며, '중용'을 방법론으로 하는 인생철학 학설을 제기하였다. 옛사람의 말을 차용하여 역사의 새로운 장면을 표현하기 위해 공자는 고대의 전적으로 자기의 사상을 체현하기를 힘껏 추구하였다. '육경' 중의 '인'과 '예', '중용' 등의 관념을 환하게 드러내는 데 신경을 썼다. 이 때문에 표면적으로 보면 "전술하되 창작하지 않는다"지만 사실 창작을 전술에 기탁하였다. 혹은 전술을 창작으로 삼았다. 주희가 "그러나 당시에 창작은 대략 갖추어졌으니, 공자는 성인들을 집대성하여 절충하셨다. 그러하니 공자가 하신 일은 비록 전술한 것이었으나 그 공은 창작보다 곱절이 된다. 이 또한 알지 않으면 안 된다."[20]라 하였는데 이는 어느 정도 일리가 있다. 『춘추』를 예로 들면 비록 사실(史實)의 기록이기는 하지만 거기

---

20 주희(朱熹)의 『논어집주』 「술이(述而)」.

에는 '미언대의(微言大義)'가 충만하다. 공자는 곧 한 글자의 포폄을 통하여 자기의 정치관점을 체현하였다. 『춘추』「장공(莊公) 10년」에서는 "가을 9월에 형이 신에서 채나라 군사를 물리치고 채후 헌무를 잡아서 돌아왔다.(秋九月, 荊敗蔡師于莘, 以蔡侯獻舞歸)"라 하였다. 왜 (荊이라는) 고을의 이름으로 초나라를 일컬었는가? 초나라에 대하여 각종 명의로 일컬을 수가 있어서 주(州)로도 나라로도 씨(氏)로도 사람 등등으로도 일컬을 수가 있다. 그 가운데 주(州)로 칭하는 것은 가장 낮은 규격이다. 목적은 초나라를 깎아내리기 위함이다. 왜 채후(蔡侯)를 잡은 것은 '획(獲)'이라 하지 않고 '귀(歸)'라고 하였는가? 이는 이적(夷狄, 楚나라를 가리킴)이 화하족 사람(蔡侯)을 잡아간 것을 찬성하지 않음을 나타냈기 때문이다. 공자는 여기서 '형(荊)'과 '귀(歸)' 두 글자를 써서 그가 이적과 화하를 구별하는 것을 밝히는 정치적 주장을 표명하였다. 『춘추』에서는 천토(踐土)의 회맹에 관하여 "천왕이 하양에서 사냥을 하였다(天王狩于河陽)"라 기록하여 마치 주천자가 사냥을 간 듯이 말하였다. 사실 진(晉)나라는 매우 무례하게 주천자를 (회맹 장소에) 이르도록 불렀다. 사실대로 기록한다면 주천자의 존엄에 해를 끼칠 것이었다. 공자는 다만 논지를 바꾸어 그의 과거를 덮어주었다. 당시 천자는 일찍부터 이미 권위가 없어진 지 오래고 그저 높은 우상으로 변하였다. 하지만 공자는 여전히 『춘추』에서 주나라를 가지고 해를 기록하여 무슨 '춘왕정월(春王正月)'이라 크게 썼다. 모든 이런 것은 모두 공자의 주천자의 권위적 정치태도를 옹호하는 것을 반영하였다. 이와 같은 필법으로 하나의 내용이지만 한 글자로 포폄하는 중에 생동적으로 공자의 사상을 반영하였다. 따라서 '춘추필법(春秋筆法)'으로 『춘추』라는 이 역사서는 공자의 관점을 선양하는 정치 교과서가 되었다. 전체 '육경'을 가지고 말하면 편집하고 정정하는 가운데 충분히 공자의 사상을 반영하였다. 어떤 의미에서는 그 자신의 저작이 되었다. 이 때문에 그가 다만 '전술'만 하고 '창작'은 하지 않았다고 말할 수 없다.

4. 음시(淫詩)에 관한 문제

공자는 무슨 표준으로 시를 산삭(刪削)하였는가? 삼백편(三百篇)에는 음시가 있는가? 2천 년 동안 논쟁이 끊이지 않았다. 어떤 사람은 공자가 예의에 적용할 수 있는 것을 취하여 남기고 산삭을 많이 하였다고 생각하였다. 또 어떤 사람은 공자가 "정나라의 소리가 음란하다(鄭聲淫)"고 비판하였다. 하지만 『시경』에는 「정풍(鄭風)」이 있는 것으로 보아 위에서 말한 표준을 가지고 산삭을 하였다고 생각하지 않았다. 첫 번째 의견을 지지하는 사람은 또 음시가 이미 산삭되었으며, 현재의 「정풍」은 반면교사로 남은 것에 지나지 않는다고 생각하였다. 공박도 변명도 하지 않는 사람들은 모두 정성(鄭聲)을 정시(鄭詩)로 보았다. 또한 모두 공자를 금욕주의자로 보았는데 이는 옳지 않다.

공자는 "정나라의 시가 음란하다(鄭詩淫)"고 말한 적이 없다. 다만 "정나라의 소리가 음란하다(鄭聲淫)"라 하여 결코 「정풍」이 음분(淫奔)의 작품이라고 생각지 않았다. 과거의 사람들은 일종의 편견을 가지고 있었다. 공자가 남녀의 애정을 반영한 시들을 모두 음시로 규정하였다고 생각하는 것이다. 사실 이는 옳지 않으며 이는 공자의 일관된 사상과 합치하지 않는다. 공자는 남녀의 애정 방면에서 비교적 개방적이었다. 『시경』 첫머리의 「관저(關雎)」는 한 귀족 청년이 한 아름다운 아가씨를 사랑하는 것을 노래로 칭송한 것으로, 그리움에 이리저리 뒤척이며 잠을 이루지 못하다가 결국 마침내 결합하는 내용이다. 공자는 그것을 일컬어 "즐거워하면서도 음란하지 않고 슬퍼하면서도 가슴 아파하지 않는(樂而不淫, 哀而不傷)" 전범이라고 하였다. 또 "아름답고 성대하게 귀에 가득하구나!(洋洋乎盈耳哉)"라 하였다. 사실 「정풍」의 내용 대부분은 「관저」의 내용과 일치하여 남녀 사이의 애정을 많이 반영하였다. 이런 내용이 표현해내는 감정은 진지하고 열정적이어서 조금도 우물쭈물함이 없다. "그대 때문에 내가 밥을 먹지 못하라. …… 그대 때문에 내가 편안히 쉬지 못하라(維子之故, 使我不能餐兮……維子之故, 使我不能息兮)", "하루 동안 보지 못함이 석 달 같도다(一日不見, 如三月兮)" 등의 구절은 "자나깨나 구하도다(寤寐求之)", "이러저리 뒤척이는도다(輾轉反側)"라는 구절과 일맥상통한다. 「정풍」은 「15국풍」 중에서 21수로 수량이 가장 많다. 여기에서 공자가 백성들이 애정의 권리를 누리는 것을 지지하고 칭찬함을 볼 수 있다. 이는 당시의 실제와 부합할 뿐만 아니라 또한 공자의 "인한 자는 남을 사랑한다(仁者愛人)"는 일관된 사상과도 부합한다.

음란함과 음란하지 않음은 성(聲)으로 따진다면 시와 무관하다. 공자가 "정성을 내쫓았다(放鄭聲)", "정성이 우아한 음악을 어지럽힘을 미워하였다(樂鄭聲之亂雅樂)"고 이야기하였다는 것은 모두 정나라의 악곡을 「소(韶)」·「무」에 대응하여 제기한 것이다. 『악기』에서 위문후(魏文侯)가 자하(子夏)에게 물었다. "내 현단복을 입고 면류관을 쓰고 고악(古樂)을 들으면 지루해서 행여 누울까 두렵다. 정나라와 위나라의 음을 들으면 피곤함을 알지 못하니, 감히 묻건대 고악이 저와 같음은 어째서이며 신악(新樂)이 이와 같음은 어째서인가?" 자하가 대답하였다. "몸을 닦고 집안에 미쳐서 천하의 균형을 이루게 하니, 이것이 고악의 발현입니다." "지금 신악(新樂)은 …… 간사한 소리가 범람하여 빠지고 그치지 않으며 …… 옛 도를 말할 수 없으니, 이것은 신악의 발현입니다." 이에 의하면 위문후와 자하가 음란하고 음란하지 않고의 구분이 고악과 신악의 대비에서 진행되었음을 알 수 있다. 아악(雅樂)은 고악(古樂)이다. "아(雅)는 정(正)의 뜻이니, 왕정이 이로 말미암아 폐하고 흥하게 된다. 정사에 소·대가 있기 때문에 「소아」가 있고 「대아」가 있는 것이다." 후인들은 일반적으로 모두 주나라의 음악을 아악이라 일컫는다. 정·위의 음악은 약간 통속적 음악으로 광범한 대중성이 있는데 이런 음악은 자연히 아악에 맞지 않아 내내 아악의 배척을 받아서 민간에서 유행하였다. 춘추 후기에 예와 악이 붕괴되자 정·위의 음악이 쑥대처럼 일어났다. 차츰 '신악'의 큰 흐름을 형성하여 아악에 충격을 주고 쓸어버려 이로 인하여 확실히 『시경』 중의 「정풍」(시)은 아니었다. 다시 말해 「정풍」(시)을 정성과 동등하게 여긴다면 그것은 자하가 위문후의 "음탕함에 빠진 음이 무엇인가?"라는 물음에 대답할 때 "정(鄭)나라의 음은 범람함을 좋아하여 뜻을 방탕하게 합니다. 송(宋)나라의 음은 여자(처첩)에 빠져서 뜻을 빠지게 하고, 위(衛)나라의 음은 촉박하고 빨라서 뜻을 번거롭게 하지요. 제(齊)나라의 음은 오만하고 사벽하여 뜻을 교만하게 하니, 이 네 가지 음은 모두 여색에 빠져 덕을 해칩니다. 이 때문에 제사에 쓰지 않는 것입니다."라 하였으니 어떻게 해석하겠는가? 지금 남아 있는 『시경』에 또한 송풍(宋風)도 있었다는 말 아니겠는가?

이상의 간단한 분석 후에 우리는 정성은 「정풍」(詩)과는 다르다고 말한다. 공자는 남녀의 애정 방면에 개방적이어서 바로 이런 것 때문에 15 「국풍」에 절대다수의 애정을 묘사한 시장(詩章)을 남겨 놓았다. 「정풍」의 수가 가장 많고 아울러 「관저」를 삼백편의 첫머리에 두었다. 모두 유력하게 「정풍」(詩)은 결코 곧 후인이 공자의 음분지작을 강요한 것이 아님을 증명하고 있다.

(3) '육경' 정리의 간단한 개황

공자가 '육경'을 정리한 상황은 연대가 오래되어 전하여지는 것이 일치되지 않는다. 예와 지금의 문장이 다르며 쟁의가 많아 일일이 모두 제대로 상세히 논하여 열거하는 것이 불가능하다. 지금은 다만 주요 상황을 간단하게 아래에 평하여 말할 수밖에 없다.

1. 『시』에 관하여

원래 시는 사람들이 입으로 노래하던 것이 나중에 문자가 생기면서 기록되었다. 어떤 것은 음악으로 반주를 하기도 하고 춤을 곁들이기도 했다. 주대에 이르러 통치자가 자기의 정신생활을 풍부히 하기 위하여 고정된 악대를 조직하였는데 악대를 이끄는 사람을 '태사(大師)'라 하였다. 악대의 연주 내용을 부단하게 충실하고 더욱 새롭게 하기 위해 태사는 반드시 늘 가사들을 모으고 편사(編寫)하고 정리하였다. 시간이 오래되어 좋은 가사는 충실하게 받아들여지고 보존되었다. 좋지 않은 것은 도태되고 산삭되었으며 이렇게 오래되어 책을 이루게 된 것이 『시』이다. 『시』는 아주 높은 문학적 가치가 있다. 귀족의 생활과 사상, 정치 상황 및 각 제후국 인민들의 풍속과 인정, 생활 상황, 생산노동, 정치 정서 등 많은 방면을 반영하기도 하였다. 풍부한 자연과 사회 상식을 함유하고 있는 중국 최초의 위대한 시집으로 봉건사회 상층인에게서 교유를 위한 표현 도구가 되었다.

『모시』「관저·서(關雎·序)」에서는 말하였다. "그래서 시에는 육의(六義)가 있다. 첫째가 풍(風), 둘째는 부(賦), 셋째는 비(比), 넷째는 흥(興), 다섯째는 아(雅), 여섯째는 송(頌)이다."라 하였다. 이 '육의'는 또한 '육시(六詩)'라고도 부르는데 모두 명확하지 않고 모호한 표현이다. 당대의 공영달(孔穎達)은 위 인용문의 『소(疏)』에서 해석하여 말하였다. "풍·아·송은 시편의 다른 체제이고, 부·비·흥은 시문의 달리 표현하는 말일 따름이다. …… 부·비·흥은 시가 쓰이는 것이고, 풍·아·송은 시가 형체를 이룬 것이다. 저 세 일을 써서 이 세 일을 이루어 이 때문에 함께 '의(義)'라고 풀이했다." 이는 곧 풍·아·송은 시편의 유형이고, 부·비·흥은 시편의 내용을 표현하는 방법이라는 말이다. 이 설법은 여섯 가지를 한꺼번에 뭉뚱그려 '육시'로 불렀는데 당연히 비교적 합리적이다. 간단하게 말하여 '비'는 비유이고, '흥'은 연상(聯想)이다. '부'는 직언을 펼치는 것으로 모두 시편을 짓는 방법을 가리켜 말한다. '풍'은 각지의 귀족과 평민의 풍속과 습속을 반영해냈다. 내용은 주로 기려(綺麗)하고 청신하며 서정적인 시편이다. '아'는 호경(鎬京)의 왕기(王畿) 지역을 반영한 편장이다. 내용은 주로 주나라 귀족의 정치생활 등의 상황을 묘사하여 자못 사료적인 가치가 있다. '송'은 묘당(廟堂)의 노래로 내용은 주로 선조의 공업을 노래하여 칭송하는 깊고 엄숙한 제사의 가사이다.

『시』는 공자 이전에 이미 존재하였다. 『좌전』 「양공(襄公) 29년」의 기록에 의하면 오나라 계찰(季札)이 노나라에서 주나라의 음악을 관람하는데 각 장의 내용은 오늘날 유행하는 판본의 『시』와 비슷하다. 당시 공자의 나이는 겨우 8세였다. 『논어』 「위정(爲政)」에서는 공자가 '『시』 3백(詩三百)'이라 하였고 「자로(子路)」편에 '『시』 3백 편을 외어도(誦詩三百)'라는 말이 있는 것으로 보아 "시삼백"의 설은 공자 이전에 이미 있었다. 사마천은 "옛날에 『시』는 3천여 편이었는데 공자에 이르러 중복되는 것을 버리고 …… 305편을 공자가 모두 현악기에 맞추어 노래하여 「소(韶)」와 「무(武)」, 「아(雅)」, 「송(頌)」의 음을 구하여 합쳤다."[21]라 하였다. 이는 공자가 "위(衛)나라에서 노나라로 돌아온 후에 음악이 바르게 되었고 「아」와 「송」이 각기 제 자리를 잡았다."[22]라고 하는 상황이다. 그는 "공자가 중복된 것을 버렸다"고만 말했다. '중복된 것을 버린' 것이 곧 같지 않은 판본에서 중복된 시편을 버렸다는 것 외에 중복되지 않은 시편에 산삭을 가한 사정에 대해서는 말하지 않았다.[23] 공자가 확실하게 『시』에 대한 수집과 정리를 하고 교정 작업을 하긴 했지만 산삭작업을 했다는 것을 증명할 수 있는 충분한 논거가 없다.

공자는 『시』에서 개인의 품덕 수양과 사회 교제에서의 중대한 작용을 매우 중시했다. 다만 당시 각국의 말씨가 같지 않았기 때문에 전수하고 초록하는 과정에서 착오를 면할 수 없었다. 시의 곡조 또한 달라진 악보에서 어떤 것은 전해진 판본이 누락되어 온전하지 않아 바로 청대의 경학가 피석서가 말한 것과 꼭 같았다. "동천한 이후에 예악이 붕괴되고 시는 어떤 것은 구절은 있는데 장(章)을 이루지 못하였다. 장이 있으면 편(篇)을 이루지 못하여 현가(弦歌)가 함께 쓰이지 못하였다."[24] 이는 교학이 이롭지 않을 뿐만 아니라 고대 문헌의 정확한 계승에 더욱 영향을 끼쳤음을 나타낸다. 공자는 이를 감안하여 수시로 부단하게 유의하여 찾아내고 많은 『시』의 초본(抄本, 版本)을 수집하였다. 이렇게 많은 초본을 합한 시편의 총수가 사마천이 말한 '삼천여 편'일 것이다. 공자는 각 초본을 참조하여 교감과 대조 확인을 진행하였으며 어렵사리

---

21 사마천의 『사기』 「공자세가」.

22 『논어』 「자한(子罕)」.

23 중자오펑(鐘肇鵬)의 『공자연구(孔子硏究)』 "공자는 입만 열었다하면 『시』 3백'이라 하였고 (「爲政」), 또 말하기를 『시』 3백 편을 왼다'라 하였으며(「子路」), 묵자 또한 말하기를 「송시(誦詩)가 3백이고, 현시(弦詩)가 3백이며, 가시(歌詩)가 3백, 무시(舞詩)가 3백이다.'라 하였다.(『墨子』 「公孟」). 유·묵이 읽은 시는 모두 3백이니 3백이 이 『시』의 원래 편수임을 알 수 있으며 결코 공자가 산삭한 것이 아니다."(93쪽) 이 견해는 매우 옳다.

24 피석서(皮錫瑞)의 『경학통론(經學通論)』 「시경」.

정리 작업을 하였다.

　구체적으로 말하면 공자는 『시』에 대한 정리를 대략 아래의 두 가지 작업으로 하였다. 첫째, 중복된 편장을 삭제하는 것이었는데 이것이 바로 사마천이 말한 '중복된 것을 버리는' 것이었다. 왕충(王充)도 "『시경』은 옛날에는 또한 수천 편이었는데, 공자가 중복된 것을 산삭하여 버리고 바르게 하여 3백 편을 남겼다."[25]라 하였다. 둘째, 악곡의 정확한 음조에 따라 편장의 조정을 진행하여, 「아」는 「아」로 돌리고, 「송」은 「송」으로 돌려 어지럽지 않게 각자 제자리를 찾게 했다. 이로써 『시』는 비록 공자가 지은 것이 아니지만 확실히 공자의 정리를 거쳤다고 생각할 수 있다.

　『시』는 절대 부분이 본래 고대의 대중 문학작품에 음악과 춤을 배합하여 통치자의 오락물이 되었다. 동시에 시는 당시의 정치와 외교상에서 주고받는 사령(辭令)으로 상용되었다. 어떤 때는 개인적으로 교유할 때 희망과 욕구, 감격과 책망 등 각종 심정을 표현하는 완곡한 말로 쓰이기도 했다. 따라서 어떤 때는 견강부회하여 단장취의하는 것이 다반사였다. 공자 때에 이르러서는 이미 일상화되어 공자 자신조차 예외가 아니었다. "고운 웃음에 보조개가 예쁘며 아름다운 눈에 눈동자가 선명함이여! 흰 비단으로 채색을 한다.(巧笑倩兮, 美目盼兮, 素以爲絢兮)"라는 것은 본래 미인을 묘사한 시구이다. 그런데 공자는 자하와의 대화에서 오히려 흰 것(白, 素)을 '인(仁)'에 비유하였다.(원문에서는 분명히 素를 '仁'에 비유하지 않았는데 여기서는 楊伯峻의 『論語譯注』에 의거하여 보충), 꽃(絢)은 '예'에 비유하였는데, 결론적으로 '예'는 '인'의 뒤에 있다는 것이다. 또한 "생각에 사악함이 없다(思无邪)" 같은 구절은 본래 「노송·경(魯頌·駉)」에서 목동이 말

25　왕충(王充)의 『논형(論衡)』 「정설(正說)」.

을 먹일 때 날뛰지 말라고 소리치는 것을 형용한 것이다. 그런데 여기서는 생각을 엄숙하게 하라는 비유로 쓰였다. 이렇게 생동적이고 활발한 문예적 성격의 『시』를 판에 박은 듯이 해석하였다. 다만 공자는 『시』의 가르침은 사람의 성정을 도야시키고 '온유돈후'하게 한다고 여겨 중시하였다. 아울러 『시』를 '육예의 교학 교본 중의 하나로 넣었는데 이는 매우 식견이 있고 칭찬받을 만한 가치가 있다. 공자의 제창을 거쳐서야 『시』를 '육경'의 하나로 삼아 유전되어 내려오게 했다. 이는 우리로 하여금 오늘까지도 그런 시편들에서 2천 년 전의 사회적 면모, 풍속인정에서 청춘남녀의 사랑하는 내면적인 감수성까지 관찰하고 탐구하여 문학의 심미안을 누리게 하였다.

2. 『악』에 관하여

앞의 '육예'와 '육경'의 절에서 이미 『악』의 문제에 대하여 간명하게 평론하였다. 여기서는 아래와 같이 보충하여 설명하겠다.

중화민족은 예로부터 음악을 좋아하는 습성을 가진 민족이었다. 시가와 음악은 늘 밀접하게 결합되었으며, 고대로 갈수록 더욱 이러했다. 사마천은 『사기』 「공자세가」에서 "(시) 305편을 공자는 모두 현악기 반주에 맞춰 노래했다."라 하였다. 공자 스스로도 "내가 위나라에서 노나라로 돌아온 뒤로 음악이 바르게 되어 아와 송이 각기 제자리를 찾게 되었다.(吾自衛反魯, 然後樂正, 雅頌各得其所)"[26]라 하였다. 공자는 정리한 현존 『시경』 305편에 모두 음악을 배합하였다. 원래는 모두 악보에 맞추어 연주하며 노래할 수 있었다. 전국시기에 이루어진 『주례』 「춘관·종사

---

26 『논어』 「자한(子罕)」.

(春官·鍾師)」에 "종으로 「구하(九夏)」를 연주하였다."는 기록이 있다. 정사농(鄭司農)은 "「구하」는 모두 시의 편명이며, 「송」과 같은 종류이다. 이는 노래의 큰 것으로 「악장(樂章)」이 수록되어 있었는데 「악(樂)」이 붕괴되면서 또한 따라서 망실되었다."라고 하였다. 고대에는 시와 음악이 결합되었으며, 시에는 반드시 음악이 있었다는 정황을 설명한다. 안타깝게도 공자의 정리를 거친 『악경』은 이미 망실되었으니, 이는 만회할 수 없는 손실이다. 다행히도 현존 『주례』「대사악(大司樂)」과 『예기』「악기(樂記)」 등편은 서한 사람의 손에서 나왔더라도 공자와 불과 4백여 년의 시차밖에 나지 않는다. 전하여 들은 것이 그래도 가까워 없는 것보다는 나아 우리는 여전히 공자가 정리한 『악경』 중에서 모종의 소식을 엿볼 수 있다. 공자는 늘 인을 벼리로 하면서 아울러 예와 악을 함께 들었다. "사람으로서 인하지 않다면 예를 어떻게 할 것이며, 사람으로서 인하지 않다면 악을 어떻게 하겠는가?(人而不仁, 如禮何? 人而不仁, 如樂何?)"[27]라 한 예도 있다. 『예기』「악기(樂記)」에서도 "인은 음악에 가깝고 의는 예에 가깝다(仁近於樂, 義近於禮)"라 하였다. 전자는 반면(反面: 인덕이 없으면 예악도 없는)에서 말하였고 후자는 정면(인의가 있으면 예악이 있다는)에서 이야기한다. 강법(講法)이 조금 다르지만 정신은 일치한다. 『논어』「팔일(八佾)」 같은 곳에는 공자가 노나라 태사와 음악에 대하여 논하는 장면이 있다. "음악은 알 만한 것이다. 처음 시작할 적엔 (五音을) 합한 듯하여, 풀어놓을 때는 조화를 이룬 듯 환한 듯, 이어진 듯이 하여 (한 장을) 끝마쳐야 한다.(樂其可知也, 始作, 翕如也, 從之, 純如也, 曒如也, 繹如也, 以成)"[28] 이는 성조(聲調) 방면에서

---

27 『논어』 「팔일(八佾)」.

28 『논어』 「팔일(八佾)」.

곡을 연주하는 과정을 설명한 것이다. 『예기』 「악기」에는 또한 자하가 위문후(魏文侯)에게 고악(古樂)을 연주하는 과정에 대하여 말하였다. "지금 고악은 나아갈 때에 일제히 나아가고 물러갈 때에 일제히 물러가며 화(和)하고 바르고 넓습니다. 현악기와 박과 생황이 모두 모여서 부(拊)와 북을 치기를 기다립니다. 처음 나아갈 때는 문(文, 북)으로써 연주하고 다시 무(武, 징)로써 끝마칩니다. 마지막 장을 다스리기를 상(相, 拊)을 치는 것으로써 하고 춤추는 자가 절도를 잃지 않도록 아(雅)로써 다스립니다. 군자가 이렇게 한 뒤에 악에 대해 말하는 것이 고악을 말하게 되는 것입니다."[29] 이는 악기 방면에서 고악의 연주과정을 설명하고 있다. 일정 정도상 악곡 연주과정에서 서로 참조 검증하고 보충할 수 있는 두 설명이 아니겠는가? 이 때문에 결코 그것이 서한 사람들의 손에서 나왔다고 해서 배척되고 홀시될 수는 없다. 여전히 고악을 연구하는 중요한 자료여야 하며 이를 빌려 그럭저럭 공자의 『악경』이 망실된 것을 보충할 수 있다. 그 가운데서 『악경』은 참모습의 일단을 엿보게 된다. 적지 않은 해 동안 중국 고대에는 7음이 있었다는 사실을 부인한 적이 있다. 위에서 말한 전국·진·한 사이의 음악에 관한 문헌자료는 이미 이런 황당무계한 설을 논박한다. 1978년 호북성(湖北省) 수현(隨縣)의 증후을묘(曾侯乙墓)에서 출토된 2천 4백 년 전 편종 등의 악기는 이런 설법이 무지하다는 것을 더욱 논박하는 물증이다.

공자는 조예가 깊은 대음악가이다. 그는 음악의 실천가로 자신 스스로 노래를 할 수 있었다. 다른 사람과 노래를 하다가 노래를 잘하면 반

---

29 『예기』 「악기(樂記)」. "今夫古樂, 進旅退旅, 和正以廣, 弦, 匏, 笙簧, 會守拊鼓, 始奏以文, 復亂以武, 治亂以相, 訊疾以雅. 君子於是語, 於是道古."

드시 그 사람에게 한 번 더 부를 것을 청한 후에 자기도 화창하였다.[30] 그는 음악에 대해 매우 높은 감상 수준을 지니고 있었다. 제나라에서 「소(韶)」의 악장을 듣고는 매우 오랜 시간 동안 고기를 먹어도 고기 맛을 몰랐을 정도였다. 아울러 말하기를 "음악이 사람을 감동시키는 것이 이 정도일 줄은 몰랐다."[31]라 하였다. 그는 또한 음악이론가로 음악의 이론에 정통하였다. 뿐만 아니라 음악의 교육적인 면에서나, 개인 품덕 수양 면에 있어서의 거대한 작용과 의의에 대해 매우 높은 평가를 하였다. 공자의 입장에서 보면 음악은 인의 최고 경지에 이르는 반드시 지나야 할 지름길이었다. 그는 이와 관련한 명언을 남겼는데 "시에서 (착한 것을 좋아하고 나쁜 것을 싫어하는 마음을) 흥기시키며 예에서 서며, 음악에서 이룬다.(興於詩, 立於禮, 成於樂)"[32]라 하였다. 이런 의의에서 그는 음악을 '육예'의 하나로 놓았다. 이 의의에서 이치상 당연히 다른 오예(五藝)를 정리한 것과 마찬가지로 원래의 악을 정리하고 가공하여 '육예'의 하나가 되는 교재가 되도록 하였다. 이 의의에서 우리는 공자가 음악을 바로잡은 공과 음악을 정리하여 교본으로 삼았다는 것을 부인할 이유가 없다. 원본을 실전(失傳)했다는 것 때문에 결코 나중에 '육경'의 하나로 결정된 『악기』가 존재한 역사적 사실을 함부로 부인할 수 없다.

---

30 『논어』 「술이(述而)」. "공자께서는 남과 함께 노래를 불러 상대방이 노래를 잘하면, 반드시 다시 부르게 하시고 그 뒤에 따라 부르셨다.(子與人歌而善, 必使反之, 而後和之)"

31 『논어』 「술이(述而)」. "공자께서 제나라에 계실 적에 「소」를 들으시고, (배우는) 3개월 동안 고기 맛을 모르시며 '음악을 만든 것이 이러한 경지에 이를 줄은 생각도 못했다.' 하셨다.(子在齊聞韶, 三月不知肉味, 曰, 不圖爲樂之至於斯也)"

32 『논어』 「태백(泰伯)」. "공자께서 말씀하셨다. '시에서 (착한 것을 좋아하고 나쁜 것을 싫어하는 마음을) 흥기시키며, 예에서 서며, 음악에서 이룬다.(子曰, 興於詩, 立於禮, 成於樂)"

3. 『예』에 관하여

예는 본래 원시사회에서 일상생활을 해나가는 풍속 습관이었다. 은상(殷商)시대에 이르러서야 차츰 사람들에게 강조되고 완전해져 주로 제사의식의 예가 되도록 하였다. 주나라가 은나라를 멸한 후 은나라의 예를 일부분 계승하고 본족(本族: 周나라) 고유의 풍속습관과 결합시키고 혼합과 개조를 더하여 주례가 되었다. 이런 주례는 또한 제사의 영역에서부터 사회정치 영역으로까지 확대되었다. 이것이 종법등급제를 옹호하는 '예치(禮治)'이다.(제4장 제2절 「인을 핵심으로 하고 예를 형식으로 하는 인예관」을 참고하여 보라) 이 작업은 주공에 의하여 이루어졌다고 전하여지기 때문에 사람들은 늘 '주공(周公)의 예', 곧 서주의 '고주례(古周禮)'라고 한다. 이 고례는 공자의 시기에 이르러서는 이미 산실되어 온전치 않았다.[33]

공자의 예에 대한 흥취는 특별히 농후하였다. 아동기에 그는 늘 간단한 예의를 연습하였다. 성인이 된 후에는 또한 가는 곳마다 자료를 참관하고 찾고 수집하여 예에 대해 광범하고 심도 있는 연구를 진행하였다. 교학에 종사한 후에는 또한 예를 중요한 내용으로 삼아 교학과목에 넣었다.

『논어』만 가지고 통계를 내어도 '예(禮)'자가 74차례나 출현하여 공자가 얼마나 예를 중시하였는지 알 수 있다. 내용을 근거로 분석을 진행하면 공자가 말한 '예'는 대체로 세 가지 함의가 있다. 첫째, 역사 발전의 표지가 되는 예다. 이를테면 그는 "은나라는 하나라의 예를 따랐으니, 덜고 더한 것을 알 수 있다. 주나라는 은나라의 예를 따랐으니, 덜고

---

[33] 『한서』 「예문지(藝文志)」. "예경(禮經)이 3백이고 위의(威儀)가 3천인데 …… 공자 때부터 갖추어지지 않았다."

더한 것을 알 수 있다. 혹시라도 주나라를 잇는 자가 있다면 비록 백세 뒤라도 알 수 있을 것이다.(殷因於夏禮, 所損益可知也, 周因於殷禮, 所損益可知也, 其或 繼周者, 雖百世可知也)"라 하였다. 둘째, 나라를 다스리는 것으로의 예이다. "예로 나라를 다스리고(爲國以禮)", "예로 가지런하게 한다(齊之以禮)"라고 하였다. 셋째, 행위규범으로서의 예이다. "예를 배우지 않으면 설 길이 없다(不學禮, 無以立)", "예에서 선다(立於禮)"라 한 것이 그것이다. 이 세 가 지 함의의 예는 서로 연계되고 서로 제약을 받아 역사관과 정치관, 그 리고 인생관을 하나의 유기적인 정체로 결합하였다. 이렇게 공자는 또 한 고례를 더욱 높은 단계까지 밀어 올렸다.

현존 예서(禮書)는 동한 정현(鄭玄)의 '금(今)' '고(古)' 경학의 양파를 융 합시키는 것을 거쳐 세 가지로 정형화하였다. 곧 『주례(周禮)』와 『의례(儀 禮)』그리고 『예기(禮記)』이다. 『주례』는 각종 관제(官制)를 이야기하였으 며, 『의례』는 각종 전례의 의절(儀節)을 이야기하였다. 『예기』는 예의 성 질과 의의, 그리고 작용을 토론하였다.

전체적으로 보면 공자의 예에 관한 사상은 위에서 말한 '삼례'와 모 두 관계가 있다. 역사발전 표지로서의 예는 『예기』와 상관이 있다. 나라 를 다스리는 것으로서의 예는 『주례』와 관련이 있으며, 행위규범으로 서의 예는 『의례』과 상관이 있다.

그러나 "삼례"가 모두 공자의 정리와 산정을 거쳤는가에 대하여서는 확실한 증거를 찾지 못하였다. 조금이라도 실마리를 찾을 수 있는 것은 『의례』뿐이다.

『의례』는 옛날에는 『예』라고만 칭하였다. 혹 『예경』 또는 『사례(士禮)』 라고도 하였으며, 현존 17편 가운데 거의 3분의 1은 '사례'를 이야기하 고 있다. 「사관례(士冠禮)」, 「사혼례(士昏禮)」, 「사상견례(士相見禮)」, 「사상례

(士喪禮)」, 「사우례(士虞禮)」 등이다. 그 나머지 각 편은 비록 전문적으로 사례를 말한 것은 아니지만 '사'가 알아야 하는 것이다.

『예기』「잡기(雜記)」에서는 말하였다.

> 휼유(恤由)의 상 때 애공(哀公)이 유비(孺悲)를 공자에게 보내어 「사상례」를 배우게 하였다. 「사상례」가 이에 기록되었다.

「사상례」는 『의례』의 한 편이다. 유비가 공자에게 「사상례」를 배웠는데 이는 급히 필요했기 때문이다. 여기서는 세 가지 설명이 필요하다. 첫째, 공자는 유비에게 「사상례」 한 편만 가르쳤다. 이는 공자가 「사상례」만 알았다는 것과는 다르며, 『의례』 전체를 알았다고 하여야 한다. 둘째, 공자가 이미 유비에게 「사상례」를 가르칠 수 있었다면 당연히 다른 사람들에게 다른 각 편의 『예』를 가르칠 수 있었다. 셋째, 유비가 공자의 「사상례」 전수를 기록할 수 있었다면 당연히 다른 사람도 그가 전수한 나머지 각 편을 기록할 수 있었을 것이다.

『한서』「예문지(藝文志)」에서는 말했다.

> 『예고경(禮古經)』 56권, 『경』 17편. 『예고경』은 노나라 엄중(淹中) 및 공씨(孔氏)에게서 나왔으며 17편과 문장이 비슷하다.

이 기록은 17편 『예경』(곧 『儀禮』)은 공자의 정리와 전수를 거쳐 최소한 전인의 기초 위에 다시 정리와 전수를 더하였다고 설명하고 있다.

『사기』「공자세가」에서는 말하였다.

공자 때 주나라 왕실이 쇠미해져 『예』와 『악』이 폐하여지고, 『시』와 『서』는 잔결되었다. 삼대의 예를 추적하여 『서』 「전(傳)」의 순서를 정했다. …… 그러므로 『서』 「전」, 『예』 「기」는 공 씨에게서 나왔다.

이 말은 각 가의 이해와 구두(句讀)가 일치하지 않으며, 여기서는 내가 이해한 대로 구두점을 찍었다. 나의 이해에 의하면 이른바 '序『書』「傳」'은 바로 원래의 『서(書)』를 정리하고 편찬한 다음에 다시 각 편에 대해 분별하여 설명을 더한 것이다. 『예』에 대해서도 이와 마찬가지다. 『예』를 전수하는 과정 중에 이어서 천명한 것이다. 이른바 '전(傳)'과 '기(記)'는 모두 천명하고 설명한다는 뜻이다. 따라서 사마천이 말한 "故 『書』「傳」, 『禮』「記」 自孔氏"는 바로 『서』에 '전'이 있고 『예』에 '기'가 있는 것은 공자에게서 시작되었다는 것이다. 나중에 '전'은 『서』의 구성 부분이 되었고, '기'는 『예』의 구성 부분이 되었다.

이 '예'는 광의의 '예'로 역사관적인 '예'와 정치관적인 '예'를 포괄할 뿐만 아니라 인생관적인(주로 행위 규범으로 표현되는) '예'를 포괄한다. 그러나 중점은 마지막 일종의 '예'가 되어야 한다. 이는 다음의 이유 때문이다.

(1) 사적의 기록에서 보면 명확하게 공자와 '예'의 발생 관계는 다만 『의례』뿐이라고 지적하였으며 기타 '예'의 제기는 비교적 모호하다.

(2) 공자의 교학하여 배양하는 대상은 각 계층에서 온 '사(士)'이다. '사'는 '사'의 규격이 있다. 내재된 품덕으로 말하면 '성인(成人)', '군자', '인인(仁人)'의 수준에 도달하려는 것이다. 외재된 행위로 말한다면 "친한 이를 가까이하고(親親)", "높은 이를 높이는(尊尊)" 원칙을 삼가 지키려는 것이다. 각종 등급의 조례를 따르려는 것인데, 가장 기본적이고 시종 관철하는 것은 오히려 후자이다. 배양하는 대상으로 보고 교학 규율(순

서의 점진)로 보면 공자는 자연히 『의례』를 무엇보다도 중시하려 했다.

(3) 공자의 교육이 배양하는 목표는 '사(仕)', 곧 정치 종사이다. 정치에 종사하는 첫걸음은 "진퇴와 주선"하는 예를 이해하는 것이다. 그렇지 않다면 등장만 하면 웃음거리가 될 것이다. 다시 말해 그가 배양해낸 제자들 또한 모두가 정치에 종사한 것은 아니다. 종사할 정치가 없는 상황에서 어쩔 수 없이 차선책을 구하여 또한 '사의(司儀)'를 맡아 간신히 입에 풀칠을 하였다. 그러나 '사의'를 맡는 것도 『의례』를 이해하지 않으면 안 되었다. 때문에 실용적인 각도에서 보면 공자는 또한 『의례』의 교학을 첫머리에 놓아야 했다.

종합적으로 말하면 두 개의 결론을 내릴 수 있다. 첫째, 현존 '삼례'는 모두 공자와 함께 관계가 발생했다. 둘째, 『의례』는 공자의 정리와 전수를 거친 것이다.

4. 『서』에 관하여

『서』는 『상서(尙書)』 또는 『서경(書經)』이라고도 하며 현재 보이는 『십삼경주소(十三經注疏)』본 『상서』는 『금문상서』와 『위고문상서』를 합쳐서 이루어진 것이다. 이른바 『금문상서』는 서한 초년의 복생(伏生: 원래 秦朝의 博士)이 전수한 것이다. 서한 때 통행하던 예서로 썼으므로 '금문'이라 일컬으며 모두 29편이다.[34] 이른바 『위고문상서』는 진(晉)나라 왕숙(王肅)이나 매색(梅賾, 혹은 梅頤)이 위조한 것이라 하며 모두 25편이다.[35] 우리가 여기서 말하는 『서』는 『금문상서』를 가리킨다. 『상서위(尙書緯)』에서는 말하였다.

공자는 『서』를 구하여 황제(黃帝)의 현손 제괴(帝魁)의 책을 얻었는데, 진

목공(秦穆公)까지 미쳤으며 모두 3,240편이다. 먼 것은 끊고 가까운 것
은 취하여 세상의 법도가 될 만한 것을 정하였는데 120편이다. 102편
은『상서(尚書)』이고 18편은『중후(中候)』이다.³⁶

이 설법은 확실히 신빙성이 없지만 공자가 편정한『상서』는 그래도
종적을 찾을 수 있다.

위에서 인용한『사기』「공자세가」의 말에서는 공자가 "『서』「전」의 순
서를 정했다. 위로는 당우(唐虞) 때까지를 기록하고 아래로는 진목공(秦繆
公)까지 이르며 그 일을 편차하였다. …… 그러므로『서』「전」은 …… 공
씨에게서 나왔다."라 하였다.『한서』「예문지(藝文志)」에서도 말하였다.
"『서』가 일어난 것은 멀 것이며 공자에 이르러 찬술되었다."라 하였다.
나는 이 두 곳에서 기록한 것이 결코 공론은 아니라고 생각한다.

~~~~~~~

34 편목은 다음과 같다. 1.「요전(堯典)」(合今本「舜典」에는 篇首의 28자가 없음) 2.「고요모(皐陶
謨)」(合今本의「益稷」) 3.「우공(禹貢)」 4.「감서(甘誓)」 5.「탕서(湯誓)」 6.「반경(盤庚)」 7.「고종
융일(高宗肜日)」 8.「서백감려(西伯戡黎)」 9.「미자(微子)」 10.「태서(泰誓)」(今本 僞「泰誓」가 아
님) 11.「목서(牧誓)」 12.「홍범(洪範)」 13.「금등(金縢)」 14.「대고(大誥)」 15.「강고(康誥)」 16.
「주고(酒誥)」 17.「재재(梓材)」 18.「소고(召誥)」 19.「낙고(洛誥)」 20.「다사(多士)」 21.「무일
(無逸)」 22.「군석(君奭)」 23.「다방(多方)」 24.「입정(立政)」 25.「고명(顧命)」(合今本「康王之誥)
26.「비서(費誓)」 27.「여형(呂刑)」 28.「문후지명(文侯之命)」 29.「태서(泰誓)」. 그 가운데 「반
경」이 상중하 세 편으로 나뉘고,「태서」가 상중하 세 편으로 나뉘며,「고명(顧命)」은「강왕
지고」에서 나뉘었기 때문에 34편이라고 할 수 있다.

35 편목은 다음과 같다. 1.「대우모(大禹謨)」 2.「오자지가(五子之歌)」 3.「윤정(胤征)」 4.「중훼지
고(仲虺之誥)」 5.「탕서(湯誓)」 6.「이훈(伊訓)」 7.「태갑(太甲) 상」 8.「태갑 중」 9.「태갑 하」 10.
「함유일덕(咸有一德)」 11.「열명(說命) 상」 12.「열명 중」 13.「열명 하」 14.「태서(泰誓) 상」
15.「태서 中」 16.「태서 하」 17.「무성(武成)」 18.「여오(旅獒)」 18.「미자지명(微子之命)」 20.
「채중지명(蔡仲之命)」 21.「주관(周官)」 22.「군진(君陳)」 23.「필명(畢命)」 24.「군아(君牙)」
25.「경명(冏命)」.「태갑」과「열명」,「태서」를 각각 한 편으로 계산하면 또한 19편이라고 할
수 있다.

36 공영달(孔穎達)의『상서정의(尚書正義)』「상서서(尚書序)」 소(疏)의 인용에 보인다.

첫째, 공자 이전에 이미 「하서(夏書)」와 「상서(商書)」, 「주서(周書)」 등의 산편(散篇)이 세상에 유행하였으며 사람들에게 늘 인용되었다. 이를테면 『좌전』 「문공(文公) 7년」 조에 진(晉)나라 극결(郤缺)이 조선자(趙宣子)에게 "「하서」에서 말하기를 '아름다운 말로 훈계하고 위엄으로 독려하며 「구가」를 가지고 권장하여 그르치지 않도록 하십시오.'라 하였습니다."라고 하였다. 『좌전』 「은공(隱公) 6년」 조에서는 진(陳)나라 공자(公子) 타(佗)가 진후(陳侯)에게 간언했다. "「상서」에서 말하기를 '악한 것이 뻗어나가는 것은 들판에 불이 번지는 것과 같아서 가까이 갈 수조차 없거늘 어찌 잡을 수가 있겠느냐?'라 하였습니다." 『좌전』 「선공(宣公) 6년」 조에서는 중항환자(中行桓子)가 진후(晉侯)에게 "「주서」에서는 말하기를 '큰 은나라를 쓰러뜨렸다'라 한 것이 바로 이를 말하는 것입니다."라 하였다. 여기서 언급한 「하서」와 「상서」, 「주서」 등 이러한 고문헌은 일찍부터 있었다. 이는 공자가 『상서(尙書)』를 정리하고 편찬하는 자료로 삼았다는 것을 설명한다.

둘째, 공자는 정치에 매우 열중하였다. 특별히 고대 문헌을 중시하여 그 스스로도 "옛것을 좋아하여 민첩하게 구하였다(好古, 敏以求之)"라 말한 적이 있다. 『서』는 바로 정치와 직접적인 상관이 있는 고대 문헌이니 단단히 마음을 먹고 찾지 않았겠는가! 하물며 자신이 나고 자란 노나라는 고대 전적을 가장 풍부히 보존한 나라였으니 그가 이 우월한 조건을 그냥 지나쳤겠는가!

셋째, 공자가 가르침을 베푸는 목적은 정치에 종사할 인재를 배양하는 것으로 『서』야말로 바로 가장 좋은 정치 교재이다. 그가 어떻게 이 교재를 이용하여 교학을 진행하지 않았겠는가? 이용하려 했을 뿐만 아니라 당연히 흩어진 편장의 자료를 비교적 체계적인 책으로 편성하려

공자가 만년에 『역』을 좋아하여 가죽 끈이 세 번 끊어지다(孔子晚而喜易韋編三絶)

공자는 14년간 열국을 떠돌다가 68세 때 노나라로 돌아왔다. 여전히 쓰이지 않아 만년의 남은 열정을 학문과 교육에 아낌없이 쏟아 부었다. 특히 『주역』을 즐겨 읽어 『주역』을 엮은 가죽 끈이 여러 번이나 끊어질(韋編三絶) 정도였다.

하였다. 이미 교수를 하려 하여 자기의 심득(心得)과 설명을 하나라도 더 하지 않을 수 없었다.

이상 세 가지 추론에 근거하여 나는 사마천이 말한 "『서』「전」의 순서를 정했다", "그 일을 편차하다(編次其事)"와 반고(班固)가 말한 "『서』는 …… 공자에 이르러 편찬하였다"와 같은 말은 반드시 근거가 있다고 생각한다.

당연히 나는 공자가 『상서』를 편정했고, 심지어 『상서』를 천술하였다고 말하였지만 결코 현존 『상서』가 공자가 편정하고 천술한 원래의 모습이라고 말하는 것은 아니다. 2천여 년의 시차가 있고 특히 진나라의 분서를 겪은 후에 공자가 편정한 『상서』가 몇 편이나 남아 있겠는가? 편차는 어떻게 배치되었을까? 금본 『상서』는 전부 공자의 손을 거쳤을까? 이런 문제들은 모두 고정하기가 매우 어렵다. 현재의 「서서(書序)」는 과연 공자가 지은 것인가? 공자의 원의(原意)를 조금이라도 남기고 있는가? 이 문제 또한 분명하게 말할 길이 없다. 그러나 이런 문제들이 존재한다고 해서 공자가 『상서』를 편정했었다는 사실을 결코 부인할 수는 없다.

5. 『역』에 관하여

『역』은 사물의 변화를 이야기한 책이다. 객관적 사물의 천변만화는 크게는 국가의 흥망에 이르고 작게는 개인의 고락에까지 이르러 사람으로 하여금 감을 잡지 못하게 한다. 그러나 사람들은 항상 힘껏 사물이 변화하는 규율을 파악하여 길한 것을 따르고 흉한 것은 피하여 거취를 결정하려고 했다. 그러나 당시의 과학발전은 여전히 사물이 변화하는 규율을 파악할 수 있는 수준에 한참 이르지 못하였다. 이에 사람들의 주관적인 바람과 객관적인 조건에는 첨예한 모순이 발생하였다. 이 모순을 해결하는 방법은 당시에는 다만 신령에 의지하고 신령의 계시에 근거하여 길흉을 판단하는 것뿐이었다. 그리고 신령의 계시를 전달하는 수단은 바로 점복(占卜)이었다. 이 때문에 일찌감치 원시사회 후기에 점복의 가풍이 매우 성행했다. 계급사회로 진입한 후에 점복은 차츰 전문 직종이 되어 이 전문직에 종사하는 사람들을 '복인(卜人)'과 '서자(筮者)'라 불렀다. 복인과 서자는 오랜 기간 점복을 행하는 과정에서 많은 경험을 쌓아 이런 경험을 편집하여 책을 이루었다. 아울러 거기에서 천상(天象)과 지리(地理), 인사 등 사물이 변화하는 규율(哲理)을 총결해내어 찾아보고 전수하는 데 편하게 했다.

공자 이전에 복서에 관한 책은 세 가지가 있었다. 『연산(連山)』, 『귀장(歸藏)』, 『주역(周易)』이다. 전하는 말에 의하면 『연산』은 하나라 때의(일설에는 복희) 복서이고, 『귀장』은 상나라 때의(일설에는 黃帝) 복서이며, 『주역』은 주나라 때의 복서라고 한다. 공자 때에 이르러 『연산』과 『귀장』은 모두 이미 없어지고 『주역』 하나만 남았다. 위에서 이야기한 것처럼 『주역』은 사물이 변화하는 규율(철리)을 천발한 책이다.

『주역』은 팔괘(八卦)를 강기로 삼아 체계를 구성하며, 기본 부호는 '--'와 '-' 두 가지다. 다시 '--'와 '-' 두 가지를 셋씩 조합하여 여덟 가지(☰, ☷, ☳, ☵, ☶, ☴, ☲, ☱)를 이루며, 이 여덟 가지를 둘씩 겹쳐서 64개(䷀, ䷁, ䷂……)를 이룬다. 매 부호에는 모두 명칭과 상징이 있어서 모종의 사물 '--'와 '-'는 효(爻)라고 한다. 전자는 음(陰)을 상징하며 음효(陰爻)라 하고, 후자는 양(陽)을 상징하며 양효(陽爻)라 한다. 여덟 가지 부호는 경괘(經卦)라고 통칭하며 여덟 가지 사물을 상징한다. '☰'는 건(乾)이라 하고 하늘과 임금, 군자, 양기, 강건(剛健) 등을 상징한다. 64개의 부호는 별괘(別卦)라고 통칭하며, 각 류의 사물 사이 관계를 상징한다. 이를테면 둔괘(屯卦, ䷂)는 아래는 진괘(震卦)이고 위는 감괘(坎卦)이다. 진(震)은 우레를 나타내고, 감(坎)은 물(雨)을 나타낸다. 뇌(雷)는 양에 속하고, 수(水, 雨)는 음에 속한다. 음양이 서로 다그치고 뇌(雷)와 우(雨)가 함께 일어나 어려우면서도 험한 징조가 있다.

현존『주역』은 64괘로 구성되어 있다. 매 괘에는 6효가 있어서 모두 384개의 효가 있다. 매 괘에는 괘사(卦辭)가 있고 매 효에는 효사(爻辭)가 있다. 괘사와 효사는 경문이며, 통칭『역경(易經)』이라 한다. 후세에 어떤 사람이 괘사와 효사에 해석과 설명을 진행하고 발휘하였는데, 이런 문자를『역전(易傳)』이라 통칭한다.『역전』에는 모두 7종 10편이 있으니 곧 「단(彖)」(상하 두 편으로 나뉨), 「상(象)」(상하 두 편으로 나뉨), 「계사(繫辭)」(상하 두 편으로 나뉨), 「문언(文言)」, 「설괘(說卦)」, 「서괘(序卦)」, 「잡괘(雜卦)」인데, 합하여 "십익(十翼)"이라 한다. 현존『주역』은 두 부분 곧『역경』과『역전』을 포괄한다.

전통적 설법은 복희(伏羲)가 팔괘를 만들고, 문왕이 괘사를 지었으며, 주공이 효사를 짓고 공자가 십익을 지었다는 것이다. 이런 설법에 대하여서는 2천 년 동안 논쟁이 그치지 않았으며 지금에 이르기까지 정론이 없다. 현재 일반적으로 팔괘의 부호는 민간의 점서(占筮)에서 기원하였으며, 효사는 은주 사이에 지어졌고, 십익은 전국 말년에 이루어졌으리라 생각된다.

우리가 구명해야 하는 것은, 공자와『주역』은 관계가 있는가? 관계가 발생하였다면 또 무슨 관계인가? 이다.『사기』「공자세가」에서는 말하였다.

공자는 만년에 역을 좋아하여 「서괘」, 「단사」, 「계사」, 「상사」, 「설괘」,

「문언」을 지었고,『역』을 읽어서 가죽끈이 세 번이나 끊어졌다. 말하기를 "나에게 몇 년의 수명을 빌려주어 이와 같이 하면 내『주역』에 빈빈할 것이다."라 하였다.

『사기』「중니제자열전」에서는 또 말하였다.

공자는『역』을 구(瞿)에게 전하였으며 구는 초나라 사람 한비 자홍(馯臂子弘)에게 전하였고, 홍은 강동(江東) 사람 교자용 자(矯子庸疵)에게 전하였으며, 자는 연(燕)나라 사람 주자가 수(周子家豎)에게 전하였고, 수는 순우(淳于) 사람 광자승 우(光子乘羽)에게 전하였으며, 우는 제나라 사람 전자장 하(田子莊何)에게 전하였고, 하는 동무(東武) 사람 왕자중 동(王子中同)에게 전하였으며, 동은 치천(菑川) 사람 양하(楊何)에게 전하였다. 하는 원삭(元朔) 연간에『역』을 연구하여 한나라 중대부(中大夫)가 되었다.

이 두 기사에 비추어보면 공자는『역』을 배웠던 적이 있었을 뿐만 아니라『역전』을 지어 제자들에게 전수했다. 제자 이후의 사승 관계 또한 분명하게 짚을 수 있으니 공자와『역』의 관계는 매우 밀접하다고 할 수 있겠다. 그러나 이 설법은 자못 후인들의 의심을 받았다. 첫 번째 회의자는 구양수(歐陽脩)이다. 그는 「계사」이하 여섯 가지는 뜻이 번잡하고 모순적이어서 공자가 지은 것이 아닐 것이라고 생각하였다. 최술은 한 걸음 더 나아가 '십익'은 전혀 공자가 지은 것이 아니라고 생각하였다. 강유위는 더욱이『사기』의 '서, 단, 계, 상, 설괘, 문언'의 여덟 자는 한대(漢代)의 고문학가를 거쳐 고의로 추가한 것으로『사기』의 원문이 아니라고 하였다. 이에 공자와『역』의 관계는 또 현안이 되었다.

나는 『사기』의 기록에 대해 전적으로 믿을 수 없고 또한 말살할 수도 없다. 당시의 문화배경과 공자 본인의 상황에 근거하여 구체적으로 분석하여 실사구시적으로 적합한 결론을 내려야 한다고 생각한다.

현존 『주역』 사상은 비교적 잡박하여 유가사상도 있고 도가사상과 법가사상도 있어 한 사람의 손에서 나온 것이 아니다. 게다가 현존 『주역』이 도달한 사상의 고도 및 그 표현방식 또한 춘추말년의 산물 같아 보이지 않는다. 이로 인하여 사마천이 말한 "「서」, 「단」, 「계」, 「상」, 「설괘」, 「문언」"이란 구절은 완전히 믿을 수 없다. 그러나 사마천의 말 또한 허구에 근거한 것은 아니다. 여기에는 아래의 네 가지 증좌가 있다.

첫째, 공자 시대에 『주역』이 이미 유행하였으며 주해를 지은 사람이 있었다. 『좌전』과 『국어』의 기록에서 『주역』을 점서(占筮)로 여긴 것이 1~20차례이며, 나라별로 진(秦), 진(晉), 노(魯), 진(陳), 제(齊), 위(衛) 등으로, 『주역』이 당시 상류사회에 이미 유행하였다. 『좌전』 「소공(昭公) 2년」 에는 진(晉)나라의 한선자(韓宣子)가 노나라에서 「역상(易象)」을 본 일을 기록하였다. 이른바 「역상」은 물론 『주역』의 괘상을 해석한 것이다. 당시 『주역』에 이미 가장 이른 주본(注本)이 있었음을 알 수 있다. 이런 상황은 공자가 『주역』을 연구한 것이 매우 가능하다는 것을 설명한다.

둘째, 공자는 『역』을 보았으며, 아울러 연구를 진행하였다. 『논어』 「술이(述而)」의 기록에 의하면 "공자는 말하였다. '하늘이 나에게 몇 년의 수명을 빌려주어 마침내 『역』을 배우게 한다면 큰 허물이 없게 될 것이다.'(子曰 加[假]我數年, 五十以學易, 可以無大過矣)"[37]라 하였다. 아울러 또한 '위

---

37 '五十'은 '卒'의 오자이다. 『노론(魯論)』 '易'이 '亦'으로 되어 있으며, 이는 '五十以學, 亦可以無大過矣'으로 읽어야 한다. 이런 독법(讀法)은 문법상으로나 사리로나 용납되지 않아 따르지 않는다.

편삼절(韋編三絶)'이란 말도 하였다. 공자는 『역』을 본 적이 있을 뿐만 아니라 각고의 공부를 하였다. 학문을 좋아하는 공자의 정신으로 볼 때 이는 매우 가능성이 높을 것임을 알 수 있다.

셋째, 1973년 호남(湖南) 장사(長沙)의 마왕퇴(馬王堆) 한묘(漢墓)에서 백서(帛書)가 출토되었다. 거기에 『주역』이 있었다. 『주역』의 권 후에 일서(佚書) 『요(要)』 등 두 편을 첨부하였는데 공자와 그의 제자가 『역』의 이치를 연구 토론하는 문답이 기록되어 있다. 이 발견은 공자가 『역』을 가르친 증거로 추가되었다.

넷째, 현존하는 『역전』은 실로 완전히 유가의 사상은 아니지만 유가의 사상이 상당한 부분을 차지하고 있다. 또한 이런 사상은 공자의 사상과 상관관계가 있어서 "사람의 도를 세움은 인과 의다(立人之道曰仁與義)", "군자는 예가 아니면 행하지 않는다(君子以非禮弗履)", "군자는 이로써 스스로 힘써 쉬지 않는다(君子以自强不息)" 같은 『역전』의 이런 사상은 공자의 사상과 일맥상통한다고 하여야 할 것이다.

이상 네 가지 증좌에 근거하여 우리는 이런 추론을 내릴 수 있다. 공자는 만년에 확실히 『주역』을 연구했다. 강학과 교수도 진행하여 강학 교수하는 과정에서 정리를 하고 자기의 체험과 설명을 추가하여 넣었을 수가 있다. 이 때문에 사마천이 말한 "공자는 만년에 『역』을 좋아하였다"와 "공자는 『역』을 구에게 전하였다" 등의 말은 비교적 믿을 만하다.

6. 『춘추』에 관하여

『춘추』는 중국의 첫 번째 편년 역사로 노은공(魯隱公) 원년(B.C. 722)에서 노애공(魯哀公) 14년(B.C. 481)까지 춘추시대 242년의 역사를 기록하였다. 『춘추』의 기사가 간략하고(전서는 겨우 16,500여 자이다) 언사가 난삽하여 후래의 많은 사람들이 여기에 대해 상세한 해석과 보충을 진행하였다. 이런 해석과 보충을 한 책을 『전』이라고 한다. 현재 우리가 볼 수 있는 것은 세 『전』뿐이다. 『춘추공양전(春秋公羊傳)』과 『춘추곡량전(春秋穀梁傳)』 그리고 『춘추좌전(春秋左傳)』으로 합하여 『삼전(三傳)』이라고 부른다.

『춘추』의 작자에 관하여서는 종래로 모두 공자라고 생각하였다. 이 설법은 『맹자』 「등문공(滕文公) 하」에 가장 먼저 보인다.

> 세상이 쇠하고 도가 미약해져서 부정한 학설과 포학한 행동이 일어나 신하가 군주를 죽이는 자가 있으며, 자식이 아버지를 죽이는 자가 있었다. 공자께서 이를 두려워하여 『춘추』를 지으시니, 『춘추』는 천자가 하는 일이다. 이 때문에 공자께서 말씀하시기를 "나를 알아주는 것도 오직 『춘추』이며 나를 죄주는 것도 오직 『춘추』이다." 하셨다.
>
> 世衰道微, 邪說暴行有作, 臣弑其君者有之, 子弑其父者有之. 孔子懼, 作春秋. 春秋, 天子之事也. 是故孔子曰, "知我者其惟春秋乎, 罪我者其惟春秋乎?"

『사기』 「공자세가」에서도 말하였다.

> 공자께서 말씀하셨다. "…… 나의 도가 행하여지지 않으니 내가 어찌 스스로 후세에 드러내겠는가?" 이에 역사 기록에 의거하여 『춘추』를 지었다.

『공양전소(公羊傳疏)』에서는 민인(閔因)의 「서(序)」를 인용하여 말하였다.

옛날에 공자가 단문(端門)의 명을 받고 『춘추』의 뜻을 지었는데 자하(子夏)에게 주나라의 사기(史記)를 구하게 하여 120개국의 보배로운 책을 얻었다.

두예(杜預)의 「좌전서(左傳序)」에서는 말하였다.

중니가 노나라 사관이 책(策: 竹簡)에 기록한 성문에 의거하여 그 진위를 파헤치고 그 전례를 기록하여 위로는 주공이 남긴 법제를 따르고 아래로는 앞으로 올 법을 밝히셨다.

위에서 인용한 재료들에서 알 수 있듯이 맹자 이후 거의 이구동성으로 『춘추』의 작자는 공자라고 생각하였다. 그러나 근대에 이르러 '의고파(疑古派)'의 부인에 맞닥뜨리게 되었다. 부인에 가장 힘쓴 사람은 치엔쉬엔퉁(錢玄同)이었다. 그가 보건대 『춘추』는 '육경' 가운데서 가장 닮지 않았다. 그것을 '아무 가치도 없는 기록'이나 '금전출납부' 따위로 깎아내렸다. 그는 말하였다. "그 노인네(孔子를 가리킴) 같은 학문 재능으로 이런 모양도 갖추지 못한 역사를 지어내지는 않았을 것이다."[38]

겨우 문사가 간략하다는 것에만 기대어 공자의 저작권을 부인하였는데, 이는 독단임을 면치 못한다. 『춘추』는 중국의 첫째 사서라는 것을 알아야 한다. 첫 번째 사서를 제작하는 데는 확실히 완비되지 않고 충실하지 못한 곳이 있게 마련이다. 그러나 이것은 마침 조기 역사 저작

38 치엔쉬엔퉁(錢玄同)의 「꾸지에깡 선생에게 답함(答顧頡剛先生書)」, 『고사변(古史辨)』, 제1기에 보임.

의 특징(『世本』과 『竹書紀年』 같은)을 반영하였다. 그 다음으로는 공자는 『춘추』를 현대사의 교재로 삼아 교학을 진행하였음을 알아야 한다. 이는 교학의 대강이며, 교학의 대강은 요점만 간명하게 제시해야 한다. 지나치게 겉치레를 하고 번잡해서는 안 된다.

어떤 사람은 『춘추』는 바로 『노사기(魯史記)』의 원본이며 공자의 정리를 거치지 않았다고 생각하였다. 이 또한 상상조차 할 수 없는 일이다. 이른바 『노사기』는 노나라 사관이 사건에 따라 기록한 죽간이다. 이 죽간이 242년이나 쌓였다면 "다섯 수레"에 그치지 않았을 것이다. 이 다섯 수레에 그치지 않는 죽간을 가져다가 학생들에게 '교본대로 읽는다면' 묻건대 누가 가서 듣기를 바라겠는가? 공자 같이 풍부한 교학 경험이 있는 사람이 어떻게 그렇게 졸렬한 교학 방법을 택하겠는가?

어떤 사람은 『논어』에 공자가 『춘추』를 수찬했다고 지적한 것이 없다는 것을 근거로 공자가 『춘추』를 편찬한 것에 의심을 품었다. 이 또한 지나치게 융통성이 없음을 면치 못한다. 짧디짧은 『논어』에서 어떻게 공자의 제자들이 수십 년간 이야기한 것을 다 기록할 수 있겠는가? 하물며 현행본 『논어』는 또한 서한 말기의 장우(張禹)와 동한 말기의 정현(鄭玄) 두 사람의 개정을 거친 것이니 잔결된 것이 없으리라고 누가 보장하겠는가? 따라서 우리는 다만 『논어』에 모종의 일에 대한 언급이 없었다는 것에 근거하여 그 일이 없었다고 말할 수 없다. 만약에 그렇다면 공자의 생애까지도 이해할 길이 없게 될 것이다.

우리는 맹가와 사마천의 말을 믿어야 한다. 『춘추』의 수찬은 공자에게 가능하였을 뿐만 아니라 필요한 일이기도 했다. 공자는 68세 때 위나라에서 노나라로 돌아왔다. '국가의 원로(國老)' 신분으로 집에서 한가하게 거처하면서 노나라의 역사 기록을 볼 수 있는 조건이 있었다. 정리와 편수에 종사할 시간적 여유도 있었다. 이것이 첫째 이유이다. 두 번째는 공자는 가는 곳마다 장벽에 부딪쳐 노나라에 돌아온 데다가 나이는 고희에 가까웠지만 이 때문에 그의 이상과 주장을 팽개치지 않았다. 이런 상황에서『춘추』의 편수는 그의 유일한 출구가 되었다.『춘추』의 편수는 최소한 두 가지 목적에 다다를 수 있었다. 첫째,『춘추』를 통하여 자기의 정치 이상과 주장을 기탁하고 후세에 임금을 밝히는 효과를 남길 수 있었다.『춘추』를 통하여 제자들을 가르치면서 자기의 이상에 부합하는 정치에 종사하는 인재를 배양하여 자신이 끝내지 못한 사업을 계속 완성할 수 있었던 것이 두 번째 목적이다. 이 두 가지로 인하여 그는 말하기를 "나를 알아주는 것도 오직『춘추』이며 나를 죄주는 것도 오직『춘추』이다."라 말할 수 있었다. 이른바 '나를 알아주는 것'은 그런 그의 심혈을 기울인 연구를 이해하는 사람을 가리킨다.(그가 심혈을 기울여 연구한 것은 바로 그의 치국평천하의 이상을 실현하는 것이었다) '나를 죄주는 것'은 그는『춘추』를 짓지 않았어야 했다고 질책하는 사람을 가리킨다.(당시 공자의 신분은 역사를 편수할 수 없었으며,『춘추』에서 이미 권귀에게 죄를 짓고 권귀들을 비호하였는데, 이런 것들은 모두 질책을 일으킬 가능성이 있었다) 나는 이 두 구절은 공자 외의 다른 사람은 말하지 않아야 한다고 생각한다. 조금의 과장도 없이『춘추』는 공자가 심혈을 기울인 만년의 결정체이다.

그렇다면 공자는 어떻게『춘추』를 편수하였을까?

첫 번째 단계는 당연히 자료의 수집이다. 민인(閔因)은 말하였다. "자하에게 주나라의 역사를 구하게 하여 120개국의 보배로운 책을 얻었다." 이는 신뢰가 가지 않는다. 자하는 각국을 두루 다닐 그런 큰 능력이 없었다. 설령 다른 나라에 사서와 보배로운 책이 있었다 하더라도 가벼이 그에게 열독하게 해주지 않았을 것이다. 사마천은 말하였다. "이에 사기에 근거하여 『춘추』를 지었다." 두예는 말하였다. "노나라 사관이 죽간에 기록한 성문(成文)에 의거하여 그 진위를 교감하고 그 전례를 기록하였다." 이것이 그래도 사실에 가까울 것이다. 공자가 너끈히 수집할 수 있었던 사료는 주로 『노사기』로, 『주사기(周史記)』를 가장 많이 참고하였다. 두 번째 단계는 사료의 정리였다. 이른바 "그 진위를 교감하고 그 전례를 기록하였다."는 것이다. 장황하고 불합리한 기록을 버리고 중요한 일의 기록만 적취하였다. 노나라 『춘추』에서는 진(晉)나라의 상(喪)을 기록하면서 "그 임금의 아들 해제 및 그 임금 탁을 죽였다(殺其君之子奚齊及其君卓)"라 하였다. 공자는 이를 고쳐서 "진나라 이극이 그 임금의 아들 해제를 죽였다(晉里克殺其君之子奚齊)", "진나라 이극이 그 임금 탁을 죽였다(晉里克弑其君卓)" 등등으로 하였다. 셋째 단계는 편사하는 체례와 지도 사상을 확정하는 것으로 곧 "『춘추』의 뜻을 지었다", "어지러운 세상을 다스려 올바름으로 돌려놓았다"[39], "노나라를 중심으로 하고 주나라를 종주로 하며 송나라를 참고하였다"[40] 등이다. 마지막으로 편사 과정 중에 또한 자기의 사상과 주장을 글자의 행간에 녹여 넣으려 하였다. 이른바 '미언대의(微言大義)'이다. "오나라와 초나라 임금이 자칭 왕(王)이라 하자 『춘추』에서는 폄하하여 자(子)라고 하였다. 천토(踐土)의 회맹은 실로 주나라의 천자를 부른 것이지만 『춘추』에서는 그것을 꺼려서 '천왕(天王)이 하양(河陽)에서 사냥하였다'라 하였다."[41]는 것 등등이다.

결론적으로 공자가 『춘추』를 편수한 일은 조금도 의심할 것이 없다. 우리는 그의 이 중요한 공헌을 인정해야 한다.

---

39 『공양전』「애공(哀公) 14년」.
40 『공양전』「은공(隱公) 원년」의 '소(疏)'에서 인용.
41 사마천의 『사기』「공자세가」.

3. 불후의 역사 공적

공자는 중국 역사상 첫 번째 위대한 문헌 정리가로 주요 공적은 후인들에게 '육경'으로 높여진 것을 정리하고 전파하고 보존한 것에 있다.

공자의 정리를 거친 '육경'(현재는 '五經'만 남음)은 각기 다른 정도로 하·상·주 특히 춘추시기의 정치와 경제·문화·사상 등 방면의 상황을 반영하였다. 이는 중국 고대의 사상문화사와 정치 사회사를 연구하는 데 헤아릴 수 없는 작용을 일으켰다. '육경'은 중국의 진귀한 자료일 뿐만 아니라 또한 세계에서도 얻을 수 없는 학술적 가치가 풍부한 고대의 문화 보배이다. 이는 중화민족의 자랑이다.

공자는 귀족이 문화를 농단하는 것을 타파하였다. 귀족에 의해 오랫동안 농단되고 귀족들에 의하여 답습되어온 고대 문헌을 구조하고 쇄신을 진행하여 후세에 전하였다. 그래서 "공자는 주나라 말기의 지켜야 할 직분을 잃어버린 시대에 첫 번째 문헌을 보존한 사람이다."[42]라 하였다. 심지어 혹독하게 공자를 비판한 오우(吳虞)마저도 이 방면에서는 "공자는 확실히 당시의 위인이었다."[43]라 칭찬하였다. 공자가 개인 자격으로 문헌을 정리한 위대한 실천은 '주례'의 제한적인 "천자가 아니면 예를 의논하지 못하며, 도를 만들지 못하며, 문을 상고하지 못한다.(非天子, 不議禮, 不制度, 不考文)"라는 규정[44]을 부인했다. 사인(私人)이 책을 짓는 학술적 기풍을 열었으며 후래의 제자백가가 서로 경쟁적으로 책을 짓고 설을 세우는 중국 역사상 유명한 '백가쟁명'의 선하가 되었다.

42 주쯔칭(朱自淸)의 『경전상담(經典常談)』.
43 『오우릉서(吳又陵書)』에서 천두슈가 인용한 『두슈문존(獨秀文存)』, 권3, 647쪽.
44 『예기』「중용(中庸)」.

'육경'의 우리가 탐색할 필요가 있는 모종의 적극적인 것을 인정하지 않는 것은 옳지 않다. '육경'의 우리가 비판할 필요가 있는 소극적 인소를 인정하지 않는 것 또한 옳지 않다. 실사구시적인 태도와 시비를 분명히 가림, 정한 것은 취하고 거친 것은 버림, 옛것을 오늘에 적용하는 것을 취하여 당금의 사회주의를 건설하는 서비스가 되게 한다. 중국 사회주의 물질문명과 정신문명이 갖추고 있는 민족적 특색의 유기적인 구성 부분이 되면 이는 2천여 년 전 위대한 문헌 정리가가 남긴 불후한 역사 공적에 대해 취할 공정하고도 합당한 과학적 태도일 것이다.

제10장

공자의 사상이 국내외에서 심원한 영향을 끼치다

공자가 세상을 떠난 지 2천 5백여 년이 지난 오늘날까지도 우리는 여전히 그리워하는 심정으로 그의 국내외의 근원이 긴 영향을 논술한다. 이 사실 자체는 그가 위대한 역사적 인물이라는 것을 설명하고 있다. 그 공과에 대한 평가는 일치하지 않을 가능성이 있지만, 공통점은 그가 전 인류의 역사와 이미 불가분의 관계에 있다는 것을 인정하는 데 일치한다는 것이다. 아무도 이 역사적 사실을 바꿀 수는 없다. 이제 그가 국내외에 끼친 주요한 다른 영향을 분별하여 설명해보자.

1. 국내의 영향

(1) 공자 유가사상의 분화, 연변과 같지 않은 영향 및 후과
역대 봉건왕조는 자기의 봉건통치를 공고히 하기 위해 모두 경쟁적으로 공자를 높였다. 아울러 스스로의 요구에 의하여 거듭 공자의 형상을 빚어냈다. 역대 진신(縉紳) 학자들도 모두 경쟁적으로 공자를 연구하고 머리가 희어지도록 경서를 궁구하였다. 그 중에는 실로 일정 정도 모종의 측면에서 공자사상의 적극적인 인소를 천명하고 발전시킬 수 있는 식견 있는 인사가 적지 않다. 그러나 대부분은 통치계급의 요구에 따라 거듭 공자사상의 소극적 인소에 주석을 달았다. 과장하고 적극적 인소는 왜곡할 것을 요구하였다. 이에 참 공자와 가짜 공자는 늘 역사에서 한데 뒤섞여 분명치 않았다. 2천 년 동안 공자의 사상에 관한 논술은 권질이 방대하다. 여기서는 몇몇 중요한 방면에서만 설명을 가하겠다.

첫째, 공자 유가사상의 분화와 다른 학파의 형성

춘추전국시기의 각 제후국 통치자는 모두 서로 다투어 예를 갖추어 『시』,『서』,『예』,『악』,『역』,『춘추』 등에 뛰어난 유생을 초빙하여 정치와 외교, 일상생활 등 각 방면에서 그들이 도움이 되고 어용이 되도록 획책하는 데 편하게 했다. 이 때문에 유가학파는 큰 발전을 이루었다. 공자의 제자 중에는 많은 사람이 공자 사후에 또한 모두 무리를 받아들여 학업을 전수하기 시작하였다. 이에 공자 문하의 후학 또한 갈수록 많아졌다. 공자사상에 대한 인식과 이해 또한 갈수록 차이가 났다.

공자의 제자들은 출신이 같지 않았다. 경력이 같지 않았고 조예도 같지 않았다. 공자 학설에 대한 이해 또한 다 같지는 않았다. 심지어 각기 자기의 의견을 가지고 각자 문호를 세워 서로 질책하는 상황을 흔히 볼 수 있었다. 『논어』의 아래의 말에서 알 수 있다.

자유가 말하였다. "자하의 제자들은 물 뿌리고 청소하며, 응대하고 진퇴하는 예절에 대해서는 괜찮으나, 이는 지엽적인 일이요, 근본적인 것은 없으니, 그것을 어찌하겠는가?" 자하가 듣고서 말하였다. "아! 언유가 지나치다. 군자의 도에 어느 것을 먼저라 하여 전수하며, 어느 것을 뒤라 하여 게을리하겠는가? 초목에 비유하면 구역으로 구별되는 것과 같으니, 군자의 도가 어찌 이처럼 속이겠는가? 처음과 끝을 구비한 것은 오직 성인뿐일 것이다."

子游曰, 子夏之門人小子, 當灑掃·應對·進退則可矣, 抑末也. 本[1]之則無, 如之何? 子夏聞之, 曰, 噫! 言游過矣. 君子之道孰先傳焉, 孰後倦焉, 譬諸草木, 區以別矣, 君子之道焉可誣也, 有始有卒者, 其惟聖人乎![2]

여기서 자유와 자하가 논쟁한 것은 실제적으로 문인의 제자를 '군자의 도'로 가르치는데 먼저 어디서부터 손을 대어야 하는가 하는 문제이다. 자유는 자하가 학술은 있지만, 근본은 없거나 혹은 말엽적인 것을 중시하고 근본적인 것은 경시한다고 질책하였다. 자하는 자유의 질책에 동의하지 않았다. 어떤 것을 먼저 가르쳐야 하고 어떤 것을 나중에 가르쳐야 하는가 하는 것은 반드시 구체적인 상황에 근거하여 정하여야 한다고 생각하였다. 자하의 의견은 공자의 "재목에 따라 가르침을 베풀고", "가까이서 비유를 취할 수 있으면 인을 하는 방법이라고 말할 만하다(能近取譬, 可謂仁之方也矣)" 등과 비교적 가깝다. 『논어』 등 책에는 이렇게 서로 질책하는 말이 적지 않은데 여기서는 일일이 열거하지 않겠다.

---

1 자유가 여기서 말한 '본(本)'은 주로 인(仁), 예(禮) 등을 가리켜 말한다.
2 『논어』 「자장(子張)」.

유가의 내부적인 관점이 같지 않고 서로 질책을 하였기 때문에 차츰 몇몇 공자의 간판을 걸고 서로 대립하는 유파를 형성하게 되었다. 『한비자』「현학(顯學)」편에서는 지적하였다. "공자가 죽고 자장의 유자가 있었다. 자사의 유자가 있었으며 안 씨의 유자가 있었고 맹 씨의 유자가 있었다. 칠조 씨(漆雕氏)의 유자가 있었으며 중량 씨(仲良氏)의 유자도 있었다. 손 씨(孫氏, 곧 荀卿)의 유자가 있었으며 악정 씨(樂正氏)의 유자가 있었다." 이것이 곧 이른바 유가8파(儒家八派)이다. 이외에 순자 또한 '자장 씨의 천유(賤儒)'니 '자하 씨의 천유', '자유 씨의 천유'[3] 등등을 비평한 적이 있다. 이런 유가의 파별 중에는 공자를 조술함을 자기의 임무로 여기는 맹가(孟軻)와 순경(荀卿)을 대표로 하는 두 파만이 일정한 정도에서 공자의 사상에 대하여 천술하였다. 또 내용을 보충하고 발전시키고 수정하였다. 맹자는 임금과 백성의 관계에서 "백성이 가장 귀중하고, 사직이 그 다음이고, 군주는 가벼운 것이다. ……(民爲貴, 社稷次之, 君爲輕……)"[4]라고 주장하였다. "백성은 귀하고 군주는 가볍다(民貴君輕)"는 사상은 공자의 사상을 대대적으로 발전시켰을 뿐만 아니라 봉건사회에서 감히 민주 사상을 제기한 귀중한 맹아이다. 군신 관계에서는 서로 존중할 것을 주장하여 "군주가 신하 보기를 (자기의) 손발처럼 하면 신하가 군주 보기를 복심과 같이 여기고, 군주가 신하 보기를 개와 말처럼 하면 신하가 군주 보기를 국인[路人]과 같이 여기고, 군주가 신하 보기를 토개와 같이 하면 신하가 군주 보기를 원수와 같이 한다.(君之視臣如手足, 則臣視君如腹心, 君之視臣如犬馬, 則臣視君如國人, 君之視臣如土芥, 則臣視君如寇讐)"[5]라

---

3 『순자』「비십이자(非十二子)」.
4 『맹자』「진심(盡心) 하」.
5 『맹자』「이루(離婁) 하」.

하였다. 특히 도덕이 왕권보다 높아서 왕자(王者)는 반드시 대인(大人)을 스승으로 삼아야 한다는 관점을 제기하여 말하였다. "그러므로 크게 훌륭한 일을 하려는 군주는 반드시 함부로 부르지 못하는 신하가 있었다. 그리하여 모의[相議]하고자 하는 일이 있으면 찾아갔으니, 덕을 높이고 도를 즐거워 함이 이와 같지 않으면, 더불어 훌륭한 일을 할 수 없는 것이다. 그러므로 탕왕은 이윤에게 배운 뒤에 그를 신하로 삼았기 때문에 수고롭지 않고 다스리셨고, 환공은 관중에게 배운 뒤에 그를 신하로 삼았기 때문에 수고롭지 않고 패자가 된 것이다.(故將大有爲之君, 必有所不召之臣, 欲有謀焉, 則就之, 其尊德樂道, 不如是, 不足與有爲也. 故湯之於伊尹, 學焉而後臣之, 故不勞而王, 桓公之於管仲, 學焉而後臣之, 故不勞而霸)"[6] 그는 심지어 "일부인 주를 베었다는 말은 들었으나, 군주를 죽였다는 말은 들은 적이 없다.(聞誅一夫紂矣, 未聞弑君也)"[7]라고까지 생각하였다. 이는 공자의 '충군존왕' 사상에 대한 중대한 수정과 발전으로 매우 귀중하다. 이런 언론은 일찍이 몇몇 전제 폭군의 반감을 불러일으켰다. 주원장(朱元璋)은 어용문인에게 명하여 이런 문자를 산삭하라고 하였고 심지어 맹자의 위패를 공묘(孔廟)에서 축출하려고까지 하였다.

순자는 '예를 높이는(隆禮)' 기초에서 이(利)를 중시했을 뿐만 아니라 의(義)를 중시하였다. 한편으로는 열심히 농사짓고 싸워서 국가의 실력을 강화시킬 것을 강조하였다. 다른 한편으로는 왕도를 미루어 행하여 민심을 쟁취하여야 함을 강조했다. 그는 말했다. "전하는 말에 '임금은 배이고 서인은 물이니, 물은 배를 싣기도 하고 배를 뒤집기도 한다.'라

6 『맹자』「공손추(公孫丑) 하」.
7 『맹자』「양혜왕(梁惠王) 하」.

하였다. …… 임금이 편안해지려고 한다면 정치를 평안하게 하고 백성을 사랑함만 못할 것이다.(傳曰, 君者舟也, 庶人者水也. 水則載舟, 水則覆舟……故君人者欲安, 則莫若平政愛民矣)"[8] 이런 사상은 이미 공맹의 인의예악의 융통성 없고 우활함이 없을 뿐만 아니라 법가의 가혹한 형벌과 법률의 잔혹함과 각박함을 모면하였다. 양자의 장점에 집중하여 지주계급에게 비교적 전면적인 예치이론도 세워주었다. 순자의 제자인 이사(李斯)와 한비(韓非)는 그의 학설을 진(秦)나라에 운용하여 진나라가 통일의 대업을 완성하게 하였지만, 그들은 단편적으로 순자의 사상을 발전시켰다. 법(法)·술(術)·세(勢)의 법가이론을 전담하도록 제기하였고 진나라의 멸망을 가속화시켰다.

자기의 예치사상을 논증하기 위하여 순자는 새로운 천도관(天道觀)을 제기하여 하늘은 자연이며 스스로의 운동 규율을 가지고 있다고 여겼다. 사람은 자연의 앞에서 속수무책인 존재가 아니라 '천명을 제어하여 쓸(制天命而用之)'[9] 수 있으며, 자연이 인류를 위해 복무하도록 해야 한다고 생각하였다. '성악설(性惡說)'을 제기하여 맹자의 '성선설'에 맞섰으며 성악에서 예법의 규범작용과 사람에 대해 교육을 진행할 필요성을 강조하였다. 맹자는 성선을 주장하였고 순자는 성악을 주장하였다. 사실 두 사람 모두 각기 한쪽 끝을 잡아 모두 공자가 제창한 "성품(性禀)은 서로 비슷하나 습관 때문에 서로 멀어지게 된다.(性相近也, 習相遠也)"[10]는 정신에 부합하지 않는다. 공자는 성선과 성악이라는 문제에서 더욱 높은 경지에 서 있고 더욱 깊이 보았다. 그러므로 어떠한 사람을 가지고

---

8 『순자』 「왕제(王制)」.

9 『순자』 「천론(天論)」.

10 『논어』 「양화(陽貨)」.

말한다 하더라도 성선이나 성악은 모두 타고난 것이 아니라 선과 악은 결국 후천적 환경과 교육에 의해 결정된다고 보았음을 알 수 있다.

　당시 공자 유가사상의 양대 학파 가운데 공자의 사상에 대하여 일정한 보충과 발전이 있는 것 외에 맹자가 추가한 것은 공자사상의 기본원칙을 따르는 것이다. 공자사상의 주요원칙을 따르는 것 외에 순자에 의해 추가된 것은 그에 대해 보충되고 수정되며, 발전되는 것이라는 것을 알 수 있다. 이는 공자사상의 분화와 다른 학파 건립의 시작이며, 이후에 분화와 학파의 건립이 계속 발생하였다. 그 가운데는 두 번의 공자사상에 대한 큰 왜곡을 포괄하고 있다'

　둘째, '홀로 유술만 높임(獨尊儒術)'과 원시 공자사상에 대한 첫 번째 큰 왜곡

　역사는 늘 풍자적인 희극 형식으로 출현하였다. 한무제(漢武帝)에게 '백가를 축출하고 유학만을 높일 것(罷黜百家, 獨尊儒術)'을 제기하여 받아들여진 사람은 '유자의 종사(宗師)가 된'[11] 금문경학파[12] 유자 동중서(董仲舒)[13]이다. 첫 번째로 공자의 사상을 크게 왜곡시킨 사람도 동중서이다. 동중서의 원시 공자사상에 대한 큰 왜곡은 주로 아래의 세 가지 문제로 표현된다.

11 『한서』 「오행지(五行志)」.
12 서한 때 경서를 학습할 때는 모두 한대에 통행했던 예서로 기록했으므로 금문경학(今文經學)이라 일컬어서 주문(籀文)과 과두문(蝌蚪文)으로 전사(傳寫)한 고문경학과 구별하였다.
13 한대의 유향(劉向)은 찬양하여 말한 적이 있다. "동중서는 왕을 보좌할 재능을 가져 이윤(伊尹)과 여상(呂尙)이라도 더할 것이 없었으며, 관안(管晏)의 무리는 패자를 보좌하였으니 미치지 못한다."(『漢書』 「董仲舒傳」) 그러나 유향의 아들 유흠(劉歆)은 이 말에 동의하지 않았다. "이윤이나 여상은 성인의 짝이니 제왕도 (이들을) 얻지 못하였으면 흥하지 못했을 것이다. …… 관중과 안영이 그에게 미치지 못하고 이윤과 여상이 더할 것이 없다고 한 것은 지나친 것이 아닌가 한다.' 유향의 증손 유공(劉龔)은 세심하고 신중한 군자였는데 이말이 옳다고 하였다."(위와 같음)

1. 동중서는 '삼강(三綱)'과 '오상(五常)'은 하늘의 뜻에 의해 결정된다고 생각하였다. 앞에서 이미 지적했듯이 공자가 일관되게 주장한 '충군존왕' 사상은 봉건군주의 종법통치 사상의 지주(支柱)를 유지하고 공고히 하였다. 이는 공자사상에서 소극적 인소이며 동시에 봉건사회의 불가피한 산물이지만 여기에는 천명과 신귀 같은 것이 그 사이에 뒤섞이지 않는다. 공자사상에서의 군신과 군민 관계는 또한 일정한 군신과 군민이 상호 존중하는 원시 민주정신을 넘겨두고 있다. 이 정신은 완전히 동중서에 의해 손상되고 왜곡되었다. 동중서는 당시 인간의 가장 중요하고 보편적인 관계, 곧 군신·부자·부부관계를 군위신강·부위자강·부위처강, 곧 이른바 '삼강'을 정하였다. 이는 완전히 일방적이고 절대적인 순종을 요구하는 또 다른 주종관계이다. '삼강'은 흔들릴 수 없는 불변의 진리라는 것을 증명하기 위하여 동중서는 누가 뭐라 하든 성세(聲勢)를 조장하였다. 그는 "왕도(王道)의 삼강은 하늘에서 구할 수 있다."[14]라 하였다. 이렇게 동중서는 군신, 부자, 부부의 '삼강'은 하늘의 뜻에 의해 정하여졌다고 규정지었다. 사람이 어떻게든 고치는 것을 허락지 않았으며, 하늘의 뜻으로 이 세 관계를 극단적인 봉건전제라는 테두리 안으로 집어넣었다. '삼강'에서 군신관계는 또한 주도적인 지위에 처한 강인데, 그는 공공연하게 말하였다. "『춘추』는 임금은 악하게 부르지 않고 신하는 선하게 부르지 않아 선은 모두 임금에게 돌리고 악은 모두 신하에게 돌렸다."[15]라 하였다. 아울러 하늘의 명의로 "인주(人主)는 생살(生殺)의 지위에 서 있으며 하늘과 변화의 형세를 함께 가지고 있

---

14 동중서『춘추번로(春秋繁露)』「기의(基義)」.

15 동중서『춘추번로』「양존음비(陽尊陰卑)」.

다."[16]라 선포하였다. 곧 군왕은 생사여탈의 절대적 권위를 가지고 있다고 하였다. 군신의 관계는 이와 같으며, 부자와 부부관계도 이와 비슷하다. 이런 음산한 '삼강'의 관계는 공자가 앞에서 제기한 군신관계에서 원시 민주정신과 아비는 인자하고 자식은 효성스러우며 남편은 의롭고 아내는 따르는[17] 부자, 부부의 화순한 관계에 대한 왜곡과 곡해가 아니겠는가! 동중서는 공자 사후 3백여 년 후에 태어났다. 이 기간에 과학문화와 사회경제는 모두 어느 정도 발전을 이루어 그의 자연과 하늘에 대한 이해는 공자보다 분명 많아야 했을 것이다. 이(理)는 공자의 사상에 비하여 전진을 하여야 했을 것이지만 실제적으로는 오히려 공자보다 더 퇴보하였다. '하늘'에 대해 공자는 "아는 것을 안다 하고 모르는 것을 모른다고 하는" 태도로 하늘을 매우 적게 말하였다. 동중서는 달랐다. 그 '천인감응'을 크게 이야기하였고 '삼강'은 곧 하늘의 뜻에 의해 결정된다고 생각하였다. 이는 동중서가 기상천외하고, 마음먹은 대로 공자의 사상을 왜곡하고 억지로 알지 못하는 것을 안다고 하며 함부로 '하늘'을 말한 것이 아니겠는가!

　동중서가 이른바 '오상(五常)'이 가리키는 것은 인(仁)·의(義)·예(禮)·지(智)·신(信)이다. 앞의 넷 인·의·예·지는 원래 맹자가 이야기한 사덕(四德)인데, 동중서가 신비로운 오행설(五行說)에 부합시키기 위하여 신을 더하였다. 사실 앞에서 말한 인·의·예·지·신은 모두 공자의 인(仁)의 인생철학의 부분적인 덕목이다. 공자는 완전히 현실적인 인세사회의 실제에서 출발하여 그것들을 "자신을 수양하고 남을 편안하게 하는(修

16　동중서 『춘추번로』「왕도통삼(王道通三)」.
17　『예기』「예운(禮運)」.

己安人)”것과 정확하게 대인관계를 처리하는 준칙으로 삼아 제기하고
천명하고 선양하였다. 그러나 동중서의 수중에 이르러서는 모습이 바
뀌었다. '오상' 중의 인과 의는 자연히 중요하지만 동중서는 인과 의가
윤리덕목으로 삼는 것은 인류 사회의 실천 중에 생겨나는 것이라고 생
각지 않았다. 대신 하늘의 산물이자 '천인감응'의 산물이라고 하였다.
그의 원래 말은 이렇다. "사람의 혈기는 하늘의 뜻을 변화시켜 인이 되
고, 사람의 덕행은 하늘의 이치를 변화시켜 의가 된다."[18] 동중서는 "정
사를 행하여 백성들을 잘 보살피는 자는 본래 하늘로부터 복을 받게 되
어 있다. 대체로 인·의·예·지·신 오상의 도리는 제왕이 마땅히 단정하
게 갈고 닦아야 할 일이다. 이 다섯 가지 도리를 갈고 닦는다면 하늘이
내리는 복을 받게 되고 귀신의 신령한 보살핌을 누리게 되어 덕이 나라
밖에까지 퍼질 뿐만 아니라 생물들에게까지 뻗을 것이다."[19]라 생각하
였다. 여기서 분명하게 말한 것은 현실적인 인생세간의 문제로 오히려
그들을 두텁고 신기하며 괴이한 하늘의 뜻이라는 흑막에 씌운 것이다.
이것이 진정한 유가 학자가 공자의 도를 천술하는 실사구시적인 태도
이겠는가?

　2. 동중서는 '왕권신수(王權神授)'는 천명이 정하는 것이라고 생각하였
다. 봉건사회에서는 늘 미신과 하나로 이어져 있고, 미신은 또 늘 우매
함과 하나로 이어져 있다. 하지만 우매함을 이용하여 미신을 진행하는
사람은 오히려 늘 우매한 사람이 아니라 자못 지혜로운 사람이었다. 동
중서가 조작해낸 '왕권신수'의 기괴한 담론은 바로 이런 류에 속한다.

<hr />

18　동중서의 『춘추번로』 「위인자천(爲人者天)」.
19　『전한서』 「동중서전」.

동중서는 이른바 '천(天)'을 사람과 같은 희로애락(喜怒哀樂)이 있는, 인간의 만사와 만물 특히 사람의 화복을 주재하는, 지고무상의 인격을 가지고 있는 신으로 분장시켰다. 신의 의지는 바로 천명이다. 동중서는 무엇보다도 그의 이른바 '천인합일(天人合一)'의 논조를 이용하여 하늘과 사람을 연결시켜 말하였다.

> 사람이 사람임은 하늘에 근본하고 하늘 또한 사람의 증조부이니 이것이 곧 사람이 상류의 하늘인 까닭이다. 사람의 형체는 하늘의 수를 변화시켜 이루어지며, 사람의 혈기는 하늘의 뜻을 변화시켜 인(仁)이 된다. 사람의 덕행은 하늘의 이치를 변화시켜 의(義)가 되며, 사람의 호오(好惡)는 하늘의 따뜻함과 맑음을 변화시켰다. 사람의 희로(喜怒)는 하늘의 추위와 더위를 변화시켰으며, 사람이 명을 받은 것은 하늘의 사시를 변화시켰다. 사람의 삶에 희로애락의 답이 있는 것은 춘하추동과 같다.[20]

보자, 하늘은 인격신일 뿐만 아니라 사람의 '증조부'까지 되었다. 사람의 모든 형체와 혈기, 덕행, 호오, 희로는 모두 하늘이 부여한 것이다. 심지어 사람의 희로애락과 춘하추동이 모두 밀접하게 서로 이어져 있으며, 이런 견강부회의 논조가 공자의 사상과 무슨 공통점이 있겠는가?

그러나 동중서가 '천인합일'의 곡예를 조작할 수는 있었지만 그가 날조한 '하늘'(곧 그 증조부)에게 직접적으로 인간의 일에 관여하라고 명령을 내릴 길이 없으니 그는 아무래도 반드시 사람에게 사람을 관리하게 해야 했다. 이 모순은 어떻게 해결해야 하는가? 진정 사람을 관리하는

---

20 동중서 『춘추번로』 「위인자천(爲人者天)」.

것은 봉건 귀족통치계급의 사람 자체인 왕(혹은 天子, 혹은 皇帝)이다. 그는 왕권을 신화(神化)하기 위하여 왕은 하늘을 대신하여 사람을 관리한다고 말할 수밖에 없었다. 아울러 말하기를 "덕이 하늘과 짝하는 것을 황제라 하고, 하늘이 도와 아들로 삼는 것을 천자(天子)라 호칭한다."[21]라 하였다. 또 "천자는 하늘에서 명을 받고, 천하는 천자에게서 명을 받는다."[22]라 하였다. 이에 그는 이렇게 그럴듯하게 둘러맞추었다. 보라, 군왕과 천자, 황제는 모두 하늘에서 명을 받아 인간의 일을 관리한다면 '하늘'은 이른바 군왕과 천자, 황제를 통한 것이 아니라 인간과 결합시킨 것인가? 이것은 바로 이른바 '천인합일'이 아니겠는가? 실질상 이는 곧 의도적으로 봉건 제왕의 위가 없는 권위를 높이는 일이다. 또한 신이 아닌 사람(곧 封建帝王)을 통하여 사람을 통치하고, 사람을 착취하며, 사람을 압박한다. 동시에 통치 받고 착취 받으며 압박을 당하는 사람으로 하여금 이것이 천명이라고 믿게 하겠는가? 이는 몇몇 사람들, 특히 우매하고 무지한 사람들을 속이고 미혹하게 해서 순순히 명을 따르고 기꺼이 '하늘 대신 도를 행하는(替天行道)' 군왕과 황제, 천자에게 진심으로 무조건 복종하게 하는 것이 아니겠는가? 그는 심지어 또한 글자 점을 치는 사람의 방법을 가지고 '왕'자를 해석하고 있다.

옛날의 문자를 만든 사람이 세 획을 긋고 중간을 이어서 왕(王)이라고 하였다. 세 획은 천(天)과 지(地), 인(人)이며, 가운데 이은 것은 그 도가 통하는 것이며 천과 지, 인 가운데를 취하여 꿰뚫어 통하게 하는 데 참

---

21 동중서 『춘추번로』 「삼대개제질문(三代改制質文)」.
22 동중서 『춘추번로』 「위인자천(爲人者天)」.

여하는 것이 왕이 아니면 누가 이를 맡겠는가??[23]

이와 같을 뿐 아니라 그는 태도가 단정하고 도덕군자인 양하면서 하늘을 대신하여 설교하기도 하였다. 하늘이 온 마음으로 그의 아들(天子)이 성주가 되어야 하며 망국의 임금이 되지는 않아야 한다고 희망하였으며 이에 말하였다.

> 『춘추』에서 전세에 이미 실행된 일을 살펴봄으로써 하늘과 인간의 상관관계를 관찰했더니 그것이 매우 두려워할 만한 사실임을 알게 되었습니다. 국가가 올바른 도리를 잃어 패망하게 될 때는 하늘은 먼저 재앙을 일으켜서 견책하고 경고합니다. 그러나 스스로 반성할 줄 모르면 또 괴변과 재이를 내보내어 놀라고 두렵게 만듭니다. 그럼에도 불구하고 개선할 줄 모르면 그제야 손상과 패망이 이르게 만듭니다. 이러한 일로써 하늘은 어진 마음으로 군주를 사랑하여 나라의 난리를 그치게 하고 싶어 함을 알 수가 있습니다. 그러므로 크게 도리를 잃은 세상이 아니라면 하늘은 저들을 지지하고 온전하게 유지시키려고 온갖 힘을 씁니다.[24]

동중서가 심혈을 기울여 빚어낸 '하늘'이 그의 아들 즉 인간의 제왕인 천자에 대하여 한껏 사랑한다고 할 수 있으며 아울러 재해와 괴이함 등으로 권고하여 전제독재의 왕위를 대대로 전하는 것을 지켰다. 동

---

23 동중서 『춘추번로』 「왕도통삼(王道通三)」.
24 『전한서』 「동중서전(董仲舒傳)」.

중서는 공자의 말을 끌어서 그 유자의 면모를 현시하는 데 열중하였다. 그러나 곧 공자 일생의 중요한 사실 곧 "공자는 괴이함과 용력과 패란의 일과 귀신의 일을 말하지 않았다."는 것을 망각하였다. 동중서는 이에 대해 어떤 감상이 일어날지 몰랐는가?

3. 동중서는 "하늘이 변치 않아 도도 변하지 않는다(天不變, 道不變)"와 '삼정(三正)', '삼통(三統)'은 하늘이 세운 것이라 생각하였다. 옛사람을 평가하는 데는 두 가지 표준이 있다. 한 가지는 그가 그 전의 사람에 비해 사상적으로나 학술적으로 전진했느냐 후퇴했느냐를 보는 것이다. 현대의 표준으로 그를 보는 것으로 그의 사상과 학술에서 어떤 용처가 있느냐 하는 것이 두 번째 표준이다. 고인을 연구하여 현대에 조금도 용처가 없다면 이 또한 무슨 의의가 있겠는가? 가장 많은 것은 골동품으로 삼을 수 있는 것이며, 골동품도 또한 쓰일 곳이 있지만 그것은 다른 용처이다. 이상 두 가지 표준에 근거하여 동중서가 제기한 "하늘이 변치 않아 도도 변하지 않는다"와 '삼정(三正)', '삼통(三統)'의 문제를 연구하면 그 진상은 환해진다.

무엇을 "하늘이 변치 않아 도도 변하지 않는다"고 하는가? 먼저 동중서 자신의 해석을 보자.

> 도의 큰 근원은 하늘에서 나오며 하늘이 변하지 않으니 도도 변하지 않는다.[25]

동중서가 여기서 말한 것은 현대 언어로 말하자면 바로 정치윤리와

---

25 위와 같음.

문화, 교육 등등이 포함되어 있는 사회의 상층에 건축하는 것을 포괄함을 가리킨다. 이는 본래 모두 인류 사회의 실천 중에서 차츰 형성되고 발전되어 온 것이다. 하지만 동중서는 오히려 현실 문제를 회피하고 그의 '천인감응'의 논조를 이용하여 대도를 '하늘'의 뜻이 세운 것("원래 하늘에서 나왔다")으로 돌렸다. 이는 곧 완전히 사실을 전도(顚倒)한 것이다. 그는 무엇 때문에 이런 전도를 하려고 했을까? 그 주요 목적의 첫째는 명확히 사람의 모든 것은 모두 '하늘'이 안배한 것이다. 둘째는 인간의 봉건귀족 전제통치는 영원불변하는 것이고 천명이어서 사람의 힘으로 바꿀 수 있는 것이 아니라는 것을 볼 수 있다. 동중서의 이 말을 그 삼백여 년 전의 공자가 한 말과 대조하여보면 문제는 분명해진다. 공자는 말하였다.

> 은나라는 하나라의 예를 따랐으니, 덜고 더한 것을 알 수 있으며, 주나라는 은나라의 예를 따랐으니, 덜고 더한 것을 알 수 있다. 혹시라도 주나라를 잇는 자가 있다면 비록 백세 뒤라도 알 수 있을 것이다.
> 殷因於夏禮, 所損益可知也. 周因於殷禮, 所損益可知也. 其或繼周者, 雖百世可知也[26]

이 말의 결점은 앞에서 이미 평가 분석하였으며 이곳에서는 다른 의의로 다시 인용을 하였다. 그는 명확하게 인간의 예의와 인륜 등 '대도'는 모두 사람이 손익 중에서 발전되었다고 지적해냈다. 공자는 또 말하기를 "사람은 도를 넓힐 수 있다(人能弘道)"라 하였다. 바로 대도가 사람

---

26 『논어』「위정(爲政)」.

에게서 발양되었는데 그는 결코 하늘에 있다고 말하지 않았다. 이로써 알 수 있는 것은 첫 번째 표준으로 보면 동중서는 공자에 비해 얼마나 후퇴하였는가! 두 번째 표준으로 보면 그것은 더욱 명료하다는 것이다. 현대과학의 논증에 근거하면 전체 우주는 하늘 안에 포괄된 만사와 만물은 변하지 않는 때가 없다. 그것이 변치 않는다고 한다면 현대 과학에서 보면 실제로 유치하고 가소롭다. 이 때문에 동중서는 골동품과 반면교사가 되는 것 외에 또한 무슨 의의가 있겠는가!

  동중서가 날조해낸 "하늘이 변치 않아 도도 변하지 않는다"는 논조를 위해 봉사하는 '삼정'과 '삼통'은 학술 가치는 물론 실제적인 의의도 없다. 다만 그래도 간략하게 소개할 필요가 있겠다. 동중서가 날조한 이 괴론의 속셈이 그대로 드러나는데, 하물며 역사상 미혹에 덮어쓰인 자가 결코 없지 않았다. 이른바 '삼정(三正)'과 '삼통(三統)'은 동중서가 하·상·주 삼대가 다른 역법을 사용했었던 것에 근거하여 견강부회하여 날조해낸 것이다. 하·상·주 삼대는 12지 가운데 앞의 세 개 곧 자(子)·축(丑)·인(寅)의 세 달(현대 음력의 11월과 12월, 正月로 분별된다)을 분별하여 써서 매년의 첫째 달(正月의 歲首)로 삼았다. 하대에는 인월을 세수로 삼았다. 이것을 건인(建寅)이라 한다. 은대에는 축월을 세수로 삼았는데 이를 건축(建丑)이라 한다. 주대에는 자월을 세수로 삼았다. 이를 건자(建子)라 하며 이를 합쳐 '삼정'이라 한다. 동중서는 자월은 "천통(天統)의 기가 비로소 사물에게 조화를 베풀어 사물이 움직인다. 그 색이 적색이어서"[27] 주나라는 "붉은색을 숭상하였는데" 이를 '적통(赤統)'이라 하였다. 축월은 "천통의 기가 사물의 조화를 탈피하여 사물이 비로소 싹을

---

27 동중서의 『춘추번로(春秋繁露)』 「삼대개제질문(三代改制質文)」.

틔우며 그 색이 백색이라"²⁸ 은나라는 "백색을 숭상하였는데" 이를 일러 '백통(白統)'이라 하였다. 인월은 "천통의 기가 사물의 조화를 통하게 하여 사물이 이르는 것이 보인다. 그 색이 흑색이므로"²⁹ "흑색을 숭상하였는데" 이를 일러 '흑통(黑統)'이라 하였다. 이를 합쳐 '삼통(三統)'이라 한다. 그는 이 '삼정'과 '삼통'은 왕조의 흥폐와 제도를 고치는 표지이며 부단히 돌고 처음까지 반복하여 순환한다고 말하였다. 동중서의 안중에서 역사는 "세 번에 걸쳐 되돌아오는" 순환 하에서 영원히 답보하여 전진하지 않는다. 왕조의 흥폐 또한 근근이 "정삭(曆法)을 바꾸고(改正朔)"('三正'은 부단히 순환하여 사용한다)", "복색을 바꾸는(易服色)"(黑·白·赤 세 가지 색, 곧 '三統'은 순환하여 채택) "저 대강(大綱) 같은 것, 곧 인륜도덕과 정치교화, 습속과 문의(文義)는(이런 것들이 바로 봉건 전제사회의 본질을 표현하는 것이다-지은이) 모두 옛날 그대로이다."³⁰ 따라서 동중서는 솔직하게 말하였다. "그러므로 왕자(王者)는 제도를 바꾸는 명분은 있어도 도를 바꾸는 실질은 없다."³¹ 한 마디로 말해 천명으로 말미암아 조대가 바뀌었을 때 봉건사회의 본질은 변동될 수 없고 봉건 전제군왕의 지고의 권위가 변동될 수 없다. 바뀔 수 있는 것이라고는 고작 "정삭을 바꾸고", "복색을 바꾸는(易服色)" 등 표면적인 제도뿐이었다. 이것이 바로 동중서 기담괴론의 실질이다. 중국 봉건사회가 이렇듯 오래도록 연장되고, 진보적인 인소가 늦게 신장된 것은 위에서 말한 동중서의 영향이 중요한 원인임을 말하지 않을 수 없었다.

---

28 위와 같음.
29 위와 같음.
30 동중서의 『춘추번로(春秋繁露)』 「초장왕(楚莊王)」.
31 위와 같음.

셋째, 금문경학파의 쇠락과 유·불·도의 투쟁 및 그 상호 삼투

1. 금문경학파의 쇠락. 한무제의 총애를 받고 한때 명성을 날리던 동중서의 금문경학파는 앞에서 지적한 결점과 착오, 기타 원인으로 말미암아 오래지 않아 동한에 이르러 점차 쇠락하였다. 위진(魏晉) 때의 현학과 남북조(南北朝) 수당(隋唐)의 도가와 불학(佛學)이 서로 이어 갑자기 일어나 유학과 서로 맞서게 되었다. 금문경학파가 그렇게 빨리 실패한 원인을 규명하면 주요 원인은 다음과 같이 개괄할 수 있다. 앞에서 말했듯이 동중서가 제창한 '천인감응'과 재해와 괴이함 등 기괴한 담론은 근본적으로 학술사상을 이야기할 수 없었고 사실적 검증을 견디지 못한 것이 첫 번째 원인이다. 특히 후래에 발전하기 시작한 참위설(讖緯說)은 더욱 황당하다. 두 번째 원인은 금문경의 주석이 번쇄한 데 있다. 왕왕 한 책을 해설하는데 적게는 몇십만 언에서 많게는 백만 언이나 되어 허다한 진신유자들이 머리가 허옇게 세도록 경을 연구하는 것을 감당하지 못하였다. 셋째, 서한 때 취한 방법은 박사의 제자들을 불러들여 금문경을 읽게 한 다음에 우수한 인재를 채용하는 것이다. 이 때문에 벼슬을 하고 싶어 하는 사자(士子)는 반드시 금문경을 숙독하여야 했다. 동한 때는 개정한 징벽(徵辟) 방법을 취하여 이에 몇몇 사자들은 금문경을 읽는 흥취가 크게 감소되었다. 넷째, 특별히 중요한 것은 고문경학은 신괴를 이야기하지 않았고 주석이 간명했다. 동한 때는 정현(鄭玄) 등과 같은 고문경학가가 나와 학식이 넓고 깊은데다가 고문과 금문 두 경의 뜻에 아울러 통하여 양가의 장점을 흡수하고 각류의 경서를 주석하였다. 동시에 서로 비교해나가 금문경학의 성망이 나락으로 떨어져 경학의 주요 진지가 고문경학가에게 점령되었다. 이외에 왕충(王充)과 환담(桓譚) 등 고문경학 사상가들이 또한 금문경학의 각종 기괴한 담론과

미신에 대한 비판을 진행하였다. 왕충은 명확하게 하늘과 땅은 모두 자연물이며 무슨 인격을 가진 신이 아니고, 사람 또한 이와 같아 귀하기가 왕후라 하더라도 또한 다른 물체와 마찬가지라고 지적하였다. 사람의 정신은 육체를 떠나지 못하여 불이 장작을 떠나지 못하는 것과 마찬가지이다. 사람이 하루아침에 죽는다 하더라도 절대로 요괴로 변하여 사람을 해칠 수 없다고 하였다. 그는 또한 일상생활에서 경험한 것을 가지고 동중서 유파의 이른바 상서로움이니 재이 등과 같은 황당무계한 이야기를 배척하여 금문경학에 치명적 타격을 가하였다. 또한 공개적으로 '공자에게 묻고', '맹자를 비판할' 것을 제기하였다. 아울러 황로의 설을 비호하여, "도를 따르고 일을 따르지 않는 것은 유가의 설에는 어긋나지만 황로의 뜻에는 부합한다."[32]라 주장하였다. 이렇게 왕충은 '유가의 설(說)'과 '황로의 의(義)'를 서로 대립하면서도 일관성 있게 연결하기 시작하였다.

이후 4세기 초 서진(西晉) 영가(永嘉)의 난은 거의 모든 경학 전적을 파멸시켰다. 고문경은 간략함으로 인하여 유생들이 외어서 유전되어 내려왔다. 금문경은 하휴(何休)의 『공양해고(公羊解詁)』 외에는 거의 모두 소멸되었다. 남북조시기에 유행한 고문경전은 북조에서는 동한 경사(經師)의 옛 법을 각별히 지켰고, 남조에서는 위진시대의 신법이 주가 되었으며 정현 등과 같은 사람의 구법을 겸하여 썼다. 당대가 건국된 이후에는 남북의 경전을 통일하기 위하여 당태종(唐太宗)이 공영달(孔穎達)에게 『역』과 『시』, 『서』, 『좌전』과 『예기』의 『오경정의(五經正義)』를 찬사(撰寫)하고 해석하게 하였다.(나중에 또한 어떤 사람이 『周禮』와 『儀禮』, 『穀梁』과 『公羊』 사경

---

32 왕충(王充)의 『논형(論衡)』 「자연(自然)」.

의 疏를 지어 합하여 『九經正義』가 되었다) 따라서 고문경학이 유전되어 내려오게
되었다.

2. 유·불[釋]·도 투쟁과 상호 삼투. 금문경학에서 모든 경학에 이르기
까지 대립적인 것으로는 도교와 불교가 있다. 모든 위·진남북조시기에
유가사상은 도·불 2교의 엄중한 도전에 직면하였다. 유·불·도 세 사상
의 문화적 투쟁 과정은 또한 상호 삼투하고 상호 흡수되는 과정이었다.

한(漢)·위(魏) 이래로 사람들은 봉건정치제도와 윤리 등 봉건문화를
'명교(名敎)'라 불렀다. 그것은 유가사상의 핵심 부분이었다. 경학은 '명
교'에 대한 일종의 구체적인 해설에 지나지 않을 따름이었고, 경학은
비록 액운을 만나기는 하였지만 결코 '명교'의 소멸을 의미하지는 않았
다. 사실상 노장사상이 거듭 대두된 것은 동한·위·진시대였다. 불가 세
력이 매우 강대해진 것은 남북조와 수·당시대였으며, '명교'는 여전히
강대한 잠재력을 지니고 있었다. 위·진의 현학은 실질적으로 도가와
유가가 타협한 산물이다. 현학가인 왕필(王弼)은 노자의 기치를 세우고
무(無)를 귀하게 여기는 것을 주장하고 자연을 숭상하였다. 동시에 "명
교는 자연에서 나왔다"고 생각하여 명교의 합리성을 긍정하였다. 다른
현학가인 곽상(郭象)은 장자의 이론을 신봉하여 '현명독화(玄冥獨化)'를
주장하였다. 또한 '명교는 곧 자연'이라 하여 사람들 주로 봉건귀족에
게 명교 곧 등급종법제의 세속생활에서 도가의 세속을 초월한 청정무
위의 쾌락을 요구했다.

양한 시기의 도가는 비록 배척하였지만 등급과 종법제를 반대하는
사상 의식이 되어 여전히 민간에서 유전되었다. 원시 도교는 바로 노장
의 모종의 신비주의의 사상을 이용하고 아울러 신선 방술과 서로 결합
하여 자기의 교의(敎義)를 제기하였다. 원시 도교는 나중에 귀족 경향을

갖춘 오두미도와 황건적의 기의를 이끈 태평도(太平道)로 발전하였다. 황건의 기의가 실패한 후에 태평도가 차츰 소멸되었으며 위·진남북조 시기에 도교는 또한 개혁발전의 새 단계로 진입하였다. 한편으로는 도교사상과 유가강상의 '명교'를 긴밀하게 결합하고, 다른 한편 비교적 완정한 종교철학체계와 신선방술의 이론체계를 건립하였다. 따라서 도교를 민간종교에서 봉건통치계급이 필요로 하는 관방 도교로 변화시켜 불교와 맞섰다. 아울러 불교와 함께 봉건정권의 양대 신학적 지주가 되었다. 당시의 저명한 도교이론가인 갈홍(葛洪)은 봉건 윤리강상의 준수를 수련의 선결 조건으로 삼았다. 그는 "신선을 구하고자 하는 사람은 충효와 화순(和順), 인신(仁信)을 근본으로 삼아야 하며, 덕행을 닦지 않고 방술만 힘쓴다면 모두 장생할 수 없다."[33]고 생각하였다. 이렇게 도교의 수련 방법과 봉건 강상을 옹호하는 행위를 통일시켰다.

불교가 인도에서 정식으로 중국으로 전하여진 시기는 대략 양한이 교차하던 때였고, 동한 말에 유행하기 시작하였다. 불가는 사람의 세속생활을 부정하여 선남선녀에게 군신, 부자, 부부 등의 관계망에서 벗어나 속세 밖에서 해탈할 것을 요구하였다. 이런 종교는 인도에서는 그에 적합한 토양을 가지고 있으며, '명교'가 심후한 세력을 가지고 있는 중국에서는 원래의 교의를 견지할 길이 없었다. 불가는 본래 효도를 이야기하지 않았지만 중국에서 불효는 곧 대역무도한 것이어서, 불가 또한 어쩔 수 없이 효도를 불가의 선행으로 삼아 이에 많은 이른바 '효승(孝僧)'이 출현하게 되었다. 불교에 반대하는 사상가는 '명교'의 '화이(華夷)의 변별'과 '충효절의'를 사상무기로 삼아 불교가 중화의 가르침이 아

---

33 갈홍(葛洪)의 『포박자(抱朴子)』「대속(對俗)」.

니며 임금이 없고 아비가 없으며 인류와 나란하지 않다고 비판하였다. 이것이 바로 인도식 불교가 중국에 뿌리를 내릴 수 없는 까닭이었다. 어쩔 수 없이 중국식 불교로 개조되었으며 중국식 불교 또한 오래도록 우세한 지위를 점할 수 없었던 중요한 원인이었다.

위의 내용을 종합하면 공자의 유가사상의 저력과 영향은 이 시기에 여전히 일거수일투족이 중대한 영향을 끼친 작용이었음을 알 수 있다.

넷째, 송명이학과 원시 공자사상에 대한 두 번째 큰 왜곡

동중서가 유가의 신분으로 '천인감응' 등 기괴한 담론을 가지고 공자사상의 기본원리를 왜곡시키고 뜯어고친 것과 마찬가지로 송명 이학가들 또한 유가의 신분으로 '천리인욕' 등의 의론을 가지고 원시 공자유가사상의 기본원리를 왜곡시키고 뜯어고쳤다. 이것이 공자사상에 대한 두 번째 큰 왜곡이다.

한·당 이래 오대·십국의 장기적인 동란과 분열을 거쳐 조광윤(趙匡胤)은 960년 후주(後周)를 멸하고 송나라 왕조를 세웠다. 이에 이르러 중국은 다시 통일을 이루었으며 원기를 회복할 기회를 얻었다. 따라서 송대 사회경제는 큰 발전을 이루었다. 과학문화 또한 당시 세계의 영도적인 지위에 처하였다. 오래지 않아 사회의 모순이 부단히 격화되었고 정치군사상의 폐단이 날로 더욱 드러나게 되었다. 게다가 이곳저곳에서 농민이 기의하면서 통치계급은 사상통제를 강화할 필요성이 절박해졌다. 한때 현학과 불교, 도교가 현혹하였는데 이때 모두 자체의 엄중한 결함으로 말미암아 통치사상의 조건을 상실하였다. 신시기, 신왕조의 전제 통치의 수요에 적응하기 위하여 신유학을 건립하였다. 당시의 유가 사상가들은 유·불·도 3가의 장기적인 상호 투쟁과 상호 삼투의 기초에 공맹의 학설을 주로 하고 각가의 장점을 흡수하여 '이학(理學)' 혹

은 '도학(道學)'이라는 이름을 붙였다.

송대의 조가(趙家) 제왕은 불(佛)·로(老)도 예배를 하였지만 유가를 더욱 애호한 것 같다. 송태조 조광윤은 여러 차례나 국자감(國子監)에 이르러 성대한 공자의 제사를 주재하였고 효제(孝悌)를 표창하였으며 친히 진사 선발시험을 주관하였다. 송진종(宋眞宗) 조항(趙恒)은 곡부까지 가서 공자를 제사지내고 포의(布衣)의 공자를 '지성문선왕(至聖文宣王)'에 봉하였다. 이런 정치적 지지를 가지게 되자 신유학은 발흥하기 시작하였다. 먼저 손복(孫復)과 석개(石介), 호원(胡瑗) 등 '북송삼선생(北宋三先生)'이 나와 유학을 제창하였고 바로 이어서 주돈이(周敦頤)는 「태극도(太極圖)」를 내놓았다. 소옹(邵雍)은 『주역』 선천학(先天學)을 발휘하였으며, 장재(張載)는 기가 만물의 본체임을 논하였다. 정호(程顥)와 정이(程頤) 형제는 대대적으로 천리(天理)를 이야기하여 이(理)를 우주존재의 근거로 생각하였다. 여기서 공자사상의 실제와 동떨어진 신유학 체계가 기본적으로 완성되었다. 특히 도나 이(理)를 중시하였기 때문에 도학 혹은 이학이라 일컫는다. 남송의 주희(朱熹)는 정이의 학설을 주로 하여 각가의 장점을 흡수하여 이른바 정주이학을 건립하였다. 주희와 동시대의 인물인 육구연(陸九淵)은 맹자와 정이의 학설을 발휘하였다. 명대의 왕수인(王守仁)은 이 학설을 발전시켜 육왕심학(陸王心學)을 건립하였다. 이 양파 외에 장재와 왕정상(王廷相), 나흠순(羅欽順) 등의 학설도 있다. 정주파는 주류파로 줄곧 지배적 지위를 점하였다. 육왕파는 명나라에서 한때도 넘친 적이 없다. 장재, 왕정상 등은 비교적 선진적 학설로 각종 원인으로 인하여 충분히 발전되지 못하였다.

신유학으로 불리는 송명이학은 총체적으로 말하면 적지 않은 사람이 시대적으로 전진하는 방향을 벗어났다. 실사구시적인 학풍에서 이탈하여 객관적인 면에서 공자사상에 대하여 앞에서 말한 맹자와 순자처럼 적극적으로 수정하고 보충함이 없이 오히려 많은 방면에서 왜곡시키고 멋대로 뜯어고쳤다. "마음 외에는 일이 없고 마음 외에 이(理)가 없다"(陸九淵, 王守仁 등), "학자는 반드시 인욕을 완전히 혁파하고 천리를 완전히 회복하여야 한다"(주희) 라 하여 과부는 굶어죽어도 개가할 수 없다고 생각하였다. "굶어죽는 것은 극히 작은 일이고 절개를 잃는 것은 극히 큰 일이다"(程頤)라는 등등 그들은 대대적으로 공자사상의 소극적 인소를 발전시켰다. 특히 그들은 모두 도덕군자인 양하는 유가의 면모로 출현하여 원시 공자사상의 면모를 뒤섞고 변형시켜 중국의 과학문화와 민족심리가 엄중한 파괴와 억압을 받게 하였다. 송명 두 왕조의 전복은 비록 다른 원인이 있지만 사람을 잡아먹는 이학이 남긴 독은 그 허물을 마다할 수 없다. 과거에 이런 것을 모두 공자의 신상에 돌리는 것은 역사적 상황에 부합하지 않는다. 따라서 청대의 안원(顔元)은 매우 감개하여 이런 송명이학가들을 형용하여 말하였다.

무사수수담심성,　　일 없을 때는 팔짱 끼고 심성 이야기하고,
無事袖手談心性,

임위일사보군왕.[34]　위험 닥치면 한번 죽어 군왕께 보답하네.
臨危一死報君王.

역사 교훈으로 이는 우리가 깊이 반성할 가치가 있다.

다섯째, 청유(清儒)의 송명이학에 대한 비판과 공자의 본의를 회복할 것을 힘껏 도모하다

청초의 유자들은 침통하게 명나라가 망한 역사적 교훈을 총결하였으

---

34 안원(顔元)의 『사존편(四存編)』「존인편(存人編)」.

며, 이학과 심학 등 이학가들의 바르지 않은 학풍의 범람이 나라를 그
르친 중요 원인이라고 생각하였다. 이에 분분히 일어나서 송명이학의
심(心)과 성(性)을 이야기하는 내용이 없고 소략한 학풍을 비판하고, 경
세치용의 실학을 제창하였다. 청나라에 반대하고 명나라를 되돌려 중
화를 진흥시킬 것을 기대하였다. 고염무(顧炎武)는 경학으로 이학을 대
체할 것을 제기하였다. 아울러 경학을 연구하려면 반드시 문자의 훈고
와 전장제도 등을 고증하는 사람의 손에서 나아가 그 본의를 이해하여
야 한다고 주장하였다.

　황종희(黃宗羲)는 고염무와 서로 호응하여 사학(史學) 방면에서 공부해
나갔다. 그는 사료를 광범하게 수집하고 심혈을 기울여 선별하는 기초
위에서 명대의 철학사, 송원의 철학사 등과 관련 있는 저작을 써내었는
데 심원한 영향을 끼쳤다. 황종희는 이미 민주사상을 갖추었는데 『명
이대방록(明夷待訪錄)』에서 군주의 죄악을 호되게 질책하였으며, 군주를
"천하의 큰 해악"이라고 생각하였다. 임금과 백성이 함께 주인이며 학
교를 의정기구로 변모시켜 민의를 대표할 것을 주장했다. 이런 사상은
이미 봉건주의의 한계를 훌쩍 뛰어넘어 민주적인 색채를 드러내 보여
주었다. 고염무, 황종희와 같은 사상적 경향을 가지고 있는 호남(湖南)의
왕부지는 고대의 소박한 유물주의 사상을 발전시켰다. 철학 방면에서
정주 특히 육왕의 유심주의 논조를 심도 있게 비판하였다. 그는 이는
저 높이 위에 있는 것이 아니며 만사와 만물은 자체적으로 고유한 규율
과 조리라고 생각하였다. "천하는 다만 기물일 따름이며 도는 기물의
도이며 기물은 도의 기물이라고 말할 수 없다."[35] 이는 곧 이학의 이론

35　왕부지(王夫之)의 『주역외전(周易外傳)』 「계사상전(繫辭上傳)」.

적 기초를 대대적으로 뒤흔들어놓았으며 이학의 비고 소략한 허망함을 폭로하였다. 이때 하북(河北)에는 또한 천리(踐履)의 학문을 제창한 안원(顏元)이 있었다. 그는 정·주·육·왕이 사람을 가르치는 독서와 정좌, 반성은 극단적으로 유해하여 사람을 "약자와 병자, 쓸모없는 사람"[36]으로 만든다고 하였다. 그들이 추숭한 "공정(公靜)한 이는 읽을수록 의혹이 더하여졌고 공정의 공은 묘해질수록 허망해져 갔다."[37] 안원은 실학(實學)과 습행(習行)으로 빈말을 대체할 것을 주장하였다. "실문(實文)과 실행(實行), 실체(實體), 실용(實用)이 마침내 천하에 실적(實績)을 만들어주었다."[38]

고염무, 황종희, 왕부지 등과 같은 사람은 송명이학을 비판할 때 모두 공맹의 기치를 높이 쳐들었다. 안원은 말했다. "정·주의 도가 없어지지 않으면 공자의 도는 드러나지 않는다." "반드시 한 푼의 정·주를 깨뜨려야 비로소 공맹으로 한 푼 들어간다."[39] 그들은 실제적으로 공자사상의 적극적인 인소에 모종의 발전을 일으켰다.

여섯째, 근현대 비공(批孔) 운동의 복잡한 배경과 공자의 진실된 면모가 주의를 받아 연구되기 시작하다

아편전쟁 후에 중국은 반식민지 반봉건사회에 진입하여 민족 갈등과 계급 갈등이 매우 첨예화하고 복잡해졌다. 이런 상황에서 혁명적 계급과 정당, 애국인사는 모두 중국을 약하게 한 연유와 멸망을 구원할 도를 찾았다. 그들 가운데 많은 사람이 더 이상 분석을 가하지 않고 뭉뚱

---

36 안원(顏元)의 『주자어류평(朱子語類評)』.

37 안원의 『존인편(存人編)』권1.

38 안원의 『사존편(四存編)』「존학편(存學編)」.

39 안원의 『습재기여(習齋記餘)』「미추집서(未墜集序)」.

그래서 '사람을 잡아먹는 예교'를 만든 송명이학을 공자의 유학 자체로 삼았다. 아울러 이것이 바로 중국이 약하여진 까닭이라고 잘못 생각하였다. 이에 동중서가 제기하고 또 송명이학에 의해 선양된 '삼강'과 '오상', '천리', '인욕' 등 일체의 잘못된 논리가 조성한 백성을 약하게 하고 나라를 망친 죄과를 모두 잘못 공자의 사상에 덮어씌웠다. 이에 줄줄이 공자의 '교(敎)'를 비판하는 투쟁을 부단히 폭발시켰다. 당시의 상황에서 사람들은 채 미치지 못하거나 아직 냉정하거나 변증적으로 사물을 분석할 수 없었다. 춘추시대 공자의 진실된 면모(참 孔子)와 한(漢) 이후 피통치계급 및 그 어용학자인 서한의 동중서와 송명이학가들이 덧칠하고 가장하여 치장한 공자의 비고 거짓된 형상(가짜 孔子)를 구분하지 못하였다. 또한 원시와 후세의 유학에서 어떤 것이 적극적인 인소이고 어떤 것이 소극적인 인소인지를 구분하지 못하고 뭉뚱그려서 일괄적으로 비판하고 타도하였다. 이는 당연히 충분히 실사구시적이지 못하다. 그러나 오늘날 보면 당시의 그런 복잡한 상황은 한편으로는 이해가 되는 동시에 반드시 절실하게 반성해야 한다.

근대 중국 역사에서는 공자에 대하여 세 차례 대규모 비판을 발동한 적이 있다. 첫 번째는 태평천국의 영수 홍수전(洪秀全)이다. 그는 "요괴가 된 까닭을 바로잡음은 모두 공구가 사람을 가르친 책이 착오가 많음에서 추구(追究)하여야 한다."[40]라 하였다. 아울러 상제가 천정(天庭)에서 공자를 심문하고 매질하는 신화를 날조했다. 이 때문에 태평군이 이른 곳은 항상 공묘를 허물고 유가의 책을 불태웠다. 그러나 실천에 있어서는 대대적으로 공자사상의 찌꺼기(封建等級制와 '忠君尊王' 思想 등)를 발전시켜

---

40 『태평천일(太平天日)』.

태평천국 후기에는 왕후를 크게 봉하고 등급 종법관념이 범람하여 이를 밝게 증명시킨다.

신해혁명은 청 왕조를 전복시켰지만 봉건세력의 기초를 저촉하지 않았다. 봉건세력의 대표인 북양군벌의 수령 원세개(袁世凱)는 아주 수월하게 중화민국 임시대총통의 직위를 훔쳤다. 그뿐 아니라 제국주의와의 결탁에 박차를 가하여 열강이 지지한다는 망상 하에 황제의 보좌에 올랐다. 사상문화의 영역에서 그는 공교(孔敎)를 국교로 삼고 공교회(孔敎會)를 조직하였다. 공자를 높이고 경서를 읽을 것을 크게 제창하였으며 봉건적 독소를 확산시켰다. 이런 상황에서 '5·4' 신문화운동이 발흥하였다. 민주와 과학이라는 양면의 큰 기치를 높이 내걸고 봉건전제주의의 공교와 봉건미신사상에 강대한 공세를 발동할 것을 공언하였다. 이에 두 번째의 대규모 '비공운동'이 '공가점 타도(打倒孔家店)'를 구호로 발동하였다.

장시간의 논전을 거쳐 민주적이고 과학적인 사상이 사람의 마음에 깊이 들어가, 공자와 유가는 전통적 지위와 존엄을 잃게 되었다. 이 투쟁은 1924년에서 1927년에 이르는 대혁명에 사상 준비를 마련해주었고 공산주의 사상이 중국에 전파되는 데 유리한 조건을 창조하였다.

국민당의 장제스(蔣介石)는 북양군벌과 마찬가지로 유가사상을 이용하여 그 반동 통치를 공고히 하기를 기도하였다. 문화 '위초(圍剿)' 중에 국민당 반동파는 혁명적 문화공작자에게 잔혹한 압박과 학살을 진행한 것 외에도 봉건주의와 파시즘이란 물건을 끄집어내어 마르크스주의에 대항하였다.

중국공산당은 유가 학설의 봉건주의적 독소에 줄곧 타협하지 않는 투쟁을 진행해왔다. 그러나 공자 유가 학설과 중국 전통사상문화의 전체에 대하여 중국공산당은 "일률적으로 배척할 것이 아니다. 맹목적으로 전용할 것도 아니며 비판적으로 접수하고 중국의 신문화를 추진하는데 이롭게 해야 한다."[41]고 주장하였다. 마오쩌둥은 항전 초기에 역사적 유산을 학습해야 한다고 지적하여 "공부자에서 손중산(孫中山)까지 우리는 총결하여 진귀한 유산으로 도래하게 해야 한다."[42]라 하였다. 류사오치(劉少奇)는 공산당원의 수양 문제를 논술할 때 공맹 도덕학설의 부분적 내용을 긍정한 적이 있다. 이렇게 일종의 분석적인 태도는 실제상 '5·4' 시기의 모든 것이 다 좋고 혹은 모든 것이 다 나쁘다는 편견을 갖게 하였다.

신중국이 성립된 후 전국 인민은 아름다운 사회주의 신생활을 건설하기 위하여 창조적인 노동을 진행하였다. 이때 발생한 황당무계한 사건이 '문화대혁명'이다. 저우언라이(周恩來)가 '비림비공(批林批孔: 林彪를 비판하고 공자를 비판함)'과 '평법비유(評法批儒: 법가를 찬성하고 유가를 비판함)' 운동을 표방하면서 왁자하게 일어났다. 이것이 공자에 대한 세 번째 대비판이다. 종래의 공자를 비판하는 투쟁은 모두 진보세력이 반동세력을 향하여 발동한 정치적 공격이다. 이에 반해 유독 쟝칭(江靑) 반혁명집단의 '비공(批孔)'만은 반혁명세력이 혁명세력을 향하여 진행한 정치적 공격이다. 이 사건은 사람들에게 공자를 높이는 것은 반동이며 공자를 비판하는 것도 일정한 조건에서는 반동에 될 수 있다고 믿게 하였다. 역사는 공정하여 비공운동은 전국 인민이 충심으로 받들어 모시는 무산계

---

41 마오쩌둥의 『연합정부를 논함(論聯合政府)』, 『마오쩌둥선집(毛澤東選集)』, 인민출판사, 1953년판, 1084쪽.

42 마오쩌둥의 『중국공산당의 민족전쟁 중의 지위(中國共産黨在民族戰爭中的地位)』, 『마오쩌둥선집(毛澤東選集)』, 제2권, 522쪽.

급혁명가 저우언라이와 다른 사람들을 타도하지 못하였다. 공부자라는 중화민족의 문화적 거인의 형상을 바꾸지도 못하였으며 짙은 안개에 덮인 공자의 참모습이 밝아지기 시작하였다. 특히 당의 11차 3중전회 이래로 공자 연구라는 금역은 다시 개방되었다. 공자라는 아무도 역사에서 말살할 수 없는 봉건시대의 위대한 사상가이자 정치가, 교육가에게 우리는 반드시 실사구시적인 태도로 접근해야 한다. 그 소극적 인소에 대해서는 엄중하게 비판과 청산을 가하여야 하고 정반이 혼효한 인소에 대해서는 깨끗한 정리와 지양을 가해야 한다. 그 적극적인 인소에 대하여서는 계승하고 발양하여 진정코 "옛것을 현실에 적용하여야" 한다. 따라서 중국 특유의 사회주의 물질문명과 정신문명 건설이라는 내용을 풍부하게 갖추어야 한다.

(2) 공자사상 중의 소극적 인소와 적극적 인소는 중화민족의 역사에서 두 가지 다른 후과를 이끌어내었다

위의 간략한 서술에서 우리는 공자의 사상이 중국 봉건시대의 정치와 경제, 문화 그리고 중화민족의 심리 바탕에 깊이 영향을 끼쳤음을 분명하게 알 수 있다. 우리는 결코 공자사상의 거대한 영향을 낮게 평가할 수 없다. 공자의 사상에서 소극적 인소와 적극적 인소는 두 가지 다른 결과를 이끌어냈다. 전자는 중국 봉건사회가 장기간 정체하여 앞으로 나아가지 못하게 한 것이고, 후자는 중화민족의 모종의 우량한 전통과 특징을 형성한 것이다. 이런 모순된 현상은 공자사상에 내재되어 있는 이중성(矛盾性)으로 조금도 이상할 것이 없는 필연적 산물이다.

첫째, 공자사상의 소극적인 인소는 역대의 부패한 봉건왕조와 서로 결합하였는데 중국 사회가 장기적으로 정체되고 낙후되는 중요한 원

인의 하나이다

한무제가 백가를 축출하고 유가만 높인 후로 공자사상 중의 '충군존왕'을 표지로 하는 소극적 인소는 역대 봉건왕조가 전제 독재통치를 실행하는 사상적 지주가 되었다. 한 왕조가 상승하는 단계에 처하여 있을 때 통치자는 전조가 멸망한 교훈을 거울삼는다. 확고하게 공자의 인정덕치의 교도에 비추어 자기의 탐욕과 향락을 억제하고 인민에게는 어느 정도 양보를 실행하여 객관적으로 사회 생산력의 발전을 촉진시킨다. 그러나 봉건 특권은 곧 봉건계급의 총대표인 황제가 부패를 향해 달려가는 근본 원인이다. 몇 대에 걸쳐 없애지 않으면 그들은 공자를 높이고 경서를 읽는 풍조 속에서 신속하게 부패되어 간다. 전체 지주계급은 갈수록 끝이 없는 탐욕으로 농민들을 쥐어짜며 향락을 추구한다. 그들은 마지막에 민중이 반기를 들도록 다그치기도 하고 외족의 침범을 초래하기도 하여 사회의 큰 동란을 조성하여 전왕의 전철을 되풀이한다.

공자사상 중의 소극적 인소는 봉건제도를 옹호하는 데 결정적 작용을 일으켰다. 역대 봉건 통치자들은 모두 공자의 '충군존왕' 사상을 이용하여 신민을 통제하였다. 모두 부단하게 공자사상의 상층, 특히 제왕에 대한 제약을 감소시키고 하층, 특히 노동 군중에 대한 잔혹한 통치를 강화시켰다. 군신, 부자, 부부관계의 방면에서 한대 동중서가 제기한 '삼강'과 "오상"은 현저하게 군·부(父)·부(夫)의 신·자·부(婦)에 대한 통치를 강화했다. 송명이학은 공자사상 중의 소극적 인소의 전제적 색채를 진일보하여 강화시켰다. 경쟁적으로 "임금이 신하를 죽게 하면 신하는 감히 죽지 않을 수 없고, 아비가 자식을 죽게 하면 자식은 감히 죽지 않을 수 없는" 여론을 조성하였다. 부녀에 대해서는 더욱 엄중한 족쇄를 채워 목숨을 희생해가며 정절이란 허명으로 바꾸도록 강요했다. 역대 통치계급은 이렇게 한 걸음씩 군권과 족권, 부권을 공고히 하고 확대해나갔다. 게다가 그들이 고취한 신권은 중국인민을 속박하는 네 가닥의 매우 큰 밧줄을 형성하였다. 이 때문에 군주 전제제도와 군벌 관료제도, 종법 등급제도 등등을 대대적으로 강화하였다. 그들은 비록 또한 근본적으로 인민의 혁명투쟁을 저지할 수 없었지만 결국 잠시 혹은 부분적인 성공을 얻었다.

중국 봉건사회의 역사는 모종의 방면에서 말하자면 곧 각 봉건왕조가 흥왕 교체하는 역사이다. 공자사상 중의 소극적 인소는 각 왕조의 통치자가 국조(國祚)를 연장하는 데 도움을 주었으니 실제적으로는 곧 봉건사회의 수명을 연장하여 중국 사회가 장기간 정체되어 앞으로 나아가지 못하게 하였다. 이와 같을 뿐만 아니라 중국 봉건사회라는 토양에서 생장해온 공자사상 중의 소극적 인소는 일종의 완강한 역량을 가지고 전체 사회생활을 보증하였다. 곧 봉건사회에서 기본적으로 미래에 영원히 복제되어가는 모식을 보증하였다. 그들은 공자 및 후대의 유자들이 이른바 '근본을 존숭하고 말업을 억제하는(崇本抑末)' 선입견을 이용하여 상업과 수공업의 발전, 특히 두 가지가 봉건적 경제 궤도의 발전을 이탈하는 것을 제한하여 영원히 지주경제의 부용이 되도록 하였다. 이는 곧 중국의 자본주의 관련 생산이 발전해나가는 도로를 막아버리는 계기가 되었다. 그들은 공자의 생산기술과 자연과학을 경시하는 경향을 이용하고 발전시켜 역대 지식인의 총명한 재지를 완전히 유가 경전을 읽고 윤리도덕을 연구하는 데로 흡인하였다. 이에 천거와 고시를 통하여 널리 미관말직을 취하게 하였고 따라서 중국과학기술, 특히 이론적이고 실험적인 자연과학의 발전을 막아버렸다. 근대 이래 봉건 완고파는 공자의 사상인 '화이를 밝히는 변'을 이용하여 중국의 학문과 서양 학문의 다툼을 처리하는 데 문을 굳게 닫고 스스로 지키는 것을 견지하였다. 결국 서방의 선진 과학기술과 자산계급의 민주주의 사상과 제도를 받아들이는 것을 거절하여 중국이 한 차례 한 차례 서방을 따라잡는 중요한 기회를 잃게끔 하였다.

위에서 말한 것을 종합하면 봉건 통치계급은 공자사상 중의 소극적 인소를 이용하고 강화하여 봉건통치 질서를 공고히 하였다. 그 때문에 생산된 발전과 자본주의 생산관계의 맹아와 성장을 저해했다. 바로 앞에서 말한 것과 같이 각 시대에 작용을 일으킨 공자사상은 일반적으로 어용 후대 유자가 개조한 거짓 공학(孔學)과 진위가 반반인 공학을 거쳤다. 이 때문에 그 반동 작용을 전부 공자의 신상에 미루었는데 이는 합당치 않다. 그러나 공자 학설 자체는 확실히 이미 후유의 편견으로 발전된 맹아를 포함하였다. 이런 맹아가 바로 공자사상의 소극적인 인소에 근거한 것이다.

둘째, 공자사상 중의 적극적 인소와 노동인민의 진보된 지식인이 서로 결합하여 중화민족 특유의 우수한 전통과 사회의 기풍을 형성하였다.

공자사상 중의 적극적 인소는 중국 봉건시대의 부분적으로 우수한 지식인(士大夫) 중에서 깊이 훈도하고 양육하는 작용을 일으킨 적이 있다. 다른 민족이 한민족을 침범하는 것을 막아내는 데 민족이 생사존망의 투쟁 중일 때가 있다. 그럴 때 문천상(文天祥)과 같이 패배하고 포로가 된 뒤에 죽더라도 굴하지 않는 대의가 늠름하게 의 앞으로 나아가야 한다. 산과 강처럼 기세가 웅장한 「정기가(正氣歌)」를 써내어 공자의 '성인(成仁)'('몸을 죽여 인을 이룸이 있는')과 맹자의 '의를 취함'('삶을 버리고 의를 취함')을 자기의 생명을 비추는 노정의 밝은 등으로 삼을 수 있어야 한다. 이것이 훈도와 양육 작용의 결과이다. 중국 역사상 문천상 같은 이런 '위태로움을 보면 목숨을 바치는' 지식인과 노동인민의 존경스러운 인물이 적지 않다. 이런 진리를 견지하고 희생을 두려워하지 않는("삶을 구하여 인을 해침이 없고, 몸을 죽여 인을 이룸이 있는") 중화민족의 우수한 전통은 근 백년의 기세가 드높은 민족해방 투쟁과 인민해방 투쟁 중에서 앞사람이 넘어지면 뒷사람이 잇는 매우 우수한 지식인과 노동인민의 충정한 선열이 계승하고 발양한 것이다. 이런 눈부시게 빛나고 우수한 전통은 바로 공자의 인생철학이 방대한 체계에서 적극적 인소로 장기간 양육되어온 귀중한 성과이다.

공자의 기세가 등등한 인(仁)의 인생 철학사상에서 적극적 인소는 정파의 지식인과 광대한 노동군중에게 전파되면서 중화민족의 모종의 우수한 전통을 형성하였다. 그 주요 특징 중 첫째는 애국사상의 전통이다. 공자사상의 훈도 아래 염황(炎黃)의 자손은 강대한 민족적 구심력과 응집력을 갖추었다. 민족의 위망(危亡)이라는 고비에서 많은 지사(志士) 인인(仁人)은 인민의 생명 재산과 민족문화를 지키기 위해 자기의 생명을 희생했다. '이민족'에게 정복당하여 '나라가 망하는' 상황에서도 늘 스스로의 우수한 전통문화(주도 작용을 일으키는 것은 공자사상 중의 적극적 인소이다)의 영향을 끼쳐 정복자를 동화시켰다. 중국은 장기적인 역사 과정에서 다민족의 대연합과 대통일 국가를 형성하였다. 공자사상 중의 적극적인 인소는 의심의 여지 없이 중요한 결정적 조건 중의 하나이다. 둘째는 사람 특히 인재를 중시한 전통이다. 공자는 "인재를 얻기가 어렵다(才難)"는 감탄을 발한 적이 있다. 그는 일관되게 '정치에 종사함'은 바로 인재를 발견하고 선용(選用)하는 데 있으며 '가르침을 베풂'은 더욱이 인재를 배양하고 육성하는 것이라고 생각하였다. 봉건시대에 인재를 중시하고 존중하는 것이 비록 귀족통치와 왕권의 실질을 개변시킬 수는 없지만, 현신(賢臣)과 양리(良吏, 人才)를 통하여 어느 정도는 왕권의 남용을 개선시키고 제한했다. 그리하여 얼마간 '인정덕치'를 실행하여 지나치게 황음하고 잔포해지지 않게 하였다. 이로 인하여 중국 역사상 제왕은 반드시 대유를 스승으로 삼는 아름다운 미담(劉備가 諸葛亮을 사사한 것 같은)이 있게 하였다. 현신이 군왕을 과감하게 비판하는 아름다운 예(魏徵이 면전에서 唐太宗 李世民을 비판한 것 같은)도 있도록 하였다. 그 결과가 근본적으로 왕권의 압박하는 본성을 개변시킬 수는 없었다. 오히려 왕권통치를 강화하고 공고히 하기는 하였다. 하지만 결국은 그 화해(禍害)를 경감시켜 인민 군중에게 유리하게 하여 다른 역사적 조건 하에서 인민이 편안히 거처하고 생업을 즐길 수 있는 다른 '태평성세'를 조성하였다. 셋째, 비종교적 전통이다. 공자의 현실주의 태도는 중화민족에게 깊이 영향을 끼쳤다. 본국과 외부에서 들어온 각종 종교를 막아 장기간 중국의 정치와 사회생활을 좌우하고 농단할 수 없게 하였다. 중국에는 종교적 열광과 종교 투쟁, 교회가 정치에 간여하는 현상이 없다. 이는 공자의 사상과 밀접한 관계가 있다고 말하지 않을 수 없다. 넷째 윤리 도덕과 정치가 서로 통일하는 전통이다. 공자가 성실하고 엄숙하게 자기의 학문도덕을 제고시키고(修己以敬), 직접 치국평천하(修己以安百姓)와 연계시킨 것은 매우 좋은 증명이다. 다섯째 '천하를 공(公)으로 하고', '세계가 대동(大同)'인 사상전통이다. 이는 하나의 민족 하나의 국가를 해결하는 문제가 아니라 전 인류의 문제를 해결하기 위함이다. 사상이 몽롱하기는 하지만 확실히 원대한 견해가 있는 몽롱한 사상으로, 이미 전 인류 역사의 진귀한 재부가 되었다.

분명히 개혁개방과 중국의 특색이 있는 사회주의 물질문명과 정신문명을 건설하는 과정에서 우리는 여전히 이런 우수한 전통의 발양을 필요로 한다.

2. 국외에서의 영향

(1) 동방국가에 대한 영향

첫째, 공자와 한국. 일찌감치 B.C. 3세기 기씨조선(箕氏朝鮮) 시대에 공자사상은 한자와 함께 이 나라에 전하여졌다. 그러나 공자 유가사상은 통치계급에게 중시되었고 광범하게 전파되었으니 한반도 봉건시대의 사정은 한반도의 봉건제도와 흥망성쇠를 함께하였다.

고구려와 백제, 신라가 정립한 삼국시기(1~7세기)는 한반도의 초기 봉건사회이다. 몇백 년에 걸친 흡수와 소화과정을 거쳐 유가사상은 점차 삼국의 통치지위를 점한 의식형태가 되었다. 고구려는 중국과의 연계가 가장 밀접하여 건국 초에 곧 한자를 사용하였다. 372년에는 중국의 제도에 의거하여 태학을 세우고 유가의 '오경'과 '삼사(三史)'(『史記』, 『漢書』, 『後漢書』)를 가지고 귀족자제를 교육시켰다. 이후에는 대규모로 중국에 유학생을 파견하여 배웠다. 백제의 유학 또한 매우 일찍 발달하기 시작하여 285년 백제 왕은 왕인(王仁)을 바다 건너로 파견하여 일본 왕에게 『논어』와 『천자문』을 바치게 하였다. 이 이전에 유가 전적이 통치자에게 중시되었음을 알 수 있다. 중국 남북조시기에 백제는 남조문화를 흡수하는 데 주의하여 양(梁)나라의 모시(毛詩) 박사와 예 박사를 초빙하여 강학하게 하였으며 백제의 왕공 대신이 유학의 훈도를 깊이 받았다. 의자왕(義慈王)은 "어버이를 효로 모시고 형제간에 우애가 있어" "해동의 증자(海東曾子)"로 불렸다. 신라는 문화적인 면에서 첫걸음을 비교적 늦게 떼었지만 발전 속도는 매우 빨랐다. 신라는 유가사상을 기초로 하여 불·도 사상을 흡수하여 신라 특유의 화랑도를 창립하였다. 화랑도는 '사군이충(事君以忠)'과 '사친이효(事親以孝)', '교우이신(交友以信)' 등 유가의 도덕이론을 자기의 신조로 삼았다. 675년 신라는 한반도를 통일했다. 신흥 봉건국가에 인재를 배양하고 관리해주기 위해 수도에 국학(國學), 곧 유학의 최고 학부(學府)를 설립하고 대규모로 당나라에 유학생을 파견하여 배웠으며 아울러 독서삼품제(讀書三品制)를 확립하였다. 유가 경전과 한문을 주요 고시과목으로 하여 관리를 선발하였다. 유학은 갈수록 중시되었으며 공자 및 제자의 화상이 태학에 바쳐지기 시작하였다.

935년 한반도를 통일한 고려 왕조는 불교를 존숭하는 한편 계속 유가의 교화를 밀고 나갔다. 문선왕묘(文宣王廟)를 세우고 국학을 확충하였으며 아울러 각 주에 학교를 세우고 과거제도를 실행하였다. 많은 대유(大儒)가 사학(私學)을 열었다. 유명한 곳이 12군데였는데 십이도(十二徒)로 일컬어진다. 그 가운데 최충(崔沖)의 영향력이 가장 컸다. 최충의 시호로 명명하여 '문헌공도(文憲公徒)'라고 하였다. 사학의 창립은 유학교육이 광범위하게 대중성을 띠게 하였으며 유학의 영향은 더욱 깊어졌다.

고려 왕조는 의부(義夫)와 절부(節婦), 효자(孝子), 순손(順孫)을 힘껏 표창하고 불충하고 불의한 사람은 징벌했다. 이로 인하여 적지 않은 효자와 충신이 출현하였다. 허벅지 살을 베어 부친의 병을 치료한 위초(尉貂)와 "임금이 욕을 보면 신하는 죽어야 한다"는 신념을 안고 왕을 위해 순절한 홍관(洪灌) 등과 같은 사람이 있다.

1392년 고려를 대신한 이 씨 조선은 후기 봉건사회에 속한다. 조선의 통치자는 고려 왕조의 유·불을 함께 중시한 문화정책을 바꾸어 전력으로 유교를 실시하여 유일한 정통사상이 되게 하였다. 유학은 조선에서 전성기를 맞았지만 당시의 유학은 주로 주자학이었다. 주자학은 불교를 비판하는 과정에서 적극적 작용을 일으켰다.

조선의 조정은 적극적으로 유학교육을 발전시켰다. 중앙에는 성균관을 설치하였고 부현(府縣)에는 향교를 설치하였다. 민간에서는 무수한 서당을 열었다. 각종 학교에서 학습에 참가한 사람은 문무 양반(兩班)의 관원 자제를 제외하고도 더욱 많은 평민자제가 있었다. 과거제도의 규정은 과거합격자 및 그 부모에게 매우 큰 영예를 가져다주었다. "궁전 앞에서 합격자를 발표하고[唱榜] 어전에서 술을 내리며 어사화를 내리고 광대들이 공연을 하고 고적대가 앞에서 인도하며 사흘간 거리에서 잔치를 했다." 부모가 살아 있는 자에게는 어버이에게 영예를 기리는 연회를 내리고, 부모가 세상을 떠났으면 무덤에 제사를 지내주었다. 이런 것들은 곧 무수한 청년들에게 유교경전을 각고하여 배우게끔 흡인하였다.

유학교육의 수요를 만족시키기 위해 조선에서는 중국의 유가 경전을 대량으로 수입하고 판각했다. 한편 조선의 명유들에게 중국의 상황에 의거하여 한문과 한글, 도화(圖畵)로 각종 유학 교재를 보급되도록 하였다. 『예기천견록(禮記淺見錄)』과 『효행록(孝行錄)』, 『오례의(五禮儀)』, 『삼강행실(三綱行實)』, 『삼강행실도(三綱行實圖)』 등을 편사(編寫)하여 충·효·절의 관념으로 문맹자를 포함한 모든 민중들이 대상이었다. 이렇게 광범하고 깊이 들어간 유학교육은 대대로 무를 숭상하던 기풍을 바꾸어놓았다. 전국의 상하의 사람들에게 "신의를 숭상하고 유학을 독실하게 좋아하며 예양(禮讓)이 풍속을 이루었고 부드럽고 삼감이 기풍이 되게"[43] 하

---

43 『조선지(朝鮮志)』 「풍속(風俗)」.

였다. 16세기 후반 무렵 전국에서 실행한 향약은 이 점을 깊이 반영하였다. 향약의 내용은 '덕업상권(德業相勸), 과실상규(過失相規), 예속상교(禮俗相交), 환난상휼(患難相恤)'이다. 한국의 사학가들은 "향약이 규정한 각 조목은 우리나라 백성의 고상한 도덕 품질을 유교의 삼강오상으로 표현해내었다."[44]라 생각하여 공자사상의 영향이 심원함을 알 수 있다.

17세기에서 19세기까지 조선의 봉건제도는 몰락의 길을 향해 걸었다. 그 정신적 지주인 주자학은 갈수록 보수성을 표현해내게 되었다. 그러나 조선의 자본주의 생산관계는 봉건제도의 속박을 충분히 돌파할 수가 없었다. 소수의 선진 지식인이 창도한 실학은 주자학을 철저하게 비판할 수가 없어서 이미 경직되고 부패되긴 했지만 여전히 통치적 지위를 차지하고 있었다.

19세기 말에 일본의 군국주의 세력이 조선을 침략하여 정치, 경제적으로 조선 인민을 노역시키는 동시에 문화적으로도 유학에 타격을 가하였다. 과거제도를 폐지시키고 구식 서원을 신식 학교로 대체하는 등 조선 인민의 전통 관념을 파괴하는 데 편리하도록 하였다. 민족적 투쟁 과정에서 조선의 민간에서는 동학당이 나와 유학을 중심으로 하는 동학을 제창하고 서양의 학문에 반대하였다. 1894년 동학당은 농민들의 기의를 이끌었다. 강령은 "사람을 죽이지 않고 물건을 다치지 않는다. 충과 효를 모두 온전히 하고 세상을 구제하고 백성을 편안히 한다. 왜이(倭夷)를 멸하고 성도(聖道)를 맑게 하며, 군사를 몰아 서울로 들어가 권귀(權貴)를 모두 없앤다."[45]는 것이다. 이런 특수한 상황에서도 유가 사상이

44 『조선통사(朝鮮通史)』 상, 지린(吉林)인민출판사, 1973년판, 제17장, 710쪽.
45 왕리다(王立達)의 『조선간사(朝鮮簡史)』, 28쪽.

적극적인 작용을 하였음을 알 수 있다. 그러나 일본의 침략자들은 매우 빨리 유학에 대한 태도를 바꾸었다. 공자의 제사를 크게 행하고 경서를 강학하여 유학의 충효를 그들을 위하여 복무하는 데 이용하였다.

제2차 세계대전 후 일본은 한반도에서 쫓겨났으며 한국은 남북으로 분단되었다. 비록 남북한 사회제도가 다르고, 공자의 유학에 대한 태도도 달랐지만 같은 점은 공자의 유가사상이 남북한에서 모두 원래 가지고 있던 통치 지위를 잃었다는 것이다.

남한에서는 제2차 세계대전 후 서방의 영향으로 학술계가 서방의 학설로 기울어져 동방의 전통적인 사상문화에 대한 연구를 홀시했다. 70년대 후 중국의 국제적 지위가 차츰 높아졌고 구미 각국의 중국에 대한 연구가 부단히 강화되었다. 이는 곧 남한으로 하여금 본국의 전통 사상문화 및 공자의 유학 사상에 대한 연구를 강화할 필요성을 느끼게끔 촉진하였다. 최근 남한의 몇몇 소장파 윤리학자들은 중국의 예교가 조선의 역대 윤리도덕에 끼친 영향 및 현대 남한의 윤리도덕 관념에서 중국의 전통 예교가 일으킨 작용 등을 연구 중이다. 현재까지도 남한은 여전히 공자 유가의 '신독(愼獨)'과 '반구저기(反求諸己)', '극기복례(克己復禮)', '무자기(无自欺)' 등을 자기의 전통미덕으로 간주하고 있다. 특히 남한은 『역경』의 팔괘도(八卦圖)를 국기의 표지로 삼았다. 이는 공자 유가사상이 오늘까지도 남한에 끼치는 영향이 매우 깊음을 설명해주고 있다.

북한에서는 제2차 세계대전 후 중국의 전통적인 공자 유학 및 조선에서의 영향에 대해 줄곧 주의를 기울여 연구하고 있다. 조선민주주의인민공화국 과학원에서 1962년에 출판한 정진석(鄭振錫), 정성철(鄭聖哲) 등의 공저 『조선철학사』에서 유가사상의 내용과 성질 및 조선에서의 전파와 영향 등에 대해 모두 논술하고 주자학에 대하여서도 분석을 진행하였다. 진일보한 이 방면의 연구 작업을 위하여 북한의 학자들은 유가 경전과 한문 고적의 정리 작업을 진행하기 시작하였다.

위에서 말한 정황에 근거해보면 공자 유가사상과 조선 사상문화의 발전관계는 매우 밀접하다. 2천 년 동안 공자 유가사상과 조선의 민족 사상문화는 이미 하나로 융화되었음을 알 수 있다. 오늘에 이르기까지 공자 유가사상을 내포하고 있는 조선의 민족사상 문화는 반드시 끊이지 않고 발양되고 광대해질 것이다.

둘째, 공자와 일본. 285년 백제의 박사 왕인이 바다를 건너 일본에 이르러 우지노와 키이라츠코(菟道稚郞子)에게 『논어』와 『천자문』을 바쳤다. 일반적으로 이를 유가 학설이 일본으로 전래된 시초로 보고 있다.

유학의 전래는 일본 고대교육 사업의 발전을 촉진시켰다. 왕인 및 기타 도일 학자들은 궁중에서 『논어』와 『천자문』 등 유가 서적을 가르쳐 일본으로 하여금 자각적 문화교육을 갖게 했다. 오래지 않아 최초의 학교인 학문소(學問所)가 출현하였다. 전문적으로 왕자와 대신들에게 유가 경전을 전수하는 책임을 맡았다. 교육 범위가 크다고는 할 수 없었지만 영향은 심원하였다. 513년 비로소 오경학이 설립되기 시작하였다. 7세기에 이르러 쇼토쿠(聖德) 태자의 창도로 유학교육은 진일보 발전하였다. 고토쿠(孝德) 천황 조에 국박사(國博士)를 설치하였다. 덴지(天智) 천황 조에는 학교를 설립하였으며, 분부(文武) 천황 조에는 대보령(大寶令)을 반포하여 수도에 대학을 설치하였다. 각국에 국학을 설립하여 학생들에게 『주역』과 『상서』, 『삼례(三禮)』, 『좌전』, 『효경』, 『논어』를 가르치도록 규정하였는데, 모두 한위(漢魏)의 고주(古注)를 표준으로 삼도록 하였다. 나라(奈良)에서 헤이안(平安) 시기(710~1192)까지 관리를 선발하는 고시의 제목은 모두 유학 한학과 관련이 있었다.

유학교육의 발전에 따라 유가사상은 차츰 피통치계급의 몇몇 대표적 인물에게 받아들여졌다. 스이코(推古) 천황 조의 쇼토쿠 태자에 이르러 17조의 헌법을 제정하였다. 제2조에서 불가의 삼보(三寶: 佛·法·僧)를 독실하게 공경할 것을 요구한 것 외에는 거의 유가사상이었다. 제1조는 "화함을 귀하게 여긴다(和爲貴)"이고, 제2조는 "나라에는 두 임금이 없으며 백성에는 두 주인이 없고 모든 땅의 백성은 왕을 주인으로 한다"는 유가의 중용과 충군 관념을 반영하였다. 그가 제정한 12급 관위제(冠位制)는 유가의 덕목인 '덕, 인, 의, 예, 지'를 (대소로 나누어) 각급의 명호로 삼았다.

유가사상은 일본 고대 정치생활에 또한 상당한 영향을 끼쳤다. 다이카(大化) 혁신(645년)과 대보령(701년)의 제정은 일본 고대사상의 중대한 사건으로 그것들은 일본을 원시적인 씨족색채를 가진 국가를 중앙집권적인 "법식(法式)을 갖추어 정한" 율령국가로 전변시켰다. 다이카 혁신과 대보령은 모두 수당문화를 학습한 결과이다. 그 가운데 적지 않은 내용이 유가 경전에 의거하였다.

이와 동시에 공자의 지위는 부단히 제고되었다. 대보령은 대학과 국학은 매년 춘추의 두 중일(仲日)에 공자에게 석전의 예를 거행하도록 규정하였다. 공자를 제사지내는 이런 의식은 쭉 이어져 내려왔다. 이에 공자를 '선성공선보(先聖孔宣父)'라 일컫기 시작하였다. 768년에는 칙령으로 공자를 문선왕으로 칭하였다. 나중에 공자의 제사는 학교에 한하지 않았고 정부의 관원도 참가하였다. 집정자인 후지와라노 모토히로(藤原基經)는 석전 날에 공경을 거느리고 공자를 제사지냈다. 아울러 명경박사에게 『주역』을 강하게 했고 공자에 대한 예배는 더욱 높아졌다.

가마쿠라(鎌倉) 시대에서 에도(江戸) 시대에 이르는 6백여 년 동안은 일본의 봉건시대이다. 통치 지위를 점한 봉건 영주계급은 각급 무사로 구성되었다. 고대의 천황제도가 해체되어 천황은 유명무실해지고 중앙정권을 무인 바쿠후(幕府)가 장악하였다. 무사계급은 농민 상인과의 갈등, 천황과의 갈등, 서방 열강과의 갈등에 직면해 있었다. 무사계급 내부의 쇼군(將軍)과 다이묘(大名, 諸侯)에서 중하급 무사 이를테면 하타모토(旗本), 고케닌(御家人) 등에 이르기까지도 모두 갈등이 존재하였다. 장기적인 탐색을 거쳐 최고통치자인 쇼군은 이런 갈등을 처리하려면 봉건질서를 옹호해야 함을 알았기에 무력진압 외에 더욱 유가사상의 교화에 의존해야 했다. 이렇게 유가사상은 갈수록 더욱 중시되었다. 에도시대에 이르러 도쿠가와(德川) 바쿠후는 유학을 성교(聖教)로 받들어 힘껏 공자를 높이고 경서를 읽을 것을 제창하였다. 행정수단으로 '이학(異學)'을 엄금하여 마침내 유학이 통치 지위의 의식형태를 접하게 되었다.

역대 도쿠가와 쇼군은 모두 유학의 열렬한 옹호자였다. 도쿠가와 료키치(德川綱吉)는 본향에 대성전을 세우고 공자 및 십철의 상을 설치하였다. 때에 맞추어 석전의 예를 거행하고 늘 직접 경서를 강해하였다. 도쿠가와 요시나오(德川義直)는 『예의보전(禮儀寶典)』을 지어 유가의 이론과 일본의 신도(神道)를 배합하였다. 그들은 일본 최대의 공묘를 세웠다. 최고의 유학 학부인(學府) 쇼헤이자카(昌平坂) 학문소(學問所)를 설립하고 대량으로 유가전적을 출판하였다. 그들의 영향 아래서 각지의 제후들 또한 공묘를 세우고 학교를 설립하였다. 이렇게 유학교육을 전에 없이 발전시키기 시작했다.

도쿠가와 바쿠후가 받들어 존중한 것은 유학 중의 주자학이었다. 이 학파는 관학이 되어 많은 학자와 큰 세력을 보유하였다. 유학의 강대한 영향으로, 주자학에 반대하는 이론은 상당히 긴 시간 동안 유학의 형태를 취하지 않을 수 없었으며 주자학 바깥의 갈래에 지나지 않을 뿐이었다. 이에 고학(古學), 양명학(陽明學), 남학(南學), 고의학(古義學), 고문사학(古文辭學) 및 절충파(折衷派), 고거파(考據派) 등등이 출현하게 되었다. 이때가 일본유학의 전성기였다.

유학 각파는 공동으로 가장제 도덕을 옹호하였다. 가장 두드러진 것은 효였다. 주자학파인 가이바라 에키켄(貝原益軒)은 부모는 자녀에게 엄하면서도 사랑에 빠져서는 안 되며, 자녀는 완전히 부형에게 순종하여 "부모와 형장(兄長)의 질책을 받는다 하더라도 또한 부형의 잘잘못에 반박해서는 안 되고 두려워하며 조심해서 따라야 한다."[46]고 강조했다. 그들은 공자의 부녀를 경시하는 사상 노선을 따라 나아가며, 부녀는 '삼종(三從)'과 '사덕(四德)'을 엄수하였다. '오병(五病)'과 '칠출(七出)'을 엄격하게 방지하여야 한다고 생각하여 부녀에게 비교적 무거운 족쇄를 채웠으며 부녀의 지위가 더욱 낮아지고 운명이 더욱 비참하게 하였다. 의심의 여지 없이 주자학파의 대표적 인물인[47] 공맹·정주의 도를 불변의 진리로 보았다.

봉건시대에 형성된 무사의 도덕인 무사도 또한 유가학설과 매우 깊은 관계가 있었다. 그 주요 도덕규범인 의(義), 용(勇) 예(禮) 및 그 설명, "주인을 얻으면 충성을 다한다", "삶을 버리고 의를 취한다", "의를 보면 용기 없는 생동을 하지 않는다", "예가 아니면 보고 듣고 말하고 움직이지 않는다" 등등은 모두 유가의 전적에서 왔다. 어떤 것은 공자가

---

46 『일본사(日本史)』 215쪽에서 전재.
47 『일본사(日本史)』 216쪽에서 전재.

원래 말한 그대로이다.

1868년 메이지(明治) 유신 이후 일본은 자본주의의 노선을 달리면서 근대의 천황제를 세웠다. 천황제의 경제적 기초는 한편으로는 반봉건적 토지제도이며 한편으로는 국가자본 및 정부의 특권 자본통치 자본주의 제도이다. 이는 곧 일본이 정치적으로는 전제주의를 실행하면서 사상 문화적으로는 유가사상의 봉건주의 성분을 흡수하고 발전시킬 것을 결정하였다. 국민교육과 정신생활의 지도 문건인 메이지 천황의 『교육에 관한 칙어(勅語)』는 일본의 신도(神道)와 유학을 일체로 융합시켜 말하였다. "사도(斯道)는 실로 우리 황조(皇祖)와 황종(皇宗)의 유훈으로 자손과 신민이 준수하여야 할 것을 갖추었다." "황조와 황종은 …… 신민으로 능히 충성하고 능히 효도하여 억조가 한마음에 되어 대대로 그 아름다움을 이루었으며 국체(國體)의 정화가 되었다." 그것은 "나라의 법을 중히 여기고 나라의 법도를 준수하고 의(義)와 용(勇)으로 공사를 받들고", "부모에게 효도하고 형제에 우애가 있으며 부부는 화해롭고 붕우는 신의가 있다."[48] 등등이다. 이 때문에 메이지 이래 공자를 높이는 기풍은 끝없이 늘어났다.

제2차 세계대전 후 특히 1949년 신중국 성립 후에 일본 인사가 중일 우호의 정의에서 우러나 중국 공자 유가사상을 연구하는 사람이 부단히 증가하였으며 이미 가시적인 역량을 형성하였다. 따라서 몇몇 서방 학자들은 중국 본토를 제외하면 일본이 세계에서 공자 유가사상을 연구한 성과가 가장 많은 나라라고 생각하였다. 일본의 메이지 유신 이래 백여 년간 일본의 중국 공자 유가사상에 대한 연구는 한 번도 끊어진

48 우노 데쓰토(宇野哲人)의 『유교와 일본 정신』에서 전재.

적이 없다고 말할 수 있다. 이 시기 공자 유가사상이 일본에 끼친 영향 또한 마찬가지로 매우 깊었다. 일본 조야의 인사, 특히 학자들의 공자에 대한 평가 또한 마찬가지로 매우 높았다. 일본의 저명한 사학가 구와바라 간조(桑原騭藏)는 공자를 '평범한 위인'이라 찬양하여 무슨 '기적과 예언'이 없었다, "시종 인계(人界)를 떠나지 않아 사람의 처음을 살리고 사람의 끝을 살렸다"라고 생각하였다. 공자는 "우리와 마찬가지로 평범한 범인이지만" 부단한 노력을 거쳐 위인의 경지에 이르렀다. 이로 인하여 공자는 사람들이 배우는 모범이 될 수 있었다고 하였다. 일본 조야의 인사들의 공자와 중국 전통 사상문화에 대한 경앙은 이미 중일 우호의 표지가 되었다.

공자 유가사상이 일본에서 전파되고 발전하는 주요 특징은 고유의 사상문화와의 융합으로 이른바 유학의 일본화이다. 일본화한 유학은 천여 년간 일본 사회의 발전에 깊은 영향을 끼쳤다. 뿐만 아니라 현재 일본이 이미 발달한 자본주의 국가가 되기까지에도 여전히 매우 큰 영향을 주고 있다. 일본의 전 총리 나카소네 야스히로(中曾根)는 명확하게 "일본은 민주주의와 자유주의의 생각을 공자의 가르침과 조화시켜야 한다."라 표명한 적이 있다. 어떤 일본 학자는 심지어 일본에서 신공부자(新孔夫子)의 자본주의를 세워야 한다고 제기하기도 하였다. 이는 현재까지도 공자의 유가사상이 일본에서 여전히 활력이 있으며 일본 자본주의 정신문명을 건설하는 중요한 사상의 내원임을 표명하고 있다.[49]

근년 들어 전 세계에서는 모두 경이적인 눈초리로 전후 만신창이가

---

49 양환잉(楊煥英)의 『공자사상의 국외에서의 전파와 영향』, 교육과학출판사, 1987년판, 139~141쪽.

된 일본이 겨우 30년 전후라는 매우 짧은 기간에 초경제대국의 발전을 이루어낸 것을 주시하고 있다. 이는 실재로 매우 신속한 것이다. 무슨 오묘한 비밀이 있는가? 전 싱가포르 주일본한국특명전권대사 황망청(黃望青) 교수의 답은 이렇다. "한 마디로 간단히 말하여 동방문화와 서방 과학기술의 교묘한 배합이다." 여기서 말하는 동방문화는 주로 공자의 유가사상을 핵심으로 하는 중국 전통사상 문화 중의 적극적 인소이다. 황망청 교수는 또 말하였다. "'같은 배를 타고 함께 건넘'과 '천하가 근심하기에 앞서서 근심하고 천하가 즐거워한 후에 즐거워하는 것'들은 천백년래로 절대로 엎을 수 없는 옛 가르침이며", 게다가 "'공사를 위해서 사적인 것을 잊음' 같은 것은 모두 동방의 미덕이자 또한 일본이 중국의 문화유산에서 배운 것이다." 또 말하였다. "사람의 마음을 얻는 것은 동방이 오래도록 나라를 다스리고 정치에 종사한 밝은 교훈이다. 생산력을 높이려고 하면서 이런 감초가 적으면 약효가 또한 큰 효과를 보지 못할 것이다!"[50]

사실은 웅변보다 낫다. 중국 전통사상 문화의 적극적 인소의 현대적 가치에 회의를 품거나 부정하려는 사람은 눈 뜬 봉사이다. 이는 우리가 반성하고 깊이 생각할 가치가 있는 것이 아니겠는가?

셋째, 공자와 베트남. 베트남은 중국의 인접국으로 예로부터 두 나라 사이의 관계는 매우 밀접하다. 공자 및 유가사상이 베트남에 전파된 지가 오래되었고 깊은 영향력을 끼쳤다는 것은 중국 내외로 널리 알려졌다. 진시황 때 이미 베트남 북부와 중부에 상군(象郡)을 설치했다. 진나라 말 한

---

50 황망청 교수의 『타산지석』 「일본과 싱가포르 경제발전의 깊은 뜻을 논함」, 서남사범대학 출판사(西南師範大學出版社), 105, 395쪽.

나라 초에 공자사상 및 유가 경전은 이미 베트남에 전래되기 시작했다.

B.C. 111년, 한무제는 베트남에 교지(交趾)와 구진(九眞), 일남(日南)의 세 군을 설치했다. 그 후 베트남은 중국의 동한과 삼국, 양진(兩晉), 남북조, 수, 당에서 오대에 이르기까지 천여 년간 모두 중국의 군현이었다. 공자사상은 차츰 베트남으로 깊이 들어갔으며 베트남의 사상문화, 민족 풍정 및 베트남 봉건화의 과정과 발전에 모두 매우 큰 영향을 끼쳤다. 여기에 중대한 공헌을 한 사람으로는 동한 초년의 교지 태수 석광(錫光)과 구진 태수 임원(任遠)이 있다. 그들은 유술로 베트남을 다스렸다. 베트남의 사서『대월사기전서(大越史記全書)』「외기전서(外紀全書)」(卷4)에는 기록되어 있다. "석광이 교지 태수가 되고 임원이 구진 태수가 되었을 때 학교를 건립하고 예의로 이끌었으며 이 이래 4백여 년 백성들이 비슷해졌다."

삼국시대의 교지 태수 사섭(士燮)은 유학에 정통하였으며 교지를 다스린 것이 40년에 달하였다. 그는 유학이 베트남에 전파되는 데 훌륭한 기초를 한층 더 다졌다. 사섭이 교지 태수로 있는 기간에 마침 중원의 동란을 만나 한나라의 명사가 교지로 많이 피난하여 경학가 허자(許慈)와 허정(許靖), 유휘(劉熙), 정병(程秉) 등이 사섭의 경학 전파를 도와 중국의 선진문화를 베트남에 전파했다. 베트남 사학자 오사련(吳士連)은 말했다. "우리나라가 시서(詩書)에 통하고 예악(禮樂)을 익혀 문헌(文獻)의 나라가 된 것은 사왕(士王, 곧 사섭)에게서 시작되었다. 그 공덕이 어찌 당시에만 특별히 행하여졌을 것이며, 멀리 후대에까지 미쳤으니 어찌 성하지 않겠는가!"[51]

---

51 『대월사기전서(大越史記全書)』「외기전서·사기(外紀全書·士記)」.

서한과 삼국시기, 특히 2세기 말엽에는 많은 중원의 인사가 멀리 타향으로 교지까지 남하하였다. 베트남의 사인(士人) 또한 천리 먼 길을 나서 북으로 중원에 이르러 유학을 배웠을 뿐만 아니라 동한에서 관직생활을 하기도 했다.

수당시대에 당나라는 교주(交州)에 도호부(都護府)를 설치하고 유자를 파견하여 베트남을 통치하였는데, 베트남에서 문교를 크게 일으켰으며 유학을 진흥시켰다. 이때 중원과 베트남 사이를 내왕하는 문인학자들은 끊임없이 이어졌다. 공자사상은 당시만 해도 통치 지위를 얻지 못하였다. 민간에서도 불교만큼 보급되지 못하였지만 베트남의 문인학자들 가운데서는 특별히 존숭되었다.

1010년, 이공온(李公蘊)은 베트남에서 이 씨(李氏) 왕조를 세웠으며 베트남의 봉건사회는 새로운 발전 단계에 진입했다. 이조(李朝)는 봉건집권적 정치제도와 봉건경제를 발전시키고 봉건통치 질서를 안정시키기 위하여 유학의 지위를 더욱 제고시켰다. 유학학교를 크게 열어 유학을 내용으로 하는 과거제도를 관철시켰다. 문묘를 세워 공자를 받들었으며 대량으로 유학경전 등을 도입하였다. 『대월사기전서』「본기전서(本紀全書: 권3)·이기(李紀: 2)·성종황제(聖宗皇帝)」의 기록에 의하면 "신무(神武) 2년(宋 熙寧 3년, 1017) …… 가을 8월에 문묘를 세우고 공자와 주공, 사배(四配: 顔淵, 曾子, 子思, 孟子-옮긴이)의 상을 만들고 72현의 상을 그려 사철 향사를 지냈으며 황태자가 학문에 임했다."라 하였다. 이는 베트남에서 문묘를 세우고 공자를 제사 지낸 최초의 기록이다. 유학이 베트남에서 유교화 하고 공자가 우상화하게 된 계기도 되었다. 이 사당[廟]은 수도인 승룡(升龍, 지금의 하노이[河內])에 세워졌다. 1171년(宋 乾道 7년) 이영종(李英宗) 때 '문선왕전(文宣王殿)'을 추가로 수축하였으며 이에 '가짜 공자(假孔

子)'의 형상 또한 베트남으로 수입되었다. 과거(科擧)와 사도(仕途)의 결합은 대대적으로 유학의 사회에서의 지위를 높였으며 베트남에서 공자사상의 전파를 더욱 강화했다. 다만 이조의 유사(儒士) 인원수가 비교적 적어 유학이 크게 흥기하기는 하였지만 여전히 통치지위를 얻지는 못하였다. 이조 말년에 정치가 부패하여 농민들의 부단한 기의를 야기시켰으며 1225년 이조의 여왕(女王)이 진일경(陳日煚)에게 양위를 강요받았는데 이것이 진조(陳朝)이다.

진조(1225~1400)는 이조 말년 농민의 항쟁을 거울삼아 공자사상을 가지고 사회질서를 정돈할 필요성을 더욱 느끼게 되었다. 유학을 내용으로 하는 과거시험으로 선비를 뽑고 문묘를 증축하여 공자를 제사지내며 대량으로 유가 경전을 수입했다. 이 외에도 교육 방면에서 2세기여 동안에 차츰 중앙에서 지방으로, 관학에서 사학에 이르는 유학 교육제도를 세우기 시작하였다. 이와 같을 뿐만 아니라 이런 학교 위에 전문적으로 학습 기구를 설치하였으며 황위 계승자 및 황실의 자제들을 위하여 유학교육을 진행하였다. 그 결과 황자에서 곧장 사숙하여 받아들인 민간 자제에 이르는 위에서 아래까지, 보편적으로 유학교육을 받아 공자사상의 영향이 더욱 깊어지고 광범위하게 하였다. 이에 유학의 지위는 사회에서 차츰 우세를 점하기 시작하였다.

1400년, 진조의 외척인 호계거(胡季犛)가 정권을 탈취하여 호조(胡朝)를 건립하였다. 호 씨 본인은 적극적으로 유학을 제창하였지만 정주이학의 관점에 동의하지 않았으며 자기의 견해를 가지고 유경(儒經)을 새로이 해석하였다. 유가학설을 시행해나가기 위하여 그는 또한 허다한 경전을 방언으로 번역하였다. 아울러 적극적으로 과거의 한자로 시를 짓고 문장을 짓던 유생들에게 본국 문자인 '쯔놈(字喃)'[52]을 사용하도록 창도하였다. 이는 베트남에서 공자학설의 보급과 유학의 현지화에 유력한 추동 작용을 일으켰다. 유학은 베트남에서 진일보하여 발전되었다.

공자사상은 봉건사회 통치계급의 정통사상으로 변모하였는데 1428년 레러이(黎利)가 후레 왕조(後黎王朝)를 건립한 이후의 일이다. 후레 왕조는 빠르게 봉건등급의 존비질서를 정돈시켰다. 또 심각하게 파괴된 봉건경제를 회복시키기 위하여 중국을 본받아 유교만 높이기로 결정하였다. 정치·경제에서 문화교육 내지 백성의 풍속을 규범하기에 이르기까지 모두 유가의 주장에 의거하여 일을 처리하였다. 유학은 베트남에서 전성시기로 진입하였다.

후레 이후 공자사상이 독존의 지위를 차지함에 따라 공자 또한 매우 높은 지위로 존숭되었다. 레현종(黎顯宗) 경흥(景興) 16년(1755) 공자를 왕으로 높였다. 문묘의 공자에게 왕자(王者)의 복식인 곤면복(袞冕服)으로 갈아입힘으로써 공자가 신격화되었다. 포의의 공자가 왕자(王者)의 가짜 공자의 형상으로 변모하여 베트남에서 더욱 두드러지게 되었다.

1802년 응우옌 푹 아인(阮福映)이 서산(西山) 농민의 기의를 진압한 후에 베트남의 마지막 봉건왕조인 응우옌조(阮朝)를 건립하였다. 응우옌조는 레조를 이어 여전히 공자사상을 통치사상으로 하여 홀로 유학만 높였다. 이와 같음에도 베트남 봉건제도는 내우외환과 장기간 이어진 전란으로 이 시기에 이르러 이미 만회할 길이 없이 쇠락해져 갔다. 1884년 '위에(順化) 조약' 후에 베트남은 프랑스의 식민지로 전락했다.

---

52 당시 베트남은 한자를 차용하였으며, 이따금 베트남어를 쓰거나 한자의 형식을 모방하여 만든 베트남자를 썼다. '쯔놈(字喃)'은 베트남문(文)이라는 뜻이다.

식민통치자의 의식형태 방면에서 통제를 공고히 하고, 베트남 인민의 민족의식과 민족 사상문화를 소멸시키기 위하여 노력했다. 식민통치자는 창끝을 곧장 이미 베트남의 전통적인 민족의식이 된 유가사상에 겨누어 유학연구를 진행하는 사람들을 갖가지 방식으로 박해하였다. 1918년 베트남에서 천여 년 통행해온 한자와 한자를 기초로 하는 '쯔놈'을 폐기하고 라틴화 문자를 채택하였다. 1915년에서 1919년까지는 베트남 중부와 북부에서 선후로 유학경전을 고시 내용으로 하는 과거 고시제도를 폐기하였다. 이로써 유학이 원래의 통치지위를 잃기는 하였지만 그렇다고 완전히 소리 없이 자취를 감춘 것은 아니었다. 공자사상이 사회에 끼친 심원한 영향은 결코 식민통치자가 가볍게 없애버릴 수 없었다.

제2차 세계대전 후인 1945년 9월 2일 베트남은 호찌민(胡志明)을 수령으로 하는 베트남 민주공화국을 성립하였다. 비록 반제(反帝) 반봉건(反封建)의 기치를 높이 들었지만 공자사상이 내재된 문화유산을 포괄하여 결코 전면적으로 부정하는 허무주의 태도를 취하지는 않았다. 어떻게 마르크스주의를 지도로 하는가에 이르러서는 공자사상을 내재적으로 포괄하는 베트남 민족문화에 대하여 더욱 구체적인 연구를 많이 하고 있지만 빈번한 전쟁으로 인하여 더 잘 진행할 수가 없었다. 다만 민심에 깊이 들어간 공자사상의 적극적 영향은 반드시 베트남 인민들과 함께 오래도록 존재하고 발전해나갈 것이다.[53]

---

53 본절의 자료는 주로 양환잉(楊煥英)이 지은 『공자사상의 국외에서의 전파와 영향』을 참고하였다.

(2) 서방국가에 대한 영향

앞에서는 동방에서의 공자사상 상황을 소개하였는데, 이번에는 서방국가의 인민과 학자들이 공자를 어떻게 보고 평가해왔는지 한번 살펴보도록 하겠다.

첫째, 공자와 유럽. 명나라 말기에는 서방의 선교사들이 분분히 중국으로 와서 선교를 하였다. 중국의 전통 관념과 예의, 이를테면 조상의 제사와 공자의 제사, 하늘에 제사지내는 등의 견해에 대하여 심각한 의견의 불일치가 있었다. 그들 사이의 의견은 갈라져서 심각한 다툼으로 발전하였다. 이에 장황하게 글을 써서 자기의 관점을 천명하기 시작하였다. 이와 같이 의식을 하였든 말았든 간에 유럽 각계로 중국의 역사와 문화, 풍속관습을 소개하기에 이르렀다. 중국의 각종 사상 유파, 특히 통치지위를 점하고 있는 공자 유가사상을 포용하는 선교방식이었다. 1687년 파리에서 『대학』과 『중용』, 『논어』 등의 라틴어 번역본을 출판하였으니 공자 학설이 정식으로 서방에 전래된 것은 이 해이다.

독일의 자연과학자이자 수학자 그리고 철학자인 라이프니츠는 비교적 일찍 유가학설을 접촉한 서방 학자이다. 일찍이 1676년에 그는 이미 유가의 서적을 읽었고, 1689년 후에는 중국에 있던 예수회 선교사 도밍고 페르난데스 나바레테 등과 연대를 맺어 그로 하여금 중국의 상황을 더욱 많이 이해하게끔 하였다. 라이프니츠는 정치와 윤리 방면에서 중국이 유럽보다 훨씬 뛰어나다고 생각하였다. 중국인들은 "상관에게 복종하고 노인을 존경하며 …… 양친을 존경한다. ……" 중국에서는 농부와 비복(婢僕) 사이에서 교제할 때도 빈빈하게 예를 갖추었으며 중국의 황제 강희(康熙) 또한 매우 현명하다고 생각했다. 그는 이론적인 과학 방면에서는 중국이 유럽만 못하여 이 때문에 중국은 실천철학 곧 정치와 윤리 등을 유럽에 전하였고, 유럽은 이론과학을 중국에 전하여 공동으로 인류의 행복을 촉진시키는 데 편하게 할 수 있었다고 생각하였다. 라이프니츠는 1678년에 0과 1의 원소로 모든 숫자로 표시하는 이진계산법을 창립하였다. 그가 20년 후에 『주역』 64괘의 괘상(卦象)을 보았을 때 특히 흥분하여 중국 고대의 성왕 복희가 몇천 년 전에 이미 2진법의 산술 원리를 응용하여 64괘의 순서를 배치하였다고 생각하였다. 그는 말하였다. "이 『역도(易圖)』는 현존 과학 최고의 기념물이라고 할 수 있다. 그러나 이런 과학은 나의 소견에 의하면 비록 4천 년 이상 된 옛것이긴 하지만 수천 년래로 그 뜻을 이해한 사람이 없다. 이는 불가사의한 것, 그것과 나의 새로운 산술(算術)은 완전히 일치하여 내가 이진법의 산술을 발명하지 않았다면 이 64괘의 체계, 곧 복희의 『역도』는 많은 시간을 소모하고도 명백히 이해하지 못하였을 것이다!"[54] 송유 소옹(邵雍)의 『선천도(先天圖)』에서 배열한 64괘의 순서는 ☷에서 시작하여 ☰에서 끝나는데 --로 0을 나타내었고 ─로 1을 나타내어 이진법으로 나타낸다면 곤(坤)은 000000(곧 0)이다. 건(乾)은 111111(곧 63)이 되어 곤에서 건까지는 정확하게 10진법 0에서 63까지의 수가 된다. 중국의 옛사람들은 자각하지 못하는 사이에 2진법 산술을 운용하였다. 라이프니츠가 2진법 산술로 그것을 해석하여 그가 2진법 산술의 묘용을 깨닫게 하였다.

독일의 철학자 볼프는 라이프니츠의 뒤를 이은 유가문화 숭배자이다. 라이프니츠는 라틴어로 글을 지었으나 볼프는 대학에서 주로 독일어로 중국철학을 가르쳤기 때문에 그의 영향력은 비교적 컸다. 1721년 그는 할레 대학에서 『중국의 실천철학』을 강의하면서 유교를 극구 칭

---

54 주치엔즈(朱謙之)의 『중국사상이 유럽 문화에 끼친 영향』 211쪽에서 전재.

찬하였다. 아울러 기독교를 경시하는 경향을 띠어 그 결과 국왕에 의해 프로이센으로 쫓겨났다. 이런 폭압적인 진압은 볼프를 망가지게 하지 못하였을 뿐만 아니라 도리어 그가 독일과 유럽 전역에서 큰 명성을 떨치게 하였다. 볼프는 유학이 중국의 전통정신으로 고대의 국왕 겸 철학가인 요순 등이 창립하고 공자가 크게 발양시킨 것을 거친 사상이라 여겼다. 유가학설은 자연과 이성을 기초로 하여 기독교의 계시와 신앙과는 결코 모순적이지 않으며 두 가지는 상호 보완하여 이룰 수 있다고 생각하였다. 이는 곧 우리에게 기독교는 유가의 도덕 원칙으로 보충하여야 한다는 것을 명백하게 알려준다. 그는 중국 유학의 이성주의를 찬미하여 이성만이 진정한 도덕원칙이라고 생각하였다. 볼프는 이성으로 신앙의 경향을 대치하였으며 깊은 영향을 일으켰다. 그의 재전제자인 칸트는『순수이성비판』을 지어 신앙을 추방하고 이성을 위한 고지전을 벌여 독일 고전 철학에 생기를 불어넣었다.

중국문화는 프랑스에서 더욱 광범한 흥취를 일으켰다. 중국과 공자는 지식계에서 정치와 종교문제를 토론하는 제재였다. 뿐만 아니라 문예와 오락의 제재이기도 했다. 프랑스 궁정은 18세기 첫 번째 원단에 화인(華人)의 가면무도회를 거행하였는데 극원(劇院)에서 불시에 중국의 희극을 연출하였다. 어떤 사람은 일찍이 말하기를 18세기의 프랑스인은 중국에 대해 유럽의 다른 어느 나라보다 훨씬 더 많이 알았다고 하였다. 이는 사실의 과장이 조금 있기는 하였어도 거기에서는 당시의 중국 열풍을 볼 수 있다.

18세기 상반기는 프랑스 대혁명을 선도하는 계몽운동이 고조되어가기 시작하는 시기로 계몽사상가들은 이성을 숭배하고 교회를 반대하였다. 중국문화 특히 공자사상은 그들의 면전에 비기독교 세계를 펼쳐 보여 그들을 기뻐 환호하게 하였다. 계몽학자를 가장 대표하는 볼테르는 말하였다. "유럽의 왕족은 상인과 함께 동방을 발견하여 재부만 구할 줄 알았지만 철학가는 그곳에서 새로운 정신과 물질세계를 발견했다."[55] 그는 그의 심목 중의 중국을 서방과 대비하여 기독교와 프랑스의 전제 정부를 첨예하게 비평하였다. 공자를 찬양하여 "도덕에만 호소하고 신괴함은 선전하지 않았다"[56]라 하였으며, 공자사상의 영향으로 중국인들은 완비된 도덕을 갖추었다고 하였다.

정치적으로 볼테르는 개명한 전제를 주장하고 군주전제를 반대하였다. 군주전제는 법률을 지키지 않고 멋대로 인민의 생명과 재산을 박탈하는 정치이기 때문이었다. 그는 이와는 서로 반대되는 것이 개명한 전제라고 하였는데 중국이 곧 이런 개명한 전제의 모범이라고 생각하였다. 중국에서는 정부가 법률을 준수하려 하였고 인민의 복리증진을 첫째가는 의무로 생각하였다. 인민은 군주의 관리를 가장으로 간주하여 그들을 존중하고 그들에게 순종하였다. 그는 말하였다. "인류의 지혜는 중국의 정치보다 더 훌륭한 정치조직을 생각해낼 수 없다."

볼테르는 공자를 매우 숭배했다. 그는 공자의 "자신이 하고자 하지 않는 것을 남에게 베풀지 말아야 한다(己所不欲, 勿施於人)", "정직함으로 원한을 갚고, 덕으로 덕을 갚아야 한다.(以直報怨, 以德報德)"는 말은 기독교의 교의를 넘어선 가장 순수한 도덕이라고 생각하였다. 공자의 윤리사상을 선전하기 위하여 그는 중국의 희극(戲劇) 「조씨고아(趙氏孤兒)」를 프랑스의 무대로 옮겼다. 그가 이 극본의 부제로 쓴 것이 바로 「5막짜리

---

55 볼테르『예속론』제143장.
56 위와 같음, 제16장.

공자의 윤리」였다. 그는 공자가 천하에서 유일한 사표(師表)라고 생각하여 자기의 성당에 공자상을 걸어놓고 시를 써서 찬미하고 아침저녁으로 조배하였다.

1860년대에 형성된 백과전서파(百科全書派)는 계몽운동을 높은 봉우리로 끌어올렸다. 백과전서파의 영수인 디드로는 중국문화 특히 공자학설에 매우 경도되었다. 그는 공자학설은 간결하고 사랑스러우며 폭력과 미신을 요하지 않으며 도덕과 이성으로 치국평천하할 것을 강조하여 기독교와는 완전히 다르다고 생각하였다. 백과전서파의 다른 대표적 인물 가운데 하나인 돌바크는 유가 도덕으로 기독교 도덕을 대체하여 중국처럼 정치와 도덕을 결합시키자고 주장하였다. 그는 말하였다. "중국은 세계에서 유일한 정치의 근본인 법이 도덕과 서로 결합된 것으로 알려진 유일한 나라일 것이다. 이 역사가 유구한 제국이 사람들에게 보여주는 것은 국가의 번영을 도덕에 의존한다는 것이다. 이 광대한 땅덩어리에서 도덕은 모든 이성에 합치하는 사람들에게 유일한 종교가 되었다." "중국에서 법률은 성지(聖智)가 충만하며, 심지어 중국을 정복했던 야만적인 만주인조차 또한 굴복되었다. 이는 곧 이성은 군주의 권력에 대하여 불가사의한 효력을 발생시키며 중국의 정복자도 오히려 정복된다는 것을 말한다."[57]

세계 경제사상사에서 중요한 지위를 차지하고 있는 프랑스의 중농학파도 공자학설을 매우 추숭하였다. 중농학파의 영수인 케네는 농업만이 모든 국가 재부의 원천이며 농민만이 유일한 생산계급이라고 생각하였다. 이는 공자와 중국의 역대 제왕이 일찌감치 인지했던 것이다.

---

57 돌바크, 『사회체계』, 제1권, 86쪽.

그는 그가 제창한 자연법 곧 자연규율에 의하여 일을 행하여야 한다고 생각하였는데 실제적으로 유학이 제창한 천리이다. 그는 말하였다. "중국문화는 모두 천리와 천칙(天則)에 의거하며 천리와 천칙은 곧 자연법을 벗어나지 않는다."[58] 중국 전제제도는 개명한 합법적 전제제도이며 군주는 법에 의거하여 개인적인 호오를 기준으로 주권을 행사하지 않았으며 세계에서 가장 좋은 정치형태라고 생각하였다. 케네의 저명한 『경제표(經濟表)』는 또한 공자의 사상을 계승한 것으로 인정된다. 그의 제자인 대(大) 미라보는 말한 적이 있다. "공자가 교육을 세운 목적은 인류의 천성을 회복하여 더 이상 우매해지거나 정욕에 가리지 않게 하는 데 있다. 때문에 그는 사람들에게 하늘을 공경하고 하늘을 두려워하며 물욕을 이기고 정욕으로 행위를 가늠하지 말 것이며 이성을 표준으로 삼아야 한다고 가르쳤다. 이성에 부합하지 않는 모든 것은 그들에게 생각지도 말하지도 말라고 하였다. 종교도덕의 우미(優美)함은 이 경지에 이르면 실로 더 추가할 것이 없게 될 것이다. 그러나 우리가 해나가기를 기다릴 일이 하나 더 있는데 바로 이런 도덕교훈을 세상에 널리 행하는 것이다. 이것이 바로 우리 스승의 사업이다. 그는 이미 자연이 준비전을 발견하였으니 이것이 바로 경제표이다."[59] 케네가 이렇게 공자를 공경하고 중시했기 때문에 그 자신 또한 '유럽의 공자'라는 아호를 얻게 되었다.

계몽학자와 중농학파 학자가 공자를 추숭한 까닭은 공자사상에서 이성과 도덕을 존중하고 미신과 폭력을 배척하는 인소를 갖추고 있어서

---

58 고토 스에오(後藤末雄)의 『지나 사상의 프랑스 서점(西漸)』, 414쪽에서 인용한 케네의 『중국 전제정치론』 제8장.

59 『경제와 철학에 관하여』, 주치엔즈(朱謙之)의 『중국사상이 유럽 문화에 끼친 영향』, 286쪽.

였다. 다른 한편으로는 위에서 말한 사상가들이 일종의 서방 기독교 문화와 다른 것을 가져야 한다는 필요성으로, 기독교의 권위와 달리 스스로를 계발시키고 거울삼으며 지지하고 고무시켜주기 때문이었다. 그들 심목 중의 공자와 중국은 미화된 것을 필요로 하는 것에 근거하여 공자와 그 당시 중국과는 큰 거리가 있었다. 그러나 이런 필요는 결코 절대적인 것이 아니었다. 이 때문에 계몽파 학자이지만 문화적 소양의 다름으로 인하여 몽테스키외와 루소의 중국에 대한 견해는 볼테르의 그것과는 사뭇 일치하지 않았다.

몽테스키외는 군주입헌과 삼권분립 정치이론의 창도자였다. 중국문화에 대하여 그는 장점도 보았지만 동시에 결점도 보았다. 그는 중국의 중농사상과 예치사회를 통하여 전제제도와 종교 미신을 바로잡는 작용을 하는 유가학설이 모두 중국문화의 진귀한 보물이라고 생각하였다. 그러나 중국은 전제국가로 제왕을 대할 때 조금이라도 과실이 있으면 모두 불경죄로 처형 내지 멸족을 당할 수 있어 많은 원옥을 조성하였음을 지적하였다. 또 중국 역대 왕조의 개국 군주는 전조가 전복되는 교훈을 거울삼아 모두 도의를 숭상하고 황음과 사치를 금지할 수 있었다. 하지만 나중에 왕위를 잇는 자들은 사치하고 부화하며 시대의 흐름에 역행하여 전조의 마지막 조대와 완전히 같다고 지적하였다. 그는 중국의 풍속 또한 병폐가 있으며 통치자가 백성을 다스리는 데 영예와 벌을 함께 써서 인민에게 부당함이 있으면 그 즉시 매질을 당하게 되니 이런 인민이 어떻게 영예감을 가질 수 있겠는가? 라고 생각하였다. 그가 지적한 이런 결점은 실제적으로 사실에 부합한다.

저명한 『사회계약론』의 저자인 루소는 중국 문화에 대한 태도가 볼테르와는 정반대였다. 그는 하나의 이론을 가지고 있었다. 과학예술의 발전은 예속을 파괴할 것이며 예증이 바로 중국이라는 것이다. 사실 공자학설을 중심으로 하는 중국문화는 하나의 복잡한 체계이다. 역사적으로도 그 작용은 다방면에서 드러났다. 한쪽을 잡고 전체를 긍정하거나 전체를 부정하는 것은 모두 편견이라는 것이다.

결론적으로 18세기 유럽 더욱이 프랑스에서는 비록 공학을 반대하는 논조가 있기는 하였지만 기본적인 경향은 찬양하고 경모하는 것이었다. 공자사상은 확실히 계몽파 사상가의 두뇌를 계발시켰다. 그러나 19세기가 되어 유럽 대륙에서 자산계급이 정치와 사상 영역에서의 혁명이 완성되자 자본주의 생산이 발전하였고 중국과 동방에 대한 침략이 시작되었다. 이때 중국은 서방 여론이 공격하는 대상이 되었고 공자의 형상 또한 나락으로 떨어졌다. 그는 중국을 침략할 때 여전히 이용된 것 외에도 정상적인 정치와 문화생활 중에서도 이미 점차 사람들에게 잊혀졌으며 근근이 소수 학자의 연구 대상이 되었다.

공자학설은 기독교와 불교, 이슬람교 문화와는 다른 일종의 문화를 펼쳐보였다. 그것은 중국 봉건문명이 고도로 발전하는 데 공헌하였다. 그 적극적 인소는 레닌이 인류 문화의 계승성에 관한 원리(이 책의 도론에 상세히 보임)에 비추어 개조의 필요성을 거쳐 진보된 사회제도로 복무할 수 있었다. 어떤 사람은 일본의 경제 기적은 서방의 기술과 공자 윤리 사상의 결합으로 돌려야 한다고 생각하였는데 이는 도리가 없지 않다. 서방사회의 발전은 수천 백만의 가정관계의 파멸과 사람과 사람 관계의 냉담과 도덕적 침체를 가져왔다. 이런 상황은 서방의 몇몇 사상가가 공자학설을 향하여 윤리도덕 문제의 해결에 관한 계시를 찾도록 촉구하였다. 이런 공자학설에 대한 흥취는 미래의 머나먼 세월에서도 쉬지 않고 지속되어 갈 것이다. 연구 비판하고 지양하는 과정에서 공자사상이 포함한 인류 지혜의 적극적인 성과는 끝내 합리적인 발양과 광대함을 얻게 될 것이다.

둘째, 공자와 미국. 공자사상이 미국으로 전래된 것은 대략 18세기 말로 유럽에 비해 약 1~2세기 정도 늦다. 시작은 역시 선교사에 의해서였다. 그들은 선교활동 중에 중국에서 뿌리를 내리려면 반드시 성실하게 중국의 전통 사상문화를 대해야 한다는 것을 깊이 깨닫고 중국 문제에 대한 연구에 종사하였다. 이 때문에 초기에 중국에 온 선교사들 가운데서 일군의 한학가들이 나왔는데 이 한학가들은 동시에 또한 공자사상을 미국으로 전하였다. 20세기에 진입한 후에 공자사상에 관한 연구는 미국의 대중 정책과 국제형세의 발전에 따라 부단히 강화되었다. 연구기구를 증설하였는데 하버드 옌칭 학사(學社)와 태평양학회 미국위원회 등이 모두 중국 문제의 연구로 알려졌다. 각종 기금회를 설립하여 연구자금을 제공하였고, 연구진을 확대하여 대량으로 중국어 자료를 수집하였다. 심지어 정당하지 않은 수단까지 동원하여 중국의 문헌과 고적을 얻기도 하였다. 20세기 상반기에는 공자의 사상을 연구하는 일단의 학자들이 두 가지 판연히 다른 관점으로 평가하였다. 먼로는 반중사상의 영향을 받아 공자, 특히 그의 교육사상에 대하여 완전히 부정적인 태도를 지녔다. 심지어 공자를 "중국 '복고주의' 반동 세력의 총대표"로 간주하기도 하였다. 그러나 다수의 한학가들은 그의 관점에 동의하지 않았다. 윌 듀런트는 그의 저서 『철학개론』에서 공자학설의 반종교성을 충분히 긍정하였다. 뿐만 아니라 "공자는 소크라테스, 아리스토텔레스 등의 언론과 매우 비슷하며 도덕과 지혜를 하나의 일로 간주하였다."라 생각하였으며, 그들의 교육 목적은 "인격을 전면적으로 발전시키는 것이다."[60]라 하였다. 보드 또한 공자학설의 반종교적 경향을 긍정하고 "중요한 것은 공자학설의 도덕관은 중국 문명의 정신적 기초를 잉태하였다."[61]라 하였다.

　제2차 세계대전 기간 중에는 전쟁의 수요로 미국에서는 1천 명 이상의 인원을 훈련시켜 중국으로 파견하여 번역과 정보 작업을 담당시켰다. 전후에 이런 사람들 중 다수가 대학이나 연구기구에 들어가 중국 문제에 대한 연구에 종사하였다. 그 중 가장 유명한 사람으로는 페어뱅크가 있다. 그는 나중에 '중국통'으로 불리게 된다. 이외에 또한 적지 않은 중국학자가 미국 국적으로 미국에 정주하였다. 천룽지에(陳榮捷, Chan Wing-tsit) 등과 같은 사람이 여기에 해당한다. 중국학을 연구하는 무리는 부단히 장대해졌으며 서방에서 중국학을 연구하는 중심이 유럽에서 미국으로 방향이 바뀌기에 이르렀다. 신중국 성립 후 주로 중미간의 관계가 개선된 이후 미국의 중국학에 대한 연구는 더욱 빠르고 맹렬하게 발전하였다. 중국을 연구하는 기관만 해도 천 개가 넘었다. 많은 유명 대학에서도 중국학 방면의 교과과정을 개설하였다. 미국학자들의 공자의 유가사상에 대한 연구도 비교적 광범하고 심도 있게 공자사상의 각 방면을 섭렵했다. 그 가운데 어떤 논술은 또한 자못 식견이 있다. 크릴은 공자의 철학사상을 언급할 때 공자가 흥취를 느낀 것은 '인도(人道)'이지 '천도(天道)'가 아니다. 공자는 '천'을 일종의 "비인격적 도덕 역량"으로 간주하였으며, '명'은 "생명의 명으로 운명의 명이 아니라 인력으로 통제할 수 있는 명이라."[62]라 하였다. 천룽지에는 "공자는 확실

---

60 윌 듀런트 저, 잔원쉬(詹文許) 역,『철학개론』, 1931.

61 보드 등 저, 천청즈 역,『중국의 전통사상』,『신중화(新中華)』, 1948, 제6권, 제6기, 중화서국.

62 천징판(陳景磐)의「서방학자 먼로와 크릴 등이 논한 공자의 교육사상」,『베이징사범대학 학보』1981년, 제1기.

히 모든 방면에서 중국 문화를 주조해냈다고 할 수 있다."라 하였다. 그는 또 말하였다. "가장 중요한 것은 공자는 '인'의 새로운 개념을 발전시켜 그것이 중국 철학의 중심문제가 되게 하였고 …… 공자는 고대처럼 '인'을 일종의 특수한 미덕으로 보지 않고 그것을 개조하여 보편적 미덕으로 만들었으며 …… 확실히 공자는 창조자이면서 또한 전파자이다."[63]

페어뱅크는 유가의 "선으로 다스린다(以善爲治)"는 정치이론에 대하여 크게 찬양하였다. "유가는 많은 제국의 통치자들이 주로 종교의 권위에 의존하였을 때 오히려 당조(當朝)의 정권에 일종의 이성에 부합하는 도덕적 권위를 제공하여 그들의 권력을 행사하였으며 이는 위대한 정치 발명이다."[64]라 하였다. 미국 국적 화교학자 장하오(張灝)는 "유학은 실제적인 사회정치적 의의를 갖추고 있는데 완전히 순수한 철학사변 체계는 아니다."라 하였다. 스중리엔(施忠連)은 "국외의 학자는 중국 전통사상 방식의 작용을 강조하였을 뿐만 아니라 또한 중국 전통사상에는 내부에 활력이 있다. 아울러 근대의 민족 위기에 대응하는 능력이 있다고 생각했다."[65]라 하였다. 미국학자 제임스 그레그는 말하기를 손중산(孫中山)이 그의 이론을 이야기한 적이 있는데 "고대 중국 공자학설의 발전과 계속이다."[66]라 하였다.

공자의 윤리사상에 관하여 미국 국적의 화교 학자인 린위성(林毓生)은

---

63 천룽지에 저, 치엔겅선(錢耕森) 역, 「공자 인문주의 도언」, 『중국철학사연구』, 1983년, 제4기.

64 페어뱅크 저, 순두안친(孫端芹) 천쩌시엔(陳澤憲) 역, 『미국과 중국』, 상무인서관, 1971년판, 57쪽.

65 스중리엔(施忠連)의 「국외의 중국 근대철학 연구 동태(國外研究中國近代哲學動態)」, 『중국철학사연구(中國哲學史研究)』, 1983년, 제2기.

66 위와 같음.

"유학은 사람들 내심의 정신과 도덕수양을 사회를 다스리고 학문을 연구하는 근본으로 삼았다."[67]라 하였다. 미국 국적 화교 학자 두웨이밍(杜維明)은 말했다. "유가사상의 원초적 형식은 공자의 인학(仁學)을 둘러싸고 전개되었다. 이 사상은 성숙한 도덕 이성, 농후한 인문적 배려와 강렬한 인세(人世) 정신을 가지고 있다."[68]

공자의 교육사상에 관하여 크릴의 관점은 앞에서 언급한 먼로의 그것과 완전히 다르다. 그는 "공자의 교육사상이 교육의 목적과 대상은 물론 교육의 내용과 방법을 막론하고 모두 선명한 민주주의 사상을 체현하였다."라 하였다. 크릴은 공자를 다루는 연구에서 명확히 지적하였다. "공자의 진정한 사상은 늘 역대 중국 봉건제왕 사상가에 의하여 왜곡되었으며, 이런 사람들은 공자의 명의를 이용하여 개인의 권리를 취하려고 도모하였다." 이 때문에 그는 유럽의 그런 계몽학자들이 중국 역사에서 공자의 신상에 덮인 먼지를 떨어내고 공자 본래의 면목을 세상에 공개한 것을 매우 칭찬했다.[69] 이는 역사 실제에 부합하며 또한 공자의 사상을 연구하는 실사구시적인 과학적 태도이다.

공자의 사상과 당대 중국과의 관계를 평가할 때 미국 또한 두 가지 확연하게 다른 관점을 가지고 있었다. 미국의 중국사상사 전문가인 레빈슨은 유가사상이 현대화에 장애가 있다고 생각하였다. 미국의 신 베버파도 유가문화가 배양해낸 인격은 개성을 억압한다고 생각하였다. 그러나 미국의 중국학자 슈렝크는 "공자의 인격과 그가 행한 업적은

67 위와 같음.
68 두웨이밍, 「공자 인학(仁學) 중의 도학정(道學政)」, 『중국철학』, 제5집.
69 천징판(陳景磐), 「서방학자 먼로와 크릴 등이 공자의 교육사상을 논하다」, 『베이징사범대학 학보』, 1981년, 제1기.

중국 및 전 세계 인민의 최고 경의를 받을 만한 가치가 있다."라 하였다. 그는 말하였다. "중국이 개혁을 하려 하지만 공자에 대하여 흥취를 느끼지 않는다면 그것은 가장 슬퍼할 만할 것이다."[70] 공자에 대한 견해가 다른 쟁의는 좋은 일인데 공자는 인류역사상 명인의 하나로 각 방면에서 논평을 가하면 공자 본래의 위대한 면모 및 현대적 가치는 더욱 명확해질 것이다.

결론적으로 미국 학술계는 공자의 사상에 대하여 다방면의 연구와 평가를 진행하였다. 이는 공자의 중국과 세계역사에서의 지위의 중요성을 거듭 설명하고 있다.

셋째, 공자와 러시아. 공자의 유가사상은 대개 양한 때 이미 아시아 일대로 전해졌다. 청나라 강희제 때 제정 러시아에서 중국으로 유학생을 파견하여 배운 적이 있다. 학습 내용의 하나는 곧 유가 경전이었다. 이외에 러시아 황제 표트르 1세는 선교사를 중국으로 파견시켜 활동하기도 했다. 1715년에서 1860년 사이에 러시아는 전후로 13그룹의 선교사를 파견했다. 이 전도사들이 중국에 온 주요 임무는 바로 정보 수집과 한학의 연구였기 때문에 이런 선교사들 중에서 일군의 한학자들이 나왔다. 그들은 유가 경전을 러시아어로 번역했다. 어떤 사람들은 책을 지어 학설을 세우고 공맹사상을 소개하였다. 그들이 공자를 연구한 것이 모종의 정치적 목적을 띠기는 하였지만 그 중에는 얼마간의 역저(譯著)도 있어 일정한 학술 가치가 있다. 그들은 공자의 사상에 매우 높은 평가를 내렸다. 이런 선교사 중의 한학가는 유가사상이 러시아로 전래되는 데 매우 중요한 작용을 했다.

70 위와 같음.

10월 혁명 전에 러시아의 한학가들은 공자사상에 대하여 다방면에 걸친 연구를 진행하였다. 정치, 경제, 철학, 윤리 등의 사상을 포괄하며 특히 교육사상에 관한 연구가 비교적 많았다. 그들은 '공자는 학술과 교육을 인민을 위한 재부가 되게 한 첫 번째 사람'이라고 생각하였다. 우리는 이 시기 제정 러시아 학자들의 번역과 저서 중에 비교적 좋은 견해가 적지 않음을 봐야 하지만, 어떤 것들은 별다른 학술 가치도 없으며 심지어 곡해한 것도 있다는 것을 알아야 한다.

10월 혁명 이후, 주로 제2차 세계대전 이후에 소련은 또한 대규모의 중국 문제를 연구하는 신생 역량을 배양해내었다. 현대를 중점적으로 연구하기는 하였지만 중국 고대 역사 문제에 대한 연구도 버려두지 않았다. 소련에서 출판한 몇몇 백과전서와 저작 등에서도 공자와 그 사상 및 중국 전통사상문화를 적잖이 소개하고 있다. 소련에서 중국 문제를 연구한 고급연구원인 니콜라이 트로피모비치 페도렌코는『시경 및 그 중국 문학에서의 지위』,『서경과 시경 및 역경을 평함』등을 지었다.

소련 학자들은 기본적으로 두 가지 다른 견해로 공자학설을 다루고 있다. 하나는 '공학은 종교'이며, 유학은 윤리도덕과 사회정치사상의 영역에 치중하여 설교를 진행한 종교라고 생각하였다.[71] Б. А. 웨덴스키가 주편한『소련 소백과전서』는 비록 또한 공학을 공교라고 하였지만 "공자학설은 진보된 계몽교육의 경향이 있다."라고 생각하였다. 또 말하기를 "공자 사후 그의 신도 중에서 공학 가운데 진보적 인소를 발전시킨 유물파와 공학을 신비한 방면으로 발전시킨 유심파 사이에서 투쟁이 진행되었으며, 뒤이어 공자학설은 중국 역대 통치계급의 정통

71 И. А. 크레비에레프 저,『종교사』중「중국종교」, 모스크바사상출판사, 1975년판.

종교인 공교로 변하였다."[72]라 하였다. 다른 몇몇 학자들은 공학이 종교라는 견해에 동의하지 않았다. 공자학설은 종교가 아니고 그 본인도 교주가 아니고 신이 아니며 사람으로 사상가이자 교육가, 정치가라고 생각하였다. 소련의 몇몇 학자는 '공학은 종교'라 하였는데 이는 역사적 사실과 위배된다. 중국에는 공교의 문제가 존재하지 않고, 공자 본인도 "괴이함과 용력과 패란의 일과 귀신의 일을 말하지 않은" 사람인데 어찌 종교를 건립할 수 있겠는가! 도니크 등 몇몇 학자들이 주편한 『철학사』[73]에서는 공자의 사상에 대하여 역사 유물주의 관점에 부합하는 분석을 하였다. 그들은 "공자사상 자체 및 후래의 통치계급의 공자 사상에 대한 이용을 구별해야 한다"고 생각했다. "공자는 많은 합리적인 사상을 가지고 있으며 특히 그의 개인적인 수신 사상은 중국문화사에서 적극적인 작용을 일으켰다고 지적하였다. 그의 학설은 진보적인 사상을 포함하고 있을 뿐 아니라 또한 조상에 대한 숭배를 선전하였으며 전통적 종교의식을 옹호하였다. 이로 인하여 후래의 통치계급은 공자의 후자의 것을 이용하여 인민이 머리를 숙이고 명을 따르는 노예정신을 배양하여 등급이 엄격한 봉건제도를 오래도록 유지해나가는 데 편하도록 하였다."라 지적하였다.

　　공자의 사회정치 사상에 관하여 소련학자들은 공자를 "원칙적으로 폭정의 반대자"[74]라고 생각하였다. 그는 덕치를 제창하여 "임금에게 법과

72　Б. А. 웨진스키가 주편한 『소련 소백과전서』(第3版), 제4권, 소련백과전서출판사, 1959년 판, 1185쪽.

73　도니크, 요프추크, 케델로다, 미틴, 트라흐탄 벨이 주편하고 중공 중앙 마르크스 엥겔스 레닌 스탈린 저작 편역국에서 번역한 『철학사』, 제1권, 삼련서점(三聯書店), 1959년판, 58쪽.

74　질레로모프의 『의식형태가 고대 중국 전제국가에서의 형성 중인 작용을 논함』, 소련 『아시아 아프리카 인민』 잡지, 1967년, 제3기.

594

형벌에 근거하지 않아야 하며 도덕과 고상한 품행의 시범작용에 기대어 인민을 교화하고 통치해야 할 것을 요구하였고", '대동' 이상을 선전하여 "당시는 전쟁과 분규가 없었으며 모든 것은 곧 인민 사이의 피차간의 평등과 (위에 있는 사람이) 진정 인민에 관심을 갖는 것이다."[75]라고 생각하였다.

공자의 교육사상에 대여 E. M. 주코프가 주편한 『소련 역사백과전서』에서는 공자가 "중국의 첫 번째 사설학교를 이끌었으며, 모든 사람을 다 받아들여 그 출신 여하를 따지지 않았으며 이로써 귀족계급의 교육에 대한 농단을 타파하였다."[76]라 하였다. 알렉산드르 로프는 『고대 동방과 사회학설사』에서 "공자 민주사상의 한 중요한 방면은 바로 모든 사람의 능력은 평등하다는 것을 인정한 것이다."라 하였다. 이곳에서 소련 학자는 공자가 학교를 열고 '가르치되 차별하지 않는' 교육사상을 제기한 것에 대하여 적극적인 평가를 부여하였다.

교육의 목적을 이야기하면서 몇몇 학자들은 공자의 "교육 목적은 학생의 고도의 도덕 품질(무엇보다도 仁과 義)을 배양하여 그들이 장차 정치에 조사한 후 도덕적 모범이 되고 인민에 관심을 갖는 데 편하게 하기 위해서이다."[77]라 생각하였다.

인에 관하여 A. M. 프로호로프가 주편한 『소련 대백과전서』에서는 "인은 유가철학의 기본개념으로, 공자는 이 개념에 보편적 미덕의 함의를 부여하였으며 그것을 '사람을 사랑하는 것(愛人)'"[78]이라 해석하였

75 A. M. 프로호로프 주편, 『소련 대백과전서』(제3판), 제13권, 소련백과전서출판사, 1973년 판, 87~88쪽.
76 E. M. 주코프 주편, 『소련 역사백과전서』, 제7권, 소련백과전서출판사, 875쪽.
77 위와 같음.
78 A. M. 프로호로프 주편, 『소련 대백과전서』(제3판), 제9권, 소련백과전서출판사, 1972년판, 255쪽.

다. 콘래드는 "인은 '사람과 사람 사이에 상호 관련된 인성'이라 나타내어야 하며, '애인(愛人)'은 단지 이런 인성의 한 방면이다."[79]라 하였다.

공자의 교육내용에 대하여 소련 학자들은 보편적으로 덕육과 지육의 양대 방면을 포괄하고 있다고 생각하였다.

결론적으로 공자의 교육사상과 교육 목적, 교육내용, 교학 방법 등에 다대한 방면에 관한 소련 학자의 저작에서는 모두 비교적 계통적으로 평론하고 서술하였으며 공자의 교육 방면에 있어서의 역사적 공적에 대하여 충분히 긍정하였다.

위에서 말한 것을 종합하면 소련의 공학연구는 또한 비교적 광범하고 심도가 있다. 이는 중·소 양국 간의 문화교류를 증진하고, 공동으로 공자가 인류에게 남긴 귀중한 정신적 재부를 계승하는 데 대해 모두 매우 좋은 작용을 일으켰다.

79 콘래드의 「공부자」, 『중국문학선독(中國文學選讀)』, 제1권에 수록. 러시아 연방교육부 교육 출판사, 1959년판, 89쪽.

제11장

결론

이상 각 장의 평술을 통하여 공자의 사상과 위인에 대하여 우리는 실사
구시적으로 다음과 같은 간단명료한 소결을 내린다.

　1. 포의의 공자는 충분히 중국의 귀족사상가일 수 있다. 이는 춘추시
대라는 역사적 조건의 산물이자 또한 그 개인의 꾸준한 노력과도 불가
분의 관계가 있다. 사마천은 말하였다. "공자는 포의의 신분이었으나
10여 세대가 지나도록 학자들은 그를 종주로 삼는다. 천자 왕후(王侯)로
부터 나라의 '육예(六藝)'를 담론하는 사람들까지 모두 공자의 말씀을
판단기준으로 삼고 있으니, 최고의 성인이라 할 수 있겠다."[1] '포의'는
당시의 서민이나 평민 혹은 관직이 없는 서생을 가리킨다. 사마천은 공
자와의 시차가 겨우 3백여 년이라 그가 '공자는 포의'라 한 것은 반드시
사실적인 근거가 있을 것이다. 이 사실은 대체로 바로 공자가 일생동안

---

[1]　사마천의 『사기』 「공자세가」.

겪은 세 개의 주요 고리에 근거할 것이다. 첫째, 어려서부터 빈천했고, 둘째, 노나라에서 벼슬한 시간이 겨우 4년 남짓이라는 것, 셋째, 종신토록 주로 책을 가르치고 학문 연구를 업으로 삼았다는 것이다.

포의가 어째서 이런 큰 성취를 이룰 수 있었을까? 빈천은 사람을 분발하게끔 다그친다. 공자는 유년시절에 집이 가난하여 노동에 참가하는 한편 부지런히 고학하였다. 어머니의 가르침까지 더하여져 "열다섯 살에 학문에 뜻을 두었다." 서주보다 문물 전장이 풍부한 노나라 곡부에서 눈과 귀에 익숙해지도록 현장에서의 학습을 거쳐서 중국 역사상 첫 번째 자수성가한 지식인의 걸출한 대표가 되었다. 그가 특히 칭찬하고 동경한 것은 서주 문·무·주공의 다스림과 전설 중의 요순시대의 태평성세(원시사회)이다. 이 때문에 그는 뜻을 세우고 서주를 모범으로 삼아 서주의 다스림('小康'世界)을 힘껏 추구하였다. 한편으로는 요순시대의 성세를 동경하고 추구하여 '천하위공'과 '대동세계'의 사상을 제기하였다. 이 때문에 인류 최고의 정치 이상이 되었다. 이렇게 인정덕치를 실행하는 '소강' 세계는 공자가 필생에 걸쳐 분투할 단기적인 목표가 되었다. 이에 '포의의 공자'는 사상적으로나 정치상으로 진정 서주의 개명한 귀족통치를 모범으로 하는 '귀족공자'가 되었다. 포의의 공자는 귀족사상가가 되어 귀족문화 전통이 풍부한 노나라에서 태어난 것 등의 조건 외에도 결정적인 인소는 당시 귀족이 사상가를 필요로 하였기 때문이다. 당시 사회는 이미 '포의'에서 이런 사상가가 태어날 조건을 갖추었으며 그것은 바로 춘추시기의 대동요가 귀족의 문화에 대한 농단을 타파하였기 때문이다. 어느 정도 문화가 아래로 옮겨가는 분위기를 조성하였고 특히 정치 투쟁의 수요로 말미암아 각국의 귀족 가운데서 현자를 높이고 사를 양성하는 기풍을 형성하기 시작하였다. 이런 것은 모두 '포의'가 정치·문화 방면에서의 제고를 위한 조건을 창조하였다. 공자는 바로 이런 상황에서 꾸준한 학습까지 더하여 겨우 귀족 사상가로 성장하게 되었다. 빈천과 노동에 참가한 경력은 그로 하여금 어려서부터 생활이 평민에 접근하여 평민의 질고를 이해할 수 있게 하였다. 이에 그는 광대한 평민의 이익을 고려하고 주의를 기울이지 않을 수 없게 되었다. 그는 또한 결코 반동 '귀족공자'가 아니라 개명한 '귀족공자'이다. 이 역사변증법은 공자의 신상에서 거듭 명약관화하게 체현되어 나왔다.

2. 이 '포의의 공자' 및 그 사상은 장장 2천여 년에 이르는 중국 봉건 사회의 정신적 지주이자 사상적 기초로 자리매김해왔다. 여기에는 명백히 짚고 넘어가야 할 문제가 하나 있다. 왜 2천여 년 동안 중국 봉건 사회에서 몇십 개의 길고 짧은 조대와 몇백에 달하는 대소 군주를 거치면서도 오히려 거의 한 조대(소수민족이 중원의 임금이었던 元朝와 淸朝 등 포함), 한 군주(현군이든 혼군이든)도 끝내 공자를 존숭하지 않음이 없었는가? 왜 조대가 교체되고 군왕이 바뀌면서도 조대와 군왕을 초월하여 '만세사표'로 높여진 공자의 형상은 오히려 시종 요지부동인가? 이 이면에서 가장 관건이 되는 핵심은 무엇인가? 공자가 위대한 도덕 이론가일 뿐만 아니라 또한 도덕 실천가이기 때문에 공자를 존숭하고 모범으로 세우는 것이 귀족 내부의 등급관계를 조절하고, 통치계급과 피통치계급 사이의 계급 관계를 완화시키는 데 과연 유리했기 때문인가? 일반적으로 말해서 일리가 있다. 공자가 제기한 허다한 윤리덕목인 군신·부자·상하·형제·부부·붕우 등등의 사이에 모두 함께 하는 같지 않은 덕목은 귀족 사이, 귀족과 평민 사이 및 평민 사이의 봉건적인 질서를 정상적으로 안정시키는 데 일정한 작용을 하였다. 그러나 이는 다만 역대 왕

조가 공자를 높인 일반적인 이유일 뿐 특수한 이유가 아니고 가장 관건이 되는 핵심의 소재지도 아니다. 공자는 박학하고 다재다능한 대학문가, 특히 그의 정리와 산정, 교학을 거쳐서 중국 전체 봉건사회 사상 이론의 기초를 다진 '경전'인 '육경'(『시』·『서』·『예』·『악』·『역』·『춘추』)을 남겼다. 때문에 공자를 높이고 모범으로 세워서 후래의 학자(봉건왕조를 위해 봉사하는 각급 관리와 사대부)를 격려하고, '발분하여 독서하도록' 하는 데 추동적인 작용을 하였기 때문인가? '육경'은 한나라 이후 각 왕조에서 사(士)를 선발하고 시험을 쳐서 취하는 표준이었다. 공자를 존숭하는 것은 또한 곧 '육경'을 존숭하는 것이다. 이는 역대 왕조가 '육경' 사상의 지도 아래 각급 관리를 배양하고 선발하는 데 추동적인 작용을 하였다. 각 왕조는 모두 반드시 '육경' 사상을 받아들이는 동시에 그 각급 관리에 충성을 해야 자기의 계급과 통치를 유지하고 실현할 수 있었기 때문이다. 일반적으로 말하면 일리가 있다. 그러나 이것 또한 다만 역대 왕조가 공자를 존숭한 일반적 이유일 뿐 특수한 이유가 아니다. 가장 관건이 되는 핵심적 소재지도 아니다. 그렇다면 공자가 역사적으로나 인민들 가운데서나 영향이 매우 크고 성망이 매우 높은 '지성(至聖)'이기 때문에 따라서 공자를 존숭하여 존경의 뜻을 나타낸 것이겠는가? 일반적으로 말하면 이 또한 일리가 있다. 그러나 이 역시 다만 역대 왕조가 공자를 높인 일반적인 이유일 뿐 특수한 이유가 아니다. 더욱이 가장 관건이 되고 핵심이 있는 곳이 아니다. 그렇다면 가장 관건이 되는 핵심은 도대체 무엇인가? 가장 관건이 되는 핵심은 네 자로 귀납될 수 있는데 '충군존왕(忠君尊王)'이다. 이는 공자의 시종 변치 않은 일관된 주장이었다. 이는 공자가 제공한 군왕은 존엄하고 신성하여 침범할 수 없다는 '이론적 근거'이다. 역대 군왕이 다투어 서로 공자를 높인 위에서 말한 일반적인 이유 이외의 특수한 이유이자 가장 관건이 되는 핵심의 소재지이기도 하다. 공자는 인을 내용으로 하고 예를 형식으로 하는 사상에 의거하여 이상적인 봉건정치를 설계하였으며 봉건제도가 오래도록 존속해 나가기를 희망했다. 그러나 이런 이상은 필연적으로 파멸될 것이었다. 그의 충군존왕 원칙이 보호하는 혼왕과 폭군은 바로 그의 이상을 필연적으로 파멸의 결정적 요소의 하나로 귀납되도록 촉진시켰다. 공자가 주장한 충군존왕은 조건적이다. 임금이 신하를 예로 부린 다음이라야 신하는 임금을 충으로 섬기는데, 곧 충성의 대상은 명군이고 존숭의 대상은 현왕이라는 말이다. 이는 봉건사회에서는 원래 개명사상이라고 간주할 수 있다. 군왕은 봉건사회 권력의 상징이자 실체이기 때문에 명군과 현왕이 나와 이 권력의 상징과 실체의 대표가 되면 '인정덕치'를 실현할 수 있다. 전국의 상하 군신, 곧 각기 다른 계급과 다른 등급, 각 민족의 귀족과 평민으로 하여금 모두 각기 그 분수를 편안하게 여기는 안정된 생활을 할 수 있게 한다. 이것이 바로 공자가 오매불망하던 "(은혜를) 널리 베풀어 많은 사람을 구제하는(博施於民而能濟衆)"[2] 소강사회의 정치이다. 그러나 바로 공자가 문·무·주공 같은 '인정덕치'를 행하는 명군(明君)과 현왕에게는 정면으로 선양한 것을 제외하면, 폭군과 혼왕 혹은 용렬한 왕이나 어리석은 왕에게는 결코 어떠한 적극적인 조치도 제기하지 않았다는 점은 문제다. 공자가 여기에 대해 취한 유일한 조처는 "천하에 도가 있으면 드러내고, 도가 없으면 숨는다.(天下有道則見, 無道則隱)"[3]는 것이었다. 이런 소극적인 방법으로는 당연히 문제를 해결할

---

2 『논어』「옹야(雍也)」.
3 『논어』「태백(泰伯)」.

수 없다. 폭군과 혼왕은 여전히 왕위에 있고 조금도 건드리지 않았다. 더욱 심한 것은 어떤 사람이 폭군과 혼왕을 건드려 전복시키는 데 이르는 것 또한 마찬가지로 "윗사람을 범하여 난을 일으키는 것"으로 간주되어 마찬가지로 허락되지 않는다는 것이었다. 가장 전형적인 예는 공자가 두 가지의 옛 곡조(舜의 「韶」와 武王의 「武」)를 평론한 것이다. 「소」의 곡조는 "지극히 아름답고 지극히 좋다.(盡美矣, 又盡善也)"고 생각하였는데, 순의 천하는 요가 선양한 것이며 무력으로 탈취한 것이 아니기 때문이다. 「무」의 곡조는 "지극히 아름답지만 지극히 좋지는 못하다.(盡美矣, 未盡善也)"[4]고 생각한 것으로, 무왕의 천하는 무력으로 은나라 주왕에게서 탈취한 것이기 때문이다. 이는 주왕같이 잔학하고 무도하다 하더라도 무력으로 토벌해서는 안 된다는 뜻이다. 공자 스스로도 매우 경복한 무왕같이 현명한 군왕이라고 하더라도 주왕을 토벌한 것 때문에 자신을 펌하하는 말을 면할 수가 없다고 하는 것이다. 명백히 세습군주이기만 하면 선하든 악하든 현명하든 어리석든 무조건 옹호해야 한다. 그를 위해 일을 해주지 않을 수는 있지만(隱退) 교체하거나 토벌해서도 안 되었다. 이 충군존왕의 원칙이 역대의 모든 명군현왕과 폭군혼왕의 칭찬을 얻는 것은 이치상 당연한 것 아닌가? 공자의 충군존왕 사상은 실질적으로 폭군혼왕을 비호하였다. 게다가 역대 통치자들이 더욱 심하게 신민(臣民)의 절대 복종을 강조하여, 공자의 원칙은 무조건적인 충군존왕 원칙으로 바뀌었다. 역대 왕조는 자기의 존엄을 높이기 위해 동시에 자기의 존엄을 옹호하는 사상 기초를 제공한 공자의 존엄을 높이려 하였다. 게다가 몇몇 어용 부유(腐儒)의 왜곡과 과장을 공묘의 공자에게 바

4 『논어』 「팔일(八佾)」.

처 포의의 공자 형상을 군왕의 형상으로 바꾸어놓았다.(면류관을 쓴 '大成至
聖文宣王') 공자는 본래 봉건통치자들이 '극기복례'하도록 하려 했다. 어
느 정도는 그들이 '궤도를 따르게' 하여 인덕정치의 사회를 조성하였지
만 통치자는 공자의 '궤도'를 따르지 않았다. 오히려 충군존왕의 원칙
을 이용하여 공자가 그들의 궤도를 따르게 하였다. 그 혼용과 부패, 전
횡, 잔혹한 통치의 '신령'함과 면목이 사람을 놀라게 하는 제왕의 형상
을 옹호하게 하였다. 이에 참 공자는 가짜 공자로 바뀌게 되었다. 사실
참 공자 안에는 확실히 이미 가짜 공자의 맹아를 포함하였는데 가짜 공
자는 이런 맹아가 악성으로 발전한 것이다. 진짜와 가짜를 구별하려면
가짜와 오류에 대하여 철저하게 비판하고 부정하는 태도를 취하는 것
이 매우 필요하다.

3. 참 공자 안에 가짜 공자가 있고 가짜 공자 안에 참 공자가 있는 바
에야 참 공자와 가짜 공자를 구별하여 공자의 본래 면모(참 공자)를 회복
한 후에도 결코 일이 다 끝났다고 말하면 안 된다. 반드시 본래 면모의
공자(참 공자)에 대하여 분석을 가하여 본래 면모의 공자사상 중에서 본
래 가지고 있던 봉건적 인소와 인민적 인소를 구별하여야 한다. 인민적
인소에서 겨우 참고하고 거울로 삼을 만한 것 가운데 지금은 이미 실질
적인 의미를 잃어버린 것과 현재에도 여전히 실질적인 가치가 있는 것
에 대하여 구별을 하여야 한다. 이는 분석을 거쳐 이미 연계되거나 구
별되는 성분으로 분해하여 세 가지 다른 태도를 취한다는 것을 말한
다. 우리는 이미 전면적으로 긍정하는 태도를 반대하였으며, 전면적으
로 부정하는 태도도 반대하였다. 공자의 사상은 반드시 긍정하거나 부
정해야 할 부분 외에도 확실히 반드시 비판을 가해야 할(否定) 부분과 반
드시 흡수하여야 할(肯定) 부분이 공존하고 있다. 바로 이런 면을 기초로

삼분법을 가지고 대체적인 공자의 모든 사상의 함축을 비교적 합리적으로 처리할 수 있어야 할 필요성을 느낀다. 이런 처리를 거치면 역사에서 공자의 공과(功過) 또한 명확하게 드러나 보일 것이다.

공자의 사상은 세 부분으로 분해한 후에 세 가지 다른 접근법을 택하여 다루어나가야 한다. 이는 구체적인 상황에서 출발하고, 실사구시적인 연구 방법과 '옛것을 지금에 적용하는' 현실적 요구에서 출발하여 얻어낼 수 있는 합리적인 과학방법이다. 또한 공자의 역사 공과에 대한 엄격하고 공정한 분석방법이다. 일반적으로 공자는 공이 과보다 크다거나 과가 공보다 크다고 논단하는 데 모두 주밀하지 못하다. 2천여 년 전에 그렇게 방대하고 복잡한 사상체계를 갖춘 공자를 다루는 데는 주밀해야 한다. 다만 과학적이고 실사구시적인 방법만 취하여 구체적인 상황에서 출발하여, 공자가 어느 문제에서는 완전히 옳고(功) 어느 문제에서는 완전히 틀렸으며(過), 어느 문제에서 옳음이 많고 틀림이 적으며(功이 過보다 큼), 어느 문제에서 틀림이 많고 옳음은 적은가(過가 功보다 큼) 분석해야 한다. 이렇게 해야 진정코 '옛것을 지금에 적용하는' 목적에 도달할 수 있다. '완전함을 추구하는' 좋은 마음을 띠고 있다 하더라도, 가(加)·감(減)·승(乘)·제(除)의 방법을 채택해보는 것은 아무런 도움도 되지 않는다. 여기서 처리해야 할 것은 결코 모종의 자연과학상의 문제가 아니기 때문이다.

4. 공자는 신상에 봉건주의라는 오점을 띠고 있다. '결정적 의식의 존재'로 이는 규율의 필연적 산물이다. 그러나 동시에 공자는 봉건사회 시기에서 낳은 품격이 고상한 위대한 인물임을 알아야 한다. 그는 적지 않은 유익한 잠언을 남겨놓았다. 동시에 자기의 실천 가운데 경모할 가치가 있는 인류의 우수한 품질을 남겨놓았다. 이런 품질은 우리가 깊이

생각하고 배울 가치가 있다. 아래의 다섯 가지로 귀납해본다.

첫째는 '배우는 것을 싫어하지 않는 것(學而不厭)'이다. 공자는 일생 동안 시종일관 학습이 중간에 끊어지지 않고 잠시도 멈춘 적이 없었다. 그는 일찍이 말하기를 "10가구쯤 되는 (조그만) 읍에도 반드시 나처럼 충신한 자는 있겠지만, 나처럼 학문을 좋아한 이는 없을 것이다.(十室之邑, 必有忠信如丘者焉, 不如丘之好學也)"[5]라 하였다.

둘째는 '남을 가르침을 게을리하지 않는 것(誨人不倦)'이다. 공자는 스스로도 학습하기를 좋아했을 뿐만 아니라 열정적으로 남이 학습하는 것을 도와주었다. 그는 처음으로 '사람은 누구나 배울 수 있고', '가르치되 차별하지 않는다'는 주장을 제기하여 당시에 귀족이 농단한 교육과 평민을 교문 밖에 가두어두는 국면을 타개한 사람이다. 그와 제자들 간의 관계는 식구와 부자, 형제와 함께 처하여 매우 우애가 있고 단결하였으며, 매우 민주적이고 평등하였다. 그는 남을 가르치기를 게을리하지 않았다. 또한 미루지 않고 남을 가르치는 고상한 품격을 갖추고 있었다.

셋째는 겸손하게 마음을 비워 엄격하게 자기를 단속하는 것이다. 겸손하고 마음을 비웠기 때문에 그는 엄격하게 몸을 단속하여 자기의 학습과 일에 자만한 적이 없다. 언제나 스스로 아직 충분치 못하다고 느꼈으니 이것이 부단히 전진하는 동력이었다. 도덕과 학문 방면에서 엄격하게 스스로에게 요구하고 허물을 들으면 기뻐하였다. 허물을 알면 반드시 고쳤으며 영원히 자만하지 않았다. 겸허하기가 골짜기 같은 정신을 공자는 일생 동안 시종 관철시켰다.

---

5 『논어』 「공야장(公冶長)」.

넷째는 도의(道義)를 견지하는 것이다. 현재의 말로 이야기하면 원칙을 견지하는 것이고 "결코 원칙을 바꿀 수 없는 것이다." 공자의 정치 원칙은 '인정덕치'이며 그의 행동을 이끄는 것은 '인정덕치'의 원칙이다. 그는 일생 동안 이 원칙을 믿고 지켰다.

다섯째는 어려움을 알고 나아가는 것이다. 공자는 춘추시대 후기에 태어났다. 주나라 왕실은 쇠미해지고 제후들끼리 겸병하여 '예악이 붕괴된' 시대였다. 그는 '인정덕치'의 '이상'을 품고 시국을 만회하고 서주의 문(文)·무(武)·주공(周公)의 다스림을 회복하기를 기도하였다. 확실히 해낼 수 없음을 알면서도 오히려 해나갈 일로 정하였다. 공자는 일생 동안 가는 곳마다 분주하였다. 가는 곳마다 장벽에 부딪쳐도 전혀 낙담하지 않았다. 줄곧 만년에 이르도록 여전히 "분발하면 먹는 것도 잊고, (이치를 깨달으면) 즐거워 근심을 잊어 늙음이 장차 닥쳐오는 줄도 몰랐는데(發憤忘食, 樂以忘憂. 不知老之將至)"[6] 목적은 개혁('易')하고, "그 불가함을 알면서도 하여(知其不可而爲之)" 인정덕치의 이상을 실현하기 위함이었다. 어려움을 알면서 나아가고 전혀 낙담하지 않으며 용왕매진하는 낙관주의 정신은 어찌 봉건사회에 이를 수 있는 인류의 우수한 품질의 전형적인 표현이 아니겠는가? 그래서 윈다이잉(惲代英)은 말했다. "나는 공자의 도덕 학문에 대하여 줄곧 그를 탄복해왔다."[7]

5. 공자는 중국 고대의 위대한 사상가이자 정치가이며 교육가다. 중국 역사상의 인물일 뿐만 아니라 세계 역사에서도 의의가 있는 인물이다. 공자는 중국에 영향을 끼친 것은 물론 조선과 일본에 대하여, 동남

---

6 『논어』 「술이(述而)」.

7 종리멍(鍾離蒙)과 양펑린(楊風麟)이 주편한 『중국현대철학사자료회편(中國現代哲學史資料匯編)』, 제1집, 제10책, 28쪽.

아 각국에서 서방의 국가에까지 모두 심원한 영향을 끼쳤다. 미국의 크릴은 서방의 17~8세기의 계몽운동은 공자의 사상 영향과 큰 관계가 있다고 하였다. "첫째 계몽운동 사상의 몇몇 중요한 방면으로 당시 교회의 입장과 유사하다라기보다는 공자사상의 입장과 더욱 서로 유사하다. 둘째 이 사실은 이미 계몽운동의 영도자에게 인정되고 광범하게 선양되었다." 그는 라이프니츠와 볼테르 등의 중국 및 공자와 관련된 언론을 열거하였으며, 특히 영국의 유스터스 버드겔이 1731년에 쓴 아래의 말을 들었다. "심지어 프랑스조차 …… 또한 솔직하게 중국의 '정치학' 방면이 다른 국가를 뛰어넘었다는 사실을 인정하지 않을 수 없었다. 위대한 공자가 수집하고 정리하여 평론한 그런 정치 원리에 대해서는, 어떻게 찬양해도 과분하지 않다."[8] 17, 18세기의 각국이 거의 자족자급하며 문을 잠그고 스스로 지키는 상태에서도, 각국의 정신적 산물 또한 물질적 산물과 마찬가지로 이미 각종 채널을 통하여 서로 왕래하고 서로 영향을 끼쳤다. 산업혁명과 세계시장의 개벽을 거쳐 상황은 더욱 달라졌으며, 그때 이후로는 마르크스와 엥겔스가 말한 것과 똑같다. "각 민족의 정신적 산물은 공공의 재산이 되었다. 민족의 편견성과 국한성은 날로 불가능하게 되었으며, 이에 허다한 민족적이고 지방적인 문학이 일종의 세계 문학(이 구절의 '文學'이라는 말은 科學과 藝術, 哲學 등등의 방면을 가리키는 書面 著作이다-원 編者의 注)을 형성하였다."[9] 현재는 마르크스가 이 말을 할 때와는 또 이미 백여 년이나 떨어져 상황이 더욱 크게 발전

---

8 H. G. Creel의 *Confucius and the Chinese Way*, 256쪽.(크릴의 『공자와 중국의 도』는 아직 중국어 번역이 없으며 인용문은 원서 1960년판 256쪽에 보인다) 이 책은 국내에서 이성규 번역 『공자-인간과 신화』라는 제목으로 지식산업사에서 출간되었다.-옮긴이.

9 마르크스와 엥겔스의 『공산당선언』, 『마르크스 엥겔스 선집』, 제1권, 인민출판사, 1972년판, 265쪽.

되었다. 2천여 년 전 중국의 걸출한 역사적 인물인 공자의 사상(정신적 산물)은 일찍이 문을 닫아걸고 스스로 지키는 상태에서 이미 많은 민족의 '공공 재산'이 되었다. 현재는 자연히 더욱 각 민족의 '공공 재산'이 될 것이다. 이미 현재 일본과 동남아 각국 및 영국과 미국·소련·독일·프랑스 등 나라의 적지 않은 학자와 전문가들이 모두 공자를 연구과제로 삼았다. 중국이 공자의 고향인 바에야 중국인은 더욱 변증적인 과학방법에 의거하여야 한다. 이렇듯 심원한 영향을 가진 위대한 사상가이자 정치가와 교육가인 공자에 대해 타당한 실사구시적 연구와 평가를 내려야 하고 적극적이고 성실하게 이 진귀한 유산을 계승해야 한다. 이는 남에게 책임을 전가할 수 없다.

이상 다섯 가지가 바로 이 책의 공자의 사상과 위인 및 그 역사적 의의에 대한 간단명료한 소결(小結)이다.

공자 연보

1세(B.C. 551년 周靈王 21년 魯襄公 22년)

노나라 추읍(陬邑) 창평향(昌平鄉: 지금의 山東 曲阜城 동쪽 尼山 부근. 지금 尼山 아래에는 '坤靈洞'이 있는데, 孔子의 탄생지로 전하여진다)에서 나다. 부모가 이구산(尼丘山)에서 기도하여 낳았으므로 이름을 구(丘)라 하고, 자를 중니(仲尼)라고 하다.(『孔子家語』「本姓解」)

공자의 출생 연월일에 대하여서는 각 책의 기록이 일치하지 않는다. 여기서는 『사기(史記)』「공자세가(孔子世家)」 등의 설에 의거하여 노양공 22년 하력(夏歷) 8월 27일에 태어난 것으로 정하였다.(「생애 개략」 장에 상세하다)

2세(B.C. 550년 周靈王 22년 魯襄公 23년)

노나라에 있었다.

3세(B.C. 549년 周靈王 23년 魯襄公 24년)

부친 숙량흘(叔梁紇)이 죽어서 방(防: 지금의 曲阜市 동쪽 25리 지점의 防山. 지금은 梁公林이라 일컫는다. 『孔子家語』「本姓解」에 보인다)에 장사지내다. 어머니 안징재(顔徵在)는 공자를 데리고 노나라의 도읍 곡부의 궐리(闕里)로 거처를 옮겼는데 가정형편이 빈한하였다.

4세(B.C. 548년 周靈王 24년 魯襄公 25년)

노나라에 있었다.

5월에 제(齊)나라의 최저(崔杼)가 제장공(齊莊公)을 죽이고 그 아우를 즉위시켰는데 경공(景公)이다. 안영(晏嬰)이 평하여 말하기를 "백성의 임금이 된 사람이 어찌 백성들을 능가하겠는가? 사직을 주관하는 것이다. 임금의 신하된 자가 어찌 봉록만 위하겠느냐? 사직을 기르기 위함이다."라 하였다.(『左傳』「襄公 25년」에 보인다)

이 이전에 수(隨)나라의 계량(季梁)이 말하기를 "백성은 신(神)의 주인이므로 먼저 백성을 편안하게 해주고 난 후에 신에게 온 힘을 다 바친다."라 하였다.(『左傳』「桓公 6년」에 보인다) 주문공(邾文公)도 말하기를 "백성에게 이롭기만 하다면 과인에게 이로운 것이다. 하늘이 백성을 내고 임금을 세운 것은 그들을 이롭게 하기 위함이다. 백성들이 이로워지면 나도 반드시 거기에 함께 할 것이다."라 하였다.(『左傳』「文公 13년」) 이 몇 가지는 모두 서주(西周)의 보민사상(保民思想)에서 발전되어온 것으로 또한 공자사상의 연원이기도 하다.

5세(B.C. 547년 周靈王 25년 魯襄公 26년)

노나라에 있었다.

공자의 제자 진상(秦商)이 났다. 진상의 자는 불자(不慈)로 노나라 사람이다.

6세(B.C. 546년 周靈王 26년 魯襄公 27년)

모친 안징재의 교육 하에 어려서부터 예(禮)를 좋아하여 "아이로 놀이를 할 때 늘 제기를 벌여놓고 예의가 있는 모습을 갖추었다."(『史記』「孔子世家」) 예의(禮儀)를 연습하여 익혔다.

제자 안유(顔繇)와 증점(曾點)이 났다. 안유의 이름은 무유(無繇)라고도 하고 자가 계로(季路)여서 안로(顔路)라고도 하며 안연의 부친이다. 증점은 자가 석(晳)으로 증삼(曾參)의 부친이며 노나라 사람이다.

7세(B.C. 545년 周靈王 27년 魯襄公 28년)

노나라에 있었다.

주령왕이 죽고 아들 귀(貴)가 즉위하였는데, 주경왕(周景王)이다.

제자인 염경(冉耕)이 났다. 염경의 자는 백우(伯牛)이며, 노나라 사람이다.

8세(B.C. 544년 周景王 원년 魯襄公 29년)

노나라에 있었다.

오(吳)나라 공자 계찰(季札)이 노나라로 가서 주례(周禮)을 구경하다. 노나라는 주공(周公)의 봉지여서 천자의 예악을 쓸 수 있었기 때문에 주례를 비교적 완전하게 갖추었다.

9세(B.C. 543년 周景王 2년 魯襄公 30년)

노나라에 있었다.

이 해에 정(鄭)나라 자산(子産)이 집정하여 "도읍과 변경에 구별이 있게 하였고 상하 간에는 맡은 일이 있게 하였다. 전지에는 경계와 도랑이 있게 하였고 농가에는 부세가 있게 하여"(『左傳』「襄公 30년」) 정나라는 크게 잘 다스려졌다. 나중에 공자는 자산의 치적에 대하여 매우 높이 평가하였다.

10세(B.C. 542년 周景王 3년 魯襄公 31년)

노나라에 있었다.

노양공이 죽고 그 아들 주(禂)가 이어서 즉위하였는데 곧 소공(昭公)이다.

정나라 사람이 향교에서 놀면서 집정에 대하여 논하였다. 연명(然明)이 자산에게 향교를 허물 것을 권하자 자산은 듣지 않고 말하였다. "그 훌륭하게 여긴 것을 내 행할 것이요, 좋지 않게 여긴 것을 내 고칠 것이니 나의 스승이오. 그러니 어찌 그것을 허물겠소?" 공자는 나중에 자산의 이런 말을 평가하여 말하기를 "이로써 살펴보건대 사람들이 자산을 어질지 않다고 한다면 내 믿지 않을 것이다."라 하였다.(모두 『左傳』「襄公 31년」에 보인다) 공자가 자산이 민의를 존중한 것에 대한 평가가 매우 높음을 알 수 있다.

제자 중유(仲由)가 났다. 중유의 자는 자로(子路)이며, 변(卞) 사람이다.

11세(B.C. 541년 周景王 4年 魯昭公 원년)

노나라에 있었다.

12세(B.C. 540년 周景王 5년 魯昭公 2년)

노나라에 있었다.

봄에 진후(晉侯)가 한선자(韓宣子)를 노나라로 내빙하게 하여 태사씨(太史氏)에게서 기록하는 것을 살피고 『역(易)』과 『상(象)』, 그리고 『노춘추(魯春秋)』를 보고는 말하였다. "주나라의 예가 모두 노나라에 있으니 내 이에 주공의 덕과 주나라가 왕업을 이룬 까닭을 알겠구나."(『左傳』「昭公 2년」) 이런 문헌은 아마 노나라에만 소장되어 있었을 것이다.

제자 칠조개(漆雕開)가 났다. 칠조개의 자는 자약(子若)으로 채(蔡)나라 사람이다.

13세(B.C. 539년 周景王 6년 魯昭公 3년)

노나라에 있었다.

제나라 안영(晏嬰)이 진(晉)나라에 사행하여 진나라의 경(卿) 숙상(叔向)과 제나라의 정치는 진(陳, 田) 씨에게 돌아갈 것이라고 말하였다. 제나라 임금이 세금 징수를 가중하여 백성들에게 지나치게 취하였으며, 진 씨는 백성들에게 은혜를 베풀고 자기에게 도움을 주는 방법을 채택하여 공실을 약하게 하였기 때문이다. 숙상 또한 진나라 공실이 이미 말세에 이르러 사람들이 임금의 명령을 듣는 것을 "도둑이나 원수 피하듯 하였다.(如逃寇讐)"고 생각하였다.(『左傳』「昭公 3년」) 이때 계급 갈등과 통치계급 내부의 갈등이 이미 첨예화되었음을 알 수 있다.

14세(B.C. 538년 周景王 7년 魯昭公 4년)

노나라에 있었다. 공자는 말하기를 "내 젊어서 미천했기 때문에 비천한 일에 능함이 많았다.(吾少也賤, 故多能鄙事)"(『論語』「子罕」)라 하였다. 그가 어렸을 때 각종 노동에 종사하였음을 설명한다.

겨울에 정(鄭)나라 자산(子産)이 구부(丘賦) 제도를 제정하다.

15세(B.C. 537년 周景王 8년 魯昭公 5년)

공자는 말했다. "나는 열다섯 살에 학문에 뜻을 두었다.(吾十有五而志于學)"(『論語』「爲政」) 이때 공자는 아동기에 어렵게 학습한 기초 위에 더욱 자각적으로 학문과 덕업 방면에서 부단하게 자기를 완벽하게 되도록 제고시켰다.

노나라가 3군(軍)을 4군으로 개편하였는데, 숙손(叔孫)과 맹손(孟孫) 씨가 각각 1군을 거느렸고 계손(季孫) 씨가 2군을 거느렸다. 당시 군(軍)과 부(賦)는 통일되어 군을 나누는 것은 곧 부를 나누는 것이었기 때문에 당시 이 일을 '사분공실(四分公室)'이라고 하였다.(『左傳』「昭公 5年」)

16세(B.C. 536년 周景王 9년 魯昭公 6년)
노나라에 있었다.
3월에 정나라에서 형서(刑書)를 (鼎에) 주조하였다. '예치(禮治)'는 쇠퇴하고 법치가 점차 일어났다.
제자 민손(閔損)이 났다. 민손의 자는 자건(子騫)으로 노나라 사람이다.

17세(B.C. 535년 周景王 10년 魯昭公 7년)
모친 안징재(顔徵在)가 죽다. 이후 오래지 않아 계씨가 사(士)와 일급(一級)의 귀족을 연회에 청하여 공자는 연회에 갔으나 계씨의 가신 양호(陽虎)에게 문밖에서 거절당하였다.(『史記』「孔子世家」에 보인다)
11월에 노나라의 집정자 계무자(季武子)가 죽었다.

18세(B.C. 534년 周景王 11년 魯昭公 8년)
전하는 바에 의하면 공자는 신장이 9자 6치여서 사람들이 모두 '꺽다리(長人)'라고 불렀다고 한다.(『史記』「孔子世家」에 보인다)

19세(B.C. 533년 周景王 12년 魯昭公 9년)
송나라 사람 기관 씨(亓官氏)의 딸을 아내로 삼다.(『孔子家語』「本姓解」에 보인다)

20세(B.C. 532년 周景王 13년 魯昭公 10년)
아들 백어(伯魚)를 낳다. 노나라 임금이 잉어[鯉]를 공자에게 내렸으므로 이를 이름으로 삼고 자를 백어라고 하였다. 공자가 위리(委吏: 창고를 관리하는 小吏)의 일을 맡기 시작하다.(『闕里志』「年譜」에 보인다)

21세(B.C. 531년 周景王 14년 魯昭公 11년)

공자의 관직이 승전리(乘田吏)로 바뀌었는데 소와 양의 목축을 관리하는 소리이다.(『闕里志』와 「年譜」에 보인다. 맹자는 말하였다. "공자께서 일찍이 위리가 되셔서는 말씀하시기를 '회계를 마땅하게 할 뿐이다.' 하셨고, 일찍이 승전이 되셔서는 '소와 양을 잘 키울 뿐이다.' 하셨다.(孔子嘗爲委吏矣, 曰, 會計當而已矣. 嘗爲乘田矣, 曰, 牛羊茁壯長而已矣)"(『孟子』「萬章 下」)

22세(B.C. 530년 周景王 15년 魯昭公 12년)

노나라에 있었다.

제자 남궁괄(南宮适, 敬叔)이 났다. 남궁괄의 자는 자용(子容)이며, 노나라 맹희자(孟僖子)의 차자이다. 장자 맹의자(孟懿子) 역시 공자의 제자이다.

23세(B.C. 529년 周景王 16년 魯昭公 13년)

노나라에 있었다.

진(晉)나라에서 제후를 평구(平丘)에 회합시켰다. 자산(子産)과 자태숙(子太叔)이 정백(鄭伯)을 도와 회합에 참가했다. …… 결맹할 즈음에 자산이 공물품의 차서를 쟁론하였다. …… 정오부터 쟁론을 하여 해질녘이 되어서야 진나라 사람의 허락이 떨어졌다. 공자는 '이번 행보로 족히 나라의 기틀을 다졌도다.'라 하였다.(『左傳』「昭公 13年」)

24세(B.C. 528년 周景王 17年 魯昭公 14년)

노나라에 있었다.

봄에 노나라 계손씨의 가신 남괴(南蒯)가 비(費)에서 반란을 일으켰는데 비의 사람들이 쫓아내어 제나라로 달아났다.

25세(B.C. 527년 周景王 18년 魯昭公 15년)

노나라에 있었다.

26세(B.C. 526년 周景王 19년 魯昭公 16년)

노나라에 있었다.

27세(B.C. 525년 周景王 20년 魯昭公 17년)

담자(郯子)가 노나라에 조현하여 연회에서 숙손소자(叔孫昭子)의 질문에 대답하면서 그 선조 소호씨(少皞氏)의 관직제도에 대하여 말하였다. 『좌전』「소공 17년」의 기록에 의하면 "중니가 그 말을 듣고 담자를 찾아보고 그에게서 배웠다. 얼마 후 다른 사람에게 일러 말하였다. '내가 천자의 백관이 직무를 잃으면 관학이 사방 변경의 나라에 있게 된다 하였는데 확실히 그렇구나.'" 공자는 배우기를 좋아하여 일정한 스승이 없었는데 이것이 그 한 예이다.

28세(B.C. 524년 周景王 21년 魯昭公 18년)

노나라에 있었다.

송, 위(衛), 진(陳), 정나라에 모두 화재가 발생하였다. 정나라 비조(裨竈)는 하늘에 제사를 지내 푸닥거리를 하지 않으면 정나라에 다시 화재가 발생할 것이라고 하였다. 자산은 동의하지 않고 "천도(天道)는 멀고 인도는 가까워서 미칠 바가 아니니 어떻게 알리오?"라 하였다.(『左傳』「昭公 18年」) 이런 천도와 인도를 나누어서 보는 관점은 공자의 인도를 중시하고 천도를 가벼이 여기는 사상 형성에 큰 영향을 끼쳤다.

29세(B.C. 523년 周景王 2년 魯昭公 19년)

사양자(師襄子, 일설에 의하면 魯昭公 17년의 일이라고 하는데 여기서는 『闕里志』를 따른다)에게서 금(琴)을 배우다. 양자가 말하였다. "내 비록 경(磬)을 치는 관원이지만 금에도 뛰어납니다. 지금 그대가 금에 대하여서도 이미 익혔으니 더 배워도 될 것이오." 공자가 말하였다. "저는 아직 그 수(數)를 다 알지 못하였습니다." 조금 있다가 말하였다. "이미 수를 다 익혔으니 더 배워도 될 것이오." 공자가 말하였다. "저는 아직 그 뜻을 얻지 못하였습니다." 얼마 있다가 말하였다. "이미 그 뜻을 익혔으니 더 배워도 될 것이오." 공자가 말하였다. "저는 아직 그 사람됨을 알지 못하였습니다." 얼마 후 공자는 깊은 생각이 있는 것 같기도 하고 우뚝해 보이는 듯한 것이 있기도 하다면서 말하였다. "저는 비로소 그 사람됨을 안 것 같습니다. 말끔하면서도 검고 키가 훨씬 크며, 넓기가(『史記』에는 '眼'으로 되어 있다) 끝이 없는 듯하고 사방에서 사람이 모여드는 것 같으니 문왕이 아니면 누가 이럴 수 있으리오?" 사양자는 자리를 피하면서(『史記』에는 "두 번 절하고"로 되어 있다) 대답하였다. "군자이시고 성인이십니다. 바로

「문왕조(文王操)」로 전하여집니다."(『孔子家語』「辨樂解」) 여기서 공자의 학예(學藝)가 부지런하면서도 정통함을 알 수 있다.

30세(B.C. 522년 周景王 23년 魯昭公 20년)

공자는 스스로 "서른 살에 (학문적으로) 자립하였다.(三十而立)"(『論語』「爲政」)라 하였다. 대체로 이때부터 그는 이미 학문 연구와 인재 양성, 위정(爲政) 등의 방면에서 견실한 학문과 덕업의 기초를 확립하였을 것이다. 『사기』의 기록에 근거하면 이 해 전후로 그는 평민 교육을 개창하여 무리를 받아들여 강학을 하였다. 가장 이른 시기의 제자 가운데 비교적 지명도가 있는 안로(顔路)와 증점(曾點), 자로(子路) 등이 있다.

정나라 자산이 죽자 중니가 듣고 눈물을 흘리면서 말하였다. "옛 인애의 유풍을 가졌다."(『左傳』「昭公 20年」) 그는 생각하기를 자산은 "군자의 도가 네 가지 있었으니, 몸가짐이 공손하며, 윗사람을 섬김이 공경스러우며, 백성을 기름이 은혜로우며, 백성을 부림에 의로웠다.(有君子之道四焉. 其行己也恭, 其事上也敬, 其養民也惠, 其使民也義)"(『論語』「公冶長」)라 하였는데 평가가 매우 높았다.

제경공이 안영과 함께 노나라에 갔다. 경공이 공자에게 묻기를 진목공은 어떻게 패권을 잡았는가 묻자 공자는 사람을 잘 등용하여서라고 대답하였다.(『史記』「孔子世家」)

제자 안회(顔回)와 염옹(冉雍), 염구(冉求), 상구(商瞿), 양전(梁鱣)이 났다. 안회는 자가 연(淵)이고, 염옹은 자가 중궁(仲弓), 염구는 자가 자유(子有), 상구는 자가 자목(子木)으로 노나라 사람이다. 양전은 자가 숙어(叔魚)이며 제나라 사람이다.

31세(B.C. 521년 周景王 24년 魯昭公 21년)

노나라에 있었다.

제자인 무마시(巫馬施), 고시(高柴), 복부제(宓不齊)가 났다. 무마시는 자가 자기(子期)이며 진(陳)나라 사람이다. 고시는 자가 자고(子高)로 제나라 사람이며, 복부제의 자는 자천(子賤)이고 노나라 사람이다.

32세(B.C. 520년 周景王 25년 魯昭公 22년)

노나라에 있었다.

4월에 주경왕이 죽고 아들인 맹(猛)이 즉위하였는데 곧 도왕(悼王)이다. 왕자 조(朝)

가 옛 관원과 백공, 영왕(靈王), 경왕의 족속과 연락하여 반란을 일으켜 왕 도(悼)를 죽이고 스스로 즉위하였다. 진(晉)나라 사람이 공격하여 경왕의 다른 아들 개(匄)를 옹립하였는데 곧 주경왕(周敬王)이다.

제자인 단목사(端木賜)가 났다. 단목사의 자는 자공(子貢)이며 위(衛)나라 사람이다.

33세(B.C. 519년 周敬王 원년 魯昭公 23년)

노나라에 있었다.

34세(B.C. 518年 周敬王 2년 魯昭公 24년)

맹희자(孟僖子)가 임종을 앞두고 두 아들 맹의자(孟懿子)와 남궁경숙(南宮敬叔)에게 공자에게 예를 배우게 하였다.(『左傳』「昭公 7년」에 보임) 공자는 노나라의 지지를 얻어 남궁경숙과 함께 주나라로 가서 주나라 왕조의 문물제도를 구경하고 얻은 것이 매우 컸으며 "주나라는 (夏·殷) 2대를 보았으니, 찬란하다. 그 문이여! 나는 주나라를 따르겠다.(周監於二代, 郁郁乎文哉! 吾從周)"(『論語』「八佾」)라 하였다.(이때 남궁경숙은 겨우 12, 3세로 공자를 따라 주나라에 갈 수 없었을 것이라고 崔述 등은 모두 의심하였다. 주나라로 간 일은 시간적으로 조금 뒤일 것이다)

35세(B.C. 517년 周敬王 3년 魯昭公 25년)

노소공이 군사를 거느리고 계손씨를 공격하여 치자 계손과 숙손, 맹손의 3가가 연합하여 소공에게 항거하였고 소공의 군사가 패하여 제나라로 달아났다. 공자는 노나라가 어지러워지자 제나라로 갔는데 가는 길에 태산을 경유하였다. 고향의 가혹한 정치를 피하여 이곳으로 도망친 여자를 만나게 되었다. 육친이 호랑이에게 물려죽어도 이곳을 떠나지 못하는 것을 보고 자신도 모르게 "가혹한 정치는 호랑이보다 사납다"라는 개탄을 발하게 되었다.(『禮記』「檀弓 하」에 보인다) 제나라에 도착한 후에 고소자(高昭子)의 가신이 되어 이로 제경공(齊景公)을 만나게 되었다.

36세(B.C. 516年 周敬王 4년 魯昭公 26년)

제나라에서 제나라 태사(太師)와 함께 음악에 대하여 이야기하다가 「소(韶)」(舜임금 때의 음악이라고 전해짐)를 듣게 되었다. 석 달 동안 고기 맛을 알지 못하고 흥분하여 말하기를 "음악을 만든 것이 이러한 경지에 이를 줄은 생각도 못했다!(不圖爲樂之至 於斯也)"(『論語』「述而」)라 하였다.

제경공이 공자에게 정치를 묻자 공자가 대답하였다. "임금은 임금다워야 하며, 신하는 신하다워야 하며, 아비는 아비다워야 하며, 자식은 자식다워야 하는 것입니다.(君君, 臣臣, 父父, 子子)" 공이 말하기를 "좋습니다. 진실로 만일 임금이 임금노릇을 못하며, 신하가 신하 노릇을 못하며, 아비가 아비 노릇을 못하며, 자식이 자식 노릇을 못한다면, 비록 곡식이 있은들 내 그것을 먹을 수 있겠습니까?(善哉! 信如君不君, 臣不臣, 父不父, 子不子, 雖有粟, 吾得而食諸!)"(『論語』「顏淵」)라 하였다. 제경공이 이계(尼谿)의 전지를 공자에게 봉하려 하였지만 안영(晏嬰)의 반대에 부딪쳐 이루지 못하였다.(『史記』「孔子世家」에 보인다)

이 해에 노소공은 제나라에서 운(鄆)에 머물렀다.(운은 원래 노나라 땅이었는데 전 해에 제나라가 노소공을 위하여 공격하여 빼앗아주었다)

37세(B.C. 515년 周敬王 5년 魯昭公 27년)

제나라에 있었는데 제나라의 대부 양언(揚言)이 공자를 해치려 하였다. 제경공 또한 공자에게 "나는 늙어서 그대를 쓸 수가 없소."라 하였다. 이에 공자는 제나라에서 노나라로 돌아갔다.(『史記』「孔子世家」에 보인다) 전하는 바에 의하면 노나라로 돌아갈 때 형세가 매우 험악하였다. 창졸간에 떠나면서 채 밥도 짓지 못하고 막 일어놓은 쌀을 건져서 가져갔다.(『孟子』「萬章 下」 "공자께서 제나라를 떠날 적에 (밥을 지으려고) 쌀을 담갔다가 건져 가지고 떠나셨다.")

오나라 공자 계찰(季札)이 제나라를 빙문(聘問)하였다. 그 아들이 죽어 영(嬴), 박(博: 노나라 땅에 가까운 제나라 땅) 사이에서 장례를 치렀다.(『禮記』「檀弓 하」에 보임)

오나라 공자 광(光)이 전제(專諸)에게 오왕 요(僚)를 죽이게 하고 스스로 즉위하였는데 곧 오왕 합려(闔閭)이다.

제자 번수(樊須)와 원헌(原憲)이 났다. 번수의 자는 자지(子遲)로 노나라 사람이며, 원헌은 자가 자사(子思)로 송나라 사람이다.

38세(B.C. 14년 周敬王 6년 魯昭公 28년)

노나라에 있었다.

618

진(晉)나라 위서(魏舒, 魏獻子)가 집정하여 기 씨(祁氏)와 양설 씨(羊舌氏)를 멸하고 기 씨의 땅을 7현(縣)으로, 양설 씨의 땅을 3현으로 나누어 현능한 사(士)를 뽑아 파견하여(그 아들을 포함) 현재(縣宰)로 삼았다. 공자가 매우 칭찬하여 위 씨가 등용한 일을 "가까이는 친속을 잃지 않고 멀리는 등용함을 잃지 않았으니 의라 할 만하다."(『左傳』「昭公」28年)라 하였다.

노소공이 진(晉)에 이르러 간후(乾侯, 晉의 邑)에 머물렀다.

39세(B.C. 513년 周敬王 7년 魯昭公 29년)

노나라에 있었다.

이 해 겨울에 진(晉)나라에서 형정(刑鼎)을 주조하고 조앙(趙鞅)과 순인(荀寅)이 범선자(范宣子)가 제정한 형서(刑書)를 정에 주조하였다. 공자는 이렇게 하면 "귀천에 차서가 없게" 될 것이며, 등급 제도를 파괴할 것이라 생각하고 부지중에 "진나라는 망할 것이다! 그 법도를 잃었으니."라 개탄하였다.(『左傳』「昭公 29년」). 확실히 공자의 진나라 법제에 대한 견해는 보수적이다.

40세(B.C. 512년 周敬王 8년 魯昭公 30년)

노나라에 있었다.

공자는 스스로 "마흔 살에 (事理에) 의혹되지 않았다.(四十而不惑)"(『論語』「爲政」)라 하였는데, 이른바 불혹은 아마 이립(而立) 때 학립된 세계관과 인생관이 이미 확고해져 변동이 없는 것을 이를 것이다.

제자인 담대멸명(澹臺滅明)이 났다. 담대멸명은 자가 자우(子羽)이며 노나라 무성(武城) 사람이다.

41세(B.C. 511년 周敬王 9년 魯昭公 31년)

노나라에 있었다.

노소공이 간후에 오래 있어서 진후(晉侯)가 소공을 귀국시키려 하여 노나라의 계손의여(季孫意如)가 맞으러 왔는데 소공은 감히 노나라로 돌아가지 않았다.

제자 진항(陳亢)이 났다. 진항의 자는 자금(子禽)으로 진(陳)나라 사람이다.

42세(B.C. 510년 周敬王 10년 魯昭公 32년)

겨울에 노소공이 간후에서 죽었다. 계손이 소공의 아우인 공자 송(宋)을 옹립하니 곧 정공(定公)이다.

옛 설에 의하면 공자는 소공 26년에 노나라로 돌아온 후 오래지 않아 또 제나라에 이르러 소공이 죽을 때까지 함께 제나라에서 7년간 있었다고 한다. 청나라 사람 강영(江永)은 『향당도고(鄕黨圖考)』에서 공자가 제나라에 있은 것은 1년에 지나지 않는다고 하였는데 또한 옳지 않다. 『사기』「공자세가」에 의하여 고찰하면 공자는 겨우 한 차례 제나라에 이르렀고 지낸 시간은 약 2년 안팎이다.

43세(B.C. 509년 周敬王 11년 魯定公 원년)

노나라에 있었다.

『궐리지(闕里志)』의 기록에 의하면 이 해에 공자는 노나라에서 진(陳)나라로 갔다. 『사기』「공자세가」와 「진세가(陳世家)」 및 『연표(年表)』에는 모두 기록이 없다. 여름에 소공의 영구(靈柩)가 간후에서 노나라로 와 장례를 치르고 정공이 즉위하였다. 제자인 공서적(公西赤)이 났다. 공서적의 자는 화(華)로 노나라 사람이다.

44세(B.C. 508년 周敬王 12 魯定公 2년)

노나라에 있었다.

이 해에 노나라에서는 지난해 8월에 된서리의 재화를 입은 데 이어 도성의 치문(雉門) 및 양 관(觀)이 또한 모두 큰 화재를 당하였다.

45세(B.C. 507년 周敬王 13년 魯定公 3년)

노나라에 있었다.

주장공(邾莊公)이 죽고 주은공(邾隱公)이 즉위하여, 관례를 행하려 하면서 사람을 시켜 공자에게 관례를 물었다.

제자 복상(卜商)이 났다. 복상의 자는 자하(子夏)이며 위(衛)나라 사람이다. 공자가 죽은 후 서하(西河)에서 강학하였는데 자못 영향을 끼쳤다.

46세(B.C. 506년 周敬王 14년 魯定公 4년)

노나라에 있었다.

오(吳)와 채(蔡), 당(唐)나라가 연합하여 초나라 군사를 대패시키자 초나라의 신하 신포서(申包胥)가 진(秦)나라로 가서 구원을 청하다.

노나라 환공(桓公)의 사당에는 곁에 두고 교훈을 삼는 기울어진 그릇이 있었다. 공자는 그것을 보고 "차는 것(에 대한 태도)을 지니는" 도를 떠올리고 제자들에게 말하였다. "내가 듣건대 거처하는 옆에 두고 교훈을 삼는 그릇이란, 비면 기울어지고, 알맞으면 바로 서고, 가득 차면 엎어진다 하였다.", "가득 차고서도 엎어지지 않는 것이 어디 있을까!" 그는 정확한 태도는 "총명하고 신통한 지혜가 있으면 어리석음으로 그것을 지키고, 공로가 천하를 덮을 만한 사람이면 사양함으로 그것을 지킨다. 용기와 힘이 세상을 뒤덮을 만하면 겁냄으로써 그것을 지키고, 온 세상을 차지할 부귀를 지니면 겸손함으로 그것을 지키는 것이다. 이것이 이른바 자신을 낮추고 또 낮추는 처세 방법인 것이다."라고 생각하였다.(『荀子』「宥坐」)

제자 언언(言偃)이 났다. 언언의 자는 자유(子游)로 오나라 사람이다.

47세(B.C. 505년 周敬王 15년 魯定公 5년)

노나라에 있었다.

초나라의 신포서가 진(秦)나라 군사의 원조를 얻어 오나라 군사를 격퇴하고 초소왕(楚昭王)이 영도(郢都)로 돌아오다.

6월에 노나라 계손의여(季孫意如: 季平子)가 죽자 가신인 양호(陽虎, 陽貨라고도 한다)가 그 아들 계손사(季孫斯: 季桓子)를 끼고 노나라의 정권을 전횡하였다. 양호는 공자를 만나려고 하였다. 공자가 만나주지 않자 공자에게 돼지를 보내어 공자가 감사의 뜻을 표하러 오면 공자를 만나려고 하였다. 공자는 보고 싶지 않아 양호가 없을 때를 알아내어 감사의 절을 하려고 하였지만 공교롭게 길에서 마주치게 되었다. 양호가 공자에게 출사할 것을 권하자 공자는 입으로만 대답하고 끝내 출사하지 않았다.(『論語』「陽貨」에 보인다) 물러나 『시』와 『서』, 『예』, 『악』을 정리하여 제자들을 가르쳤다. 공자는 말하기를 "의롭지 않은 부와 귀는 나에게 뜬구름과 같다.(不義而富且貴, 於我如浮雲)"(『論語』「述而」)라 하였다. 이는 그의 '도가 없으면 숨는다(無道則隱)'는 주장을 충분히 체현하였다.

제자인 증삼(曾參)과 안행(顔幸)이 났다. 증삼의 자는 자여(子輿)로 노나라 남무성(南武城) 사람이고, 안행의 자는 자류(子柳)로 노나라 사람이다.

48세(B.C. 504년 周敏王 16년 魯定公 6년)

노나라에 있었다.

계씨의 가신 양호의 권력을 천단함이 날로 심하여졌다. 『좌전』「정공(定公)」 6년의 기록에 의하면 양호와 정공 및 '삼환'이 주사(周社: 社는 옛날 토지신을 제사지내는 곳이며, 周社는 노나라의 社인데 노나라가 周公의 후예이기 때문에 周社라고 한다-지은이)에서 맹세하였다. 국인(國人)들과 함께 박사(亳社: 亳은 殷商의 舊都인데 노나라는 殷代의 商奄에 있었으며 그 遺民이었으므로 亳社를 세웠다-지은이)에서 맹세하였으며, 오부지구(五父之衢: 曲阜 동남쪽 5리 지점에 있다)에서 신에게 제사를 지내고 맹세를 지키지 않는 사람들에게 화를 끼쳤다.

49세(B.C. 503년 周敬王 17년 魯定公 7년)

노나라에 있었다.

2월에 제나라에서 운(鄆)과 양관(陽關) 두 곳의 땅을 노나라에게 돌려주었는데 양호가 차지하여 자기의 것으로 삼았다.

제자 전손사(顓孫師)가 났다. 전손사의 자는 자장(子張)으로 진(陳)나라 사람이다.

50세(B.C. 502년 周敬王 18년 魯定公 8년)

노나라에 있었다.

공자는 스스로 "쉰 살에 천명을 알았다.(五十而知天命)"(『論語』「爲政」)라 하였다. 이른바 지천명(知天命)은 스스로 객관적인 사물의 발전과 규율의 뜻을 파악한 것일 것이다. 겨울에 양호가 '삼환'을 제거하려고 하여 계씨를 죽이려 기도하였으나 미수에 그치자 환(讙: 지금의 山東省 寧陽縣 서북쪽)과 양관(지금의 山東 泰安縣 동남쪽)으로 들어가 반기를 들었다.

공산불뉴(公山不狃)가 사람을 보내어 공자를 불러 공자가 가려다가 자로의 반대로 인하여 성사되지 못하였다.(『論語』「陽貨」에 보인다)

51세(B.C. 501년 周敬王 19년 魯定公 9년)

노나라에 있었다.

6월에 노나라가 양호를 쳐서 양관에서 공격하였다. 양호는 포위를 돌파하여 제나라로 달아났다. 얼마 후에는 송나라로 달아났다가 마지막에는 진(晉)나라로 도망쳐 조간자(趙簡子)에게 투항했다. 공자는 말하기를 "조 씨는 대대로 어지러울 것이다!"(『左傳』 「定公 9년」)라 하였다.

공자는 중도(中都: 지금의 山東省 汶上縣 서쪽)의 읍재를 맡아 탁월한 정적(政績)을 남겨 다스린 지 1년 만에 사방에서 법도로 삼았다.

제자인 염로(冉魯)와 조휼(曹卹), 백건(伯虔), 안고(顏高), 숙중회(叔仲會)가 났다. 염로의 자는 자로(子魯)로 노나라 사람이다. 조휼은 자가 자순(子循)으로 채나라 사람이다. 백건은 자를 자석(子析)으로 쓰는 노나라 사람이며, 안고의 자는 자교(子驕)로 노나라 사람이다. 숙중회의 자는 자기(子期)로 노나라 사람이다.

52세(B.C. 500년 周敬王 20년 魯定公 10년)

노나라에 있었다.

중도재(中都宰)에서 소사공(小司空)으로 승진하였고, 소사공에서 대사구(大司寇)로 승진하여 재상의 일을 대행하였다.

여름에 제나라가 노나라와 강화하여 노정공이 제경공과 협곡(夾谷: 지금의 山東 萊蕪縣 남쪽)에서 회맹하였다. 공자는 대사구의 신분으로 정공을 위하여 예를 도와주었는데 공자는 "비록 문(文)의 일이 있어도 반드시 무(武)로 대비해야 한다."라고 생각하였다. 제나라가 정공을 겁박하려고 하자 공자가 물리치니 제나라 임금이 경외하여 마침내 맹약을 정하고 아울러 침탈한 운(鄆)과 환(讙), 귀양(龜陽) 등의 땅을 노나라에 돌려주고 사과하였다.(『穀梁傳』 「定公 10년」에 보인다)

53세(B.C. 499년 周敬王 21년 魯定公 11년)

노나라에 있었다.

공자가 노나라의 대사구가 되자 노나라가 크게 다스려졌다. 『여씨춘추(呂氏春秋)』 「악성(樂成)」의 기록에 의하면 처음에는 그 재주를 의심하였으나 정치가 교화되어 성행하자 나라의 사람들이 모두 칭송하였다고 한다.(『孔叢子』 「陳士義」에 보인다)

노나라가 정나라와 강화를 맺어 진(晉)나라와 등지기 시작하다.

54세(B.C. 498년 周敬王 22년 魯定公 12년)

노나라에 있었다.

공자는 노나라 대사구이고 자로(子路)는 계씨의 가재가 되었다. 공자는 사가(私家)를 약하게 하고 공실을 강하게 하기 위하여 노정공에게 건의하였다. "신하는 무기를 비축해서는 안 되고 대부는 성이 백 치가 되어서는 안 되는 것이 옛날의 제도입니다. 지금 삼가[三桓]가 제도를 넘었으니 청컨대 모두 허무소서."(『孔子家語』「相魯」)라 하였다. 마침내 삼도(三都)를 허물려 하였다. 당시 마침 숙손과 계손의 가신인 후범(侯犯)과 남괴(南蒯)가 각각 그 도읍을 차지하고 반란을 일으켜 숙손씨와 계손씨도 이 주장을 지지하였다. 이에 먼저 숙손씨의 후읍(郈邑: 지금의 山東省 東平縣 남쪽)과 계손씨의 비읍(費邑: 지금의 山東省 費縣)을 허물었다. 비읍을 허물 때 비읍의 읍재인 공산불뉴가 노나라의 도읍[曲阜]이 빈 것을 틈타 비읍의 사람을 거느리고 곡부를 공격하였다. 다행히 공자가 신구수(申句須)와 악기(樂頎) 두 대부에게 명하여 부하를 거느리고 반격하게 한 데 힘입어 고멸(姑蔑: 지금의 山東省 泗水縣 동쪽)에서 공산불뉴를 패배시켰다. 공산불뉴는 제나라로 달아났다. 마침내 비읍을 허물었다. 그러나 다시 맹손씨의 성읍(成邑: 지금의 山東省 寧陽縣 동북쪽)을 허물려고 할 때 오히려 맹손씨의 가신 공렴처보(公斂處父)의 저항을 받아 결과적으로 성읍을 허무는 일은 실패로 돌아갔다. 세 도읍을 허무는 일은 여기서 중도에 그쳤다.(『史記』「孔子世家」) 어떤 사람이 공산불요(公山弗擾, 곧 不狃)가 비읍을 가지고 반란을 일으켰다고 한 것(『論語』「陽貨」)은 이 일을 가리키며, 공자를 부른 것은 정공 8년으로 반란을 일으키지 않았을 때라고 하였다. 매우 옳다. 지금 이 설을 따른다.(「생애의 개략」 장에 상세히 보인다)

제자 공손룡(公孫龍)이 났다. 공손룡의 자는 자석(子石)으로 초나라 사람이다.

55세(B.C. 497년 周敬王 23년 魯定公 13년)

노나라가 다스려지자 제나라가 두려워하여 그 정치를 허물어뜨리고자 이에 미녀 80명을 선발하여 아름다운 옷을 입히고 아울러 무늬 있는 말 30사(駟: 사두마차를 끄는 네 마리 말. 30사는 곧 120두를 말한다)를 노나라 임금에게 보냈다. 계환자(季桓子)는 그것을 받아 임금과 신하가 정사를 태만히 하여 여러 날이나 조정에서 정치를 듣지 않았다. 또한 예제에 따른 번육(膰肉: 당시 郊祭에 쓴 供肉)을 공자에게 보내지 않아 공자가 실망하여 마침내 노나라를 떠나 위(衛)나라로 갔다.(공자가 노나라를 떠나 衛나라로 간 연대는 『史記』에서는 지난해 가을과 겨울 사이라고 하였는데 魯나라의 郊祭는 일반적으로 봄 3월에 지내므로 『闕里志』를 따라 이 해로 엮는다)

공자는 위나라에 이른 후 위나라 도읍 제구(帝丘: 지금의 河南省 滑縣)에 있는 자로의 처형 안탁추(顔濁鄒)의 집에 머물렀다. 위령공(衛靈公)이 노나라에서 대우해주던 대로 봉록을 지급하였다. 나중에 위령공은 참소하는 말을 믿어 공자를 감시하였다. 공자는 마침내 10월에 위나라를 떠나 진(陳)나라로 갔다. 광(匡) 땅(지금의 河南省 長垣縣 경계에 있다)을 지날 때 나라 사람들이 공자를 양호로 오인하여(陽虎가 광 사람들을 속인 적이 있고 공자의 외모가 양호와 닮았기 때문이다) 공자를 포위하였다. 나중에 포(蒲) 땅을 지날 때도 (또한 長垣縣 경계에 있다) 마침 공숙 씨(公叔氏)가 일을 일으켜 군중들에게 포위당하였다. 공자는 포(蒲)의 사람들과 맹약을 정하고 위나라로 돌아가 거백옥(蘧伯玉)의 집에 머물렀다.

56세(B.C. 496년 周敬王 24년 魯定公 14년)

위(衛)나라에 있었다.

공자는 위나라로 돌아와 위령공의 부인 남자(南子)를 만난 적이 있는데 자로가 기뻐하지 않았다. 영공과 남자는 공자를 다음 수레에 태우고 이목을 끌며 저자를 지났다. 공자 또한 이를 부끄럽게 여겨 위나라를 떠났다가 또 위나라로 돌아왔다.

57세(B.C. 495년 周敬王 25년 魯定公 15년)

위(衛)나라에 있었다.

주자(邾子)가 노나라를 조회하였으며 자공이 예를 구경하였다. 노정공이 죽고 그 아들인 장(蔣)이 즉위하였는데 곧 애공(哀公)이다.

58세(B.C. 494년 周敬王 26년 魯哀公 원년)

위(衛)나라에 있었다.

봄에 오왕 부차(夫差)가 부초(夫椒)에서 월나라를 패배시키고 마침내 월나라로 들어갔다. 월왕 구천은 회계(會稽)로 물러나 지키며 대부 종(種)에게 강화를 청하게 하였다. 3월에 오와 월이 강화하였다.

59세(B.C. 493년 周敬王 27년 魯哀公 2년)

위(衛)나라에 있었다. 공자는 위령공이 자기를 등용할 수 없는 것을 보고 아아! 하고 탄식하여 말하였다. "실로 나를 써준다면 1년이면 될 따름이고 3년이면 이룸이 있을 것이다." 위령공이 공자에게 진법(陳法)을 묻자 공자는 말하였다. "조두(俎豆)에 대한 일은 일찍이 들었거니와, 군대에 관한 일은 배우지 못하였다."(『史記』「孔子世家」) 이로 말미암아 위나라를 떠나 서쪽으로 가 진(晉)나라의 조간자(趙簡子)에게 의탁하려 했다. 대하(大河) 가에 이르렀을 때 조간자가 두 현인을 죽였다는 말을 듣고 저도 모르게 하수(河水)를 굽어보며 탄식하고 위나라로 돌아왔다. 그런 다음에 위나라를 떠나 조(曹)로 가고 송나라로 갔다.

송나라로 가던 도중에 제자들과 박달나무 아래서 예를 익힌 적이 있다. 송나라의 사마환퇴(司馬桓魋)가 공자를 죽이려고 큰 나무를 베었다. 공자는 미복으로 떠날 수밖에 없었으며 정나라로 도망갔다. 정나라에서도 대우를 해주지 않아 진(陳)나라로 가는 길을 나설 수밖에 없었다.

여름에 위령공이 죽어 괴외(蒯聵)의 아들 첩(輒)을 옹립하였는데 곧 위출공(衛出公)이다.

60세(B.C. 492년 周敬王 28년 魯哀公 3년)

진(陳)나라에 있었다.

이 해 가을에 노나라의 계환자가 병들어 지난날 공자를 오래 기용하여 노나라를 진흥시키는 데 영향을 줄 수 없었음을 후회하였다. 죽음에 임하여 그 아들 계강자(季康子)에게 공자를 노나라의 재상으로 불러들이라는 유촉을 남겼다. 나중에 공지어(公之魚)의 저지로 계강자는 생각을 바꾸었다. 사자를 보내어 공자의 제자 염구(冉求)로 바꾸어 불렀는데 염구가 가려할 때 공자가 말하였다. "노나라 사람이 염구를 부르는 것은 작게 쓰는 것이 아니라 크게 쓰려는 것이다."(『史記』「孔子世家」) 이 해에 공자는 이미 60세로 고향으로 돌아가 노나라를 위하여 자기의 역량을 다 바치려는 생각이 간절하였다.

공자는 "예순 살에 귀로 들으면 그대로 이해되었다.(六十而耳順)"라 말한 적이 있다.

이때는 어떤 일을 들어도 즉시 잘잘못을 밝힐 수 있었다는 것을 뜻한다.

61세(B.C. 491년 周敬王 29년 魯哀公 4년)

진(陳)나라에 있었다.

62세(B.C. 490년 周敬王 30년 魯哀公 5년)

진(陳)나라에 있었다.

『사기』의 공자가 위(衛)나라와 진(陳)나라에 있을 때의 기록은 매우 어지러웠다. 최술은 "공자가 세 차례 위나라에 이르렀다가 세 차례 진나라에 이르렀다고 하는 것은 매우 이해할 수 없다."(『洙泗考信錄』)고 하였다. 여기서는 다만 공자가 위·진을 거점으로 한 큰 햇수에만 주목하였다. 위·진을 드나든 횟수와 정황에 대하여서는 연대가 오래되었고 역사적인 실록도 없으므로 그 대강만 들고 세세한 절차는 버리는 것이 비교적 합리적이다. 이 때문에 공자가 진나라에서 채나라로 갔다가 다시 채나라에서 진나라로 돌아왔다고 하는 전설 등은 모두 생략하였다.

63세(B.C. 489년 周敬王 31년 魯哀公 6년)

진(陳)나라에 있었다.

이 해에 오나라가 진(陳)나라를 치자 초나라가 구원하러 왔고 진나라는 크게 어지러웠다. 공자는 진나라를 떠나 채나라를 거쳐 부함(負函: 초나라 땅으로 지금의 河南 信陽이며, 초나라 대부로 현명하다는 명성을 떨친 諸梁 곧 葉公이 이곳에 주둔하였다)으로 갔다. 진·채 사이에서 곤경에 처하여 이레 동안 식량이 끊겼으며 제자들은 굶주려 모두 병에 걸렸지만 공자는 의연히 강송(講誦)하고 현가(弦歌)를 멈추지 않았다. 자로 등은 여러 번이나 좌절에 맞닥뜨려 공자의 도에 대하여 회의감이 생겼다. 안연만이 공자의 도가 큰데 당시에 용납되지 않은 것은 '통치자가 추하기 때문'이라고 생각하였다. 공자는 안연 같은 이런 제자를 가진 것에 대하여 기쁨을 느꼈다.(『史記』 「孔子世家」)

공자는 노상에서 장저(長沮)와 걸닉(桀溺), 하조장인(荷蓧丈人), 초광(楚狂) 접여(接輿) 같은 당시의 은자들을 연속으로 만나게 되었다. 그들은 공자의 적극적인 세상에 쓰일 것이라는 태도에 대하여 그렇지 않다고 생각하였다. 걸닉은 자로에게 그들을 따라 세상을 피하는 사람이 되기를 권하였다. 공자는 이를 알고 말하기를 "조수와 더불어 무리 지어 살 수는 없으니, 내가 이 사람의 무리와 함께하지 않고 누구와 함께 하겠는가? 천하에 도가 있으면 내 더불어 변역시키려 하지 않을 것이다.(鳥獸不可與 同群, 吾非斯人之徒與, 而誰與, 天下有道, 丘不與易也)"(『論語』「微子」)라 하여 천하의 무도한 국면을 개변시키려는 결심을 나타내었다. 또한 초광 접여 같은 사람은 공자를 만났을 때 노래하였다. "봉이여, 봉이여! 어찌 덕이 쇠하였는가? 지나간 것은 간할 수 없거니와 오는 것은 오히려 따를 수 있으니, 그만둘지어다. 그만둘지어다! 오늘날 정사에 종사하는 자들은 위험하다.(鳳兮鳳兮! 何德之衰! 往者不可諫, 來者猶可追, 已而已 而! 今之從政者殆而!)"(『論語』「微子」) 공자는 그와 몹시 이야기하고 싶었지만 그가 급히 몸을 피하여 이야기를 할 수 없었다.

공자는 부함에 도착하여 섭공(葉公)과 만났다. 섭공이 정치에 대하여 묻자 공자는 말하였다. "가까이 있는 자들이 기뻐하며, 먼 곳에 있는 자들이 오게 하여야 한다.(近者說, 遠者來)"(『論語』「子路」) 섭공은 또 자로를 통하여 공자가 어떤 사람인가 물었는데 자로는 어떻게 대답해야 할지 몰랐다. 공자가 말하였다. "너는 어찌 그의 사람됨이 분발하면 먹는 것도 잊고, (이치를 깨달으면) 즐거워 근심을 잊어 늙음이 장차 닥쳐오는 줄도 모른다고 말하지 않았느냐?(女奚不曰, 其爲人也發憤忘食, 樂以忘憂, 不知老之 將至云爾)"(『論語』「述而」)

초소공(楚昭公)이 공자를 중용(重用)하려고 하였다. 사신에게 폐백을 받들고 글을 보내게 하여 서사(書社)의 땅 7백 리로 공자를 봉하려고 하였다. 초나라 영윤(令尹) 자서(子西)의 반대에 부딪쳐 이 논의는 마침내 그쳤다.

공자는 노나라와 노나라의 제자들이 생각나 탄식하였다. "돌아가자! 돌아가자! 오당의 소자들이 뜻은 크나 일에는 소략하여 찬란히 문장을 이루었을 뿐. 그것을 마를 줄을 모르는구나.(歸與歸與! 吾黨之小子狂簡, 斐然成章, 不知所以裁之)"(『論語』「公冶長」)

64세(B.C. 488년 周敬王 32년 魯哀公 7년)

위(衛)나라에 있었다.

공자 문하의 제자들은 위(衛)나라에서 많이 벼슬하여 공자에게 위나라로 돌아가자고 요구하였다. 공자는 부함에서 곧장 위나라로 돌아갔다. 자로가 공자에게 물었다. "위나라 군주가 선생님을 기다려 정사를 하려고 하십니다. 선생께서는 무엇을 먼저 하시렵니까?(衛君待子而爲政, 子將奚先?)" 공자는 정명(正名)의 주장을 제기하였다.

"반드시 명분을 바로잡겠다. 명분이 바르지 못하면 말이 (이치에) 순하지 못하고, 말이 순하지 못하면 일이 이루어지지 못한다. 일이 이루어지지 못하면 예악이 일어나지 못하고, 예악이 일어나지 못하면 형벌이 알맞지 못한다. 형벌이 알맞지 못하면 백성들이 손발을 둘 곳이 없어진다.(必也正名乎! 名不正則言不順, 言不順則事不成, 事不成則禮樂不興, 禮樂不興則刑罰不中, 刑罰不中則民無所措手足)"(『論語』「子路」) 그는 명분을 바로잡는 것은 위나라 출공과 그 아비가 군권을 다투는 문제에 대한 원칙을 해결할 수 있을 뿐만 아니라 주례(周禮)를 옹호하고 등급 종법제도의 강령을 공고히 하는 것이라고 생각하였다.

여름에 노애공이 오나라 사람과 증(鄫: 지금의 山東省 嶧縣 境內)에서 회맹하였다. 오나라는 노나라에 소와 양, 돼지 각각 1백 두를 제물로 요구하였다. 오나라의 태재(太宰) 비(嚭)가 계강자(季康子)를 부르자 강자는 자공에게 사절하게 하였다.(이때 子貢은 노나라의 대부였다) 자공은 주례로 비를 설복시켜 사명을 매우 잘 완수하였다.

65세(B.C. 487년 周敬王 33년 魯哀公 8년)

위(衛)나라에 있었다.

3월에 오나라가 노나라를 쳤는데 오나라가 대패하였다. 공자의 제자 유약이 참전하여 공을 세웠다.

66세(B.C. 486년 周敬王 34년 魯哀公 9년)

위(衛)나라에 있었다.

67세(B.C. 485年 周敬王 35년 魯哀公 10년)

위(衛)나라에 있었다.

공자의 부인 기관 씨가 죽었다.

68세(B.C. 484년 周敬王 36년 魯哀公 11년)

노나라에 있었다.

봄에 제나라 군사가 노나라를 쳤다. 공자의 제자 염유가 계씨의 장수가 되어 제나라 군사와 노나라의 교외에서 싸워 이겼다. 계강자가 그에게 어떻게 싸우는 법을 배웠느냐고 물었다. 염유는 공자에게 배웠다고 하면서 마침내 공자를 계씨에게 천거하였다. 계강자는 공화(公華)와 공빈(公賓), 공림(公林)을 보내어 폐백으로 공자를 노나라로 돌아오게 하였다. 공자가 노나라를 떠나 열국의 제후를 방문하며 영락하여 유리한 것이 모두 14년인데 이때에 이르러서야 끝이 나게 되었다.

공자가 노나라에 돌아온 후 노애공이 정치를 묻자 공자는 "정치는 신하를 선발하는 데 있다."(『史記』「孔子世家」)라 대답하였다. 다시 "어떻게 하면 백성이 복종하는가?(何爲民服?)"라고 묻자 공자가 대답하였다. "정직한 사람을 들어 쓰고, 모든 굽은 사람을 버려두면 백성들이 복종하며, 굽은 사람을 들어 쓰고, 모든 정직한 사람을 버려두면 백성들이 복종하지 않습니다.(擧直錯諸枉, 則民服, 擧枉錯諸直, 則民不服)"(『論語』「爲政」) 계강자가 정치에 대하여 묻자 공자는 "정사란 바로잡는다는 뜻이니, 그대가 바름으로써 솔선수범한다면 누가 감히 바르지 않겠는가?(政者正也, 子帥以正, 孰敢不正?(『論語』「顔淵」)"라고 말하였다. 계강자가 '전부(田賦)' 곧 군비(軍費)를 전무(田畝)에 의하여 징세하는 것을 행하고자 하여 염유로 하여금 공자에게 묻게 하였다. 이에 공자가 "예를 헤아리지 않고 탐욕이 끝이 없다면 전(田)으로 부세를 매겨도 부족하게 될 것이다."라 하였는데 계자는 듣지 않았다.(『左傳』「哀公 11년」) 노나라는 끝내 공자를 기용할 수 없었다. 공자 또한 벼슬을 구하지 않고 마음을 다하여 문헌 정리와 교육 사업에 종사하여 『시』와 『서』를 산삭하고 『예』와 『악』을 정하였다. 『춘추』를 정리하고 무리를 모아 학업을 가르치고 나라를 다스릴 인재를 길렀다. 역사의 기록에 의하면 "제자는 거의 3천 명이었으며 육예에 통달한 자가 72명이었다."(『史記』「孔子世家」)라 하였다. 3천은 전후로 공자에게서 학업을 배운 사람의 총수를 가리켜 말한 것이다.

69세(B.C. 483년 周敬王 37년 魯哀公 12년)

노나라에 있었다.

봄에 노나라에서 전부(田賦)를 실행하였다.

여름에 노소공(魯昭公)의 부인 맹자(孟子)가 죽어 공자가 조문하러 갔다.

노나라 태사(太師: 樂官)와 음악에 대하여 논의하였다. 공자는 말하기를 "음악은 알 만한 것이다. 처음 시작할 적엔 (五音을) 합한 듯하여, 풀어놓을 때는 조화를 이룬 듯 환한 듯, 이어진 듯이 하여 (한 장을) 끝마쳐야 한다.(樂其可知也, 始作翕如也, 從之純如也, 皦

如也, 繹如也, 以成)"라 하였다. 또 말하기를 "내가 위나라에서 노나라로 돌아온 뒤로 음악이 바르게 되어 아와 송이 각기 제자리를 찾게 되었다.(吾自衛反魯, 然後樂正, 雅頌各得其所)"(『史記』「孔子世家」)라 하였다.

겨울 12월에 노나라에서 황충(蝗蟲)의 재해가 발생하여 계손씨가 공자에게 묻자 공자는 "제[丘]가 듣건대 대화성이 숨은 뒤라야 칩충들이 모두 숨는다고 합니다. 지금 대화성이 아직 서쪽으로 흐르니 역법을 맡은 사람이 착오를 일으킨 것입니다.(『左傳』「哀公 12년」)"라고 대답하였다. 12월은 겨울철이라 황충이 있을 수 없다. 공자는 이 해 12월에 황충이 발생한 것은 자연계가 이상을 보인 것이 아니라 역법을 맡은 사람이 시간을 잘못 계산한 것이라 생각한 것이다.

70세(B.C. 482년 周敬王 38년 魯哀公 13년)

노나라에 있었다.

아들 백어(伯魚)가 죽었다. 손자인 공급(孔伋)이 대략 이 해에 태어났다. 공급의 자는 자사(子思)이며 증자의 제자이다. 맹가(孟軻)는 그의 재전(再傳) 제자이다.

공자는 일찍이 말하기를 "일흔 살에 마음에 하고자 하는 바를 좇아도 법도를 넘지 않았다.(七十而從心所欲, 不踰矩)"(『論語』「爲政」)라 하였다. 또한 70세가 되자 이왕의 '이립(而立)'과 '불혹(不惑)', '지천명(知天命)', '이순(耳順)'의 기초 위에 어떻게 생각을 해나가도 원칙과 주례에서 정한 규칙을 넘지를 않았을 것이라는 말이다. 공자는 만년에 『역』을 좋아하여 "『역』을 읽어 가죽끈이 세 번 끊어졌다.(『史記』「孔子世家」)"

71세(B.C. 481년 周敬王 39년 魯哀公 14년)

노나라에 있으면서 『춘추』를 지었다. 봄에 산림을 관리하는 사람인 '우인(虞人)'이 곡부 서쪽의 '대야(大野)'에서 사냥을 하다가 괴수를 한 마리 잡았는데, 공자는 기린이라고 말했다. "나의 도는 끝이 났구나!" 이에 절필을 하고 『춘추』의 수찬을 멈추었다. 안회가 죽었는데 향년 41세였다. 공자는 매우 통곡하며 말하기를 "아! 하늘이 나를 망하게 하였구나! 하늘이 나를 망하게 하였구나!(噫! 天喪予! 天喪予!)"(『論語』「先進」)라 하였다.

6월에 제나라 진항(陳恒. 田成子라고도 한다)이 간공(簡公)을 죽이자 공자는 노애공 및 '삼환(三桓)'에게 그를 토벌하여 군신의 의를 바로잡기를 권하였으나 실행되지 않았다. 제나라의 이 정변에서 공자의 제자 재아가 난중에 죽었다.

72세(B.C. 480년 周敬王 40년 魯哀公 15년)

노나라에 있었다.

겨울에 위(衛)나라에 정변이 발생하여 괴외(蒯聵)가 그 아들 출공(出公)을 축출하고 스스로 즉위하였으니 곧 위장공(衛莊公)이다. 공자의 제자 자로는 이때 위나라 대부 공회(孔悝)의 읍재였는데 난중에 사망하여 공자가 매우 슬퍼하였다.

73세(B.C. 479년 周敬王 41년 魯哀公 16년)

주력(周歷)으로 4월 11일은 곧 하력(夏歷)으로 2월 11일(崔述의 고증에 의거)인데 공자는 와병한 지 이레 만에 죽어 노성(魯城, 지금의 曲阜) 북쪽 사수(泗水) 가에 장사지냈다. 노애공이 제문[誄]을 지어 말하기를 "하늘이 자비를 베풀지 않아 한 나라의 원로 잠깐 남기려 하지 않아 나 한 사람 재위에 있도록 보살펴주게 하였는데 덩그러니 나만 슬픔에 남겨놓았구나. 아아, 슬프도다 이보여! 스스로 법도로 삼을 이 없어졌구나."(『左傳』「哀公 16년」)라 하였다. 적지 않은 제자가 그를 위하여 3년간 무덤을 지켰다. 헤어질 즈음이면 곡을 하여 슬픔을 다하였으며 혹 더 머물기도 하였다. 자공만이 무덤 곁에 여막을 짓고 6년을 보낸 후에 떠났다. 제자 및 노나라 사람 가운데 가서 무덤을 따라 집을 이룬 자가 백여 집이나 되어 이에 공리(孔里)라 하였다. 아울러 공자의 옛 거처를 묘당(廟堂)으로 개축하여 공자가 평상시 사용하던 의관과 금, 책을 보관하였다. 이 이후 매년 제사를 드린다. 지금 곡부(曲阜)의 공묘(孔廟)와 공부(孔府), 공림(孔林)의 '삼공(三孔)'이란 것은 곧 여기서 창시되었다.

저자 후기

1

나는 40여 년이나 작은 소망을 빚어 왔는데 이제야 마침내 실현되었다. 그것은 바로 공자에 대하여 비교적 전면적이고 공정한 역사적 평가를 내리는 것이다. 지금 출판하는 이『공자 평전』이 바로 이 문제를 힘껏 천명하고자 도모한 것이다. 이 문제는 나로 말할 것 같으면 세 단계 곧 긍정과 부정, 그리고 부정의 부정이라는 단계를 거쳤다. 나는 유소년 시기에 사숙을 하였는데 쓰인 교재가 모두 공맹(孔孟)의 책이었다. 시골의 소학교에서조차 낮에는 교과서를 읽고 저녁에는 여전히 공맹의 책을 읽었다. 당시에는 공자의 형상에 대하여 신성불가침을 느꼈다. 이는 전반적으로 긍정한 단계이다. 5·4운동 시기의 '공가점(孔家店) 타도'의 구호는 내가 있는 궁벽한 시골(江蘇省 丹陽縣)까지는 결코 전해지지 않았던 것 같았다. 혹 전해졌다 하더라도 사람을 움직이기에 충분하다고 느낄 만한 파장을 일으키지 못하였다.

1923년에 내가 쑤저우(蘇州) 제일사범(第一師範)에 시험을 칠 때에 이르러서야 공자에 대한 견해가 비로소 변동을 일으키기 시작하였다. 하지만 여전히 근본적인 동요를 일으켰다고 말할 수는 없었다. 당시 제일사범의 사상은 비교적 개방적이어서 학생 중에는 진보적인 사상을 가진 사람의 비중이 매우 컸다. 1924년 국공(國共) 제1차 합작으로 열린 중국 국민당 제1차 대표대회 후에 애국의 열성이 넘쳐 나는 중국 국민당에 가입하였다. 당시 몽롱하게 손중산(孫中山·孫文) 선생의 삼민주의와 공자사상이 일치한다고 생각하였다. 공자사상의 현대화와 구체화가 당시 밖으로는 열강의 침략을 받고 안으로는 군벌의 혼전이라는 괴로움을 받아 혼란과 위망의 가장자리에 빠진 국가의 명운을 구할 수 있다는 것이었다. 이어서 윈다이잉(惲代英)과 샤오추뉘(肖楚女) 등이 국민당원 신분으로 학교에 와서 강연을 하였다. 나는 학생회 간부와 국민당원의 신분으로 그들을 접대하면서 그들과 관계를 가졌다. 그들과 심도 있는 대화와 통신을 주고받는 중에 중공(中共)에서 간행한 『향도(嚮導)』 등 진보적인 출판물을 구독하게 되면서 공산주의 사상을 받아들이기 시작하였다. 마르크스의 과학적인 공산주의 사상이 중국을 구할 뿐만 아니라 전 세계와 전 인류의 진리를 거두어 손중산 선생의 삼민주의의 사상 경계를 훨씬 뛰어넘었으며, 공자사상은 더욱 그것과 비교도 되지 않는다고 생각하게 되었다. 이에 공자사상에 대하여 근본적인 동요가 발생하였다.

1926년 여름방학 때는 혁명 활동을 했다는 이유로 제일사범에서 제적되었다. 윈다이잉의 소개로 나는 당시 혁명의 요람이었던 상하이(上海)대학에 진학하였다. '상대(上大)'가 당시('北伐' 전후) 혁명운동에서 일으킨 작용은 일정 의의 상 항일 초기의 옌안(延安)의 '항대(抗大)'에 상당한다. 나는 '상대'로 진학한 후 오래지 않아 중국 공산당에 가입하였다. 당시에는 실제적으로 마르크스주의에 대한 이해가 매우 부족했다. 오로지 이른바 '혁명의 열정'에만 의지하여 구세계를 '낙화유수(落花流水)처럼 깨부수지' 않으면 신세계를 건립할 수 없다고 생각하였다. 이에 공자를 구세계의 상징으로 간주하여 공자사상에 대하여 철저히 부정하는 태도를 취하였다.

1932년 덩중샤(鄧中夏)와 함께 상하이 중공호동구위(中共滬東區委)에서 일하면서 아침저녁으로 함께하며 이야기하지 않은 분야가 없었다. 나는 그를 매우 존경하여 비록 동지라 일컫기는 하였지만 사실상 사우(師友)였다. 그는 마르크스주의 저작을 나보다 많이 읽었을 뿐만 아니라 중국 고서도 나보다 많이 읽었다. 이로 인하여 그의 공자사상에 대한 이해도가 나보다 훨씬 깊음을 알게 되었다. 그는 공자에 대하여 결코 일률적으로 부정하지 않았으며 분석적이었고 취사함이 있었다. 그는 내심 공자를 매우 존경하여 2천여 년 전에 태어나 그렇게 박학다식할 수 있고 그렇게 사상이 깊고 품덕이 높기는 결코 쉽지 않다고 생각하였다. 그는 특히 공자가 제기한 인(仁)의 사상은 당시의 봉건 계급사회에서는 자연히 봉건 계급사회의 국한성을 띠고 있지만 일단 계급이 없는 공산주의 사회에 진입하였을 때 인은 더욱 찬란한 철리사상의 광휘를 내뿜을 것이라 생각하였다. 그는 그때에 이른다 하더라도 우리는 인으로 표현하지는 않을 것이며 아무래도 공산주의 세계관으로 표현하는 것이 더욱 합당할 것이라고 생각하였다. 그러나 인을 2천여 년 전의 인류 사상의 적극적인 성과로 삼고 귀감으로 삼는 것은 의심할 바 없이 유익하다. 공자는 당시에 "지사와 인인은 삶을 구하여 인을 해침이 없고, 몸을 죽여 인을 이루는 경우는 있다.(志士仁人, 無求生以害仁, 有殺身以成仁)"와 "인 앞에서는 스승에게도 사양하지 않는다.(當仁不讓於師)"는 등의 주장을 제

기하였다. 모두 철리가 풍부한 적극적인 주장으로 우리에게 현재까지
도 고무적인 작용을 한다. 위에서 말한 의견은 가까스로 내가 아직까지
도 어렴풋하게 기억할 수 있는 당시 공자사상과 관련하여 담화한 요점
이다. 이런 담화는 나의 사상 깊은 곳에서 공자에 대한 인식의 모순점
을 격화시켰다. 이에 내가 공자에 대해 가지고 있던 전반적으로 부정하
는 태도는 동요되기 시작하였다. 그러나 덩중샤는 공자의 사상 문제는
당시 혁명의 절실한 문제는 아니며, 당시 혁명의 절실한 문제는 바로
마르크스주의를 더 잘 배우는 것이라 여겼다. 또한 마르크스주의의 기
본 원리를 운용하여 중국의 아편전쟁 이래 근 백년사를 연구하고 중국
당대 사회의 성질의 특징을 분석하여 당시의 혁명운동을 지도하여야
한다고 생각하였다. 그의 말은 내게 매우 큰 영향을 끼쳤다. 실제 일이
매우 바빴지만 시간만 나면 나는 여전히 그가 말한 '마르크스주의 학
습'과 '중국 근현대사 연구'의 정신에 비추어, 마르크스 레닌주의 저작
과 중국 근현대사회 사료를 연마하고 연구할 수 있었다.

　1933년 항일전쟁이 발발하기까지 일단의 시간 동안 나는 잇달아 여
러 차례 체포된 적이 있다. 옥중, 특히 '반성원(反省院)'에서 어쩔 수 없이
중국의 고서를 깊이 연구하기 시작하였다.(마르크스 레닌주의 저작은 당연히 금지
되었다) 이렇게 하여 차츰 나의 공자사상에 대한 인식의 세 번째 단계 곧
부정의 부정 단계가 실현되었다.

　1942년 옌안에서 양쟈링(楊家嶺)에 머문 적이 있는데 마오쩌둥 동지
와 접촉하면서 가르침을 청할 기회가 있었다. 나는 공자에 대하여 이미
형성된 '부정의 부정'의 태도를 가지고 그와 공자의 문제를 이야기하면
서 공자가 말한 "자기 자신이 바르면 명령하지 않아도 행해지고, 자신
이 바르지 못하면 비록 명령한다 하더라도 따르지 않는다.(其身正, 不令而

行: 其身不正, 雖令不從)"와 "어찌할까? 어찌할까? 하고 말하지 않는 자는 나도 어찌하지 못할 뿐이다.(不曰如之何, 如之何者, 吾末如之何也已矣)" 이 두 마디 말을 들었다. 전자는 영도인은 솔선수범의 작용을 해야 함을 말한 것이다. 후자는 일을 만나면 무엇이 문제인가를 말한 것으로 곧 문제를 명백하게 조사하고 연구하자는 것이다. 당시 옌안에서는 정풍(整風)이 진행 중이었기 때문에 위에서 말한 내용은 모두 정풍 문제와 관련 있다. 마오쩌둥 동지는 우선 위의 두 마디 말은 매우 도리가 있다고 생각하고 공자는 2천여 년 이전에 태어나 확실히 중국 역사상 매우 위대한 인물임을 강조하였다. 그러나 공자는 필경 2천여 년 전의 인물이라 그의 사상에는 소극적인 것과 적극적인 것도 있어서 다만 역사의 유산으로 삼아 비판적으로 계승과 발양을 가하여야 한다고 생각하였다. 직면한 혁명운동에 대하여 말하면 그것은 두 번째 것에 속하며 첫째는 혁명운동을 지도하는 데 써야 할 것은 마르크스주의 이론이다. 특히 당시 충칭(重慶: 國民黨政府 所在地) 방면에서는 한창 '공자를 높이고 경서를 읽는(尊孔讀經)' 것을 대대적으로 행하고 있었다. 그들은 공부자에 의지하고 우리는 마르크스에 의지하여 경계를 확실히 그으려는 기치가 선명했다. 그래서 그는 당시 공자에 대하여 가장 좋은 것은 잠시 침묵하는 것이라고 생각하여 대대적인 비판을 하지 않은 것은 물론 크게 찬양하지도 않았다. 침묵은 항상 시끌벅적한 것의 전주이다. 항일전쟁에서 승리하고 전국의 혁명이 승리하였을 때 자연히 정력을 내어 중국의 풍부한 역사 문화유산을 총결할 수 있었는데 공부자에 대한 비판을 계승하는 문제와 평가하는 문제를 포괄하였다. 당시 나로 말할 것 같으면 마오쩌둥 동지의 말은 곧 당중앙의 지시였다. 그는 내게 공자 문제를 연구하는 데 대한 지시를 잠시 보류하려고 하였다. 나는 기쁘게 심복하여 받아들였으며 마음속으로 묵묵히 당에서 정력을 내어 공자(중국 고대 문화유산의 주요 대표)를 총결하고 평가하는 그 날이 오기를 바라고 있었다.

전국이 해방된 후 '좌(左)'의 사상의 영향으로 전당과 전국은 하나의 '운동'에 하나의 '운동'을 잇고 있었다. 게다가 실제 작업이라는 부담이 어깨를 짓눌러 나는 공자 문제에 대해 한 걸음도 연구를 진행할 수 없었다. 이어서 '문화대혁명'이 닥쳤다. 나는 꼬박 12년간(1966~1978) 작업과 인신의 자유에 대한 권리를 박탈당하였다. 그 사이에 '사인방'이 다른 꿍꿍이 속셈인 이른바 '비공(批孔)' 운동을 발동하여 시비곡직을 가리지 않고 공자에 대하여 사실과는 달리 중상하는 말을 더하였다. 나는 매우 놀랐다. 이는 마오쩌둥 동지의 일관된 사상, 특히 1942년 옌안에서 친히 내게 지도한 정신과 서로 부합되지 않는 것이 아닌가? 이에 나는 공자를 평가하는 문제에 대하여 거듭 깊은 생각과 묵상을 진행하였다. 마르크스-레닌주의의 역사적 인물에 대한 평가의 기본 원리와 아직도 기억하고 있는 『논어』 등 옛 문헌자료를 결합한 묵상이었다.(당시 나는 중국 내외의 관련 서적자료를 열람할 수 있는 자유가 없었기 때문이다)

1978년 '해방'이 되면서 나는 또 실무직의 본분에 복귀하였다. 하루 종일 하도 분주하여 공자에 대해 체계적인 연구를 진행하겠다는 말을 입에 올리지 못하였다. 이에 마음속으로 모순이 발생하였다. 한편으로는 작업에 대한 책임감이 영향을 끼쳐 내 본연의 임무와 책임을 약화시키길 바라지 않았다. 나이도 고희가 지난 터라 다시 긴장하지 않으면 안 되었다. 스스로 단속적으로 숙성시켜온 수많은 세월 동안 공자에 대하여 진행한 체계적인 연구와 그 본래의 면목을 회복시키고, 합리적인 평가를 내리려던 바람이 다 수포로 돌아가게 될 것이기 때문이었다. 1981년 나의 실무직을 떠나고자 하는 청원이 받아들여졌다. 이때부터 나는 가까스로 전력을 다하여 공자에 대한 연구 작업에 매달릴 수 있었다. 3~4년간 줄곧 노력을 게을리하지 않아 이렇게 40여 년을 숙성시키고 곡절이 적지 않은 공자에 대한 견해가 '부정의 부정'의 단계를 거쳐 현재가 되어서야 『공자 평전』의 형식으로 첫걸음을 일단락 짓게 되었다. 집중 연구와 집필 시간은 가까스로 3~4년 지속되었는데 늘 너무 총망하다고 느꼈다. (중국 내외의) 자료를 확보하고 소화 분석하며 관점을 천명하고 논증하여 비평 판단하며 문장을 짓고 다듬는 등의 방면에 있어서는 늘 아직 많이 부족하다고 느꼈다. 이 때문에 이 책은 내 자신에 대하여 말하면 겨우 초보적인 연구 성과로 아직 내가 도달하기를 바라는 경지에 여전히 도달하지 못하였다. 계속 학습하고 연구하여야 하였으며 전문가와 교수, 모든 독자들의 아낌없는 가르침을 베풀어 보충과 개정이 이루어지기를 바랐다. 당연히 내 자신에 대하여 말하자면 숙원이 끝내 실현되었고, '부정의 부정'의 단계가 마침내 결실을 맺게 되었다. 이 책은 비록 또한 이런저런 결점과 부족한 곳이 있을 수 있겠지만 '벽돌을 던져서 구슬을 끌어들이는(抛磚引玉)' 정신에 근거하여 출판될 수 있고 출판되어야 할 때가 되었다. 이유는 매우 간단하다. 두 삼중(三中) 전회(全會: 11차 삼중 전회와 12차 삼중 전회)에서 체현한 진정한 마르크스주의-마오쩌둥 사상의 사상정치 노선의 빛이 사화(四化: 1960년 봄부터 전개한 농촌의 기계화·水利化·화학 비료화·전기화의 네 가지 정책-옮긴이)를 실현하는 대도(大道)를 비추었다. 말할 필요도 없이 '공부자에서 손중산까지' 이 역사에서의 '진귀한 유산'의 임무를 체계적으로 총결하고 계승하였는데, 자연히 일정에 넣었다. 이는 중국적인 특색을 갖춘 사회주의 물질문명과 정신문명을 건설하는 데 불가결한 방면이다.

2

『공자 평전』을 연구하고 집필하던 과정에서 노년·중년·청년 세 방면의 전문가와 교수, 학자의 도움을 얻었다. 옌베이밍(嚴北溟) 교수와 차이상쓰(蔡尚思) 교수(以上 復旦大學), 천징판(陳景磐) 교수(北京師範大學), 우탸오궁(吳調公) 교수(南京師範大學), 왕진산(王進珊) 교수(徐州師範學院), 왕시엔진(王先進) 교수(山東大學), 청치엔판(程千帆) 교수, 류위황(劉毓璜) 교수와 이미 작고한 쑨수핑(孫叔平) 교수(以上 南京大學) 등이다. 이런 노선생들은 원고에 귀중한 의견을 개진해주기도 하였고 혹은 격려해주고 고무해주기도 했다. 확실히 이미 교수와 부교수의 수준을 갖추고 있는 몇몇 중년 학자인 홍쟈이(洪家義), 옌타오(閻韜), 지아핑니엔(賈平年), 저우지즈(周繼旨), 우신레이(吳新雷), 주르야오(朱日耀), 쩌우화정(鄒化政), 하우징창(侯鏡昶), 뤄청리에(駱承烈), 탄자더(談嘉德), 위롱건(兪榮根) 선생 등 일부는 적극적으로 집필 작업에 참가하고, 일부는 열정적으로 토론에 참가하였다. 혹은 원고에 대해 의견을 제기하고 보충을 하였으며 문헌자료를 제공하는가 하면 정오(正誤)를 교열해주기도 하였다. 그들은 모두 엄격하고 삼가 책임을 지는 태도로 내게 각기 다른 차원의 적극적인 도움을 제공하였다. 또한 청년 동료, 왕친헝(汪琴恒), 팡옌밍(方延明), 스리엔통(石連同) 등도 집필 작업에 참여하여 중요한 의견 개진을 제기한 적이 있는데 내게 큰 도움이 되었다. 특별히 언급해야 할 사람으로는 홍쟈이, 옌타오, 지아핑니엔, 팡옌밍, 스리엔 등이다. 이들은 1, 2년 동안 줄곧 나와 함께 하면서 공동으로 탐구토론, 연구, 집필하면서 끊임없이 개정하여 각자 이 책에 대하여 공헌하였다. 이상의 노년·중년·청년 동료들의 귀중한 도움에 대하여 나는 한꺼번에 여기서 충심어린 감사를 표한다.

당연히 나는 시작하자마자 두 번 세 번 거듭 『평전』은 반드시 하나의 관점 즉 나의 관점이나 지도 사상을 찾아내어야 써내려갈 수 있다고 강조하였다. 그것은 각자 자기의 다른 관점을 천명한 '문집'이 아니라 개인이 책임을 져야 하는 저작인 까닭이다. 이는 나와 함께 집필한 모든 동료들과 뜻이 일치하는 전제이다. 나는 누구든 정확한 의견과 건의를 하면 모두 받아들이고 흡수하였다. 이것이 바로 민주적인 태도이다. 동시에 이 책의 관점과 의견으로 반영하기에 부적합하여 옳지 않다고 생각한 것은 모두 관련 있는 동료에게 해명을 하고 배제하였다. 관련 있는 동료가 무릇 내 생각에 의해 나를 도와 집필한 원고는 쓸 수 있는 것은 반드시 썼고, 어느 정도 쓸 수 있는 것은 쓸 수 있는 만큼 썼다. 개정이 필요한 것은 반드시 개정하여 조금 고친 것이 있고 많이 고친 것이 있다. 나만 고친 것이 아니라 서로 고치기도 하여 마지막으로 내가 개정하여 원고를 정하였다. 이것이 곧 집중이고 수합하면 곧 민주적으로 집중하여 제정하는 방식이다. 어떤 것은 쓸 수 없는 원고이긴 했지만 쓰기 전후로 일반적으로 모두의 토론을 통하여 퇴고를 거쳤다. 1차로 정하여진 원고는 매우 적었다. 한두 차례 고쳐 쓰고 거듭 썼다. 심지어 더욱 많이 써서 마지막에는 어쩔 수 없이 다른 동료에게 고쳐 쓰고 거듭 쓰게 하거나 버려서 쓰지 않은 일이 다반사였다. 쓸 수 없는 원고라 하더라도 작자의 사유 노동을 말살하지는 않았다. 이면에는 항상 얼마간 고쳐 쓰고 거듭 써서 마지막으로 확정된 원고에는 반드시 많고 적게 받아들일 부분을 포함하고 있었기 때문이다. 이것이 정상적이며 이것이 학문을 할 때 마땅히 가져야 할 엄격한 태도이다. 이것이 나와 함께 일한 많은 동지들이 모두 몸소 역행하여 견지한 것이었다. 나는 조금도 빈틈이 없는 학문을 하는 이런 엄격한 태도를 제창하는 것이 매우 필요하다고 생각한다. 이것이 조잡하고 건성으로 함부로 하는 현상을 저지하는 나쁜 현상에 효과가 있는 조치이다. 나의 작업은 여전히 많이 부족한데 다만 이렇게 해나가는 것을 견지하기를 바랄 뿐이다.

3

대대로 공자의 초상화와 소상(塑像)은 머리에 면류관을 쓰고 있는 제왕이거나 늙어서 행동이 부자유스러운 노인의 모습이었다. 공자는 실로 '제왕'의 존귀한 지위가 있는 것 같으며, 젊은 나이와 힘들고 어렵거나 기구한 경력이라곤 거치지 않은 것 같다. 당나라 오도자(吳道子)가 그린 공자상을 포함하여 이런 화상을 나의 『공자 평전』에 쓴다는 것은 모두 적합하지 않으며 반드시 새로 그려야 이 책의 정신과 일치한다고 생각하였다. 참 공자의 본래 면목에 부합하는 공자상이어야 한다고 생각하였다. 반복적인 준비와 토론을 거쳐 여섯 개의 주제를 도출하기로 했다. 대량의 자료를 조사하여 열람하고 고대의 다양한 복식과 기물 및 그림을 참고한 후에 우먼(吳門)의 화원 청쫑위엔(程宗元) 선생이 정성껏 그렸다. 이것이 바로 이 책의 공자상 여섯 폭이다. 여러 차례 그림의 수정을 거쳐 초고를 그려낸 후 또 특별히 베이징으로 가서 고대 복식 전문가 선총원(沈從文) 교수의 심의와 교정을 청하였다. 선 교수의 열정적인 지적을 받은 후 다시 많은 수정을 거쳐서야 원고를 확정하였다. 우리 시대가 비록 오도자보다 늦긴 하지만 우리는 그가 보지 못하였던 고고학 자료를 볼 수 있어서 우리의 그림은 복식과 기물 방면에 있어서 공자시대의 원래 모습에 더욱 접근하였다. 우리 그림은 비록 늦게 나왔지만 한(漢) 이래 유가의 속박에서 벗어날 수 있었기 때문에 '포의 공자'

의 정신 풍모를 더욱 잘 표현할 수 있었다. 여기에서 나는 삼가 선총원 교수와 청쫑위엔 선생 및 초상화에 글씨를 써준 샤오시엔(蕭嫻) 여사에게 일동 사의를 표한다.

4

여기서 내 일생의 경력에 밀접한 관계가 있는 네 사람을 떠올리지 않을 수 없다. 곧 1924년 내게 중국 국민당에 가입하라고 소개한 예추창(葉楚傖)과 주지츙(朱季恂)이다. 예 선생은 나중에 국민당의 원로가 되었으며, 주지츙은 1927년 '4·12 사변' 후에 난징(南京)에서 살해되었다. 나는 당시 주지츙이 걸어 온 길이 정의롭다고 생각하였으며 굳게 주지츙의 핏자국을 따라 전진하여 오늘에 이르게 되었다. 그 후 1926년 내게 중국공산당에 가입하도록 소개한 사람은 뤄린(羅霖: 湖南 사람으로 上海大學 동문)과 차이타이(蔡泰: 江西 사람으로 上海大學 동문)이다. 이 두 사람은 오랫동안 행방이 묘연한데 이미 세상을 떠났을 가능성이 매우 높다. 이 책을 탈고하였을 때 나는 다른 심정으로 그들을 생각하였으며 특별히 여기에 기록하여 잊지 않음을 나타낸다.

1984년 11월 16일 쑤저우(蘇州)에서
지은이